重大工程建设关键技术研究
总主编 孙 钧

高速铁路基础设施研究与应用

高速铁路轨道平顺性检测关键理论与技术

王 平 肖杰灵

著

上海科学技术出版社

图书在版编目(CIP)数据

高速铁路轨道平顺性检测关键理论与技术/王平，肖杰灵著. —上海：上海科学技术出版社，2019.10
（高速铁路基础设施研究与应用）
ISBN 978-7-5478-4431-1

Ⅰ.①高… Ⅱ.①王… ②肖… Ⅲ.①高速铁路－轨道(铁路)－平稳－性能－检测－研究 Ⅳ.①U238

中国版本图书馆CIP数据核字(2019)第153379号

责任编辑　楼玲玲　陈　晨　李　艳
封面设计　赵　军

高速铁路轨道平顺性检测关键理论与技术
王　平　肖杰灵　著

上海世纪出版(集团)有限公司
上海科学技术出版社　出版、发行
(上海钦州南路71号　邮政编码200235　www.sstp.cn)
上海雅昌艺术印刷有限公司
开本787×1092　1/16　印张25.25　插页4
字数570千字
2019年10月第1版　2019年10月第1次印刷
ISBN 978-7-5478-4431-1/U·87
定价：200.00元

本书如有缺页、错装或坏损等严重质量问题，请向工厂联系调换

内容提要

本书针对影响高速铁路轨道平顺性的检测与评估的若干关键问题,在总结现有轨道几何状态检测与监测技术、轨道刚度检测方法、无缝线路状态监测理论、无砟轨道病害检测方法和高速道岔状态监测技术的基础上,分析了我国高速铁路轨道平顺性检测与监测方面面临的主要挑战;系统介绍了轨道静态不平顺的高效检测理论与方法、轨道不平顺的动力学控制理论及评估技术、轨道宽频动刚度的检测理论与方法、基于模态的无砟道床伤损检测理论与方法、影响高速铁路高平顺性的无缝线路断轨与温度力监测技术,以及高速道岔钢轨裂纹监测技术等;提出了加强我国高速铁路轨道平顺性检测、监测与评估的若干建议。

全书共分 7 章:第 1 章系统总结了我国高速铁路轨道几何状态检测与监测技术的主要现状和挑战;第 2 章探讨了弦测理论的基本原理,建立了"一弦 N 点"的弦测优化方法及反演理论和相对与绝对结合的高效检测技术;第 3 章分析了轨道不平顺的敏感波长,提出基于动力学的轨道不平顺加权评价方法;第 4 章提出了轨道结构宽频动刚度的计算理论及测试、分析方法;第 5 章重点介绍了利用模态法和冲击回波技术检测无砟轨道典型伤损的理论与方法,提出了相应的系统设计方案;第 6 章分析了无缝线路温度应力测量的双向应变法等组桥方案及误差,提出了基于异包层的光纤光栅传感监测方法及桥上无缝道岔监测应用方案;第 7 章主要介绍了高速道岔裂纹监测系统及基于声发射技术的道岔裂纹伤损监测解决方案。

本书可供从事铁道工程及工务管理的广大设计、科研和生产一线人员参考使用,也可供相关专业的高等院校师生学习和参考。

重大工程建设关键技术研究

总主编

孙　钧　　同济大学教授，中国科学院院士

学术顾问

邱大洪　　大连理工大学教授，中国科学院院士

钱七虎　　中国人民解放军陆军工程大学教授，中国工程院院士

郑皆连　　广西大学教授，中国工程院院士

陈政清　　湖南大学教授，中国工程院院士

吴志强　　同济大学教授，中国工程院院士

王　平　　西南交通大学教授

刘斯宏　　河海大学教授

杨东援　　同济大学教授

高速铁路基础设施研究与应用

编委会

主任

王　平

副主任

苏　谦

委员（以姓氏笔画为序）

王玉泽　王英学　易思蓉　赵国堂

高　波　高宗余

重大工程建设关键技术研究

总　序

近年来,我国各项基础设施建设的发展如火如荼,"一带一路"建设持续推进,许多重大工程项目如雨后春笋般蓬勃兴建,诸如三峡工程、青藏铁路、南水北调、三纵四横高铁网、港珠澳大桥、上海中心大厦,以及由我国援建的雅万高铁、中老铁路、中泰铁路、瓜达尔港、比雷埃夫斯港,等等,不一而足。毋庸置疑,我国已成为世界上建设重大工程最多的国家之一。这些重大工程项目就其建设规模、技术难度和资金投入等而言,不仅在国内,即使在全球范围也都位居前茅,甚至名列世界第一。在这些工程的建设过程中涌现的一系列重大关键性技术难题,通过分析探索创新,很多都得到了很好的优化和解决,有的甚至在原来的理论、技术基础上创造出了新的技术手段和方法,申请了大量的技术专利。例如,632 m 的上海中心大厦,作为世界最高的绿色建筑,其建设在超高层设计、绿色施工、施工监理、建筑信息化模型(BIM)技术等多方面取得了多项科研成果,申请到 8 项发明专利、授权 12 项实用新型技术。仅在结构工程方面,就应用到了超深基坑支护技术、超高泵送混凝土技术、复杂钢结构安装技术以及结构裂缝控制技术等许多创新性的技术革新成果,有的达到了世界水平。这些优化、突破和创新,对我国工程技术人员将是非常宝贵的参考和借鉴。

在 2016 年 3 月初召开的全国人大全体会议期间,很多代表谈到,极大量的技术创新与发展是"十三五"时期我国宏观经济实现战略性调整的一项关键性驱动因素,是实现国家总体布局下全面发展的根本支撑和关键动力。

同时,在新一轮科技革命的机遇面前,也只有在关键核心技术上一个个地进行创新突破,才能实现社会生产力的全面跃升,使我国的科研成果和工程技术掌控两者的水平和能力尽早、尽快地全面进入发达国家行列,从而在国际上不断提升技术竞争力,而国力将更加强大！当前,许多工程技术创新得到了广泛的认可,但在创新成果的推广应用中却还存在不少问题。在重大工程建设领域,关键工程技术难题在实践中得到突破和解决后,需要把新的理论或方法进一步梳理总结,再一次次地广泛应用于生产实践,反过来又将再次推动技术的更进一步的创新和发展,是为技术的可持续发展之巨大推动力。将创新成果进行系统总结,出版一套有分量的技术专著是最有成效的一个方面。这也是出版"重大工程建设关键技术研究"丛书的意义之所在。以推广学术上的创新为主要目标,"重大工程建设关键技术研究"丛书主要具有以下几方面的特色:

1. 聚焦重大工程和关键项目。目前,我国基础设施建设在各个领域蓬勃开展,各类工程项目不断上马,从项目体量和技术难度的角度,我们选择了若干重大工程和关键项目,以此为基础,总结其中的专业理论和专业技术使之编纂成书。由于各类工程涉及领域和专业门类众多,专业学科之间又有相互交叉和融合,难以单用某个专业来设定系列丛书,所以仍然以工程大类为基本主线,初步拟定了隧道与地下工程、桥梁工程、铁道工程、公路工程、超高层与大型公共建筑、水利工程、港口工程、城市规划与建筑共八个领域撰写成系列丛书,基本涵盖了我国工程建设的主要领域,以期为未来的重大工程建设提供专业技术参考指导。由于涉及领域和专业多,技术相互之间既有相通之处,也存在各自间的不同,在交叉技术领域又根据具体情况做了处理,以避免内容上的重复和脱节。

2. 突出共性技术和创新成果,侧重应用技术理论化。系列丛书围绕近年来重大工程中出现的一系列关键技术难题,以项目取得的创新成果和技术突破为基础,有针对性地梳理各个系列中的共性、关键或有重大推广价值的技术经验和科研成果,从技术方法和工程实践经验的角度进行深入、系统而又详尽的分析和阐述,为同类难题的解决和技术的提高提供切实的理论依据和应用参考。在"复杂地质与环境条件下隧道建设关键技术丛书"(钱七虎院士任编委会主任)中,对当前隧道与地下工程施工建设中出现的关键问题进行了系统阐述并形成相应的专业技术理论体系,包括深长隧道重大突涌水灾害预测预警与风险控制、盾构工程遇地层软硬不均与极软地层的处理、类矩形盾构法、水下盾构隧道、地面出入式盾构法隧道、特长公路隧道、隧道地质三维探测、盾构隧道病害快速检测、隧道及地下工程数字化、软岩大变形隧道新型锚固材料等,使得关键问题在研究中得到了不同程度的解决和在后续工程中的有效实施。

3. 注重工程实用价值。系列丛书涉及的技术成果要求在国内已多次采用,实践证明是可靠的、有效的,有的还获得了技术专利。系列丛书强调以理论为引领,以应用为重点,以案例为说明,所有技术成果均要求以工程项目为背景,以生产实践为依托,使丛书既富有学术内涵,又具有重要的工程应用价值。如"长大桥梁建养关键技术丛书"(郑皆连院士任编委会主任、陈政清院士任副主任),围绕特大跨度悬索桥、跨海长大桥梁、多塔斜拉桥、特大跨径钢管混凝土拱桥、大跨度人行桥、大比例变宽度空间索面悬索桥等重大桥梁工程,聚焦长大桥梁的设计创新理论、施工创新技术、建设难点的技术突破、桥梁结构健康监测与状态评估、运营期维修养护等,主要内容包括大型钢管混凝土结构真空辅助灌注技术、大比例变宽度空间索面悬索桥体系、新型电涡流阻尼减振技术、长大桥梁的缆索吊装和斜拉扣挂施工、超大型深水基础超高组合桥塔、变形智能监测、基于BIM的建养一体化等。这些技术的提出以重大工程建设项目为依托,包括合江长江一桥、合江长江二桥、巫山长江大桥、桂广铁路南盘江大桥、张家界大峡谷桥、西堠门大桥、嘉绍大桥、港珠澳大桥、虎门二桥等,书中对涉及具体工程案例的相关内容进行了详尽分析,具有很好的应用参考价值。

4. 聚焦热点,关注风险分析、防灾减灾、健康检测、工程数字化等近年来出现的新兴分支学科。在绿色、可持续发展原则指导下,近年来基础建设领域的技术创新在节能减排、低碳环保、绿色土木、风险分析、防灾减灾、健康检测(远程无线视频监控)、工程使用全寿命周期内的安全与经济、可靠性和耐久性、施工技术组织与管理、数字化等方面均有较多成果和实例说明,系列丛书在这些方面也都有一定体现,以求尽可能地发挥丛书对推动重大工程建设的长期、绿色、可持续发展的作用。

5. 设立开放式框架。由于上述的一些特性,使系列丛书各分册的进展快慢不一,所以采用了开放式框架,并在后续系列丛书各分册的设定上,采用灵活的分阶段付梓出版的方式。

6. 主编作者具备一流学术水平,从而为丛书内容的学术质量打下了坚实的基础。各个系列丛书的主编均是该领域的学术权威,在该领域具有重要的学术地位和影响力。如陈政清教授,中国工程院院士,"985"工程首席科学家,桥梁结构与风工程专家;郑皆连教授,中国工程院院士,桥梁设计施工专家;钱七虎教授,中国工程院院士,防护与地下工程专家;吴志强教授,中国工程院院士,城市规划与建设专家;等等。而参与写作的主要作者都是活跃在我国基础设施建设科研、教育和工程的一线人员,承担过重大工程建设项目或国家级重大科研项目,他们主要来自中铁隧道局集团有限公司、中交隧道工程局有限公司、中铁十四局集团有限公司、中交第一公路工程局有限公司、青岛地铁集团有限公司、上海建工集团有限公司、上海城建集团、中交公路规划设计院有限公司、陆军研究院工程设计研究所、招商局重庆交通科研设计院有限公司、天津城建集团有限公司、浙江省交通规划设计研究院、江苏交通科学研究院有限公司、同济大学、河海大学、西南交通大学、湖南大学、山东大学等。各位专家在承担繁重的工程建设和科研教学任务之余，奉献了自己的智慧、学识和汗水，为我国的工程技术进步做出了贡献，在此谨代表丛书总编委对各位的辛劳表示衷心的感谢和敬意。

当前，不仅国内的各项基础建设事业方兴未艾，在"一带一路"倡议下，我国在海外的重大工程项目建设也正蓬勃发展，对高水平工程科技的需求日益迫切。相信系列丛书的出版能为我国重大工程建设的开展和创新科技的进步提供一定的助力。

孙 钧

2017年12月，于上海

孙钧先生，同济大学一级荣誉教授，中国科学院资深院士，岩土力学与工程国内外知名专家。"重大工程建设关键技术研究"系列丛书总主编。

自 序

高速铁路是中国乃至世界铁路建设的丰碑,成功打造了一张珍贵的"国家名片",将世界高速铁路史提升到了一个新的高度。自 2005 年我国开建第一条高速铁路以来,轨道的高平顺性成为确保高速行车品质、安全的核心要素,引起了广泛的关注。中国在 2 万多 km 的高速铁路建设上采用了世界上最严格的平顺性控制体系,取得了举世瞩目的成就。为此,中国实施了以桥代路、路基结构化等技术措施,强化了对下部基础变形的控制;并通过 CP Ⅲ 网精测精确控制轨道的空间定位,借助粗、精调二级调整和精心的钢轨表面打磨实现了轨道几何状态亚毫米级的高水平控制,创造了列车高速运营时"硬币立而不倒"的奇迹,将基础设施建设和管理水平推至前所未有的高度。

随着中国高速铁路运营规模的不断扩大,保持高品质高铁运输所必需的轨道高平顺性控制正面临着巨大的挑战。中国地域辽阔,气候变化大,地理环境复杂,铁路基础设施建造和运维难度大,高速铁路运营与维护标准高,在超高周、超高频率的列车荷载下长期保持轨道的高平顺性极其困难。一方面是下部基础的沉降等变形直接影响着轨面的平顺性;另一方面受轨道材料的多样性、结构分布的空间效应、服役过程的时间效应和多场多因素的耦合效应等影响,轨道自身的状态也在不断劣化。某种意义上的轨道平顺性已成为铁路轨道结构综合性能和承载能力的重要体现,其状态诊断与控制、能力保持是高速铁路维护管理的核心问题,涉及面广、要求高、难度大。由于轨道结构承受多场耦合的外荷载作用,结构呈长条形,精度要求高,具有散体性和组合性,工作环境及边界条件异常复杂,因此轨道结构的状态具有时变性,高精度、实时或高频率的准确检测与科学评估成为高速铁路运营安全的重要保障。在高速铁路高安全、高速度、高平稳、高密度行车及有限的"天窗"时间条件下,依靠大量的人力、物力和财力保障轨道结构安全服役并不科学,研究更高效、更可靠、更合理的检测理论与技术成为确保高速铁路轨道结构应用安全的当务之急。

中国既有铁路轨道结构维修的原则是"预防为主、防治结合、检修并重",高速铁路因采用了无砟轨道、高速道岔等新型轨道结构,尚未全面掌握其性状变化与劣化规律,现以"勤检慎修"的维修原则为主。为把握高速铁路线路维护的主动权,需要尽快了解轨道结构的性能演变规律和对行车安全性、平稳性的影响,确定相应的评判标准、作业方法、维修手段和维修机制,发展和完善轨道结构检测理论及方法将是实现这一技术路线的关键。本书系作者及其团队近年来关于轨道平顺性研究的系统性总结。书中围绕影响我国高速铁路高平顺性的轨道几何状态、轨道刚度参数、无缝线路安全、无砟轨道病害和高速道岔安全等进行了大量的研究。对轨道动刚度检测理论、无砟轨道伤损检测的研究进展以及高速铁路无缝线路运营安全监测中的温度力及断轨监测技术等前沿性问题的研究进展进行了较为系统的介绍。

本书对我国高速铁路建设和运营实践有重要的参考价值,有助于提高轨道平顺性管理效率和质量,更有助于从多个维度、多个视角深入理解高速铁路的高平顺性要求。在运营过程中合理控制轨道及基础结构的缓慢变形,保持基础设施结构稳定可靠,保持高水平的平顺性状态,减少养护维护工作量和降低运维人员的劳动强度,对确保高速列车运行的平稳安全和高速铁路事业的长远发展意义重大,具有显著的社会效益。该书的出版必将对我国高速铁路工务维护技术的发展起到有力的推动作用,丰富我国高速铁路自主创新的内涵,增强我国高速铁路建设与管理的核心竞争力,也为"一带一路"倡议的实施贡献绵薄之力。

王 平 肖杰灵

2019 年于成都

前 言

高速铁路技术是现代中国一张靓丽的"国家名片",承载着中华民族伟大复兴的梦想。高速铁路正以高速度、高安全性和高平稳性的高品质出行,高智能化的建设与运维管理,成为中国高端制造、高端运输的支柱。为实现高速铁路的建设、运营和维护目标,具有高平顺性、高稳定性和高可靠性的高速铁路轨道工程成为高速铁路基础设施子系统中最为关键的组成部分。不断发展和探索利用现代测试技术和信息处理技术,对影响高速铁路高平顺性、高安全性和高可靠性的轨道工程关键结构状态、典型病害分布、主要敏感参数等开展系统的检测、监测与分析,构建高速铁路轨道工程高平顺性的系统诊断与评估方法,是确保高速铁路安全、高效运行的重要保证。近年来,作者及其团队在国家自然科学基金委员会高铁联合基金项目"高速铁路轨道结构检测关键理论与方法"(编号:U1234201)、"高速铁路道岔轮轨接触行为、性能演化与损伤机理研究"(编号:U1734207)及国家自然科学基金委员会国家杰出青年科学基金项目"高速铁路轨道结构服役安全关键科学问题研究"(编号:51425804)的支持下,针对影响高速铁路线路高平顺性的若干重点难点问题,进行了大量探索。本书即为相关成果系统性、阶段性的总结,希望为中国高速铁路快速、健康、稳定的发展提供助力。

全书共分7章,重点围绕影响我国高速铁路高平顺性的轨道几何状态、轨道刚度参数、无缝线路安全、无砟轨道病害和高速道岔安全,介绍了相关研究成果。具体内容如下:

第1章主要针对我国高速铁路轨道维护检修体系、现代轨道几何状态检测与监测技术进行了综述,并提出了我国高速铁路轨道平顺性检测方面目前面临的主要挑战。

第2章深入推导了轨道静态几何不平顺的弦测法基本公式,建立了一弦N点弦测法的优化方法及反演理论,并提出了控制误差放大系数和提高检测波长、精度的相关途径,分析了惯性导航系统技术的工作原理,最后提出了相对与绝对结合的高效检测技术。

第3章主要介绍了高速铁路轨道不平顺动力学控制理论及评估技术,在全面总结国内外轨道不平顺评价方法的基础上,通过分析轨道不平顺与轮轨系统的频率响应关系,梳理了高低、水平、轨向和轨距不平顺的敏感波长分布,提出基于动力学的轨道不平顺加权评价方法。

第 4 章重点介绍了轨道动刚度检测理论的研究进展,在概述轨道静、动刚度检测技术的基础上,从轨道结构动力特性的角度分析了轨道刚度的内涵,提出了轨道结构宽频动刚度的计算理论及测试、分析方法。

第 5 章主要介绍了无砟轨道伤损检测的若干研究进展,重点介绍了模态法检测理论中的固有频率检测法、曲率模态检测法和高斯曲率检测法,就应用冲击回波检测无砟轨道若干典型伤损进行了理论仿真和试验验证,提出了无砟轨道伤损检测的系统设计方案。

第 6 章重点针对高速铁路无缝线路运营安全监测中的温度力及断轨监测技术做了介绍,总结了无缝线路监测、检测的主要技术,分析了广泛使用的双向应变法及衍生方法的组桥方案、误差组成,提出了基于异包层的光纤光栅传感监测方法,并提出了针对高速铁路轨道结构中至关重要的桥上无缝道岔的系统监测方案。

第 7 章主要介绍了高速道岔裂纹监测系统,在总结道岔钢轨伤损及道岔监测系统应用现状的基础上,重点介绍了针对严重威胁高速道岔运营安全的钢轨裂纹开展监测研究的相关成果,深入研究了基于声发射技术的道岔裂纹伤损识别算法,并形成了符合我国国情、路情的高速道岔监测系统解决方案。

本书参考引用了西南交通大学轨道工程团队多年来的部分研究成果,也参考和引用了大量国内外其他研究者的研究成果,并尽可能地在参考文献部分列出,但也难免有所遗漏,在此向广大研究者和同仁谨致崇高的感谢!

在本书写作过程中,得到课题组李成辉、刘学毅、陈嵘、赵才有、徐井芒、韦凯、何庆、杨荣山、赵坪锐、任娟娟、郭利康和刘钰等老师的全力协助,得到了国家自然科学基金会、中国铁路总公司、中国铁路南昌局集团有限公司、中国铁路上海局集团有限公司和中国铁路成都局集团有限公司、成都地铁、深圳地铁等单位的大力支持,得到四川西南交大铁路发展股份有限公司、萨伏威(西安)导航技术有限公司等单位提供的宝贵素材,并得到历届研究生王源、徐金辉、谢铠泽、刘浩、胡志鹏、韦安祺、刘冬娅、温静、杨翠平、杨敏婕、刘鉴兴、李敏一、戴佳程等同学的鼎力帮助,在此表示衷心的感谢!

本书力求抛砖引玉,为铁道工程相关专业的研究人员、工务管理人员、大专院校老师及研究生提供参考。受作者水平所限,书中谬误和疏漏在所难免,恳请广大读者批评指正,作者将万分感激,并努力在今后的研究中不断改进与完善。

作　者

2019 年于成都

目 录

第1章 绪论 ... 1

1.1 中国高速铁路轨道维护检修体系 ... 2
1.2 现代轨道几何状态检测与监测技术 ... 4
　1.2.1 轨道几何状态检测技术的主要分类 ... 4
　1.2.2 轨道动态不平顺检测技术的发展现状 ... 4
　1.2.3 轨道静态不平顺检测技术的发展现状 ... 7
　1.2.4 其他相关检测技术的发展与应用 ... 9
　1.2.5 轨道状态监测技术的发展与应用 ... 12
1.3 高速铁路轨道平顺性检测面临的主要挑战 ... 14
参考文献 ... 16

第2章 高速铁路轨道静态平顺性检测 ... 19

2.1 高速铁路轨道平顺性的精密工程测量与控制 ... 19
　2.1.1 高速铁路轨道精密工程测量 ... 19
　2.1.2 轨道空间几何线形控制方法 ... 20
2.2 基于中点弦测法反演的轨道不平顺检测 ... 21
　2.2.1 基于中点弦测法的逆滤波法 ... 21
　2.2.2 基于中点弦测法反演的轨道不平顺检测理论 ... 27
　2.2.3 基于高频采样的中点弦测法 ... 39
2.3 基于一弦多点弦测法反演的轨道不平顺检测 ... 47
　2.3.1 一弦 N 点弦测法的数学模型 ... 47
　2.3.2 一弦 N 点弦测系统误差分析 ... 53
2.4 基于最优多点弦测法反演的轨道不平顺检测 ... 66
　2.4.1 最优化问题描述 ... 67

2.4.2 优化方案 …… 69
2.4.3 一弦 N 点的单测点弦测法 …… 70
2.4.4 最优两点弦测法 …… 72
2.4.5 其他多点弦测法 …… 75
2.4.6 最优多测点弦测法的优化率 …… 80
2.5 惯性导航系统检测 …… 82
2.5.1 惯性导航技术简介 …… 82
2.5.2 惯性导航系统检测理论 …… 82
2.5.3 惯性导航偏移分析 …… 86
2.6 相对与绝对结合的高效检测 …… 87
2.6.1 轨道不平顺相对测量技术 …… 87
2.6.2 轨道不平顺绝对测量技术 …… 87
2.6.3 相对与绝对结合的检测技术 …… 88
2.6.4 轨检仪的优化研究 …… 90
参考文献 …… 93

第3章

高速铁路轨道不平顺动力学控制与评估

3.1 国内外轨道不平顺的评价方法 …… 96
3.1.1 轨道局部不平顺评价方法 …… 96
3.1.2 轨道整体不平顺评价方法 …… 101
3.1.3 功率谱密度评定轨道平顺状态 …… 108
3.2 轨道不平顺与轮轨系统的频率响应规律 …… 114
3.2.1 车辆-轨道空间耦合系统频响分析模型 …… 114
3.2.2 车辆-轨道空间耦合系统典型频响规律分析 …… 129
3.3 轨道不平顺的敏感波长分析 …… 142
3.3.1 高低不平顺的敏感波长分布 …… 142
3.3.2 水平不平顺的敏感波长分布 …… 144
3.3.3 轨向不平顺的敏感波长分布 …… 146
3.3.4 轨距不平顺的敏感波长分布 …… 148
3.4 基于动力学的轨道不平顺评价方法 …… 149
3.4.1 轨道不平顺波长权重函数 …… 150
3.4.2 轨道不平顺的重构 …… 164
3.4.3 考虑波长权重的轨道不平顺管理值 …… 193
3.5 应用案例分析 …… 199
3.5.1 轨道不平顺数据样本 …… 199

目 录

  3.5.2 动力学响应分析 …………………………………… 201
  3.5.3 峰值管理 ……………………………………………… 203
  3.5.4 均值管理 ……………………………………………… 206
参考文献 ………………………………………………………………… 209

第4章 轨道宽频动刚度检测　211

4.1 轨道宽频动刚度检测概述 ……………………………………… 211
  4.1.1 结构的静刚度与动刚度 ……………………………… 211
  4.1.2 结构刚度的计算方法 ………………………………… 212
  4.1.3 轨道垂向刚度 ………………………………………… 212
4.2 国内外轨道刚度检测技术现状 ………………………………… 214
  4.2.1 轨道结构部件刚度的测量 …………………………… 214
  4.2.2 轨道整体刚度的测量 ………………………………… 222
  4.2.3 轨道刚度测量方法分析与比较 ……………………… 235
4.3 轨道结构动力特征 ……………………………………………… 238
  4.3.1 轨道结构的动力特性 ………………………………… 238
  4.3.2 轨道结构动力特性的控制与应用 …………………… 241
  4.3.3 轨道结构系统动力特性仿真 ………………………… 243
  4.3.4 轨道结构系统动力特性的参数 ……………………… 244
4.4 轨道结构宽频动刚度计算理论 ………………………………… 245
  4.4.1 两自由度的轨道动刚度计算模型 …………………… 245
  4.4.2 多自由度的轨道动刚度计算模型 …………………… 246
  4.4.3 有砟轨道结构的宽频动刚度计算 …………………… 247
4.5 轨道结构宽频动刚度测试方法 ………………………………… 250
  4.5.1 力锤激励法 …………………………………………… 250
  4.5.2 小车检测法 …………………………………………… 257
参考文献 ………………………………………………………………… 263

第5章 高速铁路无砟轨道伤损检测　265

5.1 无砟轨道伤损及检测技术概述 ………………………………… 265
  5.1.1 无砟轨道主要伤损类型 ……………………………… 265
  5.1.2 无砟轨道伤损检测现状 ……………………………… 268

5.2 模态法检测无砟轨道伤损 … 269
5.2.1 基于固有频率的结构伤损检测 … 269
5.2.2 基于曲率模态的无砟轨道伤损检测 … 270
5.2.3 基于高斯曲率的无砟轨道伤损检测 … 277
5.2.4 模态法检测伤损试验 … 280

5.3 基于冲击回波法识别无砟轨道伤损 … 282
5.3.1 冲击回波法的检测原理 … 282
5.3.2 冲击回波法的数值仿真 … 285
5.3.3 冲击回波法检测伤损试验 … 291

5.4 无砟轨道伤损检测系统设计 … 294
5.4.1 系统方案 … 295
5.4.2 检测系统硬件设备 … 296
5.4.3 检测系统装置 … 298
5.4.4 信号处理 … 299
5.4.5 检测系统识别伤损 … 301

参考文献 … 302

第6章 无缝线路温度力及断轨监测

6.1 无缝线路监测及检测技术 … 304
6.1.1 传统监测方法 … 304
6.1.2 新型监测方法 … 305

6.2 无缝线路中钢轨温度力测试 … 306
6.2.1 双向应变法测试原理及组桥方案 … 307
6.2.2 钢轨截面温度变化对测量误差的影响 … 311
6.2.3 基本温度力与附加纵向力的分离研究 … 315
6.2.4 异包层光纤光栅传感器的室内试验验证 … 319
6.2.5 现场试验验证 … 321

6.3 高架站桥上无缝道岔监测系统 … 322
6.3.1 桥上无砟道岔的状态控制指标 … 322
6.3.2 桥上无砟道岔敏感区域 … 323
6.3.3 高速铁路高架站轨道系统状态监测的主要内容 … 330
6.3.4 主要监测技术 … 332
6.3.5 高架站无缝道岔监测系统的主要组成 … 333
6.3.6 监测系统的状态预测、报警和预警 … 335

参考文献 … 336

第7章 高速道岔钢轨裂纹监测

338

- 7.1 道岔钢轨伤损检测及监测技术 338
  - 7.1.1 钢轨伤损分类 338
  - 7.1.2 国内外道岔监测系统 339
  - 7.1.3 钢轨伤损检测及监测技术 341
- 7.2 基于声发射技术的道岔钢轨裂纹伤损识别算法 347
  - 7.2.1 经典声发射信号处理算法 347
  - 7.2.2 能量谱比值法 348
  - 7.2.3 基于小波包分析的声发射信号处理 354
  - 7.2.4 基于大数据的声发射信号处理 361
  - 7.2.5 海量数据测试及结果 372
- 7.3 高速道岔钢轨裂纹监测系统 373
  - 7.3.1 道岔监测系统的主要设计原则 374
  - 7.3.2 道岔监测系统的设计理念 374
  - 7.3.3 系统架构 375
  - 7.3.4 系统组成 375
  - 7.3.5 功能设计 378
  - 7.3.6 室内试验验证 380
  - 7.3.7 信号在钢轨中衰减试验 381

参考文献 382

第 1 章

绪 论

轨道结构是维系高速铁路轮轨系统安全、稳定、高效运行的基础,具有承载、传力、导向和传输轨道电路等多种功能,是高速铁路系统的关键子系统之一。为保证高速铁路的安全、长效服役,轨道子系统应始终保持高平顺性、高稳定性与高可靠性;在列车荷载、温度变化、基础变形及环境影响共同作用下能保证高速列车安全、平稳和不间断地运行。现有轨道检测体系难以满足特殊修制下,高速度、高精度、高可靠度的高速铁路轨道运维需求。为此,深入研究目前面临的轨道高平顺性检测与保持难题,完善和发展轨道结构检测方法,构建更全面、更合理的结构状态与性能评价体系,建立健全安全管控闭环机制,实现轨道子系统安全、可靠及长效服役,显得尤为迫切,也面临着严峻的挑战。

(1) 列车荷载、温度变化、基础变形及环境荷载等多场耦合荷载作用下,以无砟轨道为主体的高速铁路轨道结构时变特性显著,状态演变异常复杂,对检测处理的实时性、频率、检测技术的效率及合理评估理论等带来了巨大挑战,传统的传感元件检测及监测方式难以满足长时、可靠的工作要求。

(2) 高速铁路轨道结构具有高精度、长大型、组合性、散体性及材料多样性等特点,高精度、宽尺度、高稳定条件下的检测与监测实践操作难度大。检(监)测的精度要求几近达到土木工程的"亚毫米"极限,时空多维的检测需求对检测理论、方法与工具等要求甚高。

(3) 高速铁路轨道结构的长期、可靠服役需依靠大量的人力、物力和财力进行经常性、周期性的检测与维修来维持。

(4) 以轮轨关系为基础的高速铁路系统对轨道结构状态高度敏感,直接影响高速行车的高安全性、高舒适性,相应的线路检修工作需具有高精度、高可靠性要求。

(5) 高速铁路高速度、高密度的行车组织及严苛的"天窗修"计划对高质量的轨道结构日常检修作业不利。轨道结构的检修质量、能力与检修时空条件难以协调,且存在运营期间的监管盲区,需要探讨更高效、更可靠、更合理的检测理论与技术,确保轨道服役安全。

基于此,研究更高效、更可靠、更合理的检测理论与技术成为确保高速铁路轨道结构应用安全的当务之急,而高平顺性因对高速行车品质的决定性影响成为高速铁路检测与维护的重中之重。

1.1 中国高速铁路轨道维护检修体系

中国高速铁路轨道结构的维修目前仍采用的是"故障修+计划修"体制。首先通过检测和监测设备掌握轨道结构状态,对超限处所进行临时维修(故障修),然后根据运营时间和通过总重,分级进行日常保养、综合维修和大修(计划修)。通常利用大型机械进行维修作业,以确保维修品质;而基于可靠性、可用性、经济性的"状态修"模式尚在探索中。中国既有铁路轨道结构维修的原则是"预防为主、防治结合、检修并重",高速铁路因采用了无砟轨道、高速道岔等新型轨道结构,尚未全面掌握其性状变化与劣化规律,现以"勤检慎修"的维修原则为主。为把握高速铁路线路维护的主动权,需要尽快了解新型轨道结构的性能演变规律和对行车安全性、平稳性的影响,确定相应的评判标准、作业方法、维修手段和维修机制,才能避免一些特大交通事故的悲剧发生,发展和完善轨道结构检测理论及方法将是实现这一技术路线的关键。

实践表明,既有铁路的脱轨事故近1/3与轨道结构状态不良而未及时发现有关;不能明确轨道结构状态及劣化规律将导致盲目维修,成本难以控制。为确保高速铁路轨道结构安全服役,需要对行车安全性、平稳性和结构自身可靠性有重大影响的方面不断进行检查和维护,主要包括轨道几何状态平顺性、轨道结构完整性、部件状态性能和下部基础性能、接口状态性能等(图1-1)。为此,针对与轨道结构直接相关的内容,逐步建立健全以"轨道结构安全长效服役"为目标的检、监测技术体系,形成"检测为主、监测为辅、检监结合"的轨道结构状态检查系统(图1-2),与路、桥、隧等其他工务结构的检、监测系统及自然灾害监测系统、工务设备信息化管理系统、工务维修信息化管理系统等一起构成高速铁路的数字化工务工程。

高速铁路轨道结构检测与监测技术涉及传统的机械、光电检测技术,超声波、雷达、激光、机器

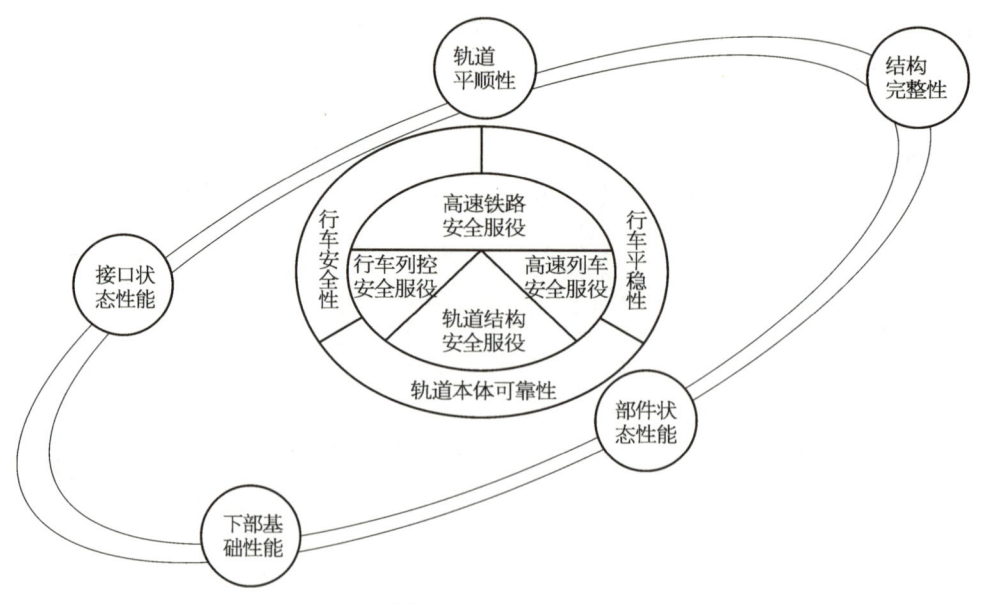

图1-1 高速铁路轨道结构的主要检测内容

第 1 章 绪 论

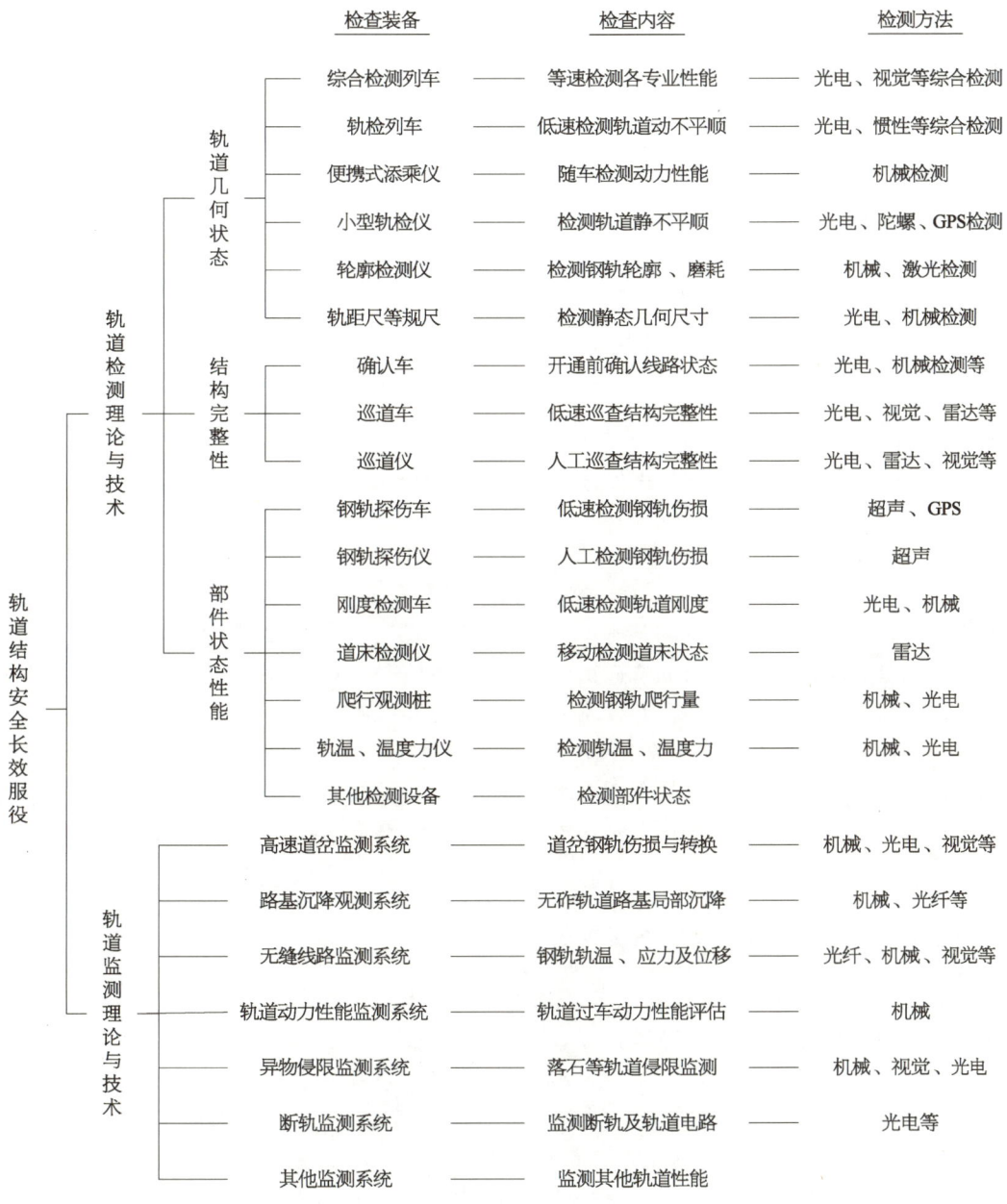

图 1-2 高速铁路轨道结构检、监测技术体系

视觉等无损检测技术,惯性导航与 GPS 卫星定位技术,图像处理,计算机网络与通信,光纤光栅新型检测技术等多种高新技术,是土木、机械、电子、光学、计算机、检测、测绘、材料、力学等多学科的交叉研究领域。为实现铁路运输装备现代化、控制与管理科学化、检测与故障诊断智能化、设备维护与修理机械化、安全控制闭环化等安全保障技术体系,确保人民群众生命财产安全,我国多年来持续对轨道结构检查理论与技术进行研究,成为高速铁路技术体系中十分活跃的研究领域,但涉及高速行车及系统安全的关键方面仍急需解决。

1.2 现代轨道几何状态检测与监测技术

1.2.1 轨道几何状态检测技术的主要分类

轨道的几何状态不良是引起轮轨系统剧烈振动、加剧轮轨动力冲击的主要原因,直接影响到行车的平稳性、安全性和轨道结构的劣化速率。其主要包括由轨道部件制造、铺设误差、结构残余变形及钢轨磨耗等引起的静态几何不平顺,由结构动态变形、部件间接触状态不良等引起的动态几何不平顺,和由无缝线路胀轨或断轨等引起的突发性不平顺三大类,均是轮轨系统的主要激励源。因此控制轨道的几何不平顺是轨道结构养护维修的工作重点、难点,各国铁路部门都对轨道几何状态的检测极为重视。为全面检测轨道几何状态,铁路部门不断研发着轨道动态不平顺检测车和静态不平顺轨检仪、轮廓仪等各型轨检装备,并在高速铁路采取"动检为主、静检为辅、动静结合"的综合检测方式,控制着轨道几何状态的质量。

根据轨道不平顺检测的测量原理可分为直接法和间接法。直接法是指通过轨道结构的空间几何原理直接测量其几何不平顺的方法,如弦测法和偏角法等。间接法是指通过静动力学基本原理,检测轨道不平顺引起检测工具的某些动力响应,再通过力学模型反演间接获取和评价轨道不平顺状态的方法,如基于惯性系统的轨道状态检测方法和基于轴向加速度的轨道短波不平顺检测方法。近年来又形成了一系列直接、间接测量相结合的综合检测方法。

依据检测时有无列车荷载影响来分类,又可分为无轮载的静态检测技术和有轮载的动态检测技术,检测结果分别称为轨道几何静态不平顺和动态不平顺。动态不平顺能更真实地反映激起轮轨动力相互作用的真实状态,根据检测时动检车的开行速度不同又可分低速检测和等速检测。静态不平顺可较为方便、快捷地实现,定位准确,是指导工务维护的常用方式。

1.2.2 轨道动态不平顺检测技术的发展现状

轨道动态不平顺检测主要依靠轨检车、综合检测列车和各种便携式添乘仪等实现。

1.2.2.1 轨检车技术的发展与应用

1926年以来,日本、美国、英国、荷兰、法国、奥地利等国分别开发了各具特色的动检系统,并装备于各类轨道检查车上,其主要有弦测法和惯性基准法两种技术途径。具有代表性的动检系统包括East i 综合检测列车(日本)、Laserail 轨道测量系统(美国)、T10 型轨道检查车(美国)、EM-250 型轨道检查车(奥地利)、OMWE 轨道检查车(德国)、RAILAB 轨道检查车(德国)、MGV 综合检测车(法国)等。其中,East i 综合检测列车采用弦测法,其他轨道检查车均采用惯性基准法。

从1953年中国铁道科学研究院研制开发第一辆机械式轨道检查车开始,通过引进吸收与自主研发,我国轨检车的动检技术历经了六代,先后开发了 GJ-3、GJ-4、GJ-4G、XGJ-1、GJ-5 和 GJ-6 等不同型号的检测系统。GJ-3 使用组合式元器件,首次实现了高低、水平、三角坑、车体垂直和水平加速度实时检测及轨道几何超限计算机自动判别,结束了人工判别超限的历史。GJ-4 以美国 ENSCO 公司 T10 型轨道检查车技术为基础,检测速度最大可达到 160 km/h。该车基于捷联式惯导平台,运用激光、陀螺、自动控制采样与同步技术和数字滤波技术等,新增轨距、轨向、超高、曲线半径等检测项目,成为既有提速干线检测的主要手段,并在广州、深圳、南京地铁的线路状态检测中得到应用。2001 年研发的 GJ-5 型轨检车采用惯性基准、局域网技术、VME 总线技术、Laserail 激光摄像非接触测量技术、数字滤波、GPS 里程同步定位技术等;检测装置采用构架悬挂方式,增强了检测梁的安全性能,实现了高速运行条件的安全检测功能(检测速度不小于 200 km/h)。其主要检测项目有轨道几何状态检测(包括高低、轨向、轨距、水平、三角坑、曲率等)、钢轨断面检测(包括钢轨轨头垂直、侧面磨耗、总磨耗)、钢轨短波不平顺检测(包括钢轨波浪磨耗、钢轨表面擦伤等)、加速度检测(包括车体垂直、水平和轴箱加速度等)、轮轨力检测(包括轮轨横向、垂向力、脱轨系数、减载率等)、线路环境检测(包括线路周边视频环境和地面标志,如桥、涵、道岔、道口等)。GJ-6 是在第五代的基础上为适应高速铁路轨检需求而专门研发的,其摒弃了伺服机构和不安全悬挂方式,融合了图像处理、模数混合滤波、实时控制、FRID 里程定位等技术,高低检测精度 1.2 mm,轨向检测精度 0.8 mm,轨距检测精度 1.0 mm,水平检测精度 1.2 mm,三角坑检测精度 1.0 mm。

1.2.2.2 综合检测列车的研制与应用

轨道检查车因检测项目多,结构复杂、功能强大,集成了现代传感技术、计算机技术、网络通信技术与信息处理技术等复杂的高新技术系统。但高速列车的运行,除轨道外还需要牵引供电、通信、信号等诸多系统的支撑,因此需要对轨道几何状态、加速度、轮轨力、接触网几何参数、弓网动态作用、供电参数、通信、应答器、轨道电路等多个专业的关键参数进行检测。传统专项检测装置或检测车(如轨道检查车、接触网检测车、通信信号检测车)独立工作,获取单一系统孤立的信息,无法准确、全面地评估高速铁路基础设施的状态。为此需要开发检测功能更为全面的高速综合检测列车。

高速综合检测列车作为高速铁路基础设施高速综合检测的重要技术装备,可测量轨道几何状态、轴箱和车体加速度、钢轨表面状态、接触网及受流状态、轮轨力、无线通信及信号等项目。自 1975 年日铁"Doctor Yellow"综合检测车服役以来,意大利、法国、英国等国分别研制了高速铁路综合检测列车。德国、美国两国没有专门的高速综合检测列车,主要通过在旅客列车上加挂综合检测车来实现。我国自 2006 年来分别研制了 0 号、CRH380A-001 和 CRH380B-002 等七列综合检测列车,可分别满足 250 km/h、350 km/h 和 400 km/h 的高速铁路基础设施综合检测需求。在各条高速铁路联调联试及运营中发挥了极为重要的作用,检测周期为 300~350 km/h 的线路每月检查三遍,200~250 km/h 的线路每月至少检查两遍。其中,CRH380A-001 和 CRH380B-002 综合检测列车采用 GJ-6 型轨道检测技术。图 1-3 为综合检测车上使用的激光轨检系统。

代表性的综合检测列车如图 1-4~图 1-6 所示。综合检测列车主要检测项目见表 1-1。

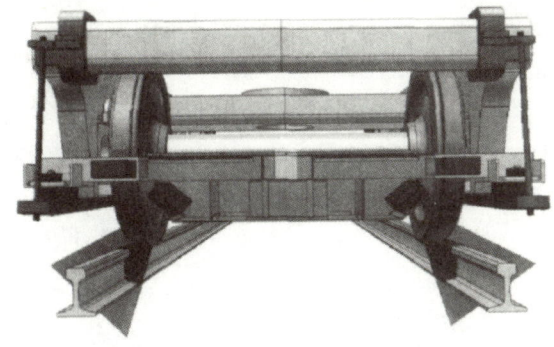

图 1-3 基于激光视像的轨检系统

图 1-4 日本 East i 综合检测列车

图1-5 法国IRIS320综合检测列车

图1-6 英国NMT综合检测列车

表1-1 综合检测列车主要检测项目一览表

国家	型号	最高检测速度(km/h)	完成年份	主要检测项目
意大利	阿基米德	220	2003	信号系统、路网环境、接触网、GSM/GSM-R、定位系统、轨道测量、运动动力学、各种视频及环境监测
日本	Doctor Yellow East i	210 275	1975 2002	信号系统、线路视频监测、接触网、轨道测量、定位系统、无限通信
法国	IRIS320	320	2006	轨道几何参数、信号系统、接触网、GSM/GSM-R、环境视频监测、转向架和车体加速度
英国	NMT	200	2006	轨道几何参数、接触网、车辆动态响应、视频监测、钢轨表面损伤、轨枕和扣件状态
中国	0号综合检测列车 CRH380A-001 CRH380B-002	250 350 400	2008 2010 2011	轨道几何参数、动力学、接触网、信号、通信、线路环境等

1.2.2.3 其他动检技术

轨道几何形位具有时变特性,仅依靠轨检车检测无法满足高速铁路高标准维护要求、庞大的路网需求和检测频度要求。通过功能相对单一的便携式人工添乘仪和轨道动态测试仪可方便、快速而广泛地检测列车的运行品质,进而判断线路的大致状态,再辅以人工检测,可进一步确定需要临时维修的处所(图1-7、图1-8)。人工添乘仪通过加速度传感器测量机车的垂直、水平振动加速度,可检测到较严重的晃车点,作为维修保养的依据。该类装置成本低廉、体积小、使用方便,如北京铁路局研制的"机车车载式线路动态检测系统"、上海铁路局研制的"机车车载轨道安全检测系统"等,但因引起列车晃动的因素较多、干扰较大,检测效果并不理想。轨道动态测试仪是一种检测轨道平顺性,辅助铁路养护、检测和维修的便携式小型检测仪,如ZT型轨道智能添乘仪。该类设备通过加速度、速度传感器测得机车运行时车体的振动和车速等信息,经数据处理后,对照动态检测评分标准确定线路的不平顺等级,并根据里程通知到线路维修部门进行维修。该装置简单实用,但操作较复杂,定位精度差,功能有待进一步完善。随着时代的进步,以添乘设备开始与智能手机等通用设备和云网大数据技术结合,预计未来将出现以现代物联技术为基础的新型轨检技术。

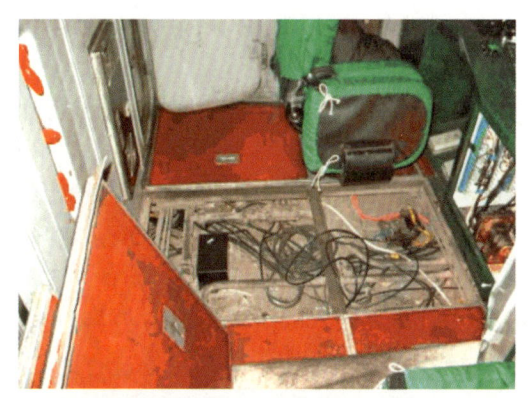
图1-7 车载轨道动态监测系统

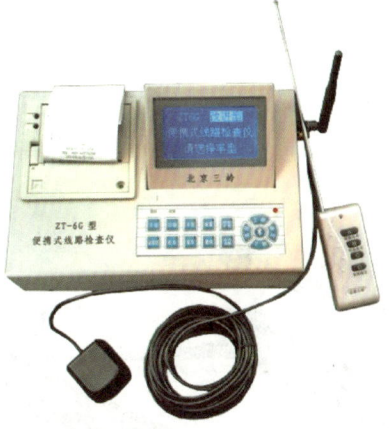
图1-8 便携式智能添乘仪

1.2.3 轨道静态不平顺检测技术的发展现状

轨道静态几何形位检测是直接指导养护维修作业的常用手段,过去主要依靠道尺、弦绳等检测工具,检查精度低、速度慢、效率低、波长受限、劳动强度大,难以适应高速铁路的运营需求。各国先后研发了操作方便、精度较高、检测速度快的便携式轨检仪,与轨检车互为补充,实现"动、静检测结合"。轨检仪是一种准空载条件下检测轨道静态几何参数的便捷工具,以人行手推方式进行检测,也称"轨检小车",有绝对测量小车和相对测量小车两种。其主要采用电测传感器、便携式电脑等先进检测和数据处理设备,检测轨距、水平、超高、正矢、轨向、高低、扭曲等轨道静态几何参数。轨检仪主要采用弦测法测量轨向和高低。如日本 KANEKO 简易轨道检查小车,主体由车架、方向标准杆、高低基准杆、走行轮及各误码差测定传感器构成;能同时检测 20 m 弦长的左右高低、左右轨向、轨距、水平、超高、扭曲等;测定精度高,功能全面,具有自动输出数据和存储等功能。美国、俄罗斯、波兰、匈牙利等国的轨检仪与日本类似。我国在高速铁路建设过程中大量引进了德国 GEDO 和瑞士 GRP 轨道测量小车。GEDO 轨道检测系统通过全站仪及轨检小车内部高精度的传感器和现代高科技的通信手段,获取轨道线形的状态参数,具有无线传输、自动跟踪、自动检校、参数计算、性能稳定、操作方便等特点,主要由 GEDO 轨检小车(图1-9)、TrimbleS6 全站仪(内置电台)、TSC2 控制器组成。GRP1000 测量系统主要由 TGSFX 手推轨检车、GBC100 棱镜和 GRPwin 测量和分析软件包三大部分组成。TGSFX 轨检车内安装高精度的传感器装置,用于测量轨道高低、轨向(短波和长波不平顺)、水平、轨距、里程,单独使用 GRP1000,可以测量轨道静态几何参数,为了满足对轨道三维绝对位置坐标的精度要求,需要用 LEICATPS 全站仪来对 GRP1000 定位,上述定位测量通过全站仪

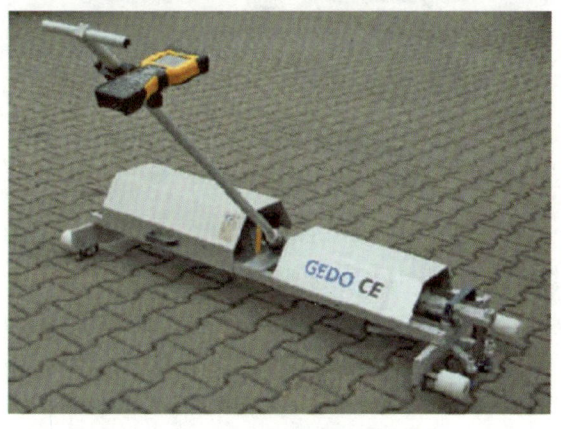
图1-9 GEDO轨检小车

的自动目标照准功能以及与 GRP1000 之间持续的无线通信来实现。国内多家单位如南昌大学、中南大学、太原理工大学、湖南大学、西南交通大学、上海铁路局、成都铁路局等均开发了功能类似的轨检小车,在铁路养护维修作业中起到了积极作用。

为了满足长波长不平顺的快速检测需求,国内还研制了轨道几何形状激光长弦检测小车(图 1-10)。其原理是利用激光发射器从坐标已知点发射一束激光到另一坐标已知点(激光接收起点),形成一个激光线段,以这一激光线段为弦线,对线段起点到终点的轨道两条钢轨的坐标进行测量,测量出两条钢轨各点的相对坐标,用起点和终点的坐标进行修正,把相对坐标转换成绝对坐标,测量值与理论值进行比较得出轨道几何形状偏差量。但这种轨检仪检测精度低、功能不够全面、造价较高,只能检测方向和高低不平顺,检测速度较慢。

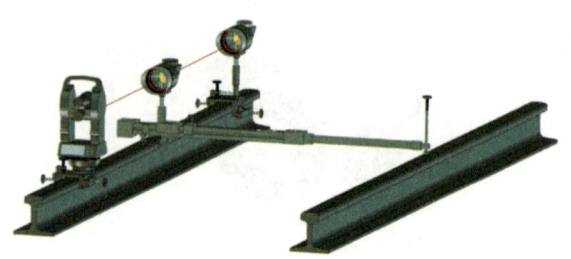

图 1-10 轨道不平顺激光检测小车

相关文献[30]研究了"以小推大"轨道不平顺虚拟弦测法空间曲线检测理论,力图解决幅值增益在空间频域内随不平顺波长变化而变化的技术难题。图 1-11 为用于相对测量的铁路轨道检查仪和用于绝对测量的客运专线轨道几何状态测量仪。经在京沪高速铁路建设中应用表明,利用三维精密控制网控制桩点(CPⅢ)精确测量确定轨检仪起、终点坐标,中间部分则采用动态跟踪测量模式,高密度自动检测线路左右轨及中线坐标、轨顶高程以及轨距、水平、高低和方向等轨道静态参数,这种动静结合的联合检测速度约为 1 300 m/h。

图 1-11 动静组合式轨检仪

图 1-12 GPS/INS 不平顺检测样车

另一种高效检测方法是基于 GPS/惯导测量(INS)的检测理论研发新型轨检仪(文献[31])。这一方法是利用 GPS 高精度的测角功能提供角度定位与修正功能,利用惯导系统获取轨检仪的空间运动姿态(运动角度),并通过感知轨枕编号实现纵向定位,从而得到未知轨道的空间曲线状态,这是一种不同于测量位置在绝对或相对坐标系中的笛卡尔坐标,而直接测取测量位置相对惯性基准的偏角获取空间曲线形状的新方法。此系统测角误差约为 0.01°,测量速度可达 20 km/h,其优势是可不依靠 CPⅢ精测网独立工作,检测速度快、精度高,是一种实现长波不平顺高效检测的理想方法。但受传统检测理论与方法的制约,不太容易为现场所接受,且无法保证控制点(桥、隧、岔)的位置,采用单轨检测与平台感知,两钢轨间的相对状态需要计算,平台与轨条曲线空间状态的一致性有待验证;需要结合我国现行不平顺管理方法和控制点的绝对定位需求,实现动静结合,完善检测方法,构建新的不平顺检测理论与评估方法,指导现场维护。图1-12为某新型轨检仪样车。

轨检车和综合检测列车虽具有高效、高速、综合测量等特点,但装备率和便利性皆不足以支撑工务部门的日常养护要求;且工务养护作业均是在静态(或准静态)条件下完成,而动静态检测结果存在一定差异,动检目前只能用于快速评估,静检用于具体指导维修,因而动、静(检)互补而相互不可替代。

1.2.4 其他相关检测技术的发展与应用

1.2.4.1 巡道技术

巡道是保证轨道结构完整性,识别部件伤损、劣化的主要手段之一,也是发现轨道几何状态不良的最直接手段。

巡道一般通过两种方法来进行检查:一种是大量的巡道工人沿线目视巡查,此方法难以满足依靠"天窗"检修的高速铁路维护需要。另一种是巡道车上装有视频采集系统,沿线采集视频图像,通过图像识别技术或人工监视排查问题;同时巡查钢轨、道岔及连接零部件有无损伤,轨道部件如钢轨、扣件、轨枕、道床等的状态有无异常、路基病害,有无侵入界限,有无膨胀跑道及其他线路故障等。基于以上两种方法获取线路状况的检测数据,提供给线路维护相关工作人员,进行线路维护。

在我国,长期以来一直依赖人工巡检,效率低下,而且检测受环境、天气、人员工作状况、安全防护等影响。因此利用图像处理和计算机视觉技术开发具有更高检测效率和准确性的巡道车视频处理系统具有很大的经济意义和社会意义。随着计算机视觉技术和图像处理技术的应用及发展,对巡道车采集的视频进行进一步的处理,为线路检测打开了一个新的局面。巡道车首先将视频采集设备挂在巡道车上,跟随巡道车采集线路视频,然后利用图像处理技术对采集的视频进行处理,实现铁路线路问题的自动检测。巡道车视频处理系统为线路检查提供了更有效、更经济的途径,通过实时视频图像检测系统,为维修部门提供快捷、可靠的数据依据。可以自动快速检测线路状态,缩短检修时间,把巡道工人从繁重的体力劳动中解脱出来,保障了巡道工人的人身安全,适应提速、高密度行车的要求,同时也保证提速后列车的运行安全,具有重大的经济效益和社会效益。巡道车及空载动车组还可作为确认车,在每天"综合天窗"维修后,高速列车开行前,对轨道几何状态、轨道部件、建筑限界、轨道障碍物等设施进行检查、确认。

20世纪70年代末,各国开始将图像处理和分析技术应用于轨道缺陷检测,但即使是在美国、日本、澳大利亚等发达国家,也没有很好地解决这类问题。究其原因,一是受制于计算机硬件的发展水平,二是受制于计算机图像处理与仿真技术的限制,在关键技术领域还未突破。近年来,计算机普及与发展、计算机图像处理与仿真技术的完善,使得此项目研究得以迅速发展与应用。目前比较有影响的是美国ENSCO公司研制的VIS轨道视频检查系统,该系统采集内容包括检查车途经线路的全彩色前视图(场景图像)、轨道部件和道床路基的高分辨率黑白图像。

德国Atlas Elektronik公司开发的RAIL CHECK光电式轨道检测系统被广泛安装在德国的轨道检查车上,用于对钢轨、扣件、轨枕及道床的伤损和缺陷进行探测和分类处理。在轨检车测量运行过程中,该系统采用数字摄像机连续地采集、储存被检测线路的图像数据,并利用现代图像处理技术对图像进行特性分析。一次测量运行之后，在计算机上既可以对整个线路也可以仅为某个特定的病害点进行判断。用户可以利用 RAIL CHECK 系统在计算机上有效地规划线路维修养护工作。

日本 1997 年 JR 东海开发的由三辆车构成的综合检测车，第二辆为轨道检查车，其中有应用图像处理技术实现测量扣件状态和道床形状。

荷兰通过采用轨道视频检测装置改变了以往人工巡道检测方式。Eurailscout 公司协助铁路部门研制了视频检测列车，它由一台机车改造成检测记录车，安装了八架摄像机：两架全景摄像机，一架面向前，另一架面向轨道，摄像机安装高度为 1.7 m，模拟人工巡道，摄取的彩色图像分辨率为 1 392×1 032 像素；四架彩色线扫描摄像机的分辨率为 1 mm×1 mm，测距为 800 mm，记录钢轨的内外沿；两架黑白线扫描摄像机的分辨为 1 mm×1 mm，每台测距均为 1.5 m，共同显示线路的状态。视频检测列车的运行被纳入日常行车计划，可对道岔锁闭器、转辙机电机和辙叉进行评估。由于图像的分辨率非常高，可及时发现钢轨出现的细小裂缝、辙叉损伤、毛刺的形成、焊缝损伤及其他缺陷。如果发现缺陷，在缺陷处理前，每次检测后对相关区域进行检查。

中国铁路西安局研制了 VL‐1 型线路视频巡道车，在每台车的车顶前端各安装了两个 YFW6210 遥控探照灯和一个摄像机控制平台，在车后轴中间部位安装了一个加速度传感器，车上安装的高精度现场视频摄取和记录设备，具有快速、准确的现场视频图像捕捉功能，能完成人眼所不能完成的工作。在高速运动状态中，仍能清晰记录线路的视频图像数据，并用图像压缩格式记录成计算机文件；当回到基地后，利用基地设备可以完成图像数据的回放、慢放、定格等功能，来完成线路的仔细观察和分析。车上装有线路里程记录系统，可完成故障路段的准确定位。车上装有车辆振动加速度检测系统，能自动完成车辆水平、垂直振动加速度的检测与分析。车上装载的计算机系统可以完成巡道过程中的数据采集和处理，输出作业结果报表。

为了保证和监督巡检工作质量，从管理上制定了巡检人员的检查路线和工作标准，对走行速度、时间以及检查项目、工作标准等都做了严格规定。但是由于线路巡检工作有分散、独立的特点，并且是在夜间停运后工作，为避免巡检人员对某些采集点的漏检给铁路运营安全带来隐患，我国还开发了便携式巡检仪，采用 GPS 全球定位系统的卫星定位技术，在巡检过程中将采集点的经纬度、走行状况及巡检时间作为一条记录存储起来。管理人员每隔一周将巡检仪收回，利用专用的通信电缆从巡检仪中读出记录，由计算机对采集点信息进行分析处理、汇总，打印出报表，从而为解决线路巡检点多、线长、人员分散等问题提供了技术上的保障。在人工指令下，还可完成所检测设施故障信息的记录存储，并通过外围接口向外部输出所记录的信息，具有高精度、高可靠性和实时性等优点，提高了铁路沿线设施巡检的效率和可靠性，同时还起到了对巡检进行有效监督的作用。

中国铁道科学研究院与中国铁路上海集团有限公司在钢轨探伤车上安装视频巡检系统和探地雷达检测系统，形成集钢轨探伤、工务巡检、路基及道床病害检测等多功能于一体的综合检测列车，有关轨道结构完整性及部件性能的大部分检测技术得以解决。

1.2.4.2　刚度检测技术

因高速铁路大量采用无砟轨道，其扣件系统刚度的合理设置与沿线路纵向的均匀化对高速列车行车舒适性具有十分重要的影响；但在运营过程中，随着橡胶垫层的老化，其动静刚度是逐渐增大的，但如何评定橡胶垫层的失效及更换周期，缺乏快速、有效的检测手段。现场采用抽样测试的办法效率低，且轨道刚度沿线路的分布情况更是无法掌握。某高速铁路在联调联试时，曾发现扣件节点刚度分布极端不均匀时,有可能导致减载率超限,危及行车安全。因此及时掌握轨道刚度的分布状态很有必要。美国、日本和瑞典曾基于激光检测技术测量车轮前后的钢轨位移,开发了一种弹性检测车。2011年,中国铁道科学研究院研制出新的移动式线路动态加载试验车(文献[43]),该车由试验车和动力加载车两部分组成,其主要通过检测移动的准静态荷载作用下轨面的位移来实现刚度检测。为减少轨道静态不平顺和列车振动等因素的影响,采用了双弦测法来提高检测精度,该方法通过分别测量加载前后弦测值差作为刚度计算依据。试验车垂向最大加载力(单轴)为350 kN,横向最大加载力(单轴)为100 kN,轨道变形测试精度为0.2 mm,加载控制精度优于5%,加载时最大运行速度60 km/h,最大联挂运行速度160 km/h。

现有研究表明[44]~[46],轨道刚度是一个非常复杂的系统参数,具有高度的非线性特性,不但与轨道及其下部基础的结构型式相关,还与结构组成、材料、环境和荷载特性等有关,特别是与环境温度、荷载频谱特征等有关,并衍生出诸如动刚度、动柔度和宽频动刚度等概念。高速列车与轨道及下部基础子系统相互作用时,系统刚度更多地表现为随时间、空间、环境和荷载特性而不断变化的状态,如何科学测定、评估轨道刚度及其变化对高速行车的影响,还需要做大量工作。

1.2.4.3 钢轨廓型检测技术

随着高速铁路运营经验的积累,以轨面管理为核心的钢轨廓型检测愈显重要。研究表明,高铁列车的平稳运营与钢轨上轮轨接触迹线(俗称"光带")的状态紧密相关。借由精细的轨面管理消除高速铁路轨道短波不平顺,形成稳定的轮轨接触关系,是高速铁路轨道几何状态检测的一个重要方面,其核心技术为磨耗检测、波磨检测和钢轨廓型检测与评估。通过波磨尺可以较好地实现钢轨波磨高精度测量。为实现钢轨廓型的快速检测与评估,涉及的主要检测手段包括磨耗尺、波磨尺、钢轨廓型仪(图1-13)和移动式钢轨廓型小车(图1-14)等。移动式钢轨廓形小车一种方便易用、移动式、非接触、连续测量的钢轨磨耗静态检测仪,其基本原理是采用光学成像原理(图1-14),选用激光三角法位移传感器在钢轨顶面形成轮廓线,然后测得该轮廓线的空间坐标,即得到钢轨的顶面轮廓,并与标准钢轨相比较得到其磨耗状态,并根据磨耗状态提出相应的打磨策略。

图1-13 Miniprof钢轨廓型仪

图1-14 移动式钢轨轮廓小车

1.2.5 轨道状态监测技术的发展与应用

轨道结构的检测技术一直作为指导轨道维护的主要手段而备受关注,随着高速铁路"天窗修"检修机制的建立,白天运营期间成为轨道状态检测盲区,存在着巨大的安全风险。目前正不断探索各种轨道结构的监测理论及方法,并在特殊地段进行试用,以监代检,尽量减少监管盲区,弥补轨道检测技术的不足。但针对可能引起各种轨道不平顺的轨道结构及下部基础关键状态监测理论与方法仍须不断探索,还远未达到实用化程度,如无缝线路状态监测、路基沉降监测、高速道岔监测等,更形不成系统全面的高速铁路轨道监测技术体系。

1.2.5.1 无缝线路状态监测系统

高速铁路采用跨区间无缝线路技术,胀轨引起的轨向等几何平顺性问题和断轨所引起的突发性局部不平顺问题均严重威胁行车安全,防断防胀成为无缝线路管理的重点难点。加之高速铁路多采用无砟轨道和大号码无缝道岔、桥上无缝道岔、长大桥梁桥上无缝线路等轨道结构新技术,无缝线路的工作状态将影响轨道部件的功能、工电接口、线路平顺性等多个方面,严重时甚至会破坏轨道部件,形成"死弯"等。在高温季节,轨条纵向压力过大可能发生胀轨跑道、轨道抬升、胶垫窜出、部件损伤等问题;低温季节轨条纵向拉力过大,则极易诱发断轨。这些问题一旦发生都将严重危及行车安全,掌握轨条内纵向应力、轨温及钢轨纵向位移是监控和评估无缝线路安全的关键。国内外的研究人员曾基于钢轨材质在应力作用下呈现不同的物理力学、声学、电磁学、材料学性能等原理,采用应变法、挠曲法、标定法、巴克豪森噪声法、磁通量法、声音放射法、X射线法、磁导率法、音响弹性测量法、超声波法等多种方法,试图测定轨条内的纵向力;但受制于钢轨材质的非均匀性,钢轨断面几何尺寸的多变性,工作环境的强磁强电性,气候及温变、荷载作用的复杂性,测试时间的持续性及原位无损检测的需求等因素,至今还没有一种完全成熟的、可适应于高速铁路无缝线路的轨条纵向力测定理论与方法。在轨温检测方面,一般采用温度传感器测试,测试元件每隔一定距离安装在轨腰上。位移测定则多采用每隔一定距离设定观测桩的方式获得。通过建立无缝线路的检测理论与评估方法,可对应力、温度及位移变化进行监测,结合线路特征可以辨识一定的压力、温度和位移条件下存在断轨、轨道变形或两者兼而有之。

在断轨监测方面,我国主要有基于轨道电路的牵引回流断轨检测技术和无轨道电路的钢轨阻抗断轨检测技术。轨道电路是中国铁路信号系统中的基础设备,具有列车占用检测、向列车传送控制信息及断轨检测等功能。目前在我国广泛使用的轨道电路类型有相敏轨道电路、ZPW-2000A 无绝缘轨道电路等。基于轨道电路的断轨检测原理如下:包括主轨道电路和无绝缘轨道电路调谐区,主轨道电路与无绝缘轨道电路调谐区作为短小轨道电路,它能够实现轨道电路全程断轨检查,当检测区段内无列车通过且钢轨完整时,由两根钢轨和轨道继电器构成电流回路,使轨道电路继电器衔铁吸起,前接点闭合,信号开放;而当轨道电路区段内有钢轨断裂情况发生时,接收器处的轨道继电器由于信号电流消失而释放,区间轨道电路显示红光带,发出列车停止信号,提示断轨。该检测技术的最大特点是当有断轨发生时能立即向列控中心发送报警信号,满足实时动态轨况监测要求。但是轨道电路本身受道床参数情况影响较大,在道床泄漏阻抗小和南方一些雨水充沛的地区经常会发生轨间短路、红光带误报等故障情况;同时存在增大电气化区段回流系统复杂程度、电气绝缘轨道电路结构复杂、造价昂贵、维修困难等缺陷。无轨道电路的钢轨阻抗断轨检测技术是将被监测区段整体作为一个传感体,通过对监测区段输入阻抗变化进行自动跟踪和捕捉,利用轨道电路集中、分布参数原理,自动完成钢轨折断的故障报警和故障点位置判别。断轨监测轨道电路是以划定的检测区段的两根钢轨作为导体,两端以钢轨绝缘分界,并用导接线连接前端发信单元和终端无源脉动单元构成的电路。该电路以闭路方式构成,平时两根钢轨完好、无列车占用时,信号通过两根钢轨和脉动单元,使发送单元的检测元件上有脉动信号存在,表明轨道电路在正常状态;当列车进入该区段后,信号便经列车轮对分路,不经过终端脉动单元,这时在发信单元中无脉动信号存在,且呈现一种低阻状态,反映轨道电路处于列车轮对分路状态;当监测区段中发生钢轨折断时,经过发信单元电路的电流很弱,且不经过终端脉动单元,对发信单元输入端而言,电阻跳变增大,表明断轨状态。与传统的轨道电路相比,不用电缆而是直接利用钢轨进行信号传输,造价较高。

总之,根据现行修制修程,高速铁路轨道检修只能在夜间"天窗"进行,而白天运营期间要经过一个完整的升降温过程,特别是高温季节,无缝线路状态监控的风险是不言而喻的。通过以监代检、以点代面,以长大桥、隧道口、道岔区及其前后、各类过渡段等关键区段为对象,可研究建立高速铁路无缝线路状态的监测理论与方法。

1.2.5.2 基础沉降监测系统

轨道基础沉降是引起高速铁路轨道不平顺的原因之一,因其具有隐蔽性而不易被察觉。为保障高速铁路安全,以路基沉降监测技术为代表的各种沉降监测系统应用较广。因高速铁路采用了大量的无砟轨道结构,在路基上若发生沉降,不可能像有砟轨道一样,通过抬道、捣固维修措施方便地恢复轨道平顺性,只能通过扣件来调整。因此在区域性沉降、软基处理不良的地段需安装无砟轨道基础沉降监测系统。目前常用的监测方法有监测桩、沉降板、沉降杯、分层沉降仪、剖面沉降仪、GPS 监测法、InSAR 测量、光纤光栅法等。由于传统的路基沉降监测技术主要为人工监测,自动化程度低,需要在施工中预埋传感元件,而新的监测技术存在着稳定性不良、环境适应性差等诸多不足。图 1-15 为高速铁路下部基础沉降示意图。

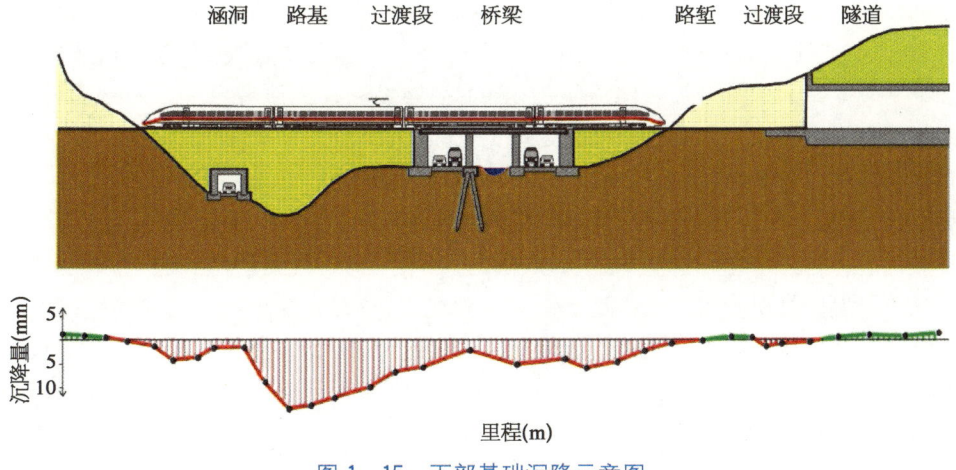

图 1-15 下部基础沉降示意图

1.2.5.3 其他监测系统

在诸如长大桥梁、大号码道岔等特殊结构因存在结构性不平顺,易引起轮载过大、减载或脱轨等问题,威胁高速铁路安全。针对此类新型结构,在联调联试和运营初期,通过布设的各种动力性能测试元件,在地面监测轮轨作用力、轨道结构部件的应力、位移、加速度等,据此来评判结构在高速行车条件下的性能演变规律。此外,高速铁路还建有地震预警系统、气候监测系统、轨道限界及落石监测系统等,作为高速铁路防灾监测系统的组成部分。

1.3 高速铁路轨道平顺性检测面临的主要挑战

在高速铁路运营实践中,针对轨道平顺性检测,建立动静结合、大型检测车与小型检具结合、检监结合的立体化综合检测与评估体系,有力保障了高速铁路运行安全。随着高速铁路大范围的应用和服役时间不断增长,也暴露了许多深层次问题,有待深入研究。具体表现如下:

(1) 基于特定波长-幅值管理方法与轨道平顺状态、列车敏感波长的关系有待厘清。

弦测法是普通应用的轨道不平顺检测方法,实践证明行之有效,但弦线中点矢距与轨道不平顺的传递函数并不恒为"1",这表明其并不能真实、客观地反映轨道不平顺状态。此外,列车自身构造特性使其只对某些特定的频率成分敏感,高速行车条件下,如何有效、低成本地维护轨道几何状态?

法国、德国、日本等国在长达十年的高速铁路运营实践中,总是发现存在不明原理的晃动,频率约为 1 Hz 左右,故称"1 Hz 现象";经过多年的理论与实践研究,发现轨道几何状态是激起高速列车振动的根源。由于高速列车车体自振频率约为"1 Hz",为此需要控制 $\sqrt{2}/2 \sim \sqrt{2}$ Hz 的轨道不平顺激励,以防止"1 Hz 现象"发生。对于 200 km/h、250 km/h、350 km/h 的线路,对应的不平顺共振波长分别为 39.3~78.6 m、49.1~98.2 m、68.7~137.5 m。显然不同的运营速度、不同的列车构造,需要控制的敏感波长及幅值不同,从 40~140 m 的不平顺均处于高速铁路轨道结构不平顺的控制波长范围,而目前能有效管理的波长不超过 70 m,且只针对诸如 10 m、20 m、40 m 和 70 m 的特定波长。长波不平顺检测正受到空间跨度、高精度、高工效的制约,传统的弦测法难以真实反映与列车动力行为密切相关的轨道几何空间状态,且能代表的敏感波长极为有限,需要在检测理论上寻求全新的突破。此外,京沪高铁徐州段内亦出现高速列车与轨道结构高频振动引起的波纹磨耗和弹条断裂行为,表明精细的轨面管理及短波控制也极为重要。因此在多种不同波长、波幅和性质的复合不平顺交织的条件下,面对 2 万多千米的高速铁路,深入研究合理的不平顺管理方法,建立高效的长波不平顺检测与线路平顺性评估理论。

(2) 亟待建立基于多源数据融合的不平顺感知与评估技术。

在高速铁路大规模应用的背景下,飞速发展的各种动、静检技术通过高速、智能化、大数据化手段及时跟踪着其时变状态,沉积着海量的数据,有力地支撑着高速铁路轨道平顺性的检测需求。这些数据从不同侧面反映着轨道几何状态这一客观现象,隐含着极其重要的轨道结构及下部基础子系统的健康劣变信息。但是高速铁路对轨道几何状态高度敏感,高速行车条件下轮轨关系极为复杂,激起列车晃车的不明原因仍时有发生,如何充分有效地利用海量检测数据,深度发掘、自动识别病害类型,查找病害成因,快速准确定位病害点,及时有效地指导养护维修作业,还有大量的工作亟须努力。

随着信息技术的不断发展,应建立基于多源数据的大型数据仓库和集中管理平台,并通过数据融合、深度发掘,开发智能算法,尽可能多地感知数据所能带来的信息,更为深入、客观地评估轨道的不平顺状态及其演变规律。由于高速铁路运行速度的提高及对轨道几何不平顺检测波长、检测精度及检测速度等要求的改变,需要进一步发展宽频、多波、动静结合的轨道不平顺控制理论及快速、高精度、检监结合的轨道不平顺检测与评估理论。

(3) 加强无缝线路状态及断轨监测,管控恶性钢轨伤损事件。

跨区间无缝线路是高速铁路轨道结构的关键技术之一,极大地提升了高速铁路的平顺性;但因受温度升降的影响,结构内将产生较大的温度力,当温度压力过大时轨道易产生胀轨变形,引起平顺性甚至稳定性问题;当温度拉力过大时增大断轨的风险,危及行车安全。但无缝线路具有时域可变性和空域复杂性的特性,随着时间的推移和列车的碾压,轨道内的温度力会不断发生变化,并易受下部基础及轨道结构影响。无缝线路的状态随环境温度改变且沿空间长度连续变化的特点为全面、长期监测无缝线路状态带来了极大的困难。对诸如应力、位移等常见物理量,均很难实现长时间稳定、可靠及高精度的大范围测量。通过采用科学合理的无缝线路监测策略,探索先进的监测技术,开发可靠、高精度且能长时间稳定工作的传感器件,研制低工耗数据采集、传输与处理技术,研究无缝线路状态识别理论与方法,可建立起无缝线路状态监测成套系统。其中,监测技术的研究与传感器件的开发是问题的重点、难点所在。

钢轨是轮轨关系的支承载体,在轨道工程中具有不可替代的作用,但不断运营的列车将磨损、压溃轨头,过大的轮轨作用力还可能伤及钢轨其他部位,因无缝线路产生的温度拉力可能进一步激化这些病害,最终导致钢轨断轨。这一突发性的轨迹中断是一种极为特殊的不平顺,对行车安全威胁极大,必须加以管控。在轨道电路区段,可以依靠轨道电路来识别钢轨折断,通过探伤车以一定周期侦测钢轨伤损;但对于无轨道电路区段、道岔区等,无法由轨道电路的红光带提供报警,道岔区的心轨、尖轨等可动轨件也不便于高效的探伤作业,周期性的探伤可能存在漏探误探的问题,这些均带来了一定的风险,不利于保障行车安全。深入研究钢轨裂纹形成、发展机制,开发钢轨伤损监测技术,特别是针对诸如道岔区、焊接接头、无轨道电路区段的监测,管控好断轨等恶性事故形成突发性不平顺,具有重要的现实意义。

(4) 发展考虑动载特性的轨道刚度在线识别与评估技术。

刚度是表征力作用下结构变形的能力,包括两方面的含义:抵抗静力荷载的能力和抵抗交变荷载的能力。前者常称为静刚度,后者则称为动刚度。轨道系统动刚度是衡量轨道系统减振能力及动态响应的主要指标,它在数值上等于安装在轨道系统上的钢轨产生单位振幅所需的交变力。动刚度越大,钢轨在交变力作用下振幅越小;反之,动刚度越小,振幅越大。动刚度是频率的函数,以往所测试的轨道扣件系统的动刚度都是通过疲劳机来加载,但是往往只是加某一固定频率下的动载,所以所得到的动刚度也只是某一固定频率下的动刚度;然而要揭示车辆-轨道耦合系统在列车宽频激励下的振动规律,必须要研究轨道系统在全频段的动刚度及劣变规律,并评估其对高速列车行车安全性、舒适性的影响。

针对上述挑战,下述各章将着重围绕影响高速铁路平顺性的动、静平顺性检测与评估理论,严重影响轨道突发性平顺状态的无砟轨道伤损、道岔钢轨裂纹伤损、无缝线路温度力作用等展开详细讨论。主要包括弦测理论的基本原理推导及一弦 N 点弦测优化方法(第 2 章)、基于敏感波长的加权不平顺评价方法(第3章)、轨道结构宽频动刚度理论与检测技术(第4章)、无砟轨道伤损检测的高阶模态法(第5章)、无缝线路温度应力的异包层光纤光栅传感法(第6章)和基于声发射技术的高速道岔裂纹理论与方法(第7章)等。

限于作者水平和目前研究的进展,无法面面俱到、全面系统地概括高速铁路轨道平顺性检测面临的所有技术难题,只能重点讨论当前最为迫切、对行车安全性影响较大且关注度较高的关键技术问题,侧重研究轨道不平顺快速检测理论与评估、轨道刚度移动检测理论及其相应的检测技术与方法、无缝线路状态监测理论。面对不断发展和完善的轨道检测技术,探索建立基于点、线、面立体交叉感知信息的轨道结构安全服役综合评价体系,为面向工务维护的检测应用平台的研发提供参考,实现轨道系统运营安全的闭环控制。

总之,高速铁路轨道结构的检测体系十分庞杂,检测项目多、涉及领域广、学科交叉性强,需要采用大量的检测和监测新技术,虽然铁路科研工作者对高速铁路轨道结构的高平顺性检测和监测技术研究十分重视,前期取得了较多的研究成果,但在当前高速铁路安全运营的压力下,以现代信息和传感技术为支撑的高速铁路轨道高平顺感知、辨识和评估体系必将迎来新的发展契机。

参考文献

[1] 翟婉明,赵春发,夏禾,等.高速铁路基础结构动态性能演变及服役安全的基础科学问题[J].中国科学:技术科学,2014,44(7):645-660.
[2] 王平,陈嵘,陈小平.高速铁路道岔设计关键技术[J].西南交通大学学报,2010,45(1):28-33.
[3] 王平,刘学毅,陈嵘.我国高速铁路道岔技术的研究进展[J].高速铁路技术,2010,1(2):6-13.
[4] Kaewunruen S, Remennikov A M. Field trials for dynamic characteristics of railway track and its components using impact excitation technique[J]. NDT & E International, 2007, 40(7): 510-519.
[5] 翟婉明,赵春发.现代轨道交通工程科技前沿与挑战[J].西南交通大学学报,2016,51(2):209-226.
[6] 中华人民共和国铁道部.高速铁路有砟轨道线路维修规则(试行)[M].北京:中国铁道出版社,2013.
[7] 中华人民共和国铁道部.高速铁路无砟轨道线路维修规则(试行)[M].北京:中国铁道出版社,2012.
[8] 柳明.开展工务数字化系统的建设与思考[C]//中国铁道学会工务委员会.2012铁路工务信息化学术研讨会论文集.北京:2012铁路工务信息化学术研讨会,2012:63-66.
[9] Sadeghi J, Askarinejad H. An investigation into the effects of track structural conditions on railway track geometry deviations[J]. Journal of Rail and Rapid Transit, 2009, 223(4): 415-425.
[10] 全顺喜,王平,伍曾.客运专线无砟轨道道岔精调系统的研究与应用[J].铁道标准设计,2010(2):36-39.
[11] Burgarmo M R, Diaz-de-Villegas J M G. Geometric-dynamic optimization in turnout switches[J]. Railway Design and Management, 1994(6): 329-336.
[12] 乔小雷.轨检车检测技术的比较研究[J].城市轨道交通研究,2009,12(6):33-39.
[13] Brebbia C A, Wadhwa L C, Madejski J. Light rail, tram track and turnout geometry measurement and diagnostic tools[J]. Urban Transport, 2005, 77(3): 185-195.
[14] 徐其瑞,许建明,黎国清.轨道检查车技术的发展与应用[J].中国铁路,2005(9):37-39.
[15] 翁绍德.轨道检测新技术及新型轨检车的研制[J].中国铁路,1995(3):27-29.
[16] 赵国堂,凌昌平.我国轨检车技术的发展方向[C]//中国铁道学会.中国铁道学会2000年学术年会论文集.北京:中国铁道学会2000年学术年会,2000:30-32.
[17] 岸本哲.高速軌道檢測車[J].JREA,1980,23(5).
[18] Yang T L, Howerfer E D, Inman R L. Inertial and inductive measurement technigues for track geometry[J]. ASME Publication, 81-WA/DSC-18.
[19] Czop P, Mendrok K, Uhl T. Application of inverse linear parametric models in the identification of rail track

irregularities[J]. Archive of Applied Mechanics, 2011, 81(11): 1541-1554.
[20] 陈东生,田新宇.中国高速铁路轨道检测技术发展[J].铁道建筑,2008(12):82-86.
[21] 岳中涛,刘志杰.轨道不平顺的动态检测及超限峰值的数据处理[J].铁道学报,1991(1):78-88.
[22] 余祖俊.轨道交通线路几何安全状态动态检测技术研究[D].北京:北京交通大学,2008.
[23] 陆珠兴,苏燕辰,李华超.轨道长波不平顺检测系统设计[J].中国测试技术,2007,33(2):16-18.
[24] 郑树彬,林建辉,林国斌.基于惯性法的磁浮轨道长波不平顺检测及其实现[J].电子测量与仪器学报,2007,21(1):61-65.
[25] 刘伶萍,魏世斌,赵延峰,等.GJ-6型轨道检测系统的研制与验证[J].铁路技术创新,2015(2):53-56.
[26] 魏世斌,刘伶萍,赵延峰,等.GJ-6型轨道检测系统[J].铁道建筑,2011(11):98-101.
[27] 吴国栋,张玉,李霞.利用轨检车添乘仪检测资料指导线路维修工作[C]//中国铁道学会,詹天佑科学技术发展基金会.轨道交通建设运营及装备安全技术交流会论文集.北京:轨道交通建设运营及装备安全技术交流会,2011:183-187.
[28] 王洪峰.轨道三维检测系统的研究[D].南昌:南昌大学,2008.
[29] 刘明杰.无砟轨道激光长弦轨检小车检测及精调技术[J].铁道建筑技术,2009(7):122-125.
[30] 朱洪涛,魏晖,王志勇,等.轨检仪弦测法"以小推大"检查轨道轨向不平顺的理论研究[J].铁道学报,2007,29(1):36-40.
[31] 苏瑞明,朱茂栋,朱明宏.INS+GPS组合导航技术在铁路轨道平顺性检测上的应用研究[C]//中国测绘学会.中国测绘学会2012工程测量分会年会论文集.沈阳:中国测绘学会2012工程测量分会年会,2012:18-19,28.
[32] Coccia S, Bartoli I, Marzani A, et al. Numerical and experimental study of guided waves for detection of defects in the rail head[J]. NDT&E International, 2011, 44(1): 93-100.
[33] Zerbst U, Lundén R, Edel K O, et al. Introduction to the damage tolerance behaviour of railway rails — a review[J]. Engineering Fracture Mechanics, 2009, 76(17): 2563-2601.
[34] Haidemenopoulos G N, Zervaki A D, Terezakis P, et al. Investigation of rolling contact fatigue cracks in a grade 900A rail steel of a metro track[J]. Fatigue & Fracture of Engineering Materials & Structures, 2010, 29(11): 887-900.
[35] Cannon D F, Edel K O, Grassie S L, et al. Rail defects: an overview[J]. Fatigue & Fracture of Engineering Materials & Structures, 2010, 26(10): 865-886.
[36] Madejski J, Grabczyk J. Rail head and wheel profile geometry measurement[J]. Fatigue Computers in Railways, 1998(34): 13-22.
[37] Drozdziel J, Sowinski B. Pre-processing of wheel and rail geometry in simulation software[J]. Computers in Railways Ⅷ, 2002: 623-632.
[38] Bocciolone M, Caprioli A, Cigada A, et al. A measurement system for quick rail inspection and effective track maintenance strategy[J]. Mechanical Systems and Signal Processing, 2007, 21(3): 1242-1254.
[39] 林红松.基于断裂和损伤力学的无砟轨道静动力特性研究[D].成都:西南交通大学,2009.
[40] Gallagher G P, Leiper Q, Williamson R, et al. The application of time domain ground penetrating radar to evaluate railway track ballast[J]. NDT&E International, 1999, 32(8): 463-468.
[41] 宋娟.路轨自动检测系统及障碍物识别技术的研究[D].杭州:浙江大学,2008.
[42] 练松良,刘富.轨道刚度变化对轮轨冲击荷载的动力影响[J].同济大学学报,2002,30(4):427-430.
[43] 金花.移动式线路动态加载车轨道刚度检测系统研究与应用[J].铁道建筑,2016(12):94-97.
[44] 豆银玲,杨麒陆,王平.Vossloh300型扣件胶垫刚度频变特性对高铁高频振动的影响[J].中国铁路,2017(7):68-74.
[45] 韦凯,张攀,豆银玲,等.高速铁路无砟轨道扣件系统弹性垫板力学性能的温变试验[J].铁道学报,2016,38(7):98-104.
[46] 韦凯,周昌盛,王平,等.扣件胶垫刚度的温变性对轮轨耦合随机频响特征的影响[J].铁道学报,2016,38(1):111-116.
[47] 计淘,陈大跃.减振橡胶垫动态性能实验研究[J].噪声与振动控制,2008(5):56-59.
[48] 朱鹏飞.移动式钢轨空间廓形检测小车系统关键技术研究[D].成都:西南交通大学,2016.
[49] 张未,张步云.铁路跨区间无缝线路[M].北京:中国铁道出版社,2000.

[50] 曲村,高亮,乔神路.高速铁路长大桥梁 CRTS I 型板式无砟轨道无缝线路力学特性分析[J].铁道标准设计,2011(4):12-16.
[51] 朱彬.广珠城际简支梁墩顶纵向水平线刚度限值研究[J].铁道勘测与设计,2006(2):20-23.
[52] 李志红.广珠城际轨道交通梁端轨道结构受力变形分析[J].铁道建筑,2009(10):95-97.
[53] 苏成光,向芬,胡佳,等.路基上 CRTS Ⅱ 型板式轨道纵向接缝损伤成因分析[J].铁道建筑,2016(5):64-68.
[54] 张铭,蒋金洲.无缝线路钢轨纵向力及锁定轨温检测系统(NTS)的试用[J].铁道建筑,2010(8):110-114.
[55] 王语园.基于牵引回流的电气化铁道实时断轨检测方法[J].铁道运营技术,2013,19(4):34-36.
[56] 柯宝中.提高断轨检测精度的一种方法[J].铁道运营技术,2001,7(3):32-34.
[57] Banimahd M, Woodward P K, Kennedy J, et al. Behaviour of train-track interaction in stiffness transitions[J]. Proceedings of the Institution of Civil Engineers-Transport, 2012, 165(3):205-214.

第 2 章

高速铁路轨道静态平顺性检测

轨道静态平顺性检测是指导轨道科学维护的基础,也为轨道结构设计及相关维护标准制定提供实践依据。以高品质运输为目标的高速铁路,需要在安全、高效、平稳的基础上满足长时间、高密度的运营需求。稳定且高水平的轨道平顺性状态直接决定着列车的运行速度与行车安全。为满足轨道的高平顺性,线路必须保持稳定而准确的线路线形,轨道的各项几何偏差严格控制在毫米级的精度范围内。为此,创新和发展轨道平顺性动静态检测理论,发展相关技术,是支撑这一基本要求的重要保障。

2.1 高速铁路轨道平顺性的精密工程测量与控制

2.1.1 高速铁路轨道精密工程测量

高速铁路的建造、施工和运营必须依靠精密工程测量与控制实现。精密工程测量是指以毫米级或更高精度进行的工程测量。为满足高速铁路运营的需要,建造和维护中的钢轨空间定位须达到毫米甚至亚毫米级,且带状工程的相对几何控制要求极高,一般的工程测量无法满足要求,必须建立专门的精测控制网和采用专业的测量设备。参照德铁 RIL883 标准,中国构建了"三网合一"(勘测控制网、施工控制网和运营维护控制网)的高速铁路精密工程测量体系。其中,基桩控制网(CPⅢ)主要为铺设轨道和运营维护提供控制基准,采用"全站仪+轨道测量仪"施测。由于"CPⅢ网+全站仪+轨道测量仪"的所测对象为轨道的横向、垂向位置和偏角等外部几何参数,要求轨道在地理空间的绝对坐标定位,故业内将之形象地称为"绝对测量";与之对应,采用轨道检查仪测量轨道内部几何参数的方案称为"相对测量"。

静态测量一般以"特定弦长的矢距",即弦测法形式来表达。用弦测法来表达平顺性便于现场的轨道管理。M. Ahmadim、Yazawa 与杜鹤亭的研究表明,特定测弦的中点矢距(即中点弦测法、中点矢距法)对于不同空间频率其幅值增益不恒为1,难以描述长波不平顺。日铁综研曾利用弦测法的幅值特性,通过逆滤波方法提取长波信号,以 FIR 逼近 IIR,有时存在畸变。许玉德认为偏矢法较中点弦测法的幅频特性更为平缓,但未充分考虑偏矢法的相频畸变。Iverson 利用梯形积分建立了基于曲率数据的轨道平面/高程轨迹重构模型。朱洪涛等利用类渐进伸线的方法,证明了中点矢距的以小推大公式,描述了短弦与长弦正矢的关系。

我国高铁建造技术借鉴了德国经验,在轨道轨向、高低等轨道不平顺的测量与评价问题上,无砟轨道静态平顺性评价方法除既有的基于 10 m 弦的中点矢距方法外,同时采用 5 m/30 m、150 m/300 m(或 8a/48a、240a/480a,a 为轨枕间距)弦矢距差来评价。10 m、20 m 弦中点矢距法为工务及工程部门广泛使用;而 30 m 以上的长波控制主要聚焦于全站仪如何保证矢距差测量精度的问题,未见中点矢距与矢距差间关系的研究。从矢距差方法的定义可知,其表达的是一定弦长范围内点位间的相对关系,应属于轨道内部几何参数范畴,而在工程实际应用时一般需要通过外部几何尺寸来进行定位控制和评价,因此绝对测量效率低、相对点位精度低和环境适应性差等突出问题客观上限制了矢距差校核在高铁轨道日常养修中的应用效果。通过研究各类不平顺描述方法间的数学几何关系,特别是中点矢距到矢距差的换算关系,发掘其内在规律,可显著提高测量效率,对高铁的高精度几何控制和科学养护均具有积极的现实意义。

2.1.2 轨道空间几何线形控制方法

对轨道平顺性的控制是通过轨道几何尺寸的调整来实现的,调整作业也称为轨道整理(简称整道或整正)。高铁轨道整理强调"严检慎修",强调"精细修"和"高精度几何控制",所以需要轨道精调。轨道精调量是通过一定的测量方法获得的。依据技术路线的不同,高铁轨道的平顺性技术可分为基于平顺性的渐伸线方法与基于外部坐标的坐标法两大类。

渐伸线方法包含矢距法(角图法)、偏角法及绳正法。自杨培琫教授推导了流水法与简易法拨距公式以来,绳正法以其计算简单、测量方便的特性,广泛应用于车间、班组的日常养护维修,其基本原理如下式(2-1)所示:

$$e_n = 2 \sum_0^{n-1} \sum_0^{n-1} (V - v) \tag{2-1}$$

但该方法拨正精度低,容易产生鹅头或反弯;偏角法及矢距法主要用于非提速线路曲线的大中修,由于需要测角测距,其测量密度、测量效率与拨正精度均受到一定限制;且绳正法与偏角法均基于渐伸线原理,由于渐伸线计算存在累和,意味着随着里程的增加误差会不断增大,难以保证长大平顺性。吴耀庭、郝瀛、何恩祥、刘学毅等学者就渐伸线法整道的整正原理、适用条件、误差特性以及坐标法的变换等问题进行了深入研究。鉴于高速铁路对轨道高平顺性的高要求和轨道结构的特殊性,渐伸线法不适合应用于高铁工务维修作业中。

依据德国技术,现有高铁无砟轨道的几何形位整正基本上通过基于全站仪和大地坐标测量基准点 CPⅢ的绝对测量技术来获得轨道工程坐标,以坐标法出具调整规划,进而通过调整扣件系统来保障轨道的高平顺性。坐标法核心在于通过轨道的外部几何形位控制轨道的内部几何形位,如式(2-2)~式(2-4)所示:

$$圆曲线: e_i = \sqrt{(x_i - x_0)^2 + (y_i - y_0)^2} - R \tag{2-2}$$

$$直线: e_i = -v_{xi} \sin \alpha - v_{yi} \cos \alpha \tag{2-3}$$

缓和曲线：$e_i = \dfrac{v_{xi}\sin\alpha - v_{yi}\cos\alpha}{\cos\beta_i}$ (2-4)

式中 e_i——桩号 i 处精调量；
(x_0, y_0)——圆曲线圆心坐标；
(x_i, y_i)——桩号 i 处轨道坐标；
v_{xi}、v_{yi}——桩号 i 处轨道既有坐标和设计坐标之差；
α——直线的方位角；
β_i——曲线上桩号 i 处转折角。

基于绝对测量的坐标法，其原理是可解析的，结果可以闭合，且具备部分长波不平顺的控制能力，但在现场应用中存在测量效率低、成本高等一些适应性问题。

高速铁路轨道平顺性控制的研究，目前主要是将坐标法或渐伸法应用于线路参数（如曲线半径、缓曲长等）优化。其中，易思蓉等提出基于三次样条曲线的铁路既有曲线整正方法；贺国宏导出了适用于任意线形的中桩平面坐标计算以及直线和曲线相交计算的方法，用于铁道工程中拨正量计算、复线间距计算、曲线隧道进洞关系计算、曲线桥梁偏角计算、曲线测设计算等；刘鑫提出了包括优化设计变量、目标函数梯度以及黑塞矩阵的一整套理论分析及相关公式，用于铁路曲线整正解析优化设计，并给出了具有线性约束和非线性目标函数的既有铁路曲线整正最优设计原理和方法；杨辉等采用 Nelder-Mead 单纯形法利用既有线上测点坐标进行曲线拨距优化；蒋红斐等在研究铁路既有线曲线整正优化设计时，提出运用遗传算法，把既有线半径和缓和曲线长作为变量形成初始方案群，建立适应度函数，在进行一系列遗传计算后，在可行方案中选择最优解；戴嘉芸、苏思光采用渐伸线模型，利用控制点以及最小拨距量作为约束条件，建立了轨道线形优化的数值算法，但该方法依然是对曲线桩、曲线长的寻优，且鉴于渐伸线方法的性状，对测量数据质量要求很高。

2.2　基于中点弦测法反演的轨道不平顺检测

弦测偏差值一直被直接用于轨道不平顺的近似描述。中国铁道科学研究院罗林研究员等研究表明[42]，轨道几何不平顺与中点弦测法测量得到的弦测偏差值之间的传递函数在 0～2 变化，弦测偏差值并不能准确描述轨道不平顺，有夸大、缩小、完全不反映、谈判实际不平顺的正负方向以及出现虚假图形等严重缺陷。

2.2.1　基于中点弦测法的逆滤波法

2.2.1.1　概念与起源

日本是最早采用弦测法检测轨道不平顺的国家，对弦测法的研究颇深。20 世纪 90 年代之前，一般直接采用 10 m 中弦偏差作为轨道不平顺的近似描述，并将之作为调整轨道结构几何状态的重要依据。实践表明，10 m 中点弦测法难以检测到 30 m 以上的波长成分，基于该方法整正后的轨道结构，30 m 波长的轨道不平顺会有大约 40% 残留，50 m 波长不平顺会有 50% 以上的残留。

1986 年，日本学者 Akiyoshi 开始研究通过弦测法检测结果反演轨道原始不平顺波形的方法[33],并在1995年采用快速傅里叶变换(FFT)设计了数字滤波器,通过逆滤波方法可以快速得到6~50 m波长范围的轨道不平顺,并应用于新干线。其技术思路认为中点弦测系统对原始轨道不平顺进行了滤波,传递函数会在0~2变化,导致某些波长的轨道不平顺无法检测,而另一些波长的不平顺可能被过分夸大;若设计一个特殊的数字滤波器,使得该滤波器与弦测法的滤波效果正好相反,则通过该滤波器对弦测偏差值进行反滤波,还原原始轨道不平顺。由于该滤波器是针对弦测法结果的逆向滤波过程,故被称为逆滤波器,该方法也被称为逆滤波法。

由于弦测法对于原始轨道不平顺中的某些波长是不可测的,弦测结果中没有这些波长的不平顺信息,逆滤波器对此也无能为力。日本应用最广泛的是10 m中点弦测法,图2-1为Akiyoshi论文的附图,其中测量系统的传递函数为0~2变化的曲线,复原系统仅针对6~100 m波长范围,值为测量曲线的倒数,这两个曲线的乘积为完整系统的总传递函数。从图2-1可知,总传递函数在6~100 m波长范围内近似为1,说明在该范围内测量效果较好,而在该范围以外的波长成分被明显抑制了,幅值响应均很小。此外,从相位响应可以看出,测量系统、复原系统以及总系统的相位响应均为线性的。

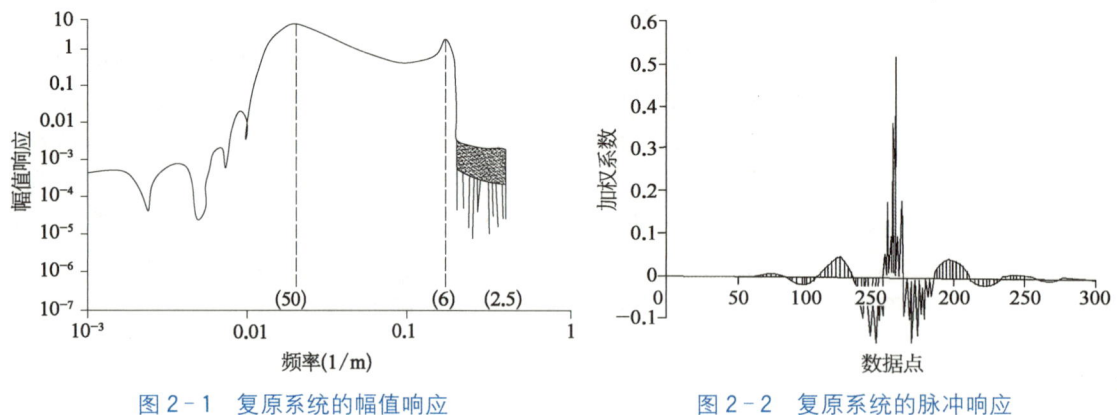

图2-1 复原系统的幅值响应　　　　图2-2 复原系统的脉冲响应

图2-1为仅考虑6~50 m波长范围复原系统的幅值响应。图2-2中的脉冲响应即为逆滤波器的滤波器系数,用该滤波器与10 m中弦偏差测量值进行卷积即可得到复原的轨道不顺值。滤波器系数通过图2-1的目标幅值响应以及线形相位信息,并用快速傅里叶方法得到。

需要说明的是,复原系统的脉冲响应与以下几个因素有关:测量弦长(10 m)、采样步长(可变)、截止波长(6~50 m)。Akiyoshi在论文中没有涉及脉冲响应与以上几个因素的具体影响关系,当然也没有考虑到该检测方法的误差传递规律。该方法在截止波长范围(6~50 m)内的效果较好,对超过该范围的成分不能反映,相当于存在带通滤波处理;对于长区段连续检测的数据而言,采用数字滤波法效率高、速度快,且不存在不同区段拼接问题。

2.2.1.2　数字滤波器的构造方法

日本采用的数字滤波器在构造原理上采用了频率采样方法,并借助傅里叶逆变换设计得到。采用中点弦测法,测量参考弦长为L,采样步长为$\Delta \xi$的情况下,构造有限冲击滤波器(FIR)使得有下式成立:

$$x(j) = \sum_{n=0}^{N-1} g(n) y(j-k) \tag{2-5}$$

式中 $x(j)$、$y(j)$——原始轨道不平顺与弦测偏差测量值的离散采样数据；

$g(n)$——该数字滤波器的脉冲响应，即滤波器系数，可通过式(2-6)构造：

$$g(n) = \frac{1}{N} \sum_{k=0}^{N-1} H_i(k) e^{\frac{i2\pi kn}{N}}, \quad n = 0, 1, \cdots, N-1 \quad (2-6)$$

式中 $H_i(k)$——设计的复原系统幅值响应 $H_i(\omega)$ 在 ω 的离散采样，采样位置满足如下关系：

$$\omega_k = 2\pi f_k = \frac{2\pi k}{N\Delta\xi}, \quad n = 0, 1, \cdots, N-1 \quad (2-7)$$

上式表明，频率采样点为 $0 \leqslant f \leqslant 1/\Delta\xi$ 等距离的 N 点取样。

以 $L = 10$ m、采样间隔 $\Delta\xi = 1$ m 的中点弦测法为例，采样过程中取定的频率范围为 6～50 m，滤波器阶数确定为 500。通过频率采样方法获得的数字滤波器如图 2-3 所示。通过该数字滤波器与测量的弦测偏差信号进行卷积，即可得到 6～50 m 波长的原始轨道不平顺。该滤波器及系统的频率响应如图 2-3、图 2-4 所示。

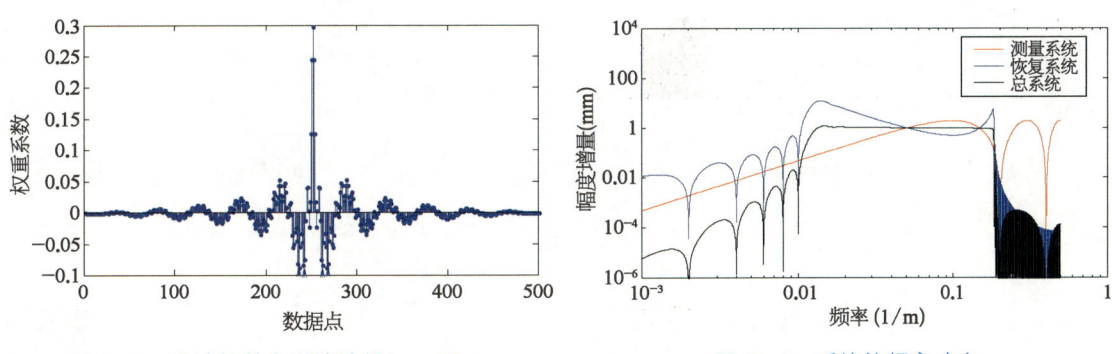

图 2-3　设计的数字逆滤波器($L = 10$ m, $\Delta\xi = 1$ m, 500 阶, 6～50 m)

图 2-4　系统的频率响应

从图 2-4 可知，借助该数字滤波器，可将弦测法测试结果的一部分成分进行逆滤波，在重点关注的波长范围内（6～50 m）综合系统的传递函数基本稳定在 1 附近，即在该范围内能有较好的复原效果。

2.2.1.3　不同参数下的复原系统响应关系

设测量系统弦长 $L = 10$ m，采样步长 $\Delta\xi = 1$ m，滤波器阶数 N 取 500。复原系统的数字滤波器 $\Delta\xi$ 分别取 0.1 m、0.5 m、1 m 和 5 m；阶数 N 分别取 200、500、1 000 和 2 000。

1) 采样步长的影响

在测量弦长为 10 m、阶数为 500 时，数字滤波器不同采样步长对系统频率响应的影响如图 2-5 所示。

图 2-5 表明，在测量弦长及滤波器阶数确定的情况下，采样步长对逆滤波效果有重大影响；步长越小特定波长内逆滤波效果越差，反之则越好。

2) 滤波器阶数的影响规律

在测量弦长为 10 m、步长为 1 m 时，数字滤波器不同采样阶数对系统频率响应的影响如图 2-6 所示。

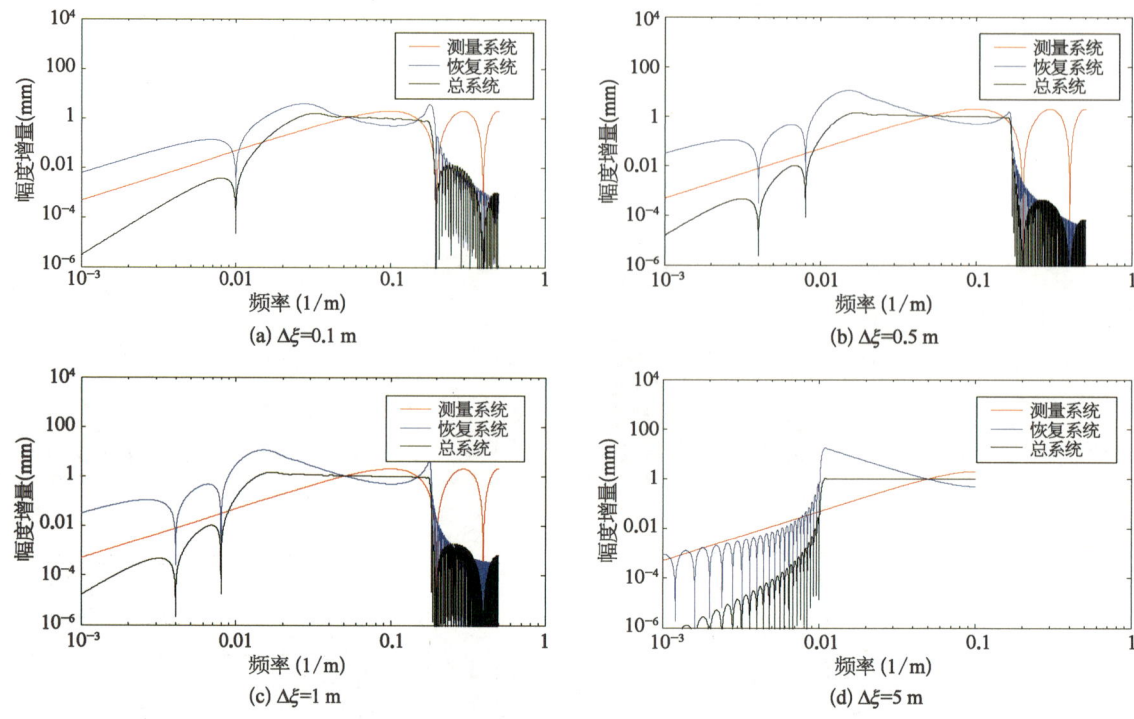

图 2-5 采样间隔对数字滤波器频率响应的影响

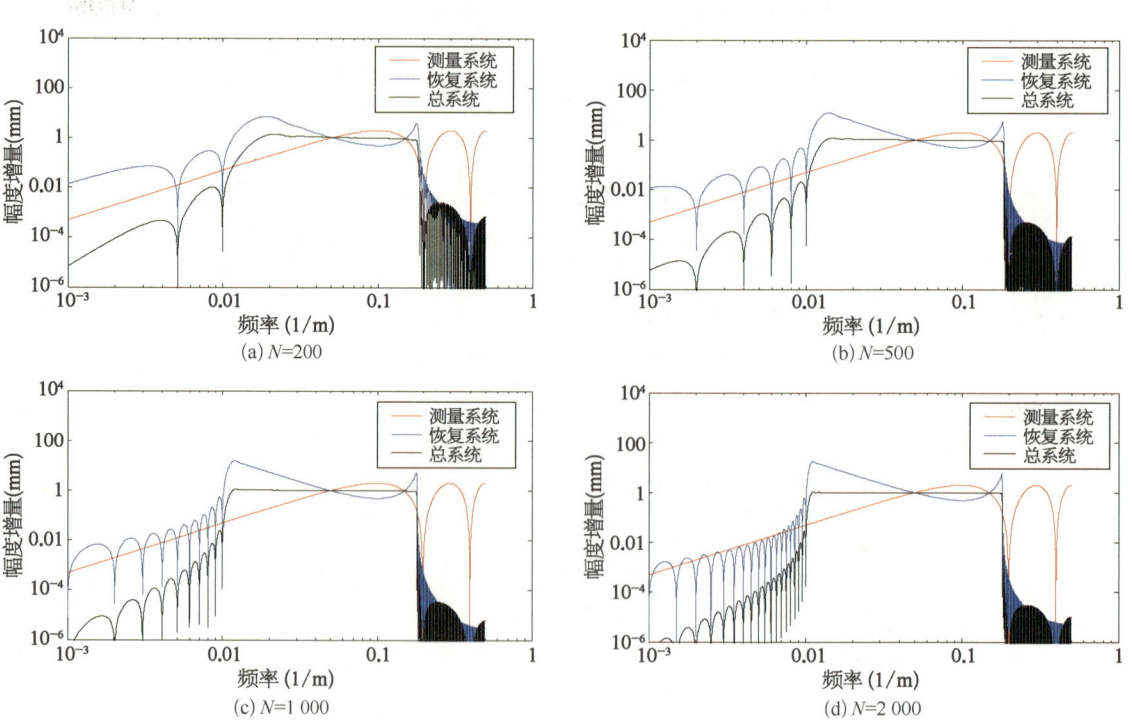

图 2-6 滤波器阶数对频率响应的影响

图 2-6 表明,在测量弦长与采样步长不变的情况下,滤波器阶数越高,逆滤波效果越理想,特别是频率截断越好。

综上,增加采样步长和提高滤波器阶数这两种方式均会有利于提高逆滤波器的滤波效果,增加滤波器有效滤波范围。可用下式来描述:

$$L_{\text{filter}} = \text{length}(g) \Delta \xi \tag{2-8}$$

式中　length(·)——向量的长度;

　　　g——滤波器系数向量;

　　　$\Delta \xi$——采样步长;

　　　L_{filter}——设计的数字滤波器的等效长度(m)。

具体含义如图 2-7 所示,滤波器阶数 length(g),每两个数据点之间的等效长度为 $\Delta \xi$,因而滤波器总长度为 length(g)$\Delta \xi$,代表其一次在卷积运算过程中所覆盖的区段长度。

滤波器的等效长度增加(滤波器阶数或采样间隔增加)会带来另一个问题,在滤波过程中会存在一个边界效应,导致其对区段检测数据失效。实际上,滤波器的等效长度是需要得到控制的,在给定滤波器等效长度的情况下,增大采样步长会导致滤波器阶数降低,从而导致总的测量精度降低,反之亦然。因此真正使得检测精度增加的一个重要参数是滤波器的等效长度,即滤波器阶数与采样步长的乘积,这可以作为逆滤波法在实际应用过程中的一个重要设计依据。

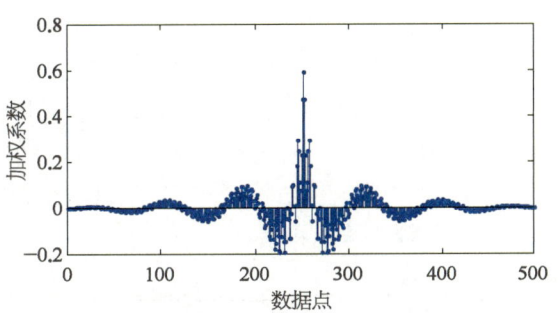

图 2-7　滤波器等效长度的概念

2.2.1.4　不同滤波器设计参数对误差放大系数的影响

定义逆滤波器的误差放大系数 C 为

$$C = \sqrt{\sum_{x=0}^{n} g[x]^2} \tag{2-9}$$

误差放大系数 C 可以理解为测量误差传递到总测评误差 $e_{\text{abs}}(\tau)$ 时的放大倍数,该系数仅与滤波器的系数相关,而与测量时实际的误差大小无关,其很好地刻画了一个滤波器的误差传递效果,可以作为度量不同参数下逆滤波器的精度的指标。基于该指标,下面将分析不同设计参数对误差放大系数的影响。

测量弦长 $L=1$ m 时,滤波器的阶数、采样步长滤波器等效长度对误差放大系数的影响如图 2-8~图 2-11 所示。图 2-8 为采样步长 0.1 m 时,误差放大系数与滤波器等效长度随滤波器阶数的变化规律。图中曲线表明,随着滤波器阶数的增加,滤波器等效长度逐渐增大,误差放大系数呈周期性变换,逐渐趋近于 8;因此滤波器阶数及等效长度的增加不会导致误差的积累。图 2-9 为采样步长 0.1 m,阶数为 501 时,误差放大系数与截止波长的变化规律。从图中可知,随着拟复原最大波长范围的增加,误差放大系数逐渐增加,这说明在其他滤波器参数确定的情况下,截止波长越大,误差积累越严重。图 2-9 中误差放大系数呈一定阶梯形增加,具体阶梯形式与滤波器阶数有关,这是频率采样方法离散采样的直接体现,也表明了频率采样方法的局限性。

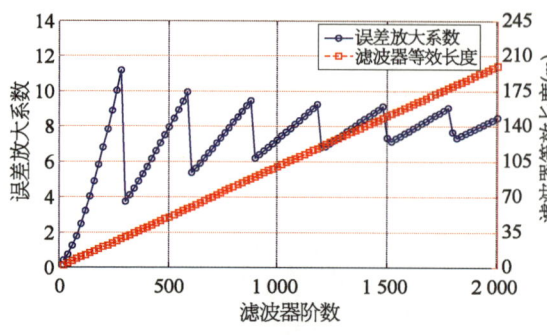

图2-8 滤波器阶数的影响(采样步长0.1 m)

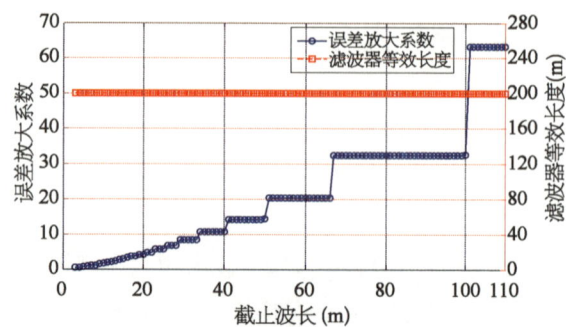

图2-9 截止波长的影响(滤波器阶数501，采样步长0.1 m)

图2-10、图2-11为一组采样步长的影响规律分析，其中滤波器截止波长设为0.6~30 m。当滤波器阶数为1 001时，误差放大系数随着采样步长的增加出现类锯齿形的线性增长趋势，其斜率表征误差放大系数增加速率约为27。当滤波器等效长度取为200 m时，通过幂指数拟合发现，误差放大系数与采样步长的0.5次方呈正比，系数为26.8，拟合优度为$R^2=1$。因此采样步长的增加会直接导致误差快速积累。

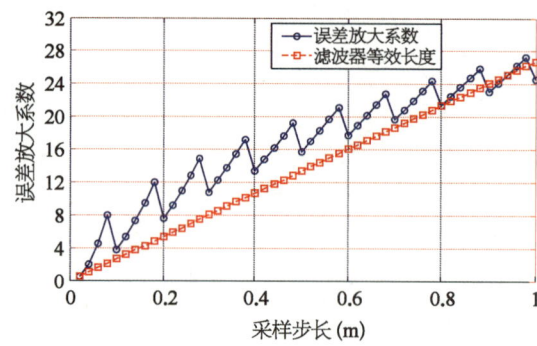

图2-10 采样步长的影响(滤波器阶数201)

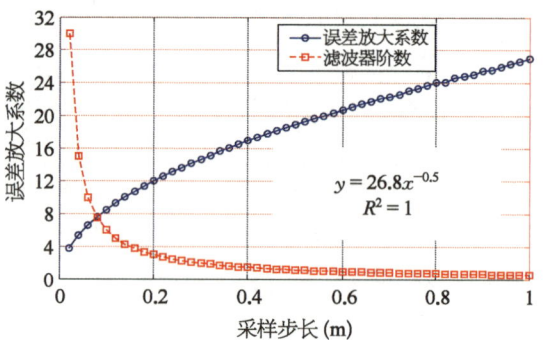

图2-11 采样步长的影响(滤波器等效长度200 m)

总之，在确定采样步长与截止波长的情况下，滤波器阶数不会影响误差的积累；在确定采样步长与滤波器阶数的情况下，截止波长的增加会导致误差快速积累，这个积累过程呈阶梯形增长，而具体阶梯形式与滤波器阶数有关。在确定截止波长和滤波器阶数的情况下，采样步长会显著影响测评过程中的误差积累量，采样步长越大，误差积累量越大，测评结果精度越差。因而从减少误差积累的角度，设计检测方法时应该尽量减小采样步长，增大滤波器阶数，并保证滤波器等效长度大于截止波长上限。

2.2.1.5 逆滤波器的检测效果

下面采用$L=1$ m、采样间隔0.5 m、分析波长范围1.2~120 m、数据样本长度5 km来研究逆滤波器的效果。波长范围上限是考虑到用于测试的轨道不平顺样本来自动检车，其检测截止波长为120 m。通过调整滤波器的不同阶数，分别取2 000、1 000、500、250，分析比较检测的不同效果，计算结果如图2-12所示。

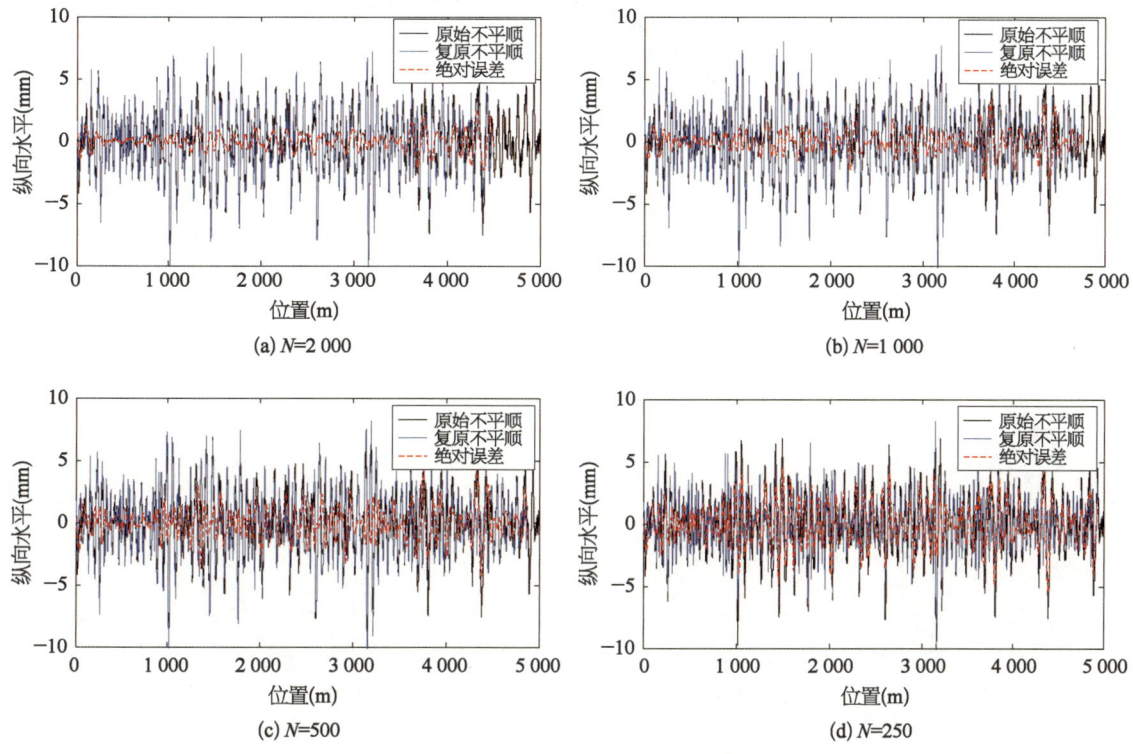

图 2-12 阶滤波器复原轨道不平顺的效果

比较上述计算结果可知,系统的检测精度随滤波器的阶数增加而增加,对于 200 阶滤波器而言,波形虽能大致匹配,但绝对误差较大,最大误差超过 5 mm;随着阶数增大误差逐渐减小,2 000 阶滤波器的检测效果较好,绝对误差基本能控制在 1 mm 范围内。

2.2.1.6 逆滤波方法复原轨道不平顺的主要特点

数字滤波器进行逆滤波复原轨道不平顺的方法主要具有以下特点:

(1) 滤波器等效长度越大,逆滤波法测量精度越高,对给定波长范围的轨道不平顺的描述就越准确。

(2) 在确定地测量参考弦长、采样步长的情况下,较高的滤波器阶数可以提高检测精度。

(3) 在确定地测量参考弦长时,采样步长越小,则需要的滤波器阶数越高,否则无法实现给定波长范围的轨道不平顺复原。

(4) 逆滤波法存在应用的系统局限性,其有效复原不平顺的截止波长区间。

2.2.2 基于中点弦测法反演的轨道不平顺检测理论

2.2.2.1 中点弦测法的测量模型

中点弦测法的测量原理如图 2-13 所示。黑色曲线 $\widehat{ABC}$ 表示一段待测量的轨道不平顺曲线,测量参考弦 AC 长度为 L,O 为 AC 的中点,并且有 $BO \perp AC$,则在 L 较短的情况下,$AB = BC \approx L/2$,则弦 OB 为在 B 位置所测量得到的弦测偏差值,这同时也是等腰三角形 $\triangle ABC$ 底边上的高。

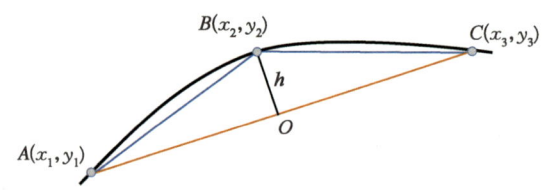

图 2‑13 中点弦测法测量原理

设节点 A、B、C 的坐标分别为 (x_1, y_1)、(x_2, y_2)、(x_3, y_3)，则弦测偏差值 h 可以表述为

$$h = \frac{2S_{\triangle ABC}}{|AC|} = \frac{1}{L}\overrightarrow{AB} \times \overrightarrow{AC} = \frac{1}{L}\begin{vmatrix} x_2 - x_1 & y_2 - y_1 \\ x_3 - x_1 & y_3 - y_1 \end{vmatrix} \tag{2-10}$$

考虑到弦测偏差 h 既可以为正也可以为负，其方向表征弦测偏差值的偏移方向。化简上式可以得到

$$h = \frac{1}{L}(x_1 y_2 - x_2 y_1 + x_2 y_3 - x_3 y_2 + x_3 y_1 - x_1 y_3) \tag{2-11}$$

用向量乘积的方式可以表述为

$$h = \frac{1}{L}(x_3 - x_2, \ x_1 - x_3, \ x_2 - x_1) \cdot \begin{bmatrix} y_1 \\ y_2 \\ y_3 \end{bmatrix} \tag{2-12}$$

将被测量的轨道几何形位离散化为等距离的折线段，每个线段的长度为 $L/2$，A_i 坐标为 (x_i, y_i)，并令 A_{i-1}、A_i 以及 A_{i+1} 三点对应的弦测值为 h_i，则可以得到下面 $n-2$ 个二次方程：

$$h_i = \frac{1}{L}(x_{i+1} - x_i, \ x_{i-1} - x_{i+1}, \ x_i - x_{i-1}) \cdot \begin{bmatrix} y_{i-1} \\ y_i \\ y_{i+1} \end{bmatrix}, \ i = 2, 3, \cdots, n-1 \tag{2-13}$$

根据每个线段的长度关系可以补充下面的 $n-2$ 个方程：

$$(x_{i+1} - x_i)^2 + (y_{i+1} - y_i)^2 = \frac{1}{4}L^2, \ i = 1, 2, \cdots, n-1 \tag{2-14}$$

综合式（2-13）与式（2-14）便形成了中点弦测法的测量模型，如式（2-15）所示。中点弦测法的测量模型是典型的二次非线性模型，输入一系列离散的坐标序列，输出即为对应的弦测值。

$$\left. \begin{array}{l} h_i = \dfrac{1}{L}(x_{i+1} - x_i, \ x_{i-1} - x_{i+1}, \ x_i - x_{i-1}) \cdot \begin{bmatrix} y_{i-1} \\ y_i \\ y_{i+1} \end{bmatrix}, \ i = 2, 3, \cdots, n-1 \\ (x_{i+1} - x_i)^2 + (y_{i+1} - y_i)^2 = \dfrac{1}{4}L^2, \ i = 1, 2, \cdots, n-1 \end{array} \right\} \tag{2-15}$$

为了更好地描述这个测量模型，可以对式（2-13）的形式做出形如式（2-16）的变化，此时该式可表述为

$$h = \frac{1}{L}A(x)y \text{ 或 } h = \frac{1}{L}A(y)x \qquad (2-16)$$

其中,

$$h = \begin{bmatrix} h_1 \\ h_2 \\ \vdots \\ h_{n-2} \\ h_{n-1} \end{bmatrix}; \quad x = \begin{bmatrix} x_1 \\ x_2 \\ \vdots \\ x_{n-1} \\ x_n \end{bmatrix}; \quad y = \begin{bmatrix} y_1 \\ y_2 \\ \vdots \\ y_{n-1} \\ y_n \end{bmatrix}$$

$$A(x) = \begin{bmatrix} x_3-x_2 & x_1-x_3 & x_2-x_1 & \cdots & & & 0 \\ 0 & x_4-x_3 & x_2-x_4 & & & & \\ \vdots & & & \ddots & & & \vdots \\ 0 & & \cdots & & x_3-x_2 & x_{n-2}-x_3 & 0 \\ & & & & x_n-x_{n-1} & x_{n-2}-x_n & x_{n-1}-x_{n-2} \end{bmatrix}$$

(2-17)

2.2.2.2 反演模型建立与递推算法求解

中点弦测法测量的弦测偏差值携带着轨道几何形位的信息,由此反演(或者说是重构)轨道几何形位才具有应用上的现实意义。

从式(2-15)可知,对于由 n 个等距点列构成轨道几何形位,在二维平面内存在 $2n$ 个未知数,反演模型的主要目的即通过一种合适的方式求解这 $2n$ 个未知数。式(2-15)提供了 $2n-3$ 个二次方程,因而要确定这 $2n$ 个未知数的值还需要至少 3 个补充方程。从另一个角度来看,从绝对的轨道几何形位转化为弦测偏差值的过程中损失了一部分绝对信息,或者说弦测偏差值所携带的轨道几何形位的信息仅仅是其相对的形状信息,而不包括其绝对的空间信息。由于在平面问题中,两点确定一条直线,在被测对象形状确定的情况下,确定其平面的绝对信息仅需要两个不同点的坐标即可,也即 4 个坐标值。再考虑到工程实际中所需要的主要是轨道几何形位的形状信息,而不关心其绝对的空间信息,因而这 4 个坐标值可以根据模型需要来假定。

这里假定已知轨道几何形位的起点与起点方向,可以描述为式(2-18):

$$\begin{bmatrix} x_1 & y_1 & x_2 & y_2 \end{bmatrix} = \begin{bmatrix} 0 & 0 & \dfrac{L}{2} & 0 \end{bmatrix} \qquad (2-18)$$

结合式(2-5)与式(2-18)可以得到式(2-19),此即反演模型的主要形式:

$$\left.\begin{aligned} & h_i = \frac{1}{L}(x_{i+1}-x_i, \ x_{i-1}-x_{i+1}, \ x_i-x_{i-1}) \cdot \begin{bmatrix} y_{i-1} \\ y_i \\ y_{i+1} \end{bmatrix}, \ i=2,3,\cdots,n-1 \\ & (x_{i+1}-x_i)^2 + (y_{i+1}-y_i)^2 = \frac{1}{4}L^2, \ i=1,2,\cdots,n-1 \\ & \begin{bmatrix} x_1 & y_1 & x_2 & y_2 \end{bmatrix} = \begin{bmatrix} 0 & 0 & \dfrac{L}{2} & 0 \end{bmatrix} \end{aligned}\right\} \quad (2-19)$$

式(2-19)的解即为反演得到的轨道不平顺检测值。从形式上讲,该式是一个二次方程组,其解取决于弦测值 h_i, $i=2, 3, \cdots, n-1$。

以长度为 L 的参考弦测量一段曲线,其中点弦偏差值与曲率半径 $R(R \gg L)$ 的关系可以描述为

$$h = R - \sqrt{R^2 - L^2} \approx \frac{L^2}{2R} \tag{2-20}$$

对于曲率半径 R 而言,一条曲线的曲率半径是唯一的,而弦测偏差值与曲率半径的关系也是一一对应的,间接说明式(2-19)的解具有唯一性,也即不存在两组不一样的弦测偏差值对应着同一条测量曲线。

直接求解式(2-19)需要用到牛顿法或其他迭代方法,在点数较多的情况下求解代价过大。下面提出一种简易的递推方法,可以快速求解得到式(2-19)的近似解。递推方法的基本原理如图2-14所示。

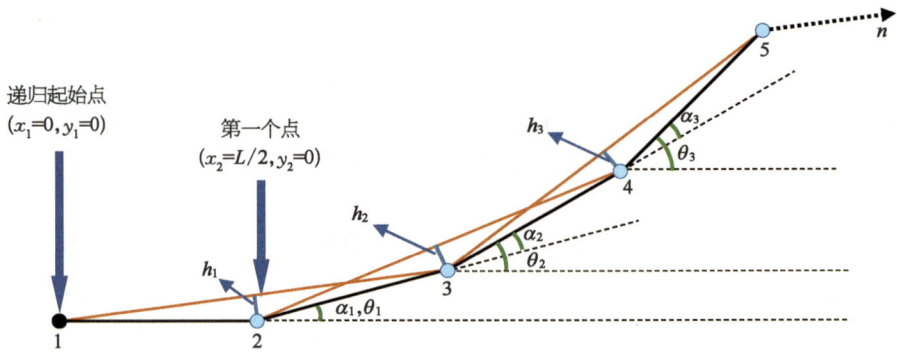

图2-14 递推法求解轨道不平顺

首先,递推的初始条件按照式(2-18),可以得到前两个点的坐标,得到初始方向 θ_0;再根据第二、三点的坐标可以得到改变方向 α_1 以及总方向 θ_1;进而根据式(2-14)递推到第四点的坐标;依次类推,根据第 $i-1$、i 点的坐标可以得到改变方向 α_i 与总方向 θ_i,从而递推得到第 $i+1$ 点的坐标。递推式如式(2-21)所示:

$$\left.\begin{array}{l} x_1=0,\ y_1=0,\ \theta_0=0 \\ \alpha_i = \arctan \dfrac{2h_i}{L} \\ \theta_i = \sum_{j=1}^{i} \alpha_i \\ \begin{bmatrix} x_{i+1} \\ y_{i+1} \end{bmatrix} = \begin{bmatrix} x_i \\ y_i \end{bmatrix} + \dfrac{L}{2} \times \begin{bmatrix} \cos \theta_i \\ \sin \theta_i \end{bmatrix} \\ i=1, 2, 3, \cdots, n \end{array}\right\} \tag{2-21}$$

递推求解每一频均需依赖前一步的求解结果,这决定了误差会随着里程的增加而逐渐累积。

2.2.2.3 测量模型与反演模型的线性近似

中点弦测法检测模型实质是一个二次非线性方程组,直接求解难度较大。下面假设测量线路主要为直线段或大半径曲线段。在直线段(图 2-15),弦线 AC 与前进方向(x 方向)的夹角 $\theta \ll 1$,于是轨道的几何形位在里程数的分布可以看作一个函数 $f(x)$,且中点弦测偏差值 h 与图中的 h' 近似相等。

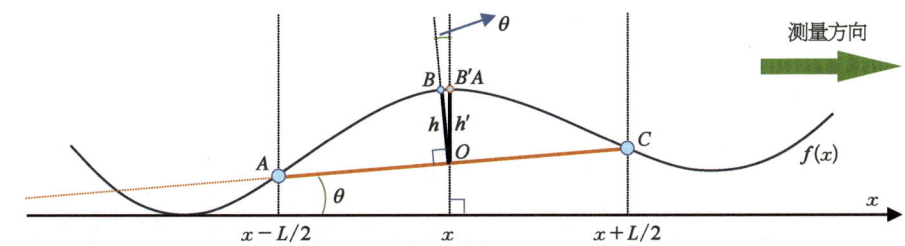

图 2-15 直线线路上的中点弦测法

根据图 2-15,可得到式(2-22):

$$\left.\begin{array}{l} x_C - x_B \cong \dfrac{L}{2} \\ x_A - x_C \cong -L \\ x_B - x_A \cong \dfrac{L}{2} \end{array}\right\} \text{和} \left.\begin{array}{l} y_A = f\left(x - \dfrac{L}{2}\right) \\ y_B = f(x) \\ y_C = f\left(x + \dfrac{L}{2}\right) \end{array}\right\} \tag{2-22}$$

计算弦测偏差值,式(2-13)可简化为式(2-23):

$$h = -\frac{1}{L}(x_C - x_B, x_A - x_C, x_B - x_A) \cdot \begin{pmatrix} y_A \\ y_B \\ y_C \end{pmatrix} \cong \left(-\frac{1}{2}, 1, -\frac{1}{2}\right) \cdot \begin{pmatrix} f\left(x - \dfrac{L}{2}\right) \\ f(x) \\ f\left(x + \dfrac{L}{2}\right) \end{pmatrix}$$

$$\tag{2-23}$$

二次非线性的模型被简化为式(2-24)所示的线性关系:

$$h = f(x) - \frac{1}{2}\left(f\left(x - \frac{L}{2}\right) + f\left(x + \frac{L}{2}\right)\right) \tag{2-24}$$

将弦测偏差值曲线记作函数 $g(x)$,则轨道几何形位函数 $f(x)$ 与弦测值函数 $g(x)$ 的关系可以描述为式(2-25):

$$g(x) = h = f(x) - \frac{1}{2}\left(f\left(x - \frac{L}{2}\right) + f\left(x + \frac{L}{2}\right)\right) \tag{2-25}$$

为了更好地说明中点弦测法的本质特性,首先定义测量函数 $T(x)$ 为一个广义函数,有如式(2-26)的性质。下面用测量函数 $T(x)$ 来重新描述式(2-25)。

$$T(x) = \begin{cases} -\infty, & x = -L/2 \\ \infty, & x = 0 \\ -\infty, & x = L/2 \\ 0, & 其他 \end{cases}$$

$$\begin{cases} \int_{-\frac{L}{2}^-}^{-\frac{L}{2}^+} T(x)\mathrm{d}x = -0.5 \\ \int_{0^-}^{0^+} T(x)\mathrm{d}x = 1 \\ \int_{\frac{L}{2}^-}^{\frac{L}{2}^+} T(x)\mathrm{d}x = -0.5 \end{cases} \tag{2-26}$$

式(2-25)可以重新描述为式(2-27)所示的卷积形式,或者可以理解为弦测值函数是轨道几何形位函数与测量函数的卷积结果:

$$g(x) = T(x) * f(x) \tag{2-27}$$

有了卷积的形式,又可以将式(2-27)转化为离散的线性系统模型。将 $f(x)$ 与 $g(x)$ 按照 $L/2$ 的采样间隔转化为离散系统,从而得到式(2-28)、式(2-29)所示的线性方程组:

$$g = \begin{pmatrix} g_1 \\ g_2 \\ \vdots \\ g_n \end{pmatrix}; \quad f = \begin{pmatrix} f_1 \\ f_2 \\ \vdots \\ f_n \end{pmatrix} \tag{2-28}$$

$$g = T \cdot f \tag{2-29}$$

其中,矩阵 T 称为测量矩阵,其具体细节如式(2-30)所示,测量矩阵 T 为一个三对角稀疏矩阵,对角线上元素为1,对角线两边的元素均为 -0.5:

$$T = \begin{bmatrix} 1 & -0.5 & & & & & \\ -0.5 & 1 & -0.5 & & & & \\ & -0.5 & 1 & -0.5 & & & \\ & & & \ddots & & & \\ & & & -0.5 & 1 & -0.5 & \\ & & & & -0.5 & 1 & -0.5 \\ & & & & & -0.5 & 1 \end{bmatrix} \tag{2-30}$$

至此,弦测法检测原理的二次非线性模型被转化为式(2-29)所示的线性模型。利用该线性模型可以十分方便地分析弦测法的本质特性。反演模型求取原始轨道几何形位可以简单地通过求解一个线性方程组实现。

式(2-29)的解可以描述为

$$f = T^{-1} \cdot g \tag{2-31}$$

第 2 章　高速铁路轨道静态平顺性检测

为方便表述,定义测量矩阵 T 的逆矩阵为反演矩阵 B,即
$$T \cdot B = I \tag{2-32}$$

由于测量矩阵 T 的结构特殊,可以通过解析方法得到反演矩阵 B。下面通过三对角矩阵的追赶法(矩阵的初等变换)来推到反演矩阵 B 的具体形式。其基本原理为:将测量矩阵 T 与一个同规模的单位矩阵组合为一个广义矩阵,如式(2-33)所示,再对矩阵做初等行变换,并记录每一次变换的方式;当测量矩阵通过变换转化为单位矩阵时,原来的单位矩阵即为矩阵 T 的逆矩阵。"追赶法"分为两个阶段:一个是"追"的阶段,即消去矩阵对角线以下的元素;一个是"赶"的阶段,即将矩阵通过初等变换转化为单位矩阵。

右侧向量 b_i 表示第 i 行的标志,在初等变换时用 b_i 的线性组合记录每一行的元素变换方式,即组合系数的记录。

$$\left\{\begin{matrix} 1 & -0.5 & & & & & \\ -0.5 & 1 & -0.5 & & & & \\ & -0.5 & 1 & -0.5 & & & \\ & & & \ddots & & & \\ & & & -0.5 & 1 & -0.5 & \\ & & & & -0.5 & 1 & -0.5 \\ & & & & & -0.5 & 1 \end{matrix}\middle| \begin{matrix} 1 & & & & & & \\ & 1 & & & & & \\ & & 1 & & & & \\ & & & \ddots & & & \\ & & & & 1 & & \\ & & & & & 1 & \\ & & & & & & 1 \end{matrix}\right\} \sim b = \left\{\begin{matrix} b_1 \\ b_2 \\ b_3 \\ \vdots \\ b_{n-2} \\ b_{n-1} \\ b_n \end{matrix}\right\} \tag{2-33}$$

1)"追"的阶段:消去矩阵对角线以下的元素

通过初等变换消去对角线以下的元素,每一次变换保证对角线上元素均为 1,变换结果如式(2-34)所示。此时对角线以上的元素即为 a_k,表示对角线上方区域第 k 行的元素,原来的 b_k 转化为 A_k,a_k 与 A_k 的具体形式如式(2-35)所示。A_k 为 b_i,$i=1, 2, \cdots, k$ 的线性组合,其系数记录了变换的过程。

$$\left\{\begin{matrix} 1 & a_1 & & & & & \\ & 1 & a_2 & & & & \\ & & 1 & & & & \\ & & & \ddots & & & \\ & & & & 1 & a_{n-2} & \\ & & & & & 1 & a_{n-1} \\ & & & & & & 1 \end{matrix}\right\} \sim \left\{\begin{matrix} A_1 \\ A_2 \\ A_3 \\ \vdots \\ A_{n-2} \\ A_{n-1} \\ A_n \end{matrix}\right\} \tag{2-34}$$

$$A_k = \frac{2}{k+1}(b_1 + 2b_2 + \cdots + kb_k); \quad a_k = -\frac{k}{k+1} \tag{2-35}$$

2)"赶"的阶段:消去矩阵对角线以上的元素

通过初等变换消去对角线以上的元素,每一次变换保证对角线上元素均为 1,变换结果如式

(2-36)所示。此时原测量矩阵已经被转化为单位矩阵,因而原单位矩阵被转化为反演矩阵 B。此时"追"的阶段之后对角线以上的元素 a_k 均已消为 0,原来的 A_k 转化为 B_k,A_k 的具体形式如式(2-37)所示。B_k 为 A_i,$i=k,k+1,\cdots,n$ 的线性组合,其系数记录了变换过程。

$$\left\{\begin{matrix}1 & & & & \\ & 1 & & & \\ & & 1 & & \\ & & & \ddots & \\ & & & & 1\end{matrix}\right|\left.\begin{matrix}B_{11} & B_{12} & B_{13} & \cdots & B_{1n} \\ B_{21} & B_{22} & B_{23} & \cdots & B_{2n} \\ B_{31} & B_{32} & B_{33} & \cdots & B_{3n} \\ \vdots & \vdots & \vdots & \ddots & \vdots \\ B_{n1} & B_{n2} & B_{n3} & \cdots & B_{nn}\end{matrix}\right\} \sim \left\{\begin{matrix}B_1 \\ B_2 \\ B_3 \\ \vdots \\ B_n\end{matrix}\right\} \quad (2-36)$$

$$B_k = k\left(\frac{1}{k}A_k + \frac{1}{k+1}A_{k+1} + \cdots + \frac{1}{n}A_n\right) \quad (2-37)$$

将式(2-35)代入式(2-37)并化简,可以得到式(2-38)。可以看出,B_k 为 b_i,$i=1,2,\cdots,n$ 的线性组合,其系数记录了从最开始到测量矩阵被变换为单位矩阵的整个过程,是所有初等矩阵变换的过程简化,同时也是线性方程组 $Tx=b$ 的解的形式。

$$B_k = 2k\left(\left(\frac{1}{k} - \frac{1}{n+1}\right)\left(\sum_{i=1}^{k} i \cdot b_i\right) + \sum_{i=k+1}^{n}\left(\frac{1}{i} - \frac{1}{n+1}\right) \cdot i \cdot b_i\right) \quad (2-38)$$

令向量 b 为单位矩阵的第 j 列元素,则 $B_k(j)$ 为矩阵 T 的逆矩阵 B 的第 j 列元素,b_j 中仅第 j 个元素为 1,其余为 0。反演矩阵 B 的第 k 行、第 j 列元素 B_{kj} 可以表示为式(2-40):

$$I = \begin{bmatrix}1 & & & & \\ & 1 & & & \\ & & 1 & & \\ & & & \ddots & \\ & & & & 1\end{bmatrix} = \{b_1, b_2, \cdots, b_n\} \quad (2-39)$$

$$B_{kj} = \begin{cases}2kj\left(\dfrac{1}{k} - \dfrac{1}{n+1}\right), & j \leqslant k \\ 2kj\left(\dfrac{1}{j} - \dfrac{1}{n+1}\right), & j > k\end{cases} \quad (2-40)$$

或者简单写作 B_{ij}:

$$B_{ij} = \begin{cases}2ij\left(\dfrac{1}{i} - \dfrac{1}{n+1}\right), & i \geqslant j \\ B_{ji}, & i < j\end{cases} \quad (2-41)$$

如此通过弦测值反演轨道几何形位的方法可以通过一次矩阵乘法运算得到,计算效率得到极大提升。

2.2.2.4 中点弦测法的误差敏感性分析

1) 模型的误差分析

在实际检测过程中,测量误差是不可避免的。下面分析中点弦测法模型的误差稳定性,研究

其反演模型对误差的敏感性。在考虑误差的情况下，测量方程可以描述为

$$g^* = g + e = T \cdot f + e \tag{2-42}$$

式中　g^*——实测的中点弦偏差值；

e——测量过程产生的随机误差。

式(2-42)的含义为实测的弦测值向量为准确的弦测值与测量误差的结合，或者说是真实的弦测值 g 被误差项 e 污染。

对应的反演模型可以描述为

$$f^* = T^{-1} \cdot g^* = T^{-1} \cdot (g+e) = f + T^{-1}e \tag{2-43}$$

式中　f^*——实测的轨道几何形位。

式(2-43)的含义为实测的轨道几何形位是真实的轨道几何形位与测量误差项的结合，或者说是真实的轨道几何形位被随机误差所反演的测量误差项污染。从式(2-43)不难看出，测量的误差项仅与测量矩阵 T 的逆矩阵和测量时产生的误差 e 相关，而与测量对象 f 的情况无关。容易看出，如果 $T^{-1}e \to 0$，则 $f^* \to f$。因而控制测量精度可以从两方面展开：一方面是减小测量的随机误差的影响；另一方面是优化测量矩阵 T，以减小测量过程中的误差积累。由于测量矩阵 T 是三对角矩阵，其唯一影响因素是其矩阵大小，即与测量区段长度 l 和测量参考弦长 L 相关，其大小与测量区段长度的关系可以描述为

$$\text{size}(T) = 2 \cdot \frac{l}{L} - 1 \tag{2-44}$$

在给定测量参考弦线 L 的情况下，测量矩阵可以完全通过测量区段长度 l 来确定。因而后面关于模型的误差分析围绕两个参数展开：测量随机误差 e 和测量区段长度 l。

2）绝对误差的空间分布规律

不同的检测区段长度会影响测量矩阵 T 的大小，从而导致随机误差在通过反演模型时的积累效果存在差异。为了揭示测量矩阵 T 的大小与误差积累的关系，并考虑到测量矩阵 T 的特设性，可以通过解析的方法推到测量矩阵 T 对应的逆矩阵的特性。测量矩阵 T 为三对角矩阵，对角线元素值为 1，对角线两边元素值为 -0.5，这里通过初等变换的方式求逆。

在假设弦测值的测量误差满足正态分布的基础上，分析不同的测量误差标准差对轨道几何形位检测结果的影响。

由式(2-43)不难得出，反演模型的绝对误差 E_{abs} 与中点弦测的测量误差 e 之间的关系可以表示为

$$E_{\text{abs}} = |f^* - f| = T^{-1}e = Be \tag{2-45}$$

下面考虑中点弦测的测量误差 e 服从均值为 0、方差为 1 的正态分布，即有

$$E(e_i) = 0, \quad E(e_i^2) = \sigma^2, \quad i = 1, 2, \cdots, n \tag{2-46}$$

$$e'_k = \sum_{i=1}^{n} B_{ki} e_i \tag{2-47}$$

则绝对误差 E_{abs} 的第 k 个元素的均值可以描述为

$$E_{\text{abs}_k} = E(e'_k) = E\left(\sum_{i=1}^{n} B_{ki} e_i\right) = 0 \quad (2-48)$$

第 k 个元素的方差可以描述为

$$E_{\text{abs}_k}^2 = E\left(\left(\sum_{i=1}^{n} B_{ij} e_i\right)^2\right) = E\left(\sum_{i \neq j} B_{ki} B_{kj} e_i e_j + \sum_{i=1}^{n} B_{ki}^2 e_i^2\right)$$

$$= E\left(\sum_{i=1}^{n} B_{ki}^2 e_i^2\right) = \sigma^2 \cdot \sum_{i=1}^{n} B_{ki}^2 \quad (2-49)$$

$$E_{\text{abs}_k} = C_k \cdot \sigma; \quad C_k = \sqrt{\sum_{i=1}^{n} B_{ki}^2} \quad (2-50)$$

从上式不难看出，绝对误差 E_{abs} 与弦测值测量误差 e 为线性关系，不同位置的放大系数并不相等，与矩阵 T 对应的逆矩阵相关，第 k 个测量值的绝对误差方差的放大系数 C_k 为矩阵 B 的第 i 行元素的平方和的开方。

绝对误差的放大系数在空间分布上的规律如图 2-16 所示。绝对误差的放大系数在不同位置是不一样的，两边的放大系数最小，中间位置的放大系数最大。这里两边的误差放大系数最小的原因是因为在求解反演模型时引入的附加条件是两端点的几何形位值为 0，也因此导致误差在区段中间的积累效果最为明显。从图 2-16 中可以看出，随着矩阵维度的增加，绝对误差的放大系数跟着增加，并且最大放大倍数增加呈 1.5 次方增加。例如，1 000 维的反演矩阵的放大系数是 100 维矩阵放大系数的 $(1\,000/100)^{1.5} = 31.622\,8$ 倍，误差以近似 32 倍的方式积累。

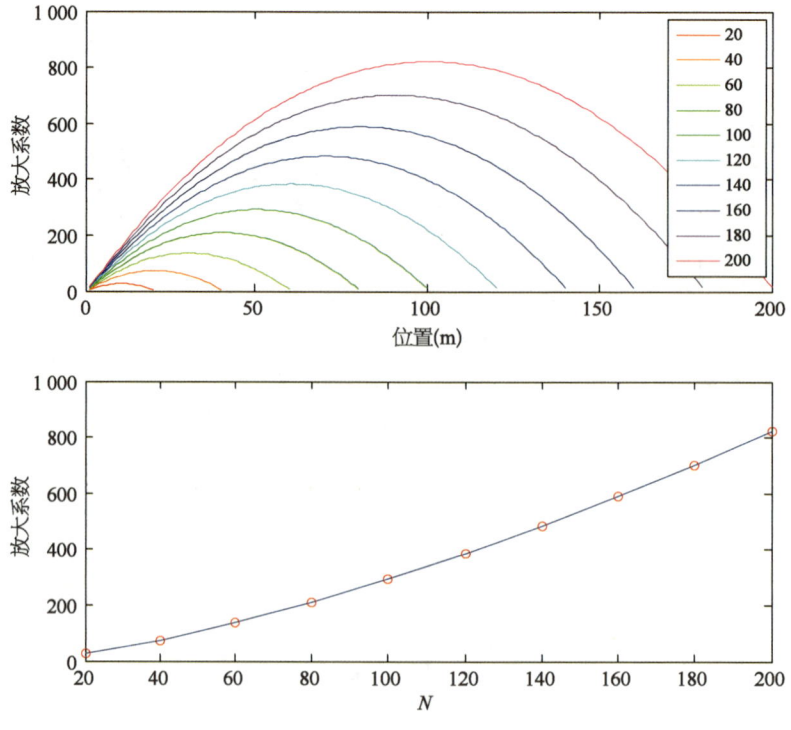

图 2-16 绝对误差在空间上的分布规律

从图 2-16 中不难观察到,绝对误差的空间积累在区段中间达到峰值,并且不同区段长度情况下的误差积累形状类似于上凸的抛物线,为了把握绝对误差随着检测区段长度的积累规律,下面分析 C_k 的最大值随着矩阵规模 n 变化的基本规律。

取 $k=n/2$,并将 B_{ki} 的具体表达式代入 C_k,并整理可得如下形式:

$$C_{n/2} = \sqrt{\sum_{i=1}^{n} B_{n/2,i}^2} = \frac{1}{\sqrt{12}} n \sqrt{n+2+\frac{2}{n}} \sqrt{\frac{n+2}{n+1}} \cong \frac{\sqrt{3}}{6} n^{\frac{3}{2}} \qquad (2-51)$$

可以看见,区段中点的误差积累放大系数 $C_{n/2}$ 与矩阵规模 n 的 1.5 次方成正比,放大常数为 $\sqrt{3}/6 \approx 3.4641$。

这里的矩阵维度 n 与测量区段长度 l 以及测量参考弦长 L 相关,对中点弦测法而言,这个关系可以描述为

$$n = 2\frac{l}{L} \qquad (2-52)$$

则

$$C_{n/2} = \frac{\sqrt{3}}{6} n^{\frac{3}{2}} = \frac{\sqrt{6}}{3} \left(\frac{l}{L}\right)^{\frac{3}{2}} \qquad (2-53)$$

上述分析表明,对中点弦测法而言,误差的积累效果仅与矩阵的维度相关,而矩阵规模由测量区段长度与测量参考弦长的比值唯一确定。因而在测量过程中,在传感器精度一定的情况下,可以通过控制矩阵维度来控制误差的积累效果,而控制测量矩阵维度可以考虑通过增大检测弦长或缩小检测区段长度实现。

实际上,在后处理过程中会对反演的轨道几何形位进行处理,最直接的处理方式即线性去趋,即通过原始信号减去原始信号的线性趋势,处理后的放大系数如图 2-17 所示。能够发现在去除线性趋势项之后,放大系数幅值最大的位置出现在两端,最小幅值出现在两边一定比例处,定义最小放大系数出现的位置为区段 λ 比例处,由于对称性,另一处出现在 $1-\lambda$ 比例处。分析发现,λ 的取值与矩阵维度 N 有一定关系,取值有两种可能:0.2114 与 0.2887。

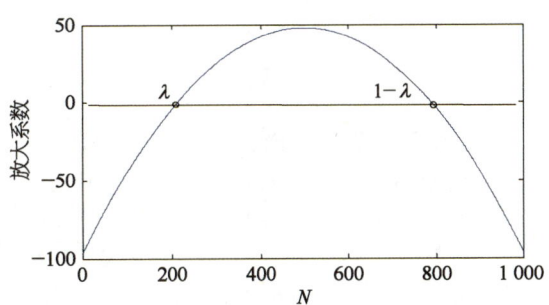

图 2-17 去除线性趋势项后的绝对误差放大系数[以 size(B)=1000 为例]

3) 绝对误差的频率分布规律

下面分析随机测量误差引起检测绝对误差的频域响应。通过随机产生的标准差为 1 的正态分布的随机测量值,并求其通过反演矩阵之后的频率响应。由于标准差为 1 的正态分布随机信号的频谱幅值恒为 1,则该随机误差通过反演矩阵后的误差项的频谱即为反演矩阵的频率响应。反演矩阵的幅值谱与相位谱如图 2-18 所示,图 2-18 对应的测量参考弦长为 1 m,矩阵维度 N 对应着测量区段长度为 $N/2$,从图中可知检测波长范围与检测区段长度的关系。

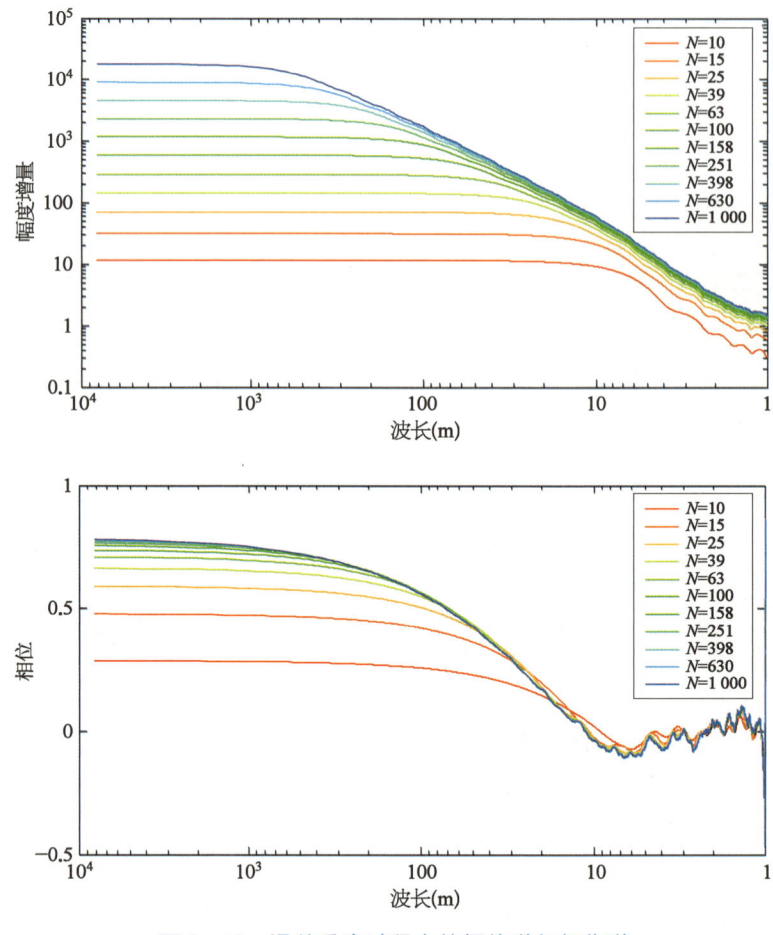

图 2-18 误差反演过程中的幅值谱与相位谱

图 2-18 中的 11 条曲线分别对应着矩阵维度 N 从 10 到 1 000 的 11 种情况,为了方便说明关系,这 11 条曲线按照指数型规律分布。图中 11 条区间的值为

$$N = 10^x, \quad x = 1, 1.2, 1.4, \cdots, 2.8, 3 \tag{2-54}$$

幅值谱为双对数坐标,从幅值谱可知,随着矩阵维度 N 的增加,各个波长范围均有一定增加。对于矩阵维度为 N 的曲线,检测的最大波长范围为 N,大于 N 的范围不再增加,因而随着矩阵维度 N 的增加,趋势项最大波长的幅值线性增加,这与上节绝对误差空间分布规律一致。另外从相位谱上来看,对于矩阵维度 N 对应的曲线,频谱相位在大于 N 的范围几乎保持稳定,随着 N 的增加,最大相位逐渐趋于 $\pi/4$,而在相对短波的范围内具有一定的相似性。对单条曲线而言,在测量区段长度范围内,越大的波长成分对应的绝对误差越大,并且随着观测波长的增大绝对误差线性增大。例如,100 m 波长的绝对误差标准差是 10 m 波长绝对误差标准差的 10 倍。由此可以看出,影响反演矩阵产生的长波项对结果影响较大,短波项影响相对较小。

上述结论有助于指导设计组合弦测法,通过不同参考弦长的搭配,在控制长波轨道几何形位的基础上保证短波轨道几何形位的精度。

总之,影响轨道几何形位的检测精度的因素包括两个方面:传感器精度以及检测区段长度与测量弦长的比值。在检测区段长度与测量参考弦长比值固定的情况下,最终检测误差随传感器精度的增加而增加,两者呈线性关系;在传感器精度一定的情况下,区段长度与测量参考弦长的比值越大,误差积累越为严重,检测误差标准差与该比值呈线性相关性;从绝对误差的空间分布上可知,不同区段位置的误差积累效果是恒定的,以绝对误差的标准差在线性去趋之后的效果来描述,绝对误差在整个区段 0.211 4(或 0.288 7)与 1－0.211 4(或 1－0.288 7)比例处最小,在两个端点处最大,分布呈类抛物线趋势;从绝对误差的频域分布上可知,在传感器测量精度一定的情况下,越大的波长成分对应的绝对误差越大,并且随着观测波长的增大绝对误差线性增大。

2.2.3 基于高频采样的中点弦测法

误差分析表明,中点弦测法对误差敏感,小的误差扰动即会对长波不平顺的测量造成较大影响;且随着测量区段总长与测量弦线长度比值(这个比值决定着测量矩阵 T 的规模)的增大,误差积累将呈线性增加。这意味着为满足测量精度的要求,该方法将有一定的应用局限性,仅对与测量弦长相关的、较短的波长范围有效。能否通过改进测量方法降低误差的影响,并提高检测质量呢?下面探讨基于高频采样的中点弦测法,采用最小二乘法的基本思想,用更多的采样数据来控制检测误差。

2.2.3.1 高频采样下的中点弦测法最小二乘模型

前述中点弦测法测量及分析模型所考虑的采样步长为测量参考弦长的一半,即 $L/2$,更小的采样步长无法同时考虑在一个方程组中。因为在更小的采样步长的情况下,测量矩阵是非耦合的,此时反演矩阵也不存在。如采样步长为 $L/4$ 时,此时测量模型可以描述为两个采样步长为 $L/2$ 的独立测量结果,两者相互独立,总的反演矩阵不存在,误差分析得到的所有结论均与采样步长为 $L/2$ 的情况基本一样。

理论上,更多的检测数据有助于表征被测对象的更多信息,并削弱误差的影响。典型的做法有为降低测量系统的随机误差,通过多次检测求平均值。在更小的采样步长的情况下,即在更高频率的采样情况下,也可尝试建立一个最小二乘优化模型,使高频采样数据能够有效地结合在一起,达到优化检测结果的目标。

考虑测量参考弦长为 L,采样步长为 $L/(2n)(n>1$ 且 n 为整数),则采样频率为 $2n/L$,测量区段总长为 l,并保证了测量弦线的中点位置也会是之后某一次检测时弦线的起点。于是在高频采样下,一次测量数据可以被分为相对独立的 n 组,如图 2-19 所示。测量弦长为 L,相隔距离为 $L/2$ 的点列构成一组测量值。

高频采样(采样步长 $L/2n$)下的中点弦测法对应着 n 组普通采样的中点弦测法测量结果,每一组采样步长为 $L/2$。记 g_i 为第 i 组弦测值,f_i 为第 i 组弦测值反演得到的轨道几何形位,则有

$$f_i = B \cdot g_i, \quad i=1,2,\cdots,n \tag{2-55}$$

优化模型可以描述为,寻找一个最优的曲线(以 $2n/L$ 等间距取样),使得其与反演的 n 组轨道

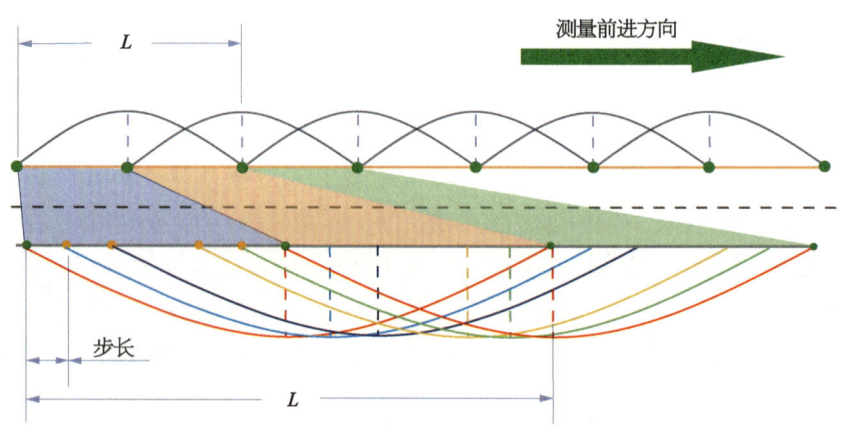

图 2-19 高频采样下的弦测法示意图

几何形位的误差平方和最小。该模型表达式如下:

$$\min E = \sum_{i=1}^{n} \| f^* - \hat{f}_l \|^2 \tag{2-56}$$

其中,$\hat{f}_l = \{$以 f_i 为原数据,以 $L/2n$ 为步长重新采样的点列$\}$,f^* 即为以 $2n/L$ 采样下的中点弦测法检测得到的轨道几何形位。

为了求解上述优化模型,观察后不难发现,此为典型的凸优化问题,最小值存在于导数为 0 的位置。对 E 求导,并令其导数为 0,可得

$$\frac{dE}{df} = \sum_{i=1}^{n} (f^* - \hat{f}_l) = 0 \tag{2-57}$$

令其导数为 0,即有极值点的条件为

$$f^* = \frac{1}{n} \sum_{i=1}^{n} \hat{f}_l \tag{2-58}$$

上式中最优解 f^* 的另一种解释可以描述为,对于反演得到的 n 组轨道几何形位,根据插值法以 $2n/L$ 为采样频率重新取样,并取 n 组取样后的曲线的均值,即可得到最优解 f^*,该值是在 $2n/L$ 采样情况下与测量数据误差最小的近似,即是对轨道几何形位最接近的描述。

此外需要说明的是,$\hat{f}_l$ 的获取方法为插值法,不同的插值算法得到的结果是存在微小差异的,可以考虑的插值法包括以下几种:线性插值、分段三次 Hermite 插值、三次样条插值。

就这三种插值法的效果而言,三次样条插值效果最好,但是其计算量稍大,而线性插值结果计算效率最高,并且其效果也是可以接受的,因而后面的计算案例均采用线性插值。

2.2.3.2 高频采样弦测法误差分析

在传感器检测精度确定的情况下,通过高频采样可以削弱计算过程中的误差积累,但是这种削弱效果怎么样呢? 下面借助上节的最小二乘模型分析高频采样下的中点弦测法来进行说明。

设传感器测量的随机误差为 e_0,并且有 $E(e_0) = \sigma$。一方面根据前述的误差分析可知,对于普

通采样弦测法(采样步长 $L/2$)而言,在第 k 个位置处的绝对误差标准差为

$$E_{abs_k} = C_k \sigma \quad (2-59)$$

另一方面对于高频采样情况(采样步长 $L/2n$)而言,第 i 个位置处的绝对误差积累规律可以描述为

$$e_k^* = \frac{1}{n}\sum_{j=1}^{n}\hat{e}_j \approx \frac{1}{n}\sum_{j=1}^{n}\sum_{i=1}^{n}B_{ki}e_i \quad (2-60)$$

因而其均值与方差如下:

$$\left.\begin{aligned} E(e_k^*) &= 0 \\ E(e_k^{*2}) &\approx E\left(\left(\frac{1}{n}\sum_{j=1}^{n}\sum_{i=1}^{n}B_{ki}e_i\right)^2\right) = \frac{1}{n}\hat{C}_k^2\sigma^2 \\ \sigma_k &= \frac{\hat{C}_k}{\sqrt{n}}\sigma = C_k^*\sigma \end{aligned}\right\} \quad (2-61)$$

即在第 k 个位置处的新的放大系数 C_k^* 为原放大系数 $\hat{C}_k$ 的 $1/\sqrt{n}$ 倍。随着采样频率的增加,通过最小二乘模型后的误差会逐渐减小,减小速率为 $1/\sqrt{n}$。如采用采样步长为 $L/200$ 的中点弦测法,则绝对误差标准差为普通采样下弦测法(采样步长为 $L/2$)的 $1/10$ 倍。因此理论上通过增大采样频率、缩短采样步长,可以使测量误差无限趋近于 0。当然测量的数据也会随之增大,效率会下降;误差标准差越小说明在统计意义上误差将越小,并不意味高频采样下的某一次测量误差一定会小于普通采样情况下的测量值,只不过前者优于后者的概率较大。

2.2.3.3 中点弦测法的改进思路

下面以 1 000 阶矩阵为例,分析测量矩阵 T 与反演矩阵 B 的特征值的特征,其特征值分布如图 2-20 所示。图 2-20 的特征值从小到大分布,可以观察到:矩阵 T 与 B 的特征值均为实数,并且其中矩阵 T 的最小特征值为 4.9×10^{-6},最大特征值为 2,其中 500 个特征值小于 1,另外 500 个大于 1;由于 B 与 T 互逆,矩阵 B 的特征值为矩阵 T 的所有特征值的倒数,最小特征值为 0.5,最大特征值为 2.03×10^5。另外,T 的最小特征值对应的特征向量为 B 的最大特征值对应的特征向量,反

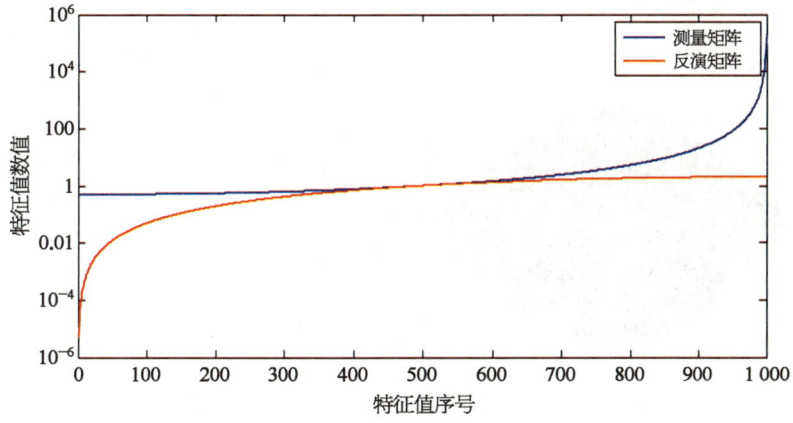

图 2-20 测量矩阵与反演矩阵的特征值

之亦然。两者的最大、最小特征值对应的特征向量如图 2‑21、图 2‑22 所示。

从线性变换的角度来看,测量矩阵 T 的最小特征向量为长波成分,其对应特征值为 4.9×10^{-6},表明该长波成分在变换过程中被很大程度缩小了;而最大特征向量为短波成分,对应特征值为 2,表明该长波成分被放大了 2 倍。对于反演过程则正好相反,最小特征向量为短波成分,最小特征值为 0.5,表示该成分被缩小为原来的一半;而最大特征向量为长波成分,对应特征值为 2.03×10^{5},表明该长波被极大地放大了。

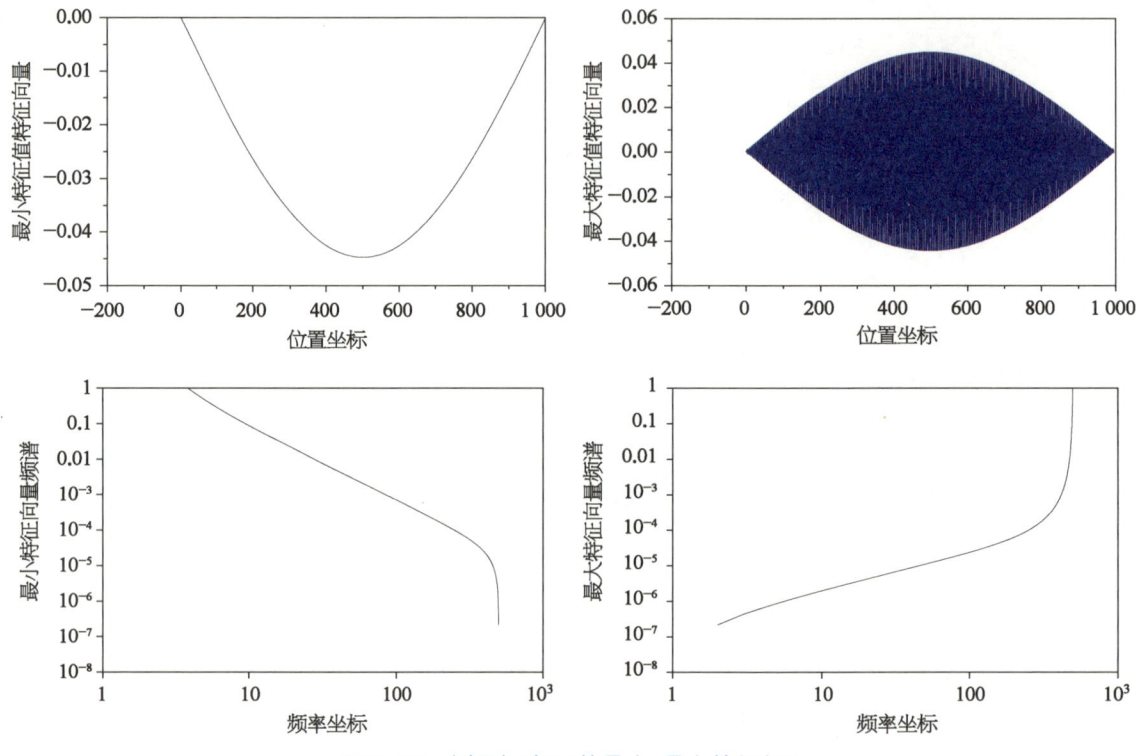

图 2‑21　测量矩阵 T 的最小、最大特征向量

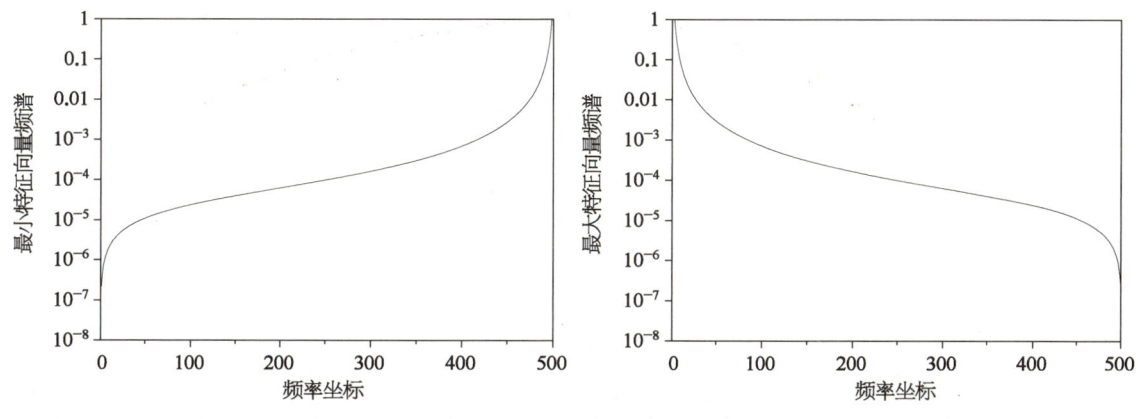

图 2-22　反演矩阵 B 的最小、最大特征向量

由此可知,弦测过程将宏观的轨道几何形位转化为微观描述,而反演过程将这个微观描述组合在一起,重新呈现出宏观的轨道几何形位。这个基本的检测逻辑适用于那些不容易进行宏观检测的情况,可以通过测量微观的、局部的信息,并借助关系模型进行重构。这个过程最大的问题在于对检测中产生的随机误差而言,会在反演过程中被放大,并且该误差随着矩阵的规模(与测量区段长度与测量参考弦长相关)的增加而增加,其随机误差标准差的放大系数随矩阵规模呈线性增加。在明确了误差对时域误差累计规律以及频率传递函数的影响之后,可以根据检测传感器的精度设计适当的滤波方式,一定程度上滤除该误差积累的影响,得到较为满意的结果。

通过分析发现,普通的中点弦测法是一对线性变换,测量过程将宏观的轨道几何形位转化为弦测偏差值,而反演过程通过弦测偏差值重构轨道的几何形位。下面基于传统的中点弦测法的测量过程与反演过程,可确定测量一般化的基本思路(图 2-23)。

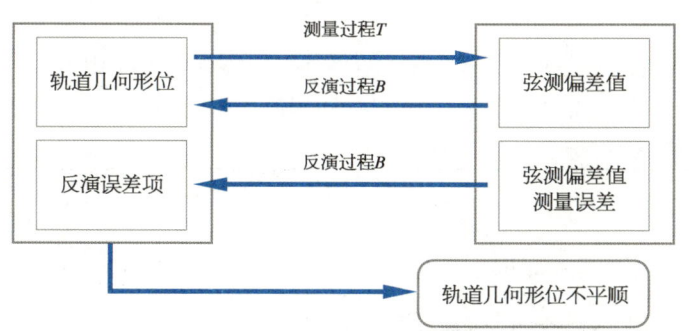

图 2-23　基于弦测系统的一般化测量思路

由于中点弦测法的特性,采样间隔为测量参考弦长的一半,弦长越长则采样间隔越大,测量结果中不包含小于弦长的短波成分;而另一方面采用短弦弦测法,能够获取较小的可测波长范围,但是其在反演长波轨道不平顺的过程中存在较大的误差积累。如果将长弦弦测法与短弦弦测法相结合,用长弦弦测法来反演长波趋势项,再用短弦弦测法的短波成分相结合,可实现更宽频带的检测。测量原理如图 2-24 所示。

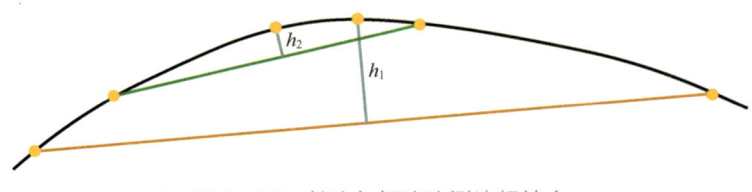

图 2-24　长弦与短弦弦测法相结合

2.2.3.4　高频采样的弦测模型分析

1）反演轨道不平顺的基本流程

根据实测数据反演轨道不平顺的基本流程如图 2-25 所示，主要包括三部分：预处理、模型求解以及后处理。预处理包括弦高数据（测量的弦测偏差值）的趋势项滤除以及数据的重新采样，前者通过移动平均滤波器即可实现，后者的目的是保证采样方式符合高频采样弦测法反演模型，重新采样方法采用自然三次样条插值法。模型求解部分包括每组数据独立反演轨道不平顺以及最小二乘模型的求解。后处理部分设计高通滤波器，剔除计算结果中误差较大的长波轨道不平顺。

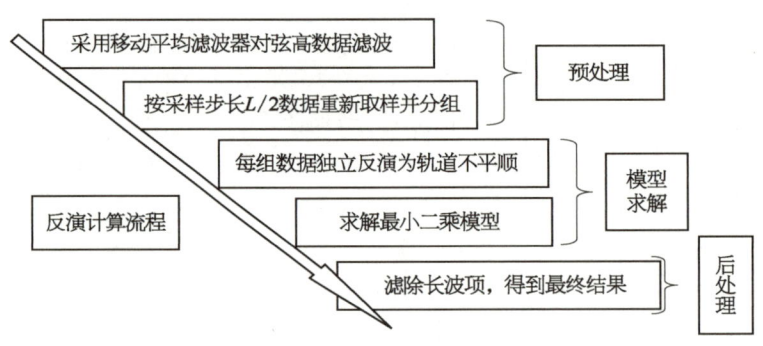

图 2-25　反演轨道不平顺的主要流程

2）求解最优化模型

图 2-26 是某段曲线进行高频采样后的分析结果，分成独立的 4 组数据经反演后得到的不平顺相互之间相差很大。对 4 组数据进行最小二乘处理后可得到最优曲线。最优化曲线的最大幅值

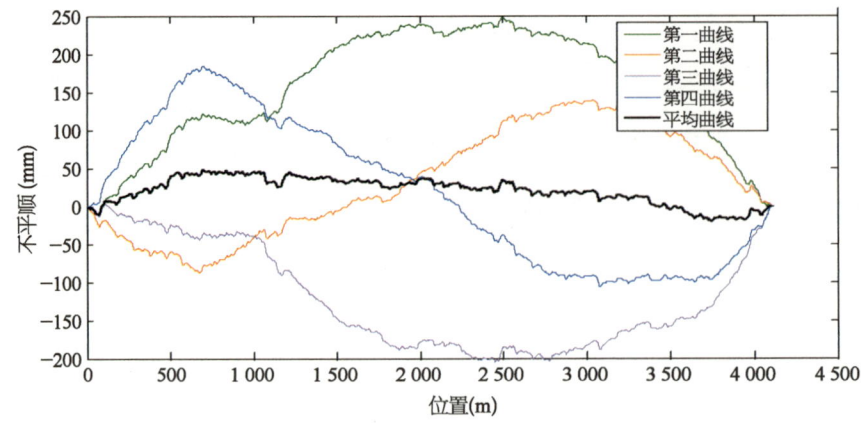

图 2-26　求解最小二乘模型得到的最优曲线

仍近 40 mm，最大波长接近 4 000 m，可通过高通滤波器加以处理，去掉趋势项，得到给定波长范围内的轨道不平顺值。

3) 结果后处理

高通滤波器设计的方法有很多，为了保证较好的滤波效果，滤波器阶数为 5 001 阶，截止频率为 1～100 m。具体的滤波器及其频率响应如图 2-27、图 2-28 所示。

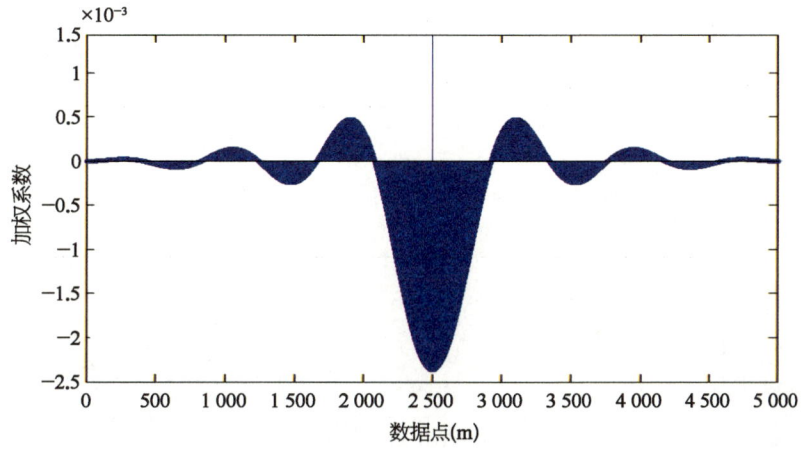

图 2-27　高通滤波器系数

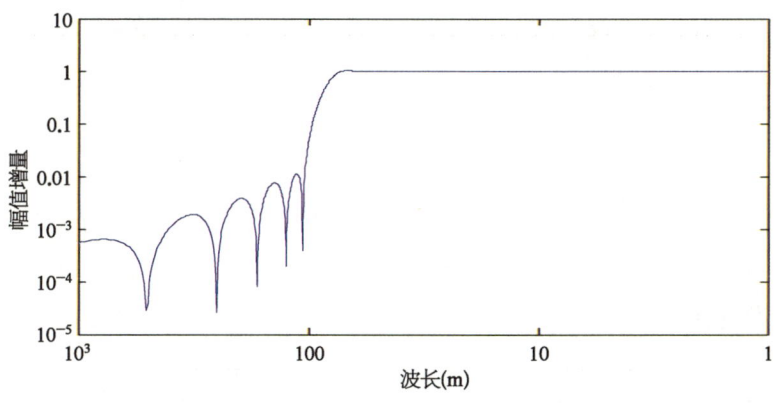

图 2-28　高通滤波器的频率响应

根据上述滤波器对测量值进行滤波，可以剔除数据中存在的趋势项，具体效果如图 2-29 所示。

滤波所得的即为波长小于 100 m 的轨道不平顺检测值，其功率谱密度如图 2-30 所示。从图中不难看出，在大于 100 m 波长范围内存在较为明显的截断效果。

2.2.3.5　两种方法的对比

下面以弦测法实测轨向为例，采用相同的计算参数，以对比分析数学滤波器法和高频采样法两种方法的检测效果及区别。

将采样数据按照 $L/2$ 的采样步长进行分组，这里共分为 4 组，每组数据单独反演，再通过最小二乘模型取最优的轨道不平顺检测值，最后设置截止滤波器，将误差过大的长波轨道不平顺忽略

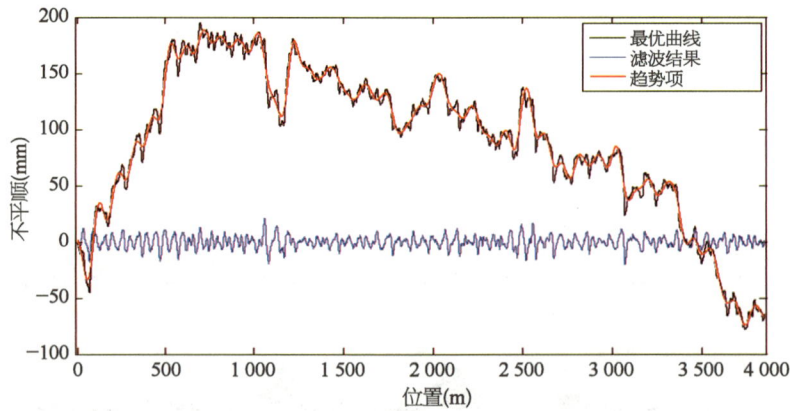

图 2-29 滤除检测轨道不平顺中的趋势项

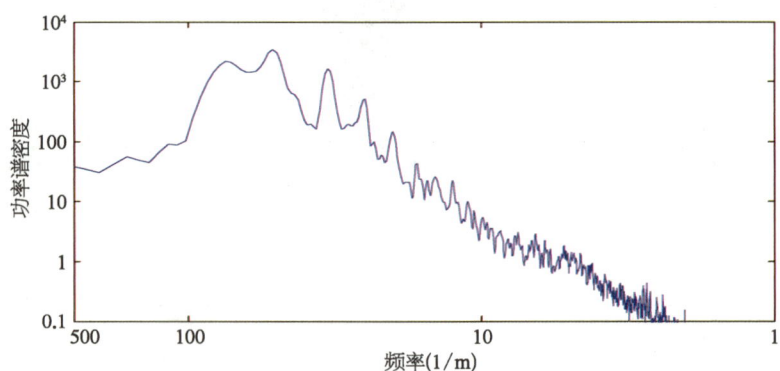

图 2-30 高通滤波后检测结果的功率谱密度

剔除。为了保证分析结果具有可对比性,逆滤波法采用的数据为经过预处理的弦测值,预处理过程包括数据重采样和趋势项剔除,采样间隔为 0.1 m。设计逆滤波基本参数:滤波器阶数 5 000 阶,截止频率 1~100 m。

两种方法计算结果如图 2-31 所示。

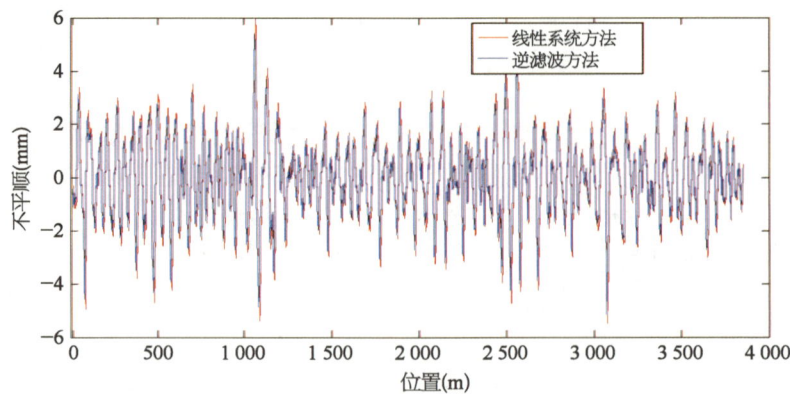

图 2-31 线性系统方法与逆滤波方法的对比

从图 2-31 可知,对于同样的检测数据,采用逆滤波法与采用高频采样法检测结果具有一定的等效效果,最终结果基本一致。对于逆滤波法而言,滤波器阶数 5 000,有效检测波长范围为 1~100 m;而对于高频采样弦测法模型而言,计算结果最终用一个阶数为 5 000、截止波长为 100 m 的高通滤波器处理。

2.2.3.6 两种方法的对比结论

通过上面对实测弦测数据的计算分析,对逆滤波法与高频采样模型的计算结果进行对比,得到如下结论:

(1) 高频采样弦测模型在结合高通滤波器后的计算结果与基于逆滤波法的轨道不平顺复原方法的计算结果一致,两者通过不同的途径实现了轨道不平顺的反演。

(2) 高频采样弦测模型计算得出了全段数据所有波长范围检测值,波长越长的轨道不平顺成分的误差积累略为严重,需要通过一个高通滤波器来截断误差过大的长波不平顺。

(3) 逆滤波法存在边界影响,区段长度小于滤波器等效长度的情况下该方法无效,而高频采样弦测模型可以在不通过高通滤波的情况下获得较为精确的检测值。

2.3 基于一弦多点弦测法反演的轨道不平顺检测

从 20 世纪中叶起,各国铁路大都采用弦测法测量轨道不平顺,以弦线作为测量的基准线,由于该方法测量原理简单、使用方便、装备便宜等优点,一度得到世界范围的广泛应用。一般弦测法包括两点差分法、三点中弦法(又称正矢法)、三点偏弦法、多点弦测法。苏联轨检车采用两点差分法,法国国铁轨检车采用多点弦测法。国外许多轨检车采用三点中弦法或三点偏弦法。国内外的轻型轨检车大都采用三点中弦法。由于被当作测量"基准线"的测量弦是随着轨道的高低不平顺或方向不直、不圆顺而起伏变动,这就是弦测法在许多情况下不能正确反映轨道的高低、轨向不平顺。

传统的弦测法理论直接用弦测值(我国规范中是 10 m 弦正矢偏差)作为轨道不平顺的测量值,该系统的传递函数波动较大,这是导致弦测法不能精确描述轨道的真实不平顺状态的根源。为改进弦测法的检测效果,结合一弦 N 点检测方法,可以提高检测效率与检测精度。该方法将弦测值作为携带轨道几何形位的一个状态参数,而不将弦测值作为轨道不平顺的近似描述,再通过建立弦测值与轨道几何形位之间的几何关系,从测量的弦测值中反算出轨道的原始几何形位。

2.3.1 一弦 N 点弦测法的数学模型

2.3.1.1 一弦 N 点弦测法的检测模型

一弦 N 点弦测法的基本测量模式是从中点弦测法改进得来,并吸收了通过高频采样的中点弦测法提高测量精度的优点,将 N 点弦测值作为轨道几何形位的一组状态参数,并从该状态参数出发建立数学模型反演轨道几何形位。测量过程如图 2-32 所示。

一般而言,一弦 N 点弦测法中的 N 指的是在弦线上存在 N 个矢度偏差值,分别位于 N 个 $N+1$ 等分点处。记第 i 个弦测值 h_i,N 个弦测值组成一个弦测值向量 h。另外,弦线起始位置于所检

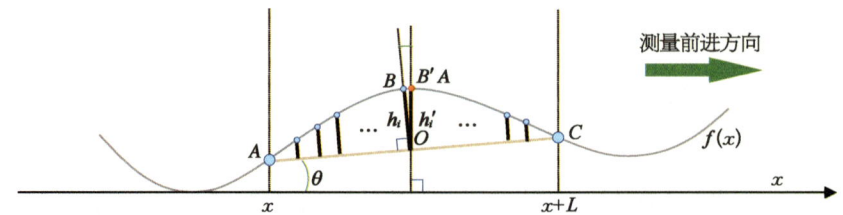

图 2-32　一弦 N 点弦测法测量过程

测得到的弦测值向量记为 h_0，与之对应的 $n+2$ 个轨道几何不平顺向量记为 y_0：

$$y_0 = \begin{Bmatrix} y_0 \\ y_1 \\ \vdots \\ y_n \\ y_{n+1} \end{Bmatrix}; \quad h_0 = \begin{Bmatrix} h_{1,0} \\ h_{2,0} \\ \vdots \\ h_{n-1,0} \\ h_{n,0} \end{Bmatrix} \tag{2-62}$$

并考虑到一弦 N 点弦测法的 n 个检测位置为弦线 L 的 n 个 $n+1$ 等分点，再结合式(2-62)，$\lambda_i = i/L$，于是如图 2-33 所示的各弦测值与对应的几何关系可以描述为下式：

$$h = h_i = y_i + \lambda_i y_0 + \bar{\lambda}_i y_{n+1}, \quad i = 1, 2, \cdots, n \tag{2-63}$$

其中，

$$\lambda_i = -\frac{n+1-i}{n+1}, \quad \bar{\lambda}_i = -\frac{i}{n+1}$$

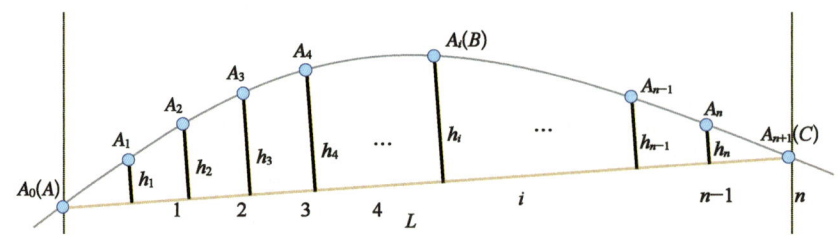

图 2-33　一弦 N 点弦测法测点分布

整理上式形成线性方程组如下：

$$\begin{Bmatrix} h_{1,0} \\ h_{2,0} \\ \vdots \\ h_{n-1,0} \\ h_{n,0} \end{Bmatrix} = \begin{bmatrix} \lambda_1 & 1 & & & & \bar{\lambda}_1 \\ \lambda_2 & & 1 & & & \bar{\lambda}_2 \\ \vdots & & & \ddots & & \vdots \\ \lambda_{n-1} & & & & 1 & \bar{\lambda}_{n-1} \\ \lambda_n & & & & 1 & \bar{\lambda}_n \end{bmatrix} \cdot \begin{Bmatrix} y_0 \\ y_1 \\ \vdots \\ y_n \\ y_{n+1} \end{Bmatrix} \tag{2-64}$$

式(2-64)简写为式(2-65)，其中矩阵 M 的形式为式(2-66)所示：

$$h_0 = M \cdot y_0 \tag{2-65}$$

$$M = \begin{bmatrix} \lambda_1 & 1 & & & & \overline{\lambda_1} \\ \lambda_2 & & 1 & & & \overline{\lambda_2} \\ \vdots & & & \ddots & & \vdots \\ \lambda_{n-1} & & & & 1 & \overline{\lambda_{n-1}} \\ \lambda_n & & & & 1 & \overline{\lambda_n} \end{bmatrix} \tag{2-66}$$

矩阵 M 共有 n 行，第一列与第 $n+2$ 列每个元素为 -0.5，中间 $2 \sim n+1$ 列为一个单位矩阵。不妨把矩阵 M 称为测量矩阵。通过该矩阵，轨道的几何不平顺信息被转化为弦测值信息；经矩阵求逆，亦可找到弦测值反演轨道几何形位的方法。

式(2-65)仅为一个位置处的一弦 N 点检测过程，随着参考弦线向着检测方向移动多个步长 (L/N)，将会有一系列形如式(2-65)的线性方程组，如式(2-67)所示：

$$h_i = M \cdot y_i, \quad i = 0, 1, \cdots, N-n \tag{2-67}$$

式中 h_i——第 i 步检测得到的弦测值向量，如下式所示：

$$h_i = \begin{Bmatrix} h_{1,i} \\ h_{2,i} \\ \vdots \\ h_{n-1,i} \\ h_{n,i} \end{Bmatrix} \tag{2-68}$$

式(2-67)可简化为如下形式：

$$H = M \cdot F \tag{2-69}$$

其中，F 为由 y 生成的矩阵，也可以记为 $F(y)$，矩阵的 $(N-n)(n+2)$ 个元素中，仅有 $N+1$ 个独立元素，即 $y_0 \sim y_N$。而矩阵 H 为 $N-n$ 个独立的弦测向量 h_i 组成，共有 $(N-n)(n+2)$ 个独立测量的弦测值。

$$F = F(y) = \begin{bmatrix} y_0 & y_1 & \cdots & y_{N-n-2} & y_{N-n-1} \\ y_1 & y_2 & & y_{N-n} & y_{N-n+1} \\ \vdots & \vdots & \ddots & \vdots & \vdots \\ y_n & y_{n+1} & & y_{N-2} & y_{N-1} \\ y_{n+1} & y_{n+2} & \cdots & y_{N-1} & y_N \end{bmatrix}$$

$$H = \begin{bmatrix} h_{1,0} & h_{1,1} & \cdots & h_{1,N-n-2} & h_{1,N-n-1} \\ h_{2,0} & h_{2,1} & & h_{2,N-n-2} & h_{2,N-n-1} \\ \vdots & \vdots & \ddots & \vdots & \vdots \\ h_{n-1,0} & h_{n-1,1} & & h_{n-1,N-n-2} & h_{n-1,N-n-1} \\ h_{n,0} & h_{n,1} & \cdots & h_{n,N-n-2} & h_{n,N-n-1} \end{bmatrix} \tag{2-70}$$

$$E = \begin{bmatrix} e_{1,0} & e_{1,1} & \cdots & e_{1,N-n-2} & e_{1,N-n-1} \\ e_{2,0} & e_{2,1} & & e_{2,N-n-2} & e_{2,N-n-1} \\ \vdots & \vdots & \ddots & \vdots & \vdots \\ e_{n-1,0} & e_{n-1,1} & & e_{n-1,N-n-2} & e_{n-1,N-n-1} \\ e_{n,0} & e_{n,1} & \cdots & e_{n,N-n-2} & e_{n,N-n-1} \end{bmatrix}$$

考虑到每个检测点每次检测的随机误差,在式(2-70)中引入一个误差项矩阵 E,则一弦 N 点的检测模型可以描述为式(2-71):

$$\bar{G} = G + G' = M \cdot F + E \qquad (2-71)$$

式中 E——测量过程中产生的误差;
G'——测量误差产生的误差项;
$\bar{G}$——实际测量的包含误差的矢度偏差。

式(2-71)即为一弦 N 点弦测法的测量模型。

2.3.1.2 一弦 N 点弦测法的反演模型

在测量模型的基础上,通过 n 组弦测值反算轨道几何形位,是测量模型的工程求逆过程。设测量得到的 n 组弦测值组成矩阵 G,规模为 $n \times (N-n+1)$,需求向量 f,规模为 N。$F(y)$ 虽然是规模 $n \times (N-n+1)$ 的矩阵,但其中独立的未知数仅 N 个,已知方程个数为 $n \times (N-n+1)$ 个。问题简化为根据最小二乘原理寻找最优的向量 f,使得式(2-72)最优:

$$\min \frac{1}{2} \| M \cdot F(y) - \bar{G} \|^2 \qquad (2-72)$$

式(2-72)即为基于最小二乘法的一弦 N 点弦测法的反演模型。模型存在隐含的约束条件如式(2-70)第一式所示,其约束了矩阵 $F(y)$ 中元素的彼此相关性,直接求解的难度较大。下面通过拆分矩阵 M,将式(2-69)进行整理,以解除矩阵 $F(y)$ 的隐含约束关系。

将 M 矩阵的第 i 行独立考虑,并提取出与第 i 行相关的方程组,得到下式:

$$A_i \cdot y = h'_i, \quad i = 1, 2, \cdots, n \qquad (2-73)$$

式中 h_i——列向量,值为矩阵 H 的第 i 行的转置;
A_i——由矩阵 M 的第 i 行组成的矩阵,具体形式如式(2-74)所示,所形成的矩阵类似于一个对角矩阵,A_i 不是方阵,实际大小为 $(N-n) \times N$。

由此可知式(2-73)与式(2-69)等价。

$$\begin{aligned} h'_i &= \{h_{i,1} \quad h_{i,2} \quad \cdots \quad h_{i,N-n-1} \quad h_{i,N-n}\}^T \\ A_i &= \begin{bmatrix} \lambda_i & 0 & \cdots & 0 & \cdots & 1 & \cdots & 0 & \bar{\lambda}_i \\ & \lambda_i & 0 & \cdots & 0 & \cdots & 1 & \cdots & 0 & \bar{\lambda}_i \\ & & \ddots & \ddots & & \ddots & \ddots & & \ddots & \ddots \\ & & & \lambda_i & 0 & \cdots & 0 & \cdots & 1 & \cdots & 0 & \bar{\lambda}_i \end{bmatrix} \end{aligned} \qquad (2-74)$$

在解除矩阵 $F(y)$ 的隐含约束关系后,式(2-72)所述的模型可以转化为式(2-75)所述最小二乘优化模型:

$$\left.\begin{aligned} \min E &= \frac{1}{2}\|U\|^2 \\ U &= \begin{bmatrix} A_1 \\ A_2 \\ \vdots \\ A_{n-1} \\ A_n \end{bmatrix} \cdot y - \begin{bmatrix} h'_1 \\ h'_2 \\ \vdots \\ h'_{n-1} \\ h'_n \end{bmatrix} \end{aligned}\right\} \quad (2-75)$$

不难证明,式(2-75)的最小二乘解 y^* 有满足式(2-76)所示的线性方程组。式(2-76)是 N 元 N 次线性方程组,y^* 即为通过一弦 N 点检测方法检测得到的轨道几何不平顺:

$$\left.\begin{aligned} \left(\sum_{i=1}^n A_i^T A_i\right) \cdot y^* &= \sum_{i=1}^n A_i^T h'_i \\ y^* &= \left(\sum_{i=1}^n A_i^T A_i\right)^{-1} \cdot \sum_{i=1}^n A_i^T h'_i \end{aligned}\right\} \quad (2-76)$$

式(2-76)即为一弦 N 点弦测法反演模型的最小二乘解。

2.3.1.3 一弦 N 点弦测法反演模型改进

式(2-76)中 $A_i^T A_i$ 会导致矩阵的条件数变大,即矩阵奇异性增大,计算过程的舍入误差增大。为了控制这个误差,下面提出一种简易的优化解,可以一定程度上让误差积累规律直观地表现出来。

将式(2-75)所示的优化模型用下面的优化模型来替代:

$$\left.\begin{aligned} \min E &= \sum_{k=1}^n \|y^* - f_k\|^2 \\ A_i f_i &= h'_i \\ f_i(1) &= 0 \\ f_i([N-n+1 \sim N]) &= 0 \\ i &= 1, 2, \cdots, n \end{aligned}\right\} \quad (2-77)$$

该模型的含义可以解释如下:对于测量矩阵 M 中的每一行元素来讲,都存在独立的关系 $A_i \cdot y = h'_i$,每一个方程在一定补充方程的情况下均可以独立计算得到一个检测的轨道不平顺结果。在多点情况下,可以通过在独立计算弦测值的情况下,再通过最小二乘法寻找一条最优的检测结果,该检测结果到每个独立检测值的误差最小,记 y^* 为最优解。式(2-77)的后面两个方程分别为计算所需的补充条件,即认为检测对象的第一个点以及最后 n 个点均为0。

引入补充条件,原矩阵 A_i 可以描述为下面的矩阵形式,A'_i 为 A_i 的第 $2 \sim N+1$ 列组成的 N 维方阵,形式如式(2-79)所示:

$$A_i = \begin{bmatrix} \lambda_i & 0 & \cdots & 0 & 1 & \cdots & 0 & \overline{\lambda}_i & & \\ & \lambda_i & 0 & \cdots & 0 & \cdots & 1 & 0 & \overline{\lambda}_i & \\ & & \ddots & \ddots & & \ddots & & & \ddots & \ddots \\ & & & \lambda_i & 0 & \cdots & 0 & 1 & \cdots & 0 & \overline{\lambda}_i \end{bmatrix} = \begin{bmatrix} A_{i1} & A'_i & A_{i2} \end{bmatrix} \quad (2-78)$$

$$A'_i = \begin{bmatrix} 0 & \cdots & 0 & \cdots & 1 & \cdots & 0 & \overline{\lambda}_i \\ \lambda_i & 0 & \cdots & 0 & \cdots & 1 & \cdots & 0 & \overline{\lambda}_i \\ & \ddots & & \ddots & & \ddots & & \ddots & \\ & & \lambda_i & & 0 & \cdots & 0 & \cdots & 1 \end{bmatrix} \quad (2-79)$$

于是式(2-77)所示的优化模型可以改写为式(2-80)的优化模型。这是一个简单的凸优化问题，通过对优化目标 E 求导，求出导数值为 0 的条件即可得到最小二乘解：

$$\left. \begin{array}{l} \min E = \sum_{k=1}^{n} \| y^* - f_k \|^2 \\ A'_i f_i = h'_i, \; i = 1, 2, \cdots, n \end{array} \right\} \quad (2-80)$$

目标 E 的导数如下：

$$\frac{\mathrm{d}E}{\mathrm{d}f} = \sum_{k=1}^{n} (y^* - f_k) = 0 \quad (2-81)$$

在式(2-77)所示的优化问题描述下，最优解为 n 个测量点独立求解结果的均值。受此启发，可考虑将式(2-80)的 n 个线性方程组 $A'_i f_i = h'_i, \; i = 1, 2, \cdots, n$ 先行组合，再求解方程组的解：

$$y^* = \frac{1}{n} \sum_{i=1}^{n} f_k \quad (2-82)$$

由于 $A'_i f_i = h'_i$，则 f_k 可以表述为 $\mathrm{inv}(A'_i) \cdot h'_i$，进而式(2-82)又可以描述为式(2-83)所示的两种形式。即另外一种一弦多点弦测法的反演模型，该模型避免了 $A_i^T A_i$ 所导致的矩阵条件数变大的问题：

$$\left. \begin{array}{l} \left(\sum_{i=1}^{n} A'_i \right) \cdot y^* = \sum_{i=1}^{n} h'_i \\ y^* = \left(\sum_{i=1}^{n} A'_i \right)^{-1} \cdot \sum_{i=1}^{n} h'_i \end{array} \right\} \quad (2-83)$$

新的反演模型被赋予了一弦多点弦测法新的物理意义。以图 2-34 为基础，深入分析可知，式(2-83)所示的反演模型中，将 n 个弦测值进行总和，得出一个综合值，并利用这个综合值进行原始轨道不平顺的反演。由此便形成了一类新的、具有不同含义的弦测法衍生方法。类似于以弦 AC 为基准，检测其弦偏向一方的面积 $\overline{A_0 A_1 A_2 \cdots A_{n+1} A_0}$，并记录沿着检测方向的检测面积变化情况，而在反演过程中利用这个"面积"参数，反演轨道不平顺值。通过不同弦测值的组合优化，可达到抑制测量产生随机误差的效果。

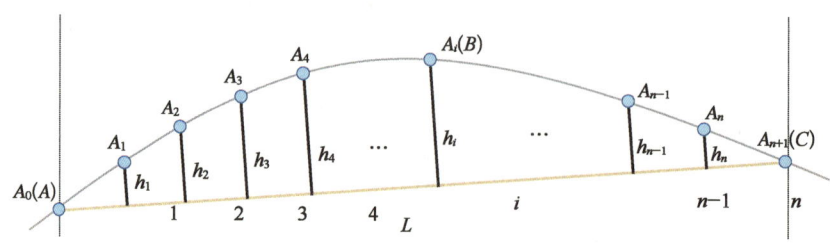

图 2-34 一弦 N 点弦测法测点分布

2.3.1.4 衍生弦测系统检测模型

根据上述思想,可以进行弦测法的系列拓展,可以形成基于一弦 N 点弦测模型的一系列非等距的多点衍生弦测模型,而具体的优化目标要根据弦测模型对测量误差的影响来定。

2.3.2 一弦 N 点弦测系统误差分析

2.3.2.1 误差理论分析

误差是检测系统不可避免的,有效的检测系统必须具有误差稳定性。在考虑误差的情况下,一弦 N 点测量方程可以描述为

$$\bar{G} = G + G' = M \cdot F + E = H + E \tag{2-84}$$

式中　$\bar{G}$ ——实测的中点弦偏差值;

　　　E ——测量过程产生的随机误差。

式(2-84)可理解为实测的弦测值向量 $\bar{G}$ 等于准确的弦测值 H 与测量误差 E 的之和,或者说弦测值 H 被误差项 E 污染。

对应的反演模型可以从两个角度出发描述为两类凸优化问题,在引入误差的情况下,式(2-75)、式(2-80)可以变换为式(2-85)、式(2-86):

$$\left.\begin{array}{l} \min E = \dfrac{1}{2} \|U\|^2 \\ U = \begin{bmatrix} A_1 \\ A_2 \\ \vdots \\ A_{n-1} \\ A_n \end{bmatrix} \cdot y - \begin{bmatrix} h'_1 \\ h'_2 \\ \vdots \\ h'_{n-1} \\ h'_n \end{bmatrix} - \begin{bmatrix} e_1 \\ e_2 \\ \vdots \\ e_{n-1} \\ e_n \end{bmatrix} \end{array}\right\} \tag{2-85}$$

$$\left.\begin{array}{l} \min E = \sum_{k=1}^{n} \|f - f_k\|^2 \\ A'_i f_i = h'_i + e_i,\ i=1,2,\cdots,n \end{array}\right\} \tag{2-86}$$

式中　e_i ——测量误差矩阵 E 第 i 行向量的转置。

两个模型的解可分别表述为式(2-87)与式(2-88)。式(2-87)的第一式和式(2-88)的第一式为线性方程组,式(2-87)的第二式和式(2-88)的第二式为相应线性方程组的解:

$$\left.\begin{array}{l} (\sum_{i=1}^{n} A_i^T A_i) \cdot y^* = \sum_{i=1}^{n} A_i^T (h'_i + e_i) \\ y^* = (\sum_{i=1}^{n} A_i^T A_i)^{-1} \cdot \sum_{i=1}^{n} A_i^T (h'_i + e_i) \end{array}\right\} \tag{2-87}$$

$$\left.\begin{array}{l} (\sum_{i=1}^{n} A'_i) \cdot y^* = \sum_{i=1}^{n} (h'_i + e_i) \\ y^* = (\sum_{i=1}^{n} A'_i)^{-1} \cdot \sum_{i=1}^{n} (h'_i + e_i) \end{array}\right\} \tag{2-88}$$

需要说明的是，$A_i^T A_i$ 往往是奇异的，因而其逆矩阵无法求得。需要通过求解特殊线性方程组的方法直接求解式(2-87)的第一式。而式(2-88)的第一式所示的线性方程组不存在此问题，其逆矩阵是存在的。式(2-87)的第二式与式(2-88)的第二式均可以用下面的形式来替代：

$$y^* = T_n^{-1} \cdot g_n^* = T_n^{-1} \cdot (h_n + e_n) = f + T_n^{-1} \cdot e_n \tag{2-89}$$

对于第一种反演模型，即对式(2-87)有

$$T_n = \sum_{i=1}^n A_i^T A_i; \quad h_n = \sum_{i=1}^n A_i^T h_i'; \quad e_n = \sum_{i=1}^n A_i^T e_i \tag{2-90}$$

对于第二种反演模型，即对式(2-88)有

$$T_n = \sum_{i=1}^n A_i'; \quad h_n = \sum_{i=1}^n h_i'; \quad e_n = \sum_{i=1}^n e_i \tag{2-91}$$

$$T_n = \sum_{i=1}^n A_i'; \quad h_n = \sum_{i=1}^n h_i'; \quad e_n = \sum_{i=1}^n e_i \tag{2-92}$$

式中　y^*——实测的轨道几何形位；

　　　f——实际的轨道几何行位。

式(2-84)为实测的轨道几何形位，是真实的轨道几何形位与测量误差项的结合，或者说是真实的轨道几何形位被随机误差所反演测量误差项所污染。从式(2-89)不难看出，测量的误差项仅与测量矩阵 T_n 的逆矩阵和测量时产生的误差 e_n 相关，而与测量对象 f 的情况无关。容易看出，如果 $T_n^{-1} \cdot e_n \to 0$，则 $y^* \to f$。因而控制测量精度可以从两方面展开：一方面是减小测量的随机误差的影响；另一方面是优化测量矩阵 T_n，减小测量过程中的误差积累。

定义反演算子 B，有

$$y^* = B(H+E) = f + B(E) = f + T_n^{-1} \cdot e_n \tag{2-93}$$

反演算子 B 对应测量系统的逆过程，B 作用于实际测量的弦测值矩阵 H 得到实际的轨道不平顺值 f，作用于随机误差矩阵 E 则得到误差项。反演算子 B 是一个线性算子，可以用一个矩阵来描述，但是这个矩阵往往很难显式给出。后面会采用一些数值方法来分析该算子的特性，从而揭示一弦 N 点弦测法的误差积累以及分布规律。

测量矩阵 T_n 由测量区段长度 l、测量参考弦长 L、一弦 N 点弦测法的阶数 N、采样步长 Step 以及测量点分布位置这五个因素综合决定。其中，测量区段长度与采样步长决定了测量矩阵 T_n 的维度大小。$\mathrm{size}(T_n)$ 表示矩阵 T_n 的维度：

$$\mathrm{size}(T_n) = \frac{l}{\mathrm{Step}} \tag{2-94}$$

对中点弦测法而言，采样步长固定为参考弦长 L 的一半，即 $\mathrm{Step}=L/2$；而对一弦 N 点弦测法而言，采样步长为参考弦长 L 的 $1/(N+1)$：

$$\mathrm{Step} = \frac{L}{N+1}$$

因而矩阵 T_n 的维度与测量区段长度、参考弦长以及测量点个数之间的关系为

$$\text{size}(T_n) = (N+1)\frac{l}{L} \tag{2-95}$$

除了 $\text{size}(T_n)$ 之外,影响 T_n 的另一个因素即一弦 N 点弦测法的阶数 N,其决定了矩阵中元素的分布方式以及元素值的大小。

对第一种反演模型,T_n 由 $A_i^T A_i$ 构成,矩阵本身条件数过大,属于病态矩阵,其逆矩阵幅值过大,需要采用特殊方法求解线性方程组来保证舍入误差得到控制。后面会通过仿真计算的方法确定该方法的对随机误差的传递规律。

对第二种反演模型,T_n 由 A_i' 构成,矩阵本身是对角方阵,矩阵条件数较小,逆矩阵存在并且能够很好地反映测量系统的属性。

2.3.2.2 反演模型精度的度量

一个测量系统的误差积累程度需要用一个统一的指标来度量,这对弦测系统进行优化有重要意义。误差放大系数 C_k 描述了误差在绝对空间上的分布规律:

$$C_k = \sqrt{\sum_{i=1}^{n} B_{ki}^2} \tag{2-96}$$

式中 B_{ki} ——测量矩阵 T 的逆矩阵 B(即反演矩阵)的第 k 行第 i 列。

中点弦测法的误差放大系数的获取需要精确求解已知测量系统的反演系统,即测量矩阵 T_n 的逆矩阵。中点弦测法的问题清晰,反演矩阵容易用解析方式获得。

一弦 N 点弦测法反演模型的精度度量同样可采用误差放大系数来度量。这里定义反演矩阵 B 为反演算子 B 所对应的矩阵。第一种反演模型基于最小二乘优化模型来描述,涉及矩阵 $A_i^T A_i$,而该乘积形式测量系统的描述为病态的,其逆矩阵不能够准确得到;此外,e_n 均有左乘 A_i^T,形式复杂,不易得出其反演矩阵的具体形式。

下面定义误差传递系数 $C_{k,1}$:

$$C_{k,1} = \sum_{i=1}^{n} B_{ki} \tag{2-97}$$

因 $B_{ki} > 0$,因而也可以表示为式(2-98):

$$C_{k,1} = \sum_{i=1}^{n} |B_{ki}| = \|B_k\|_1 \tag{2-98}$$

式中 B_k ——矩阵 B 的第 k 行元素组成的向量;

$\|B_k\|_1$ ——该向量的 1 范数。

对比中点弦测法的放大系数,在此将其重新定义为式(2-99),$\|B_k\|_2$ 则表示该向量的 2 范数:

$$C_{k,2} = \sqrt{\sum_{i=1}^{n} B_{ki}^2} = \left(\sum_{i=1}^{n} |B_{ki}|^2\right)^{\frac{1}{2}} = \|B_k\|_2 \tag{2-99}$$

这样可以从范数的角度诠释误差放大系数的含义。$C_{k,1}$ 可以理解为反演矩阵第 k 行的 1 范数,其值可以通过求解线性方程组获得,而不必求解反演系统的详细表达式;$C_{k,2}$ 可以理解为反演矩阵第 k 行的 2 范数,其直观意义是测量误差标准差在测量结果中的放大倍数。$C_{k,2}$ 的获取往往需要求解测量矩阵的逆矩阵,这对中点弦测法或单点弦测法是可行的,但对于两点以上的弦测系统而言,由于最优化模型中 $A_i^T A_i$ 的逆矩阵而无法直接求解到。

根据闵可夫斯基定理,有限维线性空间的所有范数都等价。$C_{k,2}$ 具有明确的物理意义,但往往不容易获得。相比而言,$C_{k,1}$ 的物理意义不够明确,但是容易计算得到。因而这里借助 $C_{k,1}$ 来确定一弦 N 点弦测法的优化目标。

下面给出一种数值方法来确定一个测量系统的误差放大系数 $C_{k,1}$。考虑在一段绝对平直的直线区段上采用一弦 N 点弦测法进行检测,即原始轨道不平顺 $f=0$,检测的各个测量位置的实际弦测偏差值矩阵 $H=0$,即 $h_i'=0$,$i=1,2,\cdots,n$;此时假设测量随机误差向量 e_i,$i=1,2,\cdots,n$ 服从均值为 0、标准差为 σ 的正态分布。实际上在线性情况下,误差项不受原始轨道不平顺的影响,但为了分析问题的方便将其考虑为 0。

将方程 $f = B(E)$ 抽象为下面的方程组:

$$f_e = \begin{bmatrix} B_{11} & B_{12} & B_{13} & \cdots & B_{1n} \\ B_{21} & B_{22} & B_{23} & \cdots & B_{2n} \\ B_{31} & B_{32} & B_{33} & \cdots & B_{3n} \\ \vdots & \vdots & \vdots & \ddots & \vdots \\ B_{n1} & B_{n2} & B_{n3} & \cdots & B_{nm} \end{bmatrix} \cdot \begin{Bmatrix} e_1 \\ e_2 \\ e_3 \\ \vdots \\ e_n \end{Bmatrix} \tag{2-100}$$

式中 f_e ——误差项所反演得到的轨道不平顺;

B_{ij} ——反演矩阵的第 i 行第 j 列元素;

e_i ——等效的测量误差项。

对于该方程组中的第 k 个方程有

$$f_e(k) = \sum_{i=1}^{n} B_{ki} e_i \tag{2-101}$$

测量误差 e 服从均值为 0、方差为 σ^2 的正态分布:

$$E(e_i) = 0, \quad E(e_i^2) = \sigma^2, \quad i = 1, 2, \cdots, n \tag{2-102}$$

$f_e(k)$ 的数学期望 $E(f_e(k))$ 为 0:

$$E(f_e(k)) = E\left(\sum_{i=1}^{n} B_{ki} e_i\right) = 0 \tag{2-103}$$

下面计算 $f_e(k)$ 的方差 $\mathrm{Var}(f_e(k))$ 与标准差 $\mathrm{RMS}(f_e(k))$:

$$\begin{aligned}\mathrm{Var}(f_e(k)) &= E\{[f_e(k) - E(f_e(k))]^2\} = E[(f_e(k))^2] \\ &= E\left[\left(\sum_{i=1}^{n} B_{ij} e_i\right)^2\right] = E\left(\sum_{i \neq j} B_{ki} B_{kj} e_i e_j + \sum_{i=1}^{n} B_{ki}^2 e_i^2\right) \\ &= E\left(\sum_{i=1}^{n} B_{ki}^2 e_i^2\right) = \sigma^2 \cdot \sum_{i=1}^{n} B_{ki}^2 \end{aligned} \tag{2-104}$$

$$\mathrm{RMS}(f_e(k)) = \sqrt{\mathrm{Var}(f_e(k))} = \sigma \cdot \sqrt{\sum_{i=1}^{n} B_{ki}^2} = C_{k,2} \cdot \sigma \tag{2-105}$$

这里的 $C_{k,2}$ 即为定义的误差传递系数,其直观反映了测量误差标准差的放大倍数;下标 k 与矩阵的第 k 行索引一致,表示测量区段的空间位置;下标 2 表示其与向量的 2 范数对应:

$$C_{k,2} = \sqrt{\sum_{i=1}^{n} B_{ki}^2} \tag{2-106}$$

2.3.2.3 测量误差传递与分布规律分析

1) 一弦 N 点弦测法的误差放大系数 $C_{k,1}$

考虑在一段绝对平直的直线区段上采用一弦 N 点弦测法进行检测,即原始轨道不平顺 $f=0$,检测的各个测量位置的实际弦测偏差值矩阵 $H=0$,即 $h_i'=0$, $i=1,2,\cdots,n$;此时假设测量随机误差向量 e_i,$i=1,2,\cdots,n$ 服从均值为 0、标准差为 σ 的正态分布。实际上在线性情况下,误差项不受原始轨道不平顺的影响,但为了分析问题的方便将其考虑为 0。

回到反演模型的最小二乘解:

$$y^* = \left(\sum_{i=1}^{n} A_i^T A_i\right)^{-1} \cdot \sum_{i=1}^{n} A_i^T (h_i' + e_i) \tag{2-107}$$

为了便于分析误差的影响,暂不考虑 h_i':

$$y^* = \left(\sum_{i=1}^{n} A_i^T A_i\right)^{-1} \cdot \sum_{i=1}^{n} A_i^T e_i \tag{2-108}$$

定义矩阵 B,使得

$$B \cdot \left(\sum_{i=1}^{n} A_i^T A_i\right) = I \tag{2-109}$$

则有

$$y^* = B \cdot \sum_{i=1}^{n} A_i^T e_i = \sum_{i=1}^{n} B A_i^T \cdot e_i = \begin{bmatrix} BA_1^T & BA_2^T & \cdots & BA_n^T \end{bmatrix} \cdot \begin{Bmatrix} e_1 \\ e_2 \\ \vdots \\ e_n \end{Bmatrix} \tag{2-110}$$

式中　e_i——误差矩阵 E 的第 i 行向量的转置,向量长度为 $N-n$。

定义算子 $\text{vec}(\cdot)$,该算子将误差矩阵 E 变形为一个长度为 $n(N-n)$ 的列向量:

$$\text{vec}(E) = \begin{Bmatrix} e_1 \\ e_2 \\ \vdots \\ e_n \end{Bmatrix} \tag{2-111}$$

定义矩阵 D,该矩阵描述的是一个 $N-n$ 行、$n(N-n)$ 列的扩展矩阵:

$$D = \begin{bmatrix} BA_1^T & BA_2^T & \cdots & BA_n^T \end{bmatrix} \tag{2-112}$$

因而有

$$y^* = D \cdot \text{vec}(E) \tag{2-113}$$

向量 $\text{vec}(E)$ 中的每个元素均服从均值为 0、方差为 σ^2 的正态分布。y_k^* 的分布可以求得

$$E(y_k^*) = E\left(\sum_{i=1}^{n(N-n)} D_{ki} \cdot \text{vec}(E)_i\right) = \sum_{i=1}^{n(N-n)} D_{ki} \cdot E(\text{vec}(E)_i) = 0 \tag{2-114}$$

$$\text{Var}(y_k^*) = E\{[y_k^* - E(y_k^*)]^2\} = E(y_k^{*2})$$
$$= E\left[\left(\sum_{i=1}^{n(N-n)} D_{ki} \cdot \text{vec}(E)_i\right)^2\right] = \sigma^2 \cdot \sum_{i=1}^{n(N-n)} D_{ki}^2 \quad (2-115)$$

因而误差放大系数为

$$C_k = \sqrt{\sum_{i=1}^{n(N-n)} D_{ki}^2} \quad (2-116)$$

下面根据上式分析 C_k 的基本特性。对于 $A_i^T A_i$ 求和矩阵的求逆,因该矩阵求逆的复杂性,主要借助数值方法研究 C_k 随着各种可变参数变化的具体规律。需要说明的是,对于一定长度的检测区段,使用越高阶的一弦 N 点弦测法采样步长越小,从而导致矩阵 A_i 维度越大,C_k 的长度将越长。

2) 一弦 N 点弦测法阶数影响

在固定检测区段长度的情况下,误差放大系数峰值与弦测法阶数的 0.9 次方成反比。误差放大系数与测量弦长本身无关,也与测量区段长度本身无关,而与这两者的比值有关,误差放大系数与测量区段长度与测量参考弦长比值的 1.5 次方成正比。即有

$$\max(C_k) \propto \left(\frac{l}{L}\right)^{1.5} \quad (2-117)$$

2.3.2.4 不同初始条件对精度的影响

对完全的一弦 N 点弦测法而言,可能的初始条件取法有 N 种,其中第一个边界条件可以写作

$$\left.\begin{array}{l} f_i([1]) = 0 \\ f_i([N-n+1 \sim N]) = 0 \\ i = 1, 2, \cdots, n \end{array}\right\} \quad (2-118)$$

此时,令所有独立检测曲线的第一个元素以及最后 n 个元素为 0。矩阵 A_i(非方阵)可以转变为方阵 A_i',再通过后续最小二乘求解可以得出最优检测结果。

对应第 k 个边界条件可以写作

$$\left.\begin{array}{l} f_i([1 \sim k]) = 0 \\ f_i([N-n+k \sim N]) = 0 \\ i = 1, 2, \cdots, n; k = 1, 2, \cdots, n \end{array}\right\} \quad (2-119)$$

此时,再令所有独立检测曲线的前 k 个元素以及最后 $n-k+1$ 个元素为 0,以此为条件的情况下矩阵 A_i(非方阵)可以转变为方阵 A_i',再通过后续最小二乘求解可以得出最优检测结果。

不同的边界条件下,求得的结果会呈现一定的差异。以一弦 30 点弦测法为例,图 2-35 为 $N=30$ 时不同初始条件下误差放大系数的分布规律。

误差放大系数最大值的波动幅度为

$$\frac{11.99 - 9.49}{11.99 + 9.49} \times 100\% = 10.4\%$$

该比值可以理解为优化率,即最优情况比完全不优化情况下的比例。最优情况出现在 $k=15,16$

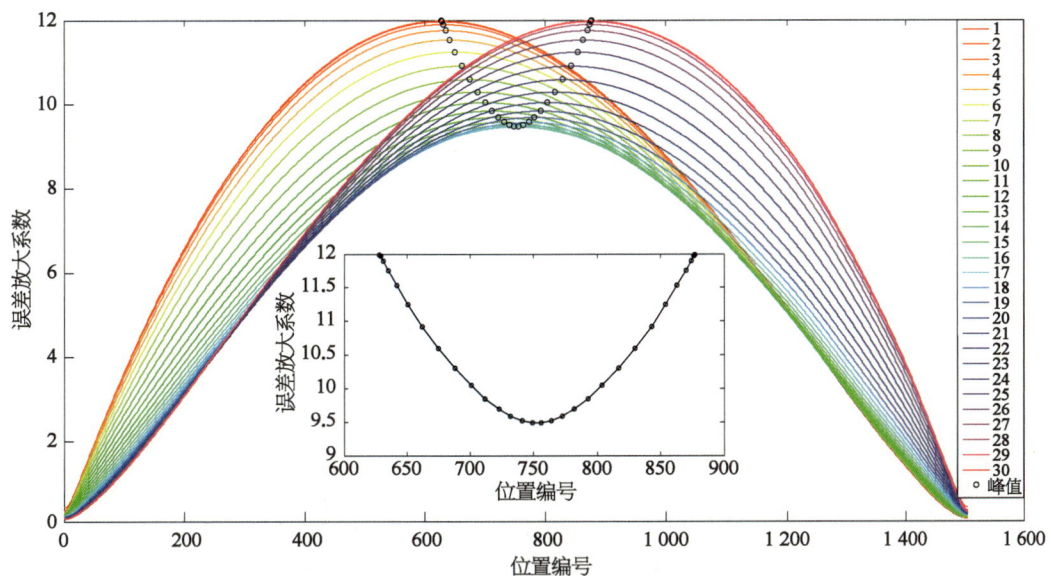

图 2-35 $N=30$ 时的不同初始条件下误差放大系数的分布规律

时,即在离 $n/2$ 最接近的位置,存在 11.7% 的优化空间。

图 2-36 表明:一弦 1 点弦测法(即中点弦测法)仅有一种可能的边界条件,即测量区段两端为 0,因而图 2-36 中只有一个点;而一弦 2 点弦测法两个点对称,误差放大系数最大值相等。对于 $N \geqslant 3$ 的情况下,对称边界条件会取得更好的效果,且整体精度变化幅度差异不大。

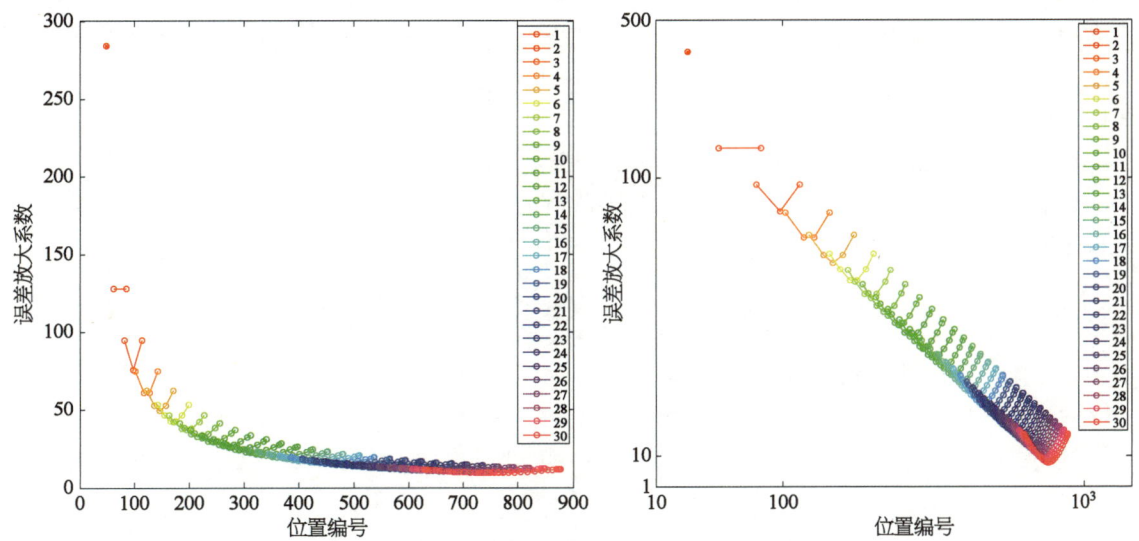

图 2-36 $N=1 \sim 30$ 时的不同初始条件下误差放大系数最大值的分布规律

分别计算不同弦测法阶数 N 对应的优化率,结果如图 2-37 所示。

从图 2-37 不难发现,除了 $N=1,2$ 这两种情况外,可优化率接近 10%,即对于 $N \geqslant 3$ 的情况下最优情况比最不利情况的精度差异有 10%。

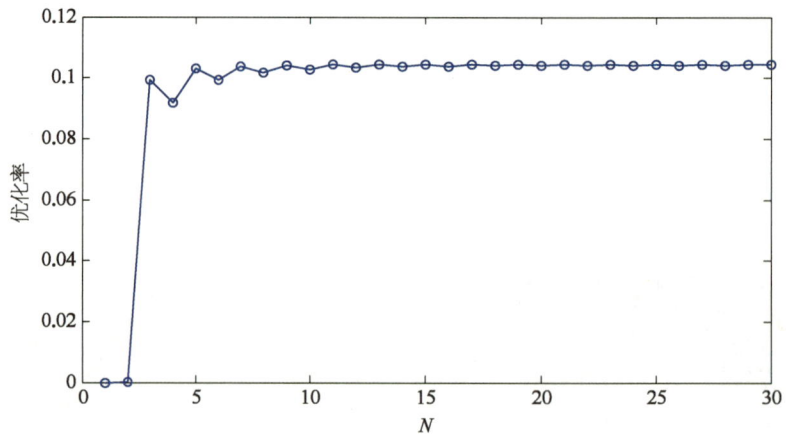

图 2‐37　$N=1\sim30$ 时的不同初始条件下的优化率

从 $N=1\sim30$ 的误差放大系数最大值的分布曲线可知,在双对数坐标下基本呈线性关系。即一弦 N 点弦测法阶数 N 与误差放大系数最大值 y 近似满足

$$\ln(y)=a+b\ln(N) \tag{2-120}$$

转化为

$$y=e^a N^b \triangleq a' N^b \tag{2-121}$$

其中,$b\approx-1$,误差放大系数与弦测法阶数近似为反比例关系。

初始条件选择的本质含义与矩阵本身的性质相关,而最优初始条件往往能够保证矩阵 A'_i 的主对角线上的元素是最大的。从另一个角度来说,能够使得矩阵 A'_i 的主对角线上的元素均是最大的初始条件都是可行的,对于那些不能满足该要求的初始条件均会导致计算结果失稳。

2.3.2.5　测量误差频域分析

通过随机产生的标准差为 1 的正态分布的随机测量值,并求其通过反演矩阵之后的频率响应。由于标准差为 1 的正态分布随机信号的频谱幅值恒为 1,则该随机误差通过反演矩阵后的误差项的频谱即为反演矩阵的频率响应。

从图 2‐37 中可发现不同一弦 N 点弦测法阶数下,绝对误差的空间分布规律存在一定相似性,但是对应不同波长成分的误差值是不一样的。与误差空间分布的研究方式类似,下面主要从两个角度出发分析一弦 N 点弦测法不同阶数对测量误差项的影响规律:固定矩阵维度和固定区段长度。

对于检测区段长度固定为 50 m 的情况下采用 $L=1$ m 的参考弦线测量,分析一弦 N 点弦测法阶数 N 从 1 到 30 的过程中,测量误差在频域内的分布规律,计算的幅值响应与相位响应如图 2‐38 所示。

图 2‐38 表明,相位响应的基本规律与图 2‐37 类似,不过减弱效果不如图 2‐37 明显。整体来说,长波成分的幅值响应较大,短波较小,并且随着弦测法阶数的增加,能够测量到更加短波的信息。

对于同一种弦测法而言,矩阵维度越大意味着测量区段越长,前述误差时域分布规律的研究表明,越长的测量区段总的误差积累越严重,近似 1.5 次方的变化规律。下面分析随机测量误差所导致检测的绝对误差的频域响应,通过随机产生的标准差为 1 的正态分布的随机测量值,并求其通

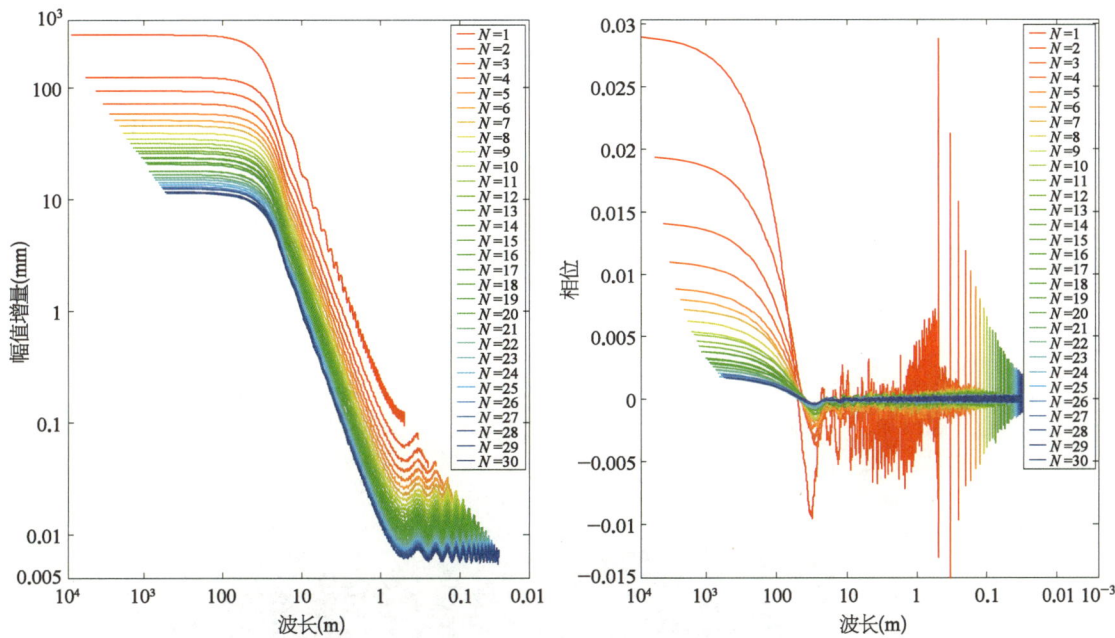

图 2-38　在区段长度 50 m 的情况下的幅值响应与相位响应

过反演矩阵之后的频率响应。可以认为标准差为 1 的正态分布随机信号的频谱幅值恒为 1，则该随机误差通过反演矩阵后的误差项的频谱即为反演矩阵的频率响应，反演矩阵的幅值谱与相位谱如图 2-39 所示。图中曲线表明检测波长范围与检测区段长度的关系。

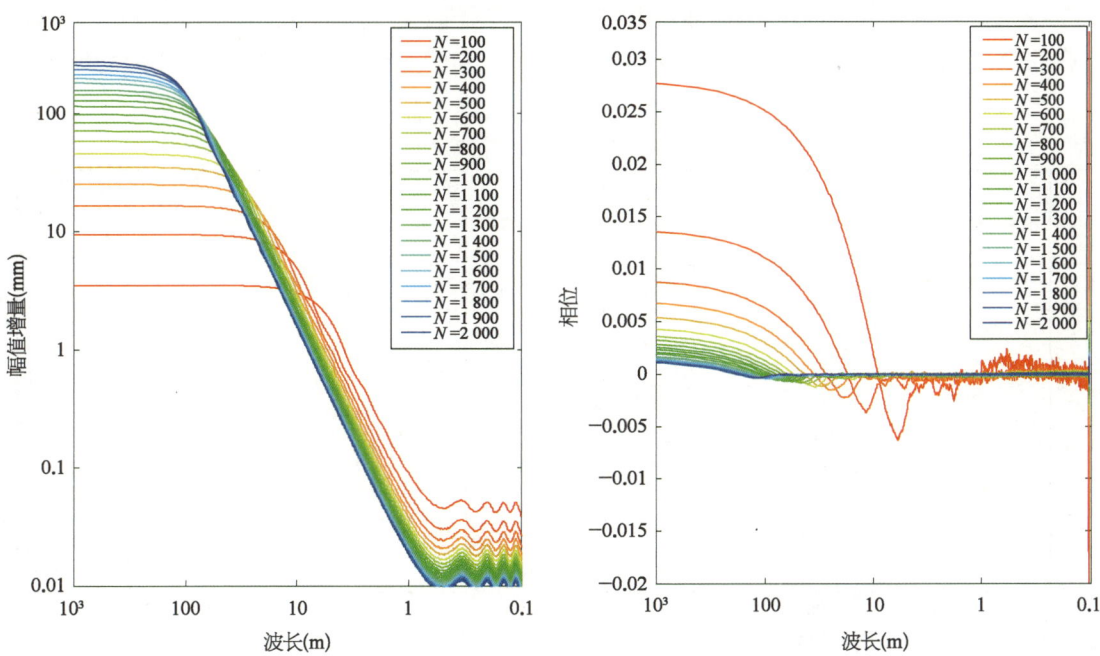

图 2-39　矩阵维度对不同波长成分的影响规律

测量参考弦长 $L=1$ m,当 $N=9$ 时,区段长度 l 与矩阵维度 $\text{size}(T_n)$ 之间的关系为

$$l=\frac{L}{N+1}\text{size}(T_n)=\frac{1}{10}\text{size}(T_n) \tag{2-122}$$

从图 2-39 可知,在一弦 N 点弦测法阶数固定的情况下,随着测量矩阵维度的增加,误差放大系数有明显的增加,具体增加情况如图 2-40 所示。尽管长波有所增加,但是短波成分误差却有明显降低。

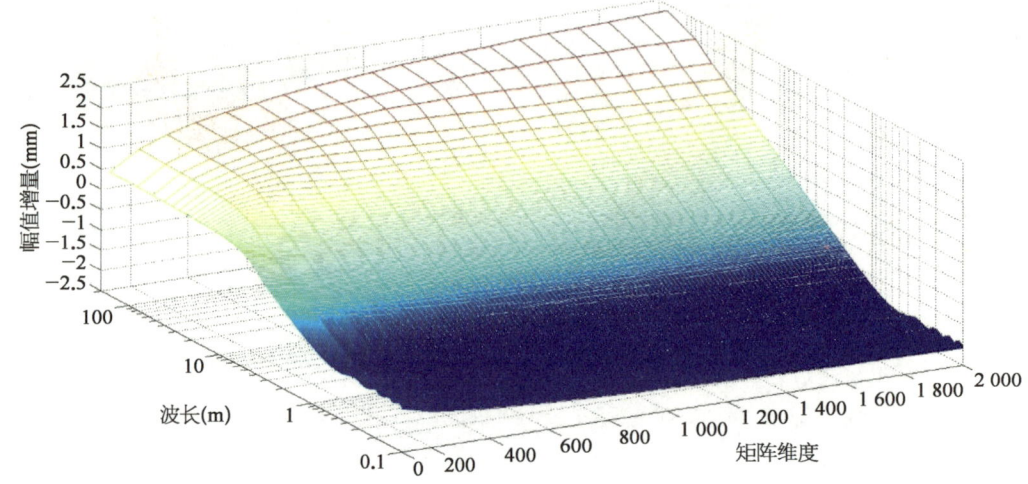

图 2-40　一弦 9 点弦测法在不同矩阵维度时不同波长的幅值关系

从图 2-41 可注意到,图中误差中的长波分量随矩阵维度的增加而逐渐增大,增大趋势近似 1.5 次方的关系。而短波分量随矩阵维度的增加而减小,从另一个角度解释,随着测量区段长度的增加,短波不平顺测量误差逐渐减小。

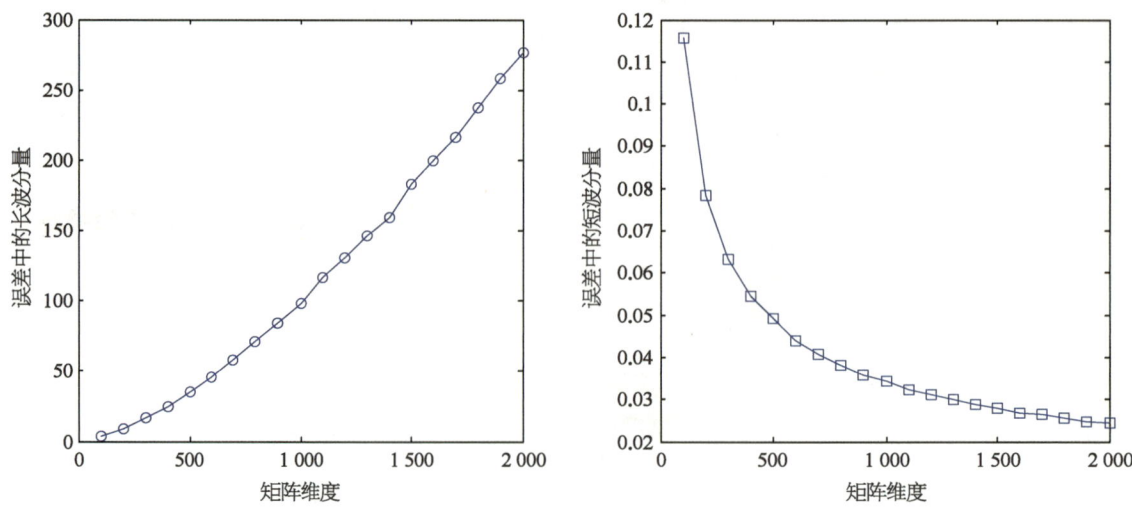

图 2-41　误差中的长波分量与短波分量随矩阵维度的变化规律

2.3.2.6 传递函数

下面从传递函数的角度分析一弦 N 点弦测法的检测效果,主要通过检测轨道不平顺与原始轨道不平顺的传递函数。考虑从两个角度出发分析该方法的效果,分别是:对于一定长度的测量区段,固定一弦 N 点弦测法的阶数 N,改变随机误差的标准差来分析不同检测精度的情况下,该方法对轨道不平顺的不同波长成分的检测效果;对于一定长度的测量区段,固定随机误差标准差,通过改变一弦 N 点弦测法的阶数 N 来分析在检测误差确定的情况下,该方法对轨道不平顺的不同波长成分的检测效果。

1) 不同随机误差的影响

下面以一弦 9 点弦测法,测量弦线长度为 1 m,分别考虑引入每个检测点的随机误差标准差分别为 0.1 mm、0.01 mm 及 0.001 mm 这三种情况。图 2-42～图 2-44 分别对应着引入随机误差的标准差分别为 0.1 mm、0.01 mm 与 0.001 mm。

图 2-42～图 2-44 的子图所示的传递函数同样可以分为四个区段,具体见表 2-1～表 2-3。不管从检测结果的波形匹配程度上看,还是从传递函数上看,随着测量误差的减小对总的误差减弱效果有明显增益。

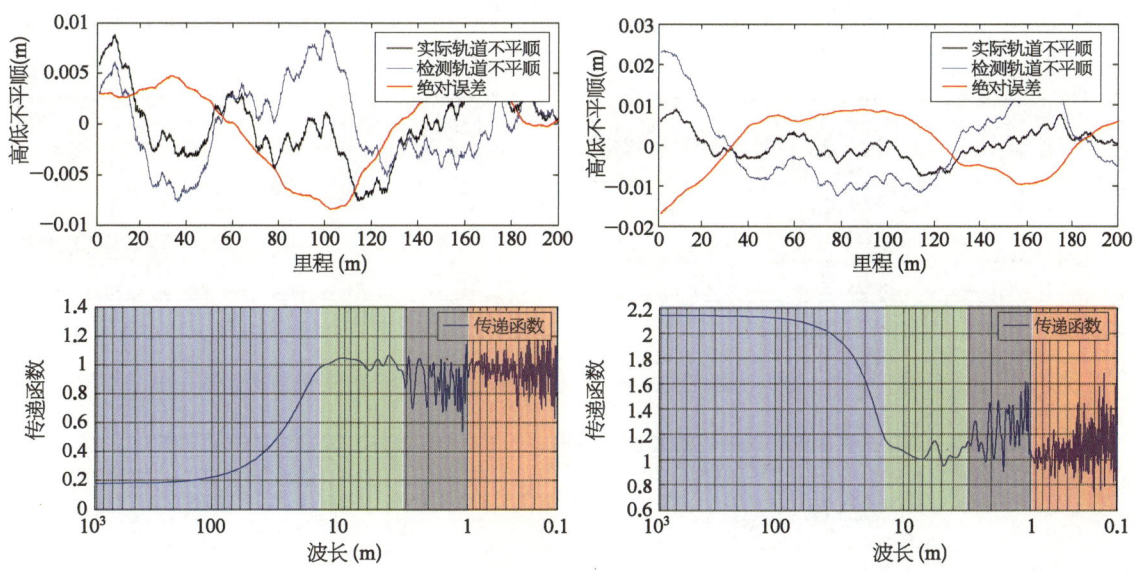

图 2-42 一弦 9 点弦测法在随机误差标准差为 0.1 mm 时的传递函数

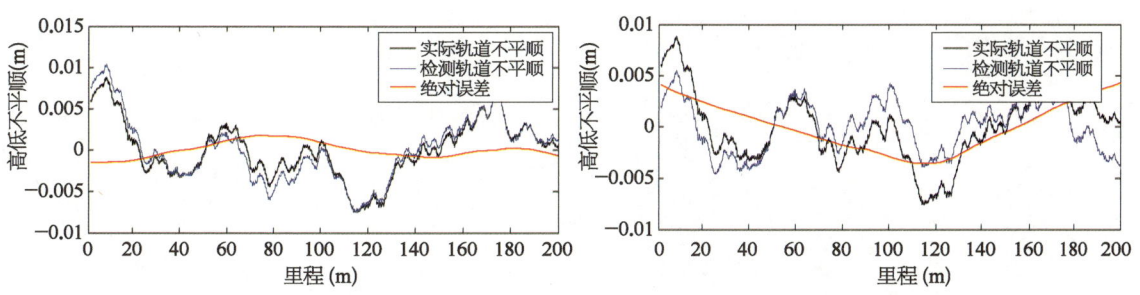

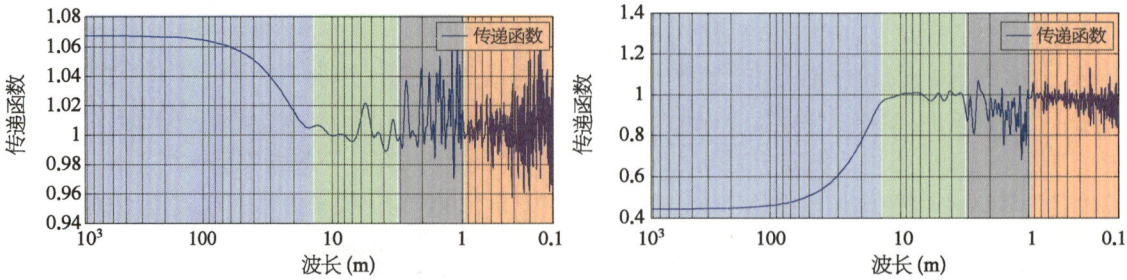

图 2-43　一弦 9 点弦测法在随机误差标准差为 0.01mm 时的传递函数

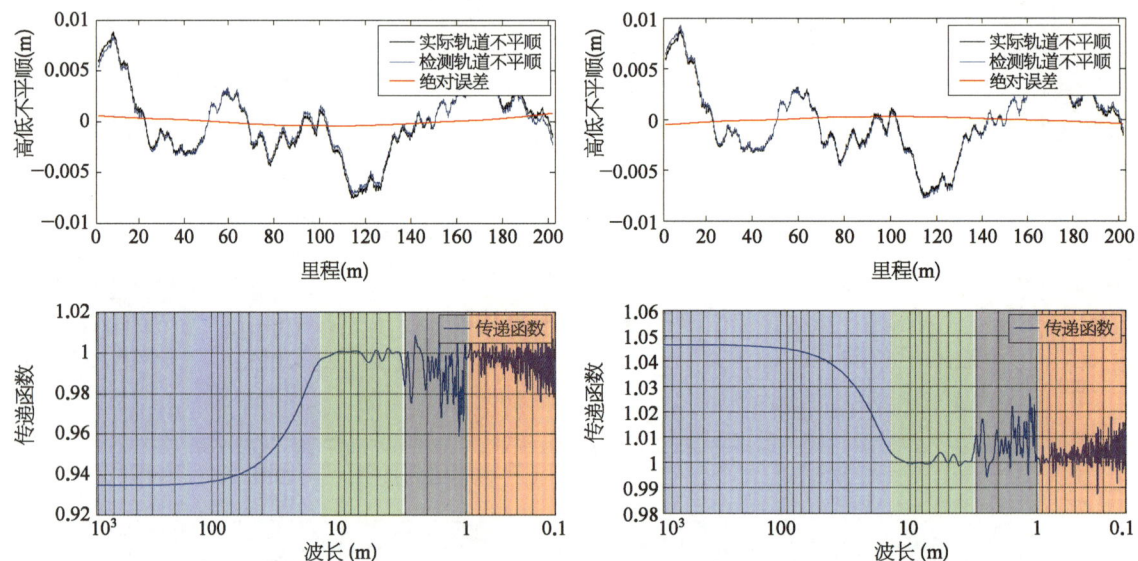

图 2-44　一弦 9 点弦测法在随机误差标准差为 0.001mm 时的传递函数

表 2-1　一弦 9 点弦测法在随机误差标准差为 0.1mm 时各区段的传递函数信息

区　段	波长范围(m)	传递函数值
第一区段	15 以上	0.2～2.2
第二区段	2～15	0.9～1.2
第三区段	1～2	0.6～1.6
第四区段	0.1～1	0.6～1.6

表 2-2　一弦 9 点弦测法在随机误差标准差为 0.01mm 时各区段的传递函数信息

区　段	波长范围(m)	传递函数值
第一区段	15 以上	0.4～1.1
第二区段	2～15	1

(续表)

区 段	波长范围(m)	传递函数值
第三区段	1～2	0.7～1.1
第四区段	0.1～1	0.6～1.6

表 2-3　一弦 9 点弦测法在随机误差标准差为 0.001 mm 时各区段的传递函数信息

区 段	波长范围(m)	传递函数值
第一区段	15 以上	0.92～1.05
第二区段	2～15	0.98～1.02
第三区段	1～2	0.96～1.02
第四区段	0.1～1	0.98～1.01

2) 不同一弦 N 点弦测法阶数的影响

为了分析一弦 N 点弦测法阶数 N 对同一区段检测的传递函数，首先固定测量误差标准差为 0.01 mm。下面分别分三组探讨阶数的影响，阶数 $N=1,2,3$，$N=11,12,13$ 和 $N=21,22,23$，共计三组九种情况进行分析。测量结果分别如图 2-45～图 2-47 所示。

通过上面的子图对比可以发现：对于固定的测量误差以及确定的弦测法阶数，检测结果可能会有较大波动，这是由于误差的随机性导致；通过提升弦测法的阶数 N，对检测结果又明显改善，一方面使得测量的绝对偏差明显减小，另一方面测量的最小波长已有所提升。从传递函数来看，一般分为四个阶段：大于 20 m 的长波、2～20 m 的中波、1～2 m 的短波以及 1 m 以下的短波。随着阶数 N 的增加，这四个部分呈现出不同的规律，均是有所改善的。

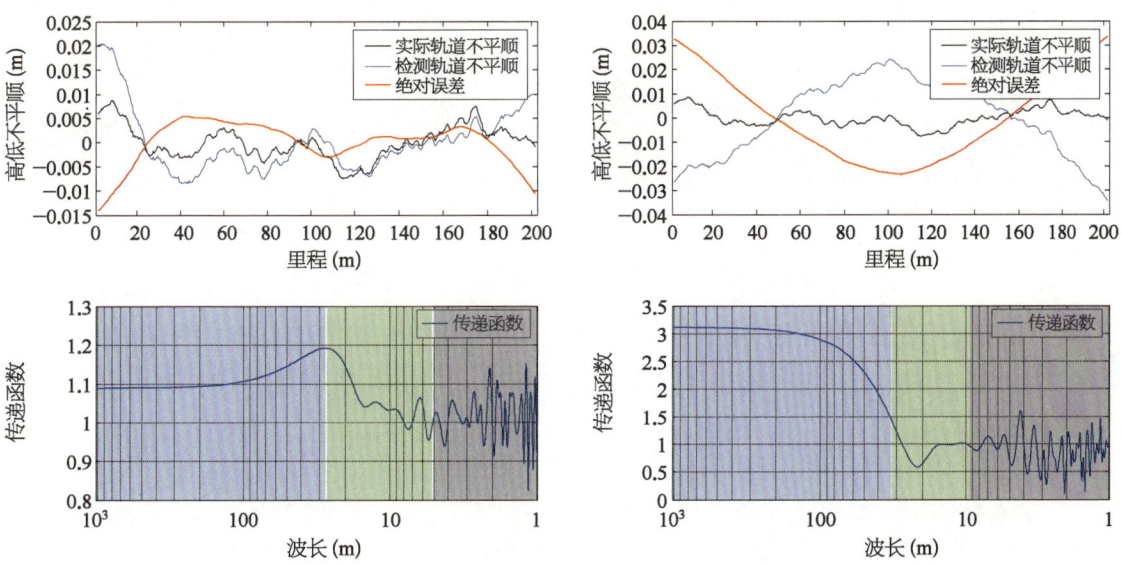

图 2-45　$N=1$ 时的反演波形对比及传递函数

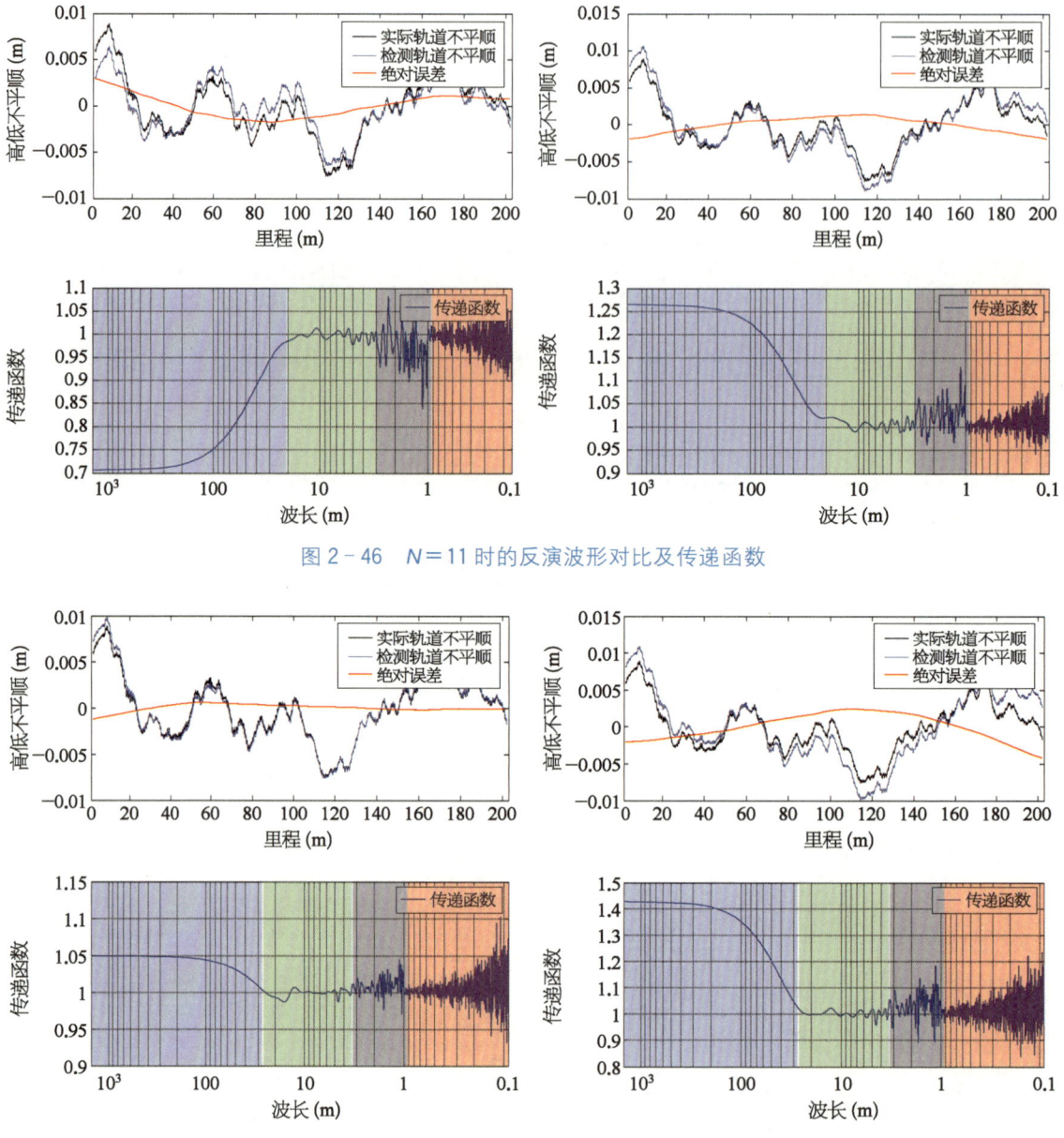

图 2-46 $N=11$ 时的反演波形对比及传递函数

图 2-47 $N=21$ 时的反演波形对比及传递函数

2.4 基于最优多点弦测法反演的轨道不平顺检测

实际上,一弦 N 点弦测法存在值得优化的地方,且优化目标不止测量精度这一方面,还包括测量最小分辨率的问题,这是一弦 N 点弦测法的主要优点之一。优化变量包括一弦 N 点弦测法的阶数(决定了测点布置方式以及采样步长)、测量点个数、测点分布,甚至包括补充条件等。下面从最优化问题的描述开始介绍。

2.4.1 最优化问题描述

2.4.1.1 数学描述

一弦 N 点弦测法主要优化思路是,研究分析一弦 N 点弦测法的不同弦测方式组合下的误差传递规律,寻找使得误差放大系数 C_k 最小的方案。

对于弦测法阶数 N,一种 s 个测点 $\{k_1, \cdots, k_s \mid k_i \in \mathbf{N}^+; k_i \leqslant N\}$ 的组合弦测法测量矩阵 M 为

$$M = \begin{bmatrix} \lambda_{k1} & 1 & & & \overline{\lambda_{k1}} \\ \lambda_{k2} & & 1 & & \overline{\lambda_{k2}} \\ \vdots & & & \ddots & \vdots \\ \lambda_{ks} & & & 1 & \overline{\lambda_{ks}} \end{bmatrix} \tag{2-123}$$

实际上,$k_1, \cdots, k_s$ 中的元素是允许重复的,而重复出现多次的数字表示在同一个地方安装多个检测传感器。

反演模型的核心是求解一个优化模型:

$$\min \frac{1}{2} \| M \cdot F(y) - \overline{G} \|^2 \tag{2-124}$$

式中 y ——求解变量;
$F(y)$ ——由 y 构成的矩阵;
$\overline{G}$ ——测量的弦测值。

测量矩阵 M 的 s 行对应着 s 个矩阵,分别为 $A_{ki}, i = 1, 2, \cdots, s$。此时,优化模型可以描述为式(2-125):

$$\left. \begin{array}{l} \min \dfrac{1}{2} \| U \|^2 \\[4pt] U = \begin{bmatrix} A_{k1} \\ A_{k2} \\ \vdots \\ A_{ki} \end{bmatrix} \cdot y - \begin{bmatrix} h'_{k1} \\ h'_{k2} \\ \vdots \\ h'_{ki} \end{bmatrix}, i = 1, 2, \cdots, s \end{array} \right\} \tag{2-125}$$

其最小二乘解可以描述为式(2-126):

$$\left(\sum_{i=1}^{s} A_{ki}^T A_{ki} \right) \cdot y^* = \sum_{i=1}^{s} A_{ki}^T h'_{ki} \tag{2-126}$$

式(2-126)所描述的线性方程组系数矩阵,因矩阵 A_{ki} 本身的行数少于列数(非方阵),从而 $A_{ki}^T A_{ki}$ 本身是奇异的,逆矩阵不存在。尽管在 s 个矩阵求和的情况下矩阵的逆有可能存在,但是用于计算误差放大系数 C_k 仍然是不够的。因此需要引入补充条件:

$$\left. \begin{array}{l} f_i([1 \sim k]) = 0 \\ f_i([N-n+k \sim N]) = 0 \\ i = 1, 2, \cdots, s; k = 1, 2, \cdots, n \end{array} \right\} \tag{2-127}$$

根据前述分析,对于完整的一弦 N 点弦测法而言, k 与 $n/2$ 最近时为最优补充条件。在补充条件之后,矩阵 A_{ki} 会从非方阵转化为方阵 A'_{ki},矩阵可逆,从而可计算误差放大系数 C_k,为一弦 N 点弦测法的优化提供了重要支撑。

2.4.1.2 目标函数

目标函数主要从三个方面考虑:一是测量的精度,可以通过误差放大系数 C_k 进行统一度量;二是可测的最小波长,即测量分辨率 ξ,这与一弦 N 点弦测法的阶数 N 及测点的布置方式有关;三是测点个数 s,测量点的个数越多,测量仪器的要求越高,因而应在满足精度条件下尽可能控制测点个数。

进一步可以将优化目标转述为:通过合理选择一弦 N 点弦测法的阶数 N,优化测点分布,使用尽量少的测点数,达到尽可能高的测量精度(即尽量低的测量误差放大系数)及尽量小的可测波长。

由于不同的误差放大系数具有相似性,即两边小、中间大类似钟形曲线,对于某一种测点组合下的弦测法,仅需要用误差放大系数的最大值即可表征该种组合下的测量精度。于是目标函数可表述为如下形式:

$$f_{opt}(N, k_1, \cdots, k_s) = \frac{\xi}{s} \cdot \max_{k=1, 2, \cdots, N} C_k \tag{2-128}$$

式中　　N ——一弦 N 点弦测法的阶数;

　　　　$k_1, \cdots, k_s$ ——测点的分布方式;

　　　　ξ ——对应的测量最小波长;

　　　　s ——测点个数。

需要说明的是,可以测量的最小波长与测点分布密切相关,对于完整的一弦 N 点弦测法,有

$$\xi = \frac{L}{N+1} \tag{2-129}$$

通俗来讲,任意两个测点之间的最小距离即为最小分辨率,这个最小距离在计算时需要计入弦线的两个端点。对于中点弦测法,$N=1$,最小距离为弦长一半,因而最小分辨率为 $L/2$。对于一弦3点弦测法,最小距离为弦长的 $1/4$,因而最小分辨率为 $L/4$。

对于非完全组合下的一弦 N 点弦测法,在序列 k_i 中引入 0 与 $N+1$ 两个点,构成新的序列如下:

$$\{k_0^*, \cdots, k_{s+1}^* \mid k_i^* \in \mathbf{Z}; 0 \leqslant k_i^* \leqslant N+1\} \tag{2-130}$$

可以证明, ξ 能够取到

$$\xi = \frac{L}{N+1} \cdot \left(\min_{i, j \in [0, s+1]; i \neq j} \mid k_i^* - k_j^* \mid \right) \tag{2-131}$$

上式表明,在非完全的组合下,$k_i^* - k_j^*$ 越小越好,即至少要有两个测点距离很近,或者其中一个测点与测量参考弦线的端点距离很近。最近的情况为

$$\min \xi = \frac{L}{N+1} \tag{2-132}$$

此时与完全的一弦 N 点弦测法最小测量分辨率相等。

讨论到此,实际上已经可以提出一个最基本的优化方案。即在弦测法阶数 N 确定的情况下,不管怎么组合,只要保证有一个测点离其中一个弦线端点距离为 $L/(N+1)$,或者存在两个测点,他们的距离为 $L/(N+1)$,就可以保证此时的测量分辨率达到完全的一弦 N 点弦测法的精度。

2.4.1.3 组合优化模型

经过上述分析,一弦 N 点弦测法的优化问题可以理解为一个测量点位置的组合优化问题,可以用如下优化模型来描述:

求 $N \in \mathbf{N}^+$ 以及数组 $\{k_1, \cdots, k_s \mid k_i \in \mathbf{N}^+; k_i \leqslant N\}$,有

$$\min f_{\text{opt}}(N, k_1, \cdots, k_s) \tag{2-133}$$

其中,

$$\left.\begin{aligned}
f_{\text{opt}}(N, k_1, \cdots, k_s) &= \frac{\xi}{s} \cdot \max_{k=1,2,\cdots,N} C_k \\
\xi &= \frac{L}{N+1} \cdot \left(\min_{i,j \in [0\ s+1]; i \neq j} \mid k_i^* - k_j^* \mid \right) \\
C_k &= \sqrt{\sum_{i=1}^{s(N-n)} D_{ki}^2}, \quad k=1,2,\cdots,n \\
D &= \begin{bmatrix} BA_{ki}^{\prime T} & BA_{ki}^{\prime T} & \cdots & BA_{ki}^{\prime T} \end{bmatrix} \\
B &= \left(\sum_{i=1}^{s} A_{ki}^{\prime T} A_{ki}^{\prime} \right)^{-1}
\end{aligned}\right\} \tag{2-134}$$

2.4.2 优化方案

在求解之前,需要对组合优化模型进行一定的处理,以降低求解难度。

2.4.2.1 重复测点问题

关于序列 $\{k_1, \cdots, k_s\}$ 中存在重复数字的情况,可以证明同一个位置多个传感器很多时候不是最优的,尽管同一个测点的多个传感器可以起到误差平均的作用,但是这个作用的收敛速度远不及将多出来的传感器放到别的位置更优。

例如,对于中点弦测法安装两个传感器的情况下,增加一个测点可以使误差放大系数 C_k 减小为原来的 $1/\sqrt{2}$,也就是 0.7 倍,优化 30%;将该传感器放到别的位置,可以形成一弦 2 点弦测法,一方面测量的最小分辨率从原来的 $L/2$ 变为 $L/3$,另一方面误差放大系数会变得比 $\sqrt{2}/2$ 更小。

2.4.2.2 最小测量分辨率

通过对最小测量分辨率的研究发现,对于弦测法阶数 N,组合弦测法的测量分辨率 ξ 最小可以取到 $L/(N+1)$,此时需要至少要有两个测点相邻,或其中一个测点与测量参考弦线的端点距离相邻。对于单测点情况下的一弦 N 点弦测法,最优测量分辨率所确定的测量模式应该满足如下规则:

(1) 对于单点弦测法,测点必须设置在离其中一个端点最近的位置。

(2) 对于两测点以上的情况,两个测点需要设置在相邻位置,否则其中一个必须设置在两个端点之一最近的位置。

图 2-48 即为 $N=7$ 时,多个测点情况下的最优分辨率布置示意图。

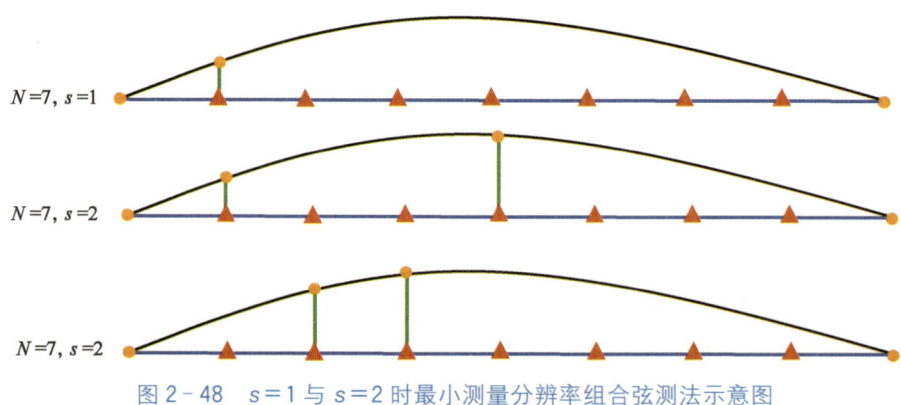

图 2-48　$s=1$ 与 $s=2$ 时最小测量分辨率组合弦测法示意图

需要说明的是,这里的最优测量分辨率的取得并不一定能够保证最优的误差放大系数,甚至误差放大系数会最大,这是一个矛盾。

2.4.2.3　一般优化思路

对于一弦 N 点弦测法的一般优化思路,穷举所有可能组合难度过大,需要借助一些简化手段和技巧。

首先给定一弦 N 点弦测法阶数 N,分析 $s=1$ 时的最优弦测法,形成单点最优弦测法;再在寻找到的最优组合的基础上增加一个测点,考虑不同的测点位置分布规律,求出此时的最优两点弦测法;进而在此基础上再增加一个测点,考虑在最优两点弦测法的基础上的最优可能组合;以此类推,可寻找最优的 s 点弦测法。整个过程如图 2-49 所示。

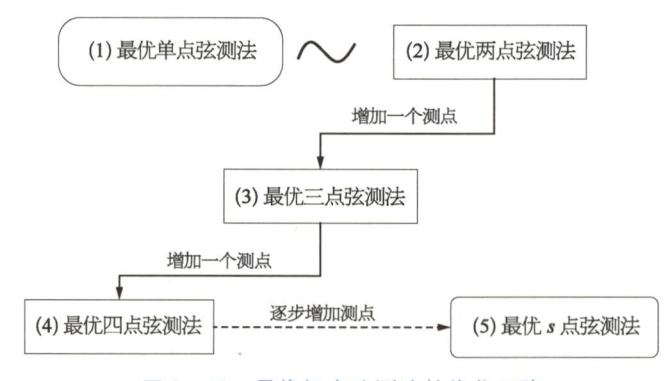

图 2-49　最优组合弦测法的优化思路

一般地,对于一弦 N 点检测模型,在测点数多于两点检测组合规则下,首先保证最小分辨率,让两个测点的距离尽量小或者让其中一个测点与两个端点的距离最小,再考虑其他测点分布的最优化问题。

2.4.3　一弦 N 点的单测点弦测法

一弦 N 点弦测法中的单测点弦测法,测点可设于弦长 1/2 处,也可设于其他位置,形成三点偏弦法。经分析发现,为获得稳定的测量结果,单测点弦测法应将弦线分段数 $N+1$ 设定为一质数,这样可保证测量信息不重复,并获得充分的利用。

下面分别以弦长分段数 $N+1=13$(质数)及 $N+1=15$(合数),计算系统的误差放大系数及变化率(图 2-50)。误差放大系数最大值变化规律如图 2-51 所示。

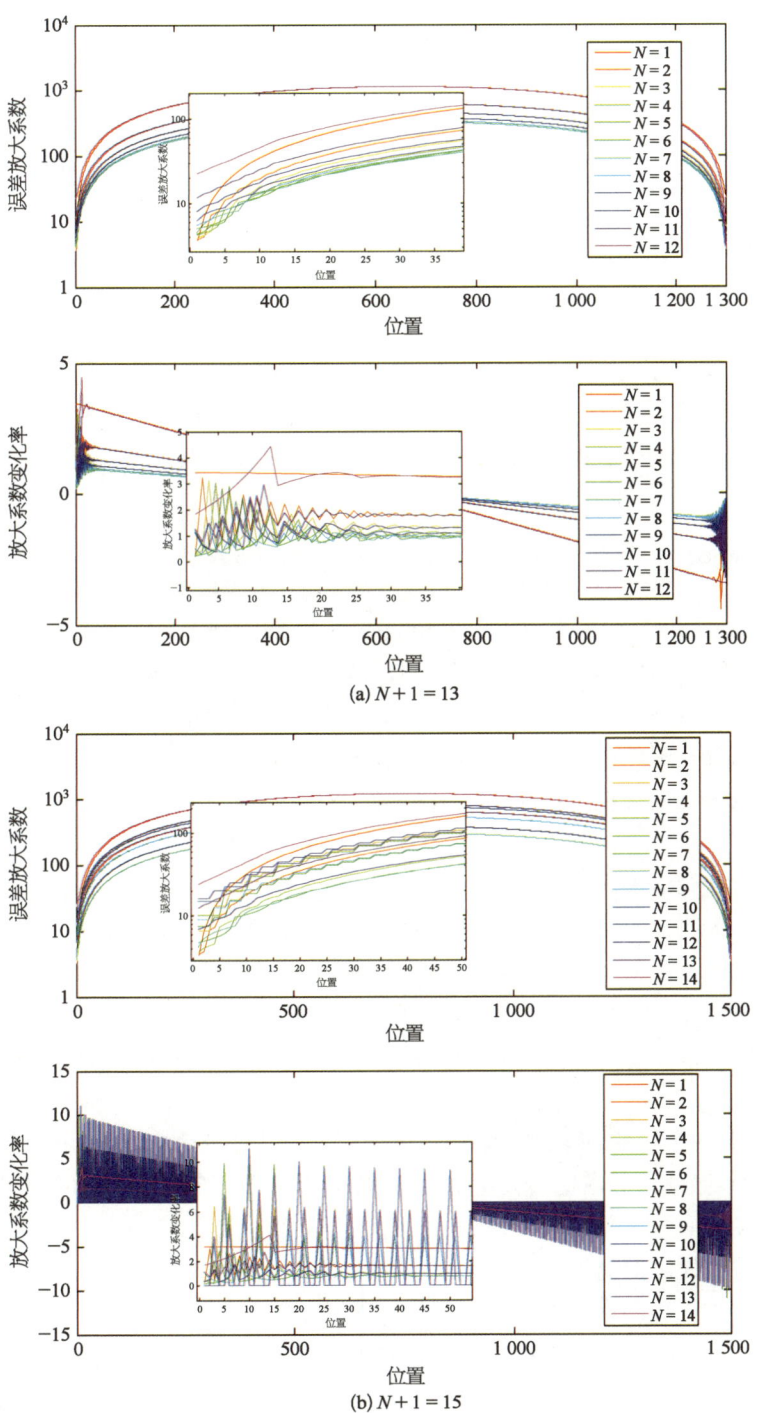

图 2-50 误差放大系数及其变化率

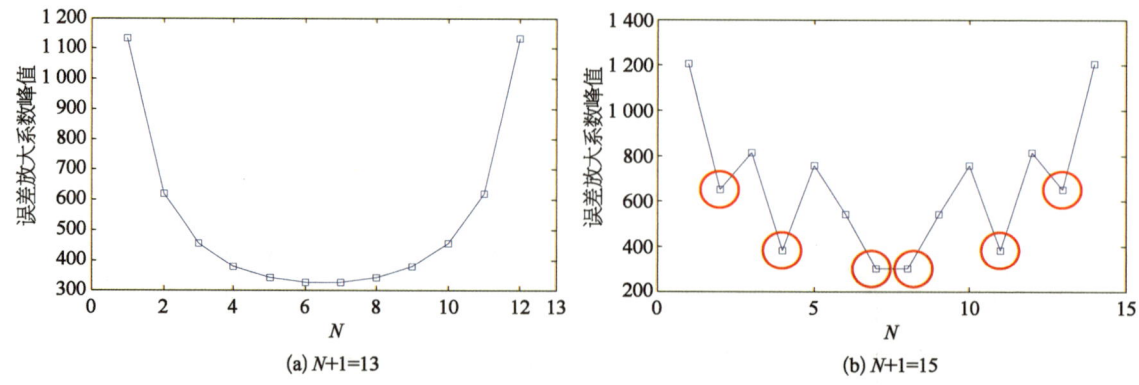

图 2-51 误差放大系数峰值变化规律

优化结论：最小测量分辨率的单测点弦测法需将测点布置在弦线梁端的 $N+1$ 等分点处；而最小误差放大系数则需要测点布置在弦线最靠近中点的 $N+1$ 等分点处；目标函数 $f_{opt}(N,k_1,\cdots,k_s)$ 在与弦线两个端点距离最近的 $N+1$ 等分点处取得最小值，此时是最小测量分辨率在控制。

2.4.4 最优两点弦测法

一弦 N 点弦测法当 N 个检测点中出现一些故障，即便仅剩一个有效测点时，大多数时候依然能够正常工作（当 $N+1$ 为质数时一定正常工作），只是精度一定程度下降低。这为改进弦测法提供了新的思路。从一弦 N 点弦测法检测模式出发，考虑仅存在两个位移传感器，并通过优化这两个传感器的位置来使得最终的检测误差最小，检测精度最优。

在最优两点弦测法的优化过程中，由于保证最小测量分辨率的方法有两种，因此存在两种优化工况。

2.4.4.1 第一种优化工况

第一种优化工况考虑一个测点在弦线两个端点位置的 $N+1$ 等分点处，另一点的位置作为优化变量。

基本计算参数：测量弦长为 1 m，弦测法矩阵固定为 1 500 阶，弦测法阶数分别考虑 $N=12$ 与 $N=14$ 两种，计算结果如图 2-52 所示。误差放大系数存在一定的边界效应，即在测量区段两边会出现一定的扰动。

图 2-52 表明，对于阶数 $N=12$ 或 $N=14$，最优位置均在弦线靠近中间的位置。根据上述优化模型，其最优两点弦测法对应的测点分布可以描述为图 2-53 所示。此时误差放大系数峰值：$N=12$ 时，$\max(C_k)=68.49$；$N=14$ 时，$\max(C_k)=64.23$。

2.4.4.2 第二种优化工况

第二种优化工况考虑两个测点为两个相邻的 $N+1$ 等分点，其中一点的位置作为优化变量。

基本计算参数：测量弦长为 1 m，弦测法矩阵固定为 1 500 阶，弦测法阶数分别考虑 $N=12$ 与 $N=14$ 两种，计算结果如图 2-54 所示。误差放大系数存在一定的边界效应，即在测量区段两边会出现一定的扰动，并且扰动大于第一个优化工况。

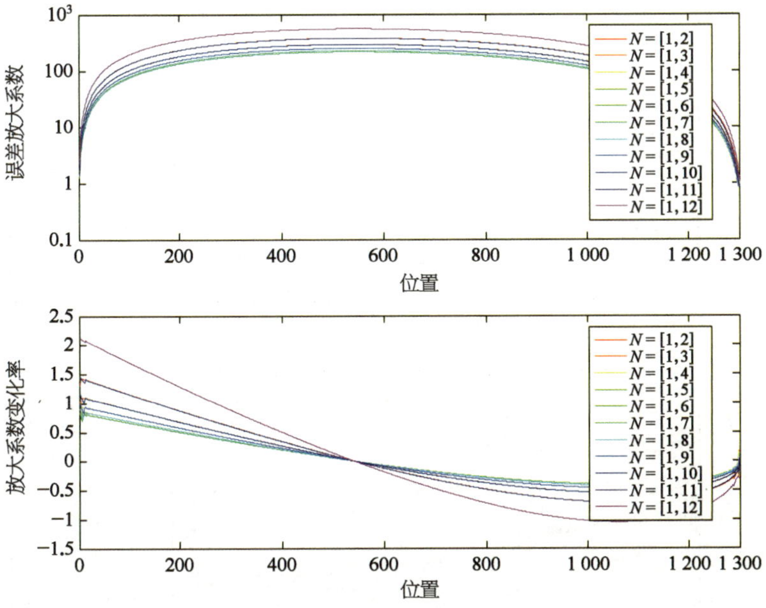

第 2 章 高速铁路轨道静态平顺性检测

(a) $N+1=13$

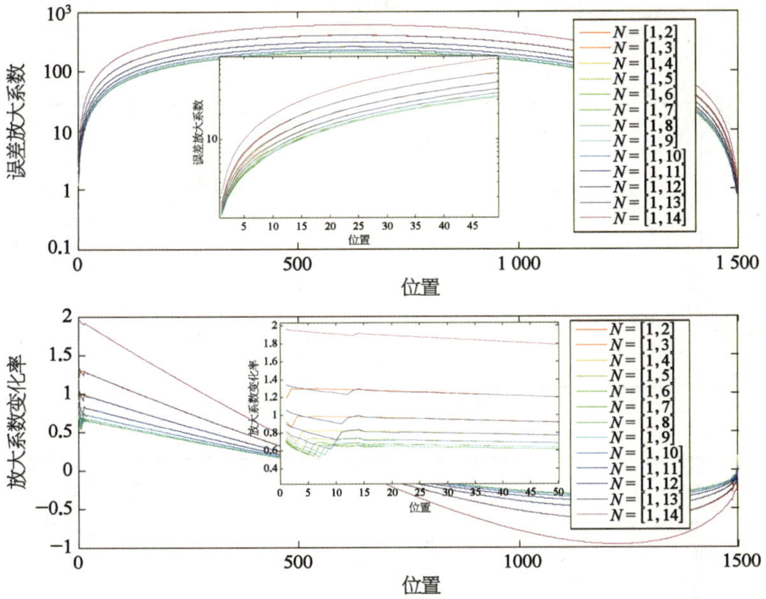

(b) $N+1=15$

图 2-52 第一种优化工况的误差放大系数

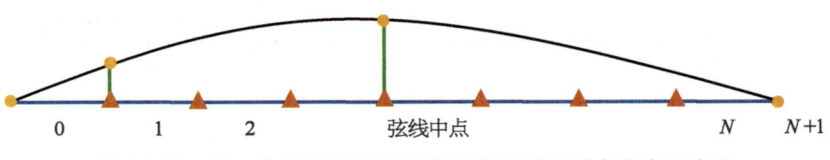

图 2-53 第一种优化工况的最优两点弦测法测点分布示意图

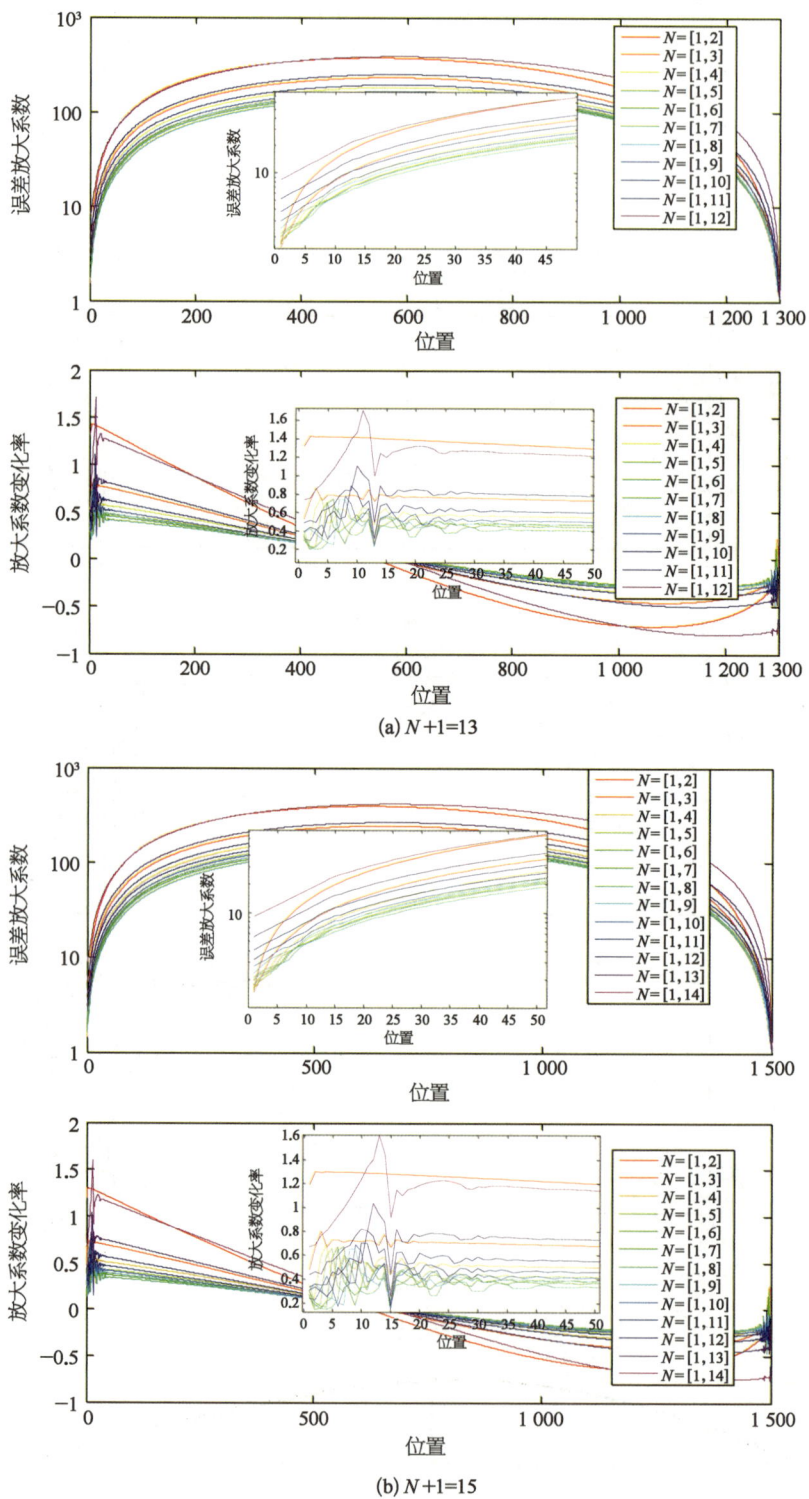

(a) $N+1=13$

(b) $N+1=15$

图 2-54 第二种优化工况的误差放大系数

对于阶数 $N=12$ 或 $N=14$，最优位置均在弦线靠近中间的位置。不同于第一种优化工况，该工况的误差放大系数峰值图较为对称，这是因为两个测点均集中在弦线中间位置，测量方式基本对称。此时最优两点弦测法对应的测点分布如图 2-55 所示。此工况下的最优两点弦测法的误差放大系数峰值：$N=12$ 时，$\max(C_k)=43.87$；$N=14$ 时，$\max(C_k)=41.12$。

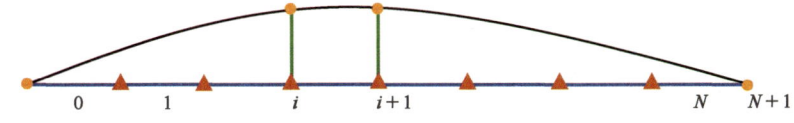

图 2-55　第二种优化工况的最优两点弦测法测点分布示意图

从数值对比这两种优化方法：首先，两种优化工况下最小测量分辨率均最小并相等；其次，从误差放大系数的角度来讲，对比 $\max(C_k)$，第二种优化工况更优。因此可得到最优两点弦测法的测点布点方案(图 2-56)。

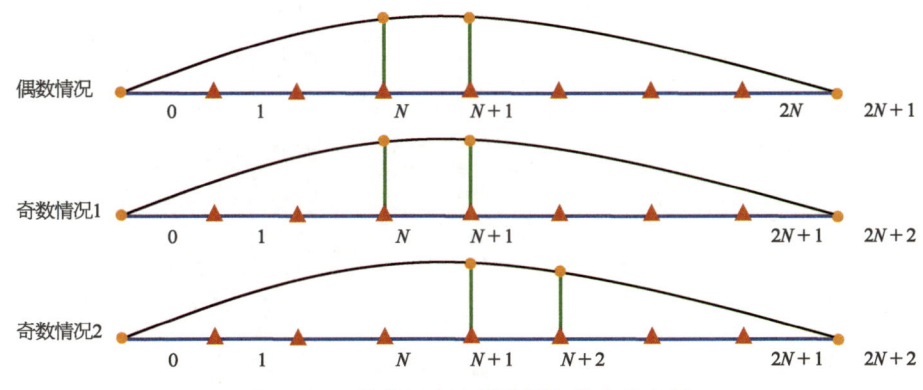

图 2-56　最优两点弦测法测点分布示意图

综上所述，对于一弦 N 点弦测法而言，最优两点弦测法的两个测点应相邻，并集中在弦线尽量靠近中央的位置。

2.4.5　其他多点弦测法

2.4.5.1　最优多弦测法

以一弦 30 点弦测模型为例，基于一弦 30 点弦测模型的最优两点弦测法组合为(15,16)。因此按步步最优的原理，最优三点弦测法在此基础上增加一个测点，并从最优组合中继续增加测点，观察新的误差放大系数峰值的变化规律。

计算基本参数：测量矩阵阶数 500，测量弦长 1 m，一弦 N 点弦测模型阶数 $N=30$。

图 2-57 即为基于一弦 30 点弦测法模型的最优弦测法优化过程。图中共有 10 条曲线，每条曲线

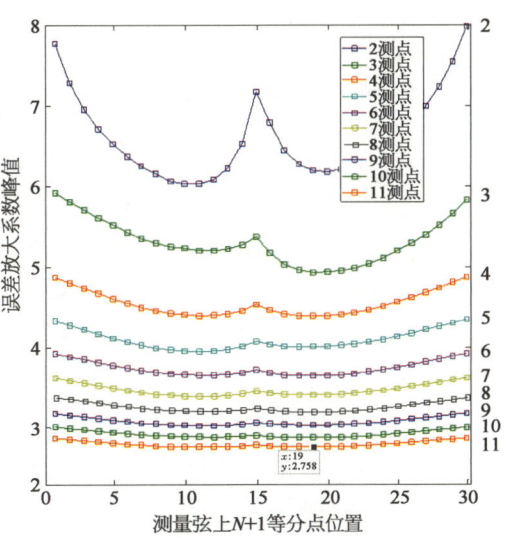

图 2-57　基于一弦 30 点测量模型的最优弦测法优化

对应着多增加一个测点时,该测点放在不同位置时的最大误差放大系数峰值的变化规律。例如,第一条曲线的标签为"2 测点",即指在已有两个测点的基础上增加第三个测点,第三个测点分别在弦线上的 30 个 31 等分点处时的不同误差放大系数峰值。结果发现,在第 11 个 31 等分点处具有最小的误差放大系数峰值,因而第三个测点的最优位置为 11 号点处。

分析图 2-57 可知,在测点组合(15,16)的基础上增加一个新的测点,最优位置为 11,则最优三点弦测法的组合为(11,15,16);在此基础上继续增加一个测点,不同位置的误差放大系数峰值分布如图中第二条曲线所示,最优位置为 20 号点位。逐步添加测点,会出现最小值左右偏移交替现象。图 2-57 所对应的最优化过程的测点数与测点组合关系见表 2-4。

表 2-4　基于一弦 30 点弦测模型的最优多点弦测法

测点数	测点组合
2	15,16
3	11,15,16
4	20,11,15,16
5	11,20,11,15,16
6	19,11,20,11,15,16
7	12,19,11,20,11,15,16
8	19,12,19,11,20,11,15,16
9	12,19,12,19,11,20,11,15,16
10	19,12,19,12,19,11,20,11,15,16
11	12,19,12,19,12,19,11,20,11,15,16

深入观察可知,在测点数增加到 5 点之后便出现了重复测点情况。表 2-4 中的测点数顺序是有一定含义的,每一次增加的测点位置记录在左侧,从上至下可以读出每次添加测点的顺序,容易发现新测点位置总是左右交替出现的。此外,重复测点的出现说明在确定了一弦 N 点弦测模型阶数 N 的情况下,最优化中会出现重复测点优于不重复测点的情况。

图 2-58 提取出图 2-57 中每一条曲线的最大值与最小值,并拟合出相应的变化规律。

误差放大系数最大值以 -0.71 次幂的速度衰减,最小值以 -0.55 次幂的速度衰减。随着测点个数的增加,最大值与最小值的差异快速减小,这说明随着测点的增多,优化空间逐渐减小,优化的意义逐渐失去。

2.4.5.2　对比分析

下面选取两种组合规则,组合规则(一)让每次增加的测点均与弦线中点最近的一个 $N+1$ 等分点重合,组合规则(二)保证每次增加的测点后,均能保证 s 个测点不重复地分布在弦线尽量靠中心的位置。图 2-59 分别为组合规则(一)与组合规则(二)的误差放大系数峰值变化规律图。两种测点组合的测点分布见表 2-5。

第 2 章 高速铁路轨道静态平顺性检测

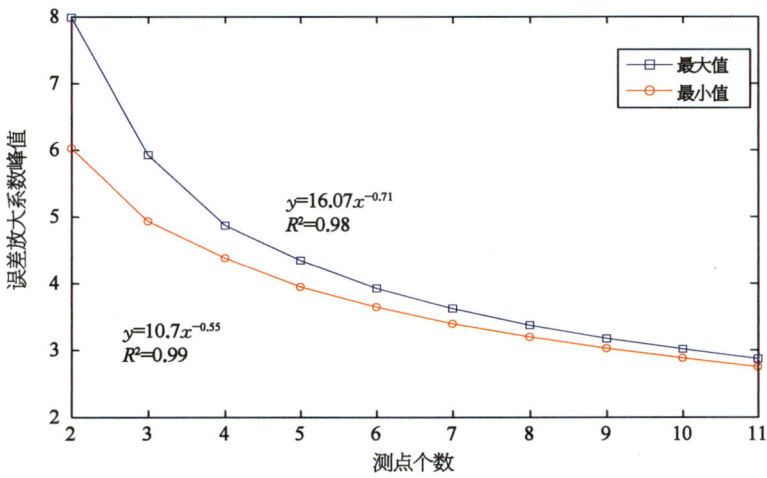

图 2-58 最优化情况下的多点弦测法误差放大系数峰值

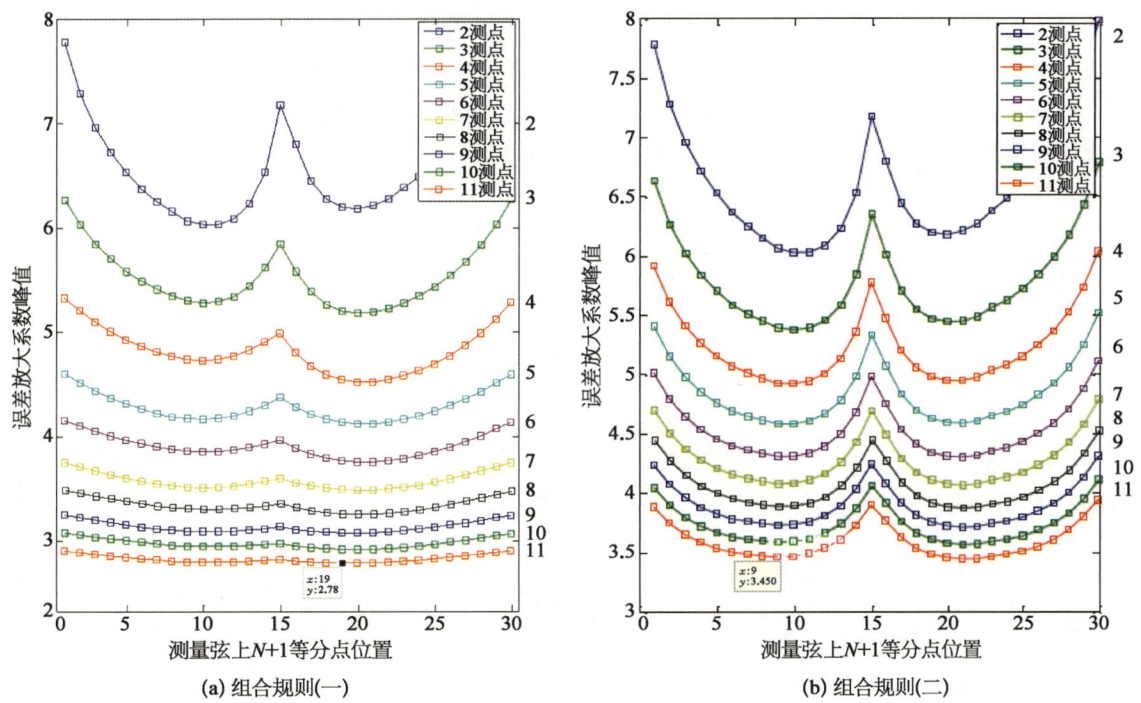

(a) 组合规则(一)　　　　　　　　　　(b) 组合规则(二)

图 2-59 误差放大系数峰值

表 2-5 两类测点组合的测点分布

测点数	测点组合(一)	测点组合(二)
2	15,16	15,16
3	15,15,16	14,15,16
4	15,15,15,16	13,14,15,16

（续表）

测点数	测点组合（一）	测点组合（二）
5	15,15,15,15,16	12,13,14,15,16
6	15,15,15,15,15,16	12,13,14,15,16,17
7	15,15,15,15,15,15,16	11,12,13,14,15,16,17
8	15,15,15,15,15,15,15,16	11,12,13,14,15,16,17,18
9	15,15,15,15,15,15,15,15,16	10,11,12,13,14,15,16,17,18
10	15,15,15,15,15,15,15,15,15,16	10,11,12,13,14,15,16,17,18,19
11	15,15,15,15,15,15,15,15,15,15,16	9,10,11,12,13,14,15,16,17,18,19

　　从组合规则（一）的误差放大系数峰值的变化规律可以看出，每条曲线呈现出类似"W"的形状，除了两个端点位置的 $N+1$ 等分点外，在弦线中点位置存在一个新的峰值，而这个峰值正是每次增加测点的位置。从变化趋势上看，随着测点数的增多，中间的 $N+1$ 等分点处的误差放大系数峰值相对量逐渐增大。整体最大峰值与最小峰值差异明显，这能够体现出该种规则优化较差，有待改善。

　　从组合规则（二）的误差放大系数峰值的变化规律可以看出，每条曲线仍然呈现出 W 形，两个端点位置以及中点位置的 $N+1$ 等分点是最不利点，最优点出现在大约 $0.35N$ 的位置。随着测点数目的增加，误差放大系数逐渐减小，并且最大峰值与最小峰值的差异缩小，说明该种规则下的优化效果较好。

　　提取出两种规则下的最大误差放大系数与最小误差放大系数，并拟合其变化的规律，如图 2-60 所示。

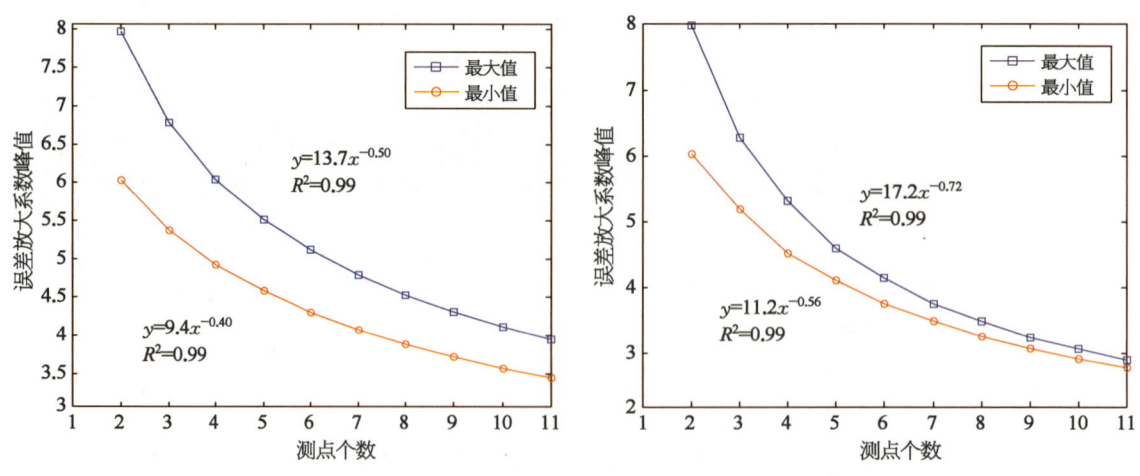

图 2-60　两种组合规则下的误差放大系数变化规律

　　第一种规则下的误差放大系数变换规律，最大值以 -0.5 次幂的速度衰减，最小值以 -0.4 次幂的速度衰减，相比于最优化工况的最大值 -0.71 与最小值 -0.55 来说，衰减速度较慢，并且从图中可以看出最大值与最小值的差值变化较为缓慢，改善效果较差。第二种规则下的误差放大系数峰值以-0.72次幂的速度衰减,最小值以-0.56次幂的速度衰减,相比于最优化工况而言差异甚小,并且最大值与最小值的差异变化较快,整体优化效果与最优化工况差异不大。具体对比参数见表2-6。

表2-6 组合规则效果对比

对比参数	最优化工况		组合规则(一)		组合规则(二)	
	A	B	A	B	A	B
最小值曲线	10.77	-0.55	9.40	-0.40	11.20	-0.56
最大值曲线	16.10	-0.71	13.68	-0.50	17.20	-0.72

将最优化工况与两种组合工况绘于一图中(图2-61)。能够明显看出:组合规则(一)效果最差;而对于组合规则(二)来讲,最优化工况在测点数较小时有明显优势,随着测点数目的增多,两者的区别逐渐减小。

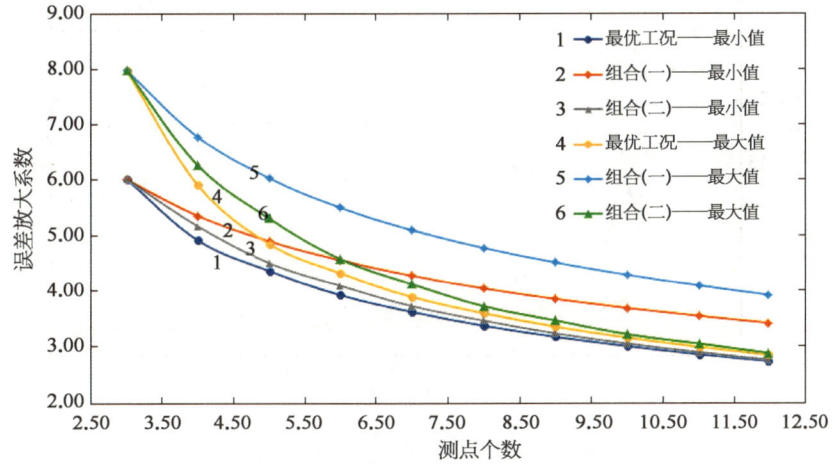

图2-61 组合规则效果对比

需要说明的是,最优化工况中可能会出现重复测点问题,组合规则(二)是不存在重复测点问题的。当然在测点较少时最优化工况是不会出现重复测点问题的,此时比组合规则(二)有明显优势,随着测点数的增多,最优化工况出现重复测点问题,尽管总的检测效果优于组合规则(二),但是这个优势逐渐减小,这也是一定程度上受到重复测点影响所致。不管怎样,在确定一弦N点弦测模型阶数的情况下,最优化工况在少测点情况下总能取得更好的检测效果。

由于最优工况与组合(二)差异较小,在有些时候可以用组合(二)替代最优化工况进行分析。

2.4.5.3 其他多点弦测法总结

(1) 在确定一弦N点弦测法阶数的情况下,最优弦测法在少测点情况下总能取得更好的检测效果,当测点个数s等于弦测法阶数N时能取得更好的效果,当大于s时该效果逐渐减弱。

(2) 在确定一弦N点弦测法阶数的情况下,随着测点增多,最优多点弦测法会出现重复测点现象。

(3) 由于最优工况与组合(二)差异较小,必要时可用组合(二)替代最优化工况进行分析。

(4) 最优多点弦测法与测点数量的 0.55 次方成反比。

2.4.6 最优多测点弦测法的优化率

"优化率"是描述某种最优化弦测法相比于不优化时的一弦 N 点弦测法的改进程度。为了更好地体现最优化弦测法的优化效果,设定基本计算参数:测量弦长固定为 1 m,最优化弦测法以一弦 30 点弦测法测量模型为基础,测量区段取定为 16 m(保证测量矩阵规模为 500 阶方阵)。

下面分别计算完整的一弦 N 点弦测法,阶数 N 从 2 取值到 30,并与上节的最优化结果对比,如图 2-62 所示。从拟合公式上可以明显看出:完整的一弦 N 点弦测法的误差放大系数与测点个数的 0.945 次方成反比例关系,系数为 51.9;而最优多点弦测法的误差放大系数与测点个数的 0.53 次方成反比例关系,系数为 10.2,约为完整的一弦 N 点弦测法的 1/5。从这 4 个系数可以发现,完整的一弦 N 点弦测法并不占优,但是随着模型阶数的提升,误差放大系数明显减小。

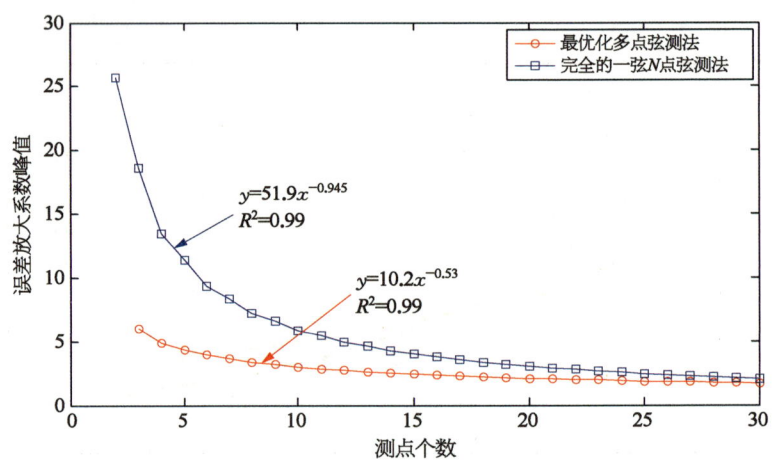

图 2-62 完整的一弦 N 点弦测法与最优化多点弦测法对比(一)

相比之下,最优多点弦测法的误差放大系数随着测点数目的增多减弱较慢,以 0.53 的速度减慢,但是整个过程可以保证在同样测点数目的情况下,达到更高的测量精度,并且整个过程的最小误差分辨率与一弦 30 点弦测法一致,这是阶数小于 30 的一弦 N 点弦测法所无法达到的。例如,一弦 30 点弦测法模型下的最优三点弦测法能够达到完整的一弦 10 点弦测法的检测精度,并且最小测量分辨率更小;而此时的最优 10 点弦测法能够达到完整的一弦 21 点弦测法的检测精度,并且具有更小测量分辨率,如图 2-63 所示。

进一步表明,完全的一弦 30 点弦测法与最优 30 点弦测法两者测量分辨率相同,但是后者具有更小的误差放大系数。经过适当的优化,最优多点弦测法具有分辨率更小、测量精度更高的特点,但是两条曲线所描述的误差放大系数峰值衰减速度可以预计,在一弦 30 点弦测模型下的最优多点弦测法是存在优化极限的,随着测点数目的增多,一定存在某一个数值 s,使得完全的一弦 N 点弦测法具有更小的误差放大系数,并且具有更小的测量分辨率,如图 2-64 所示。

图 2-64 表明,当测点数目达到 47 时,即基于一弦 30 点弦测模型下的最优 47 点弦测法时,误差放大系数便小于了完全的一弦 47 点弦测法。前者的最小测量分辨率也小于后者。因此在弦测

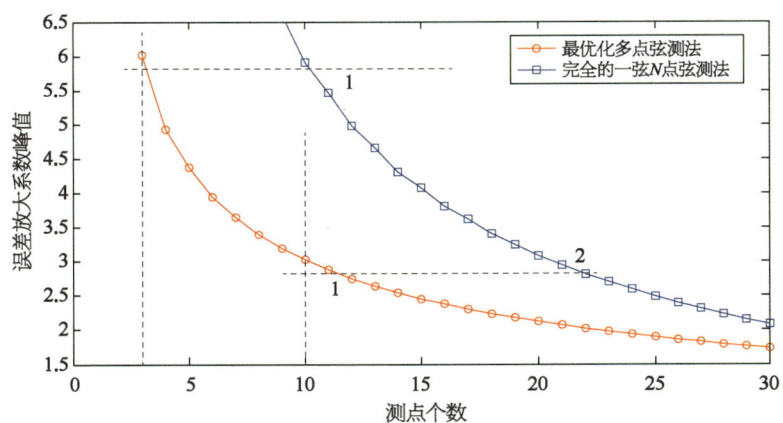

图 2-63 完整的一弦 N 点弦测法与最优化多点弦测法对比(二)

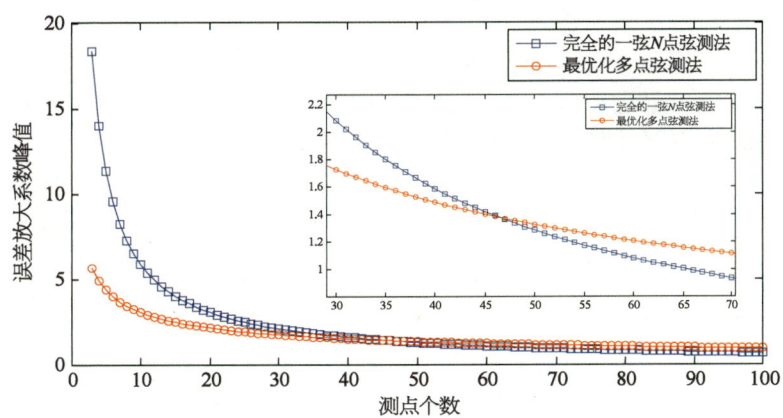

图 2-64 基于一弦 30 点弦测模型的最优弦测法的优化极限

法阶数 N 确定的情况下,最优化弦测法是存在优化极限的,可以通过提升阶数 N 来提升这个优化极限,达到更好的效果。

综上所述,可以得到以下结论:

(1) 经过优化方法的对比,优化后的多点弦测法具有明显的优势。

(2) 对于确定的一弦 N 点弦测模型阶数,在测点数目小于阶数 N 的情况下,最优化弦测法具有明显优势,能够取得更小的误差放大系数以及测量分辨率。

(3) 对于确定的一弦 N 点弦测模型阶数,在测点数目大于阶数 N 的情况下,最优化弦测法的优势逐渐减弱,甚至变差。

(4) 最优化弦测法与所选择的一弦 N 点弦测模型阶数 N 有关,阶数 N 确定了该类最优化弦测法的采样频率(最小波长分辨率)。

(5) 在弦测法阶数 N 确定的情况下,最优化弦测法是存在优化极限的,这个优化极限可以通过选取更高的阶数 N 以得到提升。

2.5 惯性导航系统检测

随着科学技术的进步,一些新的技术手段逐渐得到广泛应用,在高速铁路轨道几何形位快速检测领域,高新技术也逐渐体现在检测设备上,其中惯性导航系统就是一种精度高、速度快的新型检测技术。下面主要研究惯性导航系统的测量基本原理以及其影响精度的惯性漂移的原因分析,为改进优化现有的轨道检测小车提供理论依据。

2.5.1 惯性导航技术简介

惯性导航系统(INS,以下简称惯导)是一种不依赖于外部信息也不向外部辐射能量的自主式导航系统。其工作环境不仅包括空中、地面,还可以在水下。惯导的基本工作原理是以牛顿力学定律为基础,通过测量载体在惯性参考系的加速度,将它对时间进行积分,且把它变换到导航坐标系中,就能够得到在导航坐标系中的速度、偏航角和位置等信息。

陀螺仪和加速度计是惯性导航系统中不可缺少的核心测量器件。现代高精度的惯性导航系统对所采用的陀螺仪和加速度计提出了很高的要求,因为陀螺仪的漂移误差和加速度计的零位偏值是影响惯导系统精度的最直接和最重要的因素,因此如何改善惯性器件的性能,提高惯性组件的测量精度,特别是陀螺仪的测量精度,一直是惯性导航领域研究的重点。

惯性导航系统有如下优点:由于它是不依赖于任何外部信息,也不向外部辐射能量的自主式系统,故隐蔽性好,也不受外界电磁干扰的影响;可全天候、全时间地工作于空中、地球表面乃至水下;能提供位置、速度、航向和姿态角数据,所产生的导航信息连续性好而且噪声低;数据更新率高、短期精度和稳定性好。

惯性导航系统可以分为捷联式惯性导航系统、解析式惯性导航系统、半解析式惯性导航系统。考虑到惯性导航系统的特点,并结合高速铁路轨道几何形位检测的需求,本书中主要研究的是捷联式惯性导航系统。所谓捷联系统,是指惯性组合体与载体固联,陀螺仪和加速度计直接承受载体的运动(包括振动),因此捷联系统的动态误差要比平台式系统的动态误差大,对敏感器件的可靠性和抗冲击性能要求比较高。与挠性陀螺相比,光纤陀螺应用在捷联系统上有更突出的优点。

在高速铁路轨道几何形位检测领域,采用惯导技术检测轨道几何形位的结构主要包括惯性导航平台、陀螺仪、加速度仪、前后两个 GPS 天线、里程计以及承载平台等几个基本部分组成,可以考虑人工牵动或者设计检测小车,并用机械动力牵引,以基本满足快速、准确的测量要求。

2.5.2 惯性导航系统检测理论

根据惯导系统的特征,其测量角加速度的精度要远远高于测量位移、加速度的精度,因而在将惯导技术应用于轨道结构几何形位的检测过程中,用于最后计算轨道不平顺的信息是角加速度,并根据角加速度进行两次积分获取角度变化信息。然而仅有角度是不够的,还需有里程信息才能计算出轨道的几何形位,而惯导的位移测量值是不准的,因而需要单独设计出适应高精度的里程计,配合惯导的角度测量,并同步记录测量信息。本节内容主要是对惯导技术在轨道不平顺检测领域的应用展开研究分析,而具体的机械结构设计细节以及其配套电子设备不做讨论。

2.5.2.1 惯导检测方法的数学模型

惯导是一个用于高精度测量角度的设备,尽管其也能测量位移、速度、加速度等,但是测量位移的精度达不到要求,因而需要设计专门的里程计来记录惯导沿着轨道移动的路程。因而引入惯导设备进行轨道检测能够提供的参数只有两个,即里程与角度。图 2-65 为采用惯导设备测量里程以及角度的示意图。惯导小车从 A 点出发,向 B 点移动,移动到其中 O' 点时测量到走过的路程 s 与当前方向 x' 与大地参考系 x 的夹角 α 两个信息。关于大地参考系,可以理解为从开始测量到最后保持不变的一个惯性参考系,当然如果严格映射到地理坐标系,也可以通过相关软件将测量的信息绘制到地球表面。

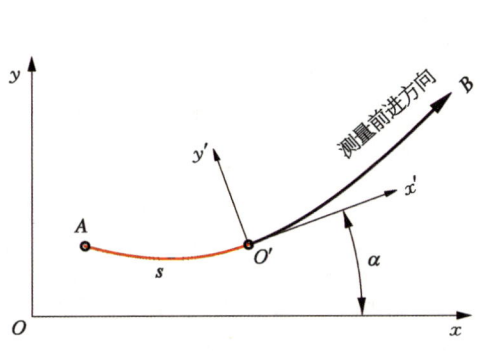

图 2-65 惯导测量参数示意图

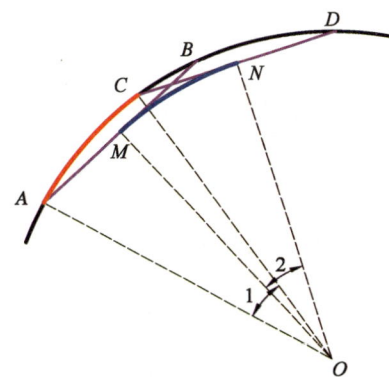

图 2-66 测量与反算轨道不平顺的几何模型

对于图 2-65 而言,在 O' 点处测量的里程 s 以及方向 α,如果考虑更多细节,并引入小车长度对测量结果的影响,可以建立一个细节的几何模型,如图 2-66 所示。在某个微段内可以近似为一个圆曲线模型,M、N 为 AB、CD 的中点,$|AB|=|CD|=L$。线段 AB 与 CD 分别表示小车,弧线 $\overset{\frown}{AC}$ 表示小车从 AB 移动到 CD 位置时走过的路程。有几何关系可以知道,AB 与 CD 的夹角也就是小车的角度改变量与 $\angle AOC$ 是相等的。下面分析弧线 $\overset{\frown}{AC}$ 与弧线 $\overset{\frown}{MN}$ 在长度上的差别。

从图中的几何关系可以得到

$$|AC|=|AO|\cdot\angle AOC$$

$$|MN|=|MO|\cdot\angle MON$$

并且 $\angle AOC=\angle MON$,

$$\frac{|MN|}{|AC|}=\frac{|MO|}{|AO|}=\cos(\angle AOM)$$

对于直角三角形 AMO,$|AM|=L/2$,则 $\sin(\angle AOM)=\dfrac{L}{2R}$。

其中 L 为定值,当曲线半径足够大时可以认为 $\angle AOM\approx 0$,则 $\cos(\angle AOM)\approx 1$,即 $|MN|\approx|AC|$,进而用小车的姿态来表示轨道的几何形位误差是可以忽略的。下面就通过测量的里程信息以及惯导测量的角度信息来反算小车的姿态,即轨道几何形位。

在已知 M 点坐标为 (x,y) 时,N 点坐标 (x',y') 可以表示为

$$(x', y') = (x, y) + s \cdot (\cos\theta, \sin\theta) \quad (2-135)$$

式中　s——$|AC|$;

　　　θ——$\theta = k\alpha + (1-k)\beta$，$\alpha$、$\beta$ 分别表示 AB 与 CD 与水平方向的夹角；

　　　k——调节系数（$k \in [0, 1]$），在实际计算中可以取恒定值 0.5。

2.5.2.2　惯导检测数据后处理技术

应用惯导技术对轨道几何形位进行检测的基本参数有两个，即里程与对应角度。这两个参数综合反映了轨道的相对"形状"，这个相对"形状"中包含了两个部分，一个是轨道的设计线形，另一个是轨道不平顺。因而要从中提取出轨道不平顺还需要进一步后处理，剔除轨道的设计线形，剩下的即为轨道不平顺了。

轨道的设计线形在选线设计中已经明确，但是实际施工之后线路线形已经受到各方面的影响而发生变化。在实际的轨道几何形位检测过程中，可以根据实测数据拟合得到近似的设计线形，拟合方法可以根据线路曲率变化展开，因为曲率为角度关于里程的导数值，即

$$K = \frac{d\alpha}{ds} \quad (2-136)$$

式中　α——某位置处检测到的角度；

　　　s——当前位置记录的里程。

这两个量刚好是惯导设备所检测到的。

惯导检测技术后处理总的说来可以分为四部分：

（1）数据前处理。该部分需要对直接的检测数据进行整理、预分析，剔除其中的异常数据、补充缺失数据，并初步滤除角度数据中的噪声干扰。

（2）拟合设计线形。根据里程以及角度信息计算曲率，并拟合近似设计线形的曲率信息。

（3）剔除设计线形信息得到轨道不平顺。

（4）计算得到的轨道不平顺中存在惯导漂移，以及其他因素共同导致的趋势项成分，采用小波分析剔除趋势项得到最终的轨道不平顺。

具体后处理流程如图 2-67 所示。

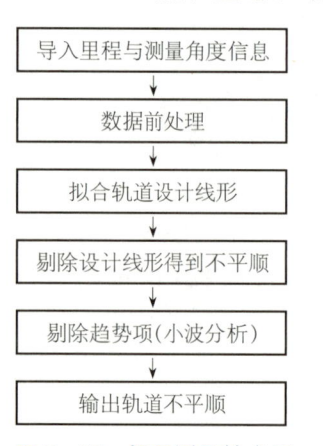

图 2-67　惯导测量技术后处理流程

2.5.2.3　惯导测量小车长度的几何滤波作用

根据前述对惯导技术检测方法数学模型的研究，由于惯导设备必须安装在测量小车上，因而惯导所检测到的里程与角度信息都体现着小车的姿态变化，于是受到车长的影响，反算得到的轨道不平顺为真实的轨道不平顺通过与测量小车长度相关的几何滤波作用的结果。图 2-68 为惯导测量小车长度为 1 m 时的几何滤波传递函数。从图中可知，受到小车长度的影响，测量波长在 10 m 以上几乎不受影响，在 3～10 m 受到轻微影响，而在 0.1～3 m 受到极大影响，该部分几乎不能反映真实的轨道不平顺状况，其中在 1 m 波长位置尤其严重。

通过上述分析，能够认识到惯导测量小车的长度对测量结果的影响。该方法可较好地反映轨

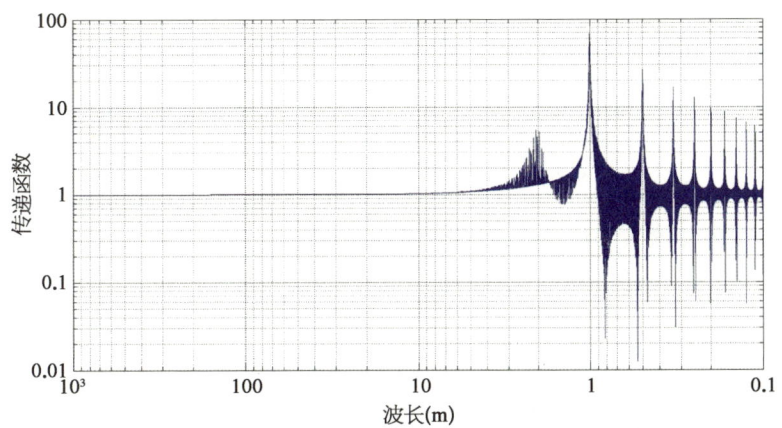

图 2-68　惯导测量小车的几何滤波传递函数(小车长度为 1m)

道不平顺的长波成分,但在短波部分,尤其是小于 2 倍车长的范围内效果极差。该结论可以指导惯导小车的结构设计,根据实际的工程需要优化测量小车的长度。

2.5.2.4　惯导技术检测与改进弦测法

根据前述关于改进弦测法的研究可知,改进弦测法是一种相对测量方法,即在测量过程中损失了部分绝对信息,而采用惯导技术的轨道几何形位检测方法也是一种相对测量方法。前者根据相对弦测值并构建数学模型能够反算出轨道的几何形位,而后者根据角度信息反算出轨道的几何形位,两者之间存在着一定的联系。

观察图 2-69,该图为测量局部视图,在一个很小的曲线段,可以假设轨道为如弧线 $\overset{\frown}{ACBD}$ 一般的圆弧(对于直线段可以认为曲线半径无穷大)。直线 AB、CD 为测量小车前后的两个位置,M、N 为其对应中点,对小车 AB、CD 而言,其中点对应的曲线的正矢偏差 h_1、h_2(即 CM、BN),也可以理解为 AB、CD 弦所对应的弦测值。

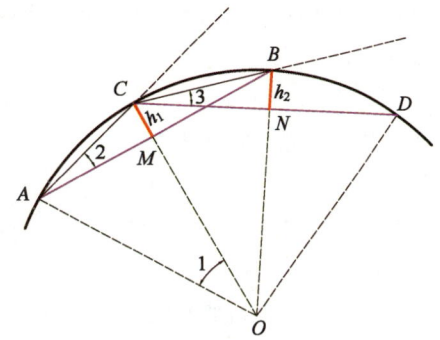

图 2-69　中点弦测值与小车转角之间的关系

小车偏转的角度为 AB 与 CD 的夹角,根据图中的几何关系可知,AB、CD 的夹角为 $\angle 2(\angle CAB)$ 的 2 倍,即弧 $\overset{\frown}{BC}$ 对应的圆心角度,也等于 $\angle 1(\angle COA)$。图中要得到弦测值与小车转过角度的关系,需要注意的是小车行驶路程不一样,其转过的角度也会变化,对应于中点弦测法,小车行驶的路程为弦线长度(小车长度)的一半,在小车长度远大于轨道不平顺时,有 $AC \approx AM$。

结合如下几何关系:

$$\tan \angle CAB = \frac{2h_1}{AB} = \frac{2h_1}{L}$$

$$\tan \angle BCD = \frac{2h_2}{CD} = \frac{2h_2}{L}$$

$$\angle COA = 2\angle CAB$$

可得

$$\angle COA = 2\arctan\frac{2h_1}{L} \approx \frac{4h_1}{L} \quad (2-137)$$

式(2-137)即为弦测值与惯导小车行驶一般弦长位置所对应的转角之间的关系。由此可知,在弦测法的测量弦长(或者惯导小车车长)较小时,弦测法测量得到的弦测值与弦长的比值为小车测量角度的1/4,即测量弦测值也可以等价为测量角度值,这两者的本质是一样的,但一般弦测法是采用位移传感器测量弦测值,而角度一般采用惯导设备,即使用内置的陀螺仪进行测量。

2.5.3 惯性导航偏移分析

2.5.3.1 惯导漂移现象

惯导漂移是惯导设备测量过程中产生误差的一种,一般根据惯性导航系统误差传播的特点对惯性元件误差分类,惯性元件误差可以分为常值误差和随机漂移两部分。随机漂移即称为惯导漂移。随机漂移造成无阻尼惯导系统误差均方根值随着时间发散,引入阻尼可以一定程度上抑制随机漂移的影响。

惯导漂移是惯导测量方面一个主要的缺点,这使得在惯导的测量过程中需要定时修正漂移误差,以获取准确的位置参数。如前面所述,惯导系统目前已经发展出挠性惯导、光纤惯导、激光惯导、微固态惯性仪表等多种方式。陀螺仪由传统的绕线陀螺发展到静电陀螺、激光陀螺、光纤陀螺、微机械陀螺等。激光陀螺测量动态范围宽、线性度好、性能稳定,具有良好的温度稳定性和重复性,在高精度的应用领域中一直占据着主导位置。陀螺仪的性能越好其漂移程度越小。

在实际测量过程中,惯导小车所测量的绝对偏差远大于轨道的实际几何偏差,这是因为其中包含惯导设备的系统测量误差。惯导的系统误差具有漂移特性,因此也叫漂移误差,是随时间发生缓慢而连续变化的。测量时,惯导小车的位置是随时间不断向前移动的,因此惯导的漂移误差同样出现在轨道测量数值中,表现形式为长波趋势项。如果不加以处理则会导致结果不符合实际,而且无法使用。

2.5.3.2 惯导漂移与改进弦测法反演过程

已经有很多学者研究过惯导漂移,其产生的原因较多,本书在研究惯导技术在铁路轨道几何形位检测的应用中有一些发现。在改进弦测法做误差分析的过程中,考虑在弦测值中引入5%的相对测量误差,再通过反演模型中的计算方法反算出轨道不平顺,发现如图2-70所示现象。图中黑色线为原始轨道不平顺,而蓝色线为包含了误差项的轨道不平顺,包含误差项的轨道不平顺中混入了一个长波趋势项,原因是少量的误差数据通过反演系统后变成了一个长波趋势项,这是该反演系统的特性。

因改进弦测法与惯性小车的测量本质是一致的,故改进弦测法受到误差影响而产生类似"漂

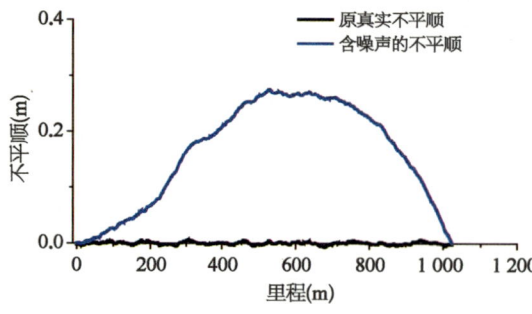

图2-70 引入5%相对测量误差时的反算结果

移"的现象应该与"惯导漂移"现象有相似的原理。当然该部分现象出现的原因还有待更多的研究,这里权当一个概念引入,可以考虑将惯导系统测量与反算模型描述为一个准确的或近似的线性系统,也许可解释惯导漂移的根本原因,或可以找到更有效的抑制或修正惯导漂移的方法。

2.6 相对与绝对结合的高效检测

本节主要讨论轨道结构的静态几何不平顺快速测量方法。相对测量方法及绝对测量方法各有优缺点,结合彼此的特点,可提出一种相对与绝对相结合的高效检测方法。

2.6.1 轨道不平顺相对测量技术

轨道不平顺相对测量技术是通过测量轨道几何形位的相对量来描述轨道的不平顺状况,典型的代表有弦测法以及惯导小车。轨道不平顺的相对测量过程中丢失了一部分绝对信息,但由于轨道不平顺本身就是一个相对量,因而通过恰当的处理即可达到目的。

改进弦测法以及基于惯导技术的检测方法,都可以归类于"形状"测量方法,所谓"形状"是指一个结构的相对状态,在坐标平移、旋转变化的情况下也保持不变的"形状"。

图 2-71 为改进弦测法的形状测量描述。对绝对的轨道几何形位,通过在钢轨上张拉弦线测量弦线中点的正矢偏差(弦测值),弦测值可以用于反算轨道不平顺,而该反算的轨道不平顺仅包含了相对测量信息。图 2-72 为惯导测量技术的形状测量描述。

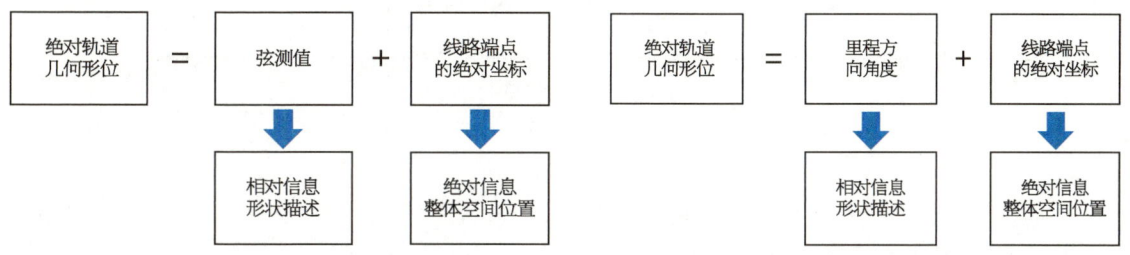

图 2-71 改进弦测法的形状测量描述　　　图 2-72 惯导测量技术的形状测量描述

相对测量技术的主要优点是可以实现快速测量。考虑到在工程过程中,测量效率极大地影响着测量技术的应用,特别是在高速铁路系统中,高速度、大运量所带来的轨道结构养护维修的压力是巨大的,因而相对测量方法有很大的应用空间;并且测量原理清晰易懂,测量仪器操作简单。

相对测量技术的主要缺点是误差积累问题,对于测量过程中产生的随机误差不能有效控制。比如改进弦测法反算过程中,其对应的反算矩阵会导致随机误差被放大,反算结果失真、漂移,因而最终结果依赖数据滤波进行后处理。另外随着测量里程的增加,反算的轨道不平顺中的误差项会持续增加,因而对于长里程情况下有必要结合部分绝对位置信息,使得误差能够得到有效控制。

2.6.2 轨道不平顺绝对测量技术

绝对测量主要依赖于全站仪以及轨道周围的 CPⅢ 测量控制网。

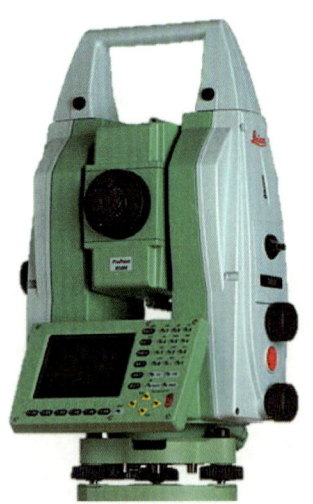

图2-73 全站仪

全站仪(图2-73)是一种集光、机、电为一体的高技术测量仪器,是集水平角、垂直角、距离(斜距、平距)、高差测量功能于一体的测绘仪器系统。与光学经纬仪比较电子经纬仪将光学度盘换为光电扫描度盘,将人工光学测微读数代之以自动记录和显示读数,使测角操作简单化,且可避免读数误差的产生。

在高速铁路勘测、施工、运营维护三个阶段的平面、高程控制测量采用统一的基准。即采用CPⅠ为基础平面控制网,二等水准网为高程控制网。平面坐标系采用工程独立坐标系,并引入国家坐标系,边长投影在线路设计平均高程面上,变形值不大于10 mm/km。

平面控制测量等级:CPⅠ基础平面控制网为三个阶段提供坐标基准;CPⅡ线路控制网为勘测、施工提供平面控制基准;CPⅢ基桩控制网为铺设无砟轨道和运营维护提供平面控制基准。三级控制网之间的相互关系如图2-74所示。

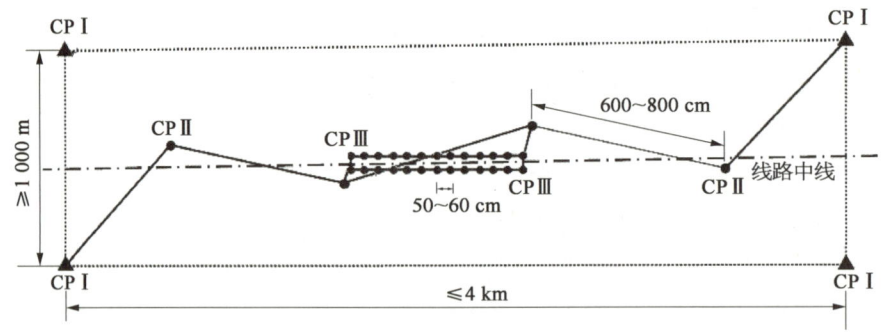

图2-74 三级控制网之间的相互关系

轨道几何形位的绝对测量以CPⅢ测量控制点为基准,通过激光全站仪测量轨道上某一点的绝对坐标,通过这一系列的绝对坐标来描述轨道的绝对几何形位(图2-75)。

绝对测量技术的优点:能够直接测量到轨道的几何形位,测量误差不会随着测量里程的增加而放大、漂移,因而测量的精度比相对测量精度高。

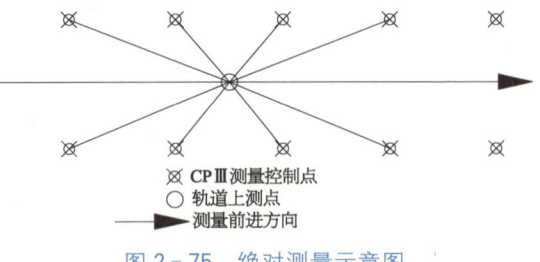

图2-75 绝对测量示意图

绝对测量技术的缺点:由于绝对测量过程需要实时与附近测量控制网联系,测量速度慢、效率低。另外基于激光全站仪的绝对测量技术还受到测量环境影响,遇到下雨、阳光照晒等恶劣情况下无法展开测量工作。

2.6.3 相对与绝对结合的检测技术

通过对相对测量技术以及绝对测量技术的介绍,能够发现其优缺点刚好互补。相对测量技术具有测量效率高的优点,但是其测量精度随着测量里程的增加而逐渐变差,而绝对测量技术具有高而稳定的测量精度,但是其测量速度慢、效率低,那么是否可以通过结合彼此的优缺点,形成一套既能保证一定测量精度又能最优化测量效率、提高测量速度的测量方法呢?

如图 2-76 所示,在测量轨道结构曲线 $ABCDE$ 的几何形位时,可以在全长范围内采用绝对测量,但其时间代价是很大的;而如果全部采用相对测量,伴随着测量里程的增加,误差积累导致测量结果失真。于是考虑将全线分割为 AB、BC、CD 与 DE 四小段,在小段内部采用相对测量,而在每一段的两端采用绝对测量获取绝对位置,这样相对测量的误差积累会得到有效控制。

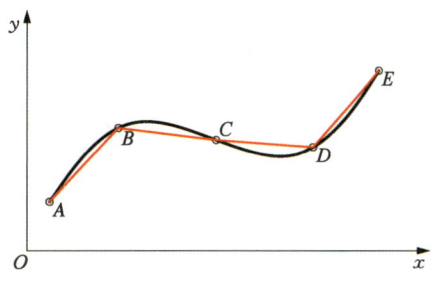

图 2-76 相对与绝对相结合的检测方案

采用改进弦测法可把绝对信息引入到弦测系统中。式(2-16)描述了中点弦测法的数学模型,为了求解该模型还需要补充信息,即线路端点的位置信息,可以是起点的绝对坐标加上起点方向,也可以是起终点的绝对坐标,或者任意的某测点坐标及方向:

$$\left.\begin{array}{l}(x_{i+1}-x_{i+2})y_i+(x_{i+2}-x_i)y_{i+1}+(x_{i+1}-x_i)y_{i+2}=h_{i+1}L,\ i=1,2,\cdots,n-2\\(x_{i+1}-x_i)^2+(y_{i+1}-y_i)^2=L^2/4,\ i=1,2,\cdots,n-1\end{array}\right\} \quad (2-138)$$

式(2-19)描述的是在假定起点为 O 点,起点方向指向 x 轴正方向的情况下,并且其解可以通过式(2-20)计算得到,其补充条件如下:

$$\left.\begin{array}{l}(x_{i+1}-x_{i+2})y_i+(x_{i+2}-x_i)y_{i+1}+(x_{i+1}-x_i)y_{i+2}=h_{i+1}L,\ i=1,2,\cdots,n-2\\(x_{i+1}-x_i)^2+(y_{i+1}-y_i)^2=L^2/4,\ i=1,2,\cdots,n-1\\ [x_1,x_2,y_1]=[0,L/2,0]\end{array}\right\} \quad (2-139)$$

$$\left.\begin{array}{l}\alpha_i=\arctan\dfrac{2h_i}{L}\\ \theta_i=\sum_{j=1}^{i}\alpha_j\\ \begin{bmatrix}x_i\\y_i\end{bmatrix}=\begin{bmatrix}x_{i-1}\\y_{i-1}\end{bmatrix}+\dfrac{L}{2}\times\begin{bmatrix}\cos\theta_i\\\sin\theta_i\end{bmatrix}\\ i=2,3,\cdots,n\end{array}\right\} \quad (2-140)$$

要在相对测量得到的弦测值中引入绝对测量信息,需要将式(2-19)中的附加条件修改为线路端点的绝对坐标值,即 $[x_1,x_n,y_1,y_n]=[x_A,x_B,y_A,y_B]$。其中,$x_A,x_B,y_A,y_B$ 为起点 A 与终点 B 的绝对坐标,通过全站仪测得。这样便得到式(2-141)。对比式(2-19)与式(2-141),其附加条件的不同体现在线路线形的整体位置差异,而其内部的相对形状的大小是不变的。

$$\left.\begin{array}{l}(x_{i+1}-x_{i+2})y_i+(x_{i+2}-x_i)y_{i+1}+(x_{i+1}-x_i)y_{i+2}=h_{i+1}L,\ i=1,2,\cdots,n-2\\(x_{i+1}-x_i)^2+(y_{i+1}-y_i)^2=L^2/4,\ i=1,2,\cdots,n-1\\ [x_1,x_n,y_1,y_n]=[x_A,x_B,y_A,y_B]\end{array}\right\} \quad (2-141)$$

轨道几何形位的最终获得可分两步：首先在假设线路起点为坐标原点，起点方向为 x 轴正方向的情况下，根据式（2-20）求出线路的相对形状 $(\bar{x}_i, \bar{y}_i, i=1,2,\cdots,n)$；再根据线路端的坐标 x_A, x_B, y_A, y_B，对 $\bar{x}_i, \bar{y}_i$ 进行坐标平移与坐标旋转，使得 $[x_1, x_n, y_1, y_n] = [x_A, x_B, y_A, y_B]$ 成立即可。这两个过程可以描述为

$$\left.\begin{aligned}
& \alpha_i = \arctan \frac{2h_i}{L} \\
& \theta_i = \sum_{j=1}^{i} \alpha_j \\
& \begin{bmatrix} \bar{x}_i \\ \bar{y}_i \end{bmatrix} = \begin{bmatrix} \bar{x}_{i-1} \\ \bar{y}_{i-1} \end{bmatrix} + \frac{L}{2} \times \begin{bmatrix} \cos\theta_i \\ \sin\theta_i \end{bmatrix} \\
& \beta = \langle (x_B - x_A, y_B - y_A), (\bar{x}_n - \bar{x}_1, \bar{y}_n - \bar{y}_1) \rangle \\
& \lambda = \frac{\sqrt{(x_B - x_A)^2 + (y_B - y_A)^2}}{\sqrt{(\bar{x}_n - \bar{x}_1)^2 + (\bar{y}_n - \bar{y}_1)^2}} \\
& \begin{bmatrix} x_i \\ y_i \end{bmatrix} = \begin{bmatrix} x_A \\ y_A \end{bmatrix} + \lambda \sqrt{\bar{x}_i^2 + \bar{y}_i^2} \times \begin{bmatrix} \cos\beta \\ \sin\beta \end{bmatrix} \\
& i = 2, 3, \cdots, n
\end{aligned}\right\} \quad (2-142)$$

式中　β——旋转角度；
　　　λ——伸缩因子。

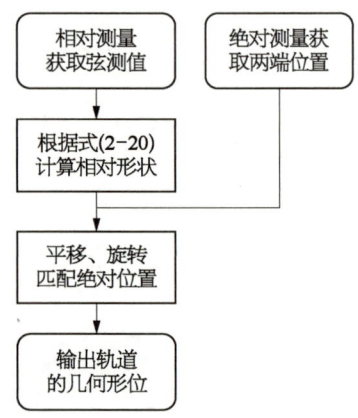

图 2-77　相对测量数据中引入绝对信息

考虑到式（2-20）中的递推计算方法可能导致计算后的 $(\bar{x}_i, \bar{y}_i)$ 与真实的 (x_i, y_i) 存在一定长短偏差，因而需要乘以一个伸缩因子 λ，最终计算得到的轨道几何形位满足 $[x_1, x_n, y_1, y_n] = [x_A, x_B, y_A, y_B]$。

此外值得说明的是，图 2-77 中所介绍的线路分段需要考虑测量的误差累计程度，分段越少则需要测量的绝对信息越少，每一段相对测量的长度约大，误差累计越严重。适当的引入绝对测量信息，可以改善整体的测量精度，但是会影响测量效率。从这个角度来看，结合相对测量与绝对测量的过程中还存在一个优化问题，即合理地选取相对测量区段长度，使得精度能够达到要求的同时最大化地提升测量效率，区段长度的选取需要结合实际测量误差累计的情况进一步分析研究。

2.6.4　轨检仪的优化研究

2.6.4.1　轨检仪的基本知识

轨检仪是一种在无列车轮载作用时可检测静态轨道各项平顺性参数的便捷工具，且能够直接在轨道上手推行驶，因此也被称为"轨检小车"。它采用传感器、专用便携式计算机等先进检测和数据处理设备，可检测轨距、水平、超高、正矢、轨向、高低、扭曲、里程等轨道几何状态参数。国内外轨

检仪主要有相对轨检仪和绝对轨检仪。相对轨检仪是指在没有外部参考基准的情况下,轨检仪根据观测数据分析检测点间设计参数的相对变化,并进行轨道调整的一种轨道检测设备。绝对轨检仪是指在有外部参考基准的情况下,除了能够检测轨距、超高、水平、正矢、轨向、高低、扭曲、里程外,还能够确定轨道中心点绝对位置的一种轨道检测设备。

轨检仪由硬件与软件部分组成。硬件主要包括各种电源、传感器、支架、工控机等。轨检仪的主要作用是检测轨道的平顺性,为了能够实现轨道平顺性检测,轨检仪应该具有以下主要功能:

(1) 存储功能。通过建立数据库,为输入的设计线形数据与控制网数据提供存储空间,使轨道检测时能够利用设计数据与控制网数据实时计算轨道的各项平顺性参数,并把计算结果保存到测量文件中。

(2) 检测功能。通过数据采集软件采集各种传感器数据,利用数据处理软件对采集的数据进行数据处理,计算出轨道的各项平顺性参数。

(3) 报警功能。对超限数据能够即时提供报警提示,以便实时对轨道的不平顺处进行调整。

(4) 报表功能。能够按标准格式输出各检测参数的相应值,方便打印存档。

(5) 图形功能。能够提供水平、高低等检测参数在某段线路的图形波动情况,便于以后线路维修使用。

2.6.4.2 弦测法轨检仪优化

图 2-78 为某公司研制的 GJY-H4 轨检仪。

1) 测量原理

(1) 轨距。由轨距传感器在轨顶下面 16 mm 处测量,通过计算得到轨距值=测量值+常量。

(2) 轨距变化率。两个在线路方向上相隔 1 m 的轨道轨距测量值的代数差。

(3) 水平或超高。用倾角传感器测量轨道横断面上左右连线与水平面的夹角:水平或超高=测量的夹角的正切值×左右轨中心线的距离。

图 2-78 GJY-H4 轨检仪

(4) 三角坑。两个在线路方向上相隔一定距离(基长)的轨道水平的代数差,基长可任意设定。

(5) 左右轨向。由左右侧臂的前后导向轮在轨顶面下 16 mm 处形成 1.25 m 的弦,用轨向传感器测量,通过弦测法公式由 1.25 m 测量值计算得出 10 m、20 m 的轨向值。

(6) 左右高低。由左右侧臂的前后走行轮,在轨顶面形成 1.25 m 弦,用高低传感器测量,通过弦测法公式由 1.25 m 测量值计算得出 10 m、20 m 的高低值。

(7) 里程。采用光电编码器测量某一走行轮的旋转角度,每转一圈,光电编码器输出固定数量的脉冲,对脉冲的累加记数就计算出里程。

2) 主要技术参数

(1) 测量弦长:1.25 m。

(2) 测量弦数:双弦双边同时测量。

(3) 检测标准轨距:1 435 mm。

(4) 采样间距:0.125 m(每米采样 8 点)。

(5) 行进速度：小于 8 km/h。

3）优化方案

由检测原理和主要技术参数可知，轨检仪的左右轨向和左右高低均采用弦测法测量，其弦长为 1.25 m，并通过弦测法公式由 1.25 m 测量值计算得出 10 m、20 m 的轨向、高低值。

表 2-1 介绍了弦测法对于正弦波不平顺的传递函数。图 2-79 通过数值仿真的方法反演了美国 6 级标准轨道高低不平顺谱，并模拟弦测过程计算得到了 10 m 弦测法所对应的传递函数。

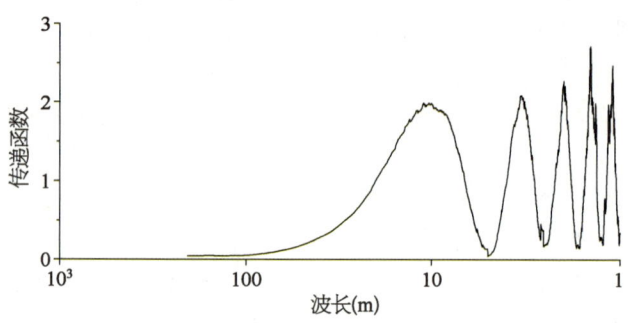

图 2-79 10 m 弦测法的传递函数（仿真结果）

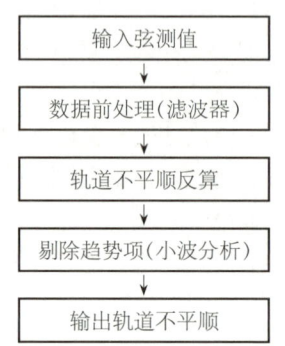

图 2-80 通过改进弦测法原理反算轨道不平顺的流程

由图 2-79 可知，传递函数在 0~2 上下波动，仅个别波段能体现轨道不平顺的特征。因此由弦测法公式计算得出 10 m、20 m 的轨向、高低值并不能反映轨道的真实状态。可将改进弦测法的基本理论及轨道不平顺反算理论引入到轨检仪中，对数据后处理提出改进。基本流程如图 2-80 所示。

此外考虑到改进弦测法的反算模型会导致误差放大，如果仅采用改进中点弦测法，并且全段均不依赖于绝对测量信息，最终测量结果可能在单次较长区段测量时产生过大误差漂移。因而对轨检仪的结构提出如下优化策略：采用改进弦测法中的一弦 3 点弦测法，在轨检仪的两臂上各添加两个位移传感器，使得每一个测量臂上一次获取三个弦测值。在测量数据的后处理过程中，采用一弦 3 点弦测法的反算模型。在最终的测量数据中引入部分绝对测量信息，即采用动、静结合的测量技术，以保证最终的测量精度能够得到稳定的控制。

2.6.4.3 惯性法轨检仪

图 2-81 为 GJY-T-LX 轨检仪。GJY-T-LX 轨检仪是由微型计算机控制，用于铁路轨道状态参数检测、计算、记录、比较的一种智能检测记录仪器。其测量原理是运用飞行控制的三维姿态测量技术，在仪器内部建立一个稳定的三维坐标，当轨检仪沿着轨道推进时，轨道的几何参数实际通过仪器本体在三维空间的姿态变化体现出来。采用捷联式检测系统，将多传感器检测结果合成出本体的三维姿态变化量，即可检测出轨道静态参数。当仪器沿着轨道推进时，可检测出轨道的轨距、水平、三角坑、高低（轨顶面 10 m 弦测正矢）、方向（轨内沿 10 m 和 20 m 弦测正矢）等参数与其设计值的差异；同时通过掌上电脑的触摸屏，可以将线路里程、线路参数等自动同步存储并显示，可查询线路参数与设计值之差超标或超标临界点附近的数据。测试数据可通过接口上传到台式计算机或笔记本电脑上，查看并形成检测数据报表、超标数据报表、超标临界数据报表。

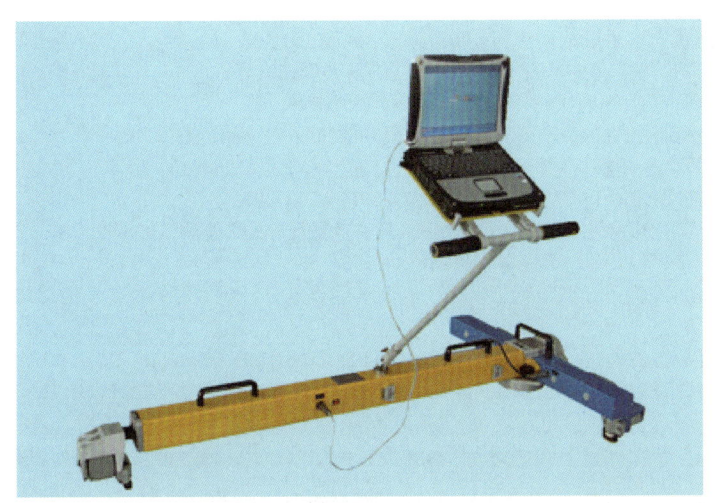

图 2-81 GJY-T-LX 轨检仪

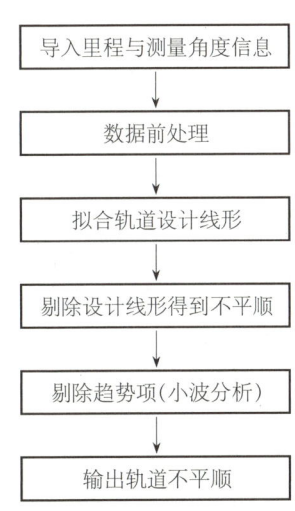

图 2-82 惯导小车数据计算不平顺流程

从上面对惯性法轨检仪的介绍可以看出,这类轨检仪的输出结果仍为"特定弦长的矢距",通过测量角度来计算弦测值,本质是弦测法形式来表达,通过推导弦测值来近似表征轨道不平顺,因而仍无法反映轨道真实状态。结合第 2.5 节对惯导检测技术的分析,可将惯导检测后处理技术引入轨检仪中,结构上需在轨检仪中增加 GPS,并基于 GPS 和惯导的测试数据计算轨道不平顺,这种方法的检测波长范围较广。新的后处理方法在同样检测数据的基础上采用不同处理手段,把里程以及对应角度变化当作轨道不平顺的"状态量",并借助该状态量反算实际的轨道几何形位。

这种方法是采用角度里程坐标描述轨道线路形状,具体思路如下:基于 GPS 和惯导设备测量轨道线路的角度数据,计算得到线路的曲率;根据曲率数据,拟合出近似设计线形,组合并计算出假想设计线形,假想设计线形描述了设计线路的基本特征,是十分规则和平顺的;从测量数据中剔除假想设计线形,获得不规则的测量偏差曲线;采用滤波方法去除大于观测波长的数据,最终得到轨道不平顺。其中观测波长范围是基于敏感波长范围确定的。计算流程如图 2-82 所示。

除了在数据后处理中引入全新的计算方法外,下面基于第 2.3 节中惯导检测模型对轨检仪的机械结构设计提出以下几点改进策略:适当减小惯导小车的长度,削弱小车的测量滤波效果。GJY-T-LX 轨检仪中的横向杆影响着右侧测量臂的空间姿态,对测量结果存在干扰,考虑设计惯导测量小车与外框架独立分开,外框架起到支撑与牵引作用,不影响惯导测量小车的姿态。惯导的测量数据中引入部分绝对测量信息,即采用动、静结合的测量技术使得惯导漂移能够得到有效控制。

参考文献

[1] 程樱,许玉德,周宇,等.三点偏弦法复原轨面不平顺波形的理论及研究[J].华东交通大学学报,2011,28(1):42-46.
[2] 殷华,朱洪涛,王志勇,等.基于多弦模型的轨道短波不平顺测量研究[J].振动与冲击,2017,36(14):178-182.
[3] 朱洪涛,魏晖,王志勇,等.轨检仪弦测法"以小推大"检查轨道轨向不平顺的理论研究[J].铁道学报,2007,

29(1): 36-40.
- [4] 朱洪涛,魏晖,熊瑞文,等.弦测法检测轨向不平顺的研究[J].铁道建筑,2005(10): 63-64.
- [5] 魏晖.高速铁路轨道平顺性静态检测理论与精调技术研究[D].南昌:南昌大学,2014.
- [6] 吴耀庭.绳正法曲线拨道计算方法的研究[J].铁道工程学报,1987(4): 188-196.
- [7] 郝瀛.改建既有线平面时对曲线传统拨距法的误差分析[J].铁道学报,1984(1): 71-83.
- [8] 郝瀛,吴学镇,张添欣.第二线线距计算中三角解析法的探讨[J].西南交通大学学报,1980(1): 1-9.
- [9] 何恩祥.渐伸线整正既有曲线误差及适用范围[J].铁道工程学报,1992,9(2): 94-97.
- [10] 何恩祥,李伟,白存仓,等.全站仪整体优化坐标法整正及增改建铁路既有曲线[J].铁路航测,1998(4): 35-37.
- [11] 何恩祥,陆亚军.解析法选择既有曲线半径[J].铁道工程学报,1988(4): 53-58.
- [12] 刘永孝,刘学毅,张咏军,等.铁路既有曲线整正计算中基于坐标法的渐伸线误差分析研究[J].铁道学报,2012,34(4): 82-87.
- [13] 刘永孝,张咏军.铁路既有曲线整正计算方法研究[J].铁道建筑,2010(11): 116-119.
- [14] 刘永孝,刘学毅,杨俊斌,等.计算既有铁路曲线坐标法拨距的一种新方法[J].西南交通大学学报,2013,48(5): 825-830.
- [15] 刘永孝,刘学毅,李斌,等.既有铁路曲线整正计算中的计划正矢计算方法的研究[J].铁道标准设计,2012(12): 14-18.
- [16] 刘永孝,刘学毅,杨俊斌,等.绳正法拨距优化计算方法的研究及应用[J].铁道标准设计,2013(2): 26-29.
- [17] 秦方方,易思蓉,杨长根.基于三次样条曲线的铁路既有曲线整正方法[J].中国铁道科学,2010,31(2): 18-23.
- [18] 贺国宏.线形计算的通用模型及其在铁道工程中的应用[J].铁道学报,1997(4): 100-108.
- [19] 贺国宏.导线加测陀螺边进行隧道控制的进一步研究[J].铁道工程学报,1999(1): 58-64.
- [20] 贺国宏.立交平面线形设计中相交计算的趋近法[J].重庆交通学院学报,1997(1): 102-108.
- [21] 贺国宏.应用正交相似变换法讨论秩亏网平差中的几个问题[J].武汉测绘学院学报,1985(2): 82-91.
- [22] 杨恒山,贺国宏.利用点到中线的垂距计算方法选择最佳既有曲线要素[J].铁道学报,2001(2): 112-115.
- [23] 刘鑫,刘增杰.秦沈客运专线高速试验段线路缓和曲线动力学仿真分析[J].铁道学报,2004(1): 82-87.
- [24] 刘鑫,曾学贵.快速铁路既有曲线约束非线性最优化整正研究[J].铁道学报,2003(3): 101-103.
- [25] 刘鑫.既有铁路曲线整正优化计算模型理论分析[J].系统工程理论与实践,1994(5): 57-63.
- [26] 刘鑫,刘一京.铁路纵断面优化设计为凸二次规划的证明[J].铁道学报,1991(4): 65-70.
- [27] 刘鑫.MARQUARDT法铁路单曲线拨距优化计算[J].铁道建筑,1991(2): 9-12.
- [28] 杨辉,李一龙.基于坐标的既有铁路曲线整正约束优化算法研究[J].数学的实践与认识,2009,39(24): 166-171.
- [29] 孙晓丽,蒋红斐,石星.基于遗传算法的既有铁路曲线整正优化设计[J].铁道建筑,2011(3): 111-113.
- [30] 詹振炎,蒋红斐,蒲浩.复线铁路的线型设计与整体优化[J].铁道学报,1998(6): 82-86.
- [31] 戴嘉芸,苏思光.既有线平面整正的整体优化的研究[J].铁道学报,1989(S1): 91-98.
- [32] 罗林,张格明,吴旺青,等.轮轨系统轨道平顺状态的控制[M].北京:中国铁道出版社,2006.
- [33] Yoshimura A, Mori T. Application for restoring the original waveform of railway track irregularity[J]. Railway Technology, 1986(1).
- [34] Wang Y, Tang H Y, Wang P, et al. Multipoint chord reference system for track irregularity: Part Ⅰ — Theory and methodology[J]. Measurement, 2019, 138(2):240-255.
- [35] Wang Y, Tang H Y, Wang P, et al. Multipoint chord reference system for track irregularity: Part Ⅱ — Numerical analysis[J].Measurement, 2019, 138(2):194-205.
- [36] Wang P, Wang Y, Tang H Y, et al. Error theory of chord-based measurement system regarding track geometry and improvement by high frequency sampling[J].Measurement, 2018, 115(10):204-216.
- [37] 杨培琫.绳条整理铁路弧线法[J].交大土木,1947,(4).
- [38] Ahmadian M. Filtering effects of mid-cord offset measurements on track geometry data[C]// Railroad Conference. IEEE, 2002.
- [39] Yazawa E, Takeshita K. Development of measurement device of track irregularity using inertial mid-chord offset method[J]. Quarterly Report of Rtri, 2002, 43(3): 125-130.
- [40] 杜鹤亭.长波长轨道不平顺检测中的数字滤波方法[J].中国铁道科学,2000,21(4): 58-65.
- [41] 罗文灿,朱开明,罗林.干线轨道不平顺速度管理标准建议值的研究[J].中国铁道科学,1994(1): 82-103.

第 3 章

高速铁路轨道不平顺动力学控制与评估

轨道几何不平顺是轮轨系统的激扰源,是引起机车车辆振动和产生轮轨动作用力的主要原因,科学合理地评定诊断轨道平顺状态及劣化规律是铁路安全平稳运营的保障,也是指导轨道养护维修的重要依据。基于轮轨系统动力学理论,从控制列车动力响应的角度对高速铁路轨道几何偏差进行研究和探索,并以期建立起更为科学合理的轨道不平顺评估技术,对保障高速铁路运行品质与安全、科学养路具有重要的现实意义。

轨道不平顺作为一个随机过程,任一特定区段的轨道不平顺可看成随机过程的一个样本。轨道不平顺的随机特征决定了对轨道不平顺的描述不能用一个明确的数学表达式来表示,而只能用描述随机数据的均方差、方差、标准差和功率谱密度函数等统计函数来表征。基于此,目前评价轨道不平顺常用的方法主要包括超限扣分法、轨道质量(track quality index, TQI)和轨道谱评价等。

基于幅值数据的评价方法包括超限扣分法和轨道质量指数。超限扣分法是一种反映轨道局部质量状态的方法,通过测量轨道各项几何参数每个测点的幅值大小,并摘取连续超限测点中的峰值(正峰值或负峰值),来判断峰值是否超过规定的界限。轨道质量指数是把单元轨道区段定为200 m,测量并记录轨道区段中全部测点的幅值,计算各几何参数的幅值标准差,同时将单项几何参数的指数进行加权计算获得轨道质量指数,用 TQI 来评价轨道区段的质量状态。但是超限扣分法和轨道质量指数只是从不平顺幅值角度来评价轨道质量,未能充分反映轨道不平顺波长的影响。引起列车振动的轨道几何不平顺受到波长和幅值两个方面的共同影响,仅通过幅值标准来控制轨道的平顺性,搞"一刀切"似的评估会造成过多的调整工作量,这种调整工作量对车辆运行安全、平稳不一定是必要的。轨道谱是评价轨道整体平顺性的有效方法,可提供轨道不平顺幅值和波长两方面信息,但是轨道谱是在频率范围内对不平顺的能量进行统计平均,缺乏定位功能,实际应用中只能用来识别规律或趋势性的信息,难以直接指导维修。为了科学管理轨道平顺状态,轨道不平顺的幅值、波长和里程三方面的信息缺一不可。

从车辆-轨道相互作用的基本原理出发,以控制列车运行品质与安全为目标,可探索轨道几何不平顺评价方法的优化改进与科学应用,为中国高速铁路的安全、高效运营提供助力。

3.1 国内外轨道不平顺的评价方法

基于轨道不平顺管理的铁路维护技术是现代工务管理的核心。评定轨道状态优劣程度的依据主要是机车车辆的响应和运营管理的经验。通过试验、仿真计算等手段找出各种轨道不平顺特征与车体振动加速度、轮轨作用力、舒适度、安全性等指标的关系,便可分析不平顺的危害性质、影响程度和规律,从而对测得的轨道不平顺进行比较客观的定量评估,指导维修作业。由于各国的路情不同,铁路的运营管理水平及维修水平各异,对于轨道维护的管理经验也各不相同,形成了多种不同的轨道不平顺评价和管理方法。一般轨道不平顺的评价可分为用于指导具体维修作业的局部不平顺评价、用于衡量线路整体质量的总体评价和基于能量原理的轨道谱评价三类。下面分别进行介绍。

3.1.1 轨道局部不平顺评价方法

轨道局部不平顺评价最直接的方法为峰值管理法。峰值管理是通过对轨道不平顺指标的幅值进行控制,进而保证列车运行安全及旅客乘坐舒适的轨道不平顺管理方法。一方面,能够找出轨道的局部病害以及病害的类型、程度和所在位置,特别是对确定需要做紧急补修和局部修理的轨道病害非常实用,因此是一种广泛实用的方法;另一方面,仅用超限峰值的大小和多少,不能全面评价轨道区段的平均质量状态,它既没有反映超限长度的影响,也没有反映轨道不平顺变化率和周期性连续不平顺所产生的谐波影响,存在明显缺陷。

3.1.1.1 我国轨道局部不平顺评价方法

我国对于轨道局部不平顺评价采用峰值扣分法。该方法从轨道的几何尺寸和车辆动力学指标的角度,以1 000 m为单位,计算超限值及数量进行分级扣分,并通过加权统计得到总扣分,以此评定该段轨道的质量。检查项目包括轨距、水平、高低、轨向、三角坑、车体垂向振动加速度和横向振动加速度七项。不平顺超限等级一般分为四级,随着速度的不同,各个管理标准值也不同,速度越高,管理标准越严格。

各级超限等级划分及扣分标准如下:

Ⅰ级为保养标准,每处扣1分;
Ⅱ级为舒适度标准,每处扣5分;
Ⅲ级为临时补修标准(紧急补修),每处扣100分;
Ⅳ级为限速标准,每处扣301分。

目前,我国高速有砟和无砟轨道各级不平顺偏差值管理值相同,见表3-1、表3-2。

表 3-1 200~250 km/h线路轨道动态质量容许偏差管理值

项 目	经常保养	舒适度	临时补修	限速 (160 km/h)
偏差等级	Ⅰ级	Ⅱ级	Ⅲ级	Ⅳ级
轨距(mm)	+4 −3	+6 −4	+8 −6	+12 −8

第 3 章 高速铁路轨道不平顺动力学控制与评估

(续表)

项　目		经常保养	舒适度	临时补修	限速 (160 km/h)
水平(mm)		5	8	10	13
扭曲(基长 3 m)(mm)		4	6	8	10
高低(mm) 轨向(mm)	波长 1.5～42 m	5 5	8 7	11 8	14 10
高低(mm) 轨向(mm)	波长 1.5～70 m	6 6	10 8	15 12	—
车体垂向加速度(m/s²)		1.0	1.5	2.0	2.5
车体横向加速度(m/s²)		0.6	0.9	1.5	2.0
轨距变化率(基长 3 m)(‰)		1.0	1.2	—	—

注：1. 表中管理值为轨道不平顺实际幅值的半峰值。
　　2. 水平限值不包含曲线按规定设置的超高值及超高顺坡量。
　　3. 扭曲限值包含缓和曲线超高顺坡造成的扭曲量。
　　4. 车体垂向加速度采用 20 Hz 低通滤波，车体横向加速度Ⅰ、Ⅱ级标准采用 0.5～10 Hz 带通滤波处理的值进行评判，Ⅲ、Ⅳ级标准采用 10 Hz 低通滤波处理的值进行评判。
　　5. 避免出现连续多波不平顺和轨向、水平逆向复合不平顺。

表 3-2　250(不含)～300 km/h 线路轨道动态质量容许偏差管理值

项　目		经常保养	舒适度	临时补修	限速 (200 km/h)
偏差等级		Ⅰ级	Ⅱ级	Ⅲ级	Ⅳ级
轨距(mm)		+4 −3	+6 −4	+7 −5	+8 −6
水平(mm)		5	6	7	8
扭曲(基长 3 m)(mm)		4	6	7	8
高低(mm) 轨向(mm)	波长 1.5～42 m	4 4	6 5	8 6	10 7
高低(mm) 轨向(mm)	波长 1.5～120 m	7 6	9 8	12 10	15 12
复合不平顺(mm)		6	8	—	—
车体垂向加速度(m/s²)		1.0	1.5	2.0	2.5
车体横向加速度(m/s²)		0.6	0.9	1.5	2.0
轨距变化率(基长 3 m)(‰)		1.0	1.2	—	—

注：1. 表中管理值为轨道不平顺实际幅值的半峰值。
　　2. 水平限值不包含曲线按规定设置的超高值及超高顺坡量。
　　3. 扭曲限值包含缓和曲线超高顺坡造成的扭曲量。
　　4. 车体垂向加速度采用 20 Hz 低通滤波，车体横向加速度Ⅰ、Ⅱ级标准采用 0.5～10 Hz 带通滤波处理的值进行评判，Ⅲ、Ⅳ级标准采用 10 Hz 低通滤波处理的值进行评判。
　　5. 复合不平顺指水平和轨向逆相位复合不平顺，按水平和 1.5～42 m 轨向代数差计算，避免出现连续多波不平顺。

轨道区段(1 km)扣分数计算公式如下：

$$S = \sum_{i=1}^{4}\sum_{j=7}^{7} K_i T_j C_{ij} \tag{3-1}$$

式中　S——每千米扣分数；
　　　K_i——各级超限扣分加权系数，对应于各级超限的扣分值；
　　　T_j——不同检测项目的加权系数；
　　　C_{ij}——不同检测项目的各级超限个数。

3.1.1.2　国外轨道局部不平顺评价方法

1）法国

法国高速铁路对轨道状态的评价与控制按轨道的质量状态采用目标值(V0)、警告值(VA)、干预值(VI)和限速值(VR)四级管理标准，并考虑车体振动加速度和转向架振动加速度来综合评价轨道质量状态。其四级管理方法的具体内容如下：

目标值(V0)——新线建设或维修作业后应达到的质量标准。

警告值(VA)——对达到或超过该值的轨道不平顺要实施重点观测，分析其发展变化情况并做出维修计划。

干预值(VI)——对于达到或超过该值的地点或区段实施必要的维修作业，一般在15 d内完成维修，并使其达到目标值。

限速值(VR)——对于达到或超过该值的地点或区段列车必须降速行驶，并以任何可能的手段(包括手工作业)进行整治。

根据试验研究结果，长波长轨道不平顺对高速列车舒适性的影响较为显著，因此法铁对轨道不平顺的管理用"传统基长"和"扩展基长"两种检测数据来评价、管理、维修轨道。表3-3是法国高速铁路轨道不平顺管理标准。

表3-3　法国高速铁路轨道不平顺管理标准

项目	横向振动加速度 (m/s^2)		高低 (mm)		轨向 (mm)	
	车体	转向架	12.2 m 基长半峰值	31 m 基长峰峰值	10 m 基长半峰值	33 m 基长峰峰值
V0			3		2	
VA	1.2	3.5	5	10	6	12
VI	2.2	6	10	18	8	16
VR	2.8	8	15	24	12	20

2）德国

德国用干扰值(SR)方法来评价轨道状态。它综合考虑轨道的几何状态和由此引起的动力响应，按 SR0、SRA、SR100、SRlim 和 SRextra 五级评价轨道状态。评价指标包括轨道几何状态指标、机车车辆所受轨道横向力、垂向力、车体横向加速度及垂向加速度等。SR方法一般按25 m 区段的干扰值及反应值来诊断线路病害的性质。德国轨道局部不平顺的评价标准见表 3-4。

表 3-4 德国轨道局部不平顺的评价标准（140～300 km/h）

项 目	基线 (m)	峰值类型	SR0 (mm)	SRA (mm)	SR100 (mm)	SRlim (mm)	SRextra (mm)
高 低	2.6/6.0	峰/峰值	6	10	14	20	35
三角坑	2.5	均/峰值	3	2	3		
水 平		均/峰值	4	6	8	12	20
轨 向	4.0/6.0	峰/峰值	6	10	14	20	35

德国主要通过制定限速管理标准来管理轨道局部不平顺，共分为五级：

一级——该值表明安全储备很大，轨面状况良好，不需进行评定。

二级——称为安全储备释放值，超过此值表明轨面有不平顺，对安全储备开始有影响，需要进行详细评定。

三级——该值除对安全储备有影响外，还会影响到技术经济上的合理性，需要安排计划维修。

四级——超过这个值不仅会对安全储备有较大影响，还会对机车车辆及轨道的破坏产生较大影响，规范上不允许，需要进行紧急补修。

五级——直接影响安全的极限值，即安全储备已完全用尽，需对高速列车进行限速运行，并采取一切必要的维修措施立即予以消除。

3）英国

英国铁路把轨道管理单元定为 200 m(1/8 mile)，利用高速轨检车测量和统计轨道几何参数超过限界值的峰值。表 3-5 为英国轨道超限管理限值。

表 3-5 英国轨道超限管理限值 (mm)

线路等级	水 平		高 低			轨 向	
	L1	L2	L1		L2	L1	L2
			高	低			
A	±6	±20	5	9	±20	±8	±25
B	±6	±20	6	12	±20	±11	±20
C	±7	±20	6	15	±20	±12	±20
D	±8	±20	9	19	±20	±15	±20

注：线路等级按照轨在道速度段分为 A、B、C、D 四个等级，其中 A 等级大于 160 km/h，B 等级在 120～160 km/h，C 等级在 80～120 km/h，D 等级小于 80 km/h。L1 表示第一限界值，L2 表示第二限界值。

4）日本

日本铁路在开通时遵循"预防维修"的构想，即设定预防性限制值，并在线路几何形位达到此范围内进行维修。日本新干线对轨道状态的评价和管理分为五级，随着列车速度的提高，对轨道不平顺的管理还增加了 40 m 弦长管理值，见表 3-6。

表 3-6 日本新干线轨道不平顺管理目标值

项目	类别		单位	验收目标值	计划维修目标值	舒适度管理目标值	安全管理目标值	160 km/h 慢行管理目标值
轨道不平顺	10 m 弦法	高低	mm	≤4(有砟) ≤3(无砟)	6	7	10	15
		轨向	mm	≤3(有砟) ≤2(无砟)	4	4	6	9
	40 m 弦法	高低	mm		7~10			
		轨向	mm		6~7			
	轨距		mm	±2	6	6	6	
	水平		mm	≤3(有砟) ≤2(无砟)	—4	—4	—4	
	扭曲		mm/2.5 m	≤3	4	5	6	
	短波不平顺		mm/m	0.3	0.6			
车体加速度	垂向		g 全振幅		0.25	0.25	0.35	0.45
	横向		g 全振幅		0.2	0.2	0.3	0.35

日本新干线轨道不平顺管理目标值如下：

(1) 验收目标值——工程施工和维修作业完成后应达到的质量目标值。

(2) 计划维修目标值——在制定维修计划时,整修对象的计划目标值。

(3) 舒适度管理目标值——为了确保旅客舒适度而定的目标值。

(4) 安全管理目标值——在必须实行慢行的限度之前进行预防性管理的目标值,当轨道不平顺达到或超过该值时,将会对高速行车安全性有显著影响,应限期(一般 15 d)做紧急补修。

(5) 慢行管理目标值——当轨道不平顺达到或超过该值时,在安全管理上需要实行慢行的目标值。当超过该值时,列车立即慢行,并在当天进行紧急修理。

5) 美国

美国铁路以重载运输为主,在保证行车安全的前提下,经过试验研究,采用六级管理限值的方法,见表 3-7。

表 3-7 美国轨道不平顺限速管理安全标准

线路等级	允许速度(km/h)		轨距(mm)		轨向(mm) 测量弦长(m)			高低(mm) 测量弦长(m)			水平(mm)	扭曲(mm) 缓和曲线	
	货车	客车	最小值	最大值	9.4	18.9	37.8	9.4	18.9	37.8		9.4 m 内	18.9 m 内
一	16	24	1 422	1 473	127			76			76	51	76
二	40	48	1 422	1 467	76			70			51	44	57

(续表)

线路等级	允许速度(km/h)		轨距(mm)		轨向(mm) 测量弦长(m)			高低(mm) 测量弦长(m)			水平(mm)	扭曲(mm) 缓和曲线	
	货车	客车	最小值	最大值	9.4	18.9	37.8	9.4	18.9	37.8		9.4 m 内	18.9 m 内
三	64	96	1 422	1 467	32(曲)	44			57		44	32	51
四	96	129	1 422	1 460	25(曲)	38			51		32	25	44
五	129	145	1 422	1 460	23(曲)	19(直) 16(曲)			32		25	19	38
六		177	1 422	1 454	13/10	19/13	38/25	25/19	25/19	44/32		38	
七		201	1 422	1 454	13/10	13/10	32/22	25/19	25/19	38/25		38	
八		257	1 422	1 454	13/10	13/10	19/13	19/13	25/19	32/22		38	
九		322	1 429	1 454	13/10	13/10	19/13	13/10	19/13	32/22		38	

注:"/"左为单个不平顺限值,"/"右为三个连续非重叠不平顺限值。

3.1.2 轨道整体不平顺评价方法

为全面衡量某一线路的轨道质量,英国、日本、法国、美国等国家纷纷采用统计分析方法,考虑所有测量结果,用统计特征值来评价轨道的平均质量。各国路情和习惯不同,采用的指标及区段管理长度不同,单元区段长度从 100~500 m 不等。表 3-8 列出了各国采用的轨道动态不平顺区段管理质量指标及管理基本单元区段长度。由表 3-8 可知,大部分轨道状态区段管理质量指标都是计算一定单元区段长度内的轨道不平顺标准差,通过统计各单项轨道几何不平顺标准差得到整体轨道质量状态指标。

表 3-8 各国轨道动态不平顺区段管理质量指标及区段管理长度

国家	轨道区段质量指标		单元区段长度(m)
	名 称	计 算 方 法	
中国	轨道质量指数(TQI)	计算高低(左右轨)、轨向(左右轨)、轨距、水平、三角坑等七项不平顺 200 m 单元区段长的标准差值,七项标准差之和即为轨道质量指数(TQI)	200
法国	轨道几何参数平均偏差指数	采用滑动加权平均统计计算各单元区段的高低、轨向、水平等几何参数的平均偏差指数	300
日本	国道不平顺指数(P 值)	计算在规定的轨道单元区段中各单项几何参数超过±3 mm 的测点数占全部测点数的百分比	500
英国	单项几何参数标准差(SD)	计算规定单元区段内的各单项几何参数的标准差	200
荷兰	轨道质量 Q 指数	计算 0.5~25.0 m 波段范围内的高低、水平、轨向及 25~70 m 波段范围内轨向的标准差,通过转换关系得到轨道质量 Q 指数	200

(续表)

国家	轨道区段质量指标		单元区段长度(m)
	名 称	计 算 方 法	
美国	轨道质量指数(TQI)	计算高低、轨向、水平单项几何参数在单元区段中各测点偏差值之和,然后计算三项参数之和	320
加拿大	轨道质量指数(TQI)	计算高低、轨向、水平轨距等单项几何参数的标准差;计算单项参数质量指数 TQI_i;计算综合质量指数 TQI	400
澳大利亚	轨道状态指数(TCI)	计算高低、轨向、轨距、三角坑四项几何参数在单元区段中所有峰值的标准差,然后四项参数求和即得到轨道状态参数 TCI	100~500

3.1.2.1 我国轨道整体质量评价方法

我国取 200 m 作为质量评价的单元轨道长度,分别计算左右高低、左右轨向、水平、轨距以及扭曲等七项轨道不平顺幅值的标准差,叠加后获得轨道质量指数(TQI)。计算方法如下:

$$\sigma_i = \sqrt{\frac{1}{n}\sum_{i=1}^{7} x_{ij}^2 - \overline{X}^2} \tag{3-2}$$

$$\overline{X}_i = \frac{1}{n}\sum_{j=1}^{n} x_{ij} \tag{3-3}$$

$$TQI = \sum_{i=1}^{7} \sigma_i \tag{3-4}$$

式中 σ_i ——单项指数,即评价区段内单项几何不平顺幅值的标准差,$i=1,2,\cdots,7$;
  $\overline{X}_i$——单元区段中各项参数连续采样点幅值的平均值;
  n——采样点个数(200 m 单元区段中 $n=800$)。

TQI 及单项标准差管理标准见表 3-9。

表 3-9 200 m 区段轨道不平顺质量指数 TQI 管理标准   (mm)

速度等级	高 低	轨 向	轨 距	水 平	三角坑	TQI
$V \leqslant 100$	2.5×2	2.2×2	1.6	1.9	2.1	15
$100 < V \leqslant 120$	2.5×2	1.8×2	1.5	1.9	2.0	14
$120 < V \leqslant 160$	1.8×2	1.4×2	1.3	1.6	1.7	11
$160 < V \leqslant 200$	1.5×2	1.1×2	1.1	1.3	1.4	9
$200 < V \leqslant 250$	1.4×2	1.0×2	0.9	1.1	1.2	8
$300 < V \leqslant 350$	0.8×2	0.7×2	0.6	0.7	0.7	5
$300 < V \leqslant 350$	2.0×2	1.5×2	波长 42~120 m,区段 500 m			

注:除注明外,适用于轨道不平顺波长为 42 m。

TQI 能较真实地反映轨道质量状态,量化各个轨道区段不平顺的优劣程度;能作为各级工务管理部门对轨道状态进行宏观管理和质量控制的依据,并用于编制轨道维修计划,指导养护维修作业。用于计算 TQI 的轨道几何状态原始数据容易采集和记录,计算简便;TQI 数值与轨道质量状态的对应关系明确,易于被现场人员掌握和使用。

3.1.2.2 国外轨道整体质量评价方法

1) 法国

法国铁路也采用统计特征值方法来评价轨道区段的质量状态,利用莫赞(MAUZIN)轨检车计算 300 m 单元轨道区段的高低、轨向、水平等各项几何参数的平均偏差指数,其计算公式为

$$e = \frac{1}{300} \int_{-\infty}^{x_0} \eta'(x) \exp\left[\frac{x - x_0}{300}\right] dx \qquad (3-5)$$

式中　　$\eta'(x)$ ——各单项几何参数检测信号原始值(初始不平顺值)。

这是一种单元区段的滑动加权平均统计计算方法,实际上是求该方程式的卷积。该方法是将计算点前后 150 m 长度内轨道不平顺幅值加以平均,赋予该点。e 和 σ 的关系为 $\sigma = 1.38e$。其平均偏差指数 e 管理标准见表 3-10。

表 3-10　法国普通线路(160~190 km/h)轨道状态综合指数标准

项目	高低	水平	轨向
L1	0.7	0.5	1.0
L2	1.0	0.7	1.6

注:L1 为第一限度值,若 $e<$L1,表示该区段状态良好,不需维修;L2 为第二限度值,若 $e>$L2,表示该区段状态很差,不允许超过;若 $e=$L1~L2,则表示该区段应列入维修计划。

2) 日本

日本铁路从 20 世纪 60 年代开始就采用轨道不平顺指数(P 值)评价区段线路的质量状态,其管理标准见表 3-11。所谓 P 值就是在规定的单元轨道区段中,计算各单项几何参数超过 ±3 mm 的测点数占全部测点数的百分比。轨道不平顺状态服从正态分布,其分布曲线如图 3-1 所示。

表 3-11　日本铁路公司 P 值的管理标准

线路	高低	轨向	水平	轨距
一级	29	17	10	7
二级	31	17	10	8

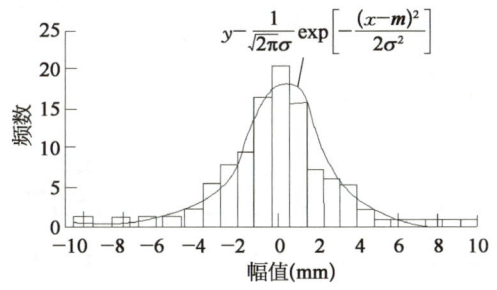
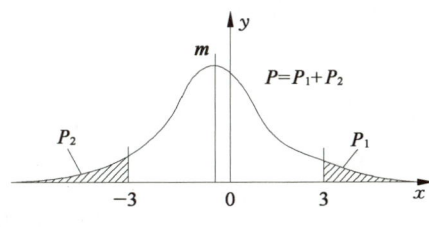

图 3-1　轨道不平顺状态分布图

P 值计算方法如下：

$$P = P_1 + P_2 \tag{3-6}$$

$$P_1 = 100 \int_{+3}^{\infty} \frac{1}{\sqrt{2\pi}\sigma} \exp\left[-\frac{(x-m)^2}{2\sigma^2}\right] dx \tag{3-7}$$

$$P_2 = 100 \int_{-\infty}^{-3} \frac{1}{\sqrt{2\pi}\sigma} \exp\left[-\frac{(x-m)^2}{2\sigma^2}\right] dx \tag{3-8}$$

式中　m——平均值；
　　　σ——标准差。

简化计算式为

$$P = P_1 + P_2$$

$$P_1 = \frac{100 f_+}{n},\ P_2 = \frac{100 f_-}{n}$$

式中　f_+、f_-——超过 +3 mm 和 -3 mm 的测点数；
　　　n——总测点数。

日本铁路设定的单元轨道长度为 500 m，测点间隔 0.5 m，一段单元区段有 1 000 个测点。为适应根据轨道实际状态制定维修计划和使用大型养路机械进行维修作业的需要，有些铁路公司也采用 100 m 轨道区段 P 值管理。利用 P 值可比较线路或区段的线路质量状态，各级维保部门均按年或季绘制 P 值变化图，以期评价轨道状态劣化或改善的情况。

3）英国

英国采用 200 m 单元区段的单项几何参数的统计标准差评价轨道区段的平均质量。根据不同的线路等级，英国把单元区段的质量状态分成四个质量段。高低和轨向标准差的管理值见表 3-12，SD 为各单项几何参数的标准差，其数值是标准差的实际值的 10 倍。

表 3-12　英国铁路 200 m 轨道区段标准差 σ 的管理值 SD　　　　　　　　（mm）

分　级	线　路　类　型							
	A(>100 mile/h)		B(75~99 mile/h)		C(50~74 mile/h)		D(<49 mile/h)	
	高低	轨向	高低	轨向	高低	轨向	高低	轨向
质量段 1——优良 (不需要维修的轨道区段)	<1.5	<0.9	<1.8	<1.3	<2.3	<1.9	<3.0	<2.5
质量段 2——合格 (90%的轨道区段在质量段 1 和 2 中)	1.6~2.1	1.0~1.3	1.9~2.7	1.4~1.9	2.4~3.4	2.0~3.2	3.1~4.0	2.6~3.8
质量段 3——不良 (在此质量段中的轨道区段小于 10%)	2.2~3.2	1.4~2.1	2.8~4.6	2.0~3.2	3.5~5.5	3.3~5.6	4.1~5.5	3.9~5.6
质量段 4——低劣 (不应出现的轨道区段)	>3.3	>2.2	>4.7	>3.3	>5.6	>5.7	>5.6	>5.7

英国铁路开发了轨道质量管理系统(TQS)，利用高速轨检车车载计算机记录轨道状态原始数据，并进行分析处理，编制轨道维修计划，包括人力资源、养路机械、设备更新计划及经费预算等，同

时建立轨道质量状态数据库,可进行快速检索,掌握轨道状态。

4) 荷兰

荷兰铁路把全国铁路网分成 600 个维修区段,根据不同速度把轨道分成三个质量等级,见表 3-13 所示。荷兰单元轨道区段长度设定为 200 m,BMS 轨检车测量并计算 0.5～25 m 波长范围内的高低、水平、轨向以及 25～70 m 波长范围内轨向的标准差,并转换为质量指数 N(也称 Q-指数),分别作为捣固和拨道的重要依据。

表 3-13 荷兰铁路轨道质量等级

轨道等级	最高速度(km/h)	线 路 类 型
Q-等级一	>130	主要干线
Q-等级二	100～130	焊接长钢轨线路
Q-等级三	<100	所有有缝线路和部分焊接长钢轨线路

荷兰铁路根据多年经验和数据分析,将每年的维修作业量定为路网的 20% 左右,因此将对应 σ_{80} 值的 Q-指数 N_{80} 设定为 6.75。为使 N 值只在 10～0 单调减少,采用以下转换公式:

$$N = 10 e^{-\frac{\sigma}{\sigma_c}} \tag{3-9}$$

其中,

$$\sigma_c = -\frac{\sigma_{80}}{\ln 0.675}$$

式中 N——轨道质量指数,变化范围从 10(最好)到 0(最差)。

三个质量等级和四个几何参数分量的管理值见表 3-14。

表 3-14 各项几何参数的管理值

线路等级	高 低	水 平	短波轨向	长波轨向
Q-等级一	1.09	1.64	1.02	2.62
Q-等级二	1.22	1.99	1.35	3.62
Q-等级三	1.39	1.99	1.46	3.73

200 m 轨道区段 Q-指数 N 的标准见表 3-15。

表 3-15 Q-指数 N 的标准值

波长 0～25 m			波长 25～70 m
高 低	水 平	轨 向	轨 向
6.3	5.7	6.7	6.5

5) 美国

美国铁路轨道整体质量评价指标较多,主要有 TQI 值、轨道粗糙度指数 R^2 等。

Amtrak 公司作为美国最大的旅客运输公司,列车最高速度达 192 km/h。为适应高速运输的需要,其轨检车采样点间隔设为 0.6 m,在检查线路病害的同时,计算轨道质量指数 TQI,单元轨道区段约为 320 m。先分别计算单元区段内高低、轨向和水平的各测点偏差值之和,再求和作为 TQI 值。当 TQI>0.3 时该区段需进行维修。该公司将 TQI 值按月绘制成直方图,画出轨道状态变化曲线,根据其斜率,预测轨道状态恶化趋势及维修的时间点。

美国 Amtrak 公司还提出利用轨道粗糙度指数(roughness index) R^2 来表示单元区段轨道几何的平整度。R^2 的值越大,表明轨道的平整度越差。其计算方法如下:

$$R^2 = \sum_{i=0}^{n} d_i^2 / n \tag{3-10}$$

式中 R^2——轨道粗糙度;
  d——20 m 弦长测量的几何偏差值;
  n——测量点数。

基于轨道粗糙度指数的轨道状态分类见表 3-16。

表 3-16 轨道状态的 R^2 管理值表

轨道状态	非常好	好	均衡	差
R^2	$R^2<1$	$1<R^2<4$	$4<R^2<16$	$R^2>16$

6) 加拿大

加拿大国铁(CN)正线长度为 32 000 km,分成 75 000 个单元轨道区段,单元区段的长度一般约为 400 m。20 世纪 80 年代末开发出轨道管理系统(TMS)(图 3-2),用于评价轨道状态,预测劣化

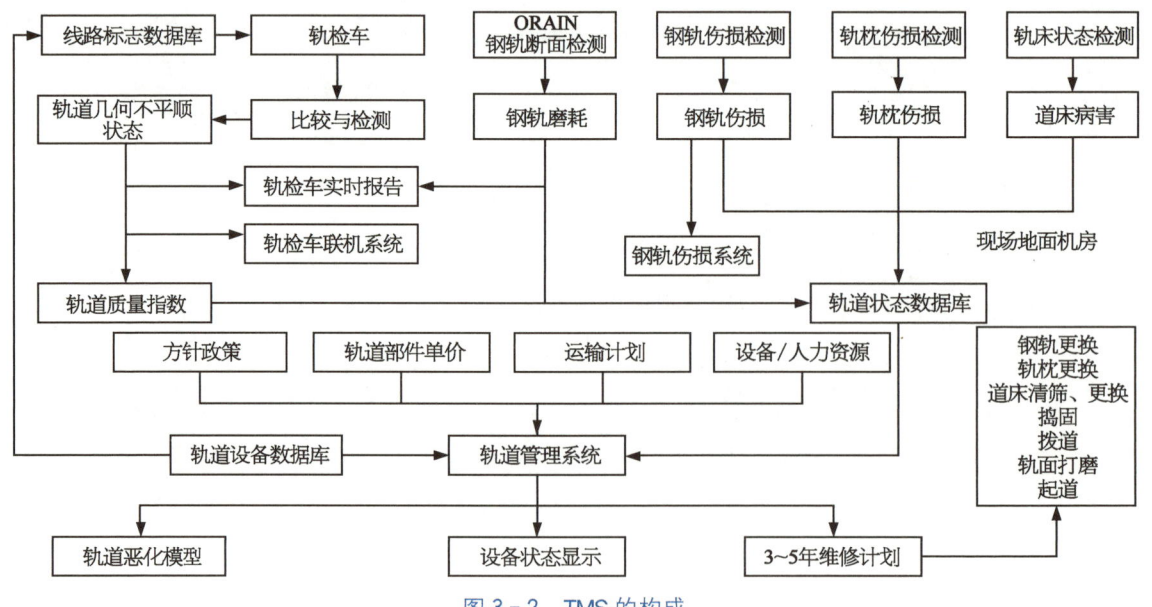

图 3-2 TMS 的构成

规律,编制 1～5 年的轨道维修计划。TMS 利用装有轨道评估系统的轨检车测量轨道几何状态,计算轨道质量指数 TQI,实时显示 TQI 的彩色直方图及相同区段前两次 TQI 值的比较图,并将这些数据记录在磁带上,送给地面计算机处理。结合钢轨和轨枕伤损情况、道床状态,用轨道劣化模型分析确定维修计划和维修作业内容。CN 多年的实践经验表明,轨道不平顺状态随着运营中动荷载的增加而逐渐加剧,钢轨和轨枕的破坏与轨道不平顺状态紧密相关,轨道不平顺状态是轨道恶化模型中的第一要素。

CN 计算 TQI 的步骤如下:

(1) 计算高低、轨向、水平轨距等单项几何参数的标准差 σ_i, $i = 1, 2, 3, 4$。

(2) 计算单项参数指数 TQI,计算公式为 $TQI_i = 1\,000 - C\sigma_i^2$,$C$ 为经验常数,主要干线设 $C = 700$。

(3) 计算综合指数 TQI,计算公式如下:

$$TQI = \frac{1}{4}(PQI_1 + PQI_2 + PQI_3 + PQI_4) \tag{3-11}$$

TQI 在 0～1 000 变化,当 TQI>600 时,表示轨道状态良好;当 TQI<400 时,表示该轨道区段质量状态很差,需安排维修。

7) 澳大利亚

澳大利亚铁路根据线路标志物划分单元轨道区段,长度为 100～500 m,采用 PCI 和 TCI 评价轨道整体质量。PCI 即参数状态指数,指高低、轨向、轨距、三角坑四个单项几何参数在单元区段中所有峰值的标准差;TCI 即轨道状态指数,是四项参数的 PCI 之和。

8) 奥地利

奥地利联邦铁路利用普拉塞(Plasser)公司的 OBB 高速轨检车测量轨道几何状态,计算单元区段的轨道质量指数 TQC,时速高达 250 km。TQC 从左、右轨高低和轨向检测结果计算得出,并从高低参数的变化分析道床状态。奥铁设定单元轨道区段为 500 m,轨检车数据的采样点间隔为 0.25 m。

9) 印度

印度铁路提出的一种基于偏差算法的改进型指数——轨道几何指数(track geometry index, TGI),用来描述轨道单元区段内高低、轨向、轨距、水平和三角坑轨道几何尺寸的波动程度。计算公式如下:

$$TGI = (2UI + TI + 6AI + GI)/10 \tag{3-12}$$

式中　TGI——轨道几何指数;
　　　UI——高低、水平检测标准差;
　　　TI——三角坑检测标准差;
　　　AI——轨向检测标准差;
　　　GI——轨距检测标准差。

基于轨道几何指数的轨道状态分类见表 3-17。

表 3-17 轨道状态的 TGI 管理值表

轨道状态	差	均衡	好	非常好
TGI	TGI<36	36<TGI<50	50<TGI<80	TGI>80

10) 瑞典

瑞典国家铁路采用 Q 值评价轨道几何状态,是基于统计分析得出的指数,其计算方法如下:

$$Q = 150 - 100 \times \left[\frac{\sigma_H}{\sigma_{H_{lim}}} + 2\sigma_s / \sigma_{S_{lim}} \right] / 3 \tag{3-13}$$

式中 σ_H——左右高低检测值标准差的平均值;

$\sigma_{H_{lim}}$——左右高低允许值;

σ_S——轨距、三角坑、水平检测值标准差的平均值;

$\sigma_{S_{lim}}$——轨距、三角坑、水平容许值。

瑞典国家铁路以 12 m 的弦长来测量轨道几何参数的偏差值,Q 值的最小、最大值分别为 50 和 150。

3.1.3 功率谱密度评定轨道平顺状态

早在 20 世纪 60 年代中期,英国、法国、德国等国家就开始对轨道不平顺的功率谱进行研究。1971 年 UIC ORE C116 委员会公布第一号报告,对轨道不平顺功率谱的定义、表达形式、单位等提出了统一的建议,首次较系统地论述了轨道谱的测量、计算、分析方法和轨道谱的应用、意义,及获取可靠的轨道谱可能存在的困难等。随后,日本、美国、苏联、印度、英国、法国等国家都发表了各自测定分析得出的轨道谱。各国计算分析轨道谱的样本函数几乎都来源于轨检车记录的数据。20 世纪 60—70 年代发表的轨道谱受轨检车检测方法、计算机或分析仪器性能的限制,大多分辨率较低。20 世纪 80 年代,惯性基准法检测系统推广应用,轨检车测取不平顺样本函数的精度和波长范围有了很大提高,各国获得的轨道谱分辨率随之显著提高,轨道谱的应用范围也更为扩大。为适应高速铁路发展需要,欧洲铁路又研究提出了统一的"欧洲高速铁路轨道谱",用于指导高速机车车辆设计和控制高速轨道平顺性。

欧美铁路已普遍用轨道谱来评定轨道平顺状态好坏,并正进一步研究利用轨道谱诊断识别轨道病害,日本铁路还用轨道谱评定轨道养护作业质量和大型养路机具的性能,帮助分析车辆产生剧烈振动和脱轨的原因等。

3.1.3.1 我国轨道谱的应用现状

我国对轨道不平顺功率谱密度应用较晚,但研究工作起步较早,20 世纪 70 年代长沙铁道学院、中国铁道科学研究院就已用地面检测和轨检车检测等不同方法获得了数百米和数十千米高低、水平、轨向不平顺的轨道谱。

1) 长沙铁道学院的研究

长沙铁道学院用地面测量法先后三次对轨道不平顺进行了实测,并用傅氏变换法和最大熵谱估计法求得了数百米的轨道无轮载作用和轮载作用下高低、轨向、水平、轨距四种不平顺的功率谱密度,建议使用的一级铁路干线的轨道不平顺功率谱密度的表达式如下(单位:$mm^2 \cdot m$):

轨道左右钢轨和线路中心线高低不平顺轨道谱：

$$S_{vr}(f) = S_{vl}(f) = 9.836 \times 10^{-4} \frac{f^2 + 1.023 \times 10^{-2}}{f^4 + 1.863 \times 10^{-2} f^2 + 6.67 \times 10^{-7}} \quad (3-14)$$

$$S_v(f) = 2.755 \times 10^{-3} \frac{f^2 + 8.879 \times 10^{-1}}{f^4 + 1.863 \times 10^{-2} f^2 + 9.61 \times 10^{-7}} \quad (3-15)$$

轨道左右钢轨和线路中心线轨向不平顺轨道谱：

$$S_{ar}(f) = S_{al}(f) = 1.049 \times 10^{-2} \frac{f^2 + 1.530 \times 10^{-3}}{f^4 + 1.598 \times 10^{-2} f^2 + 2.514 \times 10^{-5}} \quad (3-16)$$

$$S_a(f) = 9.404 \times 10^{-3} \frac{f^2 + 9.701 \times 10^{-2}}{f^4 + 3.768 \times 10^{-2} f^2 + 2.666 \times 10^{-5}} \quad (3-17)$$

轨道水平不平顺轨道谱：

$$S_c(f) = 5.100 \times 10^{-2} \frac{f^2 + 6.346 \times 10^{-3}}{f^4 + 3.157 \times 10^{-2} f^2 + 7.791 \times 10^{-6}} \quad (3-18)$$

轨道水平不平顺轨道谱：

$$S_g(f) = 7.001 \times 10^{-3} \frac{f^2 + 3.863 \times 10^{-2}}{f^4 + 3.355 \times 10^{-2} f^2 + 1.464 \times 10^{-5}} \quad (3-19)$$

式中　f——空间频率。

2）中国铁道科学研究院的早期研究

1999年7月，中国铁道科学研究院完成的铁道部重点课题"中国干线轨道不平顺功率谱"，对轨道谱的数据采集、处理、计算、分析进行了较全面深入的研究，提出了中国干线和不同轨道结构、质量状态以及曲线、桥梁、焊缝等特殊地段的轨道谱，轨道高低、水平、轨向不平顺功率谱密度采用系数不同的同一解析表达式：

$$S(f) = \frac{A(f^2 + Bf + C)}{f^4 + Df^3 + Ef^2 + Ff + G} \quad (3-20)$$

式中　$S(f)$——轨道不平顺功率谱；

　　　f——空间频率；

　　$A \sim G$——轨道不平顺功率谱密度的特征系数，对不同线路和不同类型的轨道不平顺有不同的数值。

表 3-18 和表 3-19 分别为中国京哈、京广、京沪三大重载提速干线和轨道中心线轨道谱拟合曲线的特征参数。

表 3-18　提速干线轨道谱的拟合曲线特征参数

参　数	A	B	C	D	E	F	G
左高低	1.102 9	−1.470 9	0.594 1	0.848 0	3.801 6	−0.250 0	0.001 2
右高低	0.858 1	−1.460 7	0.584 8	0.407 0	2.842 8	−0.198 9	0.009 4

(续表)

参 数	A	B	C	D	E	F	G
左轨向	0.2244	−1.5746	0.6683	−2.1466	1.7665	−0.1506	0.0052
右轨向	0.3743	−1.5894	0.7265	0.4353	0.9101	−0.0270	0.0031
水 平	0.1214	−2.1603	2.0214	4.5089	2.2227	−0.0396	0.0073

表3-19 提速干线轨道中心线轨道谱的拟合曲线特征参数

参 数	A	B	C	D	E	F	G
高 低	0.6650	−1.4357	0.5737	0.8138	1.9123	−0.1234	0.0063
轨 向	0.7052	−1.6253	0.7151	−2.5977	3.7128	−0.2691	0.0112

3) 我国高速铁路轨道谱的研究

随着我国高速铁路运营的次递开展,在国家铁路局、中国铁路总公司的组织安排下,我国高速轨道铁路轨道谱的研究也取得进展。我国首个高速铁路轨道谱《高速铁路无砟轨道不平顺谱》(TB/T 3352—2014)已于2015年5月1日生效。

我国350 km/h的高速铁路轨道结构主要采用无砟轨道,与既有有砟轨道结构明显不同,国内外原有轨道不平顺谱难以表征高速铁路无砟轨道不平顺谱。因此我国在研究轨道不平顺谱计算方法关键环节的基础上,确定了高速铁路轨道不平顺谱表示方式。计算表达式如下:

$$S(f) = \frac{A}{f^k} \tag{3-21}$$

式中 f——空间频率;

A、k——拟合系数。

轨道不平顺平均谱分段拟合公式系数采用约束非线性最小优化方法计算,见表3-20。分段点空间频率和相应波长见表3-21。

表3-20 高速铁路无砟轨道不平顺平均谱拟合系数

项 目	第一段		第二段		第三段		第四段	
	A	k	A	k	A	k	A	k
轨距不平顺	5.4978×10^{-2}	0.8282	5.0701×10^{-3}	1.9307	1.8778×10^{-4}	4.5948		
水平不平顺	3.6148×10^{-3}	1.7278	4.3685×10^{-2}	1.0461	4.5867×10^{-3}	2.0939		
轨向不平顺	3.9513×10^{-3}	1.8670	1.1047×10^{-3}	1.5354	7.5633×10^{-4}	2.8171		
高低不平顺	1.0544×10^{-5}	3.3891	3.5588×10^{-3}	1.9271	1.9784×10^{-2}	1.3643	3.9488×10^{-4}	3.4516

表 3-21　高速铁路无砟轨道不平顺谱分段点空间频率及对应波长

项　目	第一段		第二段		第三段	
	空间频率(1/m)	空间波长(m)	空间频率(1/m)	空间波长(m)	空间频率(1/m)	空间波长(m)
轨距不平顺	0.109 2	9.2	0.293 8	3.4		
水平不平顺	0.025 8	38.8	0.116 3	8.6		
轨向不平顺	0.045 0	22.2	0.123 4	8.1		
高低不平顺	0.018 7	53.5	0.047 4	21.1	0.153 3	6.5

3.1.3.2　国外轨道谱的应用现状

1）英国

英国道比(Derby)铁路研究中心在 20 世纪 60 年代中期就开始了对轨道不平顺几何参数的实测和分析工作,得到了功率谱的分布图及其分析式。各种轨道不平顺的谱密度分析表达式如下(单位：$mm^2 \cdot m/周$)。

高低不平顺：

$$S_r(F) = \frac{1}{22.94F^4 + 7.81F^3 + 1.33F^2} \tag{3-22}$$

水平不平顺：

$$S_c(F) = \frac{1}{15.69F^4 - 6.30F^3 + 7.72F^2} \tag{3-23}$$

轨向不平顺：

$$S_a(F) = \frac{1}{100.8F^3} \tag{3-24}$$

式中　F——空间频率(1/m),定义为不平顺波长的倒数,即 $F = 1/L$,L 为波长(m)。

2）日本

日本采用的轨向、水平、高低三种轨道不平顺功率谱密度参数见表 3-22。这些数据是 50 多个长为 500 m 的区间的平均结果,对应的轨道不平顺 P 值范围为 25～35。

$$G(f) \approx Af^{-n} \tag{3-25}$$

式中　$G(f)$——PSD($mm^2 \cdot m$)；

　　　f——空间频率(1/m)。

表 3-22　日本 PSD 的参数 A 和 n 的值

轨道不平顺种类	轨道状态	低频范围		高频范围	
		A	n	A	n
轨向不平顺	好	0.17	2.05	0.006 5	3.06
	中	0.12	2.25	0.003 9	3.45
	差	0.27	2.25	0.002 9	3.64

(续表)

轨道不平顺种类	轨道状态	低频范围 A	低频范围 n	高频范围 A	高频范围 n
水平不平顺	好			0.18	1.79
	中			0.25	1.78
	差			0.12	2.12
高低不平顺	好	0.008 3	3.1	0.14	1.97
	中	0.004 6	3.14	0.18	2.05
	差	0.004 6	3.24	0.45	1.89

3) 德国

20 世纪 80 年代初,德国在进行高速列车的理论研究时采用了下列轨道谱分析式。

高低不平顺:

$$S_v(\Omega) = \frac{A_v \Omega_c^2}{(\Omega^2 + \Omega_r^2)(\Omega^2 + \Omega_c^2)} \tag{3-26}$$

轨向不平顺:

$$S_a(\Omega) = \frac{A_a \Omega_c^2}{(\Omega^2 + \Omega_r^2)(\Omega^2 + \Omega_c^2)} \tag{3-27}$$

水平不平顺:

$$S_c(\Omega) = \frac{A_v b^{-2} \Omega_c^2 \Omega^2}{(\Omega^2 + \Omega_r^2)(\Omega^2 + \Omega_c^2)(\Omega^2 + \Omega_s^2)} \tag{3-28}$$

德国不平顺轨道谱没有给出轨距不平顺的功率谱表达式,但规定轨距不平顺在-3~3 mm 范围内变化,一般轨距不平顺和水平不平顺具有相同的功率谱表达式。

低干扰水平系数、高干扰水平系数和截断频率见表 3-23。常数 b 为名义滚动圆距离之半,取 0.75 m,Ω 为空间频率。

表 3-23 德国轨道谱粗糙度系数及截断频率

轨道级别	参数	Ω_c	Ω_r	Ω_s	A_a	A_v	A_g
	单位	rad/m	rad/m	rad/m	m·rad	m·rad	m·rad
低干扰参数		0.824 6	0.020 6	0.438 0	5.923×10^{-7}	5.923×10^{-7}	0.532×10^{-7}
高干扰参数		0.824 6	0.020 6	0.438 0	15.86×10^{-7}	15.86×10^{-7}	1.032×10^{-7}

此后,部分欧美国家对上式做了两处修改,其一是谱密度幅值参数 A_a 和 A_v 分别取不同的数值;其二是降低了高、低不同激扰时的 A_a 和 A_v 值,特别是 A_a 值。这种修改反映了高速线路质量的提高,轨道不平顺的数值随之减少。修改后的 A_a 和 A_v 值如下:

对低干扰:$A_v = 4.032 \times 10^{-7}$ m·rad;$A_a = 2.119 \times 10^{-7}$ m·rad。

对低干扰：$A_v = 10.80 \times 10^{-7}$ m·rad；$A_a = 6.125 \times 10^{-7}$ m·rad。

修改后的德国轨道不平顺功率谱密度函数被欧洲统一作为欧洲铁路轨道谱，用于各种计算。

4）美国

美国运输部联邦铁路总署（FRA）制定的铁路安全法规（安全标准）将美国铁路按平顺状态的安全限度和相应的允许速度分为六个等级，并公布了六个等级线路轨道不平顺的功率谱密度，其拟合曲线函数表达式如下（单位：$cm^2 \cdot m/rad$）。

高低不平顺：

$$S_v(\Omega) = \frac{kA_v\Omega_c^2}{\Omega^2(\Omega^2+\Omega_c^2)} \tag{3-29}$$

轨向不平顺：

$$S_a(\Omega) = \frac{kA_v\Omega_c^2}{\Omega^2(\Omega^2+\Omega_c^2)} \tag{3-30}$$

水平不平顺和轨距不平顺具有相同的谱密度表达式：

$$S_c(\Omega) = S_g(\Omega) = \frac{4kA_v\Omega_c^2}{(\Omega^2+\Omega_c^2)(\Omega^2+\Omega_s^2)} \tag{3-31}$$

式中　k——系数；

A_a、A_v——表征不平顺程度的参数；

Ω_c、Ω_r——截断波数；

Ω——空间波数。

式中参数取值见表 3-24。表中同时列出了根据安全标准制定的不同等级路线所允许的车辆最高运行速度。

表 3-24　美国轨道谱的参数值

参　数		线　路　等　级					
		6	5	4	3	2	1
A_v	$cm^2 \cdot m/rad$	0.003 9	0.209 5	0.537 6	0.681 6	1.018 1	1.210 7
A_a	$cm^2 \cdot m/rad$	0.033 9	0.076 2	0.302 7	0.412 8	1.210 7	3.362 4
Ω_s	rad/m	0.438	0.820 9	1.131 2	0.852	0.930 8	0.604 6
Ω_c	rad/m	0.824 5	0.824 5	0.824 5	0.824 5	0.824 5	0.824 5
V_t	km/h	176	128	96	64	40	16
V_{pc}	km/h	176	144	128	96	48	24

美国六个级别线路的轨道谱是在约 7 万 mile 的各级线路状态数据库中，每级选取 5~10 个区段的轨道不平顺检测数据，经计算统计分析得出的。这些区段每个长 8~16 km，广泛分布于美国铁路网中，反映了各铁路公司轨道运营情况和养修状态。

3.2 轨道不平顺与轮轨系统的频率响应规律

轨道不平顺是车辆、轨道系统振动的重要激扰源,直接影响列车运行安全性、平稳性、舒适性以及轨道结构的使用寿命。能否实现轨道高平顺性是保证高速铁路高速行车的核心技术之一。轨道不平顺作为随里程变化的随机过程,其波长分布很广,在众多波长成分中,有些波长不平顺对车辆运行品质影响显著,有些影响则不明显。明确中国高速铁路管理波长以及轨道不平顺敏感波长范围是铁路运营亟待解决的问题。同时,研究轨道几何不平顺波长变化与行车动力性能之间的关系,对铁路轨道检测方案的制定及科学分析检测数据具有重要的参考价值。

3.2.1 车辆-轨道空间耦合系统频响分析模型

车辆-轨道耦合系统包括车辆系统、轨道系统及轮轨相互作用三个部分,下面通过建立车辆-轨道耦合模型,运用频率分析和辛数学相结合的方法,计算车辆-轨道空间耦合系统的响应谱,以及轨道不平顺与耦合系统各部件振动之间的频响函数,来分析敏感波长。

3.2.1.1 车辆-轨道耦合系统动力学建模

车辆-轨道耦合动力学模型是研究车辆-轨道动力学问题的基础,也是研究几何不平顺对车辆和轨道动力性能影响的理论工具;可分为车辆动力学子系统和轨道动力学子系统,并通过轮轨相互作用关系进行连接。

1) 车辆动力学子系统模型

高速客车转向架多为"三无结构"(无摇枕、无摇动台、无旁承),其动力学模型由一个车体、两个转向架和四个轮对共七个刚体组成,对于车体和转向架考虑侧滚、点头、摇头、横移和沉浮五个自由度,对于轮对考虑侧滚、摇头、横移和沉浮四个自由度。整个车辆子系统共有 31 个自由度,见表 3-25。车辆子系统模型侧视图、俯视图和断面图如图 3-3~图 3-5 所示。

表 3-25 车辆动力学子系统模型的自由度

自由度	横 移	沉 浮	侧 滚	点 头	摇 头
车 体	Y_c	Z_c	φ_c	θ_c	Ψ_c
构架($i=1\sim2$)	Y_{ti}	Z_{ti}	φ_{ti}	θ_{ti}	ψ_{ti}
轮对($i=1\sim4$)	Y_{wi}	Z_{wi}	φ_{wi}		ψ_{wi}

图 3-3~图 3-5 中,所用符号的含义如下:

m_c、m_t、m_w——车体、构架和轮对质量(kg);

k_{2x}、k_{2y}、k_{2z}——二系悬挂纵向、横向、垂向刚度(转向架一侧:N/m);

c_{2x}、c_{2y}、c_{2z}——二系悬挂纵向、横向、垂向阻尼(转向架一侧:N·s/m);

k_{1x}、k_{1y}、k_{1z}——一系悬挂纵向、横向、垂向刚度(每轴箱:N/m);

c_{1x}、c_{1y}、c_{1z}——一系悬挂纵向、横向、垂向阻尼(每轴箱:N·s/m);

k_{my}、k_{ry}——横向止挡、抗侧滚刚度(N/m);

c_{sx} ——抗蛇行减振器阻尼(N·s/m);

x、y、z ——纵向、横向、垂向坐标(m);

h_1、h_2、h_3 ——车体质心与摇枕质心的距离、摇枕质心与构架质心的距离、构架质心与轮对质心的距离(m);

l_c、l_t ——车辆定距之半、车辆固定轴距之半(m);

b_1 ——中央弹簧横向距离之半(m);

b_2 ——轴箱弹簧横向距离之半(m)。

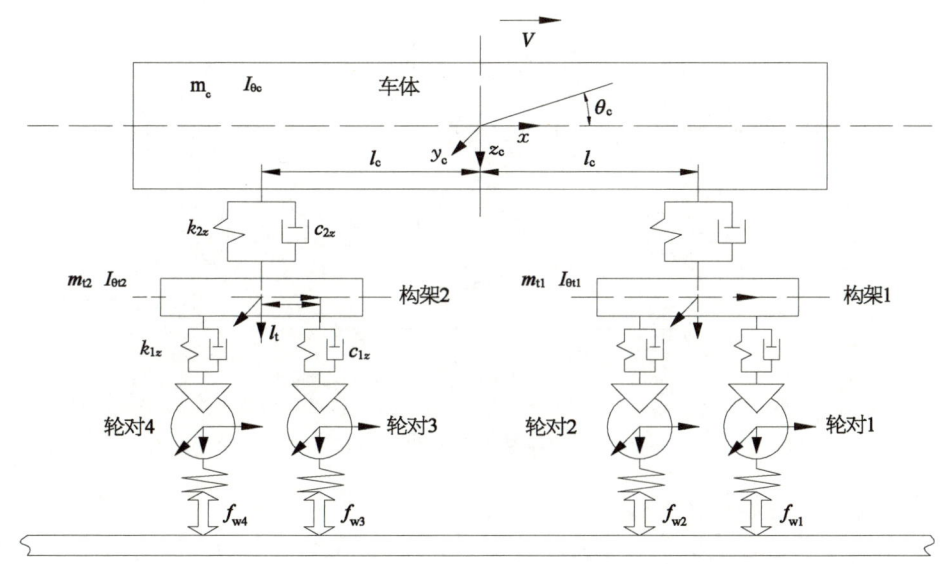

图 3‑3 车辆子系统模型侧视图

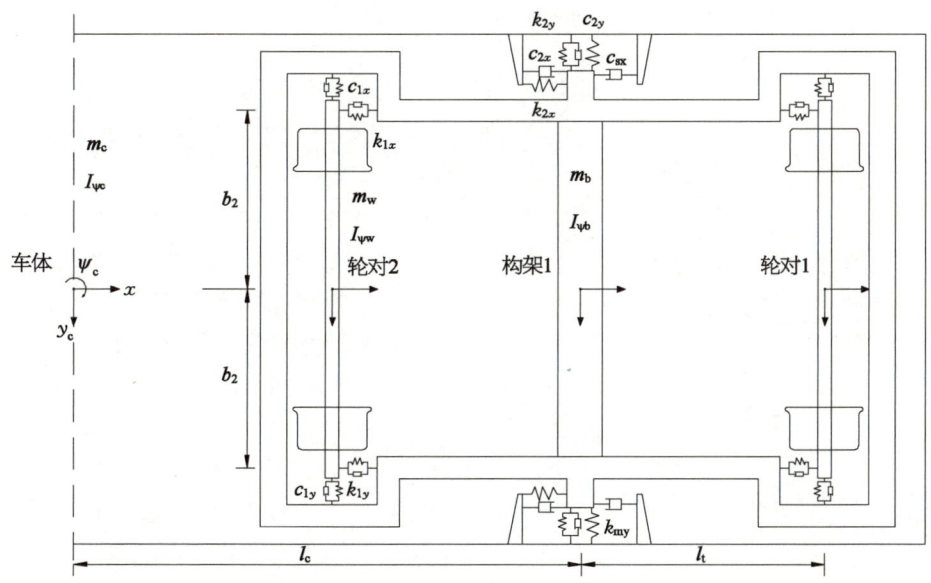

图 3‑4 车辆子系统模型俯视图

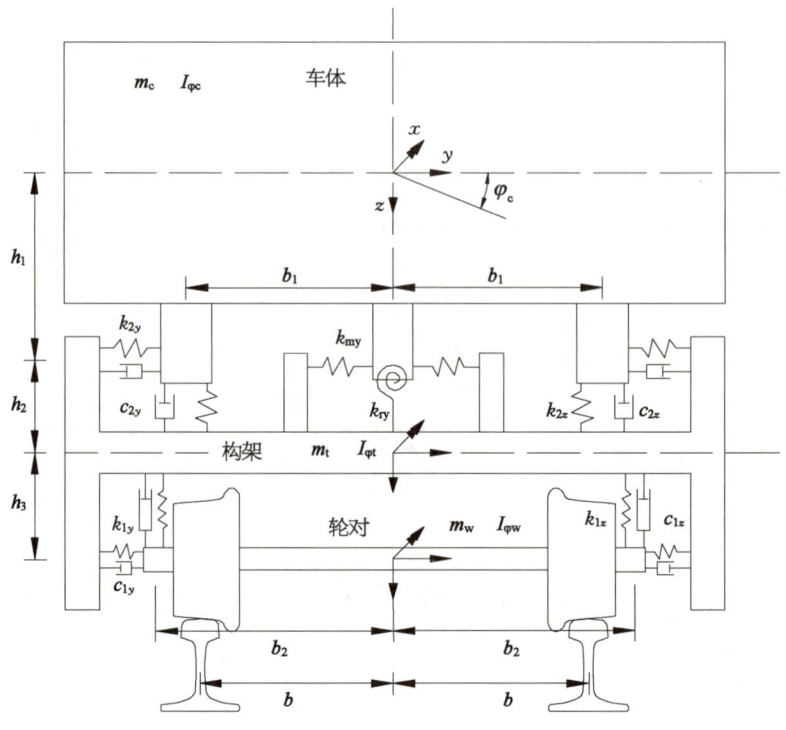

图 3-5 车辆子系统模型断面图

2) 轨道动力学子系统模型

轨道子系统模型中,左右两根钢轨视为连续弹性离散支承基础上的无限长欧拉梁,具有垂向、横向和扭转自由度;轨枕视为刚体,具有垂向、横向急转动自由度;道床离散为刚性质量块,只有垂向自由度,如图 3-6 所示。

图 3-6 中,所用符号的含义如下:

m_r——钢轨每米质量(kg/m);

m_s、m_b——轨枕、道床质量(kg);

E——钢轨弹性模量(Pa);

I_x——钢轨对 x 轴惯性矩(m^4);

I_y——钢轨对 y 轴惯性矩(m^4);

G——钢轨剪切模量(Pa);

J——钢轨极惯性矩(m^4);

k_{yp}、k_{zp}——扣件横向、垂向刚度(N/m);

c_{yp}、c_{zp}——扣件横向、垂向阻尼(N·s/m);

k_{yb}、k_{zb}——道砟横向、垂向刚度(N/m);

c_{yb}、c_{zb}——道砟横向、垂向阻尼(N·s/m);

k_{zf}——路基垂向刚度(N/m);

c_{zf}——路基垂向阻尼(N·s/m)。

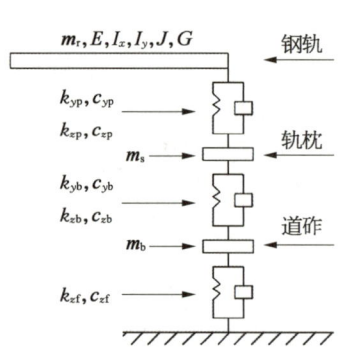

图 3-6 轨道子系统模型示意图

3.2.1.2 车辆-轨道耦合动力学系统频响分析的计算方法

频率分析法可快速分析不同波长成分对系统动力响应的影响,结合辛数学方法,可用于计算空间耦合动力学系统的频率响应。由于频率分析只能针对线性系统,因此仿真时所有参数均假设为线性的,且轮轨相互作用也简化为线性关系。

1) 车辆子系统的运动方程

由于车辆子系统自由度数目较多,其运动方程较为复杂。为此,应用哈密尔顿原理及"对号入座"法则推导车辆子系统的动力学方程。

(1) 车辆系统的总动能。车辆子系统的总动能可表述为

$$T_v = \frac{1}{2}M_c\dot{z}_c^2 + \frac{1}{2}M_c\dot{y}_c^2 + \frac{1}{2}I_{cx}\dot{\varphi}_c^2 + \frac{1}{2}I_{cz}\dot{\psi}_c^2 + \frac{1}{2}I_{cy}\dot{\theta}_c^2 +$$
$$\sum_{i=1}^{2}\left(\frac{1}{2}M_t\dot{z}_{ti}^2 + \frac{1}{2}M_t\dot{y}_{ti}^2 + \frac{1}{2}I_{tx}\dot{\varphi}_{ti}^2 + \frac{1}{2}I_{tz}\dot{\psi}_{ti}^2 + \frac{1}{2}I_{ty}\dot{\theta}_{ti}^2\right) +$$
$$\sum_{i=1}^{4}\left(\frac{1}{2}M_w\dot{z}_{wi}^2 + \frac{1}{2}M_w\dot{y}_{wi}^2 + \frac{1}{2}I_{wx}\dot{\varphi}_{wi}^2 + \frac{1}{2}I_{wz}\dot{\psi}_{wi}^2\right) \quad (3-32)$$

式中 I_{cx}、I_{cy}、I_{cz} ——车体绕 x 轴、y 轴和 z 轴的转动惯量($\text{kg} \cdot \text{m}^2$);

I_{tx}、I_{ty}、I_{tz} ——转向架绕 x 轴、y 轴和 z 轴的转动惯量($\text{kg} \cdot \text{m}^2$);

I_{wx}、I_{wz} ——轮对绕 x 轴和 z 轴的转动惯量($\text{kg} \cdot \text{m}^2$)。

对其求变分,表达式如下:

$$-\delta T_v = \delta z_c M_c \ddot{z}_c + \delta y_c M_c \ddot{y}_c + \delta \varphi_c I_{cx} \ddot{\varphi}_c + \delta \psi_c I_{cz} \ddot{\psi}_c + \delta \theta_c I_{cy} \ddot{\theta}_c +$$
$$\sum_{i=1}^{2}(\delta z_{ti} M_t \ddot{z}_{ti} + \delta y_{ti} M_b \ddot{y}_{ti} + \delta \varphi_{ti} I_{tx} \ddot{\varphi}_{ti} + \delta \psi_{ti} I_{tz} \ddot{\psi}_{ti} + \delta \theta_{ti} I_{ty} \ddot{\theta}_{ti}) +$$
$$\sum_{i=1}^{4}(\delta z_{wi} M_w \ddot{z}_{wi} + \delta y_{wi} M_w \ddot{y}_{wi} + \delta \varphi_{wi} I_{wx} \ddot{\varphi}_{wi} + \delta \psi_{wi} I_{wz} \ddot{\psi}_{wi}) \quad (3-33)$$

采用对号入座方法,以位移变分为行号,加速度为列号,按照一定顺序将式(3-33)对应位置的系数组建成为车辆子系统质量矩阵$[M_v]$。

(2) 车辆系统的总势能。车辆子系统的总势能可表述为

$$U_v = \sum_{i=1}^{4}\frac{1}{2}K_{2x}\left[(-1)^{i+1}b_1\psi_c + h_1\theta_c - (-1)^{i+1}b_1\psi_{t\frac{i+1}{2}} + h_2\theta_{t\frac{i+1}{2}}\right]^2 +$$
$$\sum_{i=1}^{4}\frac{1}{2}K_{2y}\left[y_c + (-1)^{\frac{i-1}{2}}l_c\psi_c - h_1\varphi_c - y_{t\frac{i+1}{2}} - h_2\varphi_{t\frac{i+1}{2}}\right]^2 +$$
$$\sum_{i=1}^{4}\frac{1}{2}K_{2z}\left[z_c + (-1)^{\frac{i+1}{2}}l_c\theta_c + (-1)^i b_1\varphi_c - z_{t\frac{i+1}{2}} - (-1)^i b_1\varphi_{t\frac{i+1}{2}}\right]^2 +$$
$$\sum_{i=1}^{8}\frac{1}{2}K_{1x}\left[(-1)^{i+1}b_2\psi_{t\frac{i+3}{4}} + h_3\theta_{t\frac{i+3}{4}} - (-1)^{i+1}b_2\psi_{w\frac{i+1}{2}}\right]^2 +$$
$$\sum_{i=1}^{8}\frac{1}{2}K_{1y}\left[y_{t\frac{i+3}{4}} + (-1)^{\frac{i-1}{2}}l_t\psi_{t\frac{i+3}{4}} - h_3\varphi_{t\frac{i+3}{4}} - y_{w\frac{i+1}{2}}\right]^2 +$$
$$\sum_{i=1}^{8}\frac{1}{2}K_{1z}\left[z_{t\frac{i+3}{4}} + (-1)^{\frac{i+1}{2}}l_t\theta_{t\frac{i+3}{4}} + (-1)^i b_2\varphi_{t\frac{i+3}{4}} - z_{w\frac{i+1}{2}} - (-1)^i b_2\varphi_{w\frac{i+1}{2}}\right]^2 \quad (3-34)$$

对其求变分，表达式如下：

$$\delta U_v = \sum_{i=1}^{4} \left[(-1)^{i+1} b_1 \delta\psi_c + h_1 \delta\theta_c - (-1)^{i+1} b_1 \delta\psi_{t\frac{i+1}{2}} + h_2 \delta\theta_{t\frac{i+1}{2}} \right]$$

$$K_{2x} \left[(-1)^{i+1} b_1 \psi_c + h_1 \theta_c - (-1)^{i+1} b_1 \psi_{t\frac{i+1}{2}} + h_2 \theta_{t\frac{i+1}{2}} \right] +$$

$$\sum_{i=1}^{4} \left[\delta y_c + (-1)^{\frac{i-1}{2}} l_c \delta\psi_c - h_1 \delta\varphi_c - \delta y_{t\frac{i+1}{2}} - h_2 \delta\varphi_{t\frac{i+1}{2}} \right]$$

$$K_{2y} \left[y_c + (-1)^{\frac{i-1}{2}} l_c \psi_c - h_1 \varphi_c - y_{t\frac{i+1}{2}} - h_2 \varphi_{t\frac{i+1}{2}} \right] +$$

$$\sum_{i=1}^{4} \left[\delta z_c + (-1)^{\frac{i+1}{2}} l_c \delta\theta_c + (-1)^i b_1 \delta\varphi_c - \delta z_{t\frac{i+1}{2}} - (-1)^i b_1 \delta\varphi_{t\frac{i+1}{2}} \right]$$

$$K_{2z} \left[z_c + (-1)^{\frac{i+1}{2}} l_c \theta_c + (-1)^i b_1 \varphi_c - z_{t\frac{i+1}{2}} - (-1)^i b_1 \varphi_{t\frac{i+1}{2}} \right] +$$

$$\sum_{i=1}^{8} \left[(-1)^{i+1} b_2 \delta\psi_{t\frac{i+3}{4}} + h_3 \delta\theta_{t\frac{i+3}{4}} - (-1)^{i+1} b_2 \delta\psi_{w\frac{i+1}{2}} \right]$$

$$K_{1x} \left[(-1)^{i+1} b_2 \psi_{t\frac{i+3}{4}} + h_3 \theta_{t\frac{i+3}{4}} - (-1)^{i+1} b_2 \psi_{w\frac{i+1}{2}} \right] +$$

$$\sum_{i=1}^{8} \left[\delta y_{t\frac{i+3}{4}} + (-1)^{\frac{i-1}{2}} l_t \delta\psi_{t\frac{i+3}{4}} - h_3 \delta\varphi_{t\frac{i+3}{4}} - \delta y_{w\frac{i+1}{2}} \right]$$

$$K_{1y} \left[y_{t\frac{i+3}{4}} + (-1)^{\frac{i-1}{2}} l_t \psi_{t\frac{i+3}{4}} - h_3 \varphi_{t\frac{i+3}{4}} - y_{w\frac{i+1}{2}} \right] +$$

$$\sum_{i=1}^{8} \left[\delta z_{t\frac{i+3}{4}} + (-1)^{\frac{i+1}{2}} l_t \delta\theta_{t\frac{i+3}{4}} + (-1)^i b_2 \delta\varphi_{t\frac{i+3}{4}} - \delta z_{w\frac{i+1}{2}} - (-1)^i b_2 \delta\varphi_{w\frac{i+1}{2}} \right]$$

$$K_{1z} \left[z_{t\frac{i+3}{4}} + (-1)^{\frac{i+1}{2}} l_t \theta_{t\frac{i+3}{4}} + (-1)^i b_2 \varphi_{t\frac{i+3}{4}} - z_{w\frac{i+1}{2}} - (-1)^i b_2 \varphi_{w\frac{i+1}{2}} \right] \tag{3-35}$$

采用"对号入座"方法，以位移变分为行号，各部分位移为列号，按照与质量矩阵相同的顺序将式(3-35)对应位置的系数组建成为车辆子系统刚度矩阵$[K_v]$。

(3) 车辆系统阻尼力所做的虚功。车辆子系统的虚功可表述为

$$\delta W_{v1} = \sum_{i=1}^{4} \left[(-1)^{i+1} b_1 \delta\psi_c + h_1 \delta\theta_c - (-1)^{i+1} b_1 \delta\psi_{t\frac{i+1}{2}} + h_2 \delta\theta_{t\frac{i+1}{2}} \right]$$

$$C_{2x} \left[(-1)^{i+1} b_1 \dot\psi_c + h_1 \dot\theta_c - (-1)^{i+1} b_1 \dot\psi_{t\frac{i+1}{2}} + h_2 \dot\theta_{t\frac{i+1}{2}} \right] +$$

$$\sum_{i=1}^{4} \left[\delta y_c + (-1)^{\frac{i-1}{2}} l_c \delta\psi_c - h_1 \delta\varphi_c - \delta y_{t\frac{i+1}{2}} - h_2 \delta\varphi_{t\frac{i+1}{2}} \right]$$

$$C_{2y} \left[\dot y_c + (-1)^{\frac{i-1}{2}} l_t \dot\psi_c - h_1 \dot\varphi_c - \dot y_{t\frac{i+1}{2}} - h_2 \dot\varphi_{t\frac{i+1}{2}} \right] +$$

$$\sum_{i=1}^{4} \left[\delta z_c + (-1)^{\frac{i+1}{2}} l_t \delta\theta_c + (-1)^i b_1 \delta\varphi_c - \delta z_{t\frac{i+1}{2}} - (-1)^i b_1 \delta\varphi_{t\frac{i+1}{2}} \right]$$

$$C_{2z} \left[\dot z_c + (-1)^{\frac{i+1}{2}} l_t \dot\theta_c + (-1)^i b_1 \dot\varphi_c - \dot z_{t\frac{i+1}{2}} - (-1)^i b_1 \dot\varphi_{t\frac{i+1}{2}} \right] +$$

$$\sum_{i=1}^{8} \left[(-1)^{i+1} b_2 \delta\psi_{t\frac{i+3}{4}} + h_3 \delta\theta_{t\frac{i+3}{4}} - (-1)^{i+1} b_2 \delta\psi_{w\frac{i+1}{2}} \right]$$

$$C_{1x}\left[(-1)^{i+1}b_2\dot{\psi}_{t\frac{i+3}{4}}+h_3\dot{\theta}_{t\frac{i+3}{4}}-(-1)^{i+1}b_2\dot{\psi}_{w\frac{i+1}{2}}\right]+$$

$$\sum_{i=1}^{8}\left[\delta y_{t\frac{i+3}{4}}+(-1)^{\frac{i-1}{2}}l_t\delta\psi_{t\frac{i+3}{4}}-h_3\delta\varphi_{t\frac{i+3}{4}}-\delta y_{w\frac{i+1}{2}}\right]$$

$$C_{1y}\left[\dot{y}_{t\frac{i+3}{4}}+(-1)^{\frac{i-1}{2}}l_t\dot{\psi}_{t\frac{i+3}{4}}-h_3\dot{\varphi}_{t\frac{i+3}{4}}-\dot{y}_{w\frac{i+1}{2}}\right]+$$

$$\sum_{i=1}^{8}\left[\delta z_{t\frac{i+3}{4}}+(-1)^{\frac{i+1}{2}}l_t\delta\theta_{t\frac{i+3}{4}}+(-1)^{i}b_2\delta\varphi_{t\frac{i+3}{4}}-\delta z_{w\frac{i+1}{2}}-(-1)^{i}b_2\delta\varphi_{w\frac{i+1}{2}}\right]$$

$$C_{1z}\left[\dot{z}_{t\frac{i+3}{4}}+(-1)^{\frac{i+1}{2}}l_t\dot{\theta}_{t\frac{i+3}{4}}+(-1)^{i}b_2\dot{\varphi}_{t\frac{i+3}{4}}-\dot{z}_{w\frac{i+1}{2}}-(-1)^{i}b_2\dot{\varphi}_{w\frac{i+1}{2}}\right] \quad (3-36)$$

采用"对号入座"方法,以位移变分为行号,各部分速度为列号,按照与之前两矩阵相同的顺序将式(3-36)对应位置的系数组建成为车辆子系统阻尼矩阵$[C_v]$。

根据哈密尔顿原理变分方法,由车辆子系统总动能、总势能变分及虚功方程得到相应的质量矩阵$[M_v]$、刚度矩阵$[K_v]$、阻尼矩阵$[C_v]$,可组建子系统的动力学方程:

$$[M_v]\{\ddot{u}_v\}+[K_v]\{\dot{u}_v\}+[C_v]\{u_v\}=\{P_v\} \quad (3-37)$$

式中 $\{\ddot{u}_v\}$、$\{\dot{u}_v\}$、$\{u_v\}$——子系统加速度、速度和位移列阵。

2) 轨道子系统的运动方程

通过离散轨道子系统各部件,可以建立具有庞大自由度量的轨道动力学方程,一般可采用有限单元法、振型函数法等,不利于快速求解。下面利用轨道结构的周期结构特性,采用辛数学方法求解,其子结构如图3-7所示。采用辛数学方法建立轨道结构模型时,只需选用轨道受力子结构作为研究对象。轨道子结构中包含两轨枕之间的两根钢轨、两根轨枕、四个道床,两侧截面的各参数需减半。钢轨每个节点具有横向、垂向、绕各轴扭转共五个自由度,轨枕具有横向、垂向和绕x轴转动共三个自由度,道床有垂向自由度。因此轨道子结构共有30个自由度。

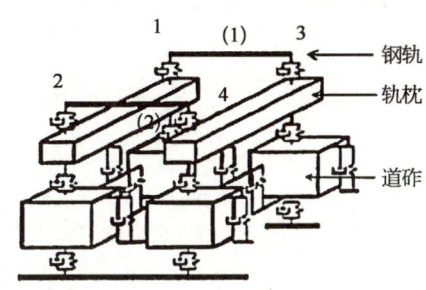

图3-7 轨道子结构

以受力子结构为对象,建立运动方程:

$$[M_{te}]\{\ddot{u}_{te}\}+[C_{te}]\{\dot{u}_{te}\}+[K_{te}]\{u_{te}\}=\{P_{te}\} \quad (3-38)$$

式中 $[M_{te}]$、$[C_{te}]$、$[K_{te}]$——轨道子结构的质量、阻尼、刚度矩阵;
$\{u_{te}\}$——轨道子结构的位移向量;
$\{P_{te}\}$——轨道子结构的荷载向量。

将轨道结构的自由度分为结构边界自由度和内部自由度,再将轨道自由度进行交换,使得两端边界自由度和内部自由度分离:

$$u_{te}=I_e u_{te}^*,\ u_{te}^*=\{u_a,\ u_b,\ u_i\}^T \quad (3-39)$$

式中 u_a、u_b——两侧边界自由度;
u_i——内部自由度位移向量;
I_e——自由度位置调换矩阵。

$$I_e = \begin{bmatrix} I & 0 & 0 & 0 & 0 & 0 \\ 0 & I & 0 & 0 & 0 & 0 \\ 0 & 0 & 0 & 0 & I & 0 \\ 0 & 0 & I & 0 & 0 & 0 \\ 0 & 0 & 0 & I & 0 & 0 \\ 0 & 0 & 0 & 0 & 0 & I \end{bmatrix} \tag{3-40}$$

式中 I ——5×5 的单位矩阵。

则轨道子结构的运动方程可写为

$$[I_e]^T [M_{te}] [I_e] \{\ddot{u}_{te}\}^* + [I_e]^T [K_{te}] [I_e] \{\dot{u}_{te}\}^* + [I_e]^T [C_{te}] [I_e] \{u_{te}\}^* = [I_e]^T (\{f_e\} + \{f_b\}) \tag{3-41}$$

$$[M_{te}]^* \{\ddot{u}_{te}\}^* + [K_{te}]^* \{\dot{u}_{te}\}^* + [C_{te}]^* \{u_{te}\}^* = \{f_e\}^* + \{f_b\}^* \tag{3-42}$$

式中 f_e ——轨道子结构的外力;

f_b ——相邻子结构的作用力。

在简谐激励作用下,将式(3-42)写成刚度矩阵的形式:

$$(-\omega^2 [M_{te}]^* + [K_{te}]^* + i\omega [C_{te}]^*) \{u_{te}\} = \{f_e\}^* + \{f_b\}^* \tag{3-43}$$

写成分块矩阵的形式:

$$\begin{bmatrix} k_{aa}^0 & k_{ab}^0 & k_{ai}^0 \\ k_{ba}^0 & k_{bb}^0 & k_{bi}^0 \\ k_{ia}^0 & k_{ib}^0 & k_{ii}^0 \end{bmatrix} \begin{Bmatrix} u_a \\ u_b \\ u_i \end{Bmatrix} = \begin{Bmatrix} f_{ae} \\ f_{be} \\ f_{ie} \end{Bmatrix} + \begin{Bmatrix} p_a \\ p_b \\ 0 \end{Bmatrix} \tag{3-44}$$

则对于不受力的常规子结构,可以得到

$$\begin{Bmatrix} u_b \\ p_b \end{Bmatrix} = \begin{bmatrix} S_{aa} & S_{ab} \\ S_{ba} & S_{bb} \end{bmatrix} \begin{Bmatrix} u_a \\ p_a \end{Bmatrix} \tag{3-45}$$

$[S]$ 为传递矩阵,它是一个辛矩阵,即若 μ 是 S 的特征值,那么 $1/\mu$ 也是其特征值,这些特征值被称为传播系数。将 S 的特征向量组成如下分块矩阵:

$$\Phi = [\varphi_1 \ \varphi_2 \ \varphi_3 \ \cdots \ \varphi_{2n}] = \begin{bmatrix} X_a & X_b \\ N_a & N_b \end{bmatrix} \tag{3-46}$$

则可以得到相邻子结构的作用刚度矩阵:

$$P_\alpha = N_a X_a^{-1}; \quad P_\beta = -N_b X_b^{-1} \tag{3-47}$$

则式(3-44)可变为

$$\begin{bmatrix} k_{aa}^0 + P_\beta & k_{ab}^0 & k_{ai}^0 \\ k_{ba}^0 & k_{bb}^0 + P_\alpha & k_{bi}^0 \\ k_{ia}^0 & k_{ib}^0 & k_{ii}^0 \end{bmatrix} \begin{Bmatrix} u_a \\ u_b \\ u_i \end{Bmatrix} = \begin{Bmatrix} f_{ae} \\ f_{be} \\ f_{ie} \end{Bmatrix} + \begin{Bmatrix} p_a \\ p_b \\ 0 \end{Bmatrix} \tag{3-48}$$

第 3 章　高速铁路轨道不平顺动力学控制与评估

简记为
$$K_e^a u_e^* = f_e^* \tag{3-49}$$

则第 k 个邻近子结构的响应为

$$\left. \begin{aligned} u_{ek} &= \begin{bmatrix} X_b \mu^{k-1} X_b^{-1} \\ X_b \mu^k X_b^{-1} \\ -(k_{ii}^0)^{-1} k_{ia}^0 X_b \mu^{-k} X_b^{-1} - (k_{ii}^0)^{-1} k_{ib}^0 X_b \mu^{-k-1} X_b^{-1} \end{bmatrix} u_a, \ k<0 \\ u_{ek} &= \begin{bmatrix} X_a \mu^{k-1} X_a^{-1} \\ X_a \mu^k X_a^{-1} \\ -(k_{ii}^0)^{-1} k_{ia}^0 X_a \mu^{k-1} X_a^{-1} - (k_{ii}^0)^{-1} k_{ib}^0 X_a \mu^k X_a^{-1} \end{bmatrix} u_b, \ k>0 \\ u_{ek} &= \begin{bmatrix} X_b \mu^{k-1} X_b^{-1} \\ X_b \mu^k X_b^{-1} \\ -(k_{ii}^0)^{-1} k_{ia}^0 X_b \mu^{-k} X_b^{-1} - (k_{ii}^0)^{-1} k_{ib}^0 X_b \mu^{-k-1} X_b^{-1} \end{bmatrix} u_a, \ k<0 \end{aligned} \right\} \tag{3-50}$$

四个受力子结构的运动方程为

$$\begin{bmatrix} k_e^a & & & \\ & k_e^a & & \\ & & k_e^a & \\ & & & k_e^a \end{bmatrix} \begin{Bmatrix} u_{e1}^* \\ u_{e2}^* \\ u_{e3}^* \\ u_{e4}^* \end{Bmatrix} = \begin{bmatrix} I_e^T N_{e1}^T & & & \\ & I_e^T N_{e2}^T & & \\ & & I_e^T N_{e3}^T & \\ & & & I_e^T N_{e4}^T \end{bmatrix} \begin{Bmatrix} f_{e1} \\ f_{e2} \\ f_{e3} \\ f_{e4} \end{Bmatrix} \tag{3-51}$$

简记为
$$K_{td} u_t = K_{tf} f_e \tag{3-52}$$

其中，N_{ei} 为形函数矩阵，用于将轮轨接触点处的荷载分散至钢轨各节点：

$$N_{ei} = \begin{bmatrix} N_I & 0 & N_J & 0 & 0 \\ 0 & N_I & 0 & N_J & 0 \end{bmatrix} \tag{3-53}$$

式(3-53)中，N_I 和 N_J 对应于轨道子结构前后两侧的节点：

$$N_I = \begin{bmatrix} N_1 & 0 & N_5 & 0 & N_2 \\ 0 & N_1 & 0 & N_2 & 0 \end{bmatrix}, \quad N_J = \begin{bmatrix} N_3 & 0 & N_6 & 0 & N_4 \\ 0 & N_3 & 0 & N_4 & 0 \end{bmatrix} \tag{3-54}$$

其中，
$$N_1 = 1 - 3\left(\frac{x}{l}\right)^2 + 2\left(\frac{x}{l}\right)^3, \ N_2 = x - 2l\left(\frac{x}{l}\right)^2 + l\left(\frac{x}{l}\right)^3, \ N_3 = 3\left(\frac{x}{l}\right)^2 - 2\left(\frac{x}{l}\right)^3,$$
$$N_4 = -l\left(\frac{x}{l}\right)^2 + l\left(\frac{x}{l}\right)^3, \ N_5 = \left(1 - \frac{x}{l}\right) h_{r1}, \ N_6 = \frac{x}{l} h_{r1}$$

3) 轮轨相互作用

(1) 轮轨垂向耦合关系。轮轨垂向耦合主要计算、传递轮轨法向力,可用赫兹非线性弹性接触

理论求解,其计算公式为

$$P_N(t) = \left[\frac{1}{G}\delta Z(t)\right]^{3/2} \tag{3-55}$$

式中　G——轮轨接触常数;

$\delta Z(t)$——接触点处轮轨间的法向弹性压缩量。

当踏面为锥形踏面时,$G = 4.57R^{-0.149} \times 10^{-8}$(单位:m/N$^{2/3}$);当踏面为磨耗型踏面时,$G = 3.86R^{-0.149} \times 10^{-8}$(单位:m/N$^{2/3}$),$R$ 为车轮半径。

考虑轮轨横、垂向振动时,轮对横向位移、垂向位移、摇头角、侧滚角、钢轨横向位移、垂向位移、轨道不平顺、车轮踏面、轮下钢轨的轮廓等均会影响法向接触,轨道不平顺一般作为激励处理,踏面状态和钢轨轮廓等通过轮轨接触几何加以考虑,必要时也可参与轮轨激励。对于某一具体时刻,空间轮轨耦合模型中轮轨法向压缩量按下式计算:

$$\left.\begin{array}{l}\delta Z_{NL}(t) = \cos(\delta_{WL} + \phi_W)\delta Z_L(t) \\ \delta Z_{NR}(t) = \cos(\delta_{WR} - \phi_W)\delta Z_R(t)\end{array}\right\} \tag{3-56}$$

式中　$\delta Z_L(t)$、$\delta Z_R(t)$——左右侧轮轨垂向压缩量;

$\delta Z_{NL}(t)$、$\delta Z_{NR}(t)$——左右侧轮轨法向压缩量;

δ_{WL}、δ_{WR}——左右侧接触点处轮轨接触角;

ϕ_W——轮对的侧滚角。

(2) 轮轨横向耦合关系。轮轨横向耦合关系主要包括轮轨蠕滑力及轮缘力。轮轨蠕滑力的计算可根据 Kalker 线性蠕滑理论求出,必要时进行修正。

根据 Kalker 理论,在线性范围内轮轨间的蠕滑力可表示为

$$\left.\begin{array}{l}F_x = -f_{11}\xi_x \\ F_y = -f_{22}\xi_y - f_{23}\xi_{sp} \\ M_z = f_{23}\xi_y - f_{33}\xi_{sp}\end{array}\right\} \tag{3-57}$$

式中　F_x、F_y、M_z——纵、横向蠕滑力和旋转蠕滑力矩;

ξ_x、ξ_y、ξ_{sp}——纵、横向和旋转蠕滑率;

f_{11}、f_{22}、f_{33}——纵、横向和旋转蠕滑系数;

f_{23}——旋转/横向蠕滑系数。

蠕滑系数 f_{ij} 可根据轮轨间的垂向作用力利用赫兹接触理论计算轮轨接触区域的尺寸,然后依据式(3-58)计算得到:

$$\left.\begin{array}{l}f_{11} = G(ab)C_{11} \\ f_{22} = G(ab)C_{22} \\ f_{23} = G(ab)^{3/2}C_{23} \\ f_{33} = G(ab)^2 C_{33}\end{array}\right\} \tag{3-58}$$

式中　G——轮轨的合成剪切模量;

a、b——车轮下接触椭圆的长、短半轴;

C_{ij}——无量纲的系数,其大小与轮轨材料的泊松比以及接触椭圆长、短半轴比有关。

轮轨纵、横向和旋转蠕滑率 ξ_x、ξ_y、ξ_{sp} 的计算相对较为复杂,需要用车轮和钢轨上接触点的刚体位移速度加以定义。首先,以轮轨接触点为原点建立左右侧接触斑坐标系 O_L-$X_LY_LZ_L$ 和 O_R-$X_RY_RZ_R$,其中 X_L 和 X_R 轴都为车轮的前进方向,Y_L 和 Y_R 轴分别位于左右侧轮轨接触平面内,且与线路横向的夹角在左侧接触点为 $\delta_L + \varphi_w$,在右侧接触点为 $\delta_R - \varphi_w$(δ_L、δ_R 分别为左右侧轮轨接触角),Z_L 和 Z_R 轴分别为左右侧轮轨接触平面法向,如图 3-8 所示(以右侧为例)。然后假设钢轨上接触点沿 X_R 轴、Y_R 轴和 Z_R 轴的运动速度分别为 V'_1、V'_2、Ω'_3,车轮踏面上接触点沿 X_R 轴、Y_R 轴和 Z_R 轴的运动速度分别为 V_1、V_2、Ω_3,轮对在钢轨上的名义前进速度为 V,则轮轨蠕滑率 ξ_x、ξ_y、ξ_{sp} 定义为

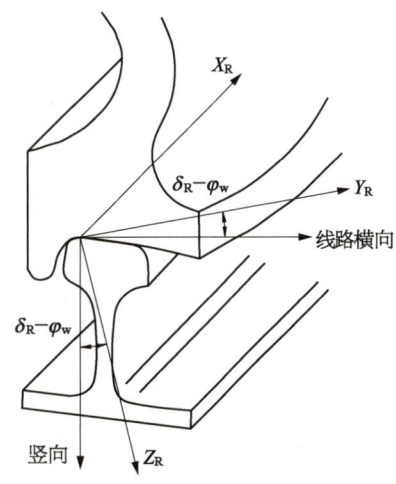

图 3-8 右侧轮轨接触坐标系的定义

$$\left.\begin{aligned}\xi_x &= \frac{V_1 - V'_1}{V} \\ \xi_y &= \frac{V_2 - V'_2}{V} \\ \xi_{sp} &= \frac{\Omega_3 - \Omega'_3}{V}\end{aligned}\right\} \quad (3-59)$$

左右侧轮轨接触点到轮对质心的矢量在 X、Y、Z 方向的分量分别为 R_{xL}、R_{yL}、R_{zL}、R_{xR}、R_{yR}、R_{zR},则可得出轮轨接触点相对于轮对质心的相对速度,再与轮对质心的平动速度合成,即得车轮上左右侧轮轨接触点的绝对速度:

$$\left.\begin{aligned}V_{wx(L,R)} &= V_{wox} + \omega_{wy}R_{z(L,R)} - \omega_{wz}R_{y(L,R)} \\ V_{wy(L,R)} &= V_{woy} + \omega_{wz}R_{x(L,R)} - \omega_{wx}R_{z(L,R)} \\ V_{wz(L,R)} &= V_{woz} + \omega_{wx}R_{y(L,R)} - \omega_{wy}R_{x(L,R)}\end{aligned}\right\} \quad (3-60)$$

对于钢轨而言,接触点在其上的绝对速度为

$$\left.\begin{aligned}V_{rx(L,R)} &= 0 \\ V_{ry(L,R)} &= V_{roy(L,R)} + V_{rey(L,R)} \\ V_{rz(L,R)} &= V_{roz(L,R)} + V_{rez(L,R)}\end{aligned}\right\} \quad (3-61)$$

式中 $V_{roy(L,R)}$、$V_{roz(L,R)}$——左轨或右轨质心的横向和垂向振动速度;
$V_{rey(L,R)}$、$V_{rez(L,R)}$——左轨或右轨横向和垂向不平顺的变化速率。

由式(3-60)和式(3-61)可得车轮和钢轨上接触点的相对速度为

$$\left.\begin{aligned}\Delta V_{x(L,R)} &= V_{wox} + \omega_{wy}R_{z(L,R)} - \omega_{wz}R_{y(L,R)} \\ \Delta V_{y(L,R)} &= V_{woy} + \omega_{wz}R_{x(L,R)} - \omega_{wx}R_{z(L,R)} - V_{roy(L,R)} - V_{rey(L,R)} \\ \Delta V_{z(L,R)} &= V_{woz} + \omega_{wx}R_{y(L,R)} - \omega_{wy}R_{x(L,R)} - V_{roz(L,R)} - V_{rez(L,R)}\end{aligned}\right\} \quad (3-62)$$

将式(3-62)转换到左右侧接触斑坐标系即得车轮和钢轨上接触点在接触斑坐标系中的相对速度:

$$[\Delta V'_{x(L,R)} \quad \Delta V'_{y(L,R)} \quad \Delta V'_{z(L,R)}]^T = [T]_{(L,R)}[\Delta V_{x(L,R)} \quad \Delta V_{y(L,R)} \quad \Delta V_{z(L,R)}]^T \quad (3-63)$$

式中 $[T]_{(L,R)}$——左右侧接触斑坐标系与绝对坐标系的转换矩阵。

其中,

$$\left.\begin{aligned}[T]_{(L)} &= \begin{bmatrix} \cos\psi_w & \sin\psi_w & 0 \\ -\cos(\delta_L+\varphi_w)\sin\psi_w & \cos(\delta_L+\varphi_w)\cos\psi_w & \sin(\delta_L+\varphi_w) \\ \sin(\delta_L+\varphi_w)\sin\psi_w & -\sin(\delta_L+\varphi_w)\cos\psi_w & \cos(\delta_L+\varphi_w) \end{bmatrix} \\ [T]_{(R)} &= \begin{bmatrix} \cos\psi_w & \sin\psi_w & 0 \\ -\cos(\delta_R-\varphi_w)\sin\psi_w & \cos(\delta_R-\varphi_w)\cos\psi_w & -\sin(\delta_R-\varphi_w) \\ -\sin(\delta_R-\varphi_w)\sin\psi_w & \sin(\delta_R-\varphi_w)\cos\psi_w & \cos(\delta_R-\varphi_w) \end{bmatrix} \\ [T]_{(L)} &= \begin{bmatrix} \cos\psi_w & \sin\psi_w & 0 \\ -\cos(\delta_L+\varphi_w)\sin\psi_w & \cos(\delta_L+\varphi_w)\cos\psi_w & \sin(\delta_L+\varphi_w) \\ \sin(\delta_L+\varphi_w)\sin\psi_w & -\sin(\delta_L+\varphi_w)\cos\psi_w & \cos(\delta_L+\varphi_w) \end{bmatrix}\end{aligned}\right\} \quad (3-64)$$

至此,可得左右侧轮轨纵、横向蠕滑率:

$$\left.\begin{aligned}\xi_{x(L,R)} &= \frac{\Delta V'_{x(L,R)}}{V_{(L,R)}} \\ \xi_{y(L,R)} &= \frac{\Delta V'_{y(L,R)}}{V_{(L,R)}}\end{aligned}\right\} \quad (3-65)$$

其中, $V_{(L,R)} = \frac{1}{2}\left(V + \frac{r_{(L,R)}}{r_0}V\cos\psi_w\right)$, r_0 为车轮名义滚动圆半径,$r(L,R)$ 为左轮或右轮实际滚动圆半径。

车轮和钢轨上接触点在绝对坐标系中的相对角速度即为车轮上接触点的角速度:

$$\begin{cases}\Delta\omega_{x(L,R)} = \omega_{wx(L,R)} = \dot{\varphi}_w\cos\psi_w - (-\Omega_w+\dot{\beta}_w)\cos\varphi_w\sin\psi_w \\ \Delta\omega_{y(L,R)} = \omega_{wy(L,R)} = \dot{\varphi}_w\sin\psi_w + (-\Omega_w+\dot{\beta}_w)\cos\varphi_w\cos\psi_w \\ \Delta\omega_{z(L,R)} = \omega_{wz(L,R)} = (-\Omega_w+\dot{\beta}_w)\sin\varphi_w + \dot{\psi}_w\end{cases} \quad (3-66)$$

式中 Ω_w——车轮的滚动角速度,其值为 V/r_0。

同理,将式(3-66)转换到左右侧接触斑坐标系,即得车轮和钢轨上接触点在接触斑坐标系中的相对角速度:

$$[\Delta\omega'_{x(L,R)} \quad \Delta\omega'_{y(L,R)} \quad \Delta\omega'_{z(L,R)}]^T = [T]_{(L,R)}[\Delta\omega_{x(L,R)} \quad \Delta\omega_{y(L,R)} \quad \Delta\omega_{z(L,R)}]^T \quad (3-67)$$

即可得左右侧轮轨自旋蠕滑率:

$$\xi_{sp(L,R)} = \frac{\Delta\omega'_{z(L,R)}}{V_{(L,R)}} \quad (3-68)$$

由于 Kalker 线性蠕滑理论只有在轮轨间出现小蠕滑时才能成立,当蠕滑稍大时,蠕滑力与蠕滑率为非线性关系,需进行修正。高速铁路轮轨相互作用比较平稳,线路曲线半径大,一般可视为小蠕滑情况,可仅用 Kalker 线性蠕滑理论分析轮轨间的相互作用。

(3) 轮轨空间耦合关系的线性简化。采用频率分析方法分析车辆-轨道空间耦合系统的动力响应,需将轮轨关系进行线性简化。将非线性赫兹弹簧简化成线性弹簧,假设车辆的静轮重为 P_0,轮轨间接触等效线性刚度可表示为

$$k_\mathrm{h} = 1.5 \frac{1}{G} P_0^{\frac{1}{3}} \tag{3-69}$$

由式(3-69)可知,为了对轮轨横向耦合关系进行线性简化,需将轮轨蠕滑率和蠕滑系数做定量简化。轮轨间的蠕滑率与车辆运行速度、接触角、轮对摇头角、侧滚角、接触点相对轮对质心的位置相关;蠕滑系数与轮轨剪切模量、长短半轴以及系数 C_{ij} 相关。因此将这些参数定量化后,得到线性化的轮轨耦合关系。

针对高速铁路,做如下假设:① 轮轨间只发生小蠕滑;② 不考虑轮缘贴靠;③ 各坐标系变换中,仅考虑轮轨接触角,不考虑摇头角和侧滚角的影响。

基于以上假设,可得到简化的蠕滑率。

轮轨纵向蠕滑率:

$$\xi_{x(\mathrm{L,R})} = \frac{\Delta V'_{x(\mathrm{L,R})}}{V_{(\mathrm{L,R})}} = \frac{V_{\mathrm{w}ox} - \Omega_\mathrm{w} R_{z(\mathrm{L,R})} - \dot{\psi}_\mathrm{w} R_{y(\mathrm{L,R})}}{V} \tag{3-70a}$$

轮轨横向蠕滑率:

$$\begin{aligned}\xi_{y(\mathrm{L,R})} &= \frac{\Delta V'_{y(\mathrm{L,R})}}{V_{(\mathrm{L,R})}} \\ &= \frac{1}{V}(V_{\mathrm{w}oy} + \dot{\psi}_\mathrm{w} R_{x(\mathrm{L,R})} - \dot{\varphi}_\mathrm{w} R_{z(\mathrm{L,R})} - V_{\mathrm{ro}y(\mathrm{L,R})} - V_{\mathrm{re}y(\mathrm{L,R})})\cos\delta \\ &\pm \frac{1}{V}(V_{\mathrm{w}oz} + \dot{\varphi}_\mathrm{w} R_{y(\mathrm{L,R})} + \Omega_\mathrm{w} R_{x(\mathrm{L,R})} - V_{\mathrm{ro}z(\mathrm{L,R})} - V_{\mathrm{re}z(\mathrm{L,R})})\sin\delta \end{aligned} \tag{3-70b}$$

轮轨自旋蠕滑率:

$$\xi_{\mathrm{sp}(\mathrm{L,R})} = \frac{\Delta \omega'_{z(\mathrm{L,R})}}{V_{(\mathrm{L,R})}} = \frac{\pm\Omega\sin\delta + \dot{\psi}_\mathrm{w}\cos\delta}{V} \tag{3-70c}$$

车轮踏面与钢轨截面外形的接触几何关系采用迹线法计算。LM 标准踏面与中国标准 60 kg/m 钢轨的接触关系如图 3-9 所示。

由图 3-9 可知,轮对横移量大于 8 mm 以后出现了轮缘贴靠,线性简化时只考虑横移量为 $-8\sim 8$ mm 范围的计算值,在该横移范围内,钢轨上接触点距线路中心线的横向距离为 746.26～727.06 mm,接触点在该范围内有钢轨断面半径为 13 mm、80 mm 和 300 mm 三段圆弧;车轮上接触点距轮轴中点的横向距离为 754.82～718.5 mm,接触点在该范围内有车轮踏面横断面半径为 14 mm、100 mm 和 500 mm 三段圆弧。

图 3-10 为横移量 $-8\sim 8$ mm 范围的蠕滑系数。蠕滑系数的均值为 $f_{11} = 7.49\times 10^6$, $f_{22} = $

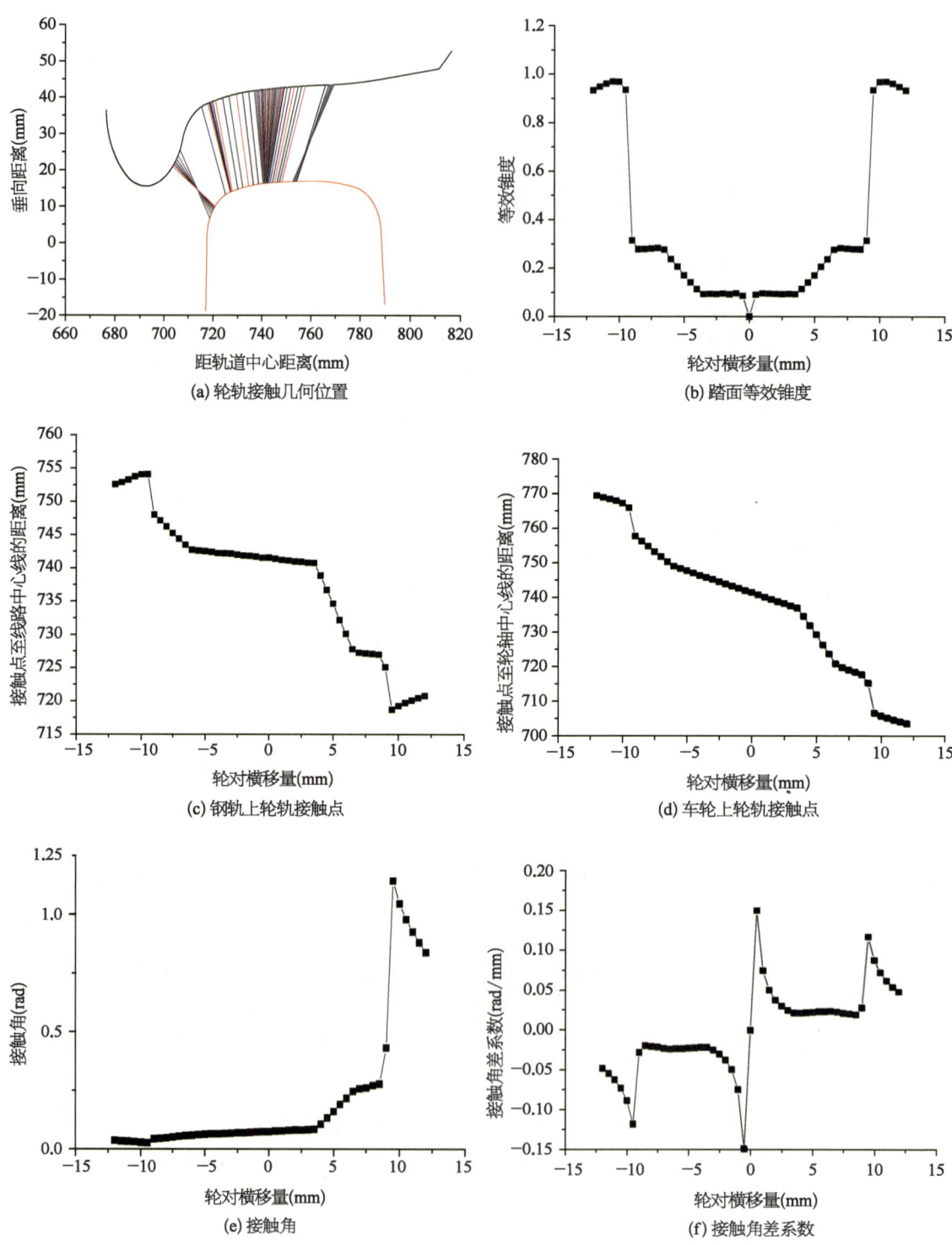

图 3-9 轮轨接触关系

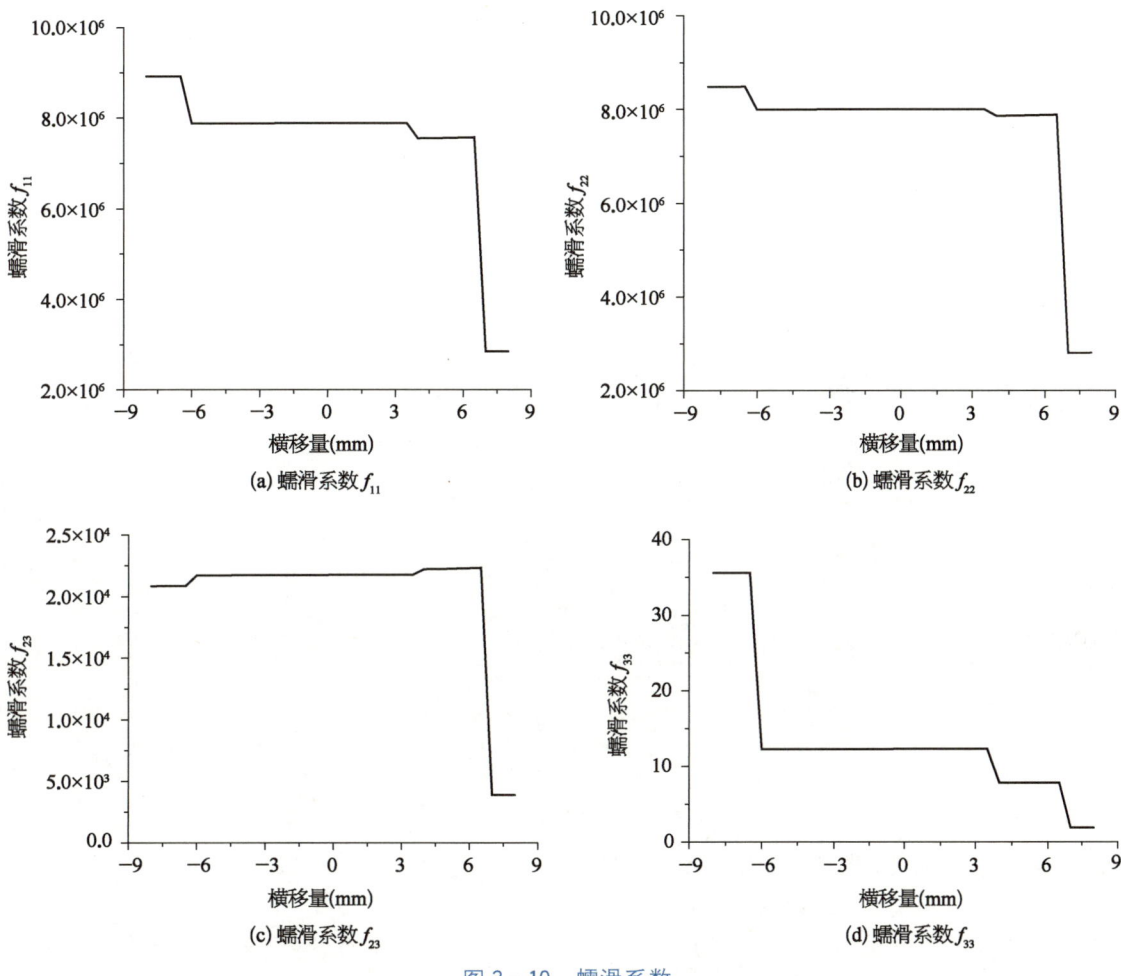

图 3-10 蠕滑系数

7.56×10^6，$f_{23} = 2.01 \times 10^4$，$f_{33} = 13.36$，将之代入蠕滑力计算公式,可得出线性化的轮轨蠕滑力表达式。

(4) 耦合方程及求解。在简谐激励下,式(3-19)可表示为

$$(-\omega^2 M_v + i\omega C_v + K_v)u_v = P_v \tag{3-71}$$

由轮轨力对车辆子系统的虚功可得出外荷载向量 P_v:

$$\{p_v\} = \begin{Bmatrix} 0_{15 \times 1} \\ f_{v1} \\ f_{v2} \\ f_{v3} \\ f_{v4} \end{Bmatrix} \tag{3-72}$$

其中,

$$f_{vi} = \left\{\begin{array}{c} f_{ziL} + f_{ziR} \\ f_{yiL} + f_{yiR} \\ f_{xiL}b + M_{ziL} - f_{xiR}b + M_{ziR} \\ -f_{yiL}R_{zL} - f_{ziL}b - f_{yiR}R_{zR} + f_{ziR}b \end{array}\right\}$$

式中 $f_{zi(L,R)}$——第 i 个轮对上的竖向力；

$f_{yi(L,R)}$——第 i 个轮对上的横向力；

$f_{xi(L,R)}$——第 i 个轮对上的纵向力；

$M_{zi(L,R)}$——第 i 个轮对上的自旋力矩。

由轮轨力对轨道子系统的虚功可得出外荷载向量：

$$f_e = \left\{\begin{array}{c} f_{e1} \\ f_{e2} \\ f_{e3} \\ f_{e4} \end{array}\right\} \tag{3-73}$$

其中，

$$f_{ei} = \left\{\begin{array}{c} -f_{yiL} \\ -f_{ziL} \\ -f_{yiR} \\ -f_{ziR} \end{array}\right\}$$

式中 $f_{zi(L,R)}$——第 i 个轮对作用于左右钢轨上的竖向力；

$f_{yi(L,R)}$——第 i 个轮对作用于左右钢轨上的横向力。

则系统的虚拟激励为

$$K \left\{\begin{array}{c} u_v \\ u_t \end{array}\right\} = K_f \{IR\} = K_f \left\{\begin{array}{c} IR_1 \\ IR_2 \\ IR_3 \\ IR_4 \end{array}\right\} \tag{3-74}$$

式中 K——耦合系统的总动刚度矩阵；

K_f——激励转换矩阵；

IR——不平顺激励向量，$IR_i = \{r_{yiL}, r_{ziL}, r_{yiR}, r_{ziR}\}^T$；

$r_{yi(L,R)}$——第 i 个轮对处左、右钢轨上的横向不平顺；

$r_{zi(L,R)}$——第 i 个轮对处左、右钢轨上的竖向不平顺。

分别构造高低、水平、轨向、轨距不平顺的虚拟激励。

高低不平顺：

$$IR_i = \{0 \quad e^{-i\omega t_i} \quad 0 \quad e^{-i\omega t_i}\}^T \sqrt{S_z} e^{i\omega t} \tag{3-75}$$

水平不平顺：

$$IR_i = \frac{1}{2} \{0 \quad -e^{-i\omega t_i} \quad 0 \quad e^{-i\omega t_i}\}^T \sqrt{S_{sp}} e^{i\omega t} \tag{3-76}$$

轨向不平顺:

$$IR_i = \{e^{-i\omega t_i} \quad 0 \quad e^{-i\omega t_i} \quad 0\}^T \sqrt{S_y} e^{i\omega t} \tag{3-77}$$

轨距不平顺:

$$IR_i = \frac{1}{2} \{-e^{-i\omega t_i} \quad 0 \quad e^{-i\omega t_i} \quad 0\}^T \sqrt{S_{gj}} e^{i\omega t} \tag{3-78}$$

其中,$t_1 = 0$,$t_2 = 2lt/v$,$t_3 = 2lc/v$,$t_4 = 2(lt + lc)/v$。

将虚拟激励代入耦合方程式(3-71),可得出虚拟响应,由虚拟响应 $\tilde{u}$ 可得到系统的响应谱:

$$S_{ui}(w) = \tilde{u}_i \tilde{u}_i^*$$

其中,$\tilde{u}_i^*$ 为 $\tilde{u}_i$ 的共轭。

3.2.2 车辆-轨道空间耦合系统典型频响规律分析

为明确各种不平顺对车辆-轨道系统各部件振动的影响程度,对车辆-轨道耦合系统的频率响应特征进行深入分析。

3.2.2.1 计算参数

目前我国高速铁路运营车辆类型和模式较多,作为分析案例,选取仿真参数如下:车速取 250 km/h;轨道不平顺取德国低干扰谱,包括高低、水平、轨向和轨距不平顺。车辆选用 CRH2,参数见表 3-26。轨道采用 CHN60 钢轨高速有砟轨道无缝线路,参数见表 3-27。

表 3-26 车辆基本参数

名 称	单 位	参数取值	名 称	单 位	参数取值
车体质量	kg	31 600	一系垂向阻尼	kN·s/m	25.0
车体点头惯量	kg·m²	1.55×10⁶	二系纵向刚度	MN/m	0.174
车体侧滚惯量	kg·m²	1.02×10⁵	二系横向刚度	MN/m	0.174
车体摇头惯量	kg·m²	1.34×10⁶	二系垂向刚度	MN/m	0.115
构架质量	kg	3 200	二系纵向阻尼	kN·s/m	245
构架点头惯量	kg·m²	1 752	二系横向阻尼	kN·s/m	29.4
构架侧滚惯量	kg·m²	292	二系垂向阻尼	kN·s/m	120
构架摇头惯量	kg·m²	3 200	车体重心至二系垂向距离	m	1.1
轮对质量	kg	2 000	构架重心至二系垂向距离	m	0.1
轮对侧滚惯量	kg·m²	720	构架重心至一系垂向距离	m	0.27
轮对摇头惯量	kg·m²	980	二系横向跨距之半	m	0.978
一系纵向刚度	MN/m	14.7	一系横向跨距之半	m	0.813
一系横向刚度	MN/m	6.5	固定轴距之半	m	1.25
一系垂向刚度	MN/m	1.2	车辆定距之半	m	9

表 3-27 轨道基本参数

名 称	单 位	参数取值	名 称	单 位	参数取值
钢轨弹性模量	Pa	2.059×10^{11}	扣件横向阻尼	kN·s/m	52
钢轨绕 y 轴惯性矩	m^4	0.322×10^{-4}	道床垂向刚度	MN/m	240
钢轨绕 z 轴惯性矩	m^4	0.524×10^{-5}	道床横向刚度	MN/m	50
钢轨剪切模量	Pa	7.92×10^{10}	道床垂向阻尼	kN·s/m	58.8
钢轨密度	kg/m^3	0.786×10^4	道床横向阻尼	kN·s/m	40
钢轨横截面面积	m^2	7.715×10^{-3}	路基垂向刚度	MN/m	65
轨枕质量	kg	237	路基垂向阻尼	kN·s/m	31
轨枕绕 x 轴转动惯量	kg·m^2	123.44	钢轨中性轴距顶面距离	mm	94.53
道床离散块质量	kg	682.6	钢轨中性轴距底面距离	mm	81.47
扣件垂向刚度	MN/m	78	钢轨底宽之半	m	0.075
扣件横向刚度	MN/m	29.4	左右轨中心线距离之半	m	0.755
扣件垂向阻尼	kN·s/m	50	轨枕间距	m	0.6

3.2.2.2 蠕滑系数线性简化的影响分析

以横移范围为 $-8\sim8$ mm 的蠕滑系数均值作为线性蠕滑系数是否合理,需要分析蠕滑系数对计算结果的影响。计算工况见表 3-28。

表 3-28 蠕滑系数计算工况

蠕滑系数	最小值	最大值	均 值
f_{11}	7.25×10^6	9.25×10^6	8.84×10^6
f_{22}	7.54×10^6	8.48×10^6	8.28×10^6
f_{23}	1.93×10^4	2.09×10^4	1.96×10^4
f_{33}	7.26	57.96	45.30

1) **蠕滑系数 f_{11}、f_{23} 和 f_{33} 的影响**

经仿真,在小蠕滑条件下,蠕滑系数 f_{11} 取不同值时,高低不平顺与车辆-轨道耦合系统响应之间的幅频特性曲线差异极小,水平、轨向不平顺与部分响应之间的幅频特性曲线存在变化,如图 3-11、图 3-12 所示。蠕滑系数 f_{23} 和 f_{33} 对车辆-轨道空间耦合系统振动响应的影响基本无差异,可忽略不计。

由图可知,f_{11} 对车辆系统的摇头加速度有一定的影响,且 f_{11} 对轮对摇头加速度的影响最大,对转向架摇头加速度的影响次之,对车体摇头加速度影响较小。从整个频率域上分析,各工况下耦合系统各部件的振动分布规律基本一致,因此 f_{11} 取均值可以反映车辆-轨道耦合系统的振动。

2) **蠕滑系数 f_{22} 的影响**

由于车辆-轨道空间耦合系统的动力学指标较多,下面仅列出不同 f_{22} 工况下高低、水平不平顺与车辆-轨道耦合系统响应之间的幅频特性曲线,如图 3-13、图 3-14 所示。

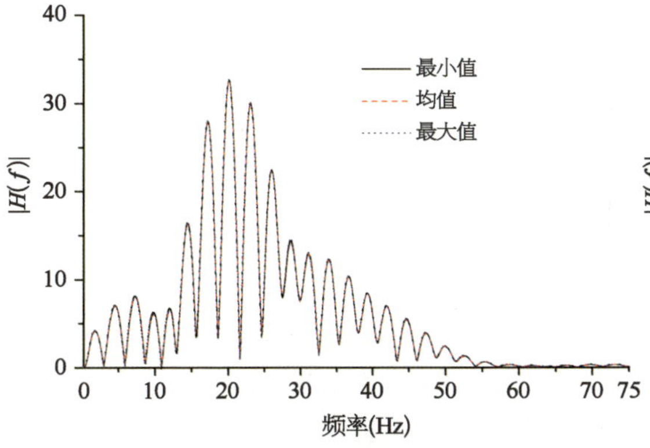

第 3 章 高速铁路轨道不平顺动力学控制与评估

(a) 车体摇头加速度

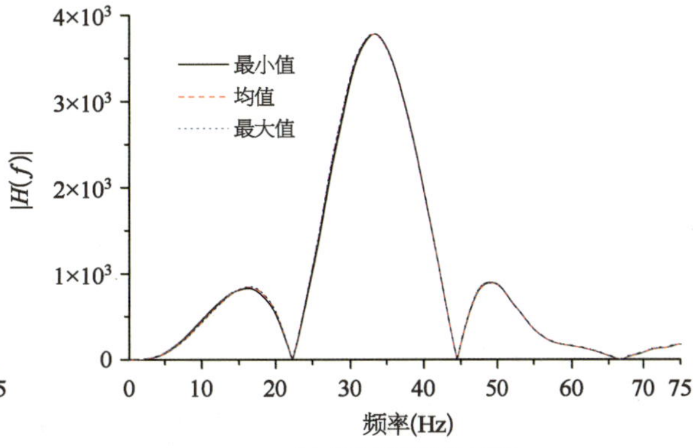

(b) 转向架摇头加速度

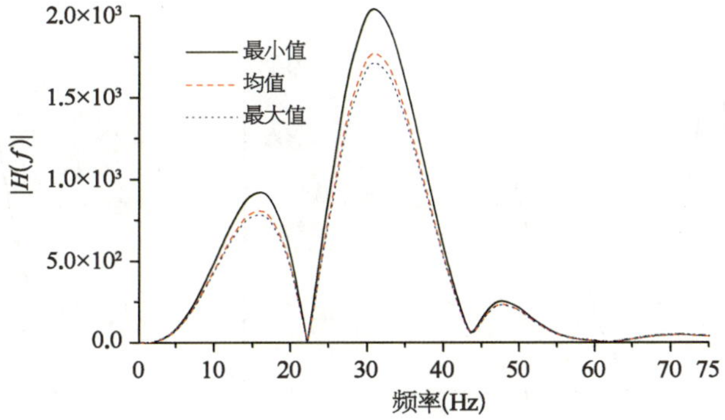

(c) 轮对摇头加速度

图 3-11 f_{11} 对水平不平顺与耦合系统响应之间幅频特性曲线的影响

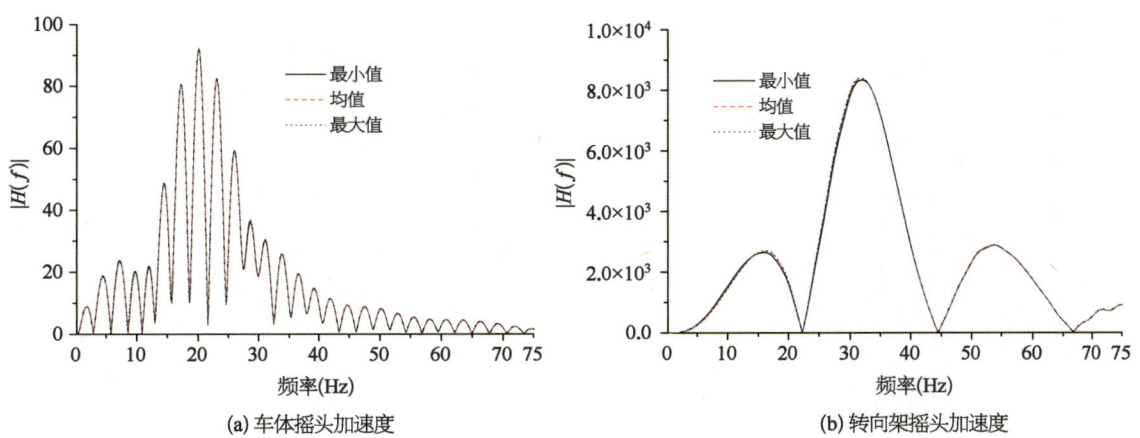

(a) 车体摇头加速度

(b) 转向架摇头加速度

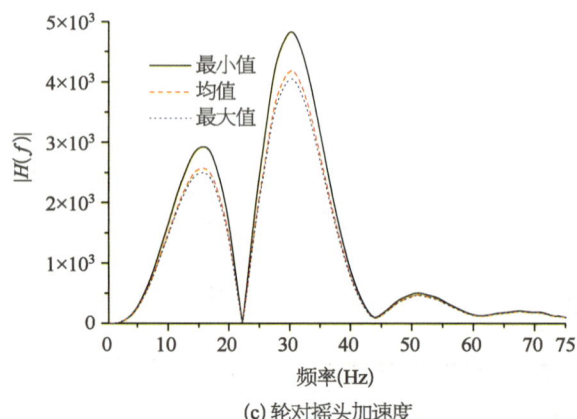

(c) 轮对摇头加速度

图 3-12　f_{11} 对轨向不平顺与耦合系统响应之间幅频特性曲线的影响

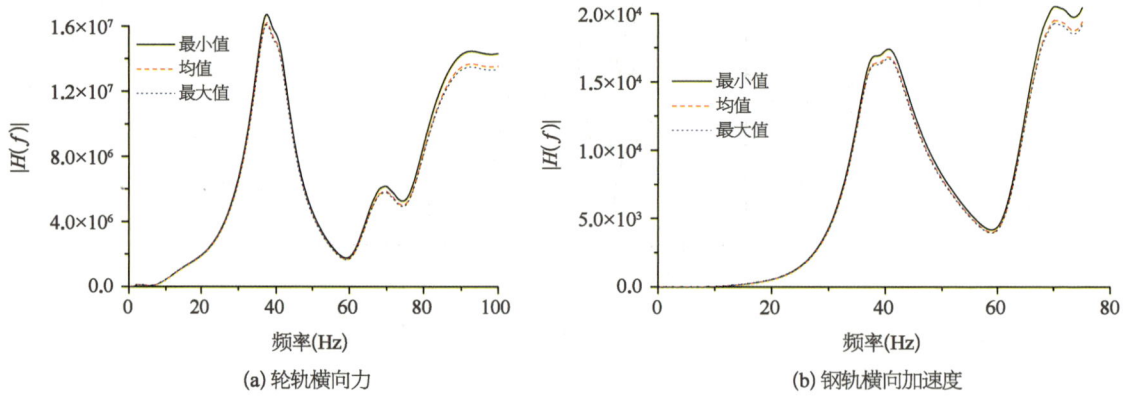

(a) 轮轨横向力　　　　　　　　　　　　(b) 钢轨横向加速度

图 3-13　f_{22} 对高低不平顺与耦合系统响应之间幅频特性曲线的影响

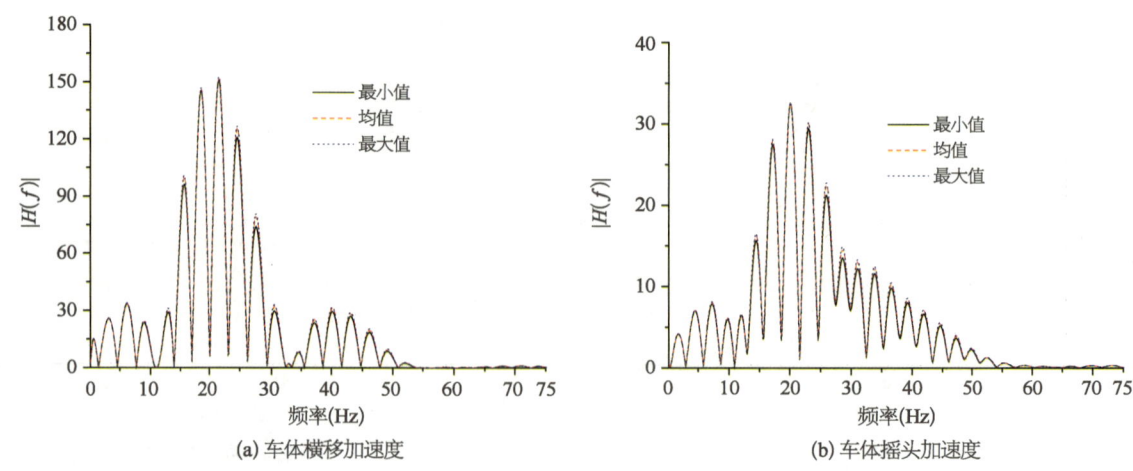

(a) 车体横移加速度　　　　　　　　　　(b) 车体摇头加速度

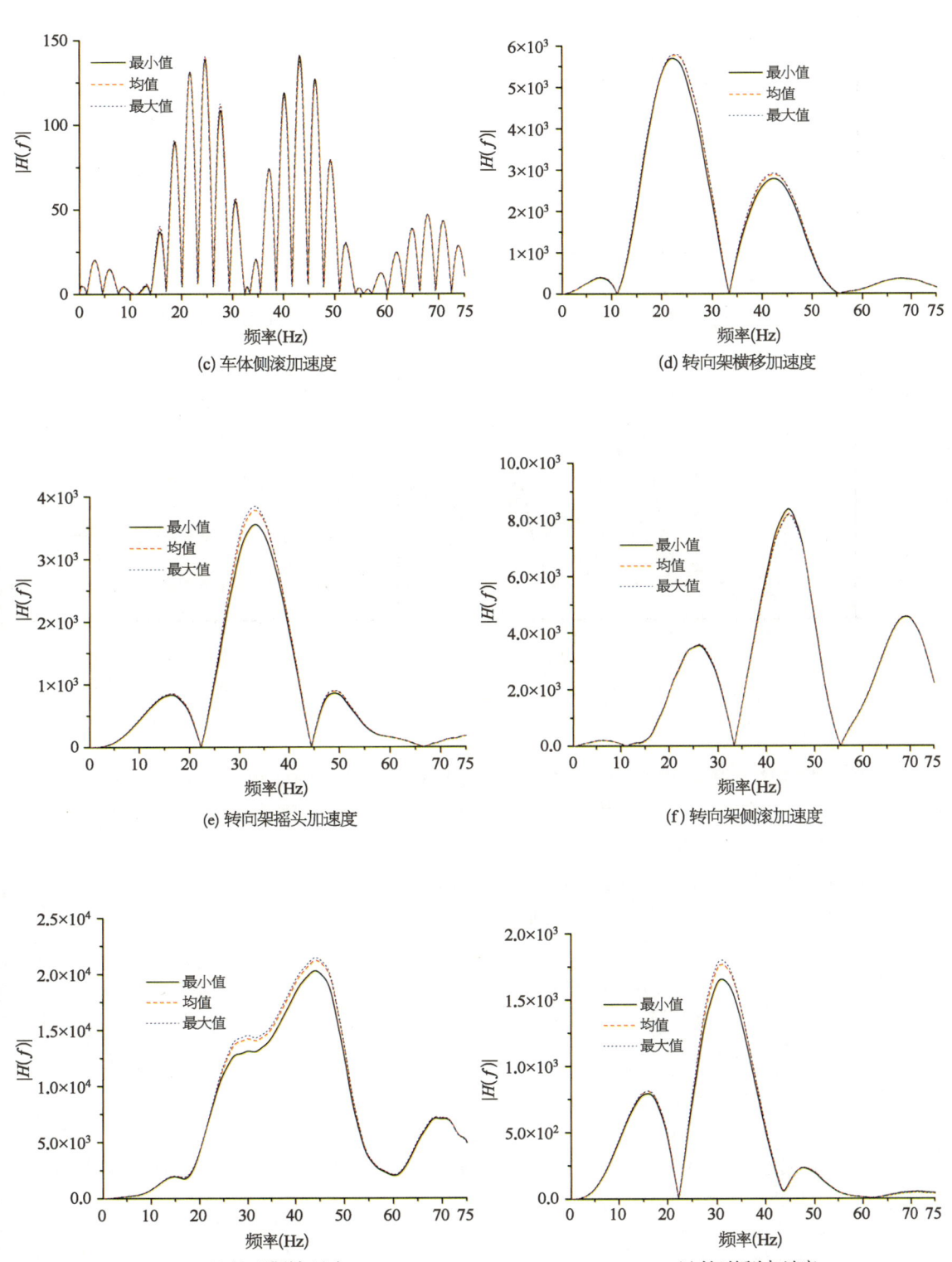

(c) 车体侧滚加速度

(d) 转向架横移加速度

(e) 转向架摇头加速度

(f) 转向架侧滚加速度

(g) 轮对横移加速度

(h) 轮对摇头加速度

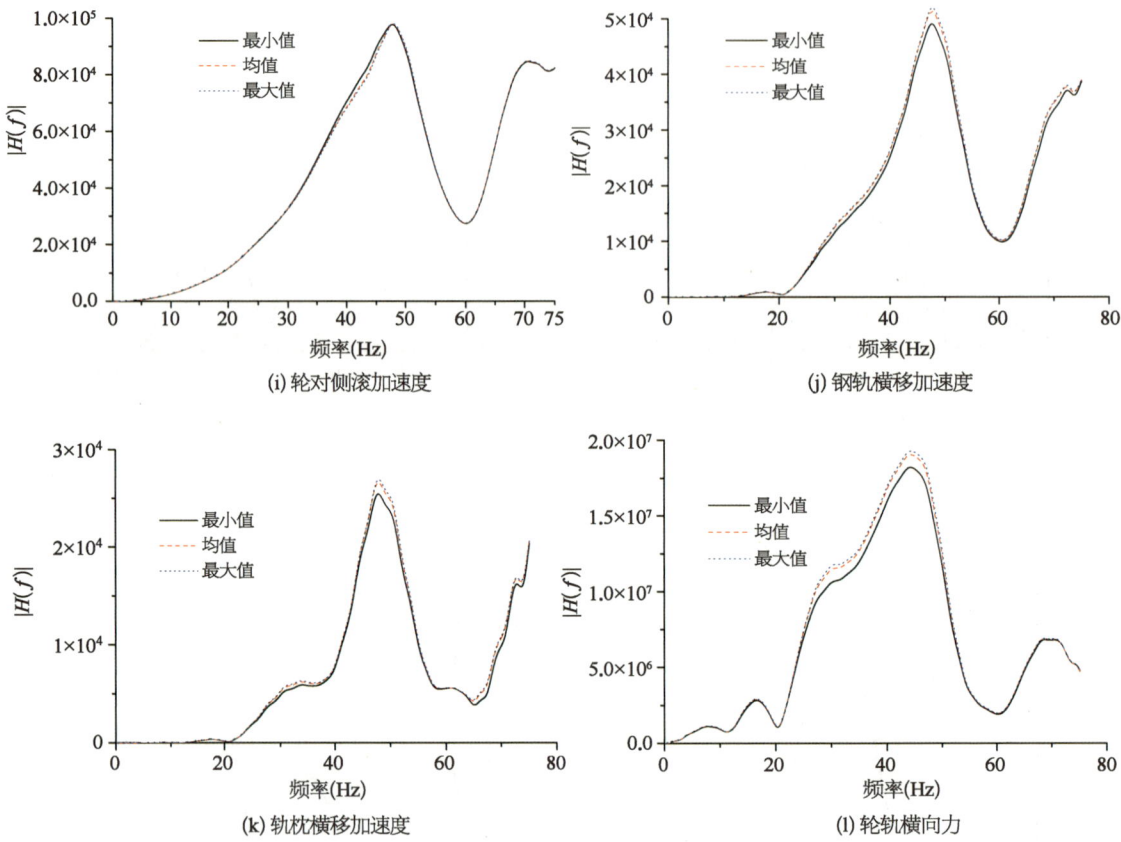

图 3-14 f_{22} 对水平不平顺与耦合系统响应之间幅频特性曲线的影响

不同 f_{22} 工况对车辆系统的横移、摇头、侧滚加速度、轮轨力以及轨道结构的横向振动有一定影响,但相差较小。各工况下,耦合系统各部件振动在频率域的分布规律基本一致,取均值可以反映车辆-轨道耦合系统的振动特性。

上述分析表明:线性蠕滑系数 f_{11} 对车辆系统的摇头振动有一定的影响,对沉浮、点头、侧滚等其他振动几乎无影响,且 f_{11} 对轮对摇头加速度的影响最大,对转向架摇头加速度的影响次之,对车体摇头加速度影响较小;f_{22} 对车辆系统的横移、摇头、侧滚振动,轮轨力以及轨道结构的横向振动有一定的影响;f_{23} 和 f_{33} 对车辆-轨道空间耦合系统振动响应的影响很小,几乎可忽略不计。从整个频率域上分析,各工况下耦合系统各部件的振动在频率域的分布规律基本一致。因此在计算车辆-轨道空间耦合系统的振动时,可以取 f_{11}、f_{22}、f_{23} 和 f_{33} 的均值作为线性蠕滑系数进行计算。

3.2.2.3 频率响应的特征分析

为全面分析各项不平顺对车辆-轨道各部分的频响影响,下面对车体沉浮、点头、横移、侧滚、摇头加速度,构架沉浮、点头、横移、侧滚、摇头加速度,轮对沉浮、横移、侧滚、摇头加速度,轮轨垂向力、横向力,钢轨垂向、横向加速度,轨枕垂向、横向加速度,道床垂向加速度等分别进行研究。

1) 不平顺激励下系统的频率响应比较

在各类不平顺激励下,系统各部件产生的动力响应是不同的。为了弄清动力响应由哪些不平顺引起,下面对比分析各类不平顺激励下系统主要自由度的频率响应。

(1) 车辆系统的频率响应。图3-15为各种不平顺激励下,车体沉浮、点头、横移、侧滚及摇头加速度谱。

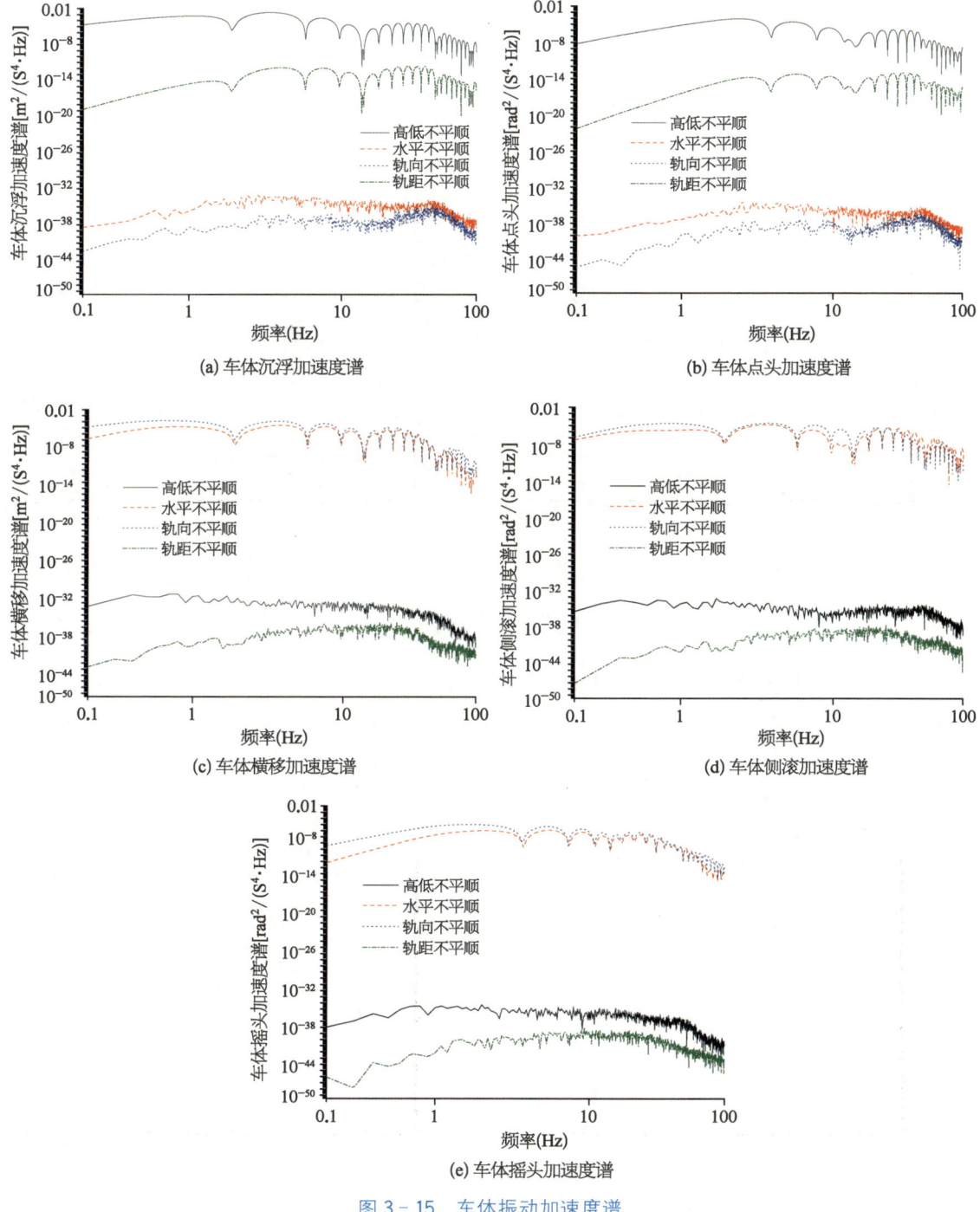

图3-15 车体振动加速度谱

高低不平顺激励下,车体的横移、摇头、侧滚振动基本为零;水平不平顺和轨向不平顺激励下,车体的沉浮、点头振动基本为零;轨距不平顺激励下,车体的横移、侧滚、摇头振动基本为零,且车体沉浮、点头振动响应远小于高低不平顺激励下的响应。从构架和轮对的动力响应谱中可得到的结论类似。

(2)轮轨力。在轨向不平顺激励下,轮轨横向力最大;其他三种不平顺激励下,轮轨力基本相当;在高低不平顺激励下,轮轨垂向力最大;轨向、水平不平顺激励下,轮轨垂向力相当;轨距不平顺激励下,轮轨垂向力远小于其他三种不平顺激励下的垂向力。图3-16为各轨道不平顺激励下的轮轨力谱值响应。

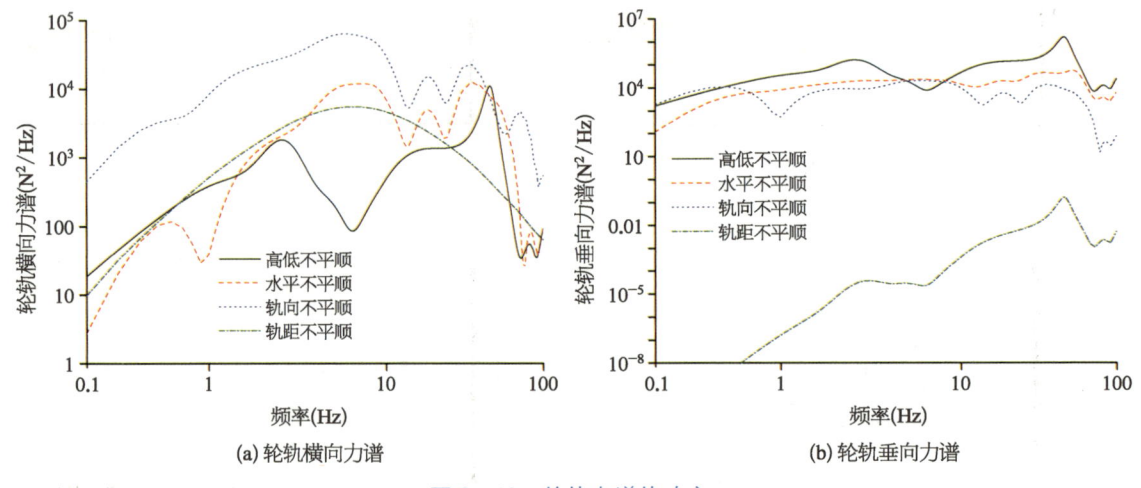

图3-16 轮轨力谱值响应

(3)轨道系统的频率响应。高低不平顺激励下,轨枕横向振动基本为零;水平不平顺和轨向不平顺激励下,轨枕的垂向振动基本为零;轨距不平顺激励下,轨枕的横向振动基本为零,并且钢轨、轨枕、道砟的垂向振动远小于其他三种不平顺激励下的响应。

图3-17为各轨道不平顺激励下,轨道结构各部件的响应谱。

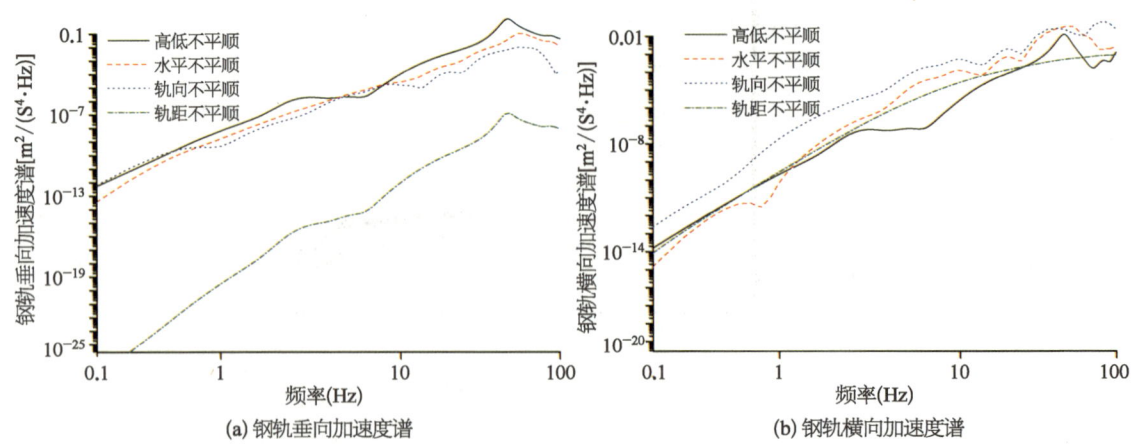

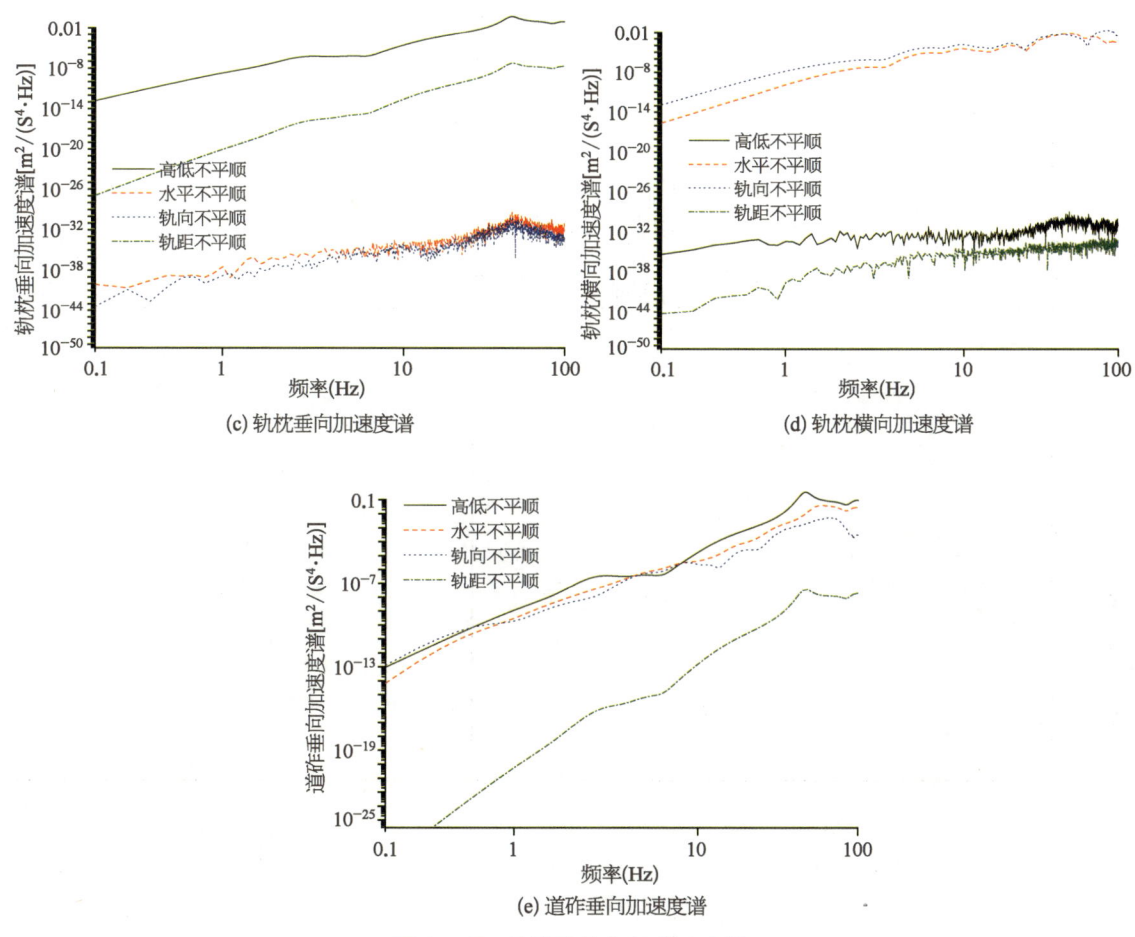

图 3-17 轨道结构各部件响应谱

综上可知,轨道高低不平顺主要会引起车辆的沉浮、点头运动,轨道结构垂向振动,钢轨的横向振动,以及轮轨垂向、横向力;水平不平顺和轨向不平顺主要会引起车辆的横移、侧滚和摇头振动,轨道结构横向振动,钢轨、道砟的垂向振动,以及轮轨垂向、横向力;轨距不平顺会引起钢轨横向振动以及轮轨横向力产生较大振动,也会引起车辆沉浮、点头以及轨道垂向加速度产生一定的振动,但与高低不平顺激励下的车辆沉浮、点头以及轨道垂向振动相比,相差 10^7 倍。因此在分析轨距不平顺对系统的影响时,只需重点关注钢轨横向振动和轮轨横向力两个动力学指标。

2) 不平顺激励下系统的频率响应特征分析

为了进一步分析车辆-轨道耦合系统响应在频率域的分布特征,下面分别为单项不平顺激励下的系统响应。

(1) 高低不平顺。图 3-18 为高低不平顺激励下车辆沉浮、点头振动加速度谱,钢轨垂向、横向振动加速度谱,轨枕、道砟垂向振动加速度谱,轮轨力谱。

总体上,车辆系统中轮对振动响应最大,构架次之,车体最小;轨道系统中,钢轨振动响应最大,轨枕次之,道砟最小;相比轮轨垂向力来说,横向力很小。

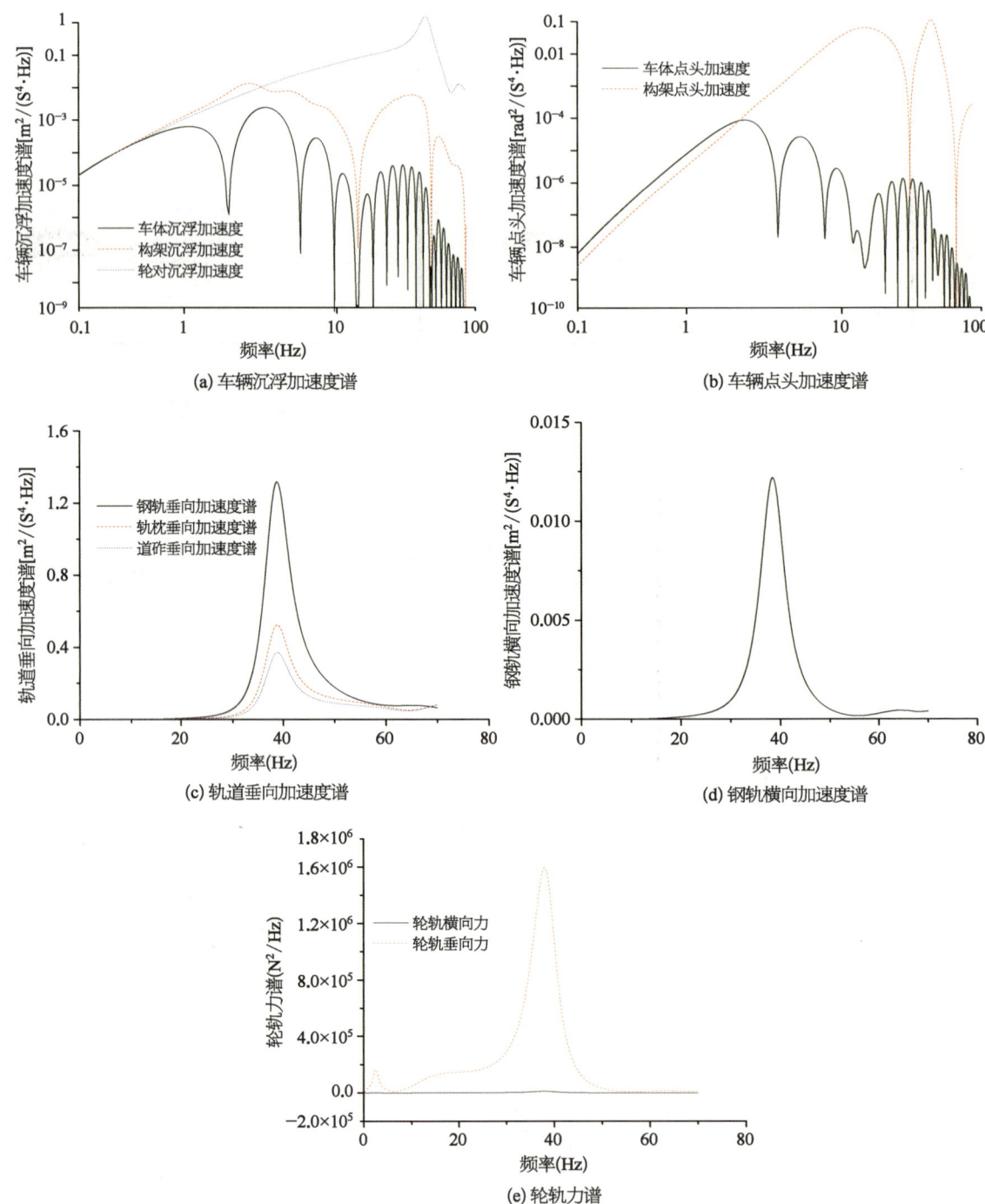

图 3-18 高低不平顺作用下车辆-轨道耦合系统响应谱

深入分析可知,车体、构架的沉浮振动主要集中于频率为 3 Hz 附近(对应的波长大于 20 m);轮对的沉浮振动主要集中于约 38 Hz 附近(对应的波长为 1.8 m);车体点头振动主要集中于 2.5 Hz 附近(波长约为 30 m),构架点头振动在频率为 14.25 Hz、38.1 Hz 处的振动均较大(波长分别为 4.9 m 和

1.8 m);轨下各部件的振动在频率约为 38.5 Hz 的响应较大;轮轨力主要存在两个振动峰值,频率为 2.6 Hz 和 38 Hz。

(2) 水平不平顺。图 3-19 为水平不平顺激励下车辆横移、侧滚、摇头振动加速度谱,钢轨垂向、横向振动加速度谱,轨枕横向振动加速度谱,道砟垂向振动加速度谱,轮轨力谱。

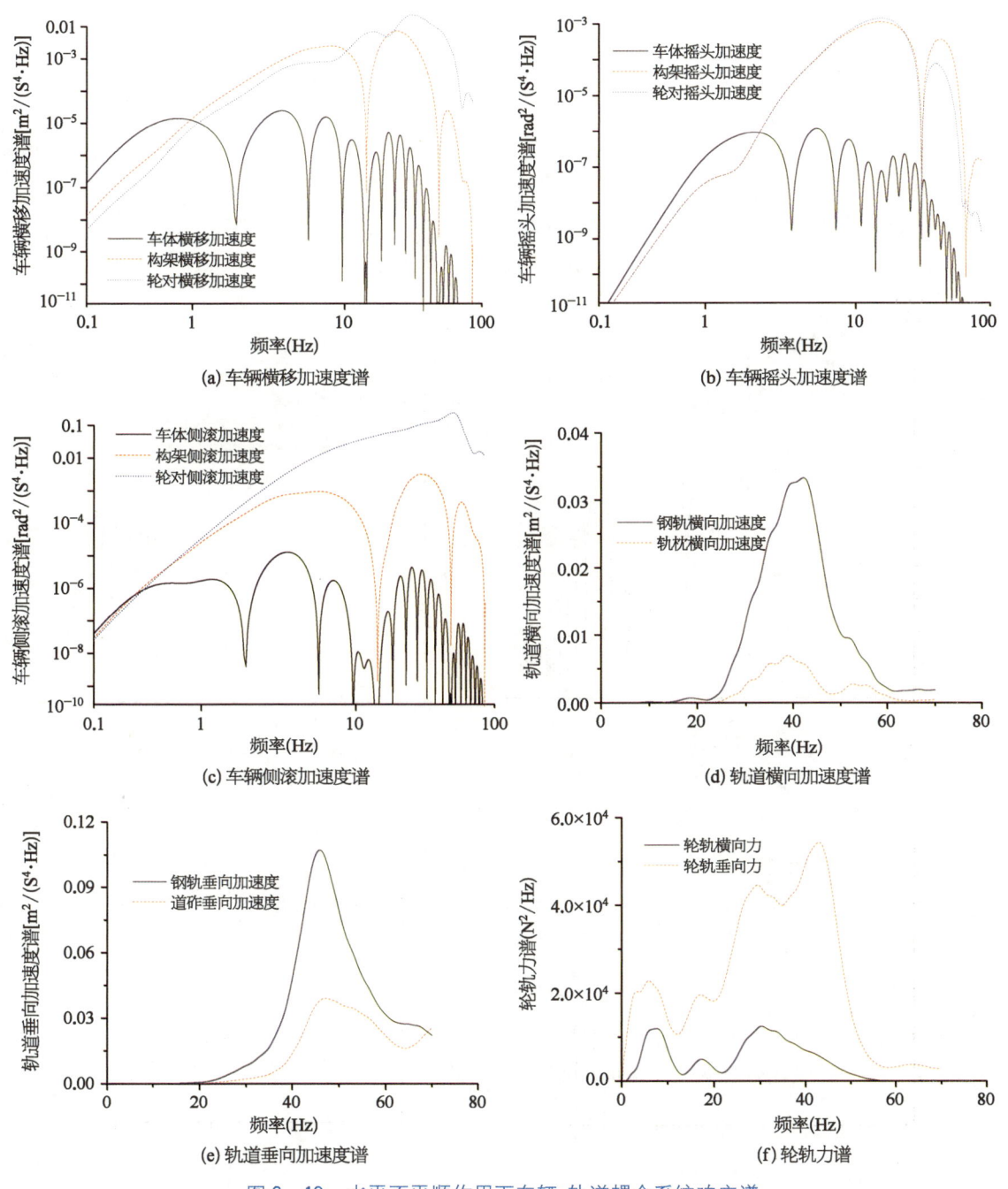

图 3-19　水平不平顺作用下车辆-轨道耦合系统响应谱

在水平不平顺激励下,低频范围内(1~2 Hz)的车体振动响应大于构架、轮对振动响应;频率大于 2 Hz 的车体振动响应则远小于构架、轮对的振动响应。在整个分析频段内,钢轨振动响应大于轨枕振动响应,大于道砟振动响应,且轨道各部件的振动响应基本上在频率为 40~45 Hz 处较大。轮轨横向力在频率为 7.5 Hz、17 Hz 和 30 Hz 处有振动峰值,轮轨垂向力在频率为 6 Hz、17 Hz、30 Hz 和 43 Hz 处有振动峰值,且轮轨垂向力大于横向力。

(3) 轨向不平顺。图 3-20 为轨向不平顺激励下车辆横移、侧滚、摇头振动加速度谱,钢轨垂向、横向振动加速度谱,轨枕横向振动加速度谱,道砟垂向振动加速度谱,轮轨力谱。

在轨向不平顺激励下,低频范围内(1~2 Hz)的车体振动响应略大于构架、轮对振动响应;频率大于 2 Hz 的车体振动响应则远小于构架、轮对的振动响应。在整个分析频段内,钢轨振动响应大于轨枕振动响应,钢轨振动大于道砟振动。轨道横向加速度存在两个主要振动峰值,频率分别为 35 Hz 和 60~65 Hz;轨道垂向振动只有一个主要振动峰值,频率为 45 Hz(钢轨)、52 Hz(道砟)。轮轨横向力和垂向力在频率为 6 Hz、17 Hz 和 30 Hz 处有振动峰值,在 6 Hz 处轮轨力最大,且轮轨横向力大于垂向力。

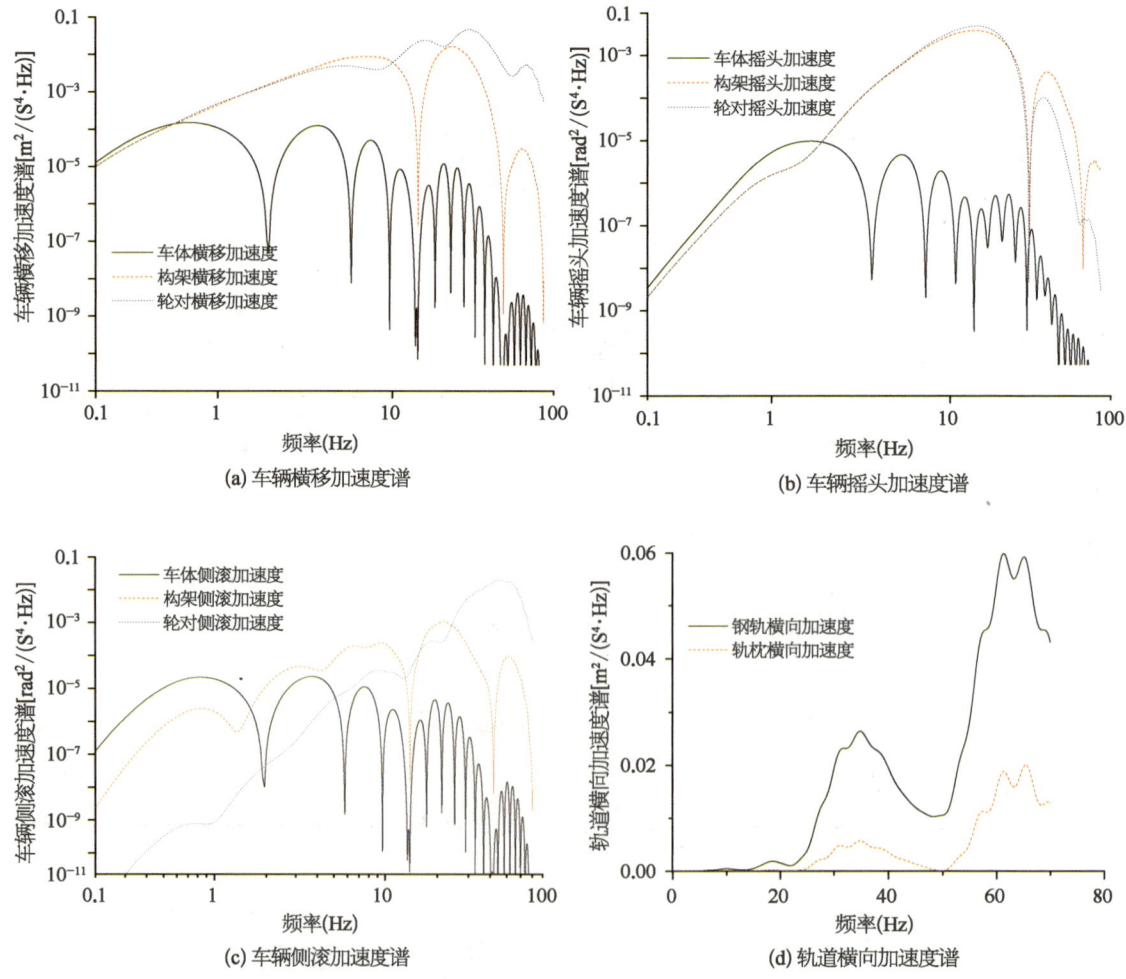

(e) 轨道垂向加速度谱　　　　　　　　　(f) 轮轨力谱

图 3-20　轨向不平顺作用下车辆-轨道耦合系统响应谱

（4）轨距不平顺。图 3-21 为轨距不平顺激励下车辆-轨道耦合系统的响应谱。比较可知，系统的振动响应小于其他三种轨道不平顺激励下的响应。

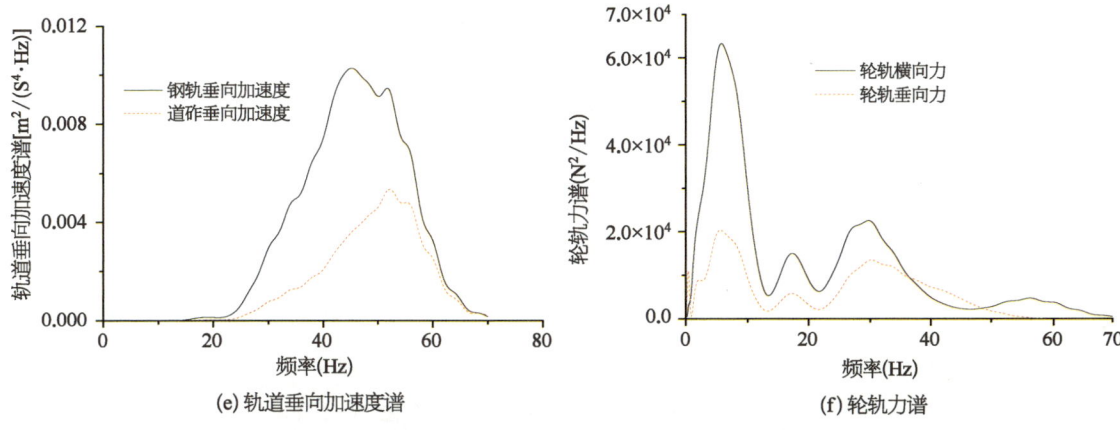

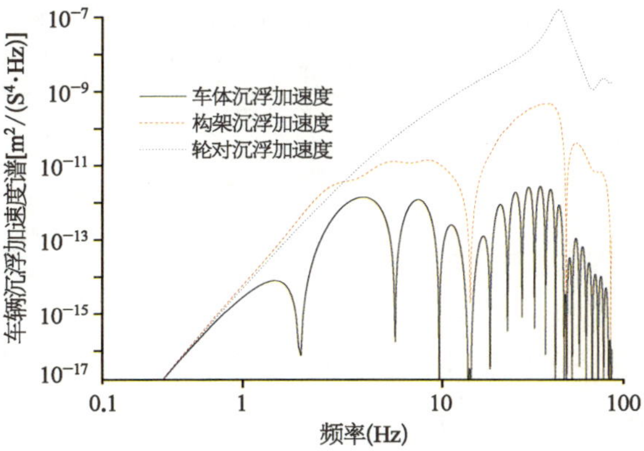

(a) 车辆沉浮加速度谱 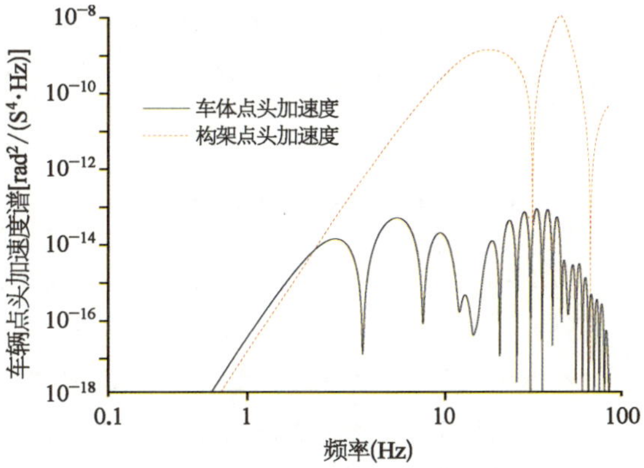　　　　　　　　　(b) 车辆点头加速度谱

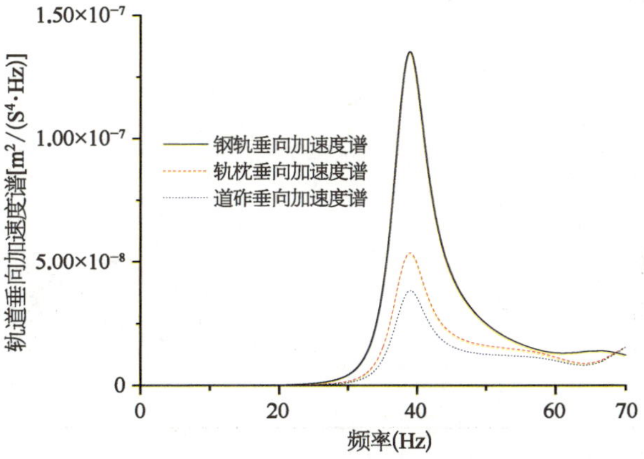

(c) 轨道垂向加速度谱 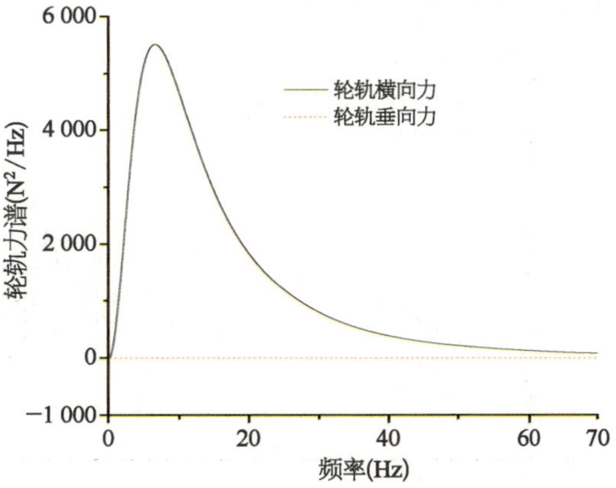　　　　　　　　　(d) 轮轨力谱

图 3-21　轨距不平顺作用下车辆-轨道耦合系统响应谱

综上所述,不平顺激励下,车辆-轨道系统的频率响应存在以下规律:轨道高低不平顺主要会引起车辆的沉浮、点头振动,钢轨、轨枕和道砟的垂向振动,钢轨的横向振动,以及轮轨垂向、横向力;水平、轨向不平顺主要会引起车辆的横移、侧滚和摇头振动,钢轨、轨枕的横向振动,钢轨、道砟的垂向振动,以及轮轨垂向、横向力;轨距不平顺会引起钢轨横向振动以及轮轨横向力产生较大振动。

3.3 轨道不平顺的敏感波长分析

研究表明,只有某些波长成分的轨道不平顺对车辆运行品质的影响较大,因此将能够引起车辆-轨道系统产生较大振动的波长成分定义为敏感波长。由传递函数的定义可知,传递函数的幅频特性曲线是在单位简谐激励下系统响应的振幅,因此可认为传递函数的幅频特性曲线峰值所对应的频率即为主振频率,对应的波长即为敏感波长。将引起某项动力学指标振动的敏感波长称为该指标的敏感波长,例如将引起车体沉浮加速度振动的敏感波长简称为"车体沉浮加速度敏感波长"。

由我国线路维修规则可知,我国轨道不平顺管理波长的最大范围为 1.5~120 m,因此针对速度为 250 km/h 的高速线路,分析频率取为 0.2~75 Hz,相应的分析波长范围为 0.9~340 m,可包括现有规范的管理范围。

3.3.1 高低不平顺的敏感波长分布

轨道高低不平顺主要会引起车辆沉浮、点头振动、轮轨力、轨道的垂向振动以及钢轨的横向振动,其传递函数幅频特性曲线如图 3-22 所示。

表 3-29 为各部件动力响应的主振频率和敏感波长。表中仅为车体振动加速度前四阶敏感波长,车体振动的其他各阶敏感波长如图 3-23 所示。

由图 3-23 和表 3-29 可知,车体沉浮加速度的前四阶敏感波长为 53.42 m、18.27 m、9.14 m、6.26 m,第五阶以后的敏感波长处于 1~5 m;车体点头加速度的前四阶敏感波长为 26.71 m、12.18 m、

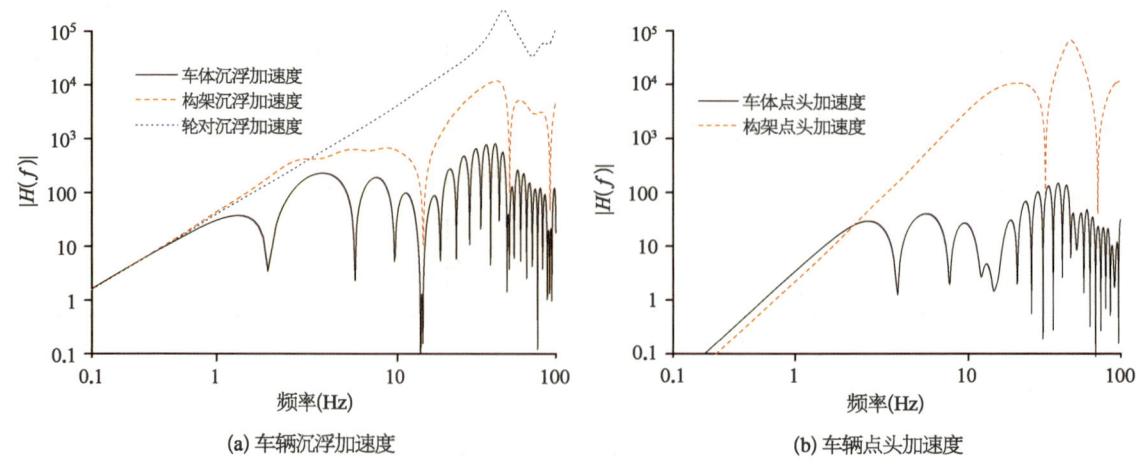

(a) 车辆沉浮加速度　　　　　　　　　(b) 车辆点头加速度

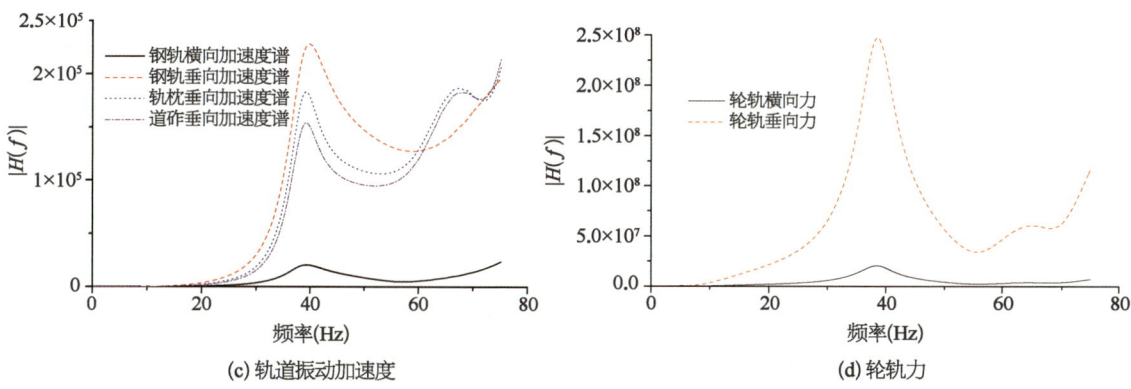

图 3-22 高低不平顺与振动响应之间的传递函数幅频曲线

表 3-29 耦合系统的主振频率及其敏感波长(高低不平顺)

动力学指标	阶数	主振频率(Hz)	敏感波长(m)	动力学指标	阶数	主振频率(Hz)	敏感波长(m)
车体沉浮加速度	1	1.3	53.42	车体点头加速度	1	2.6	26.71
	2	3.8	18.27		2	5.7	12.18
	3	7.6	9.14		3	9.5	7.31
	4	11.1	6.26		4	12.7	5.47
构架沉浮加速度	1	8.6	8.07	构架点头加速度	1	19.1	3.64
	2	35.3	1.97		2	38.6	1.80
	3	47.2	1.47		3	73.1	0.95
轮对沉浮加速度		38.5	1.80				
轨道垂向加速度		39.4	1.76	轨道横向加速度		38.9	1.79
轮轨横向力		38.5	1.80	轮轨垂向力		38.4	1.81

7.31 m、5.5 m,第五阶以后的敏感波长处于 1~4 m;车体沉浮加速度的各阶敏感波长均大于点头加速度的敏感波长。构架的各阶敏感波长分别为 8.07 m、1.97 m、1.47 m(沉浮),3.64 m、1.78 m、0.95 m(点头)。可见,转向架振动的敏感波长远小于车体的敏感波长。轮对沉浮、轨道横向、垂向振动以及轮轨横向、垂向力的主振频率较为接近 39 Hz,敏感波长约为 1.8 m。

进一步分析可发现,在高低不平顺激励下,车体和转向架的沉浮、点头振动交替出现峰值和谷值,这主要是由于车辆系统的四个轮

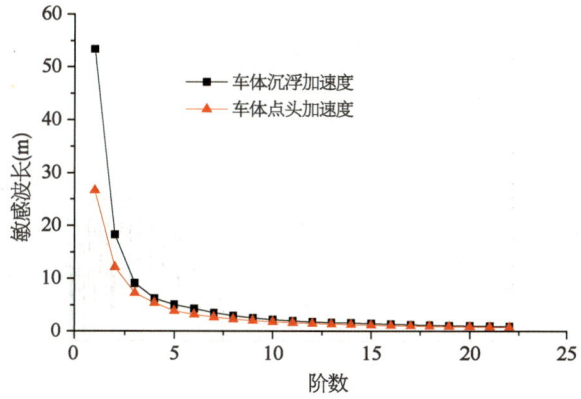

图 3-23 车体振动高低不平顺敏感波长

对相互激扰而引起的。对于多点激励来说,由于各激励间的相互干扰,系统振动响应会出现叠加或抵消现象。若同一转向架的两个轮对做同向运动,那么转向架只有沉浮运动,无点头运动;若两个轮对做反向运动,那么转向架只会有点头运动,无沉浮运动,此时车体也无沉浮、点头运动。称该现象为"固定轴距滤波"现象。若两转向架做同向运动,则车体只有沉浮运动,无点头运动;若两转向架做反向运动,则车体只有点头运动,无沉浮运动。称该现象为"车辆定距滤波"现象。"固定轴距滤波"和"车辆定距滤波"统称为"几何滤波"现象。"车辆定距滤波"仅与车体振动相关,"固定轴距滤波"不仅与转向架的振动相关,还与车体振动相关。

3.3.2 水平不平顺的敏感波长分布

轨道水平不平顺主要会引起车辆横移、摇头、侧滚振动、轮轨力、轨道的横向振动以及钢轨的垂向振动,其传递函数幅频特性曲线如图 3-24 所示。

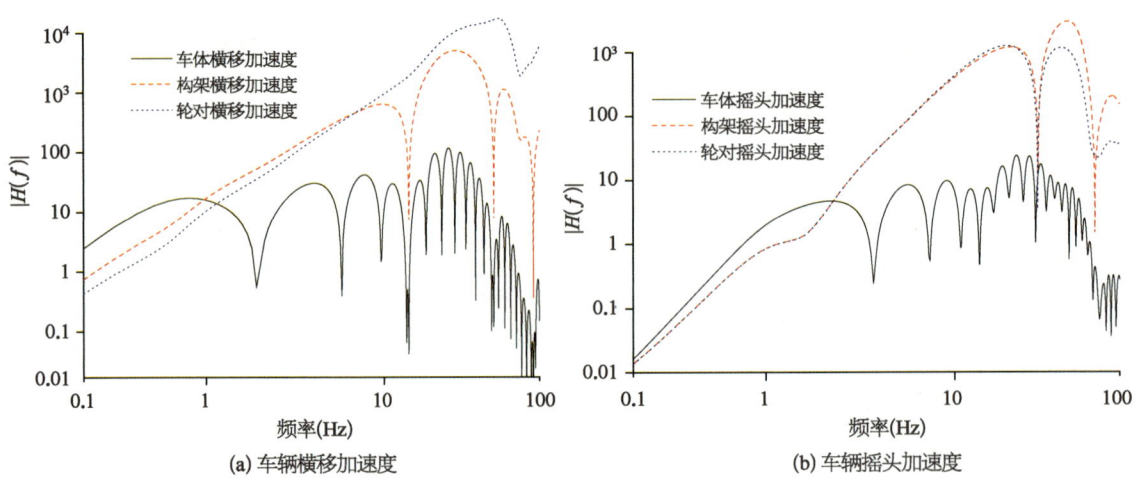

(a) 车辆横移加速度　　(b) 车辆摇头加速度

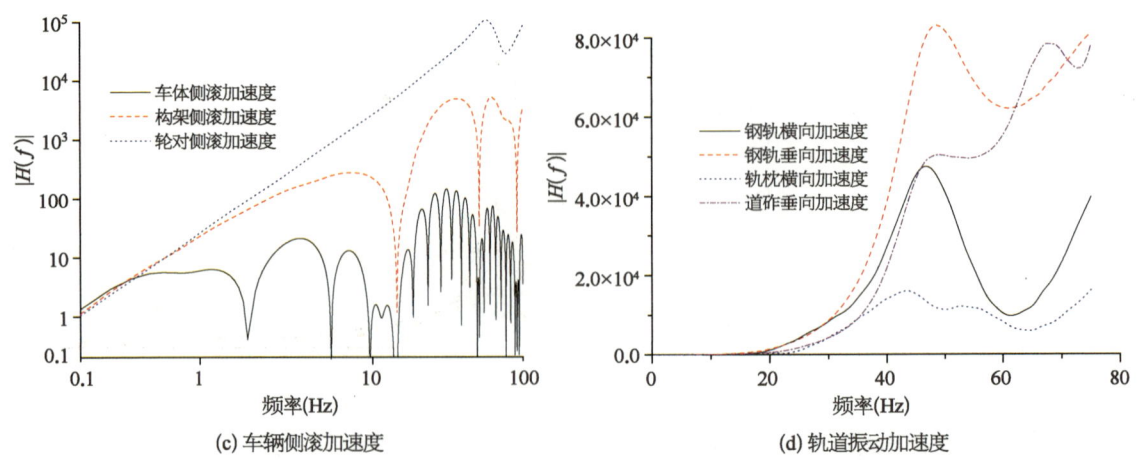

(c) 车辆侧滚加速度　　(d) 轨道振动加速度

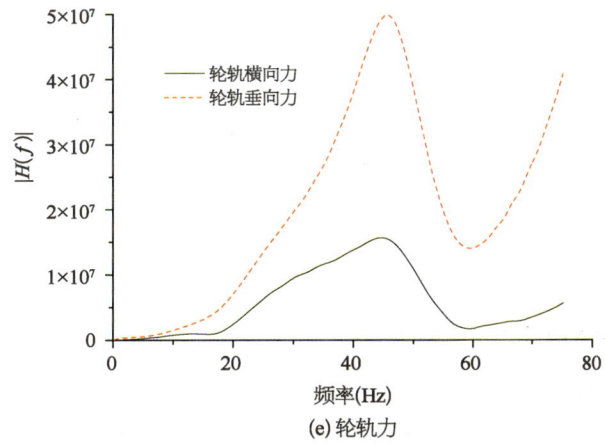

(e) 轮轨力

图 3-24 水平不平顺与振动响应之间的传递函数幅频曲线

表 3-30 为各动力学指标的主振频率和敏感波长。其中车体振动加速度仅为前四阶敏感波长,车体其他各阶敏感波长如图 3-25 所示。

表 3-30 耦合系统的主振频率及其敏感波长(水平不平顺)

动力学指标	阶数	主振频率(Hz)	敏感波长(m)	动力学指标	阶数	主振频率(Hz)	敏感波长(m)
车体横移加速度	1	0.8	86.81	车体摇头加速度	1	2.2	31.57
	2	4.1	16.94		2	5.7	12.18
	3	7.7	9.02		3	9.1	7.63
	4	11.2	6.20		4	12.2	5.69
车体侧滚加速度	1	1.2	57.87	构架侧滚加速度	1	7.6	9.13
	2	3.8	18.27		2	30.2	2.30
	3	7.4	9.38		3	49.5	1.40
	4	10.4	6.68				
构架横移加速度	1	9.8	7.09	构架摇头加速度	1	20.3	3.42
	2	25.7	2.70		2	39.6	1.75
	3	48.1	1.45		3	69.4	1.0
轮对摇头加速度	1	19.0	3.65	轮对横移加速度		44.3	1.57
	2	37.3	1.86	轮对侧滚加速度		45.9	1.51
钢轨垂向加速度		48.6	1.43	钢轨横向加速度		46.8	1.48
道砟垂向加速度	1	49.1	1.41	轮轨横向力		44.6	1.56
	2	67.8	1.02	轮轨垂向力		45.7	1.52
轨枕横向加速度		43.4	1.60				

由图 3-25 和表 3-30 可知,水平不平顺的最长敏感波长是由车体横移加速度决定的,其一阶敏感波长为 86.81 m,车体侧滚、摇头加速度的一阶敏感波长分别为 57.8 m 和 31.57 m。引起车体振动的其他各阶敏感波长表现出的规律为引起车体侧滚振动的敏感波长＞车体横移的敏感波长＞车体摇头的敏感波长;引起构架侧滚振动的敏感波长＞构架横移的敏感波长＞构架摇头的敏

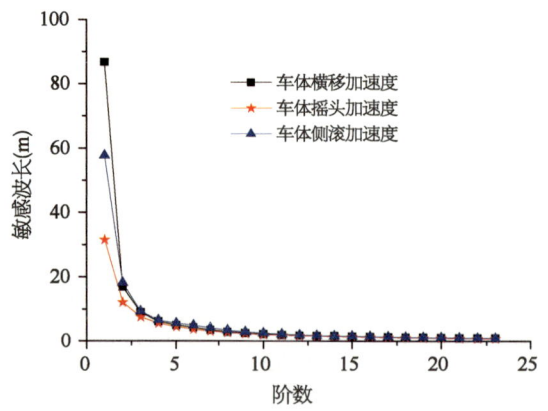

图 3-25 车体振动水平不平顺敏感波长

感波长,并且引起构架振动的敏感波长远小于车体振动的敏感波长。轮对振动、轮轨力以及轨下各部件的振动主频基本处于 40~70 Hz 范围内,相应的敏感波长在 1.0~1.7 m 范围内。

与高低不平顺类似,在水平不平顺激励下,车体和转向架的横移、摇头、侧滚加速度的振动也交替出现众多的峰值和谷值,与车辆构造尺寸引起的"几何滤波"有关。

3.3.3 轨向不平顺的敏感波长分布

轨道轨向不平顺主要会引起车辆横移、摇头、侧滚振动、轮轨力、轨道的横向振动以及钢轨的垂向振动,其传递函数幅频特性曲线如图 3-26 所示。

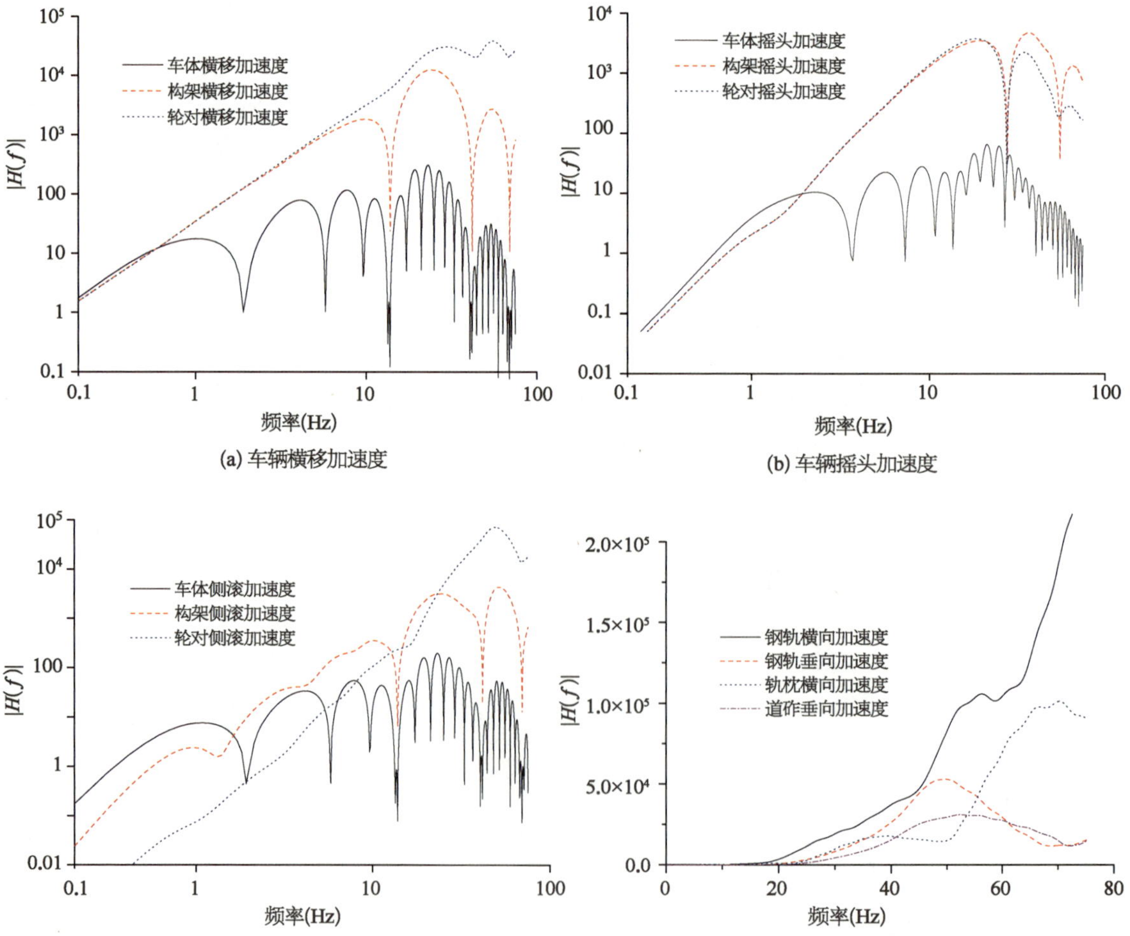

(a) 车辆横移加速度

(b) 车辆摇头加速度

(c) 车辆侧滚加速度

(d) 轨道振动加速度

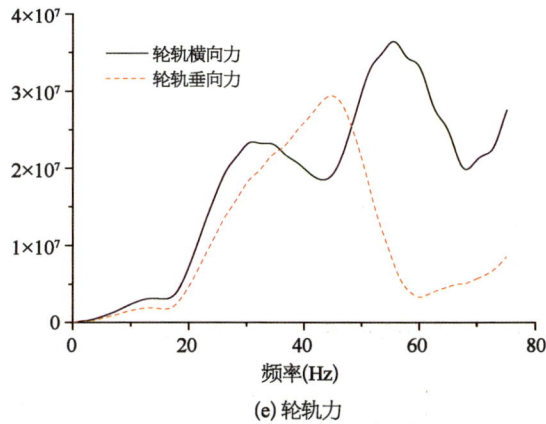

图 3‑26 轨向不平顺与振动响应之间的传递函数幅频曲线

表 3‑31 为各动力学指标的主振频率和敏感波长。其中车体振动加速度仅为前四阶敏感波长,车体其他各阶敏感波长如图 3‑27 所示。

表 3‑31 耦合系统的主振频率及其敏感波长(轨向不平顺)

动力学指标	阶数	主振频率(Hz)	敏感波长(m)	动力学指标	阶数	主振频率(Hz)	敏感波长(m)
车体横移加速度	1	1	69.44	车体摇头加速度	1	2.3	30.19
	2	4.1	16.94		2	5.6	12.40
	3	7.8	8.90		3	9.1	7.63
	4	11.2	6.20		4	12.2	5.69
车体侧滚加速度	1	1.1	63.13	构架侧滚加速度	1	10.1	6.88
	2	4.2	16.53		2	25.0	2.78
	3	7.8	8.90		3	51.8	1.34
	4	11.2	6.20				
构架横移加速度	1	9.8	7.09	构架摇头加速度	1	19.6	3.54
	2	24.2	2.87		2	37.2	1.87
	3	55.5	1.26		3	65.1	1.07
轮对摇头加速度	1	18.5	3.77	轮对横移加速度	1	30.1	2.31
	2	34.5	2.01		2	55.5	1.25
轮对侧滚加速度		49.4	1.40	钢轨横向加速度		56.3	1.23
钢轨垂向加速度		49.6	1.40	道砟垂向加速度		52.5	1.32
轨枕横向加速度	1	39.2	1.77	轮轨垂向力	1	13.1	5.30
	2	70.3	0.99		2	44.8	1.55
轮轨横向力	1	13.8	5.03				
	2	31.0	2.24				
	3	55.6	1.25				

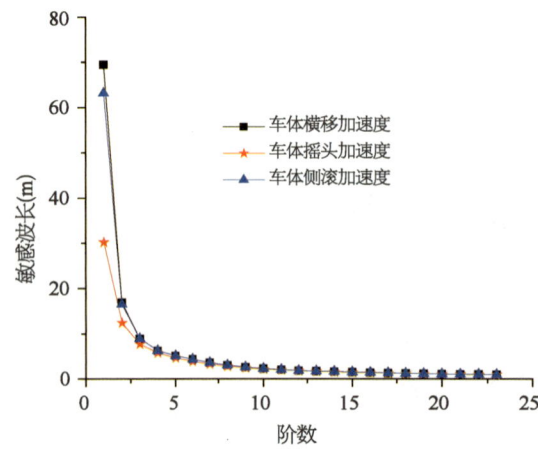

图 3-27 车体振动轨向不平顺敏感波长

由图 3-27 和表 3-31 可知,轨向不平顺的最长敏感波长是由车体横移加速度决定的,其一阶敏感波长为 69.44 m,车体横移和侧滚加速度的各阶敏感波长基本相等,且大于车体摇头加速度的敏感波长。转向架振动加速度各阶敏感波长均小于车体振动的敏感波长。轨道各部件的振动主频基本处于 40~65 Hz 范围内,相应的敏感波长为 1.0~1.8 m 范围内。相较高低、水平不平顺而言,轨向不平顺引起的轮轨力、轮对振动主频分布较广,轮对振动主频在 18~60 Hz,波长在 1~4 m;轮轨力主频在 9~60 Hz,波长在 1~7 m。

在轨向不平顺激励下,车体和转向架的横移、摇头、侧滚加速度的振动也交替出现众多的峰值和谷值,与车辆构造尺寸引起的"几何滤波"有关。

3.3.4 轨距不平顺的敏感波长分布

轨道轨距不平顺主要会引起轮轨横向力、钢轨的横向振动,因此此处仅为轨距不平顺与轮轨横向力、钢轨的横向振动的传递函数幅频特性曲线,如图 3-28 所示。

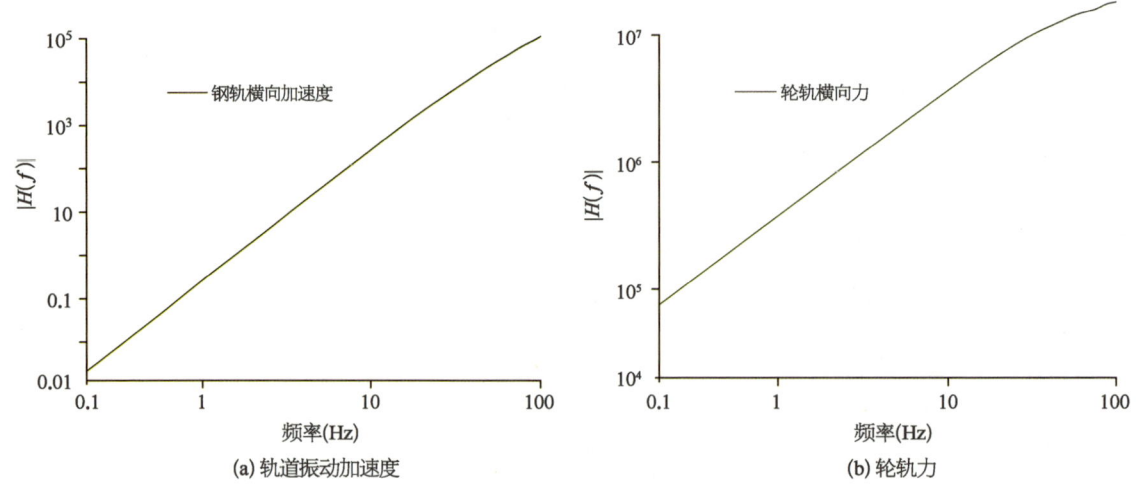

(a) 轨道振动加速度   (b) 轮轨力

图 3-28 轨距不平顺与振动响应之间的传递函数幅频曲线

由图 3-28 可知,在分析频率范围内,钢轨横向振动加速度、轮轨横向力并不存在振动峰值。

综上所述,轨道高低、水平、轨向和轨距不平顺敏感波长的分布特征存在以下规律:

(1) 由于车辆构造尺寸引起的"几何滤波"现象,导致影响车体、转向架振动的各项不平顺存在多个主振频率(敏感波长)。

(2) 高低不平顺的最大敏感波长是由车体沉浮加速度决定的,其一阶敏感波长为 53.42 m,车体点头加速度的一阶敏感波长为 26.71 m;转向架振动的敏感波长远小于车体振动的敏感波长,主要集中于 1~8 m;轮对沉浮、轨道振动以及轮轨力的主振频率较为接近 39 Hz,敏感波长约为 1.8 m。

(3) 水平不平顺的最长敏感波长是由车体横移加速度决定的,其一阶敏感波长为 86.81 m,车体侧滚、摇头加速度的一阶敏感波长分别为 57.8 m 和 31.57 m;转向架振动的敏感波长远小于车体振动的敏感波长,主要集中于 1~10 m;轮对振动、轮轨力以及轨下各部件的振动主频基本处于 40~70 Hz 范围内,相应的敏感波长在 1.0~1.7 m 范围内。

(4) 轨向不平顺的最长敏感波长是由车体横移加速度决定的,其一阶敏感波长为 69.44 m,车体横移加速度与侧滚加速度的各阶敏感波长基本相等,且大于车体摇头的敏感波长;转向架振动加速度各阶敏感波长小于车体振动的敏感波长,主要集中于 1~8 m;轨道各部件的振动主频基本处于 40~65 Hz 范围内,相应的敏感波长在 1.0~1.8 m 范围内;轨向不平顺引起的轮轨力和轮对振动主频分布较广,轮对振动主频为 18~60 Hz,敏感波长范围为 1~4 m;轮轨力主频为 9~60 Hz,波长范围为 1~7 m。

(5) 轨距不平顺主要会引起钢轨横向振动和轮轨横向力,但在分析频率范围内钢轨横向振动和轮轨横向力并不存在振动峰值。

3.4 基于动力学的轨道不平顺评价方法

由轨道不平顺与车辆-轨道耦合系统振动响应之间的传递函数可知,不同的不平顺波长对系统振动响应影响不同。为放大敏感波长,而消减不敏感波长,以便快速识别不平顺检测数据中的问题,是一个值得探索的问题。下面基于车辆-轨道耦合系统振动响应的传递函数,对轨道不平顺赋予不同的权重,重构引入权重的轨道不平顺,再进行评价,强化敏感波长的影响,评价时仍采用峰值扣分法和轨道质量指数两种方法,其技术路线如图 3-29 所示。

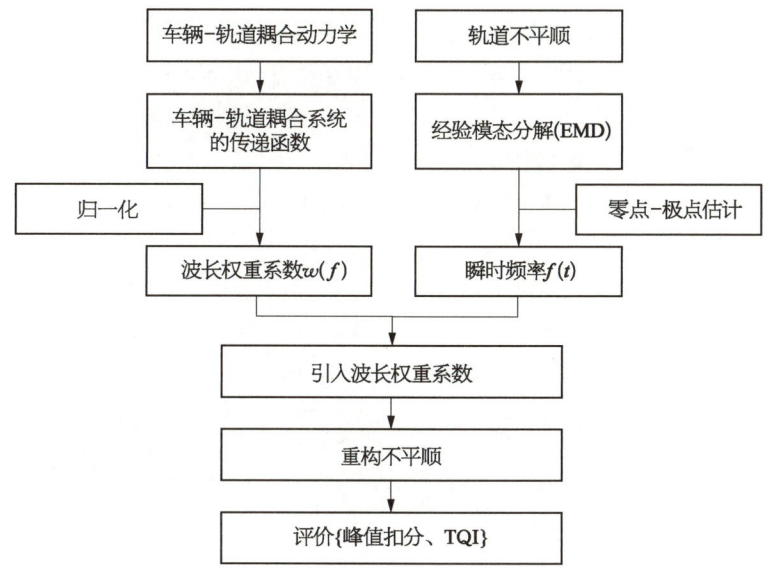

图 3-29 轨道不平顺动力学评价技术路线

3.4.1 轨道不平顺波长权重函数

车辆-轨道耦合系统的动力学指标很多,但不是每个动力学指标均是重要的,车辆运行的平稳舒适性指标、车辆运行的安全性指标(轮轨力)、轨道结构的动力学指标(钢轨振动加速度)分别代表着列车运行的平稳性、安全性和轨道结构的安全性,故重点考虑此三类指标来确定轨道不平顺波长的权重函数。

3.4.1.1 车辆运行的平稳性

平稳性是车辆运行品质的客观评判准则,是列车动力学性能的重要评价指标;对于旅客列车而言,是乘客主观感受的物理反映。定量地描述车辆运行平稳性能时,必须综合考虑物理的、心理的和生理的各方面评价。《铁道车辆动力学性能评定和试验鉴定规范》(GB/T 5599—1985)中规定采用 Sperling 指标来评价机车车辆运行平稳性,并规定客车用距离 1、2 位心盘一侧横向偏离 1 m 处地板面上的横向、垂向加速度计算客货车垂直、横向平稳性指标,测点位置如图 3-30 所示。

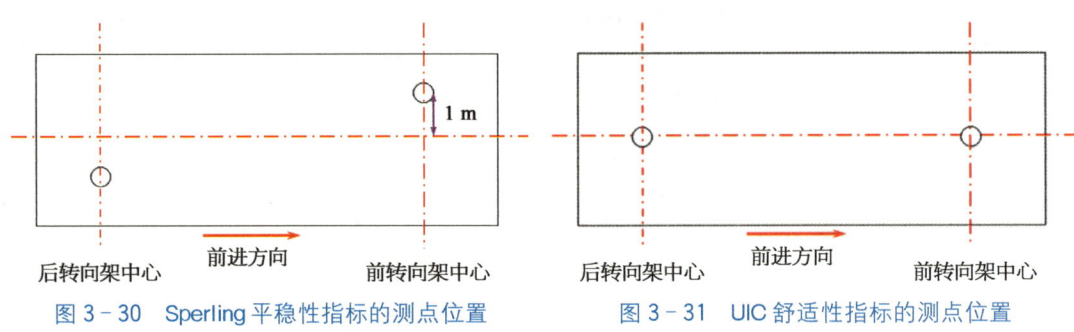

图 3-30 Sperling 平稳性指标的测点位置　　图 3-31 UIC 舒适性指标的测点位置

近年来随着列车运行速度的提高及车辆品种的增加,以及 ISO 2631 规范的推出,研究人员对列车的平稳性有了更深入的理解,仅采用 Sperling 指标评判车辆运行平稳性存在不足,建议逐步采用 ISO 2631 国际标准,或进一步对其进行完善。乘车舒适度是对列车发车至停车全过程中所发生的所有振动加速度进行评判,除 ISO 2631 运动学评价在 0.1~0.5 Hz 范围内评价外,振动舒适度通常以 0.5 Hz 以上的振动响应作为研究对象。ISO 2631—1974 标准颁布后,对铁路舒适度评定影响巨大。经过长达十年的研究,1988 年国际铁路联盟提出 UIC 振动舒适度标准草案,经过审议,1994 年颁布正式标准即 UIC513 舒适度标准,其测点位置如图 3-31 所示。

1) Sperling 平稳性指标

欧洲铁路联盟(UIC)采用 Sperling 提出的平稳性指数来评定车辆的运行品质。德国联邦铁路(DB)的 Helberg 和 Sperling 两人,为了求算铁道车辆的乘坐舒适度基准,对 25 名研究人员进行了 2~10 min 的振动台试验,提出了评价舒适性的 Sperling 指标。

用于走行品质评价的 Sperling 指标:

$$W_z = 0.896 \sqrt[10]{\frac{a^3}{f}} \tag{3-79}$$

用于舒适度评价的 Sperling 指标:

第 3 章 高速铁路轨道不平顺动力学控制与评估

$$W_z = 0.896 \sqrt[10]{\frac{a^3}{f} F(f)} \tag{3-80}$$

式中 a——加速度(cm/s^2)；

f——振动频率(Hz)；

$F(f)$——与振动频率有关的加权系数。

上式适用于单一振动频率的评价，但铁道车辆振动是随机的，包含多种频率成分，且人体对垂向和横向振动的敏感频率也各不相同。因此需要针对人体对不同频率振动的舒适性感受进行加权处理。我国铁路推荐的加权函数形式如下。

垂向振动的加权系数 $F(f)$：

当 $f=0.5 \sim 5.9$ Hz 时， $\qquad F(f) = 0.325 f^2$ \hfill (3-81)

当 $f=5.9 \sim 20$ Hz 时， $\qquad F(f) = 400/f^2$ \hfill (3-82)

当 $f>20$ Hz 时， $\qquad F(f) = 1$ \hfill (3-83)

横向振动的加权系数 $F(f)$：

当 $f=0.5 \sim 5.4$ Hz 时， $\qquad F(f) = 0.8 f^2$ \hfill (3-84)

当 $f=5.4 \sim 26$ Hz 时， $\qquad F(f) = 650/f^2$ \hfill (3-85)

当 $f>26$ Hz 时， $\qquad F(f) = 1$ \hfill (3-86)

在整理车辆平稳性指数时，通常把实测的车辆振动加速度记录按频率分解，进行频谱分析，求出每段频率范围的振动幅值，然后对每一段计算各自的平稳性指数 W_i，再求出全部频段的平稳性指数：

$$W_{ztot} = (W_{z1}^{10} + W_{z2}^{10} + \cdots + W_{zn}^{10})^{0.1} \tag{3-87}$$

我国铁路平稳性的评定等级分为三级，见表 3-32。

表 3-32 平稳性指标的评价等级

平稳性等级	评定	平稳性指标(客车)	平稳性指标(货车)
1 级	优	<2.5	<3.5
2 级	良好	2.5~2.75	3.5~4.0
3 级	合格	2.75~3.0	4.0~4.25

一般情况下，车体加速度谱是频率的连续函数，于是 W_z 也将是频率的连续函数，连续单一权重函数和相应的积分算法可以一次获得平稳性指标。

用于走行品质评估的权重函数：

$$B = 1.14 \left[\frac{(1-0.056 f^2)^2 + (0.645 f)^2 (3.55 f^2)}{[(1-0.252 f^2)^2 + (1.547 f - 0.004 \, 44 f^3)^2](1+3.55 f^2)} \right]^{1/2} \tag{3-88}$$

用于横向舒适度评估的权重函数：

$$B_{w}=0.737\left[\frac{1.911f^{2}+(0.25f^{2})}{(1-0.277f^{2})^{2}+(1.563f-0.0368f^{3})^{2}}\right]^{1/2} \quad (3-89)$$

用于垂向舒适度评估的权重函数：

$$B_{s}=0.588\left[\frac{1.911f^{2}+(0.25f^{2})}{(1-0.277f^{2})^{2}+(1.563f-0.0368f^{3})^{2}}\right]^{1/2} \quad (3-90)$$

频域内积分获得纵的平稳性指标方法如下。

横向平稳性指标：

$$W_{zw}=\left(\int_{0.5}^{30}a^{2}B_{w}^{2}\mathrm{d}f\right)^{1/6.67} \quad (3-91)$$

垂向平稳性指标：

$$W_{zs}=\left(\int_{0.5}^{30}a^{2}B_{s}^{2}\mathrm{d}f\right)^{1/6.67} \quad (3-92)$$

根据线性系统随机振动理论可知

$$|a(f)|=|H(f)|\cdot|IR(f)| \quad (3-93)$$

式中　$IR(f)$——轨道不平顺的频谱；

　　　$H(f)$——轨道不平顺与加速度之间的传递函数。

则式(3-91)和式(3-92)可写为

$$W_{zw}=\left(\int_{0.5}^{30}(H\cdot IR\cdot Bw)^{2}\mathrm{d}f\right)^{1/6.67} \quad (3-94)$$

$$W_{zs}=\left(\int_{0.5}^{30}(H\cdot IR\cdot Bs)^{2}\mathrm{d}f\right)^{1/6.67} \quad (3-95)$$

轨道不平顺与Sperling计权加速度之间的传递函数记为$|H_{I-w}(f)|$和$|H_{I-s}(f)|$，则

$$|H_{I-w}(f)|=B_{w}(f)\cdot|H(f)| \quad (3-96)$$

$$|H_{I-s}(f)|=B_{s}(f)\cdot|H(f)| \quad (3-97)$$

2) ISO振动评价标准

20世纪70年代，国际标准化组织(ISO)在综合大量有关人体承受全身振动的研究工作和文献的基础上制定了国际标准《人体承受全身振动的评价指南》(ISO 2631—1974)，从此评价全身振动才有了国际性的通用标准，它得到了世界各国的重视，并被许多国家作为标准。

由于该标准是以短时间的简谐振动试验研究成果为基础，所以它对于车、船、飞机等长时间、随机振动环境以及其他一些冲击比较大的振动环境的适用性仍有争议。在随后几年内，国际标准化组织不断提出建议草案，并于1997年经过修正后颁布了《机械振动与冲击　人体承受全身振动的评价　第1部分：一般要求》(ISO 2631—1997)，与之对应的国标为《机械振动与冲击　人体暴露于全身振动的评价　第1部分：一般要求》(GB/T 13441.1—2007)。依据感知的加速度值，分振动健康评价(0.5~80 Hz)、振动舒适性和感知评价(0.5~80 Hz)、运动病评价(0.1~0.5 Hz)。

(1) 基本评价方法:加权均方根值加速度。对于平移振动,计权均方根加速度用 m/s^2 表示,对旋转振动则用 rad/s^2 表示。计权均方根加速度应按下式计算:

$$a_w = \left(\frac{1}{T}\int_0^T a_w^2(t)\mathrm{d}t\right)^{1/2} \tag{3-98}$$

式中 $a_w(t)$ ——时间历程的计权加速度;
T ——测量时间长度(s)。

相对应的频域等价式为

$$a_w = \left(\int_{0.1}^{80} w^2(f)G_a(f)\mathrm{d}f\right)^{1/2} \tag{3-99}$$

式中 $w(f)$ ——权重系数;
$G_a(f)$ ——加速度的功率谱密度。

由功率谱的定义可知

$$G_a(f) = \frac{|a(f)|^2}{T} \tag{3-100}$$

式中 $a(f)$ ——加速度的频谱。

根据线性系统随机振动理论,可将式(3-99)写为

$$\begin{aligned}a_w &= \frac{1}{T}\left(\int_{0.1}^{80} w^2(f)|H(f)|^2|IR(f)|^2\mathrm{d}f\right)^{1/2} \\ &= \frac{1}{T}\left(\int_{0.1}^{80}(w(f)|H(f)||IR(f)|)^2\mathrm{d}f\right)^{1/2}\end{aligned} \tag{3-101}$$

轨道不平顺与 ISO 计权加速度之间的传递函数记为 $H_{I-a}(f)$,则

$$|H_{I-a}(f)| = w(f)|H(f)| \tag{3-102}$$

(2) 运行均方根评价方法。运行均方根评价方法通过适用一个短的时间积分常数来考虑偶然冲击和瞬态振动。定义振幅为最大瞬时振动值(MTVV),由 $a_w(t_0)$ 的时间历程上的最大值给定。$a_w(t_0)$ 的定义为

$$a_w(t_0) = \left[\frac{1}{\tau}\int_{t_0-\tau}^{t_0}[a_w(t)]^2\mathrm{d}t\right]^{1/2} \tag{3-103}$$

式中 $a_w(t)$ ——瞬时频率计权加速度;
τ ——运行平均积分时间;
t ——时间(积分变量);
t_0 ——观测时间(瞬时时间)。

(3) 四次方振动剂量法。四次方振动剂量法与基本评价方法相比,使用加速度时间历程的四次方作为计算平均的基础,对峰值更为敏感。四次方振动剂量值(VDV)用 $m/s^{1.75}$ 或 $rad/s^{1.75}$ 表示,其定义为

$$\mathrm{VDV} = \left\{\int_0^T [a_w(t)]^4\mathrm{d}t\right\}^{1/4} \tag{3-104}$$

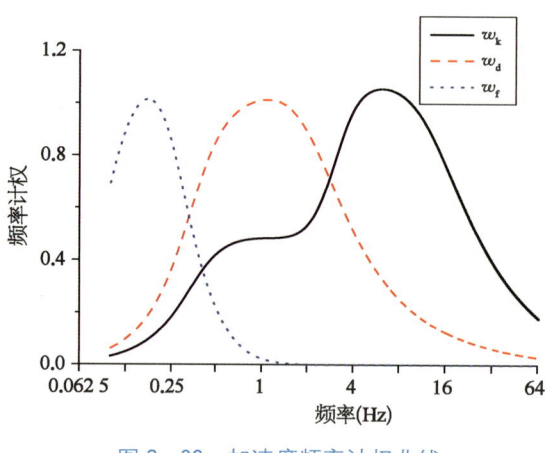

图 3-32 加速度频率计权曲线

式中 $a_w(t)$——瞬时频率计权加速度；
T——测量时间长度。

图 3-32 为加速度频率计权曲线。计权曲线 w_f 用于运动评价（垂向），健康、舒适、感知的计权曲线为 w_k（垂向）、w_d（横向、纵向）。

3.4.1.2 轨道不平顺权重曲线的确定

Sperling 计权曲线和 ISO 2631 计权曲线建立在多年的试验、理论和实践基础上，是两类对铁道车辆运行品质评价有重要影响的计权方法。在确定轨道不平顺的权重曲线时，需要将之引入不平顺波长的计权函数中。因基于车辆-轨道耦合动力学理论开展轨道不平顺的讨论，未涉及车辆的纵向振动，因此在引入 ISO 计权曲线时不计车辆的纵向振动。

作为分析示例的计算参数：列车为 CRH2，轨道结构为高速有砟无缝线路，运行速度为 250 km/h，分析频率范围 0.1~80 Hz。

1) 车辆-轨道耦合系统的传递函数

（1）高低不平顺。由车辆-轨道耦合系统的频率响应特性可知，轨道高低不平顺主要会引起车辆的沉浮、点头振动，轨道结构垂向振动及轮轨力，其传递函数如图 3-33 所示。车体心盘处垂向加速度是由沉浮和点头两部分叠加而成的。

由图 3-33 可知，在轨道高低不平顺激励下，钢轨垂向振动远大于钢轨横向振动，轮轨垂向力也远大于轮轨横向力，因此在分析轨道高低不平顺波长权重时忽略钢轨横向振动加速度和轮轨横向力。

根据式（3-91）和式（3-96）可得出轨道不平顺与 Sperling、ISO 计权加速度之间的传递函数曲线，如图 3-34 和图 3-35 所示。由于 ISO 计权曲线的 w_k 和 w_f 都是垂向振动的计权曲线，因此此处综合考虑了这两种计权曲线。

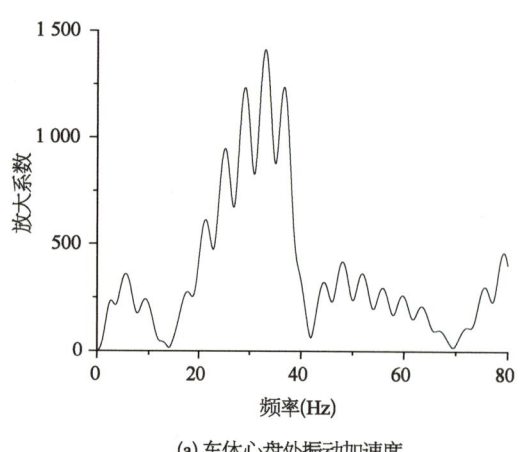

(a) 车体心盘处振动加速度

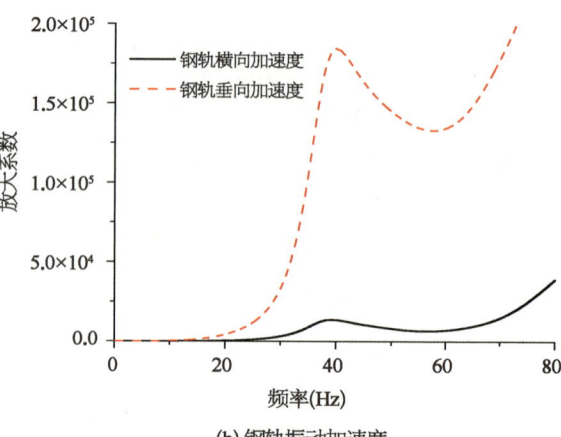

(b) 钢轨振动加速度

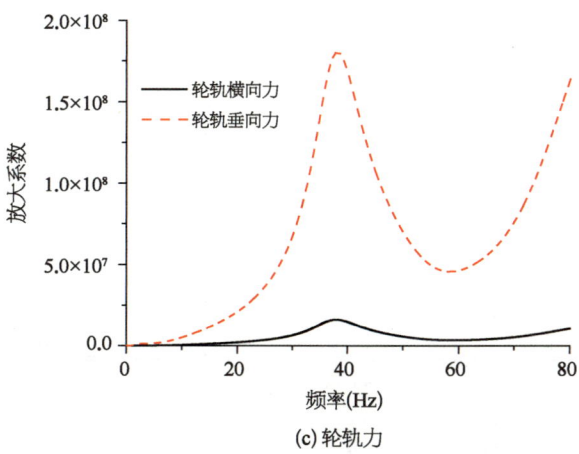

(c) 轮轨力

图 3-33 车辆-轨道耦合系统的传递函数

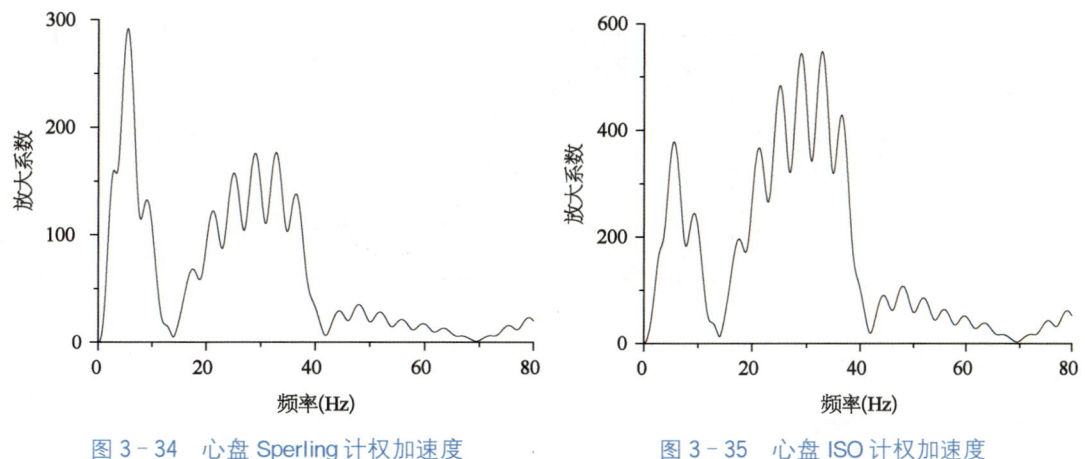

图 3-34 心盘 Sperling 计权加速度　　图 3-35 心盘 ISO 计权加速度

比较图 3-33~图 3-35 可知，未引入计权曲线时，心盘垂向加速度传递函数在 20~40 Hz 范围的振动放大系数较大，在低频和高频段的放大系数相对较小；引入计权曲线后，放大系数显著减小，并且心盘垂向加速度传递函数在 10 Hz 以内以及 20~40 Hz 范围的放大系数相对较大。

(2) 水平不平顺。轨道水平不平顺主要会引起车辆的横向振动，包括横移、摇头、侧滚振动，轨道结构垂向、横向振动，轮轨垂向、横向力，其传递函数如图 3-36 所示。车体心盘处横向加速度是由横移、摇头、侧滚三部分叠加而成的。

在轨道水平不平顺激励下，钢轨垂向振动大于横向振动，轮轨垂向力大于横向力，但是数值上基本相当。因此在分析轨道水平不平顺波长权重时应考虑钢轨垂向、横向振动加速度和轮轨垂向、横向力。

根据式(3-90)和式(3-96)可得出轨道不平顺与计权加速度之间的传递函数曲线，如图 3-37、图 3-38 所示。

(a) 车体心盘处振动加速度

(b) 钢轨振动加速度

(c) 轮轨力

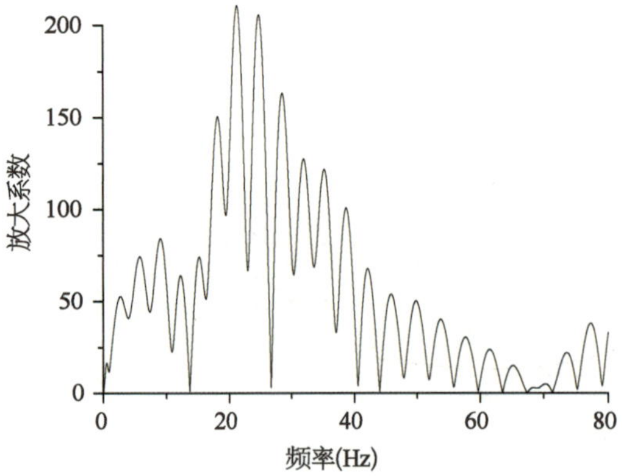

图 3-36 车辆-轨道耦合系统的传递函数

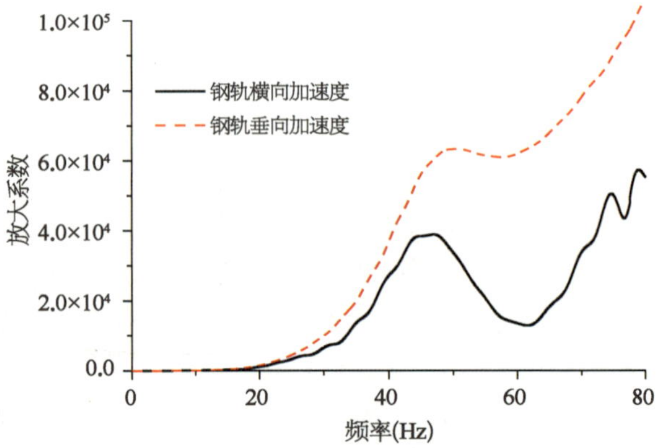

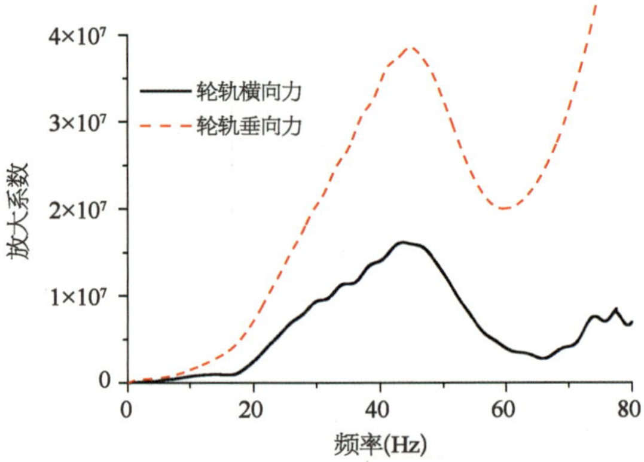

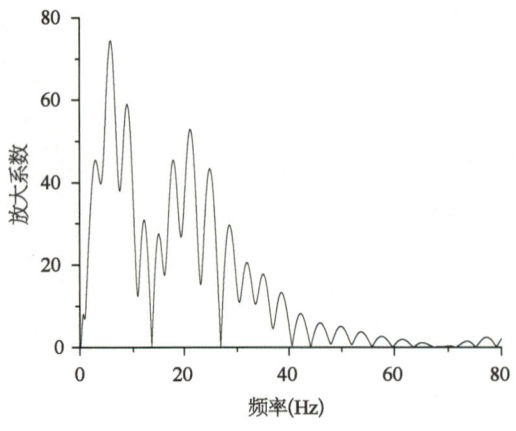

图 3-37 心盘横向 Sperling 计权加速度

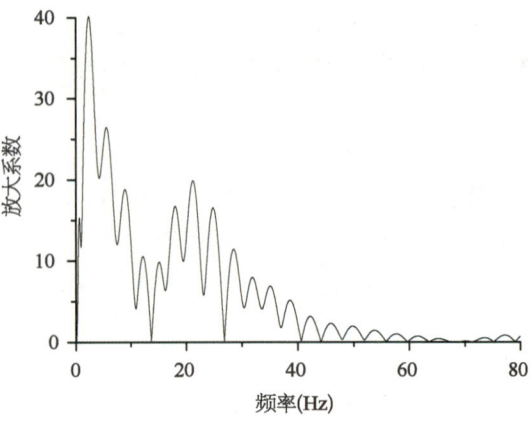

图 3-38 心盘横向 ISO 计权加速度

比较图 3-36～图 3-38 可知,未引入计权曲线时,心盘横向加速度传递函数在 20～35 Hz 范围的振动放大系数较大,在低频和高频段的放大系数相对较小;引入计权曲线后,放大系数显著减小,但传递函数在 10 Hz 以内的放大系数相对较大。

(3) 轨向不平顺。轨道轨向不平顺主要会引起车辆的横移、摇头、侧滚振动,轨道结构垂向、横向振动,以及轮轨垂向、横向力,其传递函数如图 3-39 所示。

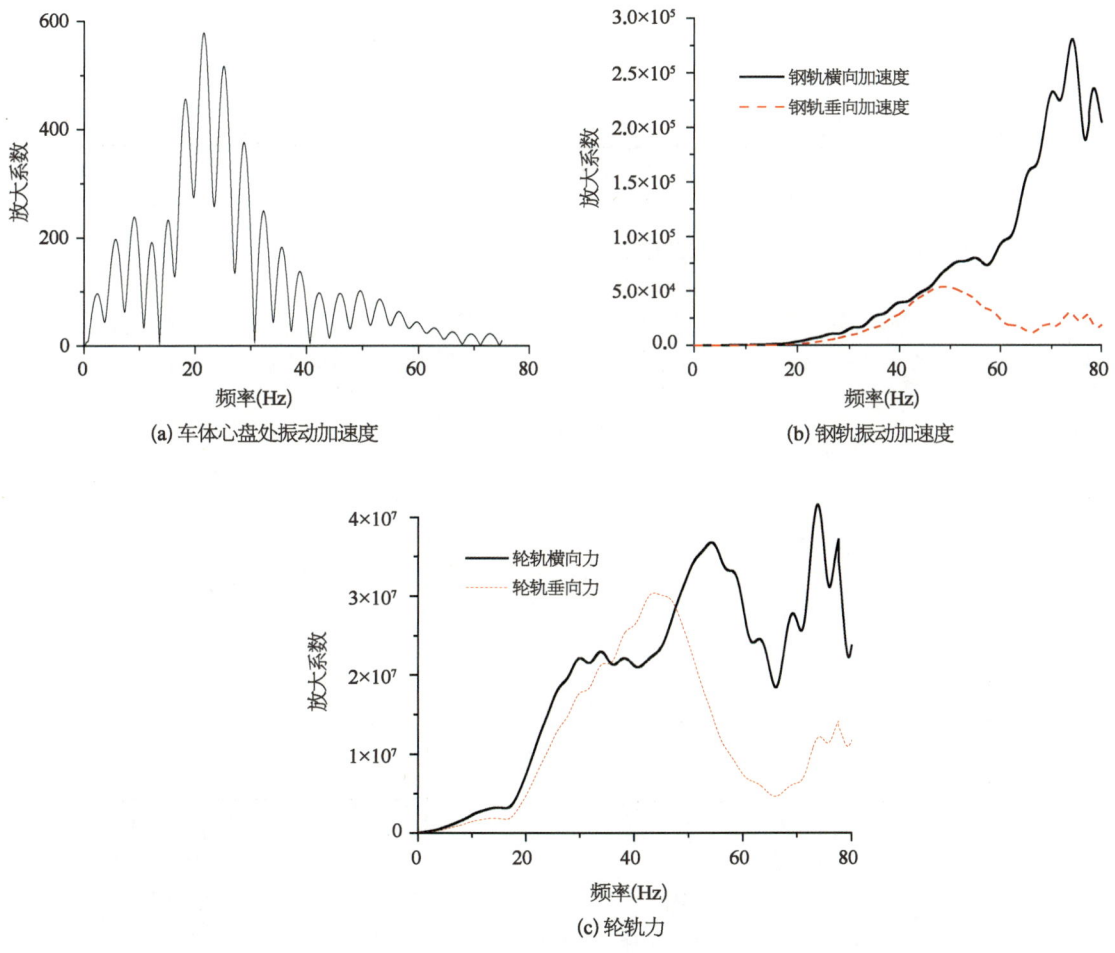

图 3-39 车辆-轨道耦合系统的传递函数

在轨道轨向不平顺激励下,钢轨横向振动大于垂向振动,轮轨横向力大于垂向力,但是在低于 50 Hz 频段内的数值上基本相当。因此在分析轨道轨向不平顺波长权重时应考虑钢轨垂向、横向振动加速度和轮轨垂向、横向力。

根据式(3-90)和式(3-96)可得出轨道不平顺与计权加速度之间的传递函数曲线,如图 3-40、图 3-41 所示。

比较图 3-39～图 3-41 可知,未引入计权曲线时,心盘横向加速度传递函数在 20～35 Hz 范围的振动放大系数较大,在低频和高频段的放大系数相对较小;引入计权曲线后,放大系数显著减小,但传递函数在 10 Hz 以内的放大系数相对较大。

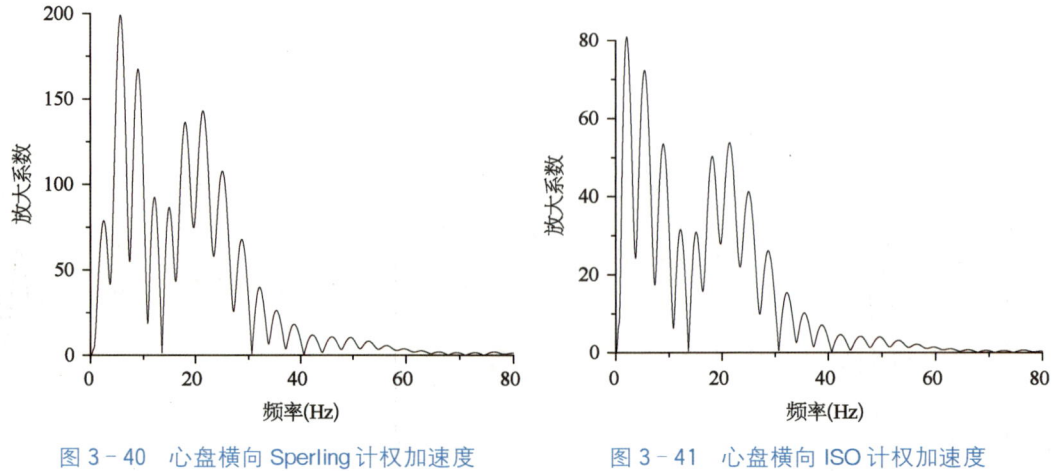

图 3-40　心盘横向 Sperling 计权加速度　　图 3-41　心盘横向 ISO 计权加速度

(4) 轨距不平顺。轨距不平顺会引起钢轨横向振动以及轮轨横向力产生较大振动,因此在分析轨道轨距不平顺波长权重时仅考虑钢轨横向振动加速度和轮轨横向力。传递函数如图 3-42 所示。

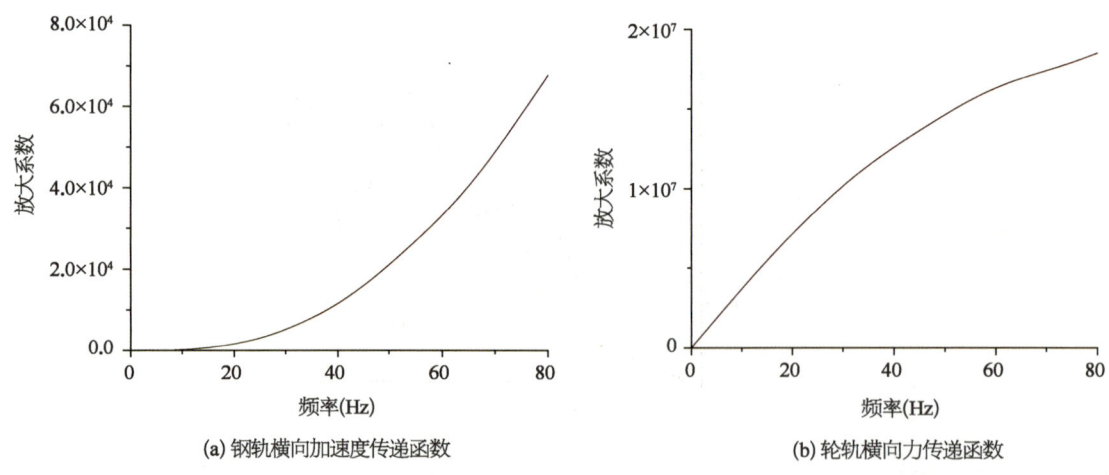

(a) 钢轨横向加速度传递函数　　(b) 轮轨横向力传递函数

图 3-42　车辆-轨道耦合系统的传递函数

2) 轨道不平顺的权重曲线

传递函数反映了轨道不平顺与车辆-轨道耦合系统的关系,即传递函数中每一测点对应着幅值为 1 的单一波长激励下车辆-轨道耦合系统的动力响应;换言之,传递函数体现了等幅值的单一波长不平顺对动力响应的影响程度。若要得到轨道不平顺的权重曲线需要将传递函数做归一化处理,下面以均值作为归一化条件,确定方法如图 3-43 所示。

(1) 单项指标的权重曲线。选取了三类动力学指标来确定轨道不平顺的权重曲线,针对这三类动力学指标分别进行归一化处理,如图 3-44～图 3-47 所示。为了便于描述,图中将横坐标转换为空间频率(单位: 1/m)。

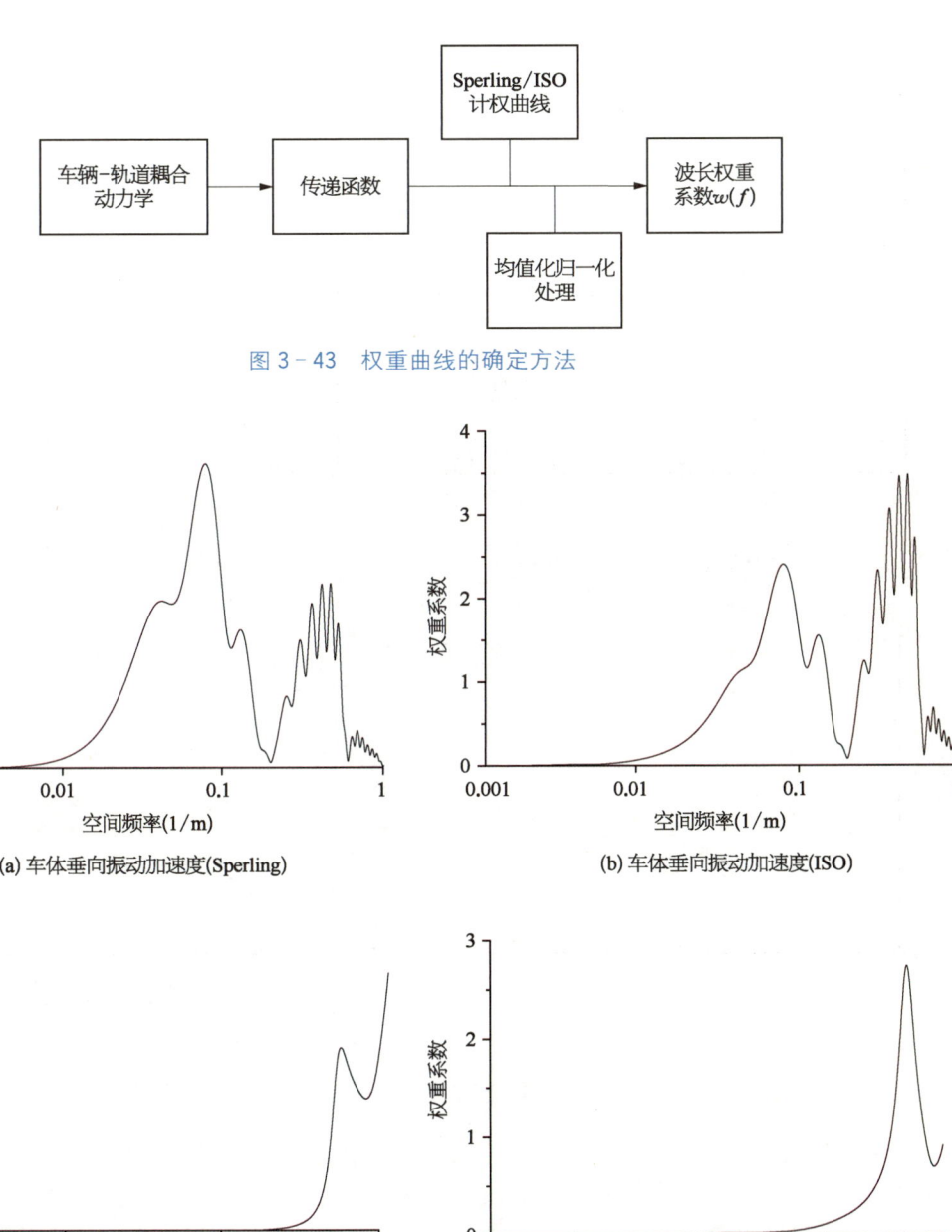

图 3‑43　权重曲线的确定方法

图 3‑44　轨道高低不平顺的权重曲线

由图 3‑44 可知,对于高低不平顺引起的车体垂向振动加速度权重曲线,车辆运行的平稳性(Sperling)、舒适性(ISO)权重系数在波长大于 100 m 频段内基本为零,说明波长大于 100 m 的轨道不平顺对车辆运行平稳性、舒适性的影响较小;波长在 2~100 m 范围内的权重系数均较大。钢轨振动加速度的权重曲线在波长大于 5 m 频段内的权重系数基本为零,波长短于 2 m 频段的权重系数大于 1。

轮轨力的权重曲线在波长大于 10 m 频段内的权重系数基本为零,波长为 1.37~2.33 m、短于 1.02 m 频段的权重系数大于 1。可见短波高低不平顺(约短于 2.5 m)对轮轨力和钢轨振动的影响较大。

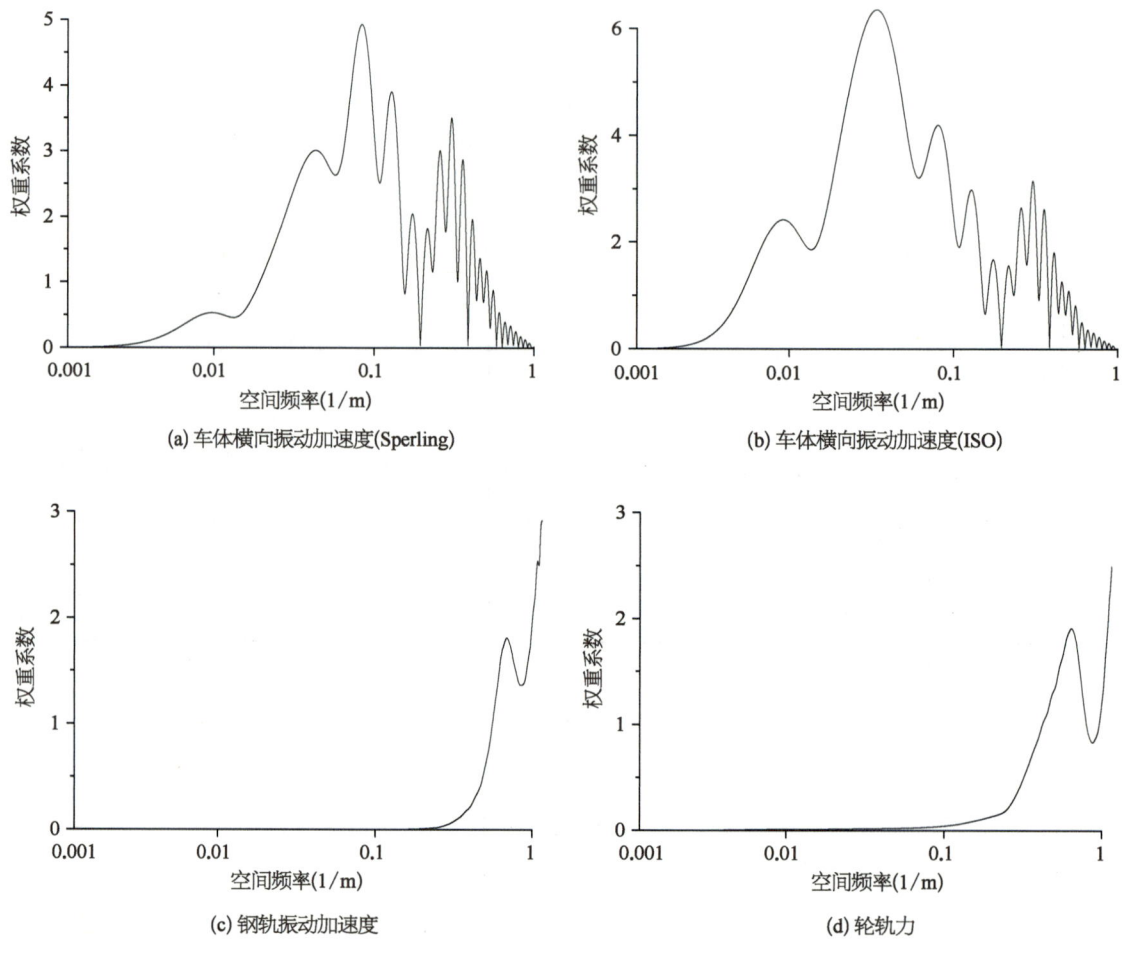

图 3-45　轨道水平不平顺的权重曲线

由图 3-45 可知,对于水平不平顺车体横向振动加速度的权重曲线,车辆运行的平稳性(Sperling)权重系数在波长为 2~70 m 频段内的权重系数较大;车辆运行的舒适性(ISO)权重系数在波长为 2~200 m 频段内的权重系数较大,可见在水平不平顺激励下影响车辆运行横向舒适性(ISO)的波长范围分布比较广。钢轨振动加速度的权重曲线在波长大于 5 m 频段内的权重系数基本为零,波长短于 1.79 m 频段的权重系数大于 1;轮轨力的权重曲线在波长大于 10 m 频段内的权重系数基本为零,波长为 1.24~2.37 m、短于 1.04 m 频段的权重系数大于 1。可见短波水平不平顺(约短于 2.5 m)对轮轨力和钢轨振动的影响较大。

由图 3-46 可知,对于轨向不平顺车体横向振动加速度的权重曲线,车辆运行的平稳性(Sperling)权重系数在波长为 2~70 m 频段内的权重系数较大;车辆运行的舒适性(ISO)权重系数在波长为 2~100 m 频段内的权重系数较大,可见在轨向不平顺激励下影响车辆运行横向舒适性(ISO)的波长范围分布也比较广。钢轨振动加速度的权重曲线在波长大于 5 m 频段内的权重系

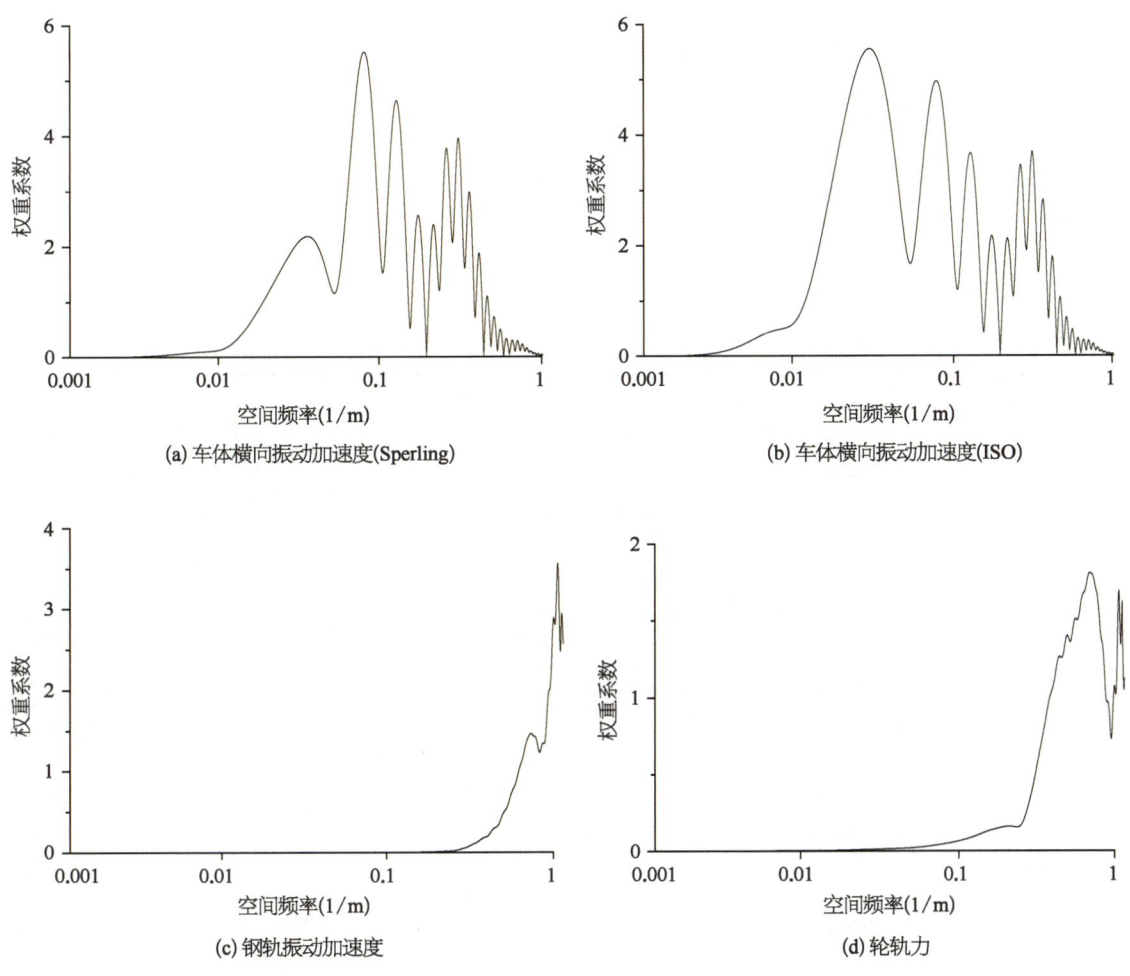

图 3-46 轨道轨向不平顺的权重曲线

基本为零,波长短于 1.60 m 频段的权重系数大于 1;轮轨力的权重曲线在波长大于 10 m 频段内的权重系数基本为零,波长为 1.14~2.65 m、短于 1.02 m 频段的权重系数大于 1。可见短波轨向不平顺(约短于 2.7 m)对轮轨力和钢轨振动的影响较大。

由图 3-47 可知,对于轨距不平顺钢轨振动加速度的权重曲线,在波长大于 5 m 频段内的权重系数基本为零,波长短于 1.44 m 频段的权重系数大于 1。轮轨力的权重曲线在波长大于 50 m 频段内的权重系数基本为零,波长短于 2 m 频段的权重系数大于 1。可见短波轨距不平顺(约短于 2 m)对轮轨力和钢轨振动的影响较大。

(2) 多指标的权重曲线。多指标的权重曲线是将三类动力学指标权重系数按不同的重要程度进行组合,得到综合的权重曲线。应该说不同的国情、路情和运输模式对于三类指标的追求侧重点是不同的,很难用某一种统一的定量方式衡量。此处对不同的组合方式分别加以讨论。组合的工况见表 3-33,表中数字代表重要度系数,例如工况 1 表示三类指标同等重要,即各占 1/3。需要说明由于轨距不平顺只对轮轨横向力和钢轨横向振动有影响,对车体振动的影响较小,因此在组合权重曲线时只考虑轮轨横向力和钢轨横向振动,且各占 1/2。

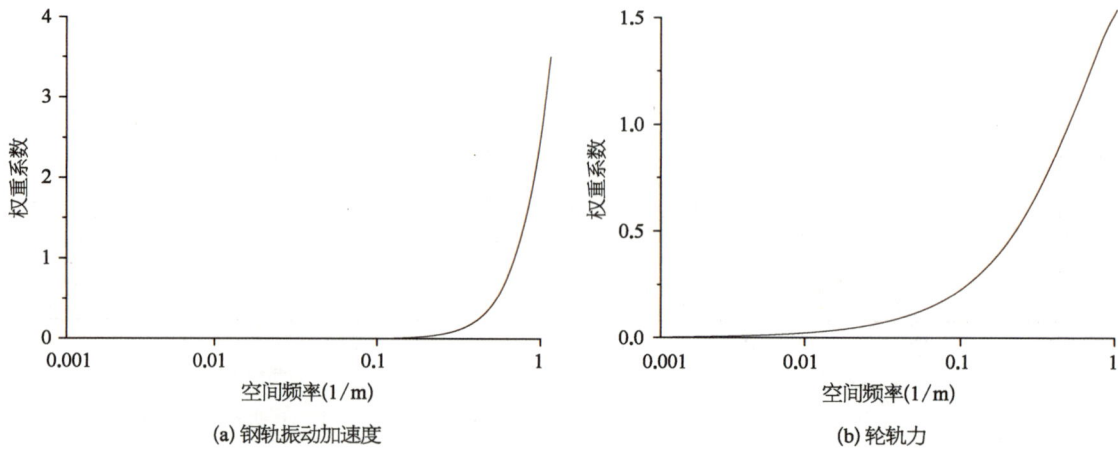

图 3-47 轨道轨距不平顺的权重曲线

表 3-33 权重曲线组合的工况

工况编号		三类动力学指标			
		车体加速度 (Sperling)	车体加速度 (ISO)	钢轨加速度	轮轨力
平稳性权重 (Sperling)	工况1	1/3		1/3	1/3
	工况2	1/2		1/4	1/4
	工况3	2/3		1/6	1/6
舒适性权重 (ISO)	工况4		1/3	1/3	1/3
	工况5		1/2	1/4	1/4
	工况6		2/3	1/6	1/6

图 3-48～图 3-51 为多指标的组合权重曲线。由图可知，车体加速度占的比重越大，综合权重曲线在波长大于 2 m 范围内的权重系数越大，波长短于 2 m 范围内的权重系数越小。

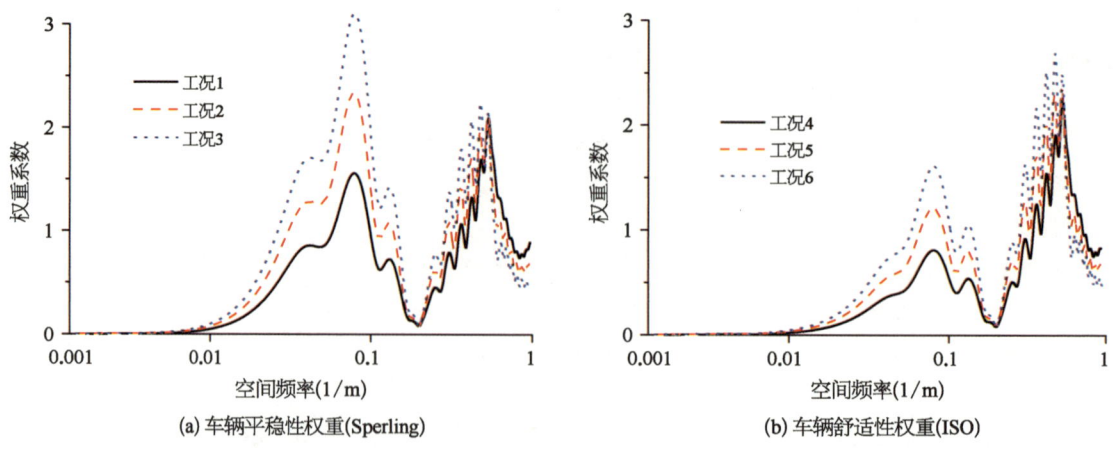

图 3-48 高低不平顺的权重曲线

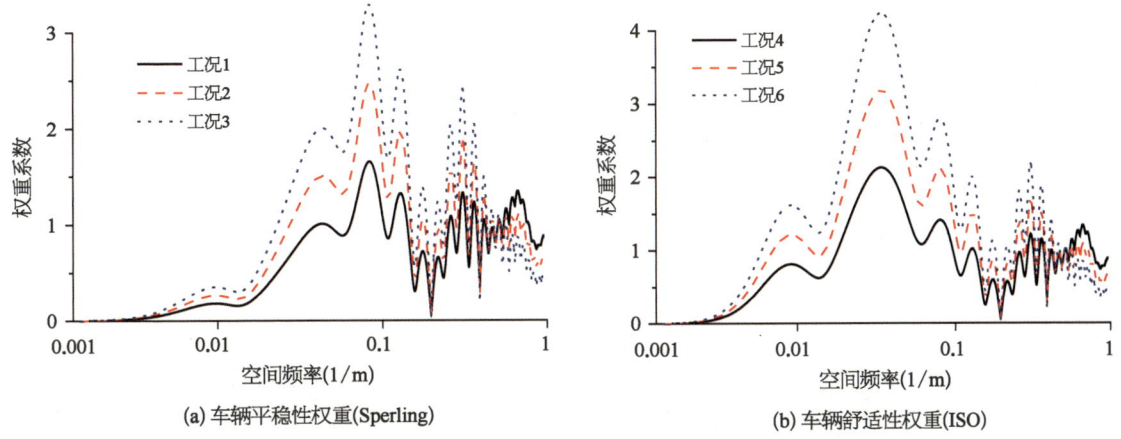

图 3-49 水平不平顺的权重曲线

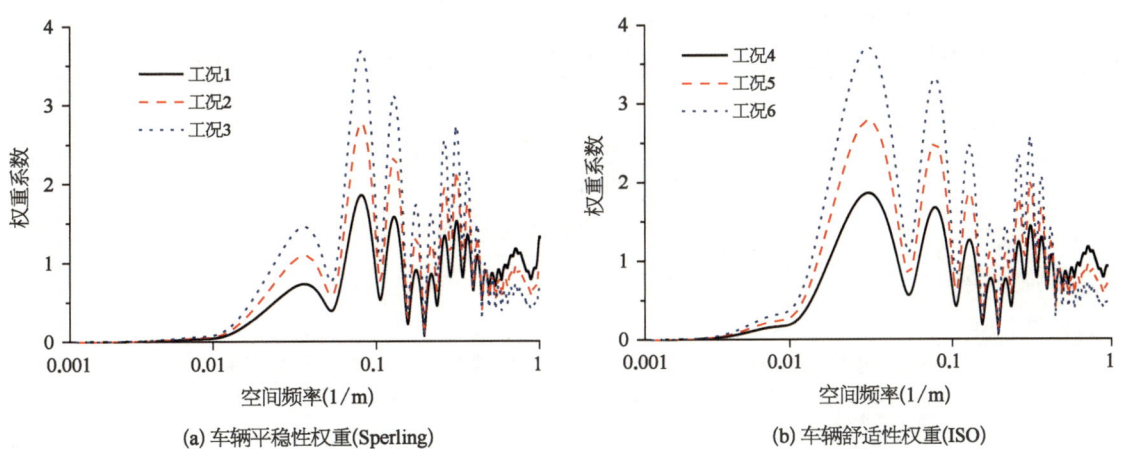

图 3-50 轨向不平顺的权重曲线

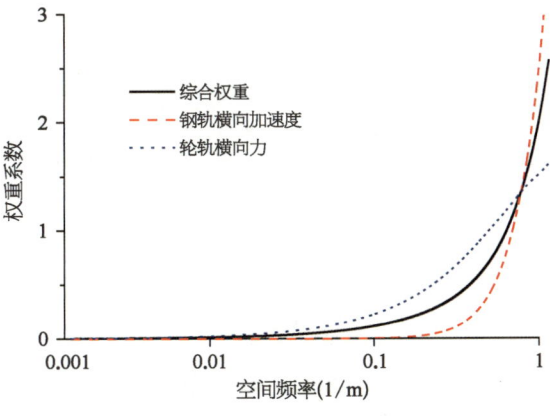

图 3-51 轨距不平顺的权重曲线

3.4.2 轨道不平顺的重构

为实现轨道不平顺敏感波长成分的加权分析,需要进行轨道不平顺的分解、重构。轨道不平顺的波谱分解方法主要有小波分解(WD)、经验模态分解(EMD)和数字滤波器分解等方法。EMD方法由波谱上、下包络线的平均值确定"瞬时平衡位置",进而分解本征模态函数(IMF)分量,较WD分解精确,且适用于线性及非线性序列分析;但由于EMD分解与重构过程效率低,并且存在端点效应产生误差,极大地限制了该方法的应用。WD分解仅对线性序列的分析效果较好,对非线性序列的效果一般,尤其是对高频的分辨率较差,其小波系数方差可能会掩盖一些高频的周期,仅以倍频方式计权的曲线分辨率过低。下面重点介绍轨道不平顺重构的EMD法和数字滤波器法。

经验模态分解可将原始轨道不平顺信号分解为多个本征模态函数,IMF近似为单分量信号,根据IMF的瞬时频率引入波长权重系数,可重构得到波长加权的轨道不平顺,在此基础上求取TQI,简称E-TWQI。数字滤波器法将轨道不平顺波长频域范围按1/3倍频程划分为N个频带,并设计相应的时域滤波器,通过数字滤波得到各个频带的轨道不平顺波形分量,求得标准差再根据中心频率赋予对应波长赋予权重系数,再求取TQI,简称F-TWQI。加权后的轨道不平顺较原始不平顺能突出其中的敏感波长,便于病害特征识别及诊断、维护。轨道不平顺加权重构,计算加权后TQI的主要思路如图3-52所示。

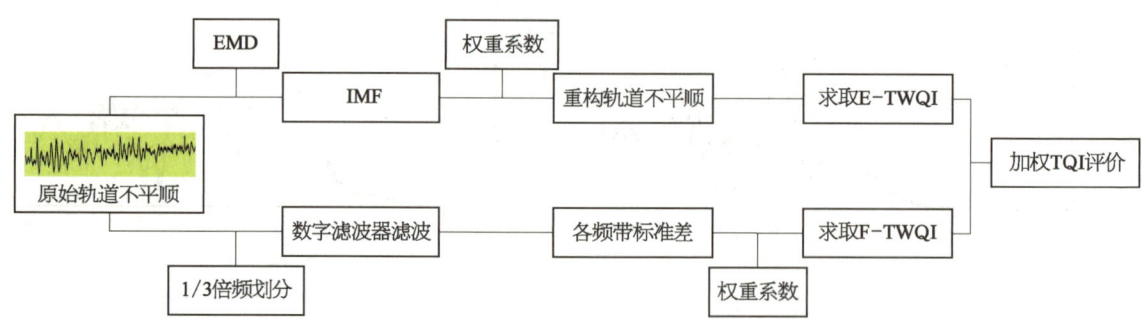

图3-52 轨道不平顺的重构方法

3.4.2.1 经验模态分解

1) 本征模态函数

从物理学的角度看,信号可分为单分量和多分量信号两大类。单分量信号在任意时刻都只有一个频率,该频率称为信号的瞬时频率。多分量信号则在某些时刻存在多个频率,对于多分量信号瞬时频率没有意义。为了能够获得有意义的瞬时频率,Huang等人提出了一种新的信号分解方法,即EMD分解方法,可将多分量信号分解为多个窄带分量,每个分量被称为本征模态函数。

分解结果由若干个IMF和一个残余信号组成:

$$s(t) = \sum_{i=1}^{n} \text{IMF}_i(t) + r_n(t) \tag{3-105}$$

每个IMF必须满足如下两个条件:在整个信号上,极值点的个数和过零点的个数相差不大于1;在任意点处,上下包络的均值为0。

通常情况下，实际信号都是复杂信号，并不满足上述条件。因此 Huang 进行了以下假设：任何信号都是由若干本征模态函数组成的；各个本征模态函数既可以是线性的，也可以是非线性的，各本征模态函数的局部零点个数和极值点数相同，同时上下包络关于时间轴局部对称；在任何时候，一个信号都可以包含若干本征模态函数，若各模态函数之间相互叠加，就组成了复合信号。

2) EMD 算法的基本原理

EMD 算法假设对于任何信号都是由若干有限的本征模态函数组成的，每个本征模态函数通过以下方法得到：

首先，找到原信号 $x(t)$ 的所有极大值、极小值点，通过三次样条函数拟合出极大值包络线 $e_+(t)$ 和极小值包络线 $e_-(t)$。上下包络线的均值作为原信号的均值包络 $m_1(t)$，则

$$m_1(t) = \frac{e_+(t) + e_-(t)}{2} \tag{3-106}$$

将原信号减去 $m_1(t)$ 可得到一个去掉低频的新信号 $h_1^1(t)$：

$$h_1^1(t) = x(t) - m_1(t) \tag{3-107}$$

一般 $h_1^1(t)$ 不是一个平稳信号，不满足 IMF 定义的两个条件。重复上述过程，假定经过 k 次后 $h_1^k(t)$ 满足 IMF 的定义，则原信号的一阶 IMF 分量为

$$c_1(t) = \text{IMF}_1(t) = h_1^k(t) \tag{3-108}$$

用原信号减去 $c_1(t)$，得到一个去掉高频成分的新信号 $r_1(t)$，则

$$r_1(t) = x(t) - c_1(t) \tag{3-109}$$

对 $r_1(t)$ 重复得到 $c_1(t)$ 的过程，即可得到第二个 IMF 分量 $c_2(t)$；反复这一过程，一直得到第 n 阶 IMF 分量 $c_n(t)$，其余量 $r_n(t)$ 小于预设值、为单调函数或常量时，EMD 分解过程停止，原信号 $x(t)$ 被分解为

$$x(t) = \sum_{i=1}^{n} c_i(t) - r_n(t) \tag{3-110}$$

式中　$r_n(t)$——趋势项，代表信号的平均趋势或均值。

$x(t)$ 经过 EMD 分解后得到了 n 个频率从高到低的本征模态函数 IMF。

实际上，上、下包络的均值一般不为零，通常满足下面的式子时，就认为包络的均值满足 IMF 的均值为零的条件：

$$\frac{\sum [h_1^{k-1}(t) - h_1^k(t)]^2}{\sum [h_1^{k-1}(t)]^2} \leqslant \varepsilon \tag{3-111}$$

式中　ε——筛分门限，一般为 0.2～0.3。

通过以上步骤，EMD 分解算法可以如下设计：

(1) 初始化，令 $r_1(t) = x(t)$，$i=1$，$k=1$。

(2) 获得第 n 阶本征模态函数 IMF。令 $h_1^k(t) = r_1(t)$，找出 $h_1^k(t)$ 所有极大值和极小值点。

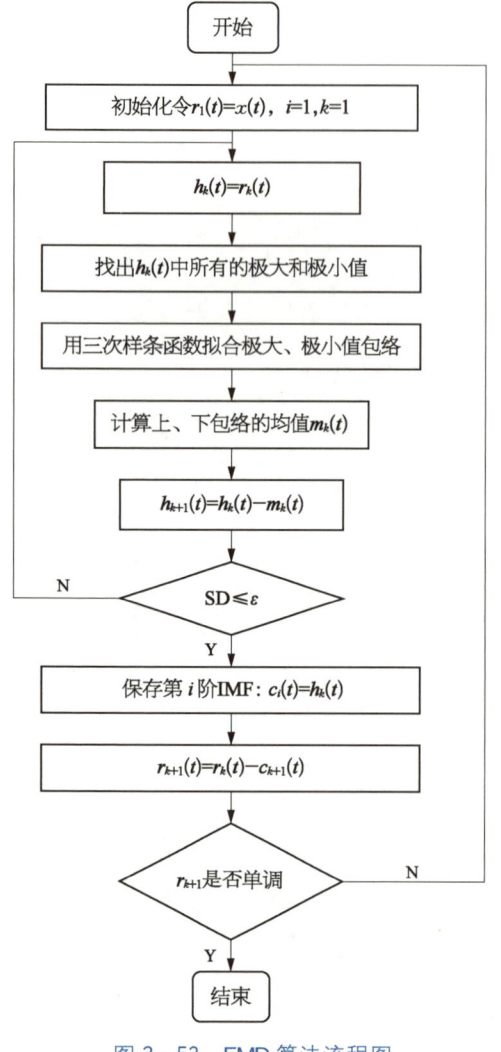

图 3-53　EMD 算法流程图

通过三次样条函数分别对极大值点和极小值点进行拟合，求上、下包络线 $e_+(t)$ 和 $e_-(t)$。计算上、下包络均值 $m_k(t)$：

$$h_1^{k+1}(t) = x(t) - m_k(t)$$

若 $\mathrm{SD} = \dfrac{\sum [h_1^{k-1}(t) - h_1^k(t)]^2}{\sum [h_1^{k-1}(t)]^2} \leqslant \varepsilon$，则 $c_i(t) = \mathrm{IMF}_i(t) = h_i^k(t)$；否则，令 $k = k+1$，继续上一过程。

(3) $r_{k+1}(t) = r_k(t) - c_{k+1}(t)$，判断余量 $c_{k+1}(t)$ 是否为单调函数或常量，如果是，则整个 EMD 分解过程结束。

EMD 算法流程如图 3-53 所示。

3）瞬时频率

本征模态函数 IMF 近似为单分量信号，可以表示为

$$x(t) = a(t)\cos\varphi(t) \qquad (3-112)$$

对上式以抽样周期 T 抽样，得到离散序列 $x(n)$，设其长度为 N，则

$$x(n) = a(n)\cos\varphi(n) \qquad (3-113)$$

寻找序列过零点对 $H(i) = \{x(n_i), x(n_i+1)\}$，$0 \leqslant n_i < N-1$，即若 $x(n_i) > 0$，则必有 $x(n_{i+1}) < 0$。对每个序列过零点对采用线性插值，得到零点对应的时间值 $t_{zi} = n_{zi}T$，其中，

$$n_{zi} = n_{i+1} + \frac{x(n_i+1)}{x(n_i) - x(n_i+1)} \qquad (3-114)$$

同理，寻找序列过极点组 $J(i) = \{x(n_i), x(n_i+1), x(n_i+2)\}$，$0 \leqslant n_i < N-1$。实现对每小区段内极点的采集，再采用牛顿二次多项式插值：

$$x(n_{ei}) = x(n_i) + x[n_i, n_i+1](n_{ei}-n_i) + x[n_i, n_i+1, n_i+2](n_{ei}-n_i)(n_{ei}-n_i-1) \qquad (3-115)$$

式中　$x[\ ]$——差商算子。

对上式求导并令其为零，得到极点对应的时间值 $t_{ei} = n_{ei}T$，其中，

$$n_{ei} = n_i + \frac{x(n_i+2) - x(n_i)}{2[2x(n_i+1) - x(n_i) - x(n_i+2)]} + 1 \qquad (3-116)$$

则可以得到极值点：

第 3 章 高速铁路轨道不平顺动力学控制与评估

$$x(n_{ei}) = x(n_i+1) + \frac{[x(n_i+2)-x(n_i)]^2}{8[2x(n_i+1)-x(n_i)-x(n_i+2)]} \tag{3-117}$$

设信号过零点位置为 t_{zi}、t_{zi+1}、t_{zi+2}，根据 IMF 特性，在相邻的过零点之间有且只有一个极值点，设其位于 t_{ei}、t_{ei+1}。定义在 $(t_{zi}+t_{zi+2})/2$ 处的瞬时频率估计值为

$$f_{0.5(t_{zi}+t_{zi+2})} = \frac{3(f_{zi-ei}+f_{zi-(zi+1)}+f_{zi-(ei+1)}+f_{zi-(zi+2)})}{25} \tag{3-118}$$

其中，$f_{zi-ei} = \dfrac{1}{t_{ei}-t_{zi}}$，$f_{zi-(zi+1)} = \dfrac{1}{t_{zi+1}-t_{zi}}$，$f_{zi-(ei+1)} = \dfrac{1}{t_{ei+1}-t_{zi}}$，$f_{zi-(zi+2)} = \dfrac{1}{t_{zi+2}-t_{zi}}$。

对结果进行三次样条插值运算，由此可得到瞬时频率曲线 $f(t)$。

3.4.2.2 基于 EMD 分解的轨道不平顺重构

根据轨道不平顺本征模态的瞬时频率以及权重函数可以重构出轨道不平顺，重构的不平顺包含了波长权重的影响。下面以某不平顺随机样本为例，如图 3-54 所示。

1) EMD 分解与瞬时频率的计算

经过 EMD 分解可得到的本征模态函数 IMF。以高低不平顺为例，其 IMF 分解如图 3-55、图 3-56 所示。经过 EMD 分解后的各本征模态函数都是较为光滑的曲线，分解得到了 9 个从高频到低频的本征模态函数 IMF。其中，第 4、5、6 层的幅值较大，为 4 mm 左右；第 2、3、7 层幅值为 2 mm 左右；第 8、9 层的幅值最小，不足 0.5 mm。

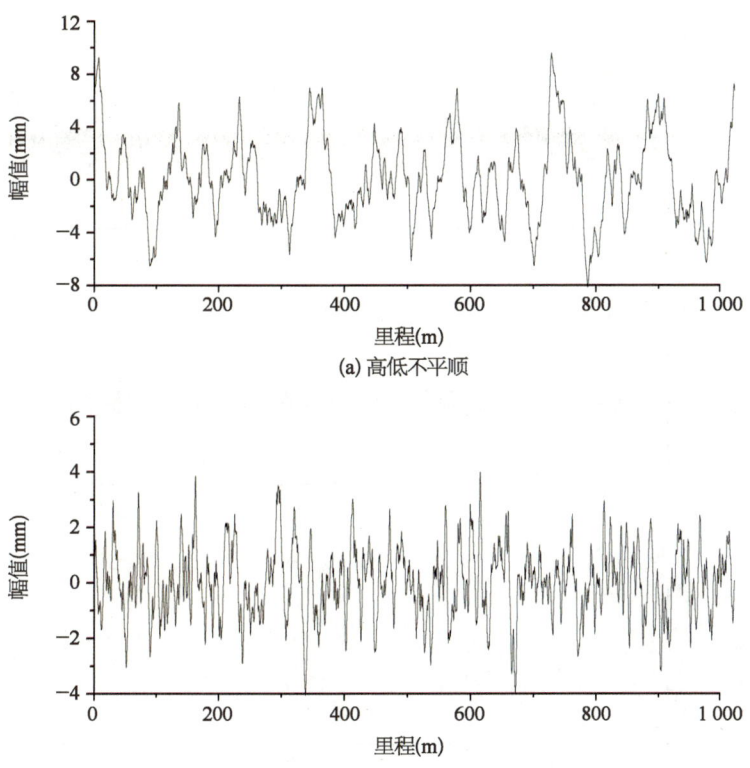

(a) 高低不平顺

(b) 水平不平顺

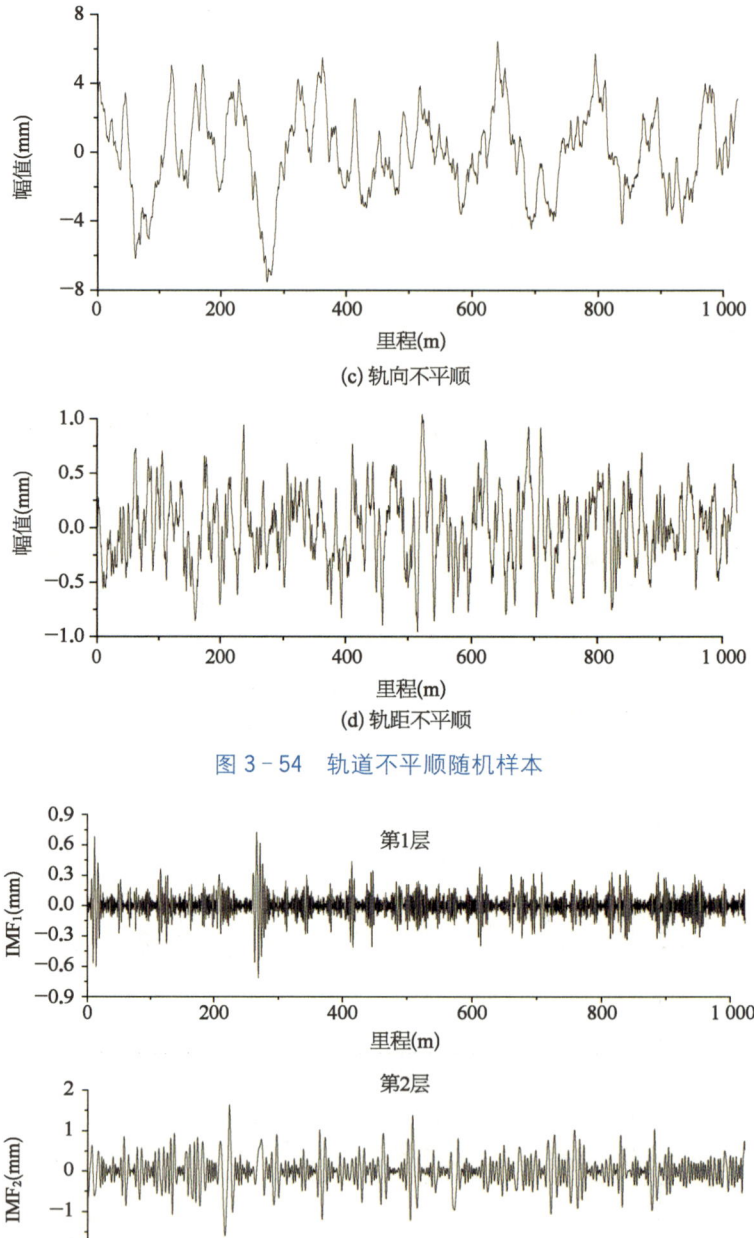

(c) 轨向不平顺

(d) 轨距不平顺

图 3-54 轨道不平顺随机样本

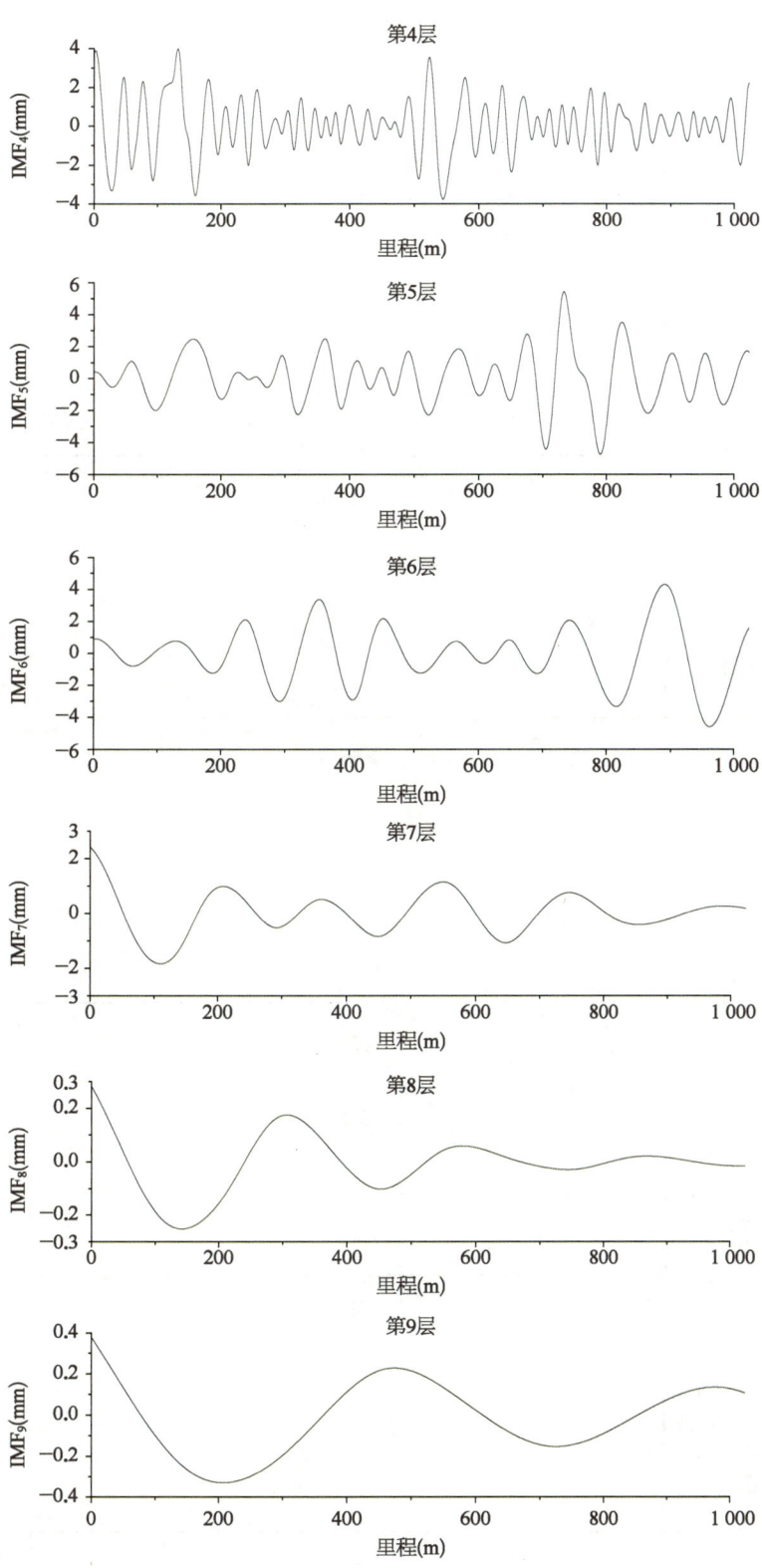

图 3-55 高低不平顺随机样本的 IMF

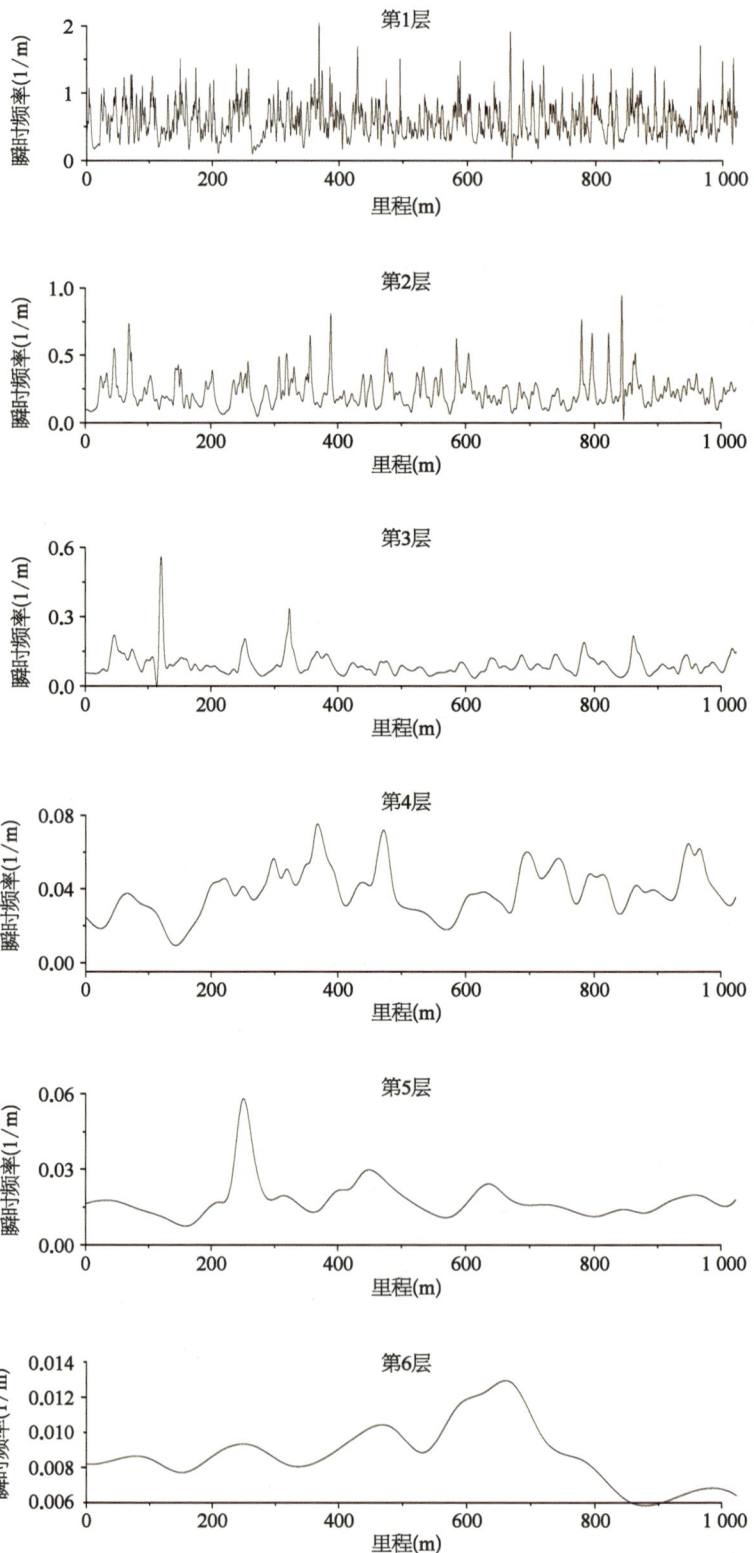

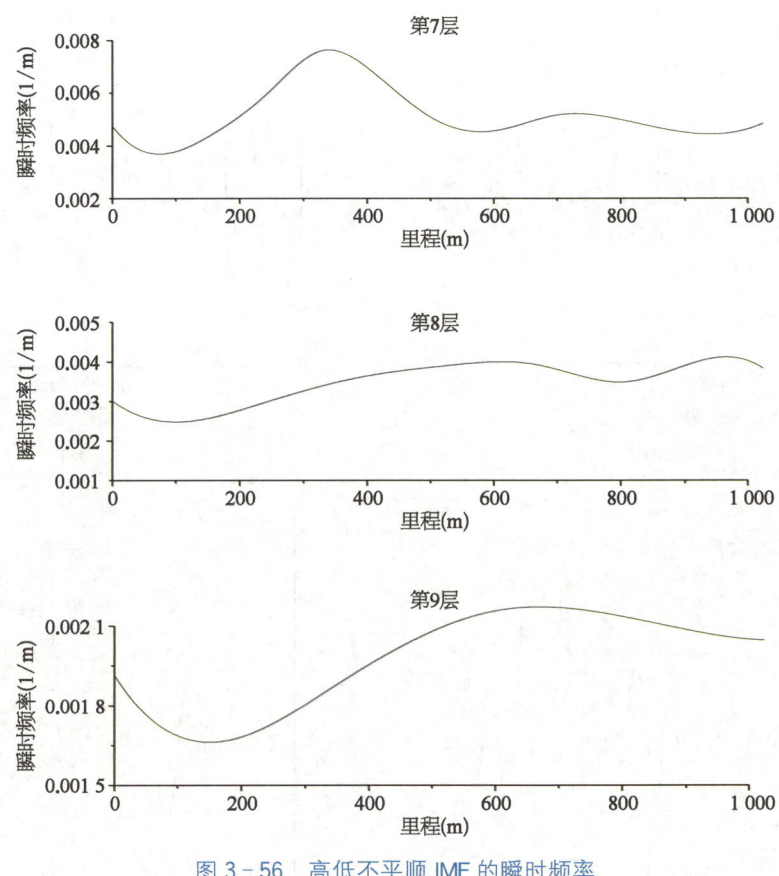

图 3-56 高低不平顺 IMF 的瞬时频率

2) IMF 引入波长权重

(1) 高低不平顺。图 3-57 为高低不平顺引入车辆运行平稳性(Sperling)权重曲线后每层的 IMF 曲线。图 3-58 为高低不平顺引入车辆运行舒适性(ISO)权重曲线后每层的 IMF 曲线。

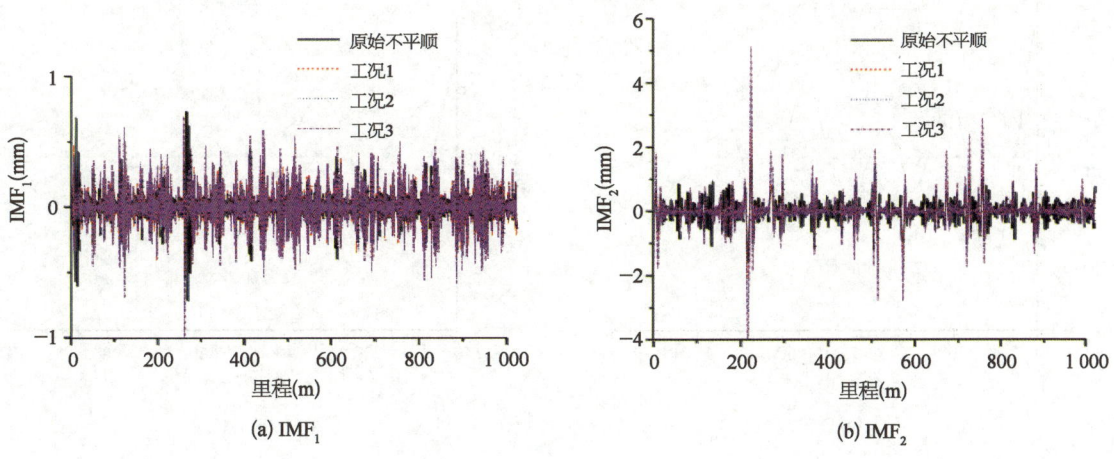

(a) IMF_1

(b) IMF_2

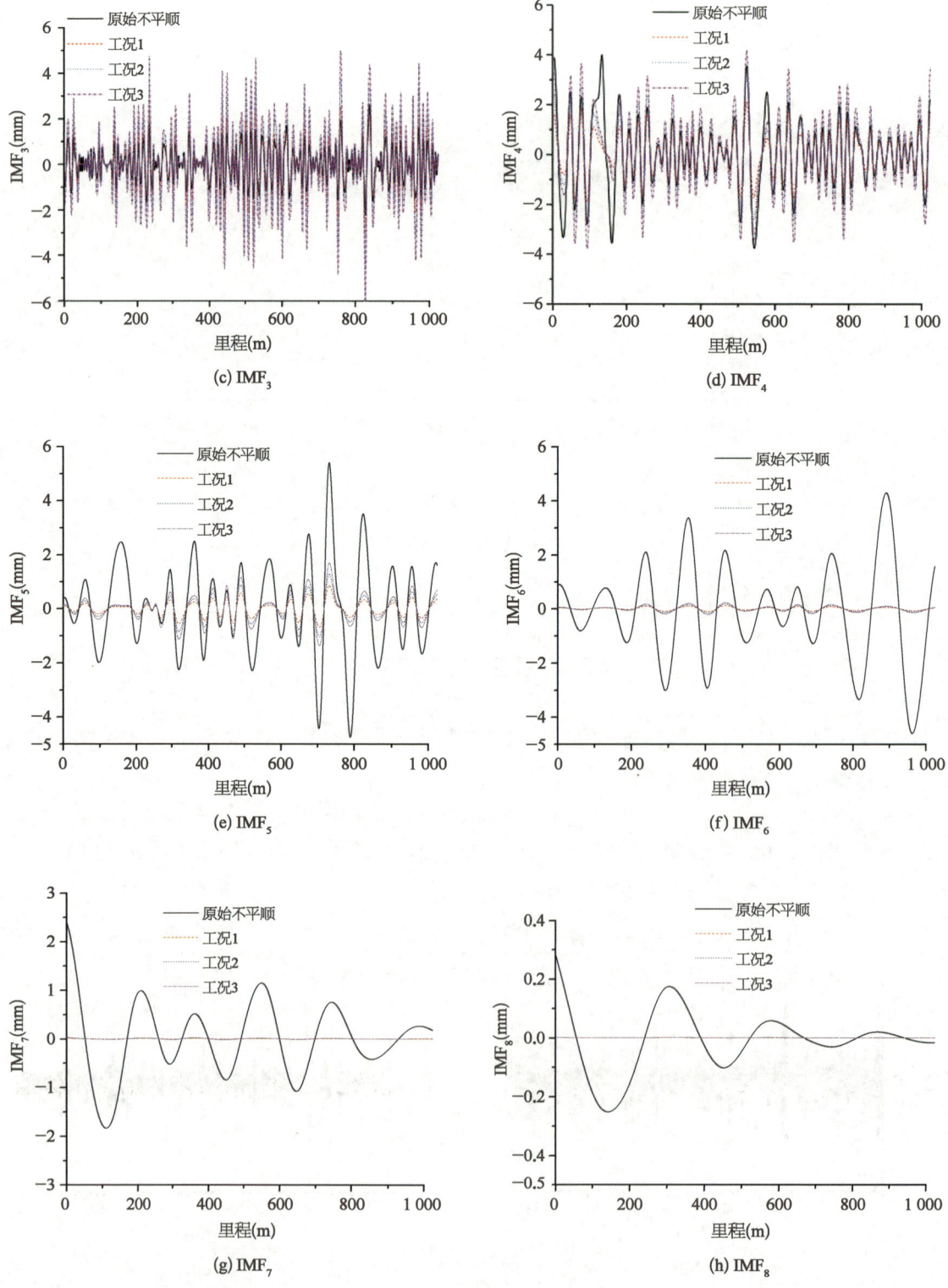

第 3 章 高速铁路轨道不平顺动力学控制与评估

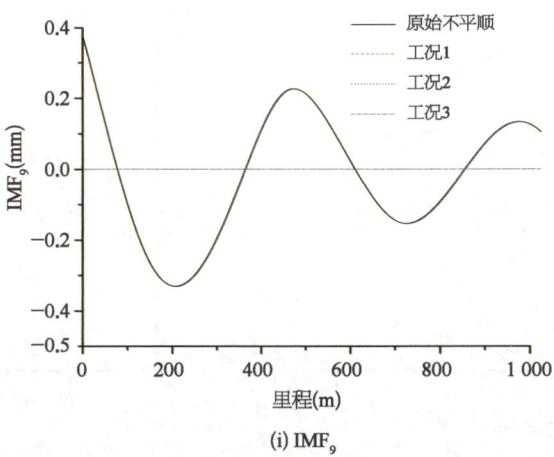

(i) IMF_9

图 3-57 引入平稳性权重后的 IMF 曲线

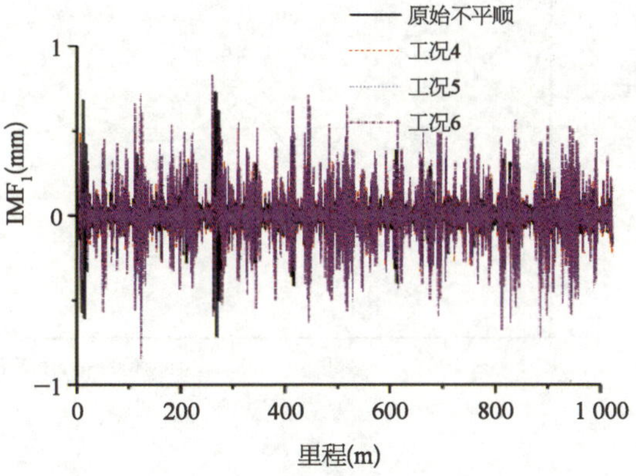

(a) IMF_1

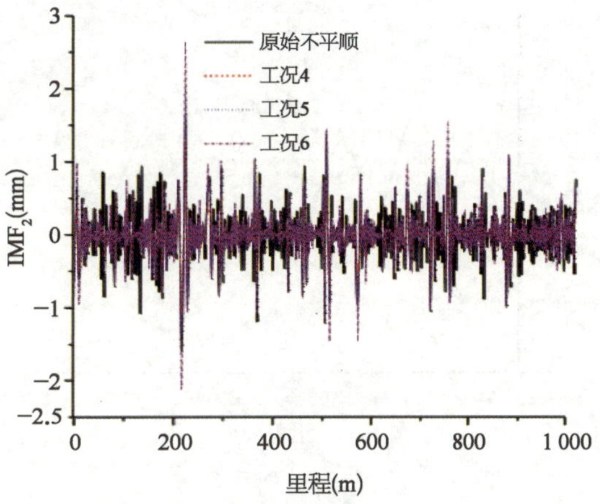

(b) IMF_2

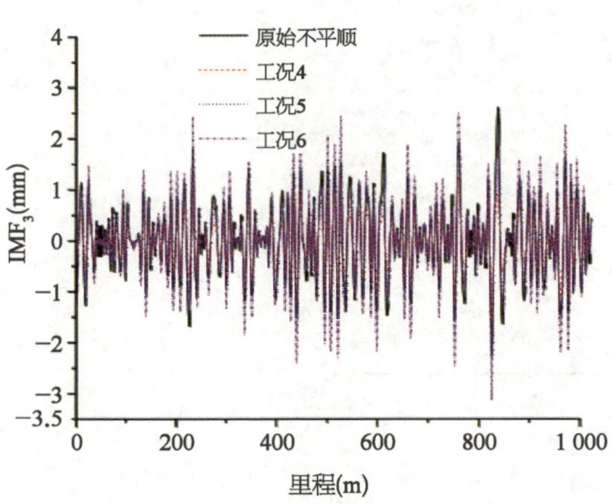

(c) IMF_3

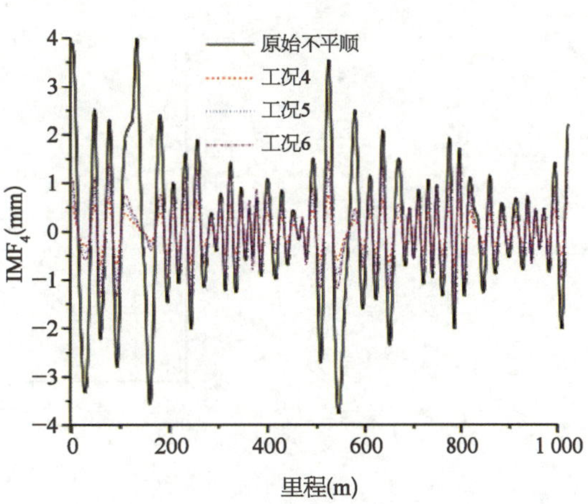

(d) IMF_4

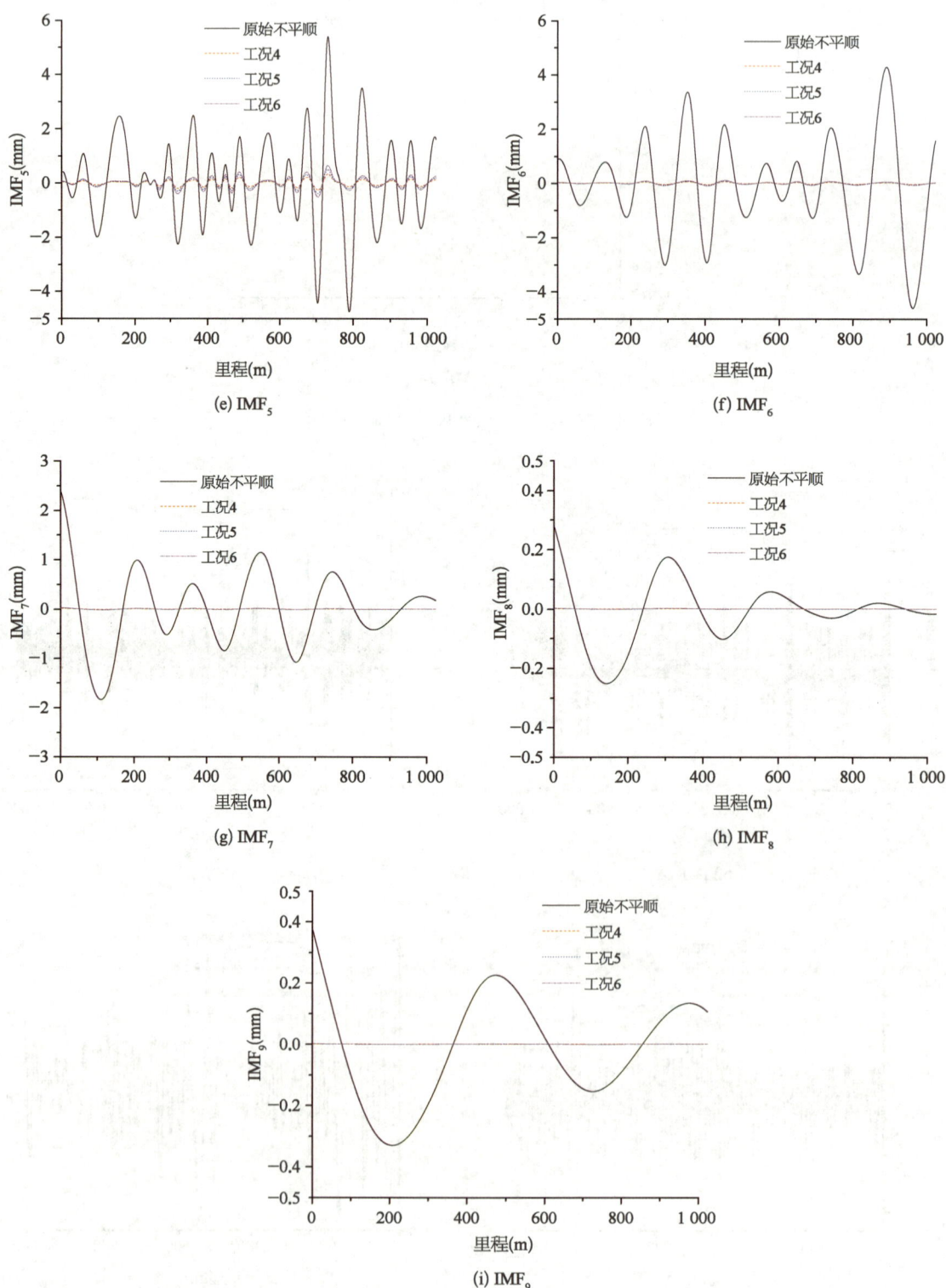

图 3-58 引入舒适性权重后的 IMF 曲线

由图 3-57 可知,引入车辆平稳性权重曲线后,第 1～4 层 IMF 的幅值得以保留或较大;第 4～9 层 IMF 的幅值则显著减小了,尤其是第 7～9 层 IMF 的幅值基本上为零,说明这几层 IMF 对车辆-轨道耦合系统的影响较小。

由图 3-58 可知,引入车辆舒适性权重曲线后,第 1～3 层 IMF 的幅值均较大;第 4～9 层 IMF 的幅值则显著减小了,尤其是第 6～9 层 IMF 的幅值基本上为零,说明这几层 IMF 对车辆-轨道耦合系统的影响较小。

为验证上述结果的合理性,下面将分析加权后各层 IMF 的动力响应。

(2) 水平不平顺。图 3-59 为水平不平顺引入车辆运行平稳性权重曲线后每层的 IMF 曲线。图 3-60 为水平不平顺引入车辆运行舒适性权重曲线后每层的 IMF 曲线。

由图 3-59 可知,引入车辆平稳性权重曲线后,第 1～5 层 IMF 的幅值均较大;第 6～8 层 IMF 的幅值则显著减小了,尤其是第 8 层 IMF 的幅值基本上为零。

由图 3-60 可知,引入车辆舒适性权重曲线后,第 1～7 层 IMF 的幅值均较大;第 8 层 IMF 的幅值则显著减小。

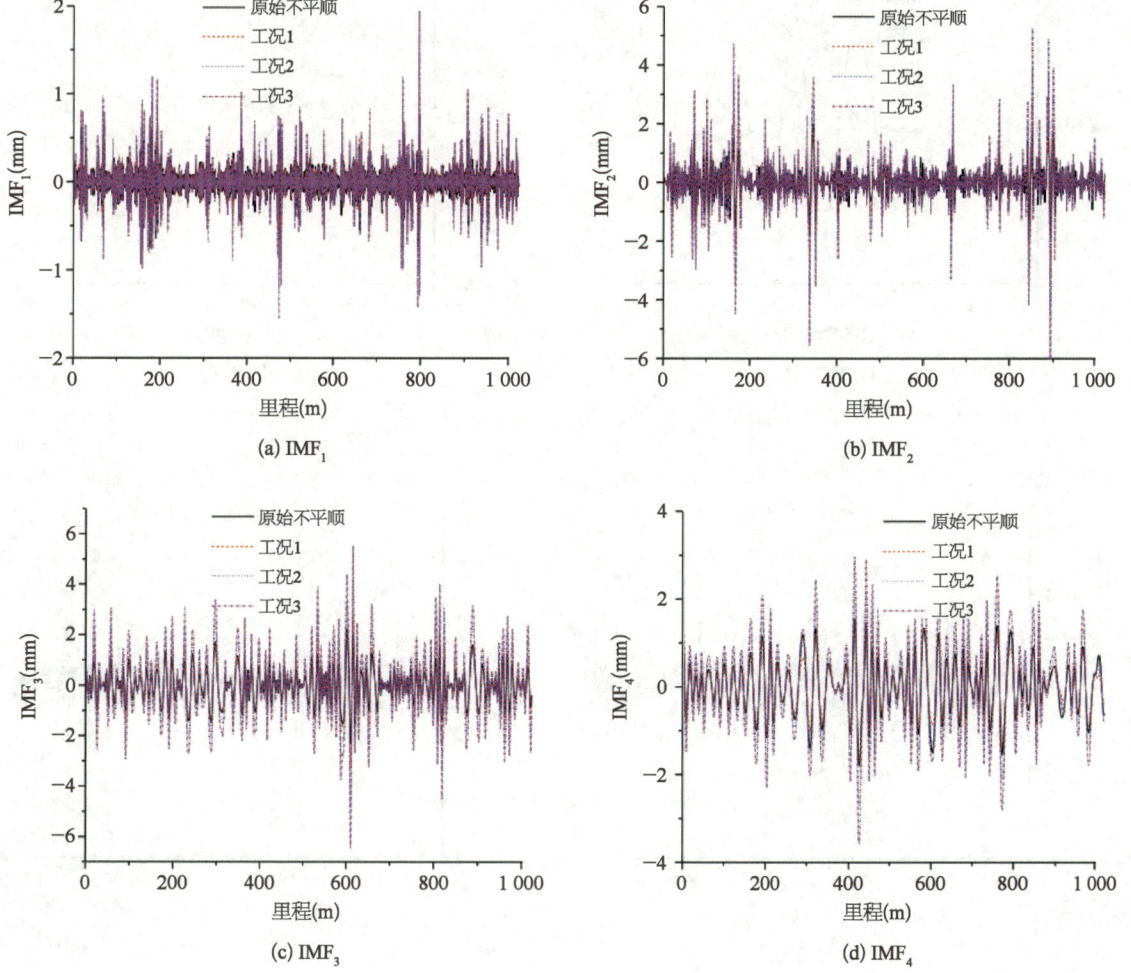

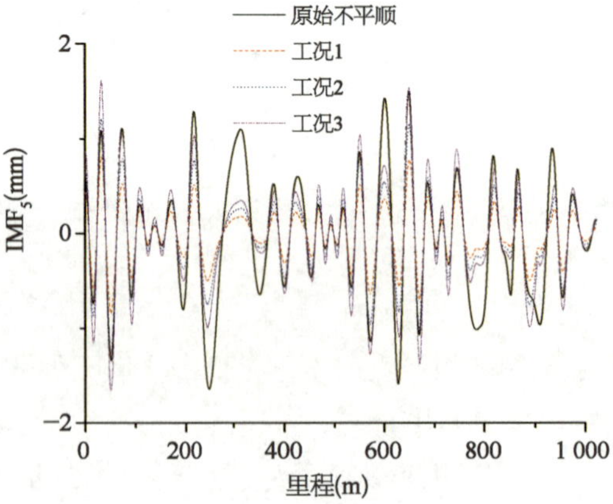

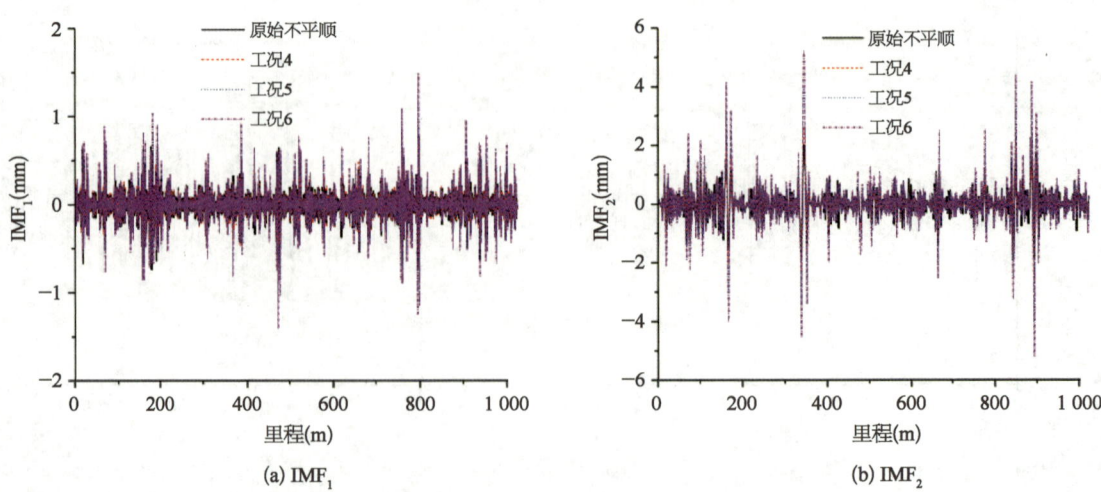

图 3-59 引入平稳性权重后的 IMF 曲线

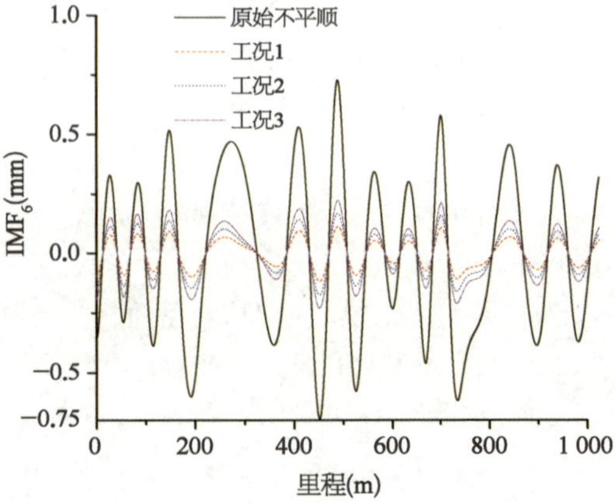

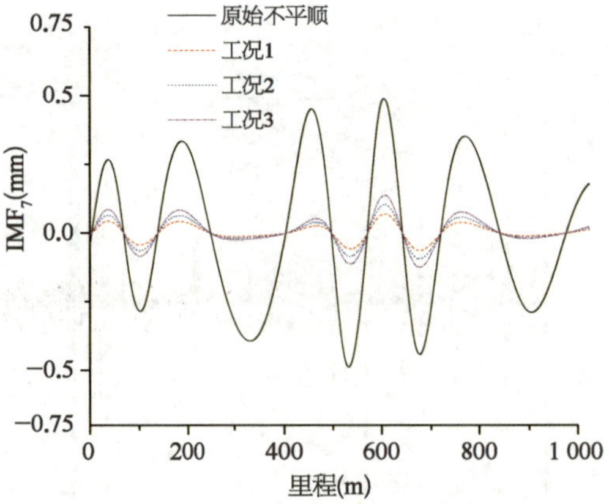

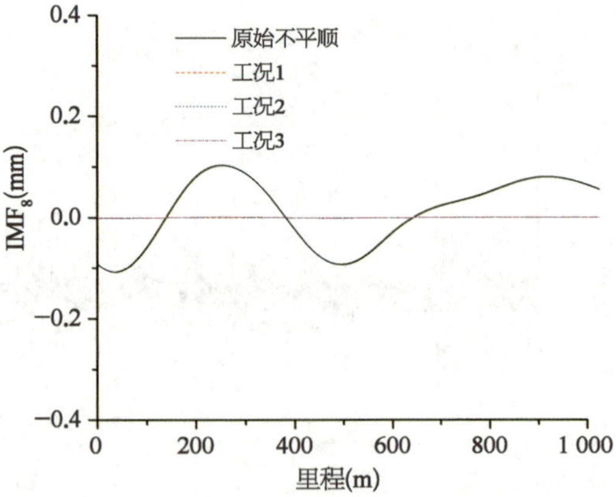

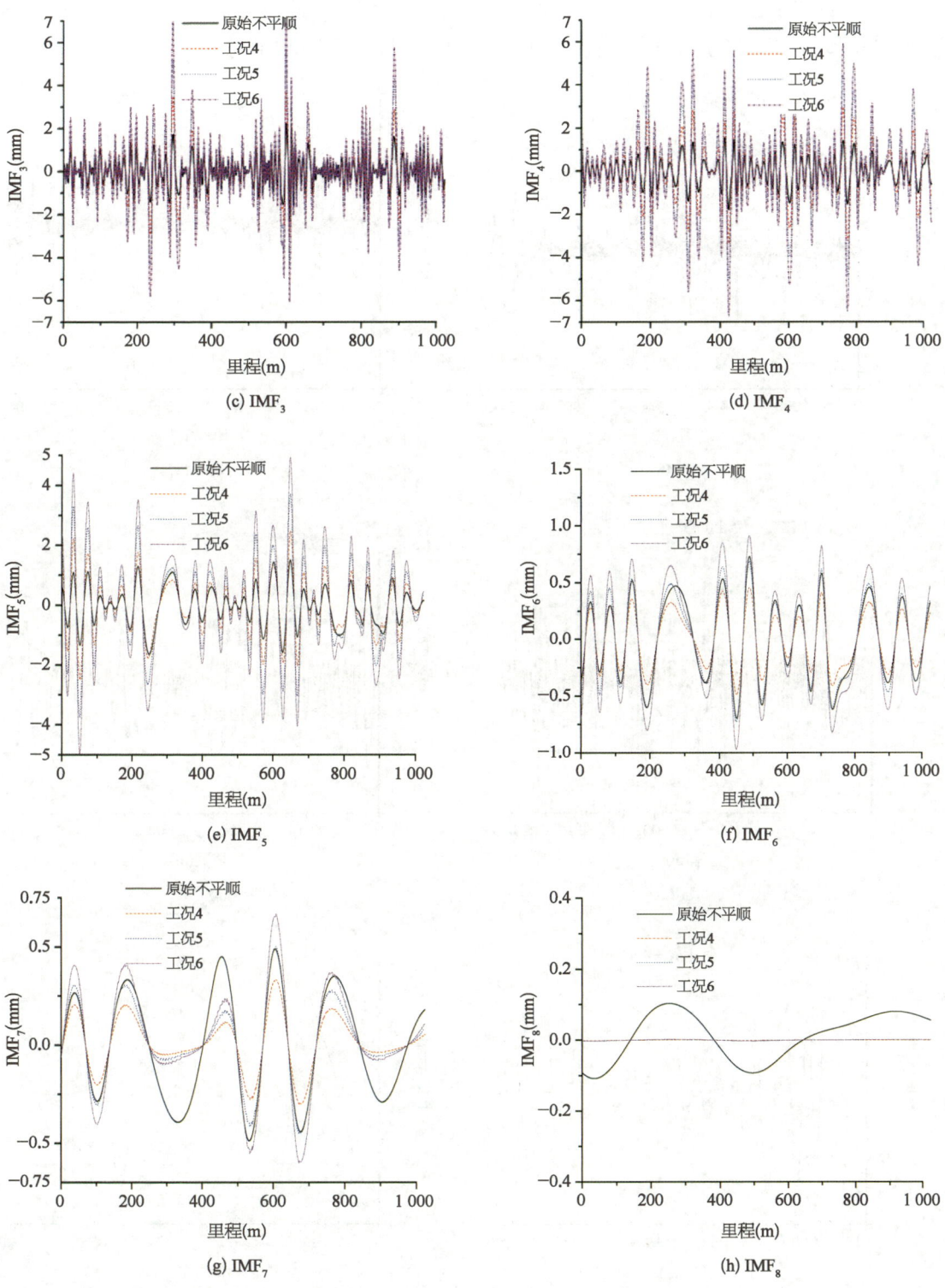

图 3-60　引入舒适性权重后的 IMF 曲线

（3）轨向不平顺。图 3-61 为轨向不平顺引入车辆运行平稳性权重曲线后每层的 IMF 曲线。图 3-62 为轨向不平顺引入车辆运行舒适性权重曲线后每层的 IMF 曲线。

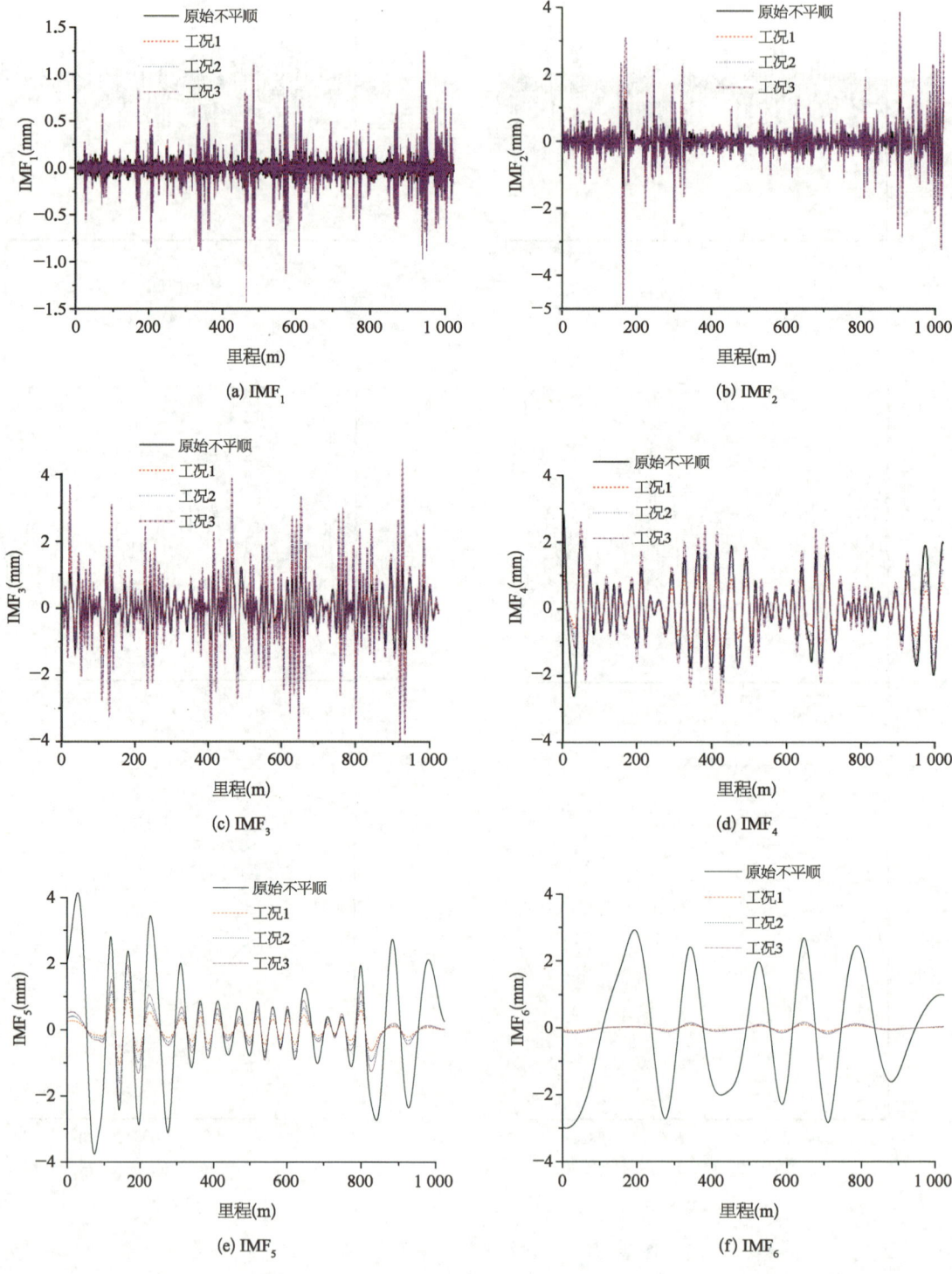

(a) IMF_1

(b) IMF_2

(c) IMF_3

(d) IMF_4

(e) IMF_5

(f) IMF_6

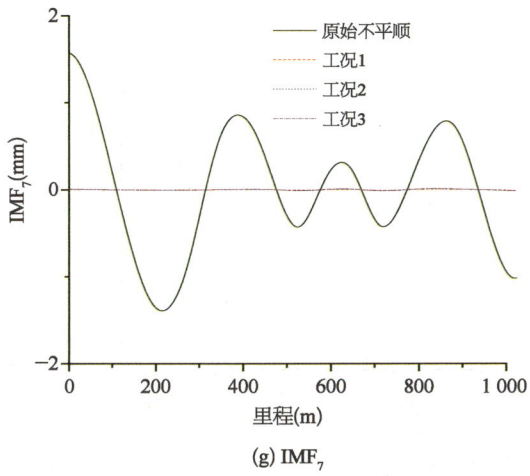

(g) IMF$_7$

图 3-61　引入平稳性权重后的 IMF 曲线

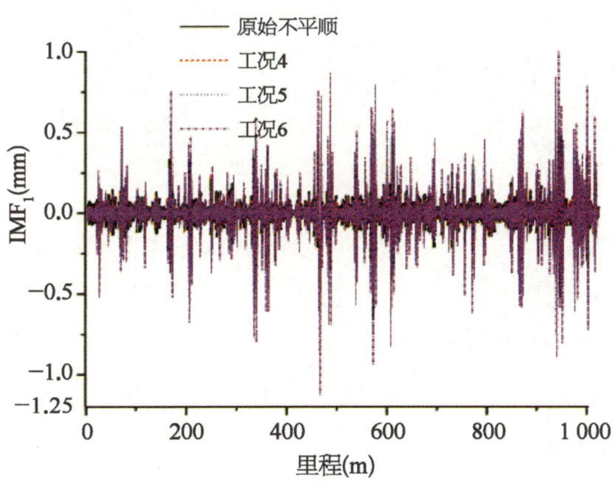

(a) IMF$_1$

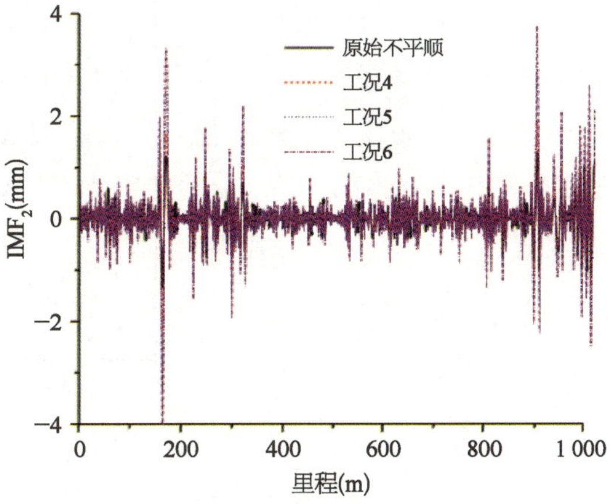

(b) IMF$_2$

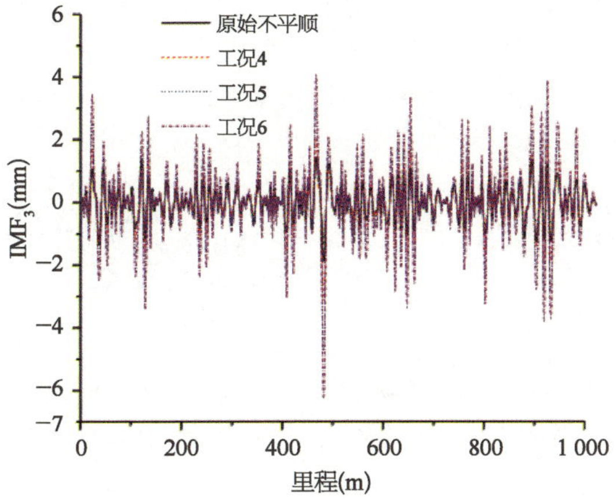

(c) IMF$_3$

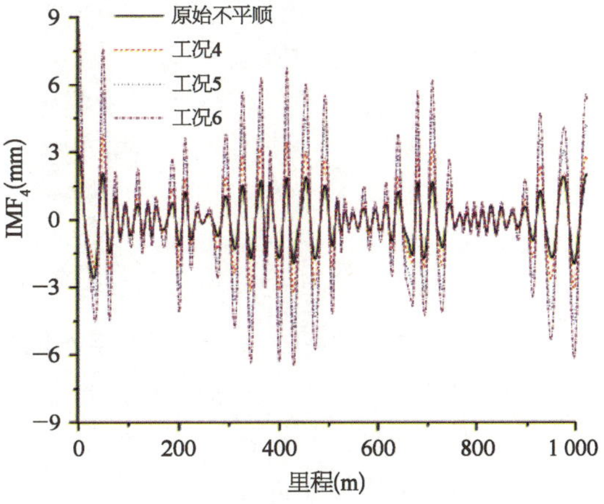

(d) IMF$_4$

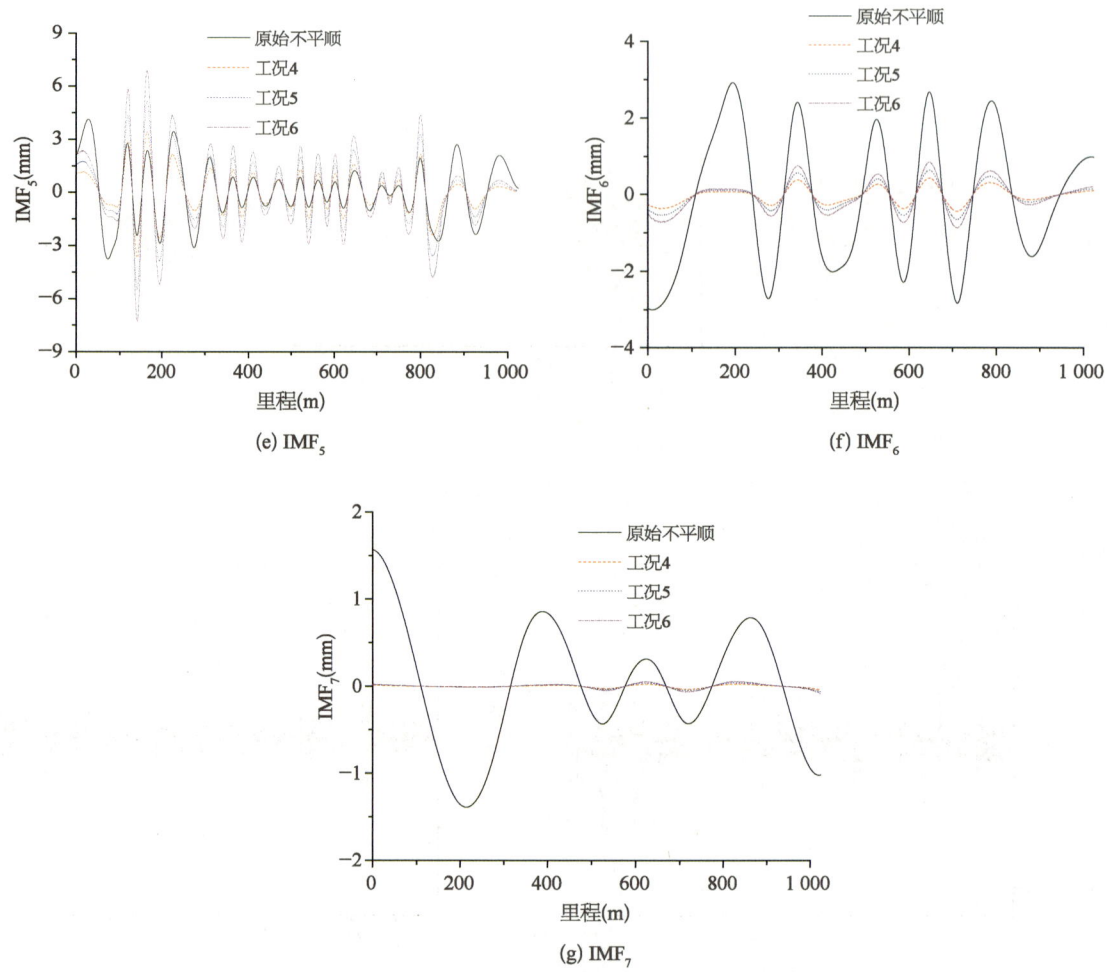

图 3-62 引入舒适性权重后的 IMF 曲线

由图 3-61 可知,引入车辆平稳性权重曲线后,第 1~4 层 IMF 的幅值均较大;第 5~7 层 IMF 的幅值则显著减小了,尤其是第 6、7 层 IMF 的幅值基本上为零。

由图 3-62 可知,引入车辆舒适性权重曲线后,第 1~5 层 IMF 的幅值均较大;第 6、7 层 IMF 的幅值则显著减小,尤其是第 7 层 IMF 的幅值基本上为零。

(4) 轨距不平顺。图 3-63 为轨向不平顺引入权重曲线后每层的 IMF 曲线。

由图 3-63 可知,引入权重曲线后,第 1 层 IMF 的幅值较大;第 2~8 层 IMF 的幅值则显著减小了,尤其是第 6~8 层 IMF 的幅值基本上为零。

3.4.2.3 轨道不平顺 IMF 的动力学响应分析

上面提到了六种波长权重综合曲线,引入的重构不平顺均有较大变化,但哪种波长权重曲线更为合理尚需研究。下面通过动力学仿真,分析每个 IMF 激励下车辆系统的动力响应,进而确定出较为合理的波长权重曲线。计算中车辆取为 CRH2,运行速度取为 250 km/h,选取的动力学指标包括车体心盘处垂向振动加速度、轮轨垂向力。

第 3 章　高速铁路轨道不平顺动力学控制与评估

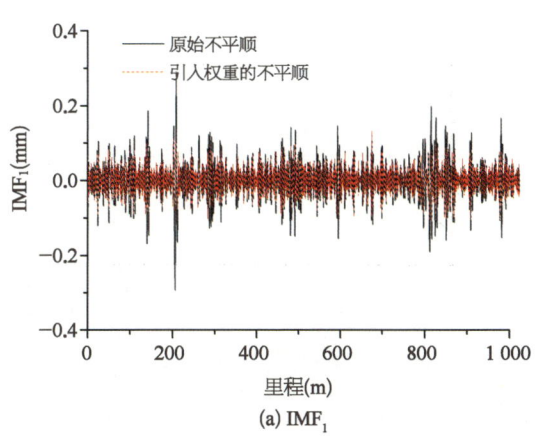

(a) IMF_1

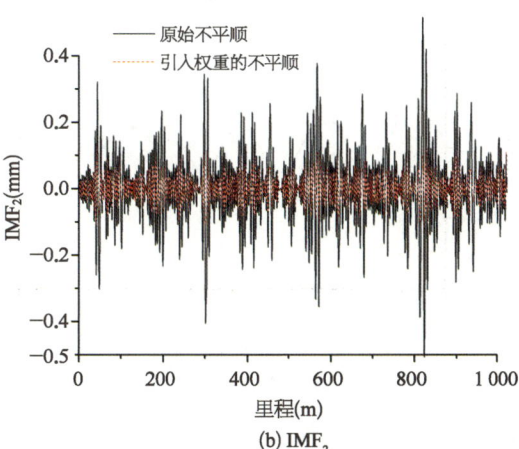

(b) IMF_2

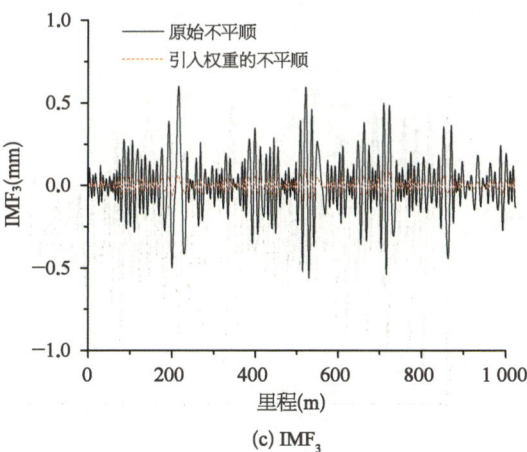

(c) IMF_3

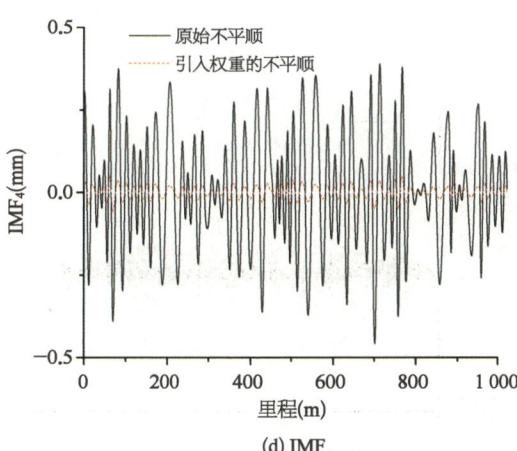

(d) IMF_4

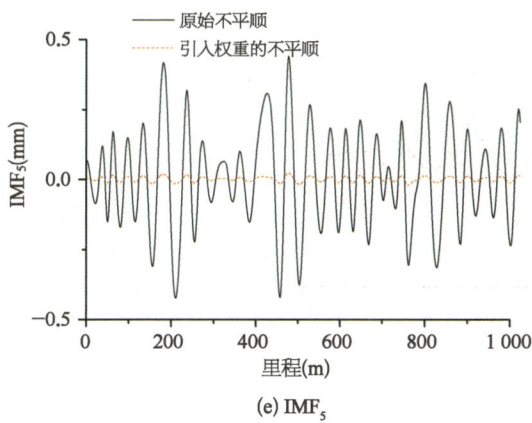

(e) IMF_5

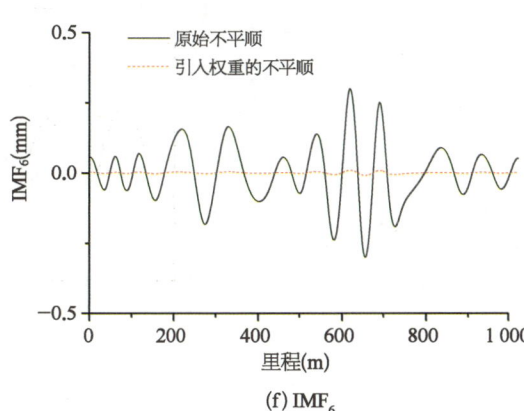

(f) IMF_6

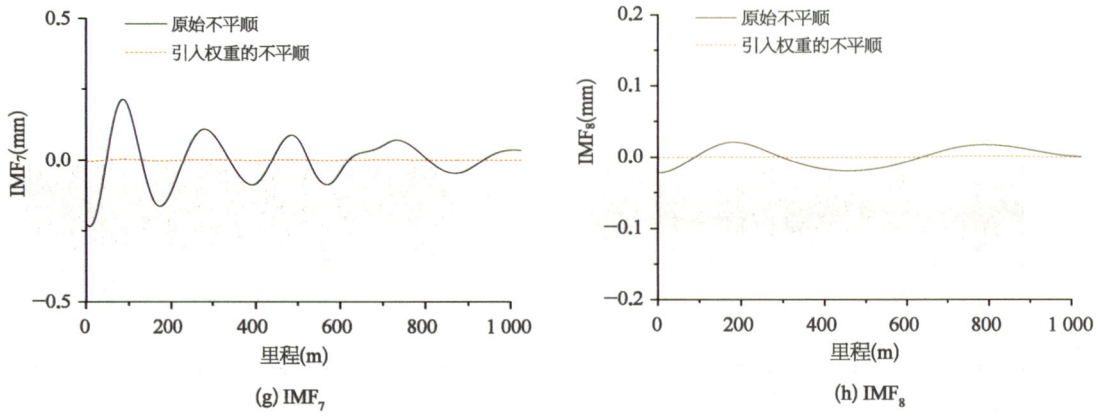

(g) IMF$_7$ (h) IMF$_8$

图 3-63 引入平稳性权重后的 IMF 曲线

1) 高低不平顺

图 3-64、图 3-65 为高低不平顺激励下车体心盘处垂向振动加速度和轮轨垂向力。

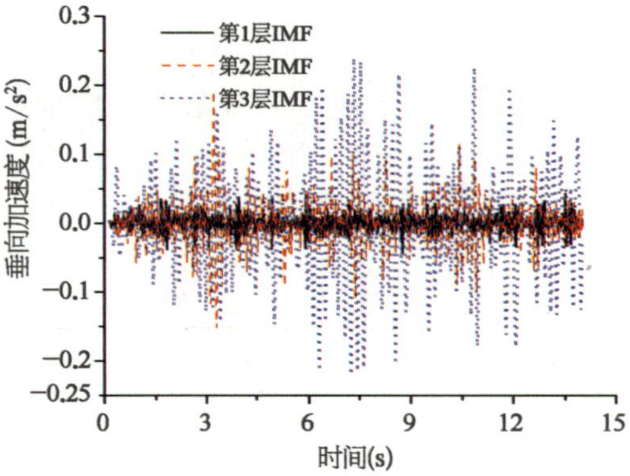

(a) 第1~3层

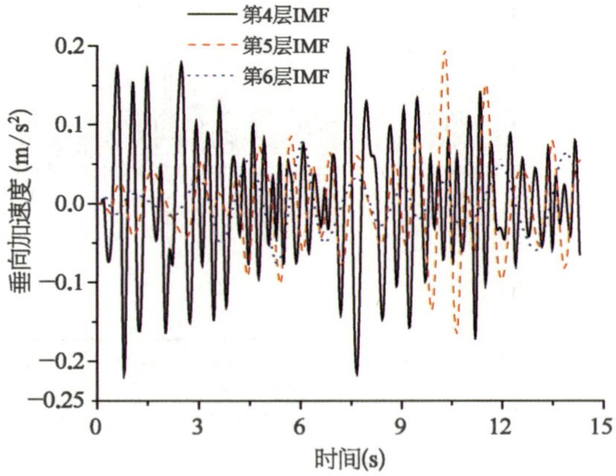

(b) 第4~6层

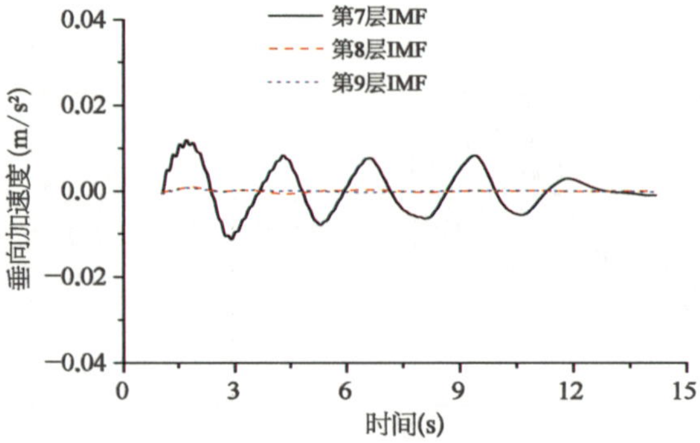

(c) 第7~9层

图 3-64 车体心盘处的垂向加速度

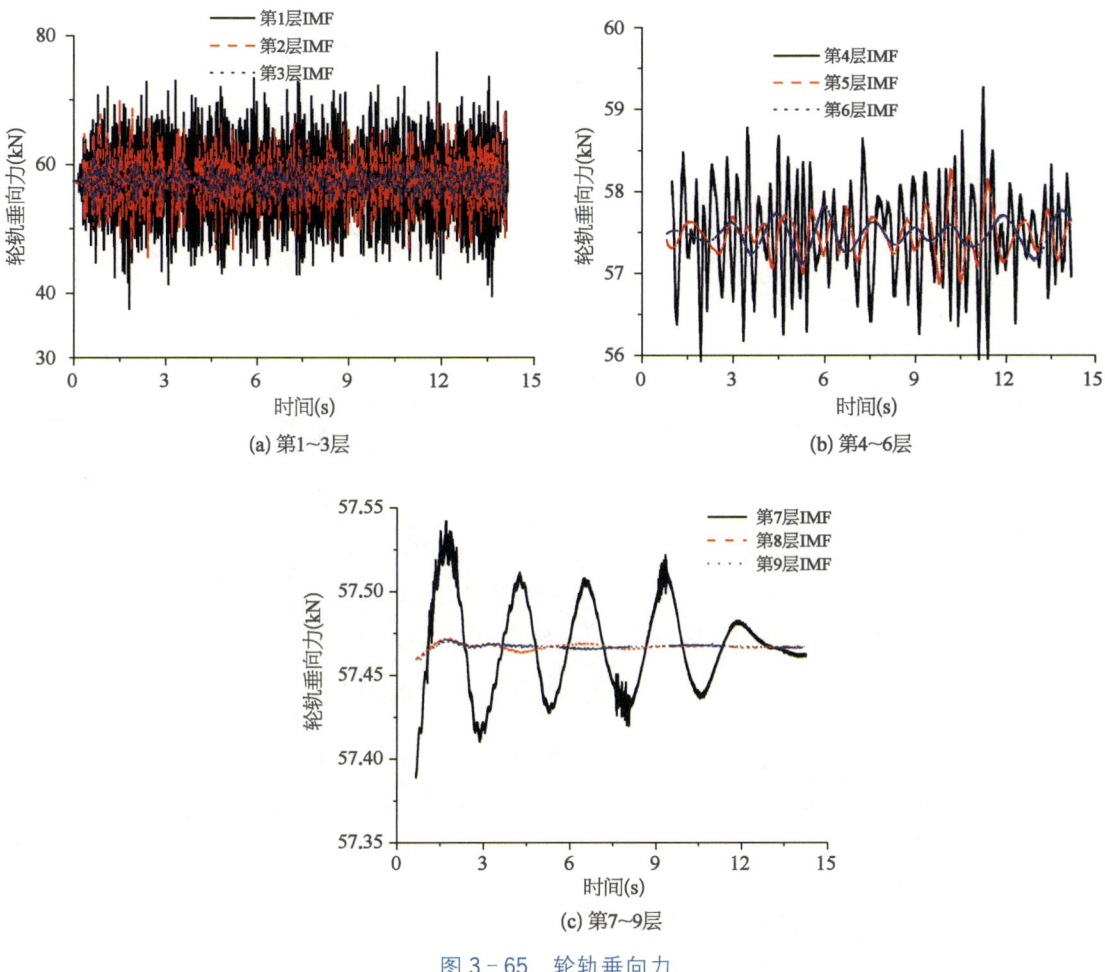

图 3-65 轮轨垂向力

由图 3-64 可知,第 1、2 层 IMF 激励下的车体垂向加速度较小;第 3、4 层 IMF 激励下的车体垂向加速度较大;第 5 层 IMF 激励下车体加速度略小;第 6~9 层 IMF 激励下的车体加速度较小,尤其是第 8、9 层 IMF 激励下车体加速度基本为零。

由图 3-65 可知,第 1~3 层 IMF 激励下轮轨垂向力较大;第 4~9 层 IMF 激励下轮轨垂向力较小,尤其是第 7~9 层 IMF 激励下轮轨力基本为静轮重。

为了更直观地分析 IMF 幅值与动力响应之间的关系,表 3-34 列出了 IMF 幅值与动力响应的标准差。

表 3-34 IMF 幅值与动力响应的标准差

本征模态函数	不平顺幅值(mm)							车体加速度 (m/s²)	轮轨垂向力 (kN)
	原始	工况 1	工况 2	工况 3	工况 4	工况 5	工况 6		
IMF_1	0.13	0.12	0.13	0.15	0.13	0.15	0.17	0.012	4.53
IMF_2	0.37	0.30	0.45	0.59	0.19	0.27	0.36	0.033	2.93

(续表)

本征模态函数	不平顺幅值(mm)							车体加速度 (m/s^2)	轮轨垂向力 (kN)
	原始	工况1	工况2	工况3	工况4	工况5	工况6		
IMF_3	0.72	0.85	1.28	1.70	0.44	0.66	0.87	0.078	1.22
IMF_4	1.36	0.78	1.17	1.56	0.31	0.46	0.61	0.077	0.49
IMF_5	1.62	0.26	0.39	0.52	0.10	0.14	0.19	0.055	0.22
IMF_6	1.80	0.05	0.07	0.10	0.02	0.04	0.05	0.031	0.15
IMF_7	0.76	0.005	0.008	0.01	0.004	0.007	0.009	0.005	0.03
IMF_8	0.10	1.8×10^{-4}	2.6×10^{-4}	3.4×10^{-4}	3.7×10^{-4}	5.5×10^{-4}	7.3×10^{-4}	2.67×10^{-4}	0.0016
IMF_9	0.17	7.5×10^{-5}	1.1×10^{-4}	1.4×10^{-4}	2.4×10^{-4}	3.6×10^{-4}	4.8×10^{-4}	1.94×10^{-4}	0.0014

由表3-34可知,原始不平顺的第1、2层IMF的幅值很小,但它所激起的轮轨垂向力很大;第3层IMF的幅值也相对较小,但它所激起的车体垂向加速度和轮轨垂向力均很大;第4层IMF的幅值较大,它所激起的车体垂向加速度较大,但轮轨垂向力较小;第5、6层IMF的幅值最大,但它所激起的车体垂向加速度和轮轨垂向力均较小;第7~9层IMF激起的车体垂向加速度和轮轨垂向力均很小。

因此可认为第1~4层IMF对车辆响应是不利的,第5~9层IMF对车辆响应的影响较小,尤其是第7~9层IMF对车辆响应几乎没有影响。综合各工况下的IMF幅值可知,引入工况2、3的权重系数是较为合理的。

2) 水平不平顺

图3-66~图3-68为水平不平顺激励下车体心盘处横向振动加速度、轮轨垂向力和轮轨横向力。

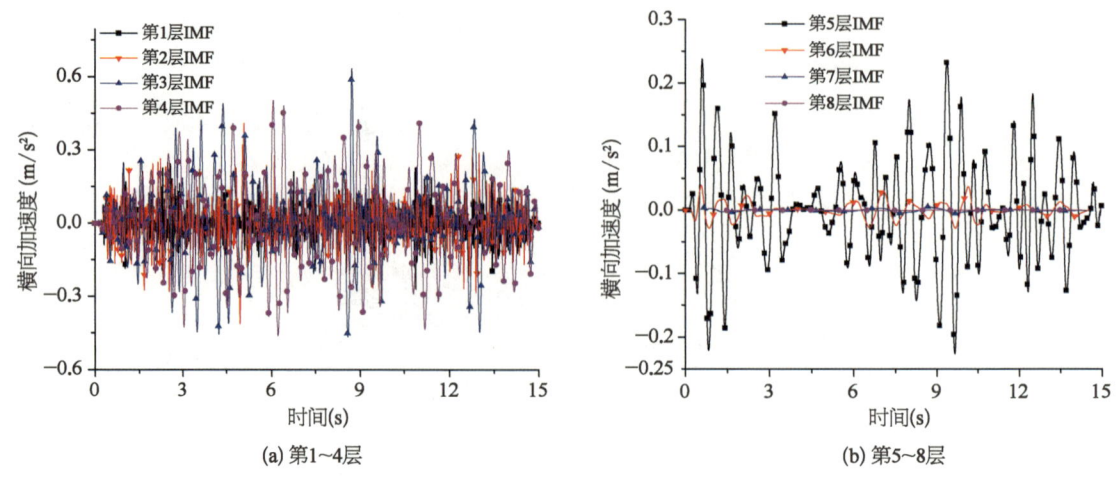

图3-66 车体心盘处的横向加速度

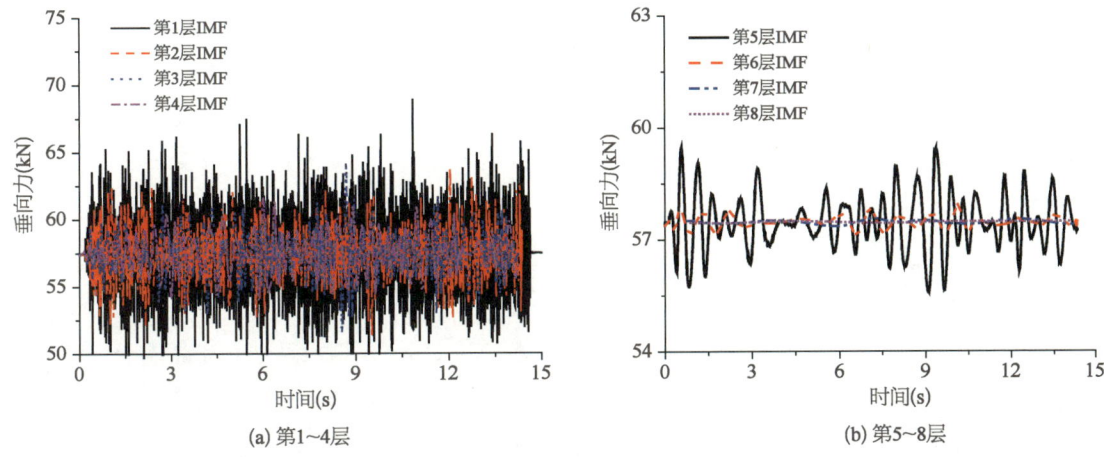

图 3-67 轮轨垂向力

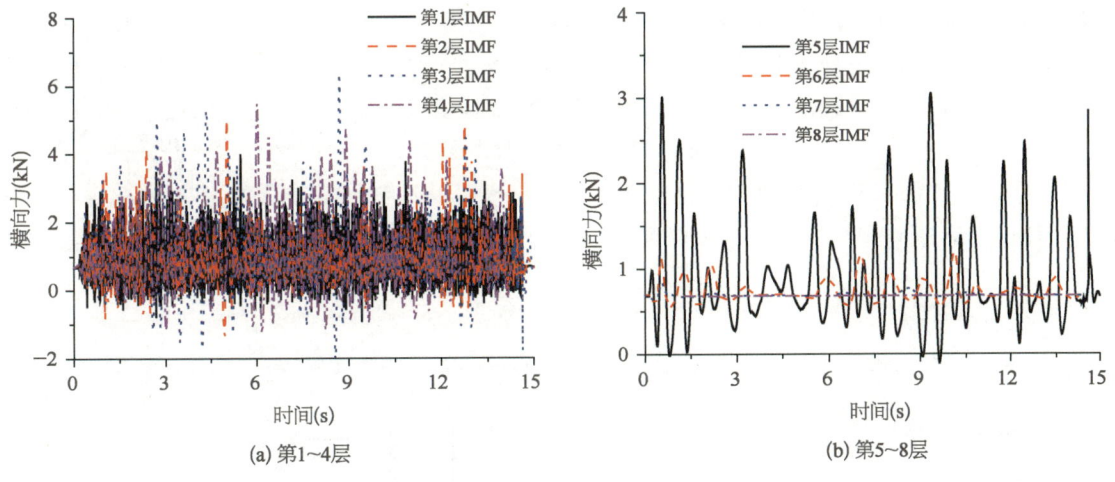

图 3-68 轮轨横向力

由图 3-66 可知,第 1~5 层 IMF 激励下的车体横向加速度相对较大,其中第 3、4 层 IMF 激励下的响应最大;第 6~8 层 IMF 激励下的车体的垂向加速度较小,尤其是第 7、8 层 IMF 激励下车体加速度基本为零。

由图 3-67 可知,第 1~3 层 IMF 激励下轮轨垂向力较大;第 4、5 层 IMF 激励下轮轨垂向力略小;第 6~8 层 IMF 激励下轮轨力基本为静轮重。

由图 3-68 可知,第 1~5 层 IMF 激励下轮轨横向力较大,其中第 3 层 IMF 激励下的响应最大;第 6~8 层 IMF 激励下轮轨横向力很小。

为了更直观地分析 IMF 幅值与动力响应之间的关系,表 3-35 列出了 IMF 幅值与动力响应的标准差。

表 3-35　IMF 幅值与动力响应的标准差

本征模态函数	不平顺幅值(mm)							车体加速度 (m/s²)	轮轨垂向力 (kN)	轮轨横向力 (kN)
	原始	工况 1	工况 2	工况 3	工况 4	工况 5	工况 6			
IMF_1	0.17	0.15	0.19	0.23	0.14	0.17	0.20	0.05	2.23	0.66
IMF_2	0.47	0.49	0.73	0.97	0.43	0.64	0.85	0.09	1.58	0.79
IMF_3	0.63	0.72	1.07	1.42	0.84	1.26	1.68	0.15	1.57	1.21
IMF_4	0.60	0.55	0.82	1.10	1.06	1.59	2.11	0.18	1.40	1.29
IMF_5	0.63	0.28	0.41	0.55	0.86	1.29	1.72	0.08	0.73	0.60
IMF_6	0.33	0.06	0.08	0.11	0.23	0.35	0.46	0.01	0.14	0.13
IMF_7	0.26	0.03	0.04	0.05	0.13	0.20	0.26	1.9×10^{-3}	0.05	0.02
IMF_8	0.07	3.6×10^{-4}	5.2×10^{-4}	6.8×10^{-4}	7.2×10^{-4}	1.1×10^{-3}	1.4×10^{-3}	1.3×10^{-4}	0.01	6×10^{-4}

由表 3-35 可知,原始不平顺的第 1 层 IMF 的幅值较小,但它所激起的轮轨垂向力很大;第 2 层 IMF 的幅值相对较大,它所激起的车体横向加速度和轮轨横向力较小,但轮轨垂向力很大;第 3、4 层 IMF 的幅值较大,它所激起的车体横向加速度、轮轨垂向力和轮轨横向力均较大;第 5 层 IMF 的幅值也较大,但它所激起的车体横向加速度、轮轨垂向力和轮轨横向力均较小;第 6~8 层 IMF 激起的车体横向加速度、轮轨垂向力和轮轨横向力均很小。

因此第 1~4 层 IMF 对车辆响应是不利的,第 5~8 层 IMF 对车辆响应的影响较小,尤其是第 7、8 层 IMF 对车辆响应几乎没有影响。综合各工况下的 IMF 幅值可知,引入工况 2、3 的权重系数较为合理。

3) 轨向不平顺

图 3-69~图 3-71 为轨向不平顺激励下车体心盘处横向振动加速度、轮轨垂向力和轮轨横向力。

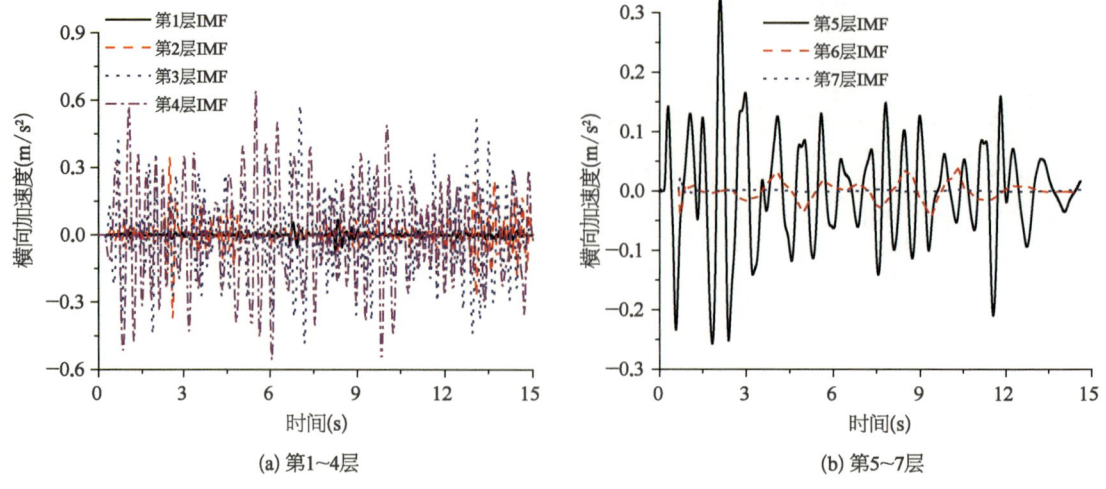

图 3-69　车体心盘处的横向加速度

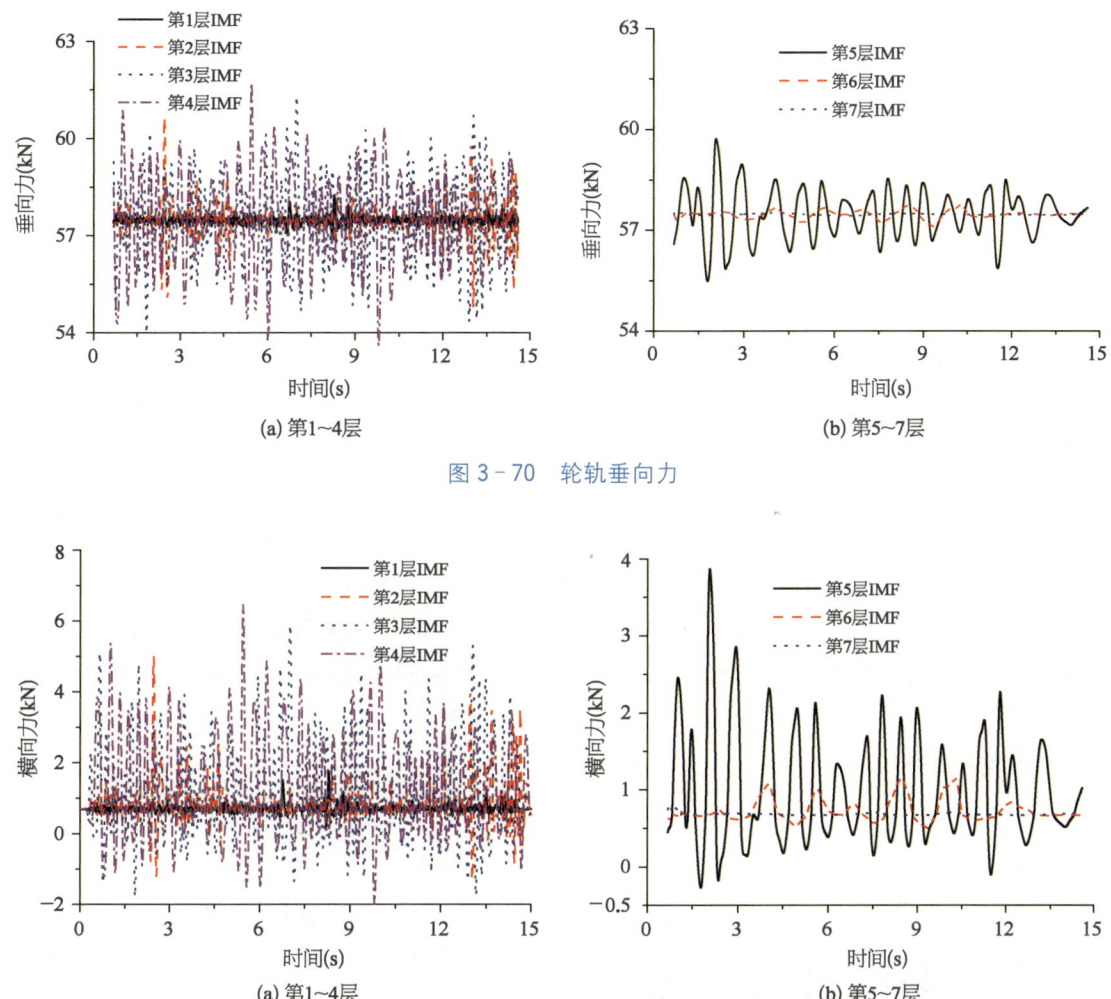

图 3-70 轮轨垂向力

图 3-71 轮轨横向力

由图 3-69 可知,第 2~5 层 IMF 激励下的车体横向加速度相对较大,其中第 3、4 层 IMF 激励下的响应最大;第 1、6、7 层 IMF 激励下的车体的垂向加速度较小,尤其是第 7 层 IMF 激励下车体加速度基本为零。

由图 3-70 可知,第 2~4 层 IMF 激励下轮轨垂向力较大;第 1、5、6 层 IMF 激励下轮轨垂向力较小;第 7 层 IMF 激励下轮轨力基本为静轮重。

由图 3-71 可知,第 2~5 层 IMF 激励下轮轨横向力较大,其中第 1、6 层 IMF 激励下的响应略小;第 7 层 IMF 激励下轮轨横向力很小。

为了更直观地分析 IMF 幅值与动力响应之间的关系,表 3-36 列出了 IMF 幅值与动力响应的标准差。

由表 3-36 可知,原始不平顺的第 1、2 层 IMF 的幅值很小,所激起的车辆响应也较小;第 3、4 层 IMF 的幅值相对较大,它所激起的车体横向加速度、轮轨垂向力和轮轨横向力均较大;第 5、6 层

表 3-36 IMF 幅值与动力响应的标准差

本征模态函数	不平顺幅值(mm)							车体加速度 (m/s²)	轮轨垂向力 (kN)	轮轨横向力 (kN)
	原始	工况1	工况2	工况3	工况4	工况5	工况6			
IMF_1	0.11	0.11	0.14	0.18	0.10	0.13	0.16	0.011	0.10	0.11
IMF_2	0.29	0.34	0.51	0.68	0.31	0.45	0.60	0.06	0.51	0.57
IMF_3	0.50	0.59	0.88	1.17	0.63	0.93	1.24	0.17	1.24	1.35
IMF_4	0.93	0.51	0.76	1.01	1.39	2.09	2.78	0.22	1.43	1.46
IMF_5	1.61	0.30	0.44	0.59	1.09	1.63	2.17	0.09	0.71	0.71
IMF_6	1.70	0.04	0.06	0.08	0.20	0.30	0.40	0.015	0.12	0.14
IMF_7	0.7	$3.7×10^{-3}$	$5.3×10^{-3}$	$6.9×10^{-3}$	0.01	0.02	0.03	0.002	0.02	0.015

IMF 的幅值很大,但它所激起的车体横向加速度、轮轨垂向力和轮轨横向力均较小,与第 1、2 层的响应相当;第 7 层 IMF 激起的车体横向加速度、轮轨垂向力和轮轨横向力均很小。

因此第 1～4 层 IMF 对车辆响应是不利的,第 5～7 层 IMF 对车辆响应的影响较小,尤其是第 7 层 IMF 对车辆响应几乎没有影响。综合各工况下的 IMF 幅值可知,引入工况 2 的权重系数是较为合理的。

4) 轨距不平顺

图 3-72、图 3-73 为轨距不平顺激励下车体心盘处横向振动加速度、轮轨横向力。

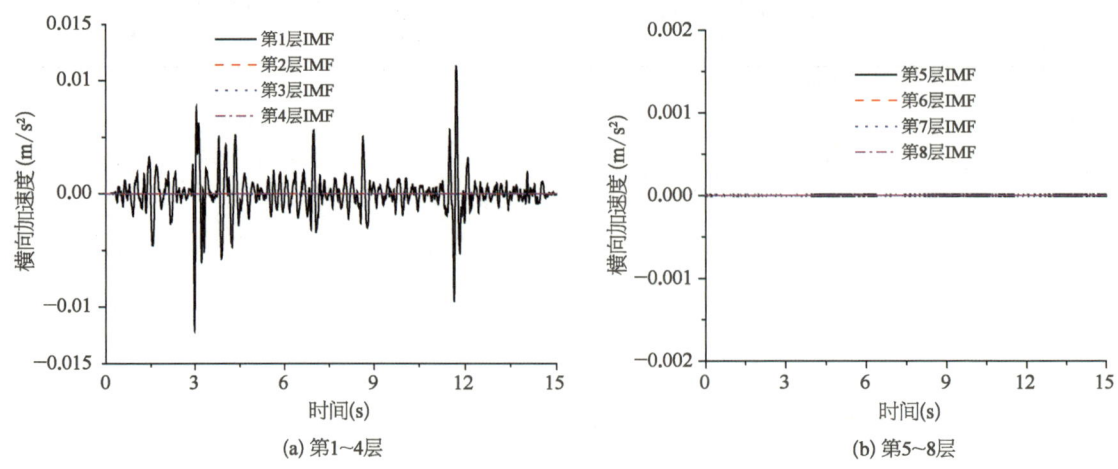

图 3-72 车体心盘处的横向加速度

由图 3-72、图 3-73 可知,轨距不平顺激励下,车辆系统的动力响应均很小。罗林等指出,轨距偏差对车辆的动力影响并不显著,轨距过小会导致车轮被轨道卡死,轨距过大可能会导致车轮掉下钢轨。可见轨距偏差控制时,主要考虑其不致车轮掉道或卡轨,与车辆动力响应的关系不大。因此建议轨距不平顺采用原始不平顺评价,不必进行加权重构。

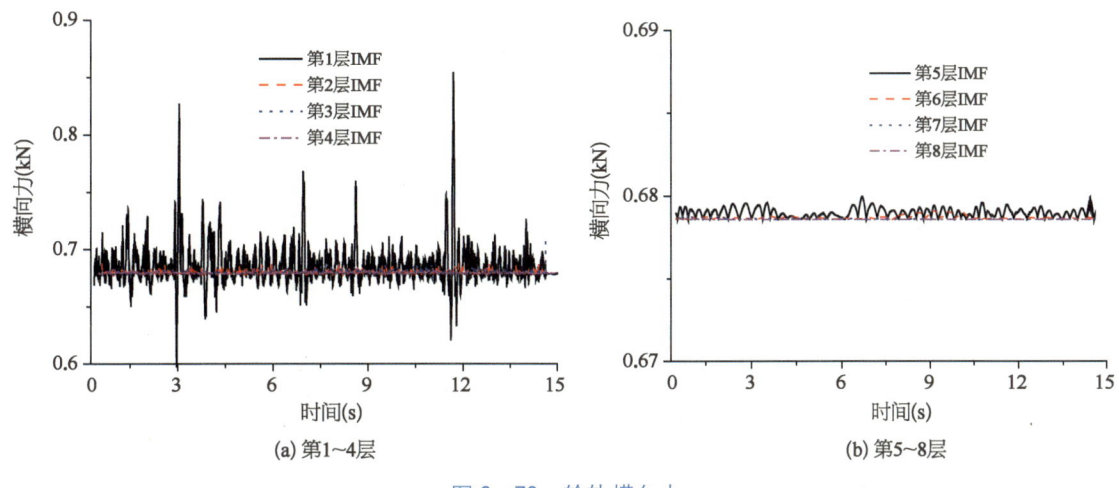

图 3-73 轮轨横向力

综上所述,车辆系统动力响应与幅值和波长两方面因素相关,引入的波长权重曲线的六种工况中,工况 2 较为合理(即车体加速度占 1/2,轮轨力和钢轨加速度各占 1/4)。下面分析均基于该权重曲线进行讨论。

3.4.2.4 数字滤波器法加权重构轨道不平顺

1) 数字滤波器的选择与构造

数字滤波器与传统模拟滤波器在实现方式上存在很大差异,传统的模拟滤波器主要是硬件实现,而数字滤波器可以通过软件即编程实现。按照数字滤波器的脉冲响应时频域特性将滤波器分为两种:有限脉冲响应滤波器 FIR 和无限脉冲响应滤波器 IIR。FIR 滤波器与 IIR 滤波器相比,前者具有稳定好、精度高、易于计算机辅助设计等优点;IIR 数字滤波器具有结构简单、效率高、与模拟滤波器有对应关系、易于解析控制及计算机辅助设计等优点;IIR 滤波器其传递函数包括零点和极点两组可调因素,对极点的唯一限制是在单位圆内,因此可选择较低的设计阶次获得较高的选择性,所用的存储单元少,计算量小从而经济效率高。选择切比雪夫 II 型滤波器为模拟原型低通滤波器,通过频率转换成满足具体指标的带通滤波器,根据脉冲响应不变法映射成期望的数字带通滤波器实现 1/3 倍频滤波。

切比雪夫 II 型低通滤波器的幅值平方特性为

$$|H_{C2}(e^{j\omega})|^2 = \frac{1}{1+[\varepsilon^2 T_N^2(\omega_c/\omega)]^{-1}} \tag{3-119}$$

式中 ε ——波纹系数,由通带内的允许波纹确定;
ω_c ——通带截止频率;
$T_N(x)$ 是 N 阶切比雪夫多项式,即

$$T_N(x) = \begin{cases} \cos([N\cos^{-1}(x)]), & 0 \leqslant x \leqslant 1 \\ \cosh(N\cosh^{-1}x), & x > 1 \end{cases} \tag{3-120}$$

其递推计算公式为

$$\left.\begin{aligned} &T_0(x)=1,\ N=0\\ &T_1(x)=x,\ N=1\\ &T_{N+1}(x)=2xT_N(x)-T_{N-1}(x),\ N>1 \end{aligned}\right\} \quad (3-121)$$

模拟原型低通滤波器 $\omega_c = 1\ \text{rad/s}$,通过频率变换规则映射到模拟带通滤波器上,变换规则为

$$s \leftarrow (s^2 + \omega_H \omega_L)/s(\omega_H - \omega_L) \quad (3-122)$$

根据所需设计指标设计好模拟带通滤波器 $H_a(s)$,$u(t)$ 是单位阶跃函数,模拟滤波器的脉冲响应为

$$h_a(t) = L^{-1}[H_a(s)] = \sum_{k=1}^{N} A_k e^{s_k t} u(t) \quad (3-123)$$

对此脉冲响应进行采样,并乘以周期 T,得到等价的脉冲响应序列:

$$h_a(n) = T \cdot h_a(nT) = T \cdot \sum_{k=1}^{N} (A_k e^{s_k T})^n u(n) \quad (3-124)$$

对 $h_e(n)$ 求 Z 变换,得到等价的数字钟滤波器的传递函数 $H_e(z)$:

$$H_e(z) = \sum_{k=1}^{N} \frac{T \cdot A_k}{1 - e^{s_k T} z^{-1}} \quad (3-125)$$

经傅里叶变换,可得等价数字滤波器的频率响应和模拟滤波器的频率响应之间的关系:

$$H_e(e^{j\omega}) = H_e(e^{j\Omega T}) = \sum_{k=-\infty}^{\infty} H_a(j\Omega - jk\Omega_g) \quad (3-126)$$

根据数字滤波器构造原理,基于 MATLAB 设计满足每个 1/3 倍频程滤波要求的 IIR 带通滤波器,将滤波器应用于 F-TWQI 计算过程中各个 1/3 倍频的分解,各频带标准差根据中心频率确定权重系数,求和得出赋权后的 F-TWQI。表 3-37 为滤波器设计中各 1/3 倍频划分的频带信息。图 3-74 为设计滤波器的幅频特征,其设计指标为通带截止频率范围 0.111 4~0.140 3 Hz(对应波长范围 7~9 m),阻带截止频率下限为 0.01 Hz(对应波长为 100 m),截止频率上限为 0.2 Hz(对应波长为 5 m),通带边衰减设为 0.1 dB,阻带边衰减设为 30 dB,采样频率为 4 Hz。图 3-75 为轨检车实测不平顺幅值数据,按上述设计带通滤波器滤波前后对比结果对比。图 3-76 为在该数据下按 1/3 倍频滤波后各频带标准差对应权重系数大小。

表 3-37 滤波器设计中各 1/3 倍频划分

序号	中心频率(Hz)	起点频率(Hz)	终点频率(Hz)
1	0.001 6	0.001 4	0.001 8
2	0.002 0	0.001 8	0.002 2
…	…	…	…
29	1	0.890 9	1.122 5

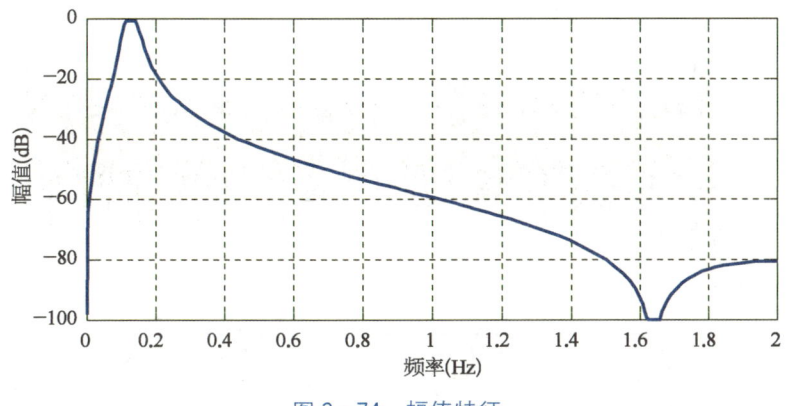

图3-74 幅值特征

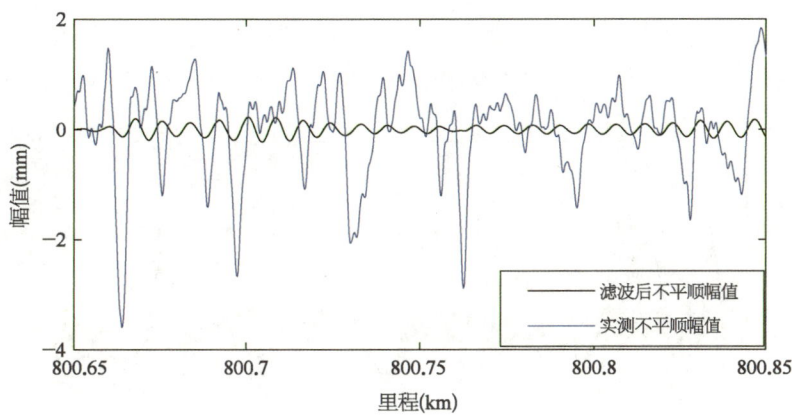

图3-75 滤波前后结果对比

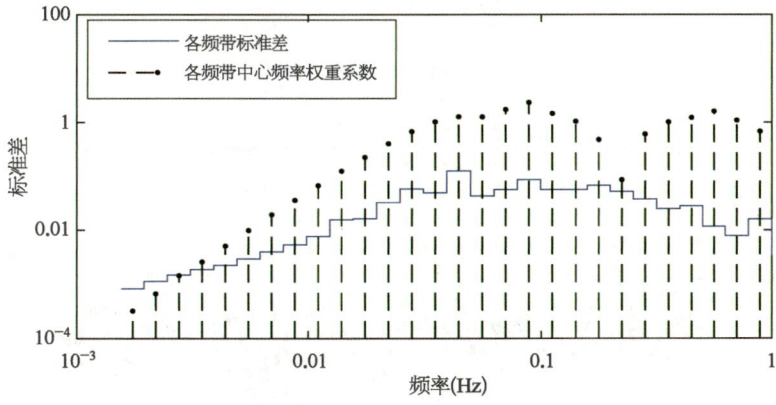

图3-76 频带标准差及权重

2) 轨道不平顺滤波分解及方法比较

选取某高速线路约60 km区段GJ型轨道检查车检测数据进行分析。轨道不平顺的左、右高低原始不平顺幅值数据(局部),如图3-77所示。

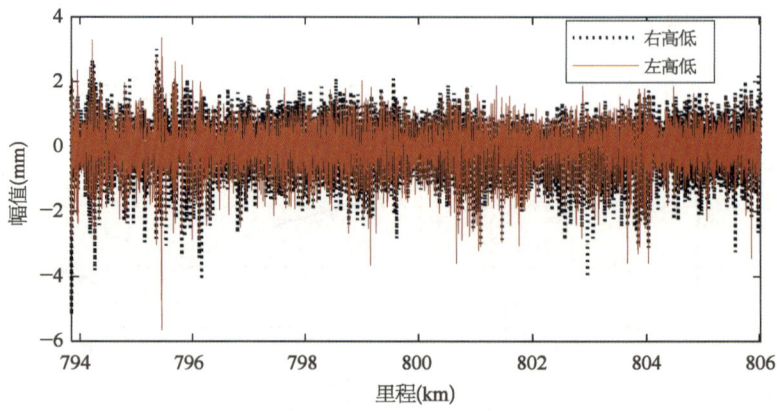

图 3-77 左、右高低不平顺幅值(局部)

图 3-78、图 3-79 分别为该区段轨道左、右高低不平顺的单项指标 TQI,数字滤波分解及加权得到的单项标准差 F-TWQI,EMD 分解及加权得到的单项标准差 E-TWQI,轨道不平顺激励下

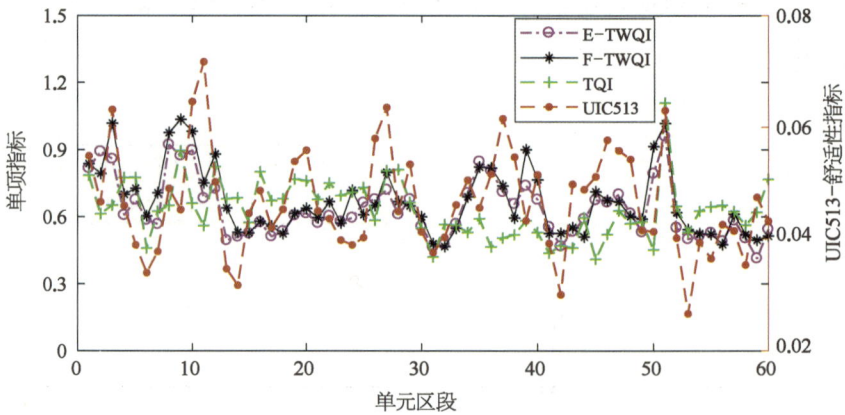

图 3-78 左高低的轨道不平顺加权质量指数

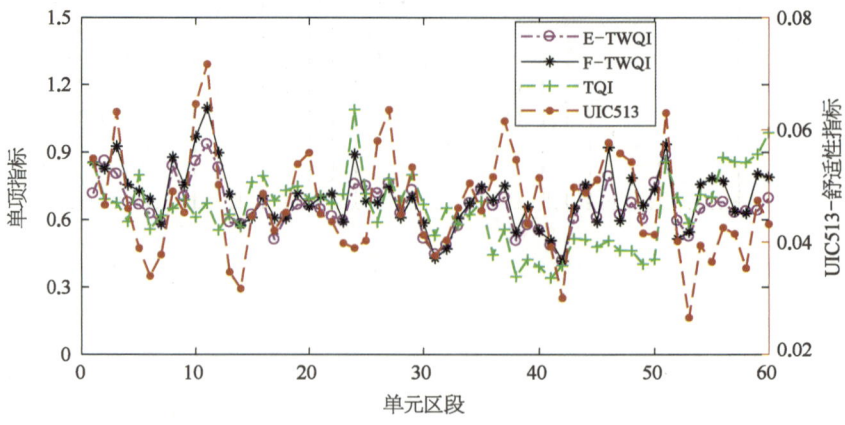

图 3-79 右高低的轨道不平顺加权质量指数

的 UIC513 舒适性指标曲线。为了便于比较,图中对每 200 m 轨道单元区段进行编号,将区段的轨道不平顺分为 60 个单元区段。

由图 3-78、图 3-79 可知,F-TWQI 与 TQI 的变化和趋势基本相同,但前者幅值有一定程度的增大;F-TWQI 的波形变化较原 TQI 的波形变化更剧烈,进一步证明在轨道不平顺幅值相同的情况下,波长对轨道质量有着很大的影响,TQI 仅从幅值角度评判轨道不平顺状态不能全面反映线路的质量状态。加权轨道不平顺有效放大了对车辆运行舒适性影响较大的波长成分,抑制了影响较小的波长成分;采用 F-TWQI 指标可以更有效地对区段不平顺不同波长进行评价,解决实际养护维修中欠维修和过维修的问题。相较于 TQI,比较 F-TWQI、E-TWQI 两者的波形图变化特征与 UIC513 舒适性指标波形图变化特征具有较好的一致性,且 F-TWQI 一致性略优于 E-TWQI。基于带通滤波器 1/3 倍频程滤波的方法与 EMD 分解相比,前者更能准确地反映轨道实际的平顺状态。表 3-38 列出了该区段的左、右高低不平顺的 TQI、F-TWQI、E-TWQI 与 UIC513 舒适度指标之间波形图变换特征的相关系数。

表 3-38 TQI、F-TWQI、E-TWQI 单项指标与 UIC513 舒适性指标之间的相关系数

相 关 系 数	左高低	右高低
TQI 与 UIC513	0.635 0	0.689 8
F-TWQI 与 UIC513	0.815 0	0.824 2
ETWQI 与 UIC513	0.720 1	0.744 0

由表 3-38 可知,TQI 处于 0.6～0.7,F-TWQI、E-TWQI 与 UIC513 之间的相关系数均大于 0.7,说明轨道加权质量指数能更好地反映车辆运行的舒适性。E-TWQI 处于 0.7～0.75,F-TWQI 处于 0.8～0.85,表明 F-TWQI 具有更好的相关性,说明滤波器滤波能有效避免 EMD 分解算法的端点效应,更精确地完成不同波长的分离。

基于数字滤波器分解能避免 EMD 分解的端点效应、小波分解计权曲线分辨率过低等问题,为敏感波长的管理提供一种新思路。

3.4.3 考虑波长权重的轨道不平顺管理值

我国常用的轨道不平顺评价方法主要有峰值管理、均值管理和轨道谱。峰值管理和均值管理只从幅值上对轨道不平顺进行评价,没有考虑波长信息。轨道谱从幅值和波长两方面描述、揭示了轨道不平顺的统计特征,但是由于轨道谱为统计结果,缺乏定位信息,在线路养护维修中的应用较为困难。目前峰值管理和均值管理仍是我国线路养护维修中常用的评价方法。下面基于考虑波长权重后的重构不平顺,研究加权峰值、均值管理值,再采用峰值管理的峰值扣分法和均值管理的轨道质量指数评价线路质量,以期达到扬长避短、突出敏感波长的效果。

新的管理值基于以下方法确定:① 新的限值与规范限值之间等概率;② 原始、重构不平顺的峰值服从正态分布、TQI 平方的 n 分之一服从自由度为 800 的卡方分布;③ 新的限值计算的数据来源于标准轨道谱反演的时域样本,采样间隔 0.25 m。仍以 200～250 km/h 线路的管理值为例进行分析,其他线路条件的管理值可采用类似的方法确定。

3.4.3.1 加权峰值管理值

峰值管理主要是采用局部不平顺幅值超限评分法,根据轨道局部不平顺超限等级来扣分评定。检查评定项目包括轨距、水平、高低、轨向、三角坑。不平顺超限等级一般分为四级:Ⅰ级为经常保养标准;Ⅱ级为舒适度标准;Ⅲ级为临时补修标准;Ⅳ级为限速标准。

以德国低干扰谱的随机样本为例,为了统计峰值的分布规律,将随机样本的长度取为 1 km,样本个数取为 30 个。先计算 30 个样本的重构不平顺,再计算重构不平顺的加权峰值分布,如图 3-80 和图 3-81 所示。其中蓝色柱状图为区间值的统计次数,红色线为其最优正态分析的计数统计曲线。

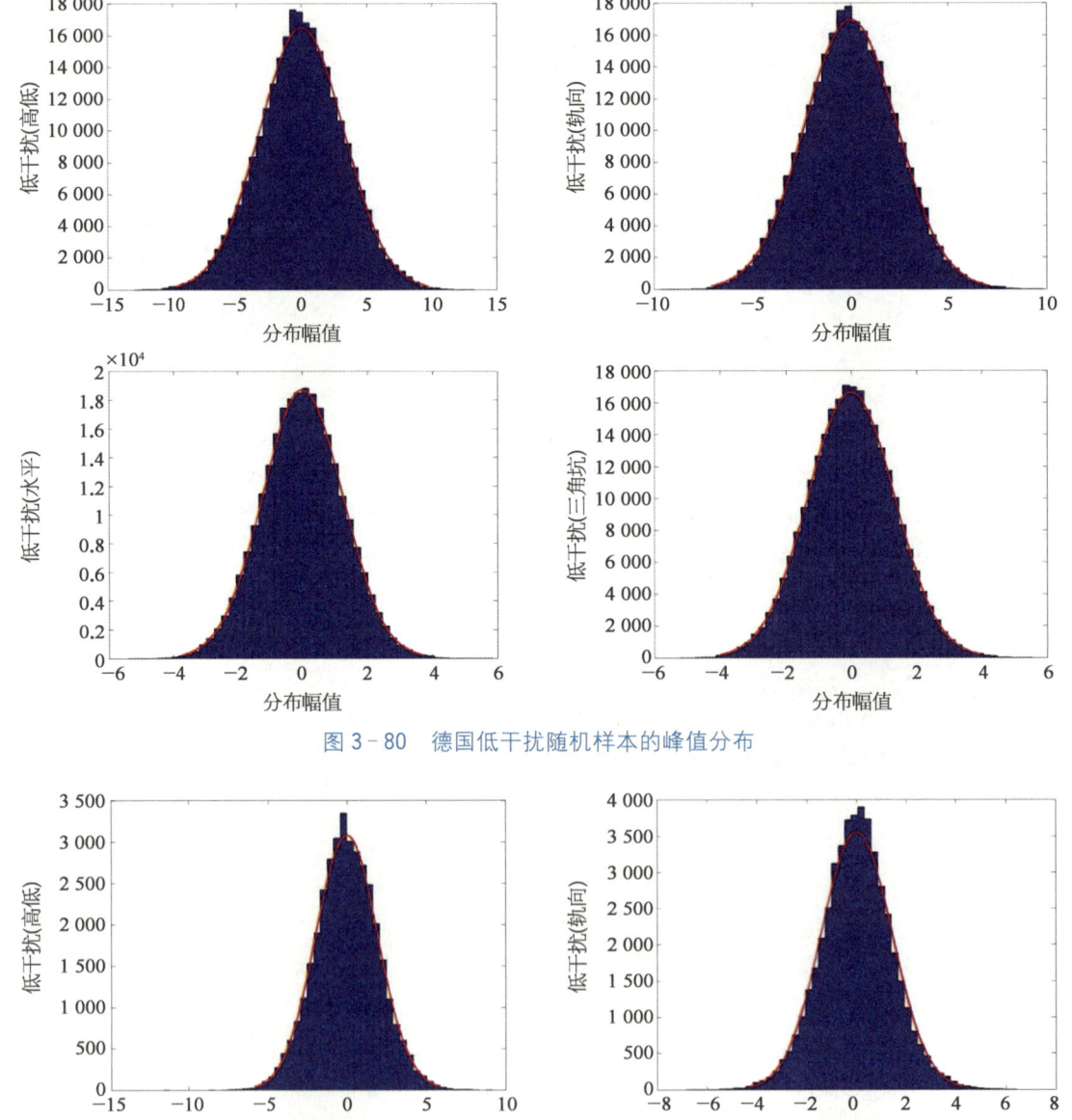

图 3-80 德国低干扰随机样本的峰值分布

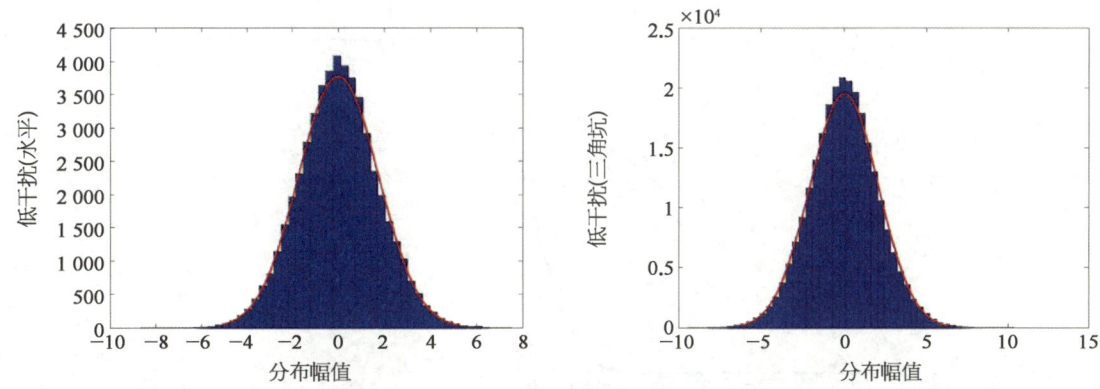

图 3-81 重构不平顺的峰值分布

从图 3-80 与图 3-81 可以发现,轨道不平顺的峰值服从正态分布,且重构不平顺的峰值也服从正态分布。根据正态分布的特性,若随机变量 x 服从一个位置参数为 μ、尺度参数为 σ^2 的概率分布,其概率密度为

$$f(x) = \frac{1}{\sqrt{2\pi}\sigma} e^{-\frac{(x-\mu)^2}{2\sigma^2}} \quad (3-127)$$

需要注意的是,前面所说的等概率值是在相等的累计概率情况下,正态分布的累计概率分布为

$$p = F(x \mid \mu, \sigma) = \frac{1}{\sqrt{2\pi}\sigma} \int_{-\infty}^{x} e^{-\frac{(t-\mu)^2}{2\sigma^2}} dt \quad (3-128)$$

图 3-82 为标准正态分析的概率密度曲线。图 3-83 为标准正态分析的累计概率分布曲线。

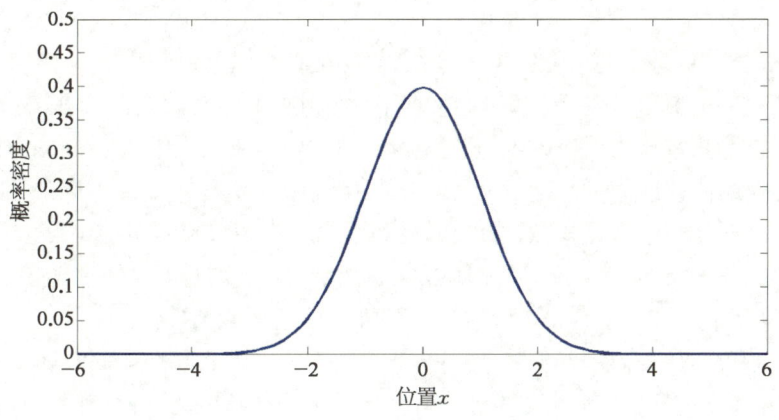

图 3-82 正态分布的概率密度

根据概率估计方法可以从样本中计算出均值 μ 与方差 σ^2,从而得到可以代表轨道不平顺峰值分布的规律。新的评价限值应该依据规范中的限值,并通过相等分布概率计算得到。具体实现过程:① 分别统计到原不平顺的分布规律与重构后不平顺的分布规律;② 计算出规范中的限值对应原不平顺的概率值;③ 寻找重构不平顺中对应该概率值的不平顺值,即新的评价限值。表 3-39 即为工况 2 重构不平顺的新限值。

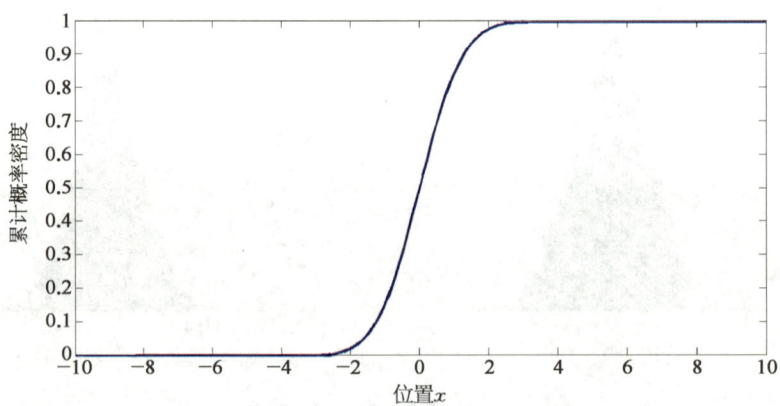

图 3-83 正态分布的累积概率密度分布

表 3-39 工况 2 轨道动态质量容许偏差加权管理值　　　　　　　　　　　　　　　　(mm)

项目		经常保养	舒适度	临时补修	限速(160 km/h)
偏差等级		1 级	2 级	3 级	4 级
水　平		7	10	13	17
扭　曲		6	9	12	15
高低 轨向	波长 1.5~42 m	3 3	6 5	9 6	12 8
高低 轨向	波长 1.5~70 m	4 4	7 6	10 9	

值得说明的是,计算得出的新限值中的 3 级、4 级限值看似已经超出了统计样本的界限,其实这是由于其限值对应的概率本身极小,加上采样数量有限,因而并没有出现在图中。然而通过概率估计方法可以得到极小概率对应的限值,这也体现出通过等概率原则推导新限值的优势。

3.4.3.2　加权均值管理值

我国均值管理采用轨道质量指数 TQI 来评价轨道状态,以 200 m 轨道区段作为单元区段,分别计算高低、水平、三角坑、轨向、轨距不平顺幅值的标准差。各单项几何不平顺幅值的标准差称为单项指数,各单项指数之和作为评价单元区段平顺性的轨道质量指数。

与加权峰值管理值计算方法类似,计算 30 个随机样本及其重构不平顺的标准差分布状态,计算区段仍取为 200 m,如图 3-84 和图 3-85 所示。图中的柱状图为区间值的统计次数,曲线是基于卡方分布拟合得到。

从图 3-84 与图 3-85 可以看出,反演的轨道不平顺的 TQI 值基本服从卡方分布,另外由于每 800 个数据点计算得到一个 TQI 值,因而样本总数相对较少,所以出现了较大的波动,随着样本的增加,柱状图的廓形将会更好地匹配曲线。

卡方分布的基本含义:设 $X_1,\cdots,X_n$ 相互独立且都服从 $N(0,1)$ 分布,它们的平方和的分布成为自由度为 n 的 χ^2 分布,记为 $\chi^2 \sim \chi^2(n)$:

第 3 章　高速铁路轨道不平顺动力学控制与评估

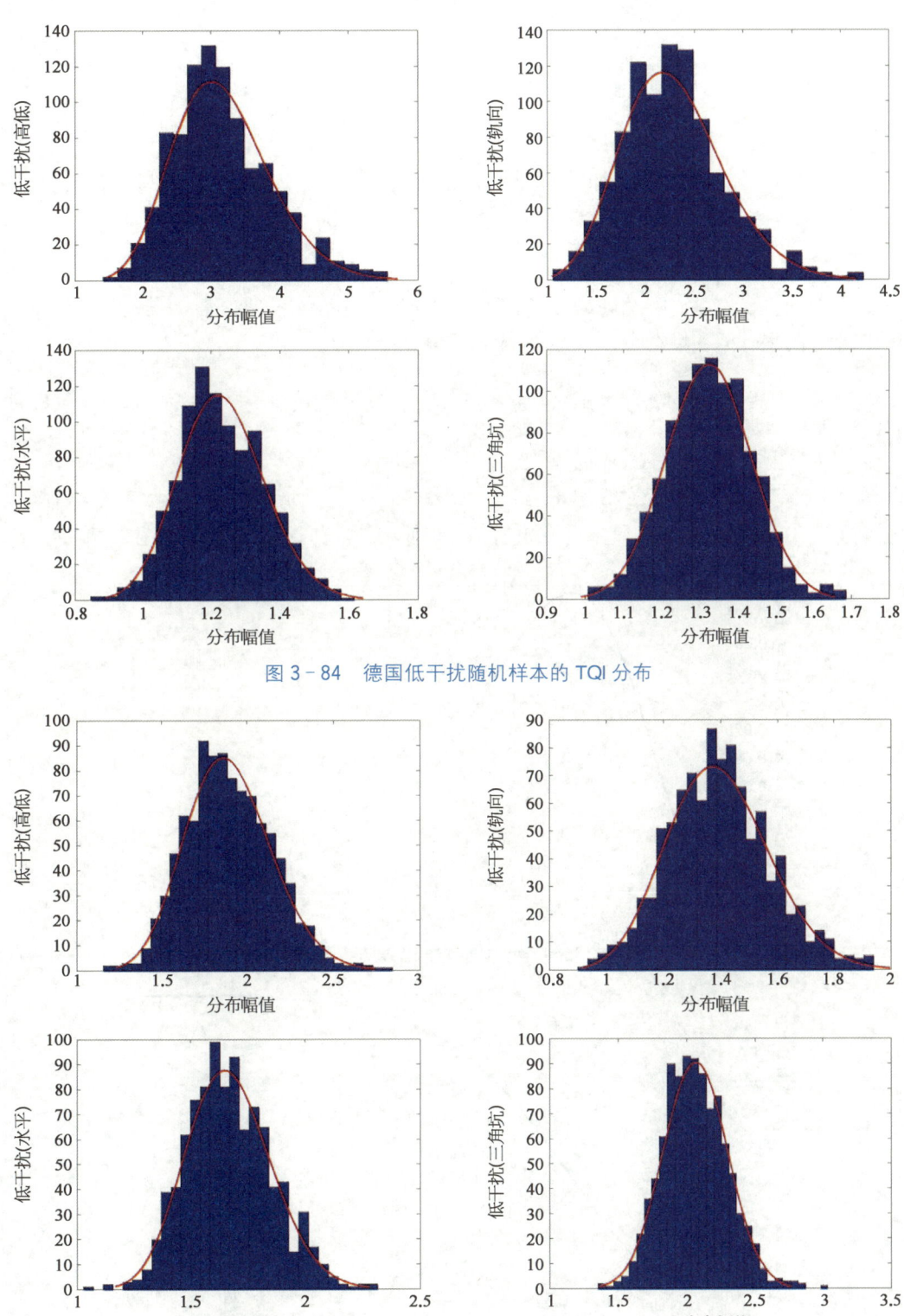

图 3-84　德国低干扰随机样本的 TQI 分布

图 3-85　重构不平顺的 TQI 分布

$$\chi^2 \stackrel{\text{def}}{=\!=} X_1^2 + \cdots + X_n^2 \tag{3-129}$$

自由度为 n 的卡方分布的概率密度为

$$f(x) = \begin{cases} \dfrac{1}{2^n \Gamma\left(\dfrac{n}{2}\right)} y^{\frac{n}{2}} e^{-\frac{y}{2}}, & y \geqslant 0 \\ 0, & y < 0 \end{cases} \tag{3-130}$$

式中　$\Gamma(\cdot)$——伽马(gamma)函数。

卡方分布通过自由度 n 唯一确定,并且考虑为确定分布。另外需要注意的是,前面所说的等概率值是在相等的累计概率情况下,卡方分布的累计概率分布为

$$p = F(x \mid n) = \int_0^x \frac{y^{(n-2)/2} e^{-n/2}}{2^{n-2} \Gamma(n/2)} dt \tag{3-131}$$

式中　n——自由度;

　　　p——小于 x 的累计分布概率。

自由度为 10 的卡方分布的概率密度如图 3-86 所示,其对应的累计分布如图 3-87 所示。

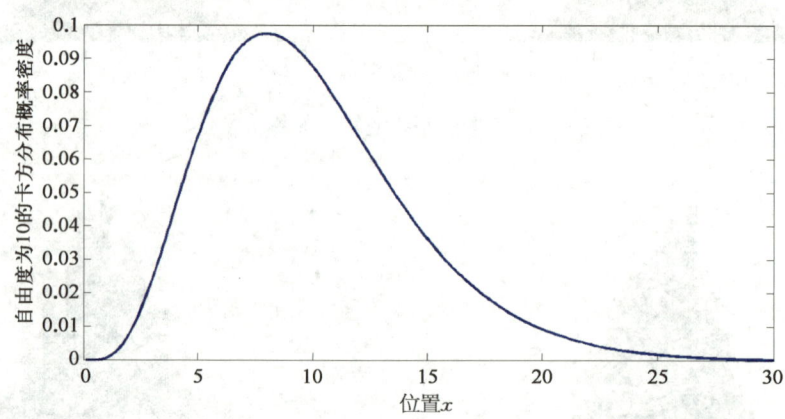

图 3-86　自由度 $N=10$ 的卡方分布

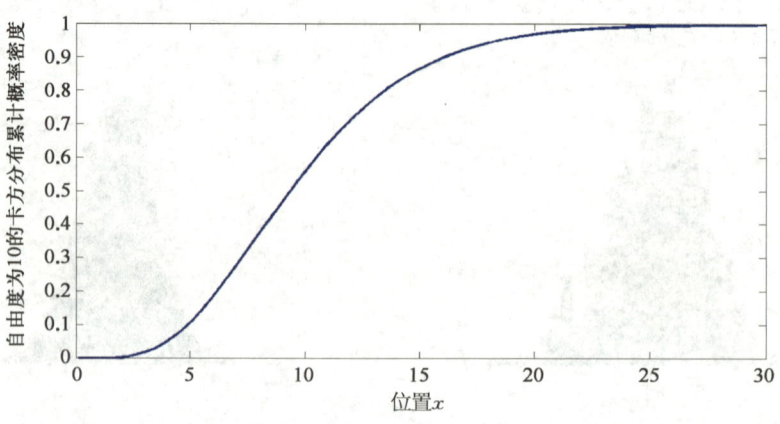

图 3-87　自由度 $N=10$ 的卡方累计分布

由于卡方分布基于标准正态分析 $N(0,1)$ 导出,而轨道不平顺的分布规律为非标准正态分析,因而这里需要做简要推导,得出 TQI 与标准卡方分布的关系。理论上轨道不平顺反演样本为服从正态分析的稳定随机过程。TQI 的计算长度取 200 m,即 800 个数据点,针对轨道不平顺 $X \sim N(\mu, \sigma^2)$,对于轨道不平顺的 TQI 计算方法为

$$\text{TQI} = \sqrt{\frac{1}{800} \sum_1^{800} (x_i - \bar{x})^2} \tag{3-132}$$

通过化简、移项可得

$$\frac{\text{TQI}^2}{800\sigma^2} = \sum_1^{800} (x_i - \bar{x})^2 = \sum_1^{800} \left(\frac{x_i - \mu}{\sigma}\right)^2 \tag{3-133}$$

即

$$\frac{\text{TQI}^2}{800\sigma^2} \sim \chi^2(800) \tag{3-134}$$

这说明轨道不平顺 TQI 值的平方与 800 倍方差的比值服从自由度为 800 的卡方分布。

类似峰值管理部分的限值确定方法,对于 E-TWQI 评价限值应该依据规范中的限值,并通过相等累计分布概率计算得到。具体实现过程:① 分别统计到原不平顺的分布规律与重构后不平顺的分布规律,主要是计算方差 σ;② 计算出规范中的限值对应原不平顺的概率值;③ 寻找重构不平顺中对应该概率值的不平顺值,即新的评价限值。表 3-40 为工况 2 重构不平顺的 E-TWQI 限值。

表 3-40 工况 2 轨道质量指数(E-TWQI)管理值 (mm)

项目	高低	轨向	轨距	水平	扭曲	TQI
波长范围 1.5~42 m	1.6×2	1.2×2	0.9	1.4	1.6	9.5

3.5 应用案例分析

3.5.1 轨道不平顺数据样本

某客运专线 30 km 实测不平顺如图 3-88 所示,分别采用现行规范评价方法和加权重构不平顺评价方法进行评价。引入波长权重后的重构不平顺如图 3-89 所示。

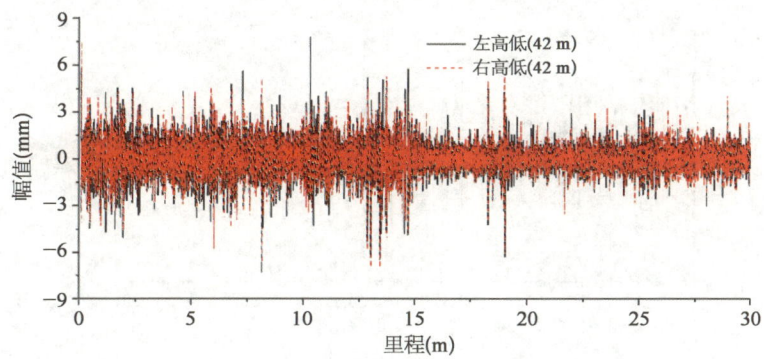

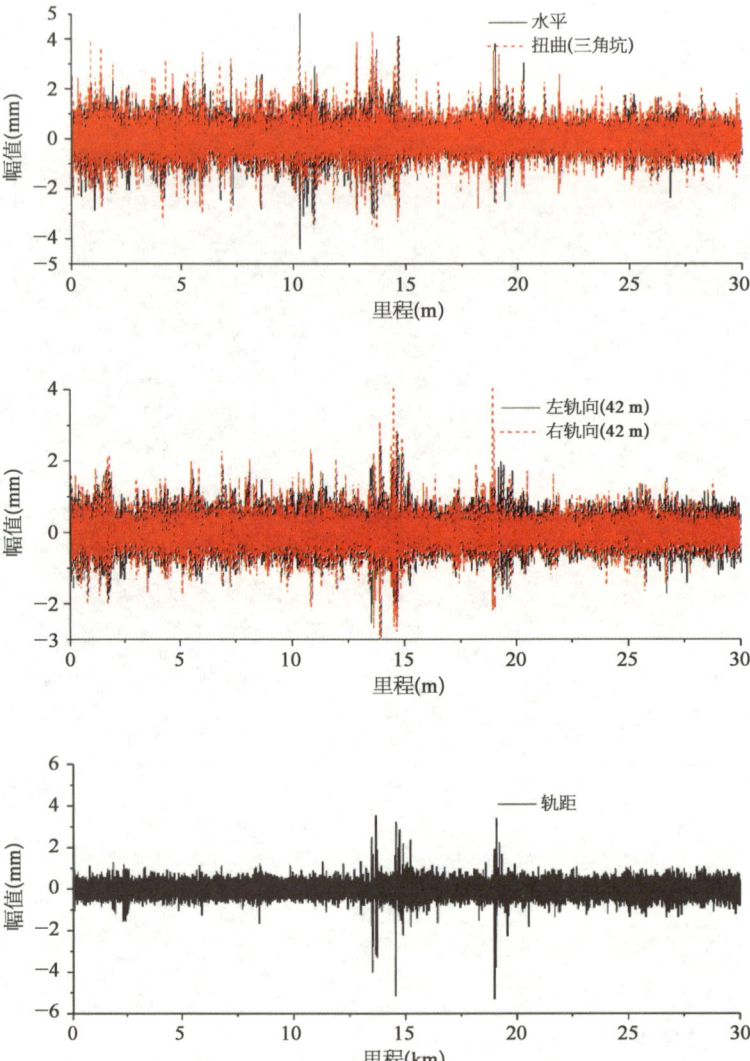

图 3-88 轨道不平顺数据样本

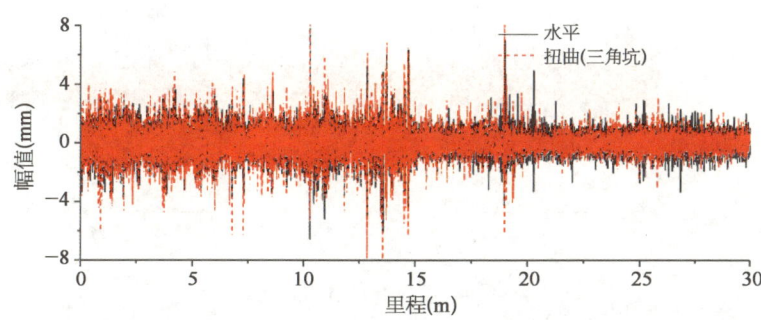

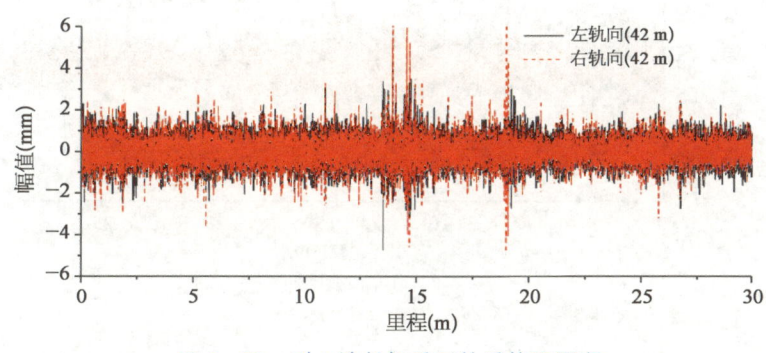

图 3-89 引入波长权重后的重构不平顺

3.5.2 动力学响应分析

由于轨检车参数与 CRH2 列车不同,其动力响应不能直接验证评价方法的有效性。因此采用动力学仿真实测数据样本激励下车辆系统的动力学响应,将之与后文的评价结果做比较,以验证新评价方法的有效性和合理性。动力仿真结果如图 3-90~图 3-92 所示。

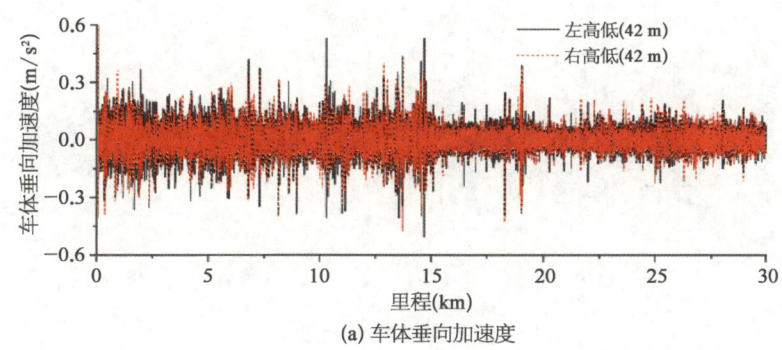

(a) 车体垂向加速度

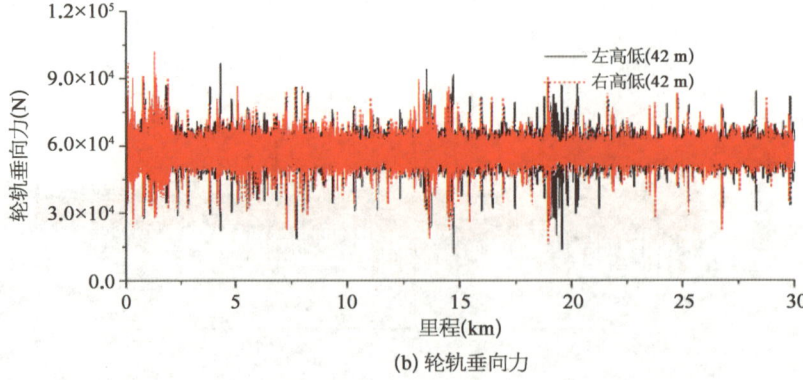

(b) 轮轨垂向力

图 3-90　高低不平顺激励下的响应曲线

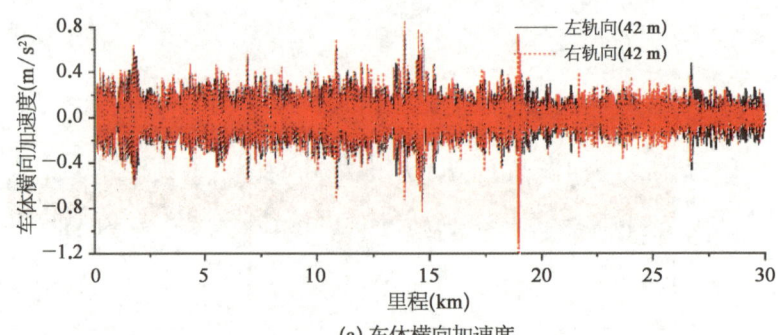

(a) 车体横向加速度

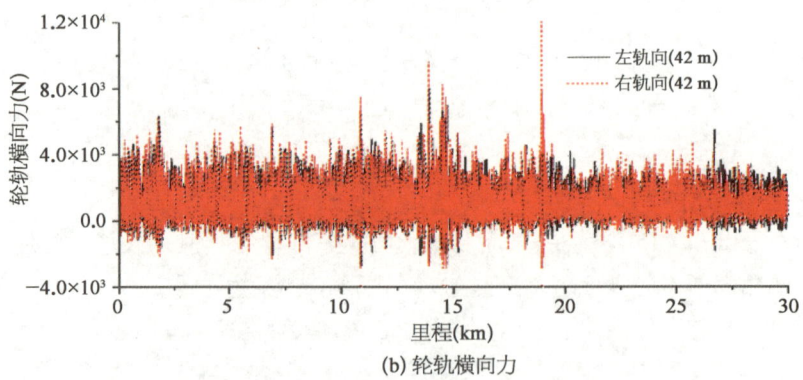

(b) 轮轨横向力

图 3-91　轨向不平顺激励下的响应曲线

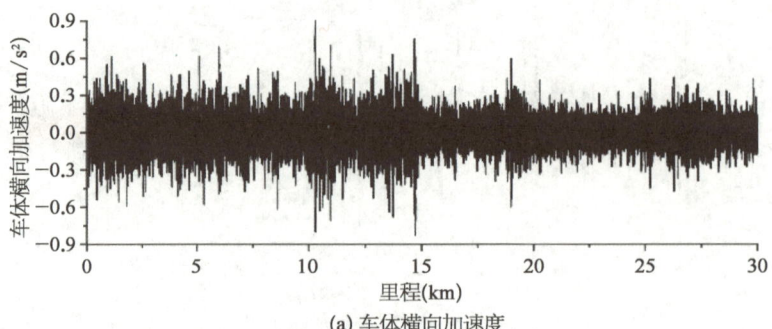

(a) 车体横向加速度

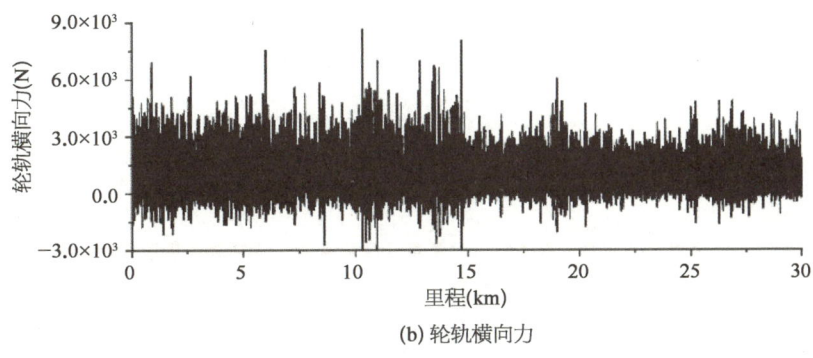

(b) 轮轨横向力

图 3-92 水平不平顺激励下的响应曲线

3.5.3 峰值管理

现有规范的峰值扣分法和新的加权峰值扣分法评价结果如图 3-93 所示。

由图 3-93 可知,按现有规范方法的评价,该线路状态为优良,总扣分数最大值为 14 分,其中高低不平顺最大扣分数为 4 分,轨距不平顺最大扣分数为 5 分,其他各项不平顺最大扣分为 1 分;按加权方法评价,该线路状态仅为合格,总扣分数最大值为 169 分,其中高低不平顺的扣分数较大,右轨向在 18~19 km 区段扣分也较大,水平不平顺的扣分数与现有规范方法的扣分数相同,三角坑扣分相对较小。可以看出,现有规范方法与新方法的评价结果相差较大。

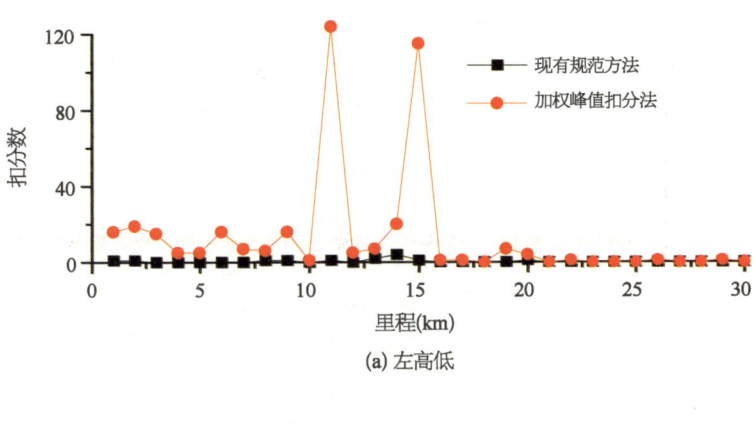

(a) 左高低

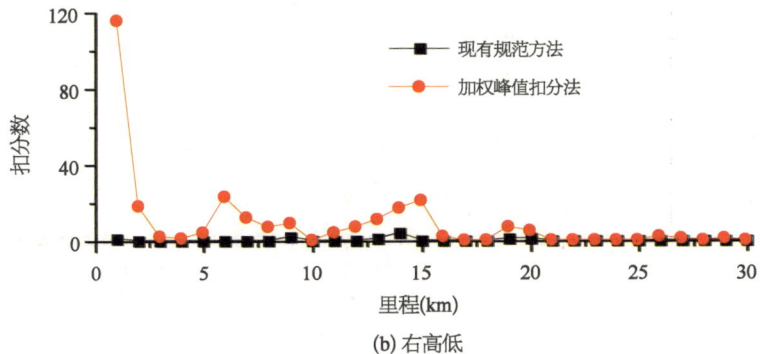

(b) 右高低

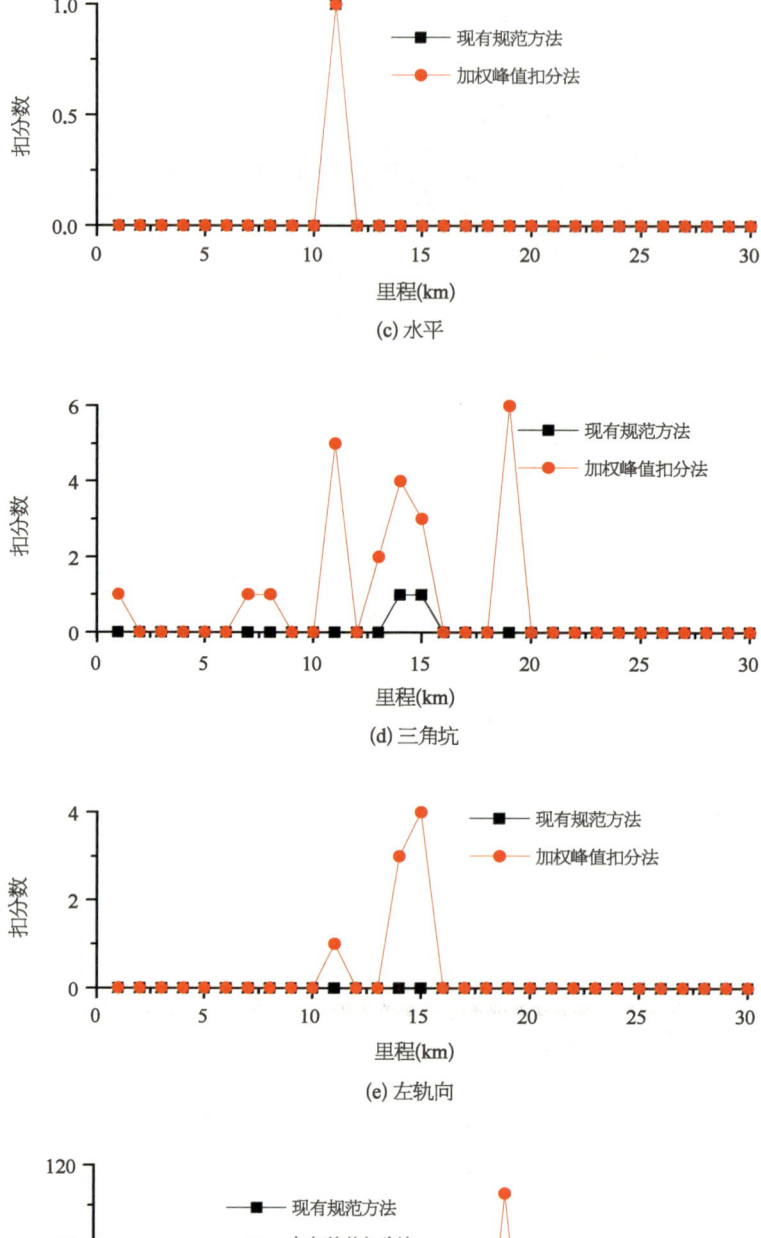

(c) 水平

(d) 三角坑

(e) 左轨向

(f) 右轨向

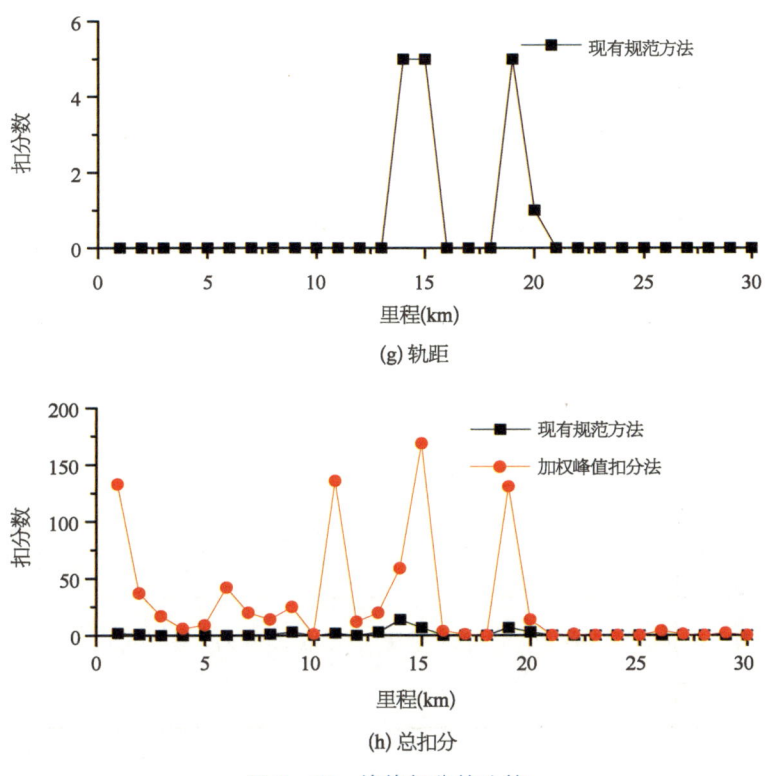

图 3-93 峰值扣分的比较

为了进一步说明两种评价方法的差异,以右轨向 18~19 km 区段为例,对比分析了不平顺与动力响应之间的对应关系。图 3-94 为右轨向不平顺和车体横向加速度曲线图。

由图 3-94 可知,右轨向不平顺激励下,车体横向加速度在 18.98 km 附近处振动响应很大,为 $0.12g$,与规范中要求的紧急补修限值 $0.15g$ 较为接近;原始不平顺在该处的峰值也较大,但仅超过了 I 级超限;引入波长权重系数重构后的不平顺在该处的峰值超过了 III 级超限,与车体振动加速度的对应关系较好。这说明重构不平顺放大了对车辆响应敏感的不平顺;换言之,采用新方法管理轨道不平顺可以更为有效地控制车辆系统振动,提高行车品质。

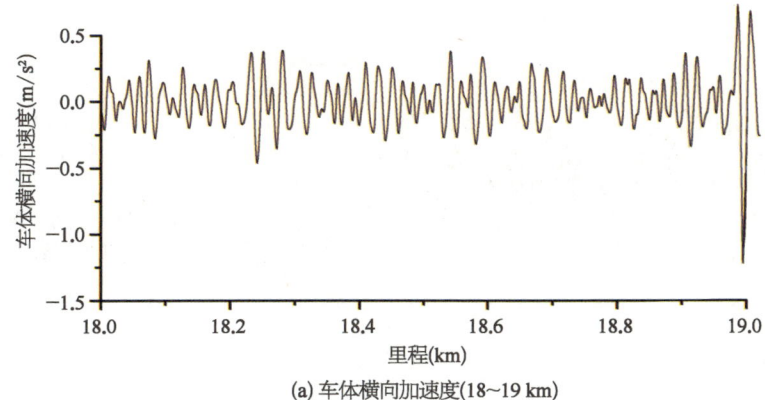

(a) 车体横向加速度(18~19 km)

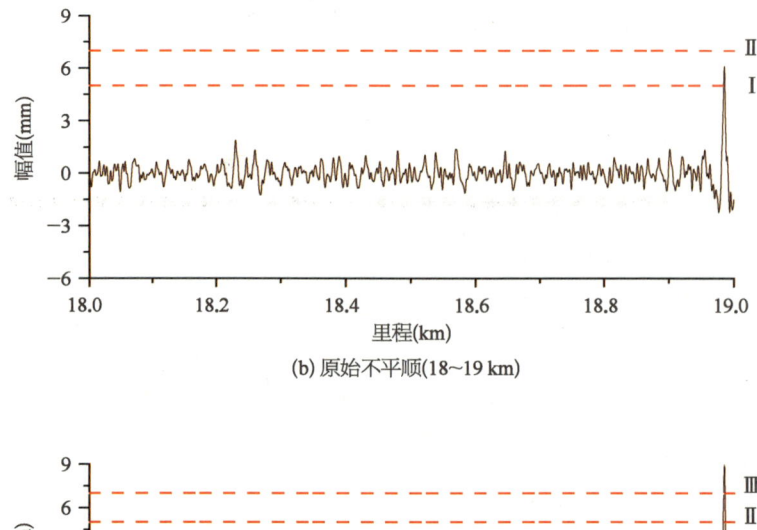

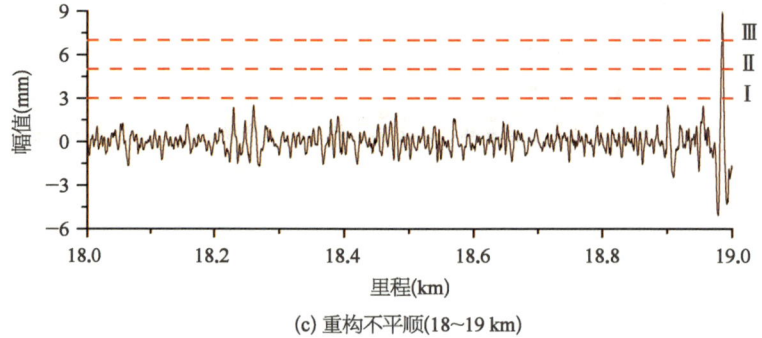

图 3-94　右轨向不平顺和车体横向加速度曲线图

3.5.4　均值管理

现有规范的轨道质量指数和加权均值后的新轨道质量指数的评价结果对比如图 3-95 所示。因轨距的评价方法未做改进，统一按现有规范方法计算。图中实线代表原规范的 TQI 管理值，虚线代表加权的 E-TWQI 管理值。

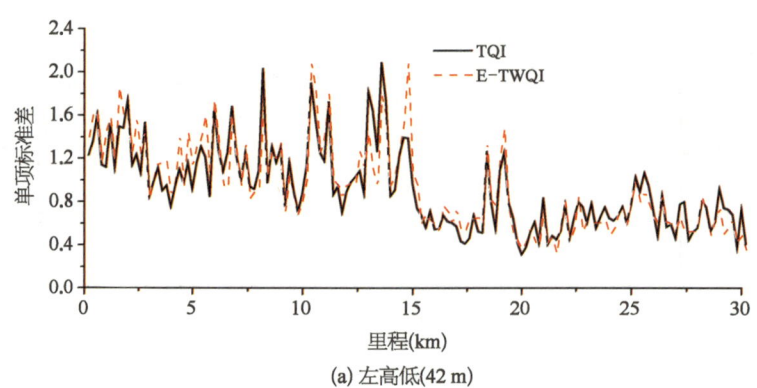

第 3 章 高速铁路轨道不平顺动力学控制与评估

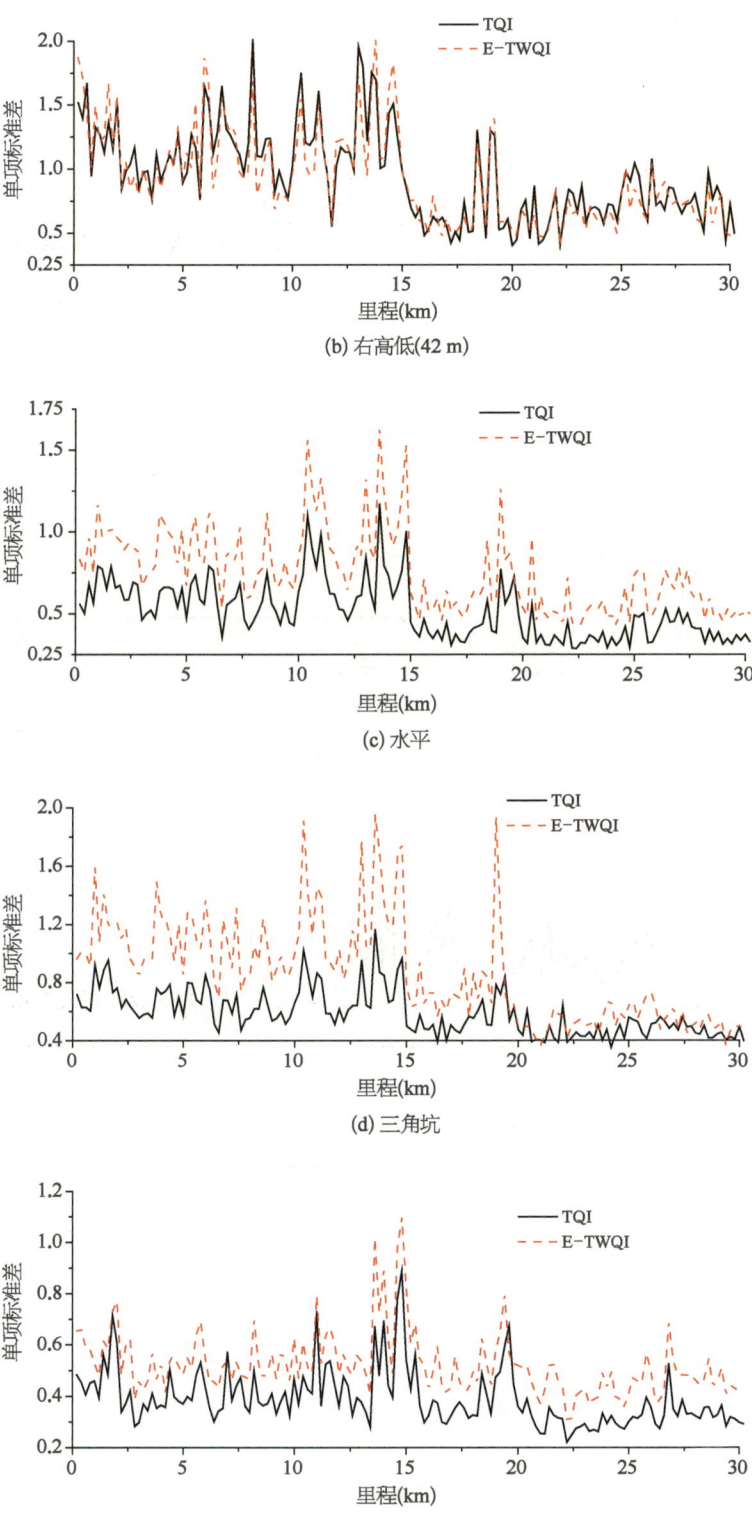

(b) 右高低(42 m)

(c) 水平

(d) 三角坑

(e) 左轨向(42 m)

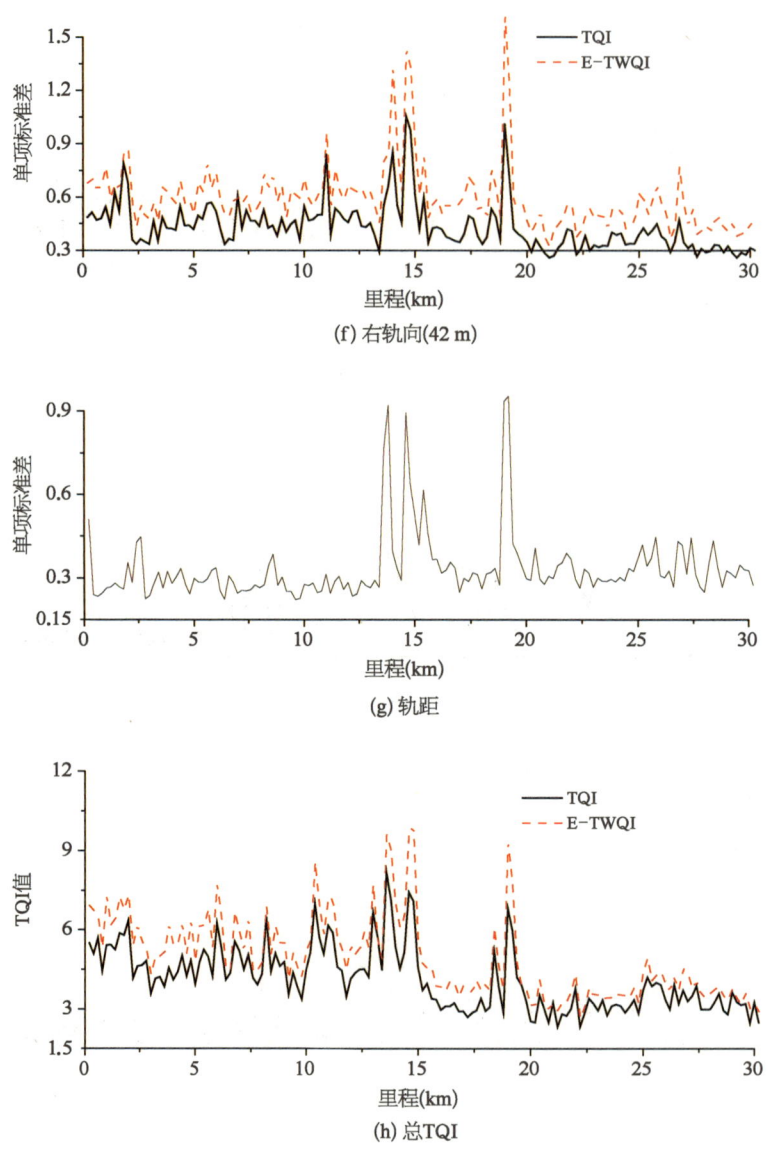

图 3-95 现有规范方法与新评价方法的对比

由图 3-95 可知,由这两种方法计算得到的单项指数和总 E-TWQI 值的变化趋势基本相同。其中,水平、三角坑、轨向的单项指数和总 E-TWQI 值均满足要求,左、右高低不平顺的单项标准差有个别区段超过了管理值,但新方法的计算结果较现有规范有一定程度的增大。

为了进一步说明两种评价方法的差异,以右轨向 16~20 km 区段为例,对比分析了不平顺与动力响应之间的对应关系。图 3-96 为车体横向加速度和右轨向的标准差。

由图 3-96 可知,右轨向不平顺激励下,车体横向加速度在 18.98 km 附近处振动响应很大;该里程处的轨道质量指数也较大,但新方法数值是现有规范方法的 1.6 倍,说明重构不平顺放大了对车辆响应敏感的不平顺,更易引起重视,以便指导维修。

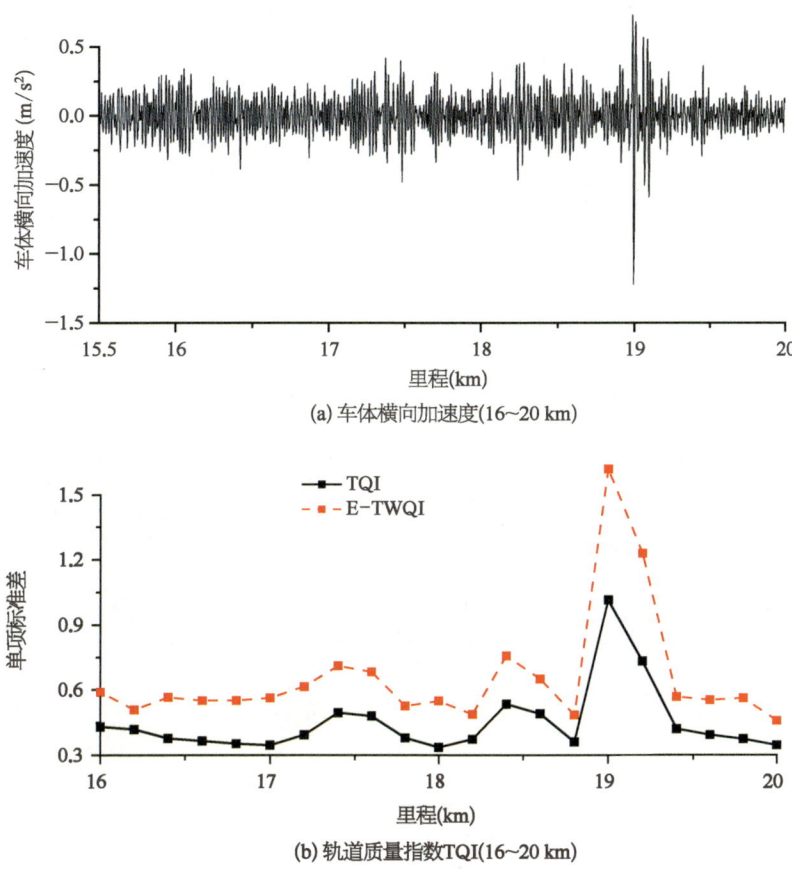

图3-96 车体横向加速度和右轨向不平顺轨道质量指数

参考文献

[1] 陈宪麦.轨道不平顺时频域分析及预测方法的研究[D].北京：铁道科学研究院,2006.
[2] 张德水.轨道不平顺的测量与数据处理[D].上海：上海交通大学,2012.
[3] 刘金朝,刘秀波.轨道质量状态评价方法[J].铁路技术创新,2012(1)：106-109.
[4] 徐金辉,汪力,王源,等.轨道不平顺峰值管理与均质管理的分析[J].铁道建筑,2015(6)：147-151.
[5] 张紫菱.基于轨道质量状态的高速铁路轨道维修周期的预测[D].北京：北京交通大学,2013.
[6] 练松良,李建斌,杨文忠,等.沪昆线与金温线轨道不平顺谱的分析[J].同济大学学报(自然科学版),2010,38(2)：257-262.
[7] 杨强.基于轴箱振动的轨道不平顺估计方法研究[D].成都：西南交通大学,2013.
[8] 高建敏,翟婉明,徐涌,等.既有干线轨道不平顺区段管理长度分析[J].铁道建筑,2009(5)：105-108.
[9] 王建西.基于模糊理论的轨检车数据分析与处理方法研究[D].石家庄：石家庄铁道学院,2005.
[10] 中华人民共和国铁道部.客运专线无砟轨道铁路工程测量暂行规定：铁建设[2006]189号[S].北京：中国铁道出版社,2006.
[11] 段兰云.车桥耦合振动系统中车辆的走形性分析[D].天津：天津大学,2009.
[12] 徐磊,陈宪麦,李晓健,等.朔黄重载铁路轨道不平顺谱[J].中南大学学报(自然科学版),2013,44(12)：5147-5153.

[13] 国家铁路局.高速铁路无砟轨道不平顺谱：TB/T 3352—2014[S].北京：中国铁道出版社.
[14] 王福天,周劲松,任利惠.用于高速车辆动态仿真的轨道谱分析[J].铁道学报,2002(5)：5147-5153.
[15] 陈果,翟婉明.铁路轨道不平顺随机过程的数值模拟[J].西南交通大学学报,1999,34(2)：138-142.
[16] 徐金辉.高速车辆-轨道耦合系统随机振动分析及轨道不平顺评价方法研究[D].成都：西南交通大学,2016.
[17] 黎琦琦.轨道不平顺激励下车辆-轨道空间耦合系统动力学响应分析[D].北京：北京交通大学,2012.
[18] 全顺喜.60 kg/m钢轨和60 N钢轨轮轨接触几何关系对比分析[J].铁道标准设计,2017,61(6)：38-43.
[19] 林建辉,陈建政,高燕,等.我国干线轨道谱理论分析及实验研究[J].机械工程学报,2004,40(1)：174-178.
[20] 雷晓燕,毛利军.线路随机不平顺对车辆-轨道耦合系统动力响应分析[J].中国铁道科学,2001,22(6)：38-43.
[21] 全顺喜.高速道岔几何不平顺动力分析及其控制方法研究[D].成都：西南交通大学,2012.
[22] 周正,赵国堂.轨道质量指数计算问题的探讨[J].中国铁道科学,2003,24(3)：64-68.
[23] 雷晓燕.列车通过轨道不平顺和刚度突变时对轨道振动的影响[J].铁道科学与工程学报,2005,2(6)：1-8.
[24] 杨飞.高速铁路长波不平顺敏感波长及管理值研究[D].北京：中国铁道科学研究院,2011.
[25] 罗林,张格明,吴旺表,等.轮轨系统轨道平顺状态的控制[M].北京：中国铁道出版社,2006.
[26] 邓伟,田正文.利用MATLAB辅助设计IIR数字带通滤波器[J].计算机与数字工程,2009,37(6)：153-155.
[27] 赵亚梅,杜红棉,张志杰.基于MATLAB一种IIR数字带通滤波器的设计与仿真[J].微计算机信息,2007,23(13)：285-287.
[28] Garg V K, Dukkipati R V. Dynamics of railway vehicle systems[M]. Salt Lake City：Academic Press, 1984.
[29] VIC Code 513, Guidelines for evaluating passenger comfort in relation to vibration in railway vehicles[S], 1994.
[30] Huang N E, Shen Z, Long S R, et al. The empirical mode decomposition and the Hilbert Spectrum for nonlinear non-stationary time series analysis[J]. Proc R Soc London Ser A, 1998, 454(1971)：903-995.

第 4 章

轨道宽频动刚度检测

轨道刚度直接影响着列车运行的速度、安全性和平稳性,轨道结构振动与变形、路基及桥隧结构的动力作用等在某种程度上决定着结构服役寿命和维修成本。轨道结构刚度检测为线路的日常养护维修工作提供指导,为养护维修策略的制定提供依据,也为新建线路的刚度设计提供参考。但结构的散体性和组合性、材料的多样性和非线性、部件规格的差异性和尺寸的长条层状分布均给轨道刚度的科学、合理、快速检测与评估带来困惑。

长期以来,轨道刚度检测主要检测扣件系统轨下或(和)板下胶垫等弹性部件的静刚度、动静刚度比,组装扣件节点刚度,轨道结构支点刚度等,缺乏对刚度指标更为全面、系统的认知。刚度作为一个典型的动力学参数,在高速铁路轨道高平顺、高稳定和高可靠性要求下,再考虑到复杂的轮轨关系,其检测理论与方法亟须深入研究。

4.1 轨道宽频动刚度检测概述

刚度是指材料或结构在受力时抵抗弹性变形的能力,是材料或结构弹性变形难易程度的表征。材料的刚度通常用弹性模量 E 来衡量。在弹性范围内,刚度表示为荷载与变形的比例系数,即引起单位变形所需要的力,其倒数称为柔度,即单位力引起的位移。刚度与物体的材料性质、几何形状、边界情况及外力性质等均有关。材料的弹性模量和剪切模量越大,则刚度越大。细杆和薄板在受侧向外力作用时刚度很小,但细杆和薄板如果组合得当,边界支持合理,使杆只承受轴向力,板只承受平面内的力,则它们也能具有较大的刚度。工程实践中,机械、桥梁、建筑物、飞行器和舰船都曾出现过结构刚度不足而发生结构失稳等灾难性事故。因此设计中必须确保结构有足够的刚度。

根据外力性质不同,结构刚度可分为静刚度和动刚度两类。

4.1.1 结构的静刚度与动刚度

静荷载下结构抵抗变形的能力称为结构的静刚度。动荷载下结构抵抗变形的能力称为结构的动刚度,即引起单位振幅所需的动态力,是衡量结构抵抗预定动态激扰的能力。如果干扰力频率很小、周期很长(即干扰力的频率远小于结构的固有频率),荷载相当于准静态荷载,则动刚度与静刚度基本相同。干扰力频率大、周期短(即干扰力的频率远大于结构的固有频率时),结构变形比较小,反映为结构的动刚度比较大。当干扰力的频率与结构的固有频率相近时,有共振现象,此时动刚度最小,即最易发生变形,其动变形可达静载变形的几倍乃至十几倍,系统呈现不收敛的非稳定状态,并由此引起结构失稳、部件失效等病害,甚至会导致灾难性的后果。

结构的刚度决定着其变形能力,并影响着结构的工作性能,如齿轮轴的变形会影响其啮合状况,机床的变形会降低部件加工精度等。决定结构刚度的主要因素有材料弹性模量和结构形式,结构形式的改变对刚度有显著影响,如图 4-1 所示。

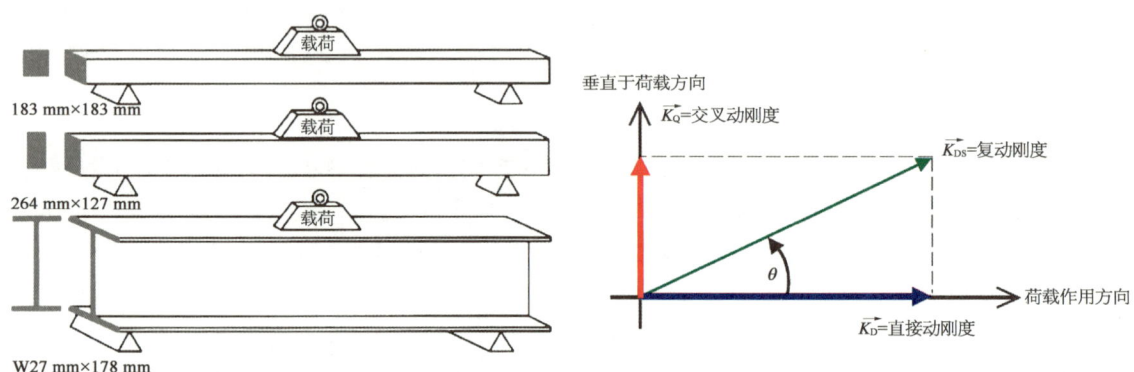

图 4-1 三种材料用量和截面积相同的横梁　　图 4-2 动刚度矢量化定义

动态条件下的刚度可以赋予矢量化的意义,动刚度的矢量化定义如图 4-2 所示。根据施加荷载与测量位移的相对方向,若两者一致,则为直接动刚度;若垂直,则为交叉动刚度;若既不垂直也不一致,则为复动刚度。目前轨道动、静刚度的研究仍仅限于研究与荷载作用方向相一致的刚度分布及影响规律,聚焦于直接动刚度,故后续所说的轨道动刚度是指其直接动刚度。

4.1.2 结构刚度的计算方法

根据结构刚度的一般定义,可由式(4-1)计算:

$$k = P/\delta \tag{4-1}$$

式中　k——结构刚度;
　　　P——作用于结构上的力(力矩);
　　　δ——力 P 作用下产生的位移(转角),平动刚度的国际单位为 N/m,转动刚度为 N/rad。

材料力学中,可用弹性模量与相应截面几何性质的乘积表示刚度,如 GI 为扭转刚度,EI 为弯曲刚度,EA 为拉压刚度;刚度成为结构的材料参数 E、G 与结构尺寸 I、A 的综合表征。

4.1.3 轨道垂向刚度

轨道垂向刚度是指垂向荷载作用下,钢轨顶面产生单位垂向位移时的力值,是轨道系统的结构特性函数,数值上等于垂向荷载值与相应的轨顶垂向位移之比。在钢轨类型和扣件间距一定的条件下,支点刚度越大,列车通过时扣件承受的垂向荷载越大,轨道部件伤损加剧;反之,支点刚度越小,列车通过时轨道变形越大,轨道动力坡度越大,行车阻力增大。所以合理的轨道刚度对延长轨道部件的使用寿命、降低现场养护维修工作量和控制运营成本意义重大。

4.1.3.1 轨道垂向静刚度

如图 4-3 所示,轨道垂向静刚度是评价轨道状态的重要指标,计算公式如下:

$$k = Q/z \qquad (4-2)$$

式中 Q ——施加在钢轨上的集中力;

z ——轨道结构的最大垂向变形,包括钢轨的弹性变形、扣件压缩变形、轨枕弹性变形、道床及下部基础变形等。

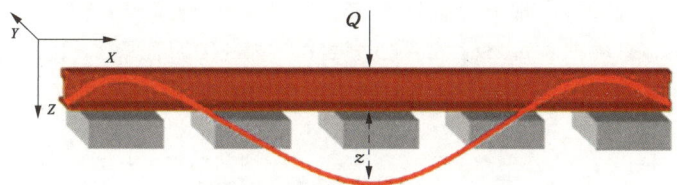

图 4-3 轨道垂向静刚度示意图

轨道垂向静刚度由钢轨、轨排和基础刚度共同决定。工程实践中,因轨道结构存在结构非线性及材料非线性等因素,如轨下虚空、轨枕空吊、道砟松弛等,轨道静刚度多呈非线性特性,如图 4-4 所示。

为消除轨道结构部件之间不良状态的干扰,如钢轨与轨枕、轨枕与道砟等之间的间隙,轨道静刚度常用轨道结构荷载-变形曲线上两点连线的斜率来表征,定义为割线刚度。计算式如下:

$$K_{a-b} = \frac{P_b - P_a}{y_b - y_a} \qquad (4-3)$$

式中 a、b ——某一时刻的力和变形,可根据不同运营条件等确定。

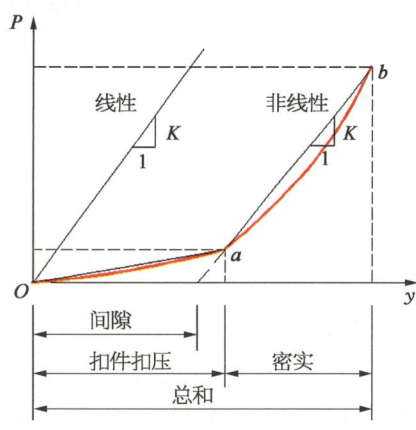

图 4-4 轨道荷载-垂向变形关系

4.1.3.2 轨道垂向动刚度

实际运营过程中,受轨道不平顺激励等因素影响,行驶中的列车作用在轨道结构上的力均为动荷载,轨道结构产生相应的动位移,结构刚度表现为动刚度。影响动刚度的因素较多,如荷载大小,荷载作用频率、幅值,材料特性等。

为研究轨道结构动刚度与荷载频率、幅值等因素的关系,可在轨道结构上加载一个垂向稳态激振力 $P = P_0 e^{j\omega t}$,设力作用点处轨面产生的动位移为 $Z = Z_0 e^{j(\omega t + \varphi)}$,则定义轨道结构动刚度为作用力幅值与动位移幅值之比:

$$k_\mathrm{d} = \frac{|P|}{|Z|} \tag{4-4}$$

该定义条件下,轨道结构动刚度能反映轨道结构在某一频率下稳态强迫振动的刚度特性。

将轨道结构动荷载和动位移分别进行傅里叶变换,可在频域内定义轨道结构动刚度:

$$k(f) = \frac{F(f)}{z(f)} \tag{4-5}$$

此时动刚度有了幅值和相位的信息,可表现为复数形式。

动刚度的测试和分析中,也可用其倒数来表述,即动柔度:

$$\alpha(f) = \frac{z(f)}{F(f)} \tag{4-6}$$

在轨道结构刚度测量中,可根据具体需求来选择动刚度测量与分析方法,如定点测量可选式(4-4),而长距离连续测量则宜选择式(4-5)或式(4-6);还可以通过测量加速度、速度,再根据加速度频响函数、速度频响函数、位移频响函数之间的关系求得动刚度。各频响函数间的关系见表 4-1。

表 4-1 各频响函数之间的关系

名 称	位移频响函数 (位移导纳、动柔度)	速度频响函数 (速度导纳、导纳)	加速度频率函数 (加速度导纳)
定 义	$\dfrac{位移\ w}{力\ F}$	$\dfrac{速度\ v}{力\ F}$	$\dfrac{加速度\ a}{力\ F}$
单 位	m/N	m/(N·s)	m/(N·s^2)=1/kg
关系式	H_{wF} $\dfrac{H_{vF}}{\omega}$ $\dfrac{H_{aF}}{\omega^2}$	ωH_{wF} H_{vF} $\dfrac{H_{aF}}{\omega}$	$\omega^2 H_{wF}$ ωH_{vF} H_{aF}

4.2 国内外轨道刚度检测技术现状

4.2.1 轨道结构部件刚度的测量

轨道结构为钢轨、扣件系统、轨枕、道床等组成的组合结构,各部件的弹性特征不同,其中扣件系统、道床及道砟垫层等部件的刚度特性引起了研究者广泛的关注。

4.2.1.1 扣件系统刚度研究

扣件系统作为连接、固定钢轨与轨下基础之间的弹性元件,其结构有繁有简,根据不同的运营条件和轨道功能要求,扣件系统的部件组成及性能有所差别。扣件系统的垂向刚度主要由弹性扣压件(如弹条、弹片)、轨下胶垫、板下胶垫等部件的刚度组成,且与扣件的结构设计及部件间的相互关系有关。扣件系统的横向刚度一般较大,以确保列车行驶过程中轨道结构的动态稳定性,但目前没有统一的测量分析方法,通常要求列车运行中钢轨轨头动态位移在 2 mm 以内为宜。

扣件系统各部件的刚度可以通过合适的工装和加载设备实施。工务实践中,人们更多地关注扣件组装后的节点垂向刚度,并试图通过多种理论和方法来阐释扣件动、静刚度。

1) 扣件系统垂向静刚度的测定

扣件垂向静刚度测试时,为模拟静态力条件,一般通过对安装好的扣件缓慢加力的方法测定。原则上加载速度越慢越好,通常不大于 60 kN/min;增至额定荷载时保持 1 min 左右,待扣件变形充分后记录位移值。典型的扣件系统静荷载-变形曲线如图 4-5 所示。

因弹性垫板具有黏弹性特性,故该曲线不满足胡克定律,呈现非线性特征。工程上常采用割线刚度来表征扣件的刚度特性,即取曲线上两特征点间的割线斜率作为扣件刚度。静刚度(K_s)的计算公式为

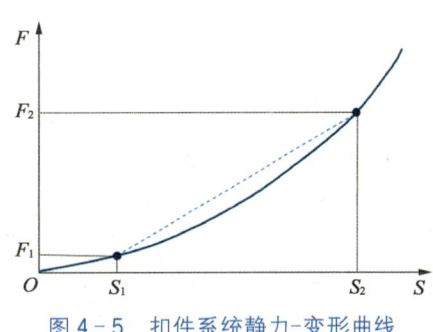

图 4-5 扣件系统静力-变形曲线

$$K_s = \frac{F_2 - F_1}{S_2 - S_1} \tag{4-7}$$

选择合理的荷载加载范围和割线刚度的起终点是静刚度测试的关键。加载范围与线路条件(轴载、安全系数等)、轨道刚度等有关。即使运营条件相同,若轨道刚度相差较大,测试时也应选取不同的加载范围。因为在相同轴载条件下,轨道刚度越低,轮载分布范围越广,参与变形的扣件数量越多,轮轨力被分散开,钢轨最大支反力越小;反之,扣件刚度越高,荷载越集中,钢轨最大支反力越大。

我国标准《铁道混凝土枕轨下用橡胶垫板技术条件》(TB/T 2626—1995)附录 C 中规定针对 25 t 轴重的干线铁路及客货共线铁路加载范围可取为 20~80 kN。而对轴重 14~16 t 的地铁和轻轨,相关厂家在测定扣件时采用的荷载范围则各不相同(表 4-2)。

表 4-2 典型扣件的静刚度测试荷载范围和实际刚度值

扣件类型	荷载范围(kN)	刚度值(kN/mm)
WJ-2	10~50	40~50
DT-Ⅵ	10~50	40~50
GJ-Ⅲ	5~35	10~15
英国先锋扣件	5~25	4~10

在 EN13146-4 的各版本中均提出了扣件静刚度的测量方法,其大致步骤如下:
(1) 将扣件系统和加载用钢轨按安装标准安装于轨枕或半轨枕的承轨台上,成为待测试样。
(2) 将试样放置于刚性水平面上。

(3) 通过加载设备向轨头中心线施加 85 kN 的垂向荷载,加载速率(50±5)kN/min。加载方向垂直于轨座,在岔枕或半岔枕的纵向中心线之上。

(4) 施加 5 次荷载;第 6 次加载时,使用位移传感器测量加载钢轨四个角相对于承轨槽的垂直位移,测量误差为±0.1 mm。

计算在 5 kN 和 80 kN 之间四个角的垂直位移平均值 d,进而计算出这两个荷载点的割线刚度 k。其计算式为

$$k = 75/d (\text{MN/m}) \qquad (4-8)$$

我国标准《高速铁路扣件系统试验方法 第 3 部分:组装静刚度的测定》(TB/T 3396.3—2015)中规定了高速铁路扣件系统静刚度的测试步骤,主要测试过程和 EN13146 基本一致,但计算荷载选择为 5 kN 和 55 kN。

洛阳船舶材料研究所对地铁用减振器扣件静刚度进行了测试,测试步骤如下:先将试件平置,以 1~2 kN/s 的速度垂直加载至 35 kN,静止 60 s 后卸载,加卸载 3 次后完成预压,再进行静刚度测试。测试时以 2.5 kN 为一个加载增量,加至 35 kN;每加载一次静止 60 s,记录对应的位移值。最后以有效轮载下(15~30 kN)对应的位移值计算割线刚度作为测试值。

2) 扣件系统动刚度的测定

目前扣件系统动刚度的测量尚无统一的方法,主要有以下几种:

(1) 动态加载的直接测量法。该方法从刚度的定义出发,通过动态加载系统给单个扣件系统施加稳态的周期性荷载;记录力与位移曲线,计算荷载幅值条件下的动态位移差,用两者比值表征扣件系统的动刚度。显然该测试方法与荷载的加载频率、荷载大小等因素有关。对于橡胶等高分子材料制造的扣件弹性垫板,均为非胡克弹性体,其动刚度大于静刚度,且动刚度的大小与加载频率有关。相同荷载下,加载频率越大,测得的动刚度越大。为获得扣件系统工作状态时的真实动刚度值,测试的加载频率、大小应与运营条件保持一致或相近。可按式(4-9)计算:

$$f = \frac{v}{3.6L} \qquad (4-9)$$

式中 f——加载频率(Hz);

v——行车速率(km/h);

L——车辆转向架固定轴距(m)。

当列车运营速度为 80 km/h,若车辆转向架固定轴距为 2 m,则理想的加载频率约为 11 Hz。

根据上述测量原理,洛阳船舶材料研究所对减振器扣件进行了动刚度测试。名义初始荷载为 18 kN,加载频率为 10 Hz,振幅为±0.5 mm,进行 1 300 次循环。记录 1 200~1 204 次循环所对应的荷载及位移值,计算对应的动刚度值,取平均值作为构件的测试动刚度(图 4-6)。

由于橡胶等高分子材料的黏弹性,扣件受动态外力作用时应变滞后于应力,测试的荷载-位移曲线为一个滞回圈(滞回圈的面积代表能量损失),如图 4-7 所示。

动刚度计算时可采用积分法,按式(4-10)计算:

$$K_d = \frac{F_{\max} - F_{\min}}{S_{\max} - S_{\min}} \qquad (4-10)$$

第 4 章　轨道宽频动刚度检测

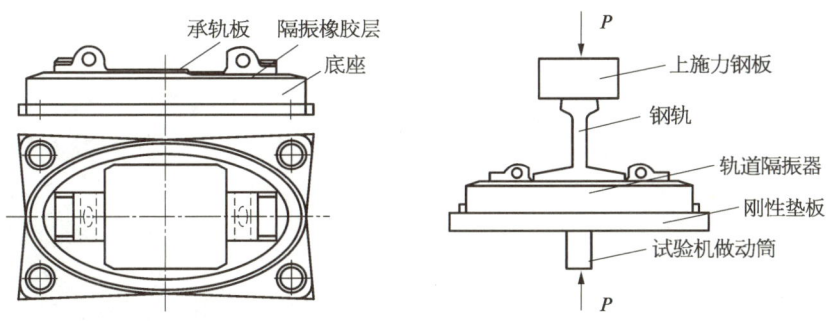

图 4-6　扣件系统隔振器及其刚度测试示意图

式中　K_d——动刚度(kN/mm);
　　　F_{max}——动刚度滞回曲线上荷载最大值(kN);
　　　F_{min}——动刚度滞回曲线上荷载最小值(kN);
　　　S_{max}——动刚度滞回曲线上形变最大值(mm);
　　　S_{min}——动刚度滞回曲线上形变最小值(mm)。

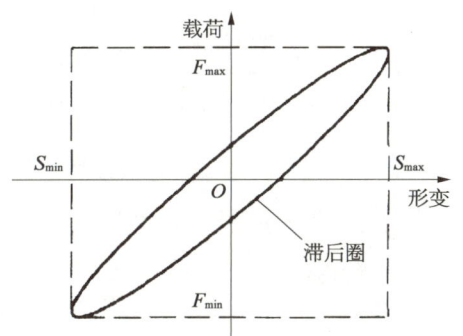

图 4-7　扣件系统动刚度测试滞回曲线示意图

为更为全面地衡量扣件系统积蓄弹性势能的能力,洛阳船舶材料研究所还在试验中采集足够密集的荷载与变形数据,再利用数值积分法计算出荷载-变形曲线以下所围绕的面积 A,这个面积正好是试验机对橡胶垫板所做的功,也是橡胶垫板从试验机所获得的能量。根据能量等效的原理,在同样的变形量下,用几何法做一直角三角形,使其面积 A_1 等于荷载-变形曲线以下所围绕的面积 A。那么这个直角三角形斜边的斜率就可以比较准确地作为橡胶垫板的静态刚度值,如图 4-8 所示。

因动态条件扣件系统变形量较小,使得加载时设备自身的变形不可忽略,这给直接测量法的应用带来了较大误差;且受输入频率和荷载的影响,该方法测量结果有一定的局限,不能代表复杂动力环境下宽频激振的真实状态,有必要研究新的测量方法。

(2) 落锤法测量。落锤法即冲击荷载衰减试验法,可用来评价扣件系统在减振能力、动刚度方面的性能。图 4-9 是一种用落锤冲击试验机试验的方案示意。用一个质量块(落锤)落在由扣件

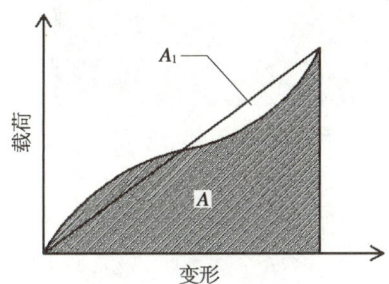

图 4-8　用能量等效原理计算橡胶垫板静刚度

系统固定的钢轨顶面,锤质量为 50 kg,在锤头与锤体之间垫 10 mm 厚的橡胶缓冲垫片,落高为 100 mm。在钢轨、轨枕和整体道床两侧分别布置加速度计,在锤头冲击轨头的瞬间测量钢轨、轨枕和道床振动加速度。试验时应保证锤体自由下落,每次试验前先预落 10 次,以消除扣件系统或支撑块下橡胶垫板的空隙,然后开始正式试验。正式试验应至少重复测试 5 次,且每次测量结果的误差应在平均值的 10% 以内,否则需重新测量。为排除环境和人为因素的影响,同次测试所用仪器、测点位置和测试人员等应尽量保持一致。

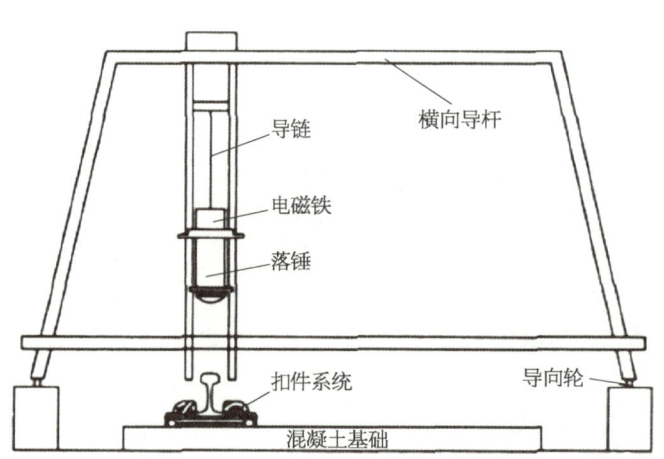 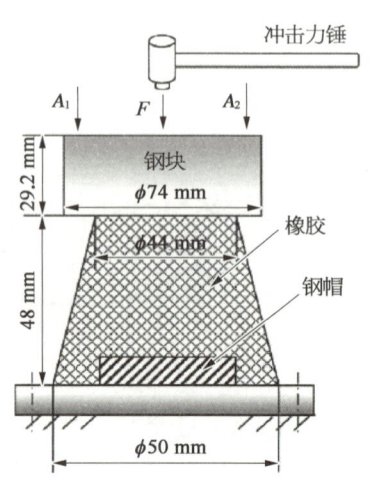

图 4-9 落锤冲击试验测试扣件系统刚度   图 4-10 橡胶垫板-质量块单自由度振动系统动刚度试验研究

此外,也可将钢轨和扣件系统视为弹簧-质量块组成的单自由度振动系统(图 4-10),用力锤敲击法测试该系统的动刚度,并通过动刚度的频域特性分析,识别刚度、阻尼等参数。

西南交通大学运用锤击法研究了扣件系统的动刚度特性。在室内组装好的单个扣件上,用力锤敲击钢轨,以锤击信号作为输入,在扣件系统及钢轨的相关部位布置加速度传感器,拾取扣件系统及钢轨的振动信号作为输出,获得系统的加速度导纳,进而求得扣件系统的动刚度,如图 4-11 所示。

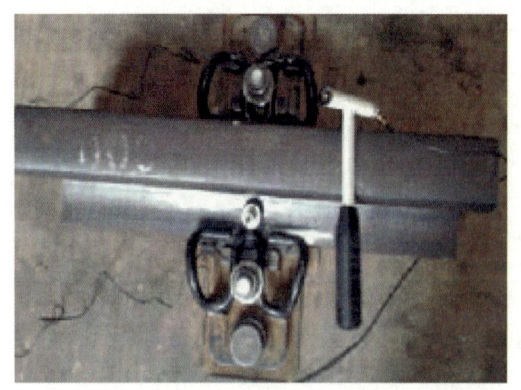 

图 4-11 扣件系统动刚度特性测试   图 4-12 扣件系统弹性基板动态试验

同济大学李莉等基于黏弹性材料动态恢复力由非线性弹性恢复力和非线性阻尼力叠加而成的理论,提出钢轨扣件减振橡胶的动态力学模型,并根据实际工作状态对弹性基板进行动态试验(图 4-12),对试验数据进行拟合分析,研究了振幅和频率对非线性弹性恢复力、非线性阻尼力以及动态刚度的影响规律。

3) 温变环境下扣件系统刚度的测试

世界上绝大多数材料的力学性能均受温度影响,扣件系统刚度主要来源于金属的弹性扣压件和橡胶或高分子材料的弹性垫板,其也将受到温度影响,使扣件系统的刚度表现出温敏特性。特别是橡胶等弹性材料,均为高聚物,存在玻璃化转变温度;垫板一旦达到或低于该温度,将快速硬化、脆化,弹性丧失。为此,扣件系统刚度的温变效应引起了部分学者的注意。

I. A. Carrascal 等利用温控加载系统研究了轨下胶垫的刚度问题,如图 4-13 所示。其测试结果如图 4-14 所示。

图 4-13 温变环境下轨下垫板刚度测试

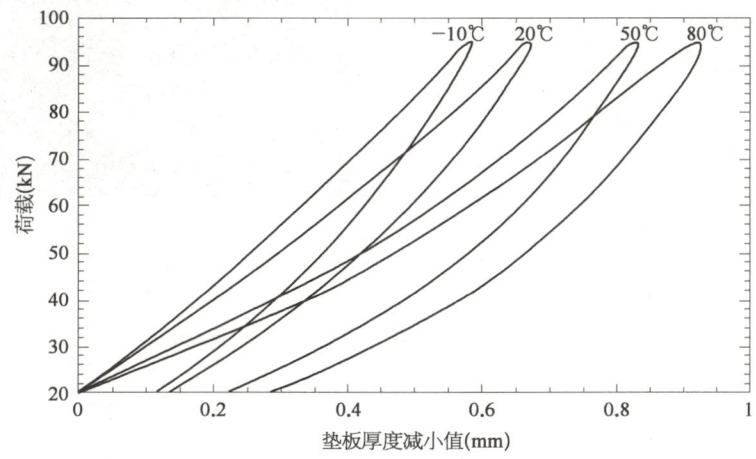

图 4-14 温度对扣件系统橡胶垫板静刚度的影响试验结果

中国铁道科学研究院李子睿等结合橡胶的材料特性,研究了不同环境温度下橡胶的老化和疲劳问题,分析了材料老化对垫板刚度的影响,如图 4-15 所示。

试验结果表明:在-40℃和23℃环境温度下,老化作用对橡胶垫板原有疲劳性能略有改变;而40℃环境温度下的疲劳试验,老化作用对橡胶垫板原有的疲劳性能影响较为明显,以疲劳前后静

(a) 23℃

(b) −40℃
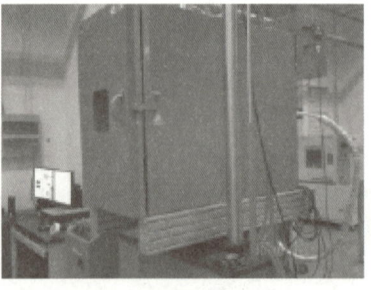
(c) 40℃

图 4-15　不同环境温度下橡胶垫板疲劳试验

刚度变化率为例,老化后的橡胶垫板变化率为 9.36%,未老化橡胶垫板变化率为 15.76%。

4.2.1.2　道床刚度研究

道床刚度是轨道刚度的重要来源。传统的有砟道床依靠颗粒间的咬合、接触、摩擦和石材自身的弹性,给轨道框架提供刚度。无砟轨道通过设置弹性支承层或弹性元件提供刚度。道床刚度的测试也分为静刚度测试法和落锤冲击法两类。

刘丽波等针对不同材质、不同厚度、不同密度、一定脏污程度的道床做了动、静载试验(图 4-16),分析了静刚度,并提出了适用于处于正常稳定状态下的道床静刚度值。

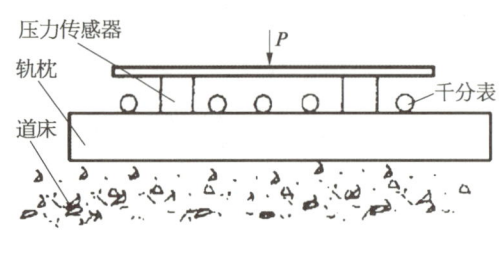

图 4-16　道床刚度测试示意图

图 4-17　落轴激振轨道测试道床动刚度和阻尼

同济大学刘卫星等,采用落轴试验方法测试道床的动刚度和阻尼值(图 4-17),利用落轴模型法和参数辨识法分析计算道床的动刚度和阻尼,得到了不同道床材质、厚度、密实度以及脏污情况下的道床动刚度和阻尼值。

中国铁道科学研究院马伟斌等,针对既有线提速改造及高速客运专线设计与施工中遇到的轨道与路基参数的合理匹配问题,以室内动载模型试验研究为依托,配制 6 组不同密实度的土样,对轨道与路基结构进行了动应力、弹性变形、塑性变形、反应模量等项目的测试,并通过不同压实系数下模型试验测试结果的对比分析,得出基床、道床弹塑性变形以及反应模量的变化趋势,探讨了轨道与路基结构地基系数、压实系数及动静刚度等参数之间的发展规律,提出基床对道床影响的临界值。模型试验箱几何尺寸及传感器布置图如图 4-18 所示。动应力与动变形、道床动静刚度之间的关系曲线分别如图 4-19 和图 4-20 所示。

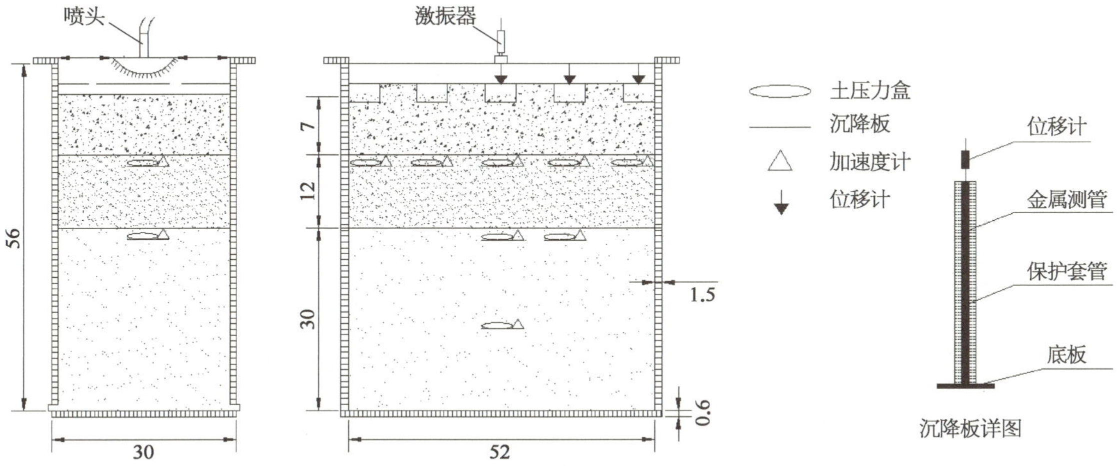

第 4 章 轨道宽频动刚度检测

图 4-18 模型试验箱几何尺寸及传感器布置图

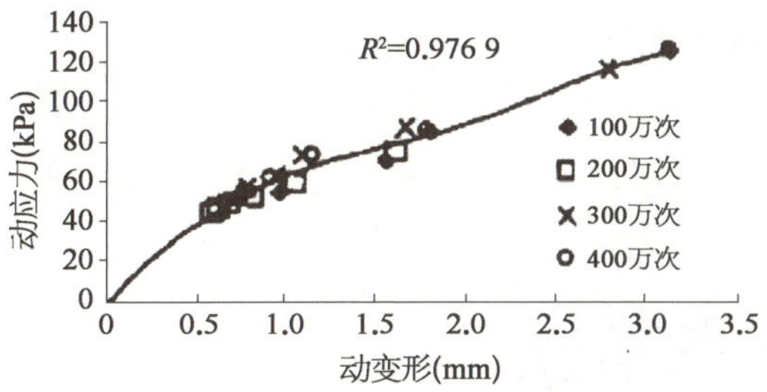

图 4-19 动应力与动变形的关系

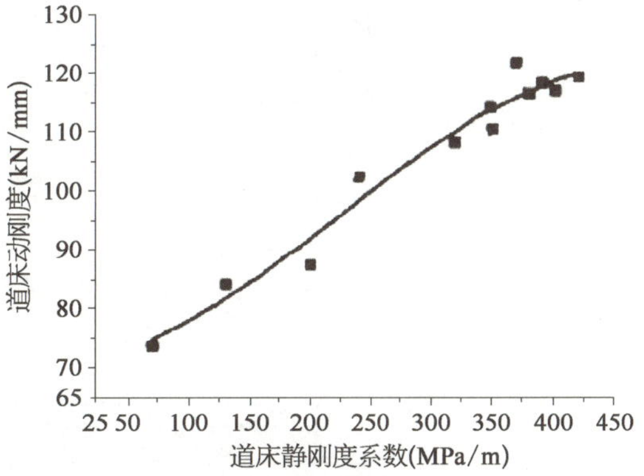

图 4-20 道床动静刚度之间的关系

为探讨道砟胶对加强道床刚度的作用，西南交通大学进行了现场试验，测试了喷涂道砟胶前后道床刚度的变化，如图 4-21 所示。图 4-22 为该次试验中的道床刚度测试方法示意图。

图 4-21 喷射设备及现场喷涂道砟胶

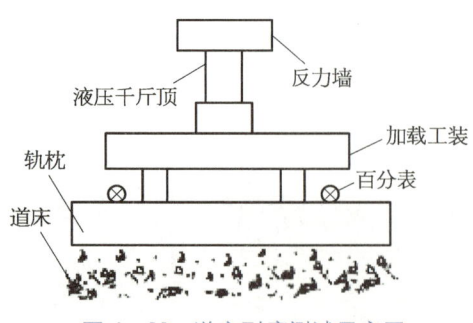

图 4-22 道床刚度测试示意图

结果表明,通过喷涂道砟胶,道床刚度可增大 36% 以上。因此喷涂道砟胶可作为加强道床刚度的一种新的有效方法。

4.2.2 轨道整体刚度的测量

轨道整体刚度表征为集中荷载作用下,荷载作用点处的钢轨产生单位下沉时对应的荷载值。其测量方法有两类:一类是定点测量法,可检测某单一断面的轨道整体刚度;另一类是移动测量法,可连续测量沿线路分布的轨道整体刚度及其变化情况。

4.2.2.1 轨道整体刚度的定点测量

轨道结构整体刚度定点测量是指事先确定要测量的工点,然后通过测量该工点的位移和作用在该工点的垂向力来求得该工点的轨道结构整体刚度。

从目前的国内外研究现状来看,轨道结构整体刚度定点测量总体上有四种可行方法:直接加载法;锤击法;落轴法;TLV 法,即轨道加载车测试法。

1) 直接加载法

直接加载法利用液压千斤顶及反力装置向轨头加载,并通过位移计或百分表测量荷载作用下的钢轨变形,测得力-位移曲线,计算轨道整体刚度。1918 年,塔尔伯特委员会利用堆载的平板车作为反力装置,并通过安装于车上的加载装置测量轨道结构的整体静刚度(图 4-23)。

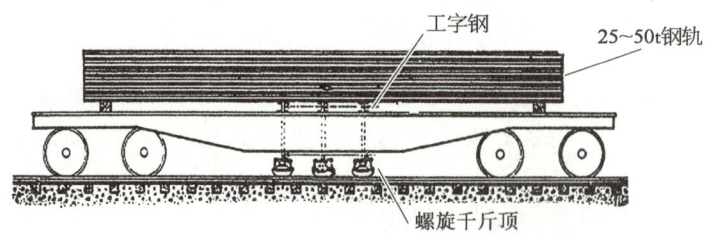

图 4-23 轨道结构刚度测量装置

2) 锤击法

锤击法通过力锤敲击钢轨给轨道结构施加一个脉冲荷载,再利用安装在钢轨或轨枕(轨道板)上的加速度传感器拾取轨道结构的振动响应,求取轨道结构各部分的传递函数,如图 4-24 所示。位移导纳传递函数在一定程度上即可反映轨道结构的动刚度特性。

力锤锤击法测刚度的频率范围一般为 50~1 500 Hz,频率范围跟力锤锤头的软硬有关,橡胶材质的软锤头测量频率较低,而钢材质的硬锤头测量频率较高。由于力锤锤击能量有限,很难激起结构的低频振动,故该方法测得 50 Hz 以下的低频响应可信度较差。

3) 落轴法

落轴法是将轮轴提升一定高度后,利用重力自然下落冲击轨道结构,通过安装于轨道各部件的加速度传感器测量轨道结构的振动响应,计算传递函数来探寻轨道结构的刚度特性。落轴法能

 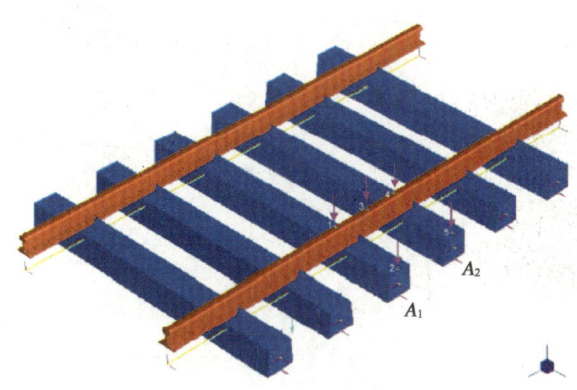

图 4-24　锤击法测试轨道结构刚度

在一定程度上反映列车高速运行时对轨道结构的冲击效应,如图 4-25 所示。

4）TLV 法

TLV(track loading vehicle)测量系统是一套自动化程度较高的轨道刚度测试系统,其工作原理与直接加载法相同,但较千斤顶或堆载小车加载要方便很多,且能提供更大的垂向力(图 4-26)。目前拥有 TLV 的机构有美国交通运输技术中心(Transportation Technology Center, Inc., TTCI)和 Decarotor、南非 BSSM、荷兰代尔夫特大学及瑞典铁路部门。

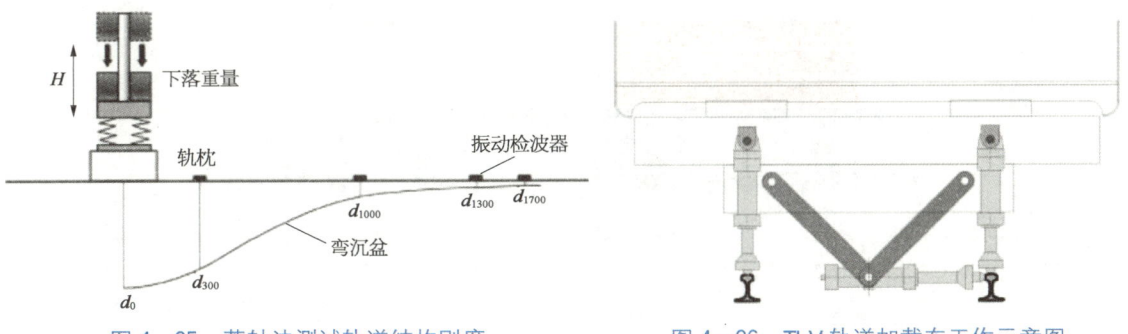

图 4-25　落轴法测试轨道结构刚度　　　　图 4-26　TLV 轨道加载车工作示意图

5）轨道刚度定点加载车法

澳大利亚昆士兰科技大学研发了轨道结构刚度定点测量车,由三节车编组组成。前车为六轴牵引机车,重 90 t;中间车为缓冲车,用于减缓前车对尾车的测试影响;尾车为测试车,轴重约 14.3 t,搭载有液压千斤顶及位移传感器,可用于垂向力加载及轨道结构变形测量,定点测量轨道结构整体刚度,如图 4-27 所示。

检测时尾车两侧分别伸出液压千斤顶,独立作用于定点的钢轨上,22 个传感器可记录钢轨挠曲变形曲线,计算轨道结构基础弹性模量和刚度。

图 4-28 为典型的力-位移测试结果曲线,由不同的刚度定义来计算所测量的轨道结构刚度。

图 4-27 移动式轨道结构刚度定点测量车

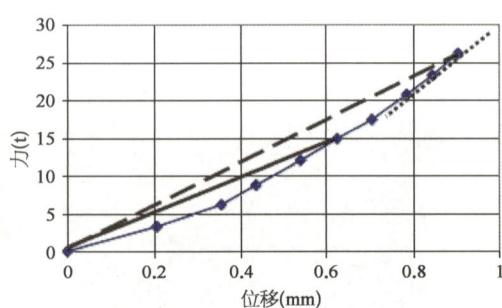

图 4-28 典型的力-位移测试结果曲线

4.2.2.2 轨道结构整体刚度连续测量

定点测量法无法高效、准确和全面地评估线路刚度情况,为此国内外的科研单位或组织均试图研发轨道结构刚度连续检测装备,下面分别进行介绍。

1) 中国铁道科学研究院的研究

1994 年,中国铁道科学研究院提出了轨道弹性测量车的构想,如图 4-29 所示。该车由重车和轻车构成,重车在前,轻车在后。重车通过装载不同数量的混凝土块来调整轴重,调整范围为 150~250 kN,可测定不同轴重的影响。轻车轴重为 40 kN,用来消除轨下或枕下的空吊间隙。

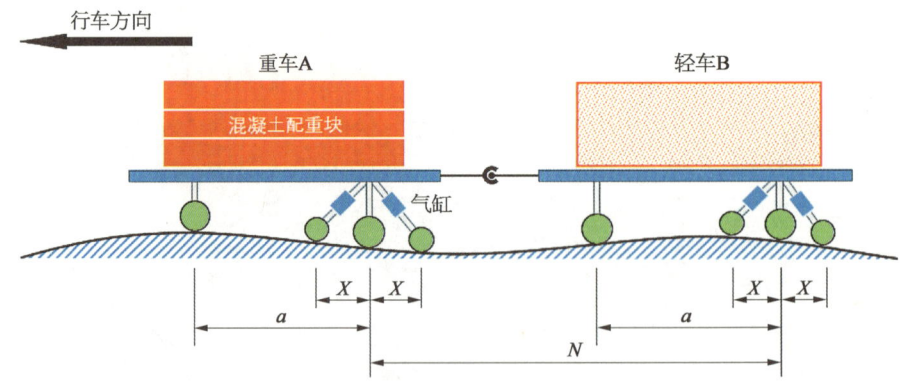

图 4-29 轨道弹性测量车构造示意图

该车测量原理基于弦测法,主要测量轨道的弹性变形 y_K。测量原理如图 4-30 所示。

由图 4-30 可知:

$$\left.\begin{aligned} y_2 &= \Delta + y_0 + y_1 \\ y_H &= \Delta + y_0 + y_1 + y_{KH} = y_2 + y_{KH} \\ y_L &= \Delta + y_0 + y_1 + y_{KL} = y_2 + y_{KL} \end{aligned}\right\} \tag{4-11}$$

故轨道刚度可表述为

$$K = \frac{\Delta P}{\Delta y} = \frac{P_A - P_B}{y_{KH} - y_{KL}} = \frac{P_A - P_B}{y_H - y_L} \tag{4-12}$$

第 4 章 轨道宽频动刚度检测

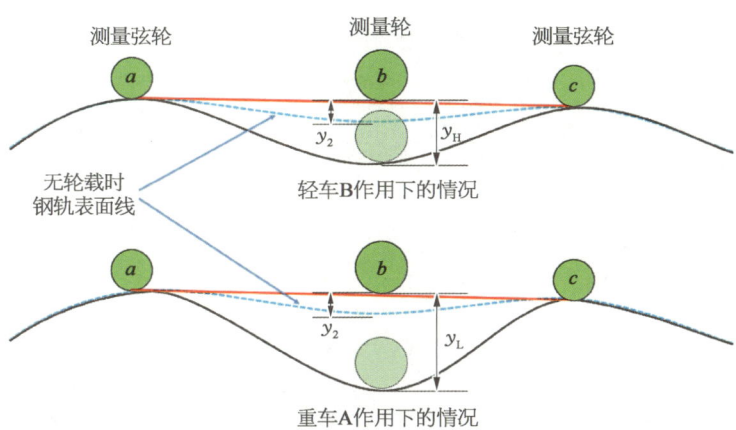

图 4-30 轨道弹性测量原理示意图

相关参数含义如下：Δ 为测量弦与参考线间距；y_0 为轨道静态几何不平顺；y_1 为钢轨与轨枕、轨枕与道床等的间隙；y_2 为 Δ、y_0、y_1 之和；y_H 为重车作用下轨道垂向位移测量值；y_L 为轻车作用下轨道垂向位移测量；y_{KH} 为重车作用下轨道弹性位移；y_{KL} 为轻车作用下轨道弹性位移。

2011 年，中国铁道科学研究院研制出新的移动式线路动态加载试验车(图 4-31)，该车由仪器试验车和动力加载车两部分组成，其主要通过检测移动的准静态荷载作用下轨面的位移实现刚度检测。为减少轨道静态不平顺和列车振动等因素的影响，采用了双弦测法来提高检测精度(图 4-32)，该方法通过分别测量加载前后弦测值差作为刚度计算依据。试验车垂向最大加载力(单轴)为 350 kN，横向最大加载力(单轴)为 100 kN，轨道变形测试精度为 0.2 mm，加载控制精度优于 5%，加载时最大运行速度 60 km/h，最大联挂运行速度 160 km/h。

图 4-31 移动式线路动态加载试验车

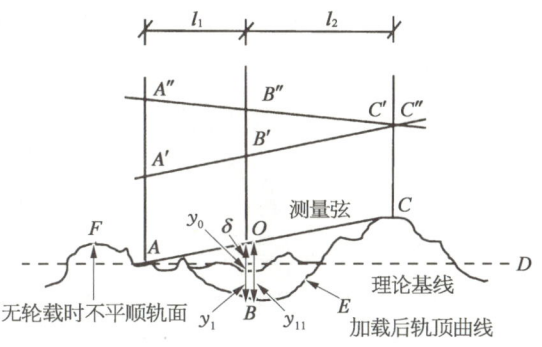

图 4-32 双弦测法原理图

2) 美国内布拉斯加州立大学的研究

21 世纪初，美国内布拉斯加州立大学开始研究铁路轨道垂向刚度测量系统，并于 2011 年申请美国专利。该系统通过在测量车上装载两个线激光源，测量线激光与轨面的间距变化获得钢轨垂向位移，进而计算钢轨基础弹性模量。测量系统构造如图 4-33、图 4-34 所示。图 4-35 为激光传感器测量的几何关系。

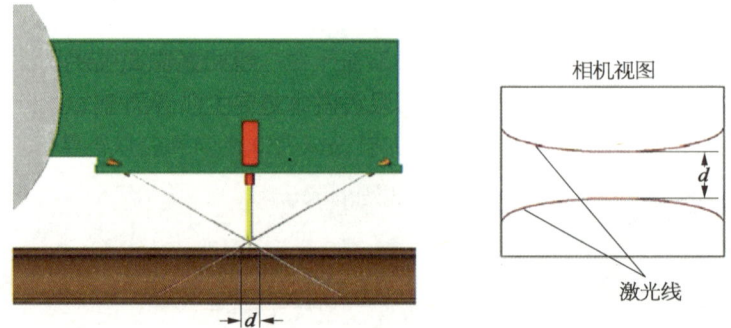

图 4-33 测量系统示意图

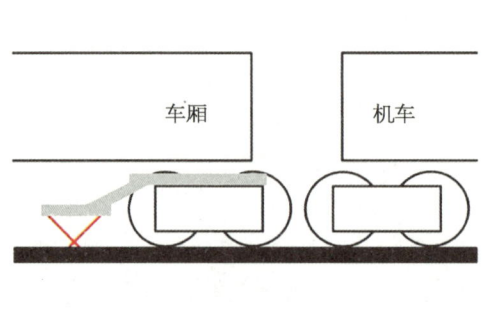

图 4-34 测量系统安装位置示意图

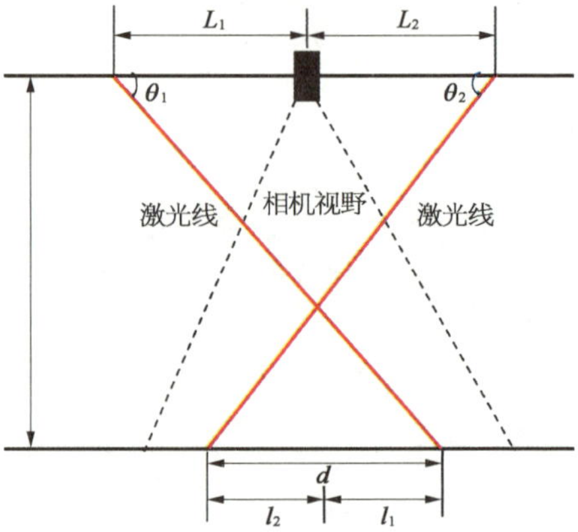

图 4-35 传感器测量几何关系

由图 4-35 可得如下几何关系式：

$$\left.\begin{array}{l}(L_1+l_1)\tan\theta_1=h\\(L_2+l_2)\tan\theta_2=h\\d=l_1+l_2\end{array}\right\} \quad (4-13)$$

由式(4-13)可得

$$h=(d+L_1+L_2)\frac{\tan\theta_1\tan\theta_2}{\tan\theta_1+\tan\theta_2} \quad (4-14)$$

其中，d 由分析相机视图来测得；L_1、L_2、θ_1、θ_2 均为已知量。

图 4-36 为钢轨变形情况。图中 H 为已知量：

$$y_r=H-h \quad (4-15)$$

求得 y_r 后，基于 Winkler 地基模型，可由式(4-16)建立以钢轨基础弹性模量为未知量的方程，解方程即得钢轨基础弹性模量：

$$y_r=y_{camera}-y_{wheel} \quad (4-16)$$

目前该测量系统已经进行了现场试验及捕捉了轨面图像，如图 4-37、图 4-38 所示。

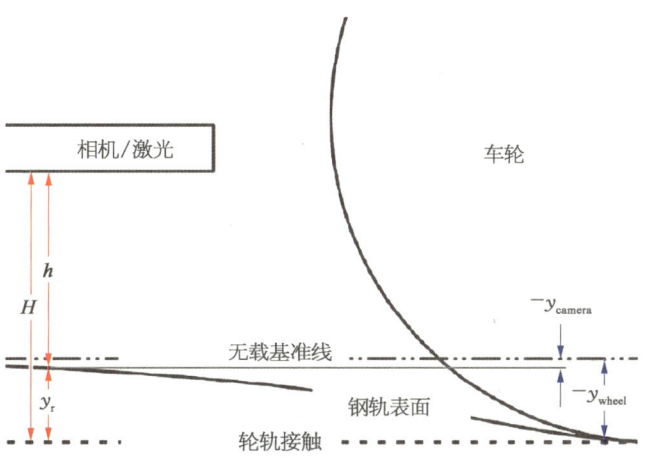

图 4-36　钢轨变形及传感器测量原理图

图 4-37　测量系统现场试验

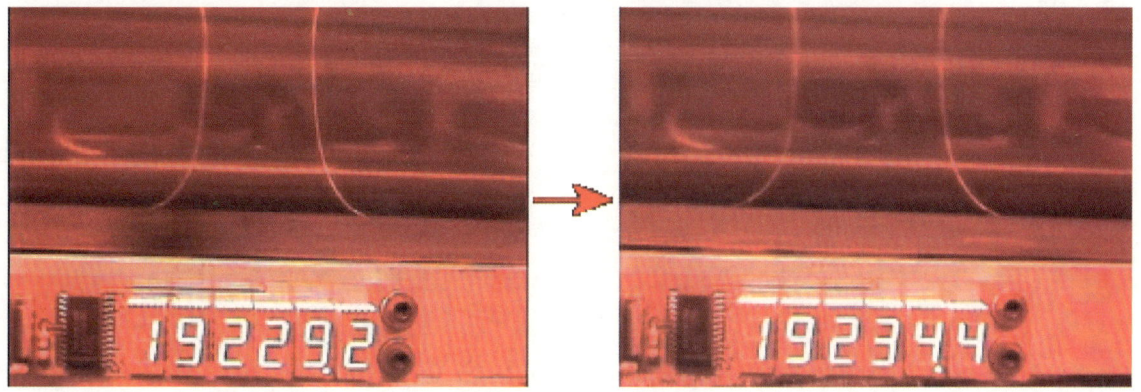

图 4-38　典型测量图像

3）武汉大学的研究

武汉大学正在研究基于变形速率的轨道刚度测量方法，并应用于移动式轨道刚度检测车和公路路面弯沉检测车。

该方法认为荷载移动过程中，荷载作用点处形成的弯沉曲线相似，曲线上每点的轨道垂向变形速率与荷载在轨道上沿线路移动的速率之比为弯沉曲线上该点处轨道变形的斜率,如图4-39所示。

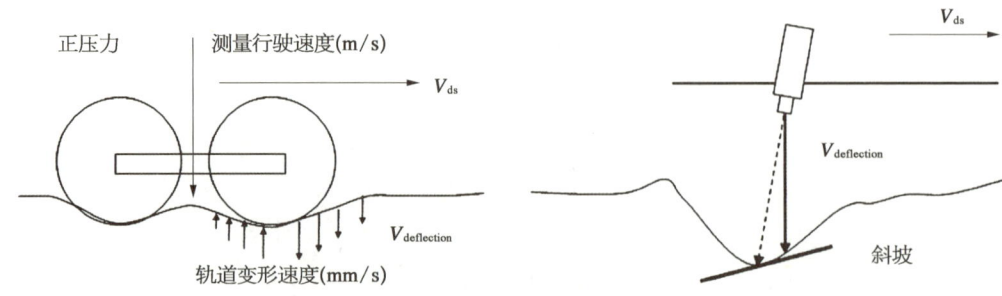

图4-39 移动式轨道刚度检测原理

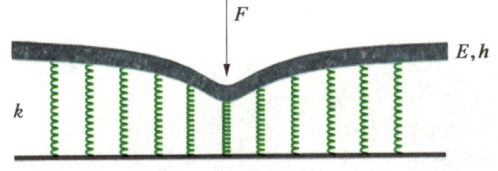

图4-40 Winkler地基梁模型变形示意图

测量过程中,存在如下关系式:

$$w'(x) = \frac{V_{\text{deflection}}}{V_{\text{ds}}} \quad (4-17)$$

其中,$w'(x)$同样基于Winkler地基模型求得,如图4-40、式(4-18)所示。由此可求得轨面动态变形,根据轴重反算轨道基础弹性模量。

$$\left.\begin{aligned} w(x) &= -\frac{A}{2B}\mathrm{e}^{-Bx}(\cos(Bx)+\sin(Bx)) \\ w'(x) &= A(\sin(Bx))\mathrm{e}^{-Bx} \\ A &= F/\sqrt{4EIk} \\ B &= \left(\frac{k}{4EI}\right)^{1/4} \end{aligned}\right\} \quad (4-18)$$

为减小误差,该系统同时测量弯沉曲线上三个点的垂向变形速率,传感器布置及激光投射位置等如图4-41所示。

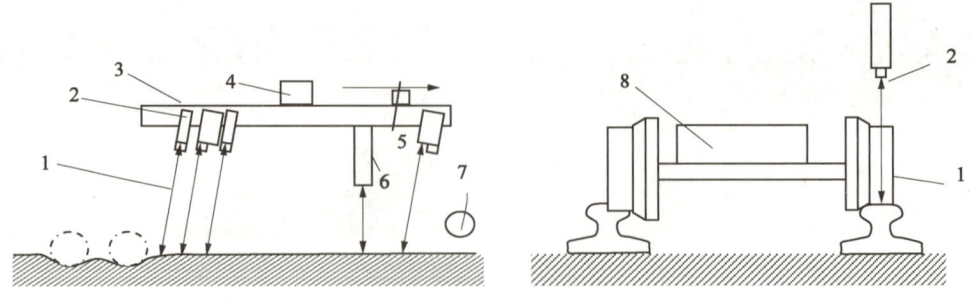

图4-41 测量系统传感器布置及激光投射位置

1—荷载轮;2—激光多普勒测振仪;3—测量横梁;4—定位定姿单元;
5—温度传感器;6—激光测距机;7—DMI;8—配重

该测量系统中的激光测量采用了激光多普勒测振仪,如图4-42所示。

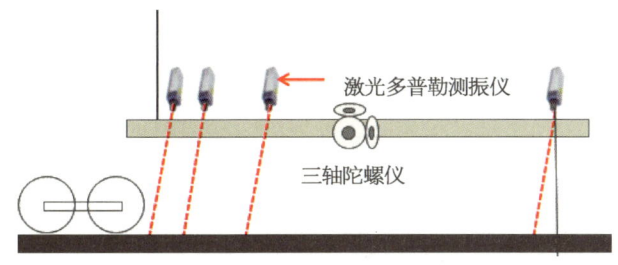

图 4-42 激光多普勒测振仪

4) 瑞典皇家理工学院的研究

瑞典参与了欧洲工业技术基础研究框架项目 EUROBALT Ⅱ(European Research for an Optimised BALlasted Track),探寻有砟轨道最优养护维修策略。研究表明,轨道结构刚度是继轨道结构几何不平顺之后轨道结构长期养护维修的又一重要参数。为此,瑞典铁路部门研发了轨道结构垂向刚度连续测量小车。

在该研究中,为频域内研究轨道结构刚度,将之用其倒数来表示,称作轨道结构柔度:

$$\alpha(f) = \frac{1}{k(f)} = \frac{z(f)}{F(f)} \tag{4-19}$$

轨道结构柔度是复数量,有其幅值和相位。

测量小车(measurement trolley)的测量原理如图 4-43 所示。

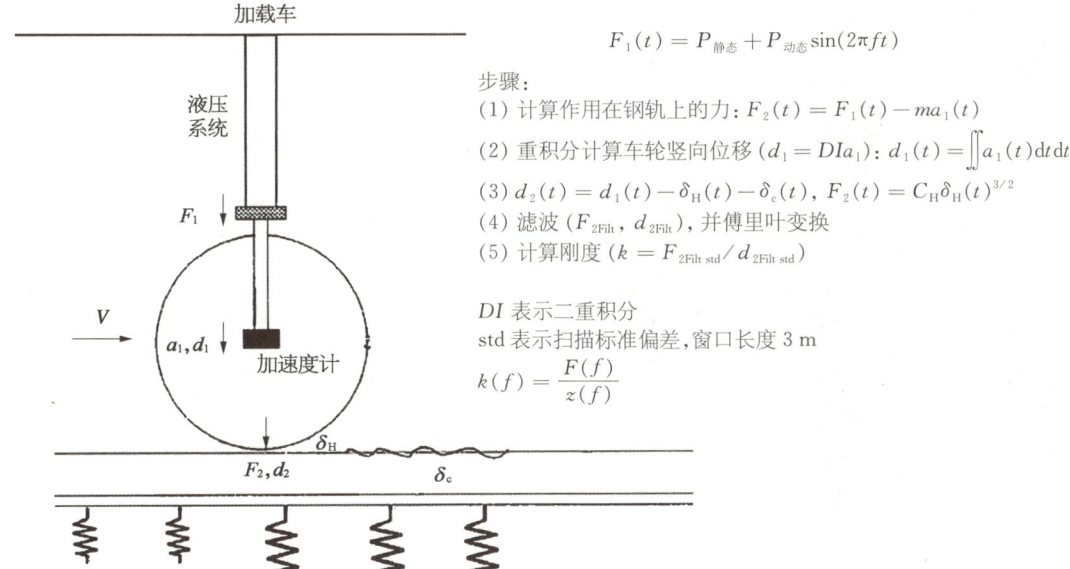

图 4-43 测量小车的测量原理

该测量小车静载 60 kN,附加动载可达 20 kN,最大车速 30 km/h,可在直线或半径 $R<1\,200$ m 的曲线上运行,不能用于小半径曲线及道岔区。该小车可以有不同激振频率,但每次加载均为单一频率。图 4-44 为不同运行速度与不同激振频率条件下的测试结果。

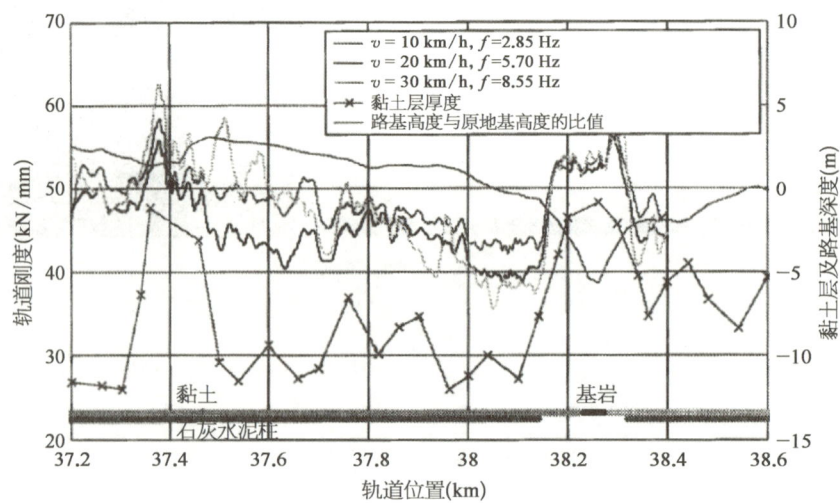

图 4-44 不同运行速度与不同激振频率条件下的测试

在 2003—2004 年间,瑞典皇家理工学院又基于同样的原理研发了 RSMV(rolling stiffness measurement vehicle)。RSMV 装载了电池板、液压系统和两个振荡质量体,每个重达 4 000 kg,可测轴重 180 kN,最大振幅 60 kN,测量频率 50 Hz,测量时速 50 km,如图 4-45 所示。

图 4-46 为 RSMV 的测量原理图,两侧对称。测量原理与先前的测量小车大致相同。

图 4-45 RSMV 测量装备

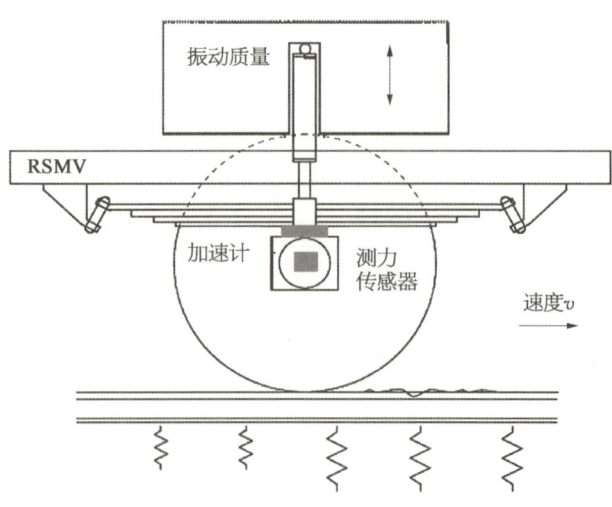

图 4-46 RSMV 测量原理图

5) 法国技术装备中心的研究

受益于 Innotrack project(D2.1.9 INNOTRACK 2009)项目,法国技术设备研究中心与法国国铁等合作研发了 Portancemetre,用于测量轨道结构整体刚度。该车由两部分组成:一部分是测量系统(demonstrator),另一部分是运载系统(technical carriage system),如图 4-47 所示。

 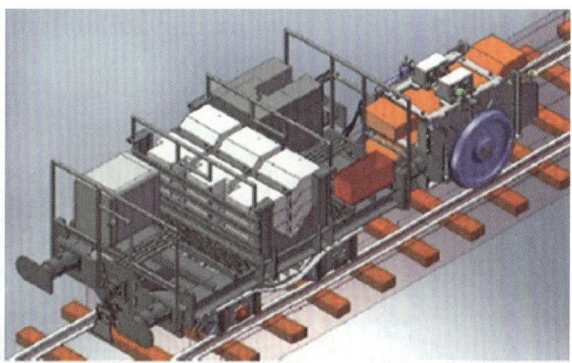

图 4-47　Portancemetre 的测量核心系统车及运载系统车

Portancemetre 上搭载的传感器如图 4-48 所示,主要有如下部件:
(1) 簧下质量加速度传感器:测量簧下质量的振动加速度,安装在轮轴上。
(2) 底盘加速度传感器:测量悬挂质量的加速度传感器,安装在悬挂框架上。
(3) 相位传感器(同步信号):用于振荡器偏心轴的旋转角度测量。
(4) 里程编码器:记录测量系统的行驶里程,安装在运载车转向架车轴上。

(a) 簧下质量加速度传感器　　　　　　(b) 底盘加速度传感器

(c) 相位传感器　　　　　　(d) 里程编码器

图 4-48　Portancemetre 上搭载的传感器

图 4-49 为 Portancemetre 在法国鲁昂的现场实测。图 4-50 为 Portancemetre 的刚度测量原理。

图 4-49　轨道结构刚度连续测量车现场实测

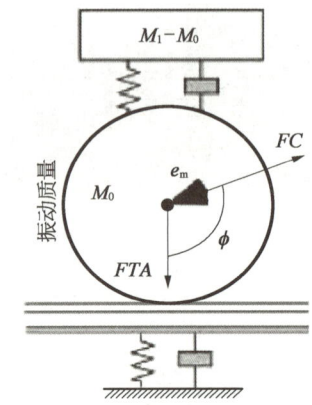

图 4-50　铁路用 Portancemetre 的刚度测量原理

Portancemetre 的刚度测量采用平均时间段内的力与位移幅值比。测量系统施加在钢轨上的力按式(4-20)计算：

$$FTA = M_1 g + M_0 \Gamma_b + M_s \Gamma_c + e_m \omega^2 \cos\varphi \tag{4-20}$$

式中　M_1——总质量；

　　　M_0——簧下质量(轮对质量)；

　　　M_s——悬挂质量；

　　　Γ_b——轮对的垂向振动加速度；

　　　Γ_c——悬挂质量的垂向振动加速度；

　　　e_m——偏心系统的偏心距；

　　　ω——旋转角速度；

　　　φ——旋转角度。

将簧下质量的垂向振动加速度二次积分即得到垂向位移 z：

$$z(t) = \iint \Gamma_b(t) \, \mathrm{d}t \, \mathrm{d}t \tag{4-21}$$

由轮轨力及垂向位移即可求得轨道结构整体刚度。

图 4-51 为典型的力-位移典型滞回曲线,静载 50 kN,动载 20 kN。

测试最高垂向振动频率 25 Hz。测试段轨道结构：50 kg/m 钢轨、木枕、25 cm 厚道砟层、道砟颗粒粒径 31.5/50 mm、黏质砂土路基。

图 4-52 为 Portancemetre 在不同运行速度条件下的轨道结构刚度测试结果,测试速度分别为 3 km/h、6 km/h、10 km/h。图 4-53 为不同激振频率条件下的轨道结构刚度测试结果。

第 4 章 轨道宽频动刚度检测

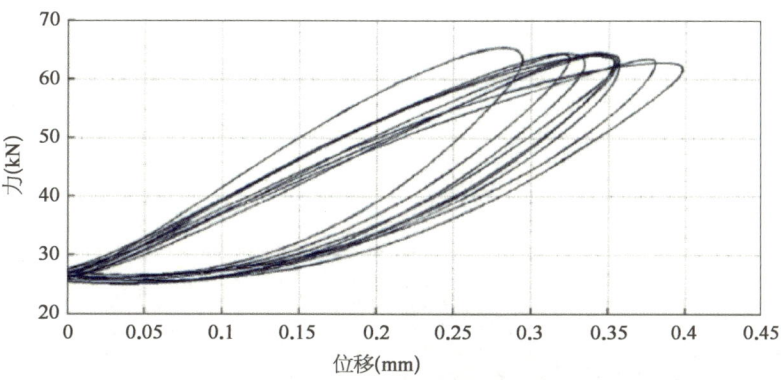

图 4-51 轨道测量段的力-位移典型滞回曲线

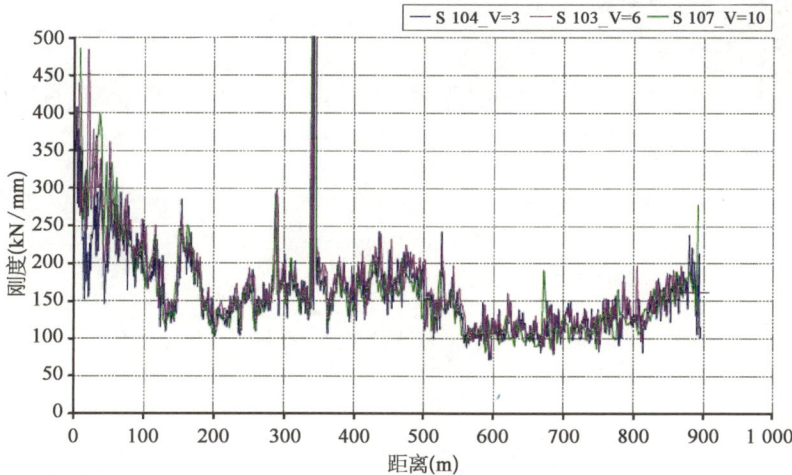

图 4-52 不同运行速度条件下的轨道结构刚度测试结果

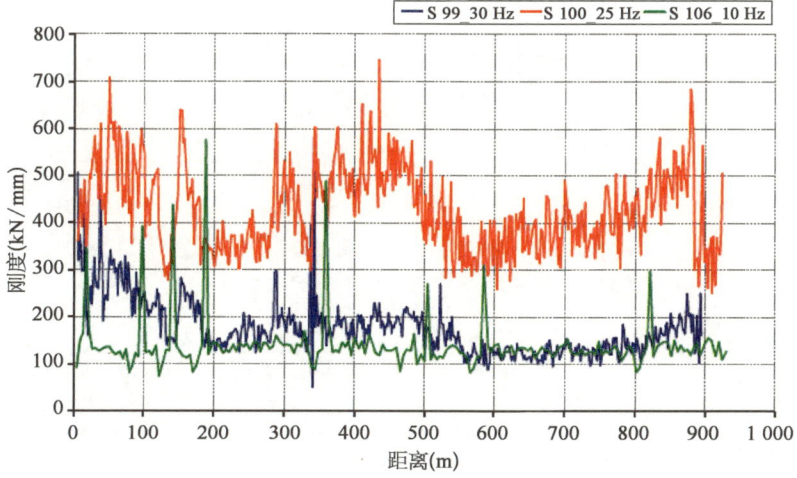

图 4-53 不同激振频率条件下的轨道结构刚度测试结果

6）美国交通运输中心 TTCI 的研究

美国交通运输中心 TTCI 研制的刚度测量车由重车、轻车和牵引车组成。重车加载范围 4～267 kN，取 44 kN 或 178 kN，用于测刚度；轻车加载范围 13 kN，一般取 9 kN，用于测量不平顺，测试速度达 16 km/h，如图 4-54 所示。

重车、轻车都是采用激光测位移，如图 4-55 所示。

图 4-54　TTCI 刚度测量车

图 4-55　位移测量传感器（激光和高速相机）

该车采用割线刚度测量基础弹性模量：

$$u = \frac{\left(\dfrac{P_2 - P_1}{y_2 - y_1}\right)^{4/3}}{(64EI)^{1/3}} \tag{4-22}$$

式中　P_2——重车车载；

P_1——轻车车载；

y_2、y_1——对应钢轨位移。

测量时，该车分别以 178 kN、44 kN 荷载各测一趟，两次测量值均要减去静态不平顺值。动态测试异常的区域（主要检测小刚度区域，如有道床或路基病害的薄弱区段），喷洒黄色涂料，再做定点详细测试。

图 4-56 为两种荷载条件下的动态测试结果。178 kN 荷载条件下，测试位移包括整个轨道结构以及下部路基，而 44 kN 荷载条件下的位移测试结果仅包括钢轨、轨枕、道砟的位移。

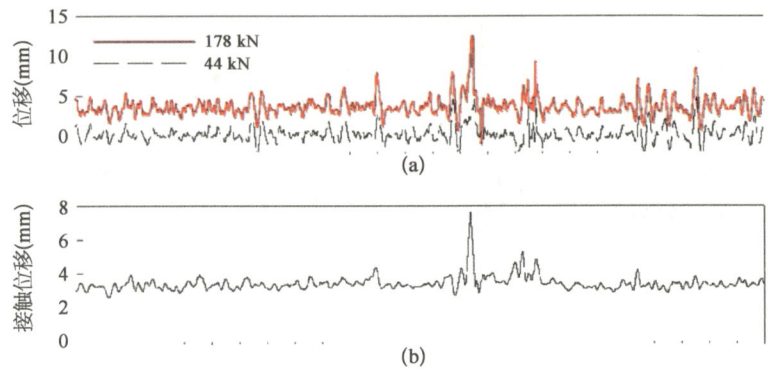

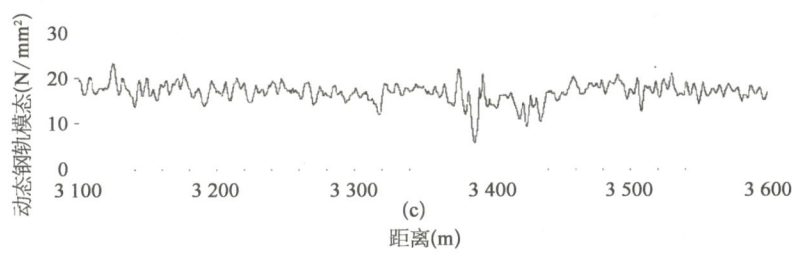

图 4-56　178 kN 和 44 kN 荷载条件下的对比测试

7) 瑞士联邦铁路 SBB 的研究

瑞士联邦铁路 SBB 也设计有刚度测量车,如图 4-57 所示。由轻车及重车组成,轻车重量可忽略,重车重 20 t;车速 10~15 km/h,传感器采用 Heidenhain LS 220;采用低通滤波,截止波长 10~20 m;位移测量精度达 0.2 mm。

图 4-57　SBB 轨道刚度测量车

4.2.3　轨道刚度测量方法分析与比较

从上述轨道结构刚度测量的研究来看,对于不同的运营条件、不同的关注目标、不同的线路状态和不同的经济技术条件,轨道结构刚度测量的需求均会有所差别。从工程技术层面来讲,这些轨道结构刚度的测量方法主要存在以下差别。

4.2.3.1　测量精度

轨道刚度的测量精度受限于测量方案的经济技术条件及现场复杂的工作环境。不过工程实践中并非一定要追求像科学研究一样的测量精度,更多时候只需要就刚度值大小进行定性判断,关注合理值范围内的波动情况与轨道结构、下部基础之间的劣变关系,用以指导维护。根据不同的研发目标,轨道结构刚度测量精度大致可分为三个层次:

(1) 低精度。用于轨下基础支承病害识别问题。此类精度只要求发现轨下基础引起的刚度变化差异和相较于历史数据的变化情况,更多关注相对值。

(2) 中精度。用于轨道结构安全隐患排查问题。此类精度一般要求既关注刚度变化情况的测量,还关注刚度值的大小,重点在于异常值的检测。

(3) 高精度。用于轨道结构平顺性评估问题。此类精度需要关注刚度值的大小,体现了动态不平顺的分布特征及量值。

4.2.3.2 测量效率

轨道结构刚度的定点测量每次只能获得某一位置的刚度值,费时费力、效率低下,连续测量则受到测试平台运动的影响,需要精巧的测试方法、可靠的测量设备和科学的数据处理模型,确保数据的可靠性和精度,提高测量质量。轨道结构刚度连续测量中尤以轨道结构变形速率测量法(荷兰代尔夫特大学、武汉大学)最快,激光位移测量法(美国内布拉斯加州立大学)居中,振动加速度测量法(瑞典皇家理工学院、法国技术设备研究中心)较慢。

快和准往往是测量工作的必然矛盾,如何又快又准地进行轨道结构刚度连续测量是轨道结构刚度测量工作的一大难题。

4.2.3.3 数据的辨识与分析

轨道结构刚度是轨道结构材料、结构力学特性的综合反映,是轨道动态不平顺的重要组成部分,代表了轨道结构承载能力及变形能力,某种程度上体现了轨道结构的能量传递特性。也正因为如此,轨道刚度测量数据的辨识与分析十分复杂,既有研究对轨道结构刚度的认识还较为局限,轨道结构刚度测量的数据分析及应用能力还有较大的发展空间。

轨道刚度的测量数据不仅有时域信息、频域信息、空间域信息,还有结构劣化信息、材料性能信息等;如果用复刚度的概念来分析,不仅有表征大小的幅值信息,还有相位信息。此外,将统计分析和谱分析方法引入到刚度数据的辨识与分析工作中来,可实现对区段线路刚度的总体评价。

4.2.3.4 轨道刚度测量车的性能比较

将轨道结构刚度测量车的部分性能参数对比见表4-3。

表4-3 轨道结构刚度测量车的部分性能参数对比表

研究单位	测量理论	测量方法	测量参数	测量效率	应用范围
澳大利亚昆士兰科技大学及TLV应用单位	经典的刚度理论	定点测量	静刚度	定点,低	重载铁路线路
中国铁道科学研究院	经典的刚度理论	连续测量,弦测法	轻、重车下的静变形(差)	60 km/h	客货共线
美国TTCI	经典的刚度理论	连续测量,激光和相机位移测量	轻、重车下的静变形(差)	16 km/h	试验线路
美国内布拉斯加州立大学	经典的刚度理论	连续测量,激光和相机位移测量	有载下的静变形		
武汉大学及荷兰代尔夫特大学	经典的刚度理论	连续测量,激光陈列位移测量	有载条件下的挠曲变形速率	130 km/h	
法国技术设备研究中心	动刚度理论	连续测量,偏心轮激振	动刚度、滞回曲线测量	较慢,约6 km/h	
瑞典SBB(RSMV)	动刚度理论	连续测量,偏心轮激振	动刚度	最大可达50 km/h	

4.2.3.5 轨道刚度测量存在的问题

1) 缺乏统一的测量理论

目前轨道刚度测量的方法和标准并不统一。根据不同的研究目的,大致可分静刚度测量、动刚度测量和部件刚度测量;测量方法上有实验室测量、定点测量和移动测量等。总体上均是研究结构或部件在荷载作用下的变形能力,但测量理念和方法差别很大。如静刚度测量时,不同的加载方法、加载环境、加载速率和取值方法等对结果均可能造成影响;动刚度测量时不同的加载频率、加载幅值、荷载峰值等测量结果不同。如以测量轨道结构变形速率(荷兰代尔夫特大学、武汉大学)为目标时,希望加载车运行越快越好,而以稳态动刚度作为测量对象时(法国技术设备研究中心),加载车运行速度则不宜太高。由于轨道刚度特性的概念与表述(切线刚度、割线刚度、稳态动刚度、瞬态动刚度等)不统一,造成了轨道刚度的测量思路各异。

全面厘清轨道刚度的定义及不同概念之间的相关性,提升测量理念,成为解决轨道刚度测量的基础。瑞典皇家理工学院的 RSMV 和法国技术设备研究中心的铁路用 Portancemetre 在轨道结构刚度概念上有所创新,理念较为先进。其将刚度概念与激振频率关联起来,将普通的力与变形的刚度概念升级到频率刚度的范畴,将力的力值属性、矢量属性和频率属性统一考虑。大多数研究单位的刚度概念仍均基于温克尔弹性地基梁理论和普通刚度的定义,对于解决众多的静力学问题、准静力学问题基本足够,但是铁路轨道结构承受是典型的动力荷载,其荷载的随机性、重复性和宽频特性已为研究广泛证实。

2) 高精度测量能力不足

现有各类轨道结构的刚度测量方法均存在高精度测量能力不足的问题。室内试验的试验结果精度可以接受,但现场实测受环境、测量方法、传感器精度、动力干扰等因素影响,较难保证,测试设备的刚度测量精度也难以衡量。

测试精度主要取决于力传感器的力测试精度、位移或加速度的测量精度。力传感器的力测试有应变测试和液压系统的压强测试。应变测试往往更灵敏,更容易保证测量精度。位移测量最先进的是激光测量,如美国内布拉斯加州立大学的测试方法中采用两条线激光来测试位移,该测量方法的位移测量精度较高,动态测量性能较佳。加速度传感器精度较高,但在轨道结构刚度连续测量中易夹带较多噪声,尤其是低频噪声,对测量结果影响较大;特别是通过加速度测量结果经二次积分求得位移时,积分会使误差进一步放大。

因此从测量精度的分析来看,轨道结构刚度的在线测量和连续测量宜根据测试精度需求和目的,按精度分级设计测量方案,合理选用测量仪器,以便节约测试时间和费用成本,科学配置测试资源。

3) 测量效率低下

测量效率是轨道结构刚度测量设备先进与否的关键,刚度连续测量正是在追求高速度测量需求的背景下产生的。

荷兰代尔夫特大学和武汉大学的轨道结构变形速率测量法效率高,且测量车运行速度越快越好。但该测量方法有两处硬伤:一是测量模型基于温克尔弹性地基梁模型的静刚度概念,并未考虑到刚度不平顺及几何不平顺对测量带来的影响,该刚度并不能科学合理地全面反映轨道结构的刚度特性;二是该测量方法很难调和测量速度与传感器测量精度以及设备工作稳定性的矛盾,应用中存在不少局限。

美国内布拉斯加州立大学及中国铁道科学研究院等单位的测量方法测量速度适中。该测量方法也存在测量模型和概念上的局限,测量速度主要受制于激光位移传感器的测量精度和效率。

瑞典皇家理工学院的 RSMV 测量速度适中、刚度概念新颖,测量速度受制于液压系统的稳定性以及传感器的测量精度保证。

法国技术设备研究中心的铁路用 Portancemetre 的测量速度不宜过快,因为该测量方法需要测定轨道结构的力-位移滞回曲线。该测量方法只能低速前行。

4) 数据信息分析深度不足

在数据信息分析方面,瑞典皇家理工学院的研究较深,轨道结构刚度与时间频率、空间频率的关系,轨道结构刚度的相位信息、幅值信息等各方面均有所涉入。激光位移测量法(美国内布拉斯加州立大学、中国铁道科学研究院)亦有丰富的参数信息,测量数据能在某种程度上反映轨道结构的振动情况,进而识别轨道结构的刚度信息。

轨道结构刚度与激振频率、激振强度、测量车运行速度等因素的关系尚无定量的深入研究,制约着轨道结构刚度连续测量的数据分析深度和测量方法的广泛应用。

4.3 轨道结构动力特征

结构系统的动力特性是轨道结构的固有属性,取决于结构组成、材料特性等。车辆-轨道-下部基础的耦合动力系统响应很大程度上取决于系统的动力特性,影响着行车的安全性能和结构的服役状态。因此研究轨道结构系统动力特性具有非常重要的意义。

4.3.1 轨道结构的动力特性

传统的有砟轨道结构如图 4-58 所示,具有组合性和散体性的特点,由钢材、钢筋混凝土、尼龙、橡胶和散体道床等多种材料组成,各部件间互相作用和制约着,边界条件十分复杂。轨道结构各部件的规格、形状差异大,作用机理复杂,分析难度大。

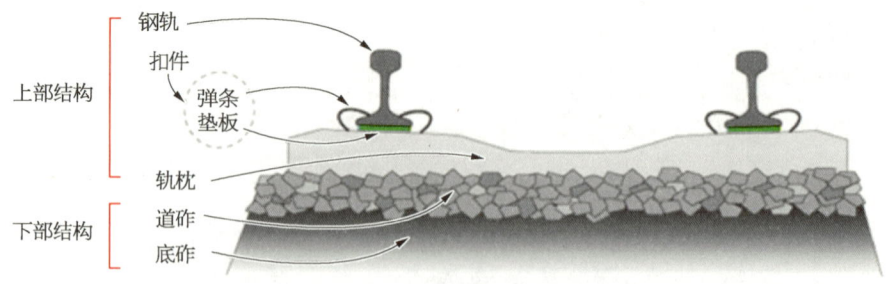

图 4-58 有砟轨道结构示意图

轨道结构动力学计算模型近年来取得不少进展,但多侧重于轮轨相互作用研究,机车车辆模型比较详尽,轨道结构部分简化较多,制约了轨道结构的研究。随着计算手段的不断提升,轨道结构模型不断精细化、复杂化,为深入讨论轨道结构参数问题提供了条件。

轨道结构振动特性按照频率范围,大致可分为三个主要区域:低频区 0～40 Hz、中频区 40～400 Hz 和高频区 400～3 000 Hz。每个频段的成因和对结构的影响均有所差别,见表 4-4。轨道结构的低频振动主要由下部结构(如道砟层和底砟层等)决定,该频段主要为低频长波振动,振动波衰减慢,传递距离远,往往会引起沿线建筑物的二次振动,诱发二次结构噪声,造成扰民。同时此类低频振动往上经车轮、转向架传递至车体,会造成车体振动,引起行车平稳性不良,也会加剧构件的疲劳破坏。中频区主要影响钢轨以外的上部结构(如轨枕、扣件系统等);轨面短波不平顺激励最易激起该频段范围内的振动,并辐射噪声;诱发轨枕开裂、弹条折断等共振疲劳病害;由于二系弹簧的隔振作用,此类振动一般只能传递至簧下质量(车轮),激起车轮声辐射和疲劳伤损。高频区主要表现为轮轨接触斑的局部共振和钢轨的空间复合共振,是诱发轮轨噪声和钢轨表面损伤的重要因素;这个区段的振动主要由轨面极短波长不平顺及粗糙度引起,车轮多边形也会引起此类振动。

表 4-4 轨道结构振动频域分布及影响

频率范围		低 频	中 频	高 频
起止频率		0～40 Hz	40～400 Hz	400～3 000 Hz
主要影响部位		下部结构、轨下基础、周边建筑	扣件系统、轨枕、轨道板	钢轨
激励源	车轮	作用很小	短波不平顺: 速度 20 m/s 时波长 $\lambda<0.5$ m; 速度 80 m/s 时波长 $\lambda<2.0$ m	短波不平顺和粗糙度: 速度 20 m/s 时波长 $\lambda<0.05$ m; 速度 80 m/s 时波长 $\lambda<0.2$ m
	钢轨	长波不平顺: 速度 20 m/s 时波长 $\lambda>0.5$ m; 速度 80 m/s 时波长 $\lambda>2.0$ m	短波不平顺: 速度 20 m/s 时波长 $\lambda<0.5$ m; 速度 80 m/s 时波长 $\lambda<2.0$ m	短波不平顺和粗糙度: 速度 20 m/s 时波长 $\lambda<0.05$ m; 速度 80 m/s 时波长 $\lambda<0.2$ m
环境影响	沿线居民 乘客	建筑物二次振动与噪声 舒适度不良	环境噪声 环境噪声	环境噪声 环境噪声
结构损伤	车辆 轨道	车厢、转向架、车轴及车轮的损伤 下部结构及基础损伤	车轮损伤 上部结构损伤	车轮损伤 钢轨损伤

研究表明,轨道结构在 3 000 Hz 以下的垂向振动响应由六个共振和反共振模态决定。

(1) 全局轨道共振模态。轨道结构垂向最低共振模态为轨道结构的全局振动。其特征为轨道结构相对下部基础做整体的上下振动。对于有砟轨道,全局性轨道共振频率一般在 40～140 Hz;无砟轨道则更低,如浮置板无砟轨道可能低于 10 Hz。若忽略轨道结构垂向刚度,全局共振模态的振型为整个轨道系统的垂向刚体运动;考虑轨道结构的垂向刚度时,为一长波弯曲振动,如图 4-59 所示。全局共振的频率主要取决于轨道结构的总质量和刚度,特别是有砟道床的动力特性对这一频率有着决定性的影响。

 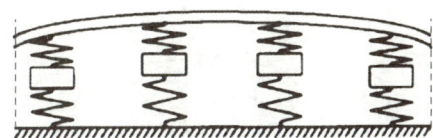

图 4-59 轨道结构全局振动示意图(轨枕与钢轨同相共振模态)

(2) 轨枕反共振模态。轨枕反共振模态共振频率一般在 100～400 Hz。其特征为钢轨基本不动,轨枕在扣件系统和道砟之间做垂向上下振动,如图 4-60 所示。该阶模态主要受轨枕特性(如质量)和扣件系统、道床刚度共同影响。

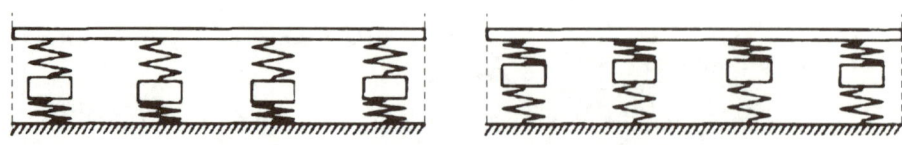

图 4-60　轨枕相对钢轨反共振模态示意图

(3) 钢轨共振模态。钢轨共振模态的频率一般在 250～800 Hz。其特征为轨枕基本不动,钢轨在轨枕上方做垂向振动,如图 4-61 所示。该阶模态主要受钢轨质量、刚度和振动特性及扣件系统垂向刚度等影响。

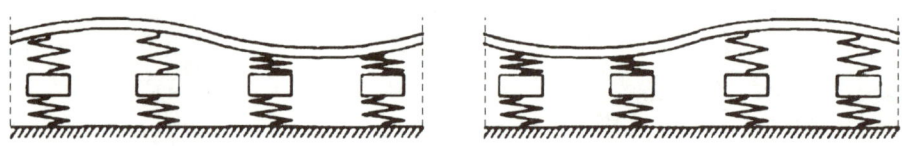

图 4-61　钢轨相对轨枕共振模态示意图

(4) 钢轨与轨枕反相共振模态。钢轨与轨枕反相共振模态共振频率一般在 500～1 100 Hz。其特征为钢轨和轨枕做反相共振,如图 4-62 所示。该阶模态主要受钢轨质量、刚度和振动特性及扣件系统垂向刚度、阻尼等影响。

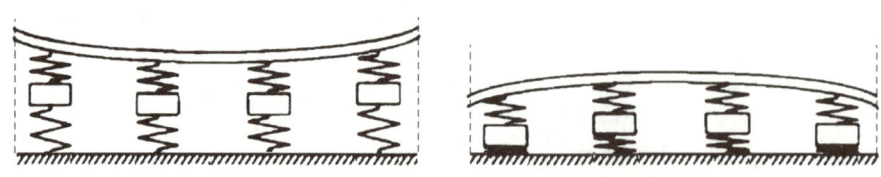

图 4-62　轨枕相对钢轨反共振模态示意图

(5) 钢轨第一阶"pin-pin"共振模态。钢轨第一阶"pin-pin"共振模态共振频率一般在 800～1 200 Hz。其特征为以钢轨支点(即扣件系统)为模态节点,钢轨在扣件上方振动,轨道结构其他部分不参与振动,且振型波长恰为两个枕跨长度之和,如图 4-63 所示。该阶模态主要受钢轨振动特性和枕间距等影响。

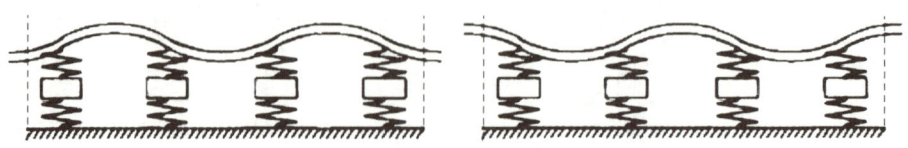

图 4-63　一阶"pin-pin"共振模态示意图

(6) 钢轨第二阶"pin-pin"共振模态。钢轨第二阶"pin-pin"共振模态的频率一般在 2 600～3 000 Hz。其特征亦以钢轨支点作为模态节点，钢轨在枕间内振动，且振型波长恰为一个枕跨长度，如图 4-64 所示。该阶模态也主要受钢轨和枕间距等影响。

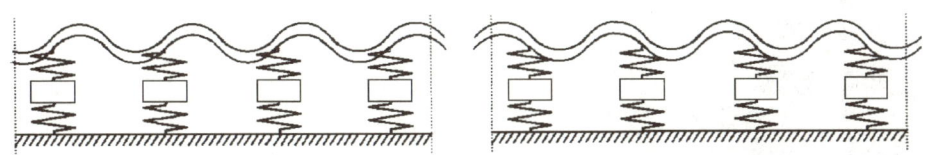

图 4-64　二阶"pin-pin"共振模态示意图

此外，钢轨还存在接触斑处的甚高频共振行为，多为轮轨接触不良诱发。与上述轨道结构振动不同，该共振是钢轨作为半空间弹性体在受到剧烈的轮轨接触、黏着、蠕滑、滚滑等作用时激发的复合共振，其频率一般在 3 000 Hz 以上。

4.3.2　轨道结构动力特性的控制与应用

上述关于轨道结构主要振动特性及频率特征的分析为轨道结构振动病害识别、整治和检测提供了参考；每一种振型都有相应的影响最大的轨道结构部位，体现了轨道结构作为层状体系的动力特性，利用这些特性可以有针对性地设置某些措施抑制结构的共振行为，达到减振降噪的效果。如针对轨道前两阶"pin-pin"模态(图 4-65)，为抑制其振动幅度，吸收其振动能量，可采用吸振技术，如图 4-66 所示。据此思想，可设计如图 4-67 所示的双调谐钢轨动力吸振器；该吸振器能有效控制轨道结构前两阶"pin-pin"共振，试验证明降低噪声达 5 dB 之多。

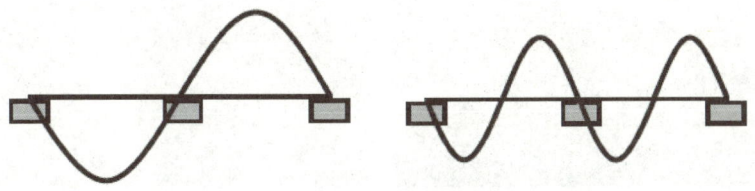

图 4-65　钢轨一、二阶"pin-pin"共振模态

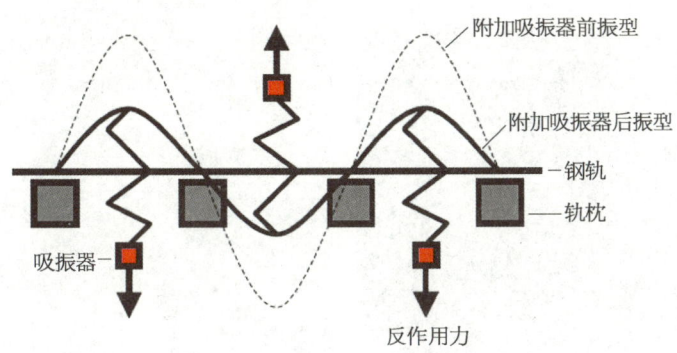

图 4-66　吸振器工作原理

图4-67 铺于路轨上的双调谐钢轨动力吸振器

在轨道结构损伤控制方面,亦可利用其动力特性,如通过调控轮轨柔度差变(或者刚度差变)来减缓波磨。轮轨柔度差变和钢轨不连续支撑及轨道支承刚度变化是钢轨波浪磨耗形成的主要原因之一,轨道的柔度受枕间距及弹性支撑的影响,通过调整这些参数,减小轮轨柔度差变可以有效抑制波长 25~80 mm 的钢轨波磨。

轨道结构动力特性在结构状态健康检测方面的应用更为广泛,如应用全局轨道共振模态可检测道砟松散或者板结,如图4-68a所示;应用轨枕反共振模态检测轨枕开裂,如图4-68b所示;应用钢轨共振模态检测扣件系统螺栓松动、橡胶垫板蹿出,如图4-68c、d所示;应用钢轨"pin-pin"共振模态检测钢轨接头的各类损伤病害,如图4-68e、f所示。经大量实践检验证明,应用轨道结构动力特性检验轨道结构健康状态是一种行之有效的技术途径。

(a) 道砟松散

(b) 轨枕断裂

(c) 螺栓松动

(d) 垫板蹿出

(e) 接头损伤

(f) 焊接接头损伤

图 4-68 轨道结构的典型病害

利用轨道结构的六个特征模态,有利于解决轨道结构垂向振动噪声与疲劳破坏问题,也为轨道刚度等参数识别和状态检测提供了依据。

4.3.3 轨道结构系统动力特性仿真

对于新型轨道结构设计,轨道减振降噪和既有轨道结构的维修均需要一套轨道结构动力特性的计算理论与方法作为指导。

4.3.3.1 钢轨

轨道模型分析频率与钢轨的模型密切相关,特别是在 500 Hz 以上的频段,目前钢轨的模拟可以分为以下几类:

(1) 梁模型。钢轨可采用欧拉梁、铁木辛柯梁模拟,边界根据计算需要,采用连续支撑或者离散支撑。梁类模型可以大大简化计算模型,节省仿真时间;但受限于梁模型,只能模拟钢轨 1 500 Hz 及以下频段的动力特性,因为高于 1 500 Hz 的钢轨振型受其截面变形影响明显。

(2) 组合体模型。将钢轨分为轨头、轨腰与轨底三个部分的组合体,考虑轨头、轨腰与轨底的相对运动。仿真时,组合体各部分可分别简化为梁单元、板单元模拟,但这类模型分析的上限频率一般也只能达到 1 500 Hz 左右。

(3) 实体模型。考虑钢轨界面特性,真实仿真钢轨断面的几何属性。此类模型原则上不受上限频率的限制,但受单元划分和仿真时长限制。

4.3.3.2 轨枕

轨枕对轨道结构垂向动力特性的影响主要体现在 300~1 000 Hz。对于轨枕的仿真有以下几种模型:刚性质量块模型、等截面梁、变截面梁及实体梁模型。在分析轨道结构中高频振动特性及振动响应时,需考虑轨枕自身的变形特征,对仿真模型的精度要求高,一般需要处理为梁或实体模型。

4.3.3.3 扣件系统

扣件系统是一个多种材料、部件拼装而成的系统,其弹性和阻尼性能对 500 Hz 以上的轨道结构中、高频振动影响十分显著。

扣件系统的动力参数主要由弹条和轨下、板下弹性垫板提供。弹性垫板置于钢轨和轨枕之间,在垫板宽度范围内给钢轨提供弹性和阻尼。弹条是约束钢轨、限制其动态位移的关键零部件,具有一定的预压弹程、预压力,其形状、材料和工作状态均有较严格的要求,也影响着行车过程中钢轨的动态位移。

扣件系统的仿真分析需重点关注以下几点:

(1) 预压力。扣件处于正常使用状态时,无论弹性或刚性扣压件均存在一定的预压力,对扣件系统弹性垫板形成预压,扣压件自身处于高应力的工作状态。随着运量的增长,扣压件的预压性能有可能发生改变,出现预压力衰退、弹程不足、松弛、锈蚀等诸多问题,仿真分析时需要根据问题的性质,有针对性地建模。

(2) 频变特性。弹性垫板的动力特性具有很强的非线性,一般刚度随着频率的升高而增大,阻尼随着频率的升高而减小。在考察扣件动力特性及轮轨动力响应时需考虑到频率的因素,才能充分反映扣件的真实工作状态。

(3) 温度影响。弹性垫板的动力特性与工作温度有关,不同的弹性材料玻璃化温度不同,大部分弹性材料还存在高温稳定性问题;垫板刚度将随着温度的降低而增大,阻尼随着温度的降低而减小。在分析高、低温环境下扣件系统的服役性能时,需要考虑到弹性垫板动力特性的温变因素。

(4) 材料老化。材料老化是自然界的客观现象,对橡胶等弹性材料的影响较为复杂,受荷载历史、环境因素、工作条件等多重因素影响。疲劳测试表明,疲劳荷载后,橡胶垫板刚度有所增大,而疲劳损坏后的垫板刚度有时会有所减小。

在轮轨系统动力仿真中,扣件系统通常处于成为线性或非线性的弹簧-阻尼元件或元件簇。具体处理方法有以下几种:

① 在连续支撑模型中,将扣件系统的弹性、阻尼模拟为连续的黏弹性层。

② 在点支承模型中,将扣件系统考虑为离散的弹簧-阻尼单元,根据模型的不同又可分为点弹簧-阻尼单元、线弹簧-阻尼单元和面弹簧-阻尼单元等。

③ 在扣件病害和系统高频分析中,根据分析需求,将扣件系统模拟为三维实体模型。

4.3.3.4 道砟

道砟对轨道结构动力特性的影响主要体现在 250 Hz 以下,其仿真模型一般有以下四类:① 半空间弹性体;② 半空间黏弹性体;③ 多个刚性质量块形成质量-弹簧-阻尼系统;④ 离散元模型。

4.3.3.5 轨道板与底座板

无砟轨道中道床部分采取轨道板和底座板而取代了道砟道床,轨道板和底座板对轨道结构动力特性的影响主要体现在 200 Hz 以下,其仿真模型一般有以下三类:① 单层或多层叠合梁模型;② 面壳单元模型;③ 三维实体模型。

4.3.4 轨道结构系统动力特性的参数

轨道结构系统动力特性可通过导纳曲线分析。根据系统不同的动力响应特性,轨道结构的系统阻抗和导纳有三种形式:① 位移阻抗,又称为动刚度,位移导纳称为动柔度;② 速度阻抗,又称为机械阻抗,速度导纳简称导纳;③ 加速度阻抗,又称为视在质量,加速度导纳又称为机械惯性。一般情况下,轨道结构动力特性分析时多采用位移导纳,取枕跨中和钢轨支点处的钢轨位移导纳分别加以分析,如图4-69、图4-70所示。

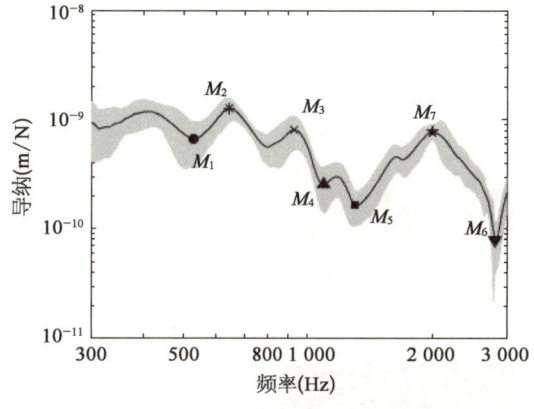

图4-69 有砟轨道跨中位移导纳曲线

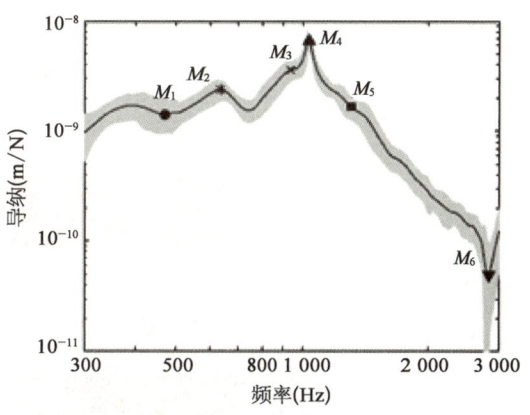

图4-70 有砟轨道支点处位移导纳曲线

4.4 轨道结构宽频动刚度计算理论

轨道结构宽频动刚度表征了动态荷载作用下结构受到的力与变形关系,是轨道结构动力系统的一个重要参量。近年来随着高速铁路的蓬勃发展,国内外对轨道刚度愈加重视。赵国堂运用四种不同的方法确定了轨道整体刚度和部件刚度。

刘学毅探讨建立了轨道刚度的动力优化分析方法,并对高速铁路轨道的总刚度取值及合理匹配进行了研究。雷晓燕通过建立轨道过渡段基础刚度突变的轨道振动微分方程,推导单轮作用下轨道变形的解析表达式,研究轨道刚度突变对轨道振动的影响。翟婉明从轮轨相互作用的观点,用模型讨论了轨道刚度与轮轨相互作用力的关系,认为提高运行速度的主要问题是轨道刚度太大。

由于轨道材料的多样性和结构的组合性,且橡胶等高分子材料的强非线性等导致系统刚度具有随外荷载作用频率变化而变化的特性。不同的激励条件测得的系统刚度各异。在轮轨系统中,存在车轮不圆、轨道几何不平顺、轨道刚度的不均匀等多种不同程度、不同频率的动力激扰作用,其频率范围从几赫兹到几千赫兹均有。轮轨系统的宽频激励将激起系统产生宽频振动。深入研究轨道结构的宽频动刚度能更真实地反映轨道结构的动力特性,更合理地仿真轮轨相互作用,分析列车运行品质。下面以有砟轨道为例,探讨轨道结构宽频动刚度计算理论与方法。

4.4.1 两自由度的轨道动刚度计算模型

轨道结构动刚度的检测方法很多,如时频技术检测扣件系统刚度,探地雷达技术检测轨道模量,超声波、声发射及力锤激励技术检测轨道整体动力特性等。力锤激励试验表明轨道结构系统存在三个典型特征模态,即轨道结构全局振动(轨枕与钢轨同相共振模态)、钢轨-轨枕反相共振模态和钢轨第一阶"pin-pin"共振模态。对于前两种共振模式可以用双自由度集总参数模型进行模拟,如图 4-71 所示。两个质量单元分别代表钢轨和轨枕的有效参振质量,两个弹簧-阻尼元件则分别代表扣件系统和道砟系统的动力参数。简化的集总参数双自由度模型提供了快速、简便地计算轨道结构系统宽频动刚度的一种方法,并可解析表达。

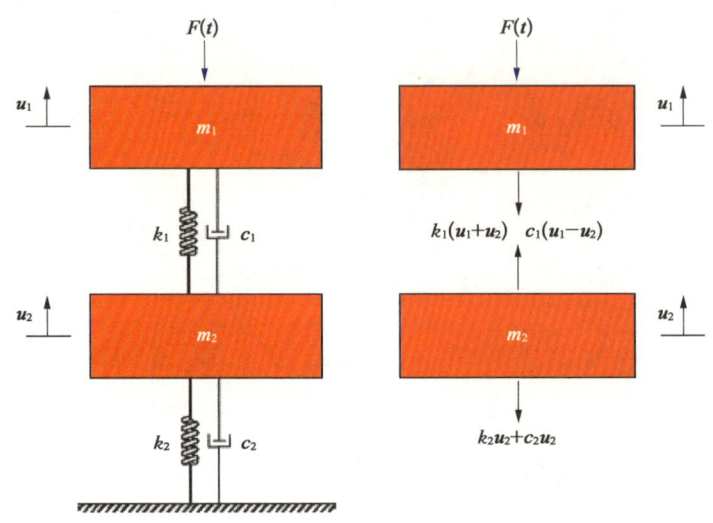

图 4-71 双自由度轨道结构动力学模型

图 4-71 中,系统的动刚度(即位移阻抗)可表述为

$$DS(f) = \frac{F(t)}{u_1} = \frac{\sqrt{C+D}}{\sqrt{A+B}} \tag{4-23}$$

$$A = [k_1 + k_2 - 4\pi^2 f^2]^2 \tag{4-24}$$

$$B = [2\pi f(c_1 + c_2)]^2 \tag{4-25}$$

$$C = [(k_1 - 4 m_1 \pi^2 f^2)(k_2 - 4 m_2 \pi^2 f^2) - 4\pi^2 f^2 (k_1 m_1 + c_1 c_2)]^2 \tag{4-26}$$

$$D = 4\pi^2 f^2 [k_1 c_2 + k_2 c_1 - 4\pi^2 f^2 (c_1 m_1 + c_2 m_1 + c_1 m_2)]^2 \tag{4-27}$$

4.4.2 多自由度的轨道动刚度计算模型

双自由度模型虽能得到轨道结构动刚度解析表达式,但将钢轨、道床和道床作为集中质量考虑,忽略了轨道结构具有的多层、长大结构特性,误差较大。在分析轨道结构的高阶振型时,轨道系统的弹性和分布式质量均有重大影响,需建立多自由度的轨道刚度求解模型,通过数值分析和有限元扫频法求取宽频荷载下的动刚度。

对于分析频段为 0~3 000 Hz 的轨道结构,可建立 4 自由度轨道结构精细化有限元模型,计算结构的动刚度如图 4-72 所示。

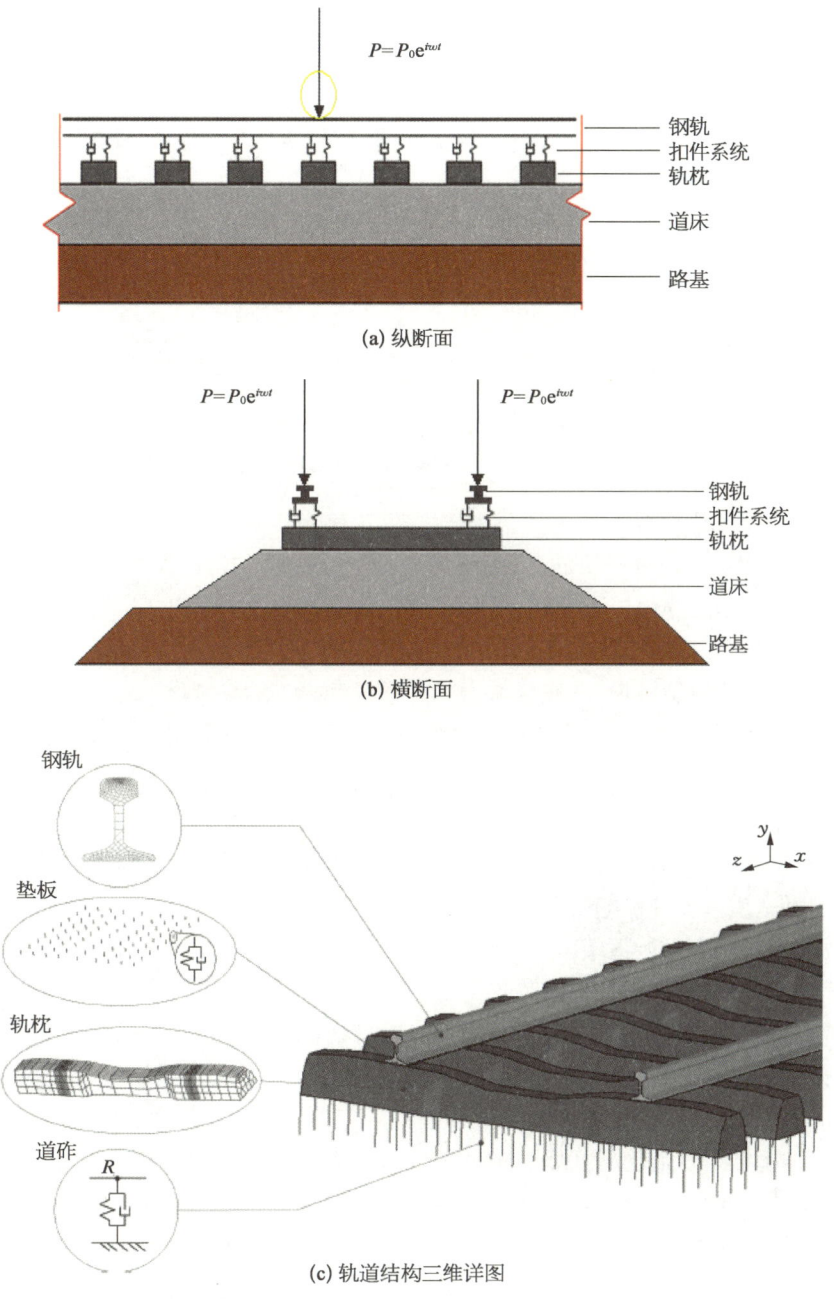

图 4-72 轨道结构精细化有限元模型

4.4.3 有砟轨道结构的宽频动刚度计算

以有砟轨道为例,主要参数取值: 60 kg/m 钢轨,Ⅲ型预应力混凝土轨枕;弹条Ⅱ型扣件系统,扣件间距 0.6 m,刚度 60 kN/mm,阻尼 75 kN·s/m;有砟道床弹性模量 120 MPa,密度 1 800 kg/m³,道床厚度 0.35 m;路基基床表层弹性模量 170 MPa,密度 2 100 kg/m³。分析计算参考图 4-73,采

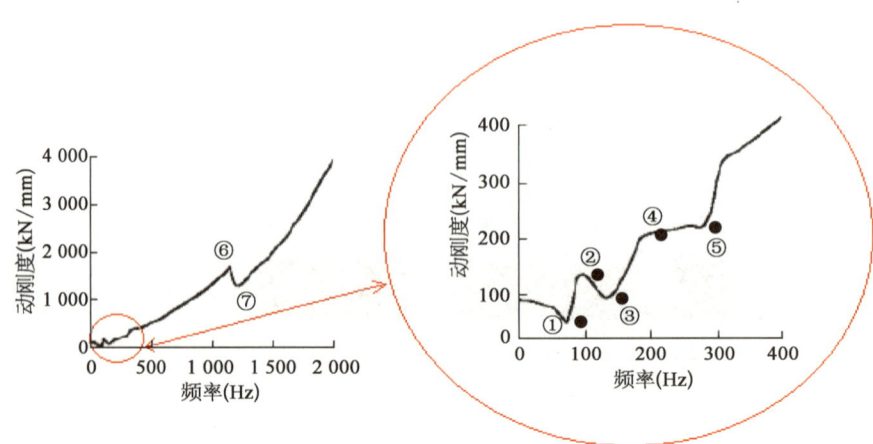

图 4‑73 计算的轨道系统动刚度曲线

用有限元方法进行精细化建模。

为保证求解精度和实现分析目的,做如下假定:

(1) 假定低频振动主要由单个转向架固定轴距、荷载影响范围、模型边界效应和计算规模等共同决定,取 12 跨枕跨计算。

(2) 钢轨采用实体模型模拟,以充分考虑其高频振动模态的影响。

(3) 扣件系统考虑垫板宽度的影响,处理为面分布的弹簧‑阻尼器单元,以准确捕捉一、二阶"pin‑pin"振动模态。

(4) 轨枕采用实体弹性体模型模拟,以考虑轨枕的体模态,因其对 100 Hz 及以下振动有影响。

(5) 道砟简化为实体单元模拟,不考虑颗粒的影响,以缩减求解规模,降低求解难度。

(6) 忽略扣件、道床等部件的材料非线性影响,视为弹性结构。

(7) 车辆荷载简化为简谐荷载。

4.4.3.1 宽频动刚度曲线及分布特征

计算获得的有砟轨道动刚度‑频率曲线如图 4‑73 所示,在关注的 0~2 000 Hz 范围内,曲线共存在 7 个共振峰。激振频率为 0 Hz 时系统处于静载状态,对应的轨道动刚度与静刚度值一致,约为 94.5 kN/mm。在 0~400 Hz 的低频段内,动刚度曲线存在 5 个共振峰;第一个共振峰约为 72 Hz,轨道各部件出现同相共振,轨道动刚度降至极小值 55 kN/mm,约为静刚度的 60%;当激振频率 85 Hz 以上时,有砟轨道的动刚度将大于静刚度,且随激振频率的升高而越来越大。在 400~1 000 Hz 的中频段上,动刚度随激振频率的增大而增大;约 1 000 Hz 时,轨道动刚度达到 1 340 kN/mm,是静刚度的 14 倍左右。在 1 000~1 300 Hz 的中高频段上,动刚度曲线存在 2 个峰值,即 1 128 Hz 时出现极大值 1 665 kN/mm,1 208 Hz 时出现极小值 1 287 kN/mm。在 1 200~2 000 Hz 的高频段上,动刚度随着频率的增大而持续增大,在 2 000 Hz 时动刚度达到 3 950 kN/mm,约为静刚度的 40 倍。

4.4.3.2 轨道参数对动刚度的影响

1) 扣件刚度的影响

分别取扣件刚度为 30 kN/mm、60 kN/mm、90 kN/mm 的常量,计算有砟轨道的动刚度,其动刚度‑频率曲线如图 4‑74 所示。

第 4 章 轨道宽频动刚度检测

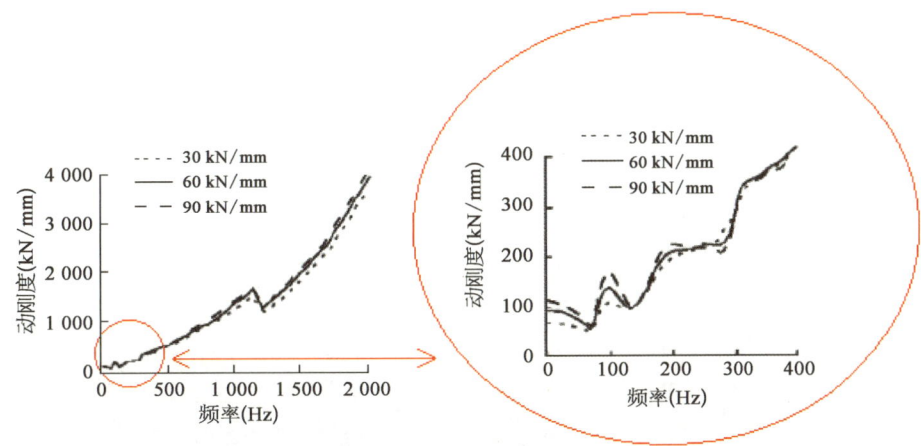

图 4-74 扣件刚度对有砟轨道动刚度的影响

由图 4-74 可知,扣件刚度对有砟轨道动刚度有所影响。在 0～250 Hz 和 500～2 000 Hz 频段内,轨道动刚度均随扣件刚度的增大而略有增大;在 250～500 Hz 频段内,轨道动刚度随扣件刚度的增大而略减小;这种影响在共振峰处表现得更为明显。

2) 道床弹性模量的影响

分别取道床弹性模量为每米 80 kN/mm、120 kN/mm、160 kN/mm,计算有砟轨道的动刚度,其动刚度-频率曲线如图 4-75 所示。

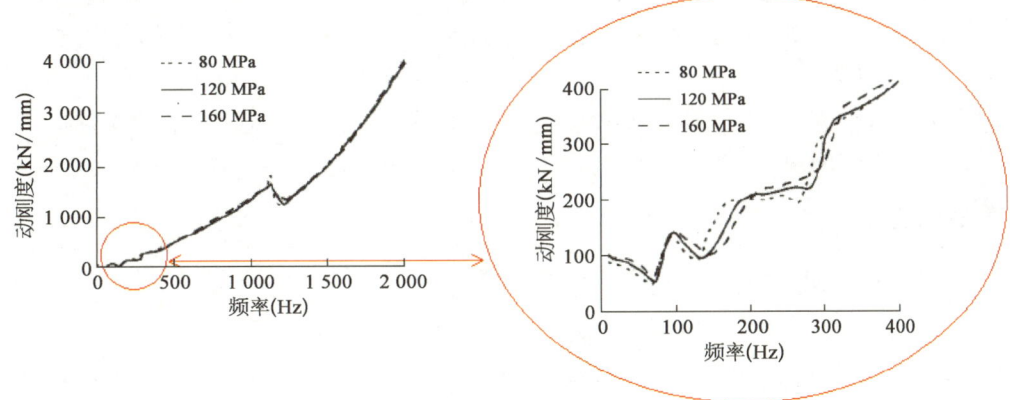

图 4-75 道床模量对有砟轨道动刚度的影响

由图 4-75 可知,道床弹性模量对有砟轨道动刚度也有影响,但小于扣件刚度的影响。道床弹性模量增加,轨道动刚度增大,产生峰值的频率也略有增大。

3) 扣件系统阻尼

扣件阻尼系数分别取 30 kN·s/m、75 kN·s/m、120 kN·s/m,比较有砟轨道动刚度的变化规律,结果如图 4-76 所示。

由图 4-76 可知,在激振频率 0～100 Hz 频段上,扣件阻尼对动刚度基本没有影响,在 100 Hz 以上则影响明显增大。在 100～1 350 Hz 频段上,有砟轨道动刚度随着扣件阻尼的增大而减小;在

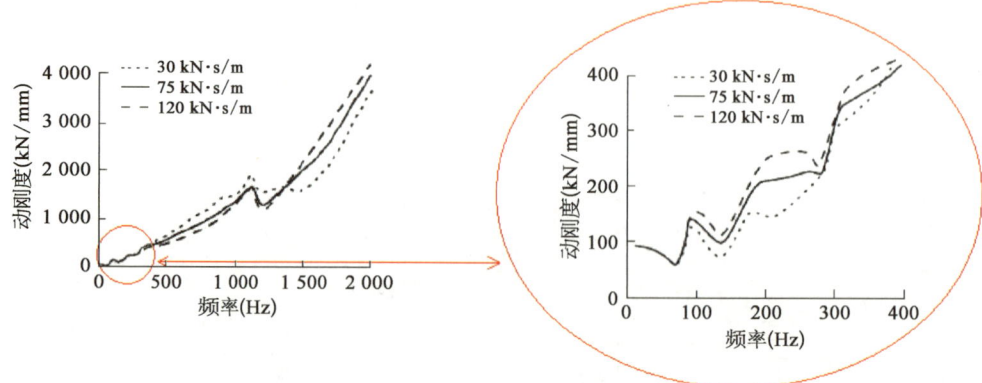

图 4-76　扣件系统阻尼对有砟轨道动刚度的影响

1 350～2 000 Hz 的频段上,动刚度随扣件阻尼的增大而增大。扣件阻尼越大,在共振峰处幅值越小,共振峰较为平坦,带宽愈宽。

4.5　轨道结构宽频动刚度测试方法

轨道动刚度与激振荷载的频率、幅值关系密切,需解决好输入激励和输出响应两方面的问题。一般而言,输入激励有列车荷载激励法、力锤激励法和动力激振器激励法三类。列车荷载激励法受轨道不平顺、列车状态和轮轨接触状态等多因素影响,加之轮轨作用力的精确、可靠测定非常困难,难以获得稳定可靠、高精度的输入激励,不适合用于轨道动刚度测试。力锤激励法可以获得相对稳定且高质量的输入信号,但激励荷载较小,输入能量有限,不易激起轨道结构的全频域振动,特别是低频振动,需要妥善选择力锤质量和锤头。动力激振器激振输入荷载、振幅、频率可依设备参数设定,输入源稳定、可靠,精度较高,但频率有限,一般只能输入确定的某个或某些频率,且频率较低,无法实现宽频激振。

4.5.1　力锤激励法

4.5.1.1　力锤法测试简介

力锤法是结构动力性能测试的标准方法之一,广泛应用于结构系统参数识别和模态测试。采用力锤法可测试获得系统的位移、速度和加速度的频响函数,间接获取轨道部件的刚度、阻尼等参数信息。一般采用力锤激励获取输入信息,通过布设加速度传感器阵列拾取输出响应,进而分析出结构的振动模态及传递函数。

力锤法的有效测试频率范围取决于力锤输入的能量,主要取决于力锤重量和锤头类型。较重的力锤配以较软的锤头可提供相对低频(50～1 500 Hz)的激励,而较轻的力锤配以较硬的锤头可提供相对高频(500～3 000 Hz)的激励。一般多种力锤配合使用,以获取相对较宽的频段(50～3 000 Hz)信息。

4.5.1.2　力锤法测试的一般步骤

1) 测试系统的布置

轨道系统典型测试现场设备布置如图 4-77 所示。

第 4 章 轨道宽频动刚度检测

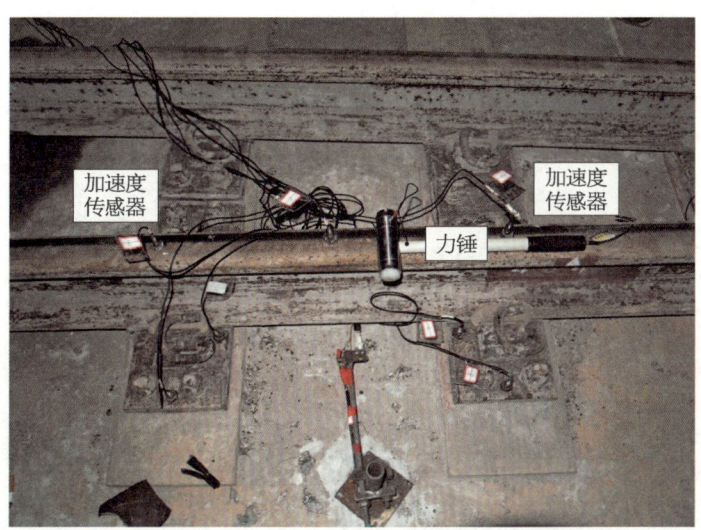

图 4-77 结构动刚度测试示意图

通过力锤测试系统可获得力锤的时域脉冲力和传感器阵列的振动加速度,分析系统的传递函数。为尽可能消除偶然因素的影响,一般需多次敲击,再对数据进行处理。

2) 测试与数据处理

图 4-78 为力锤连续多次敲击获取的时域脉冲力信息。

每次力锤敲击的脉冲力可能存在较大相差,一般应尽可能均匀敲击,减小脉冲力差异,以确保测试的可重复性和测试结果的一致性。

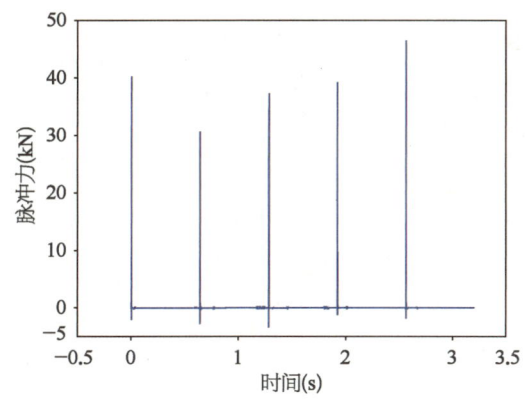

图 4-78 力锤多次激励下时域脉冲力

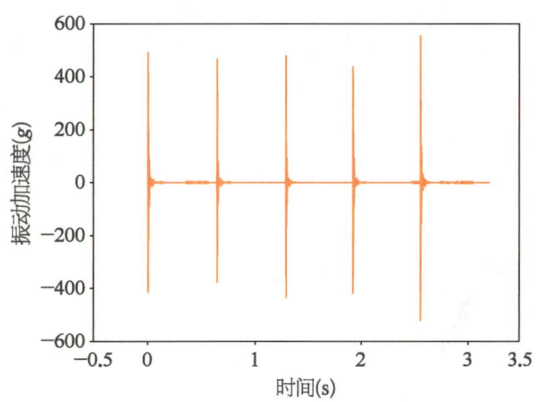

图 4-79 力锤多次激励下测点振动加速度典型时程曲线

图 4-79 为测得的测点振动加速度的典型信号。

由图 4-79 可知,该测点振动加速度响应比力锤脉冲力输入衰减时间长,且敲击力度不同,同一测点振动加速度幅值差异较大。

图 4-80 为按式(4-28)处理获得的多次敲击下的平均脉冲力:

$$F(t) = \frac{1}{N} \sum_{i=1}^{N} F_i(t - \tau_i) \tag{4-28}$$

图4-81为按式(4-29)处理获得的测点平均振动加速度曲线:

$$a(t) = \frac{1}{N} \sum_{i=1}^{N} a_i(t - \tau_i) \tag{4-29}$$

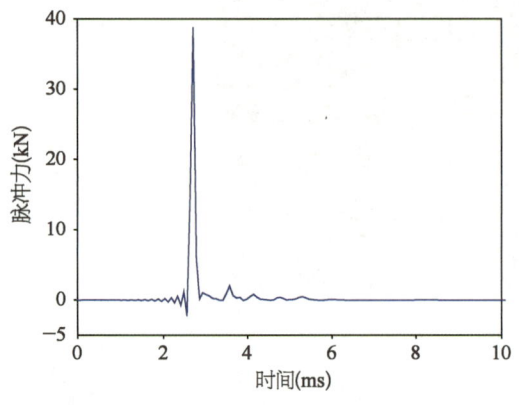

图4-80 力锤多次敲击的平均脉冲力　　图4-81 力锤多次敲击获取的某测点平均振动加速度

从图4-80、图4-81可知,力锤测试获取的信号均可以划分为四个阶段:① 预触发阶段;② 受迫振动阶段;③ 自由振动阶段;④ 自平衡阶段。力锤在第二阶段与被敲击物相接触,第三阶段脱离被敲击物,被敲击物开始自由振动。

3) 动刚度的计算

获取测点动刚度的方法有两种:谱估计法和直接计算法。

(1) 谱估计法。谱估计法是假定力锤敲击过程为平稳随机过程,按式(4-30)求取测点加速度导纳:

$$H_a(f) = \frac{S_{aF}(f)}{S_{FF}(f)} \tag{4-30}$$

通过积分,按式(4-31)计算位移导纳(系统动刚度):

$$H_d(f) = \frac{H_a(f)}{(2\pi f)^2} \tag{4-31}$$

图4-82为某测点位移导纳曲线。结果表明,不同的窗函数长度时位移导纳曲线趋势一致,但存在明显的峰值差异。当窗函数长度较小时,数据线条较为平滑;当窗函数长度较大时,数据曲线毛刺较多,波动较大。

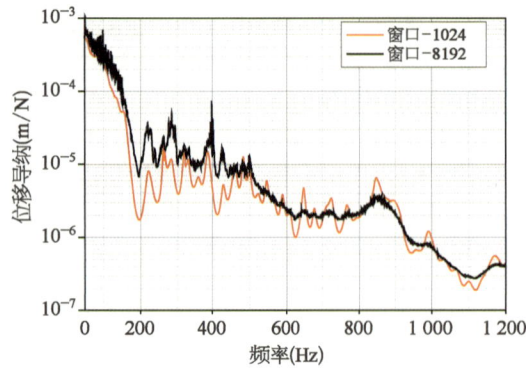

图4-82 传递函数估计法求取的位移导纳

(2) 直接计算法。直接计算法先求取响应的位移谱,再与输入激励谱相除获得位移导纳。经 FFT 变换后的脉冲力及振动加速度信号如图 4-83、图 4-84 所示。

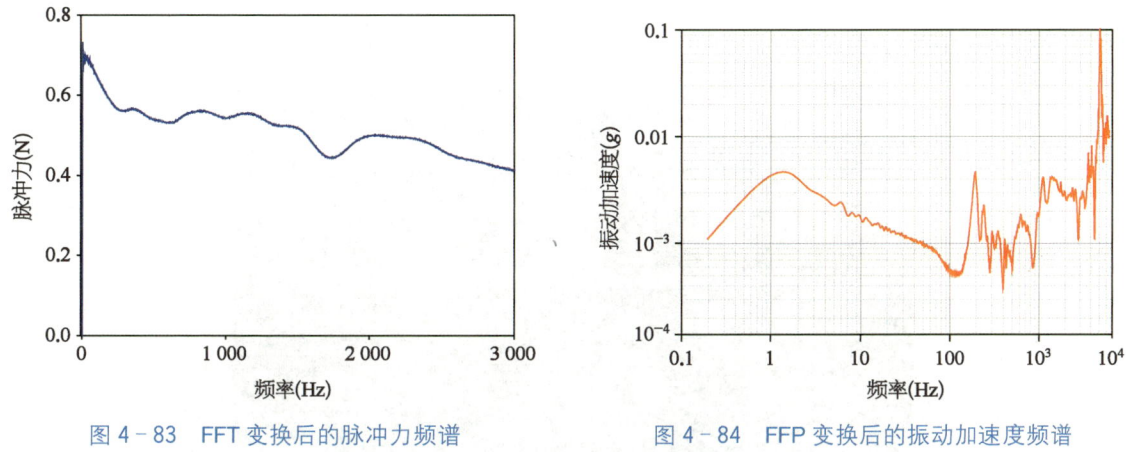

图 4-83　FFT 变换后的脉冲力频谱　　　　图 4-84　FFP 变换后的振动加速度频谱

对振动加速度进行频域积分,得测点频域内的振动位移,如图 4-85 所示。

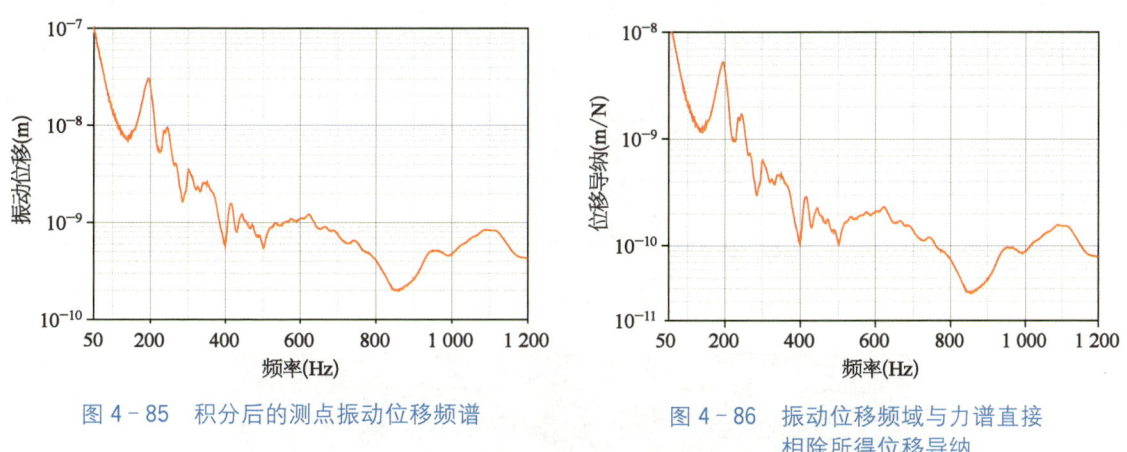

图 4-85　积分后的测点振动位移频谱　　　　图 4-86　振动位移频域与力谱直接
　　　　　　　　　　　　　　　　　　　　　　　　　　相除所得位移导纳

按式(4-32)将求得的振动位移谱除以力谱得测点的位移导纳,如图 4-86 所示;其倒数即为系统动刚度:

$$\alpha(f) = \frac{z(f)}{F(f)} \tag{4-32}$$

4.5.1.3　室内有砟轨道实测

轨道结构的频响函数(轨道动柔度)能衡量轨道的整体动力特性。当结构发生伤损,结构的整体性受到影响时,会导致频响函数发生变化,可利用这一特点为轨道结构病害诊断和养护维修提供重要参考。

西南交通大学依托高速铁路线路工程教育部重点实验室建立了 4.0 m 长的全尺寸有砟轨道模

型,模型按中国高速铁路有砟轨道(250 km/h)要求铺设。通过改变有砟轨道的结构状态,如改变扣件扭矩,使一组扣件完全松动,或使三组扣件完全松动,松动有砟道床等,模拟轨道结构病害,再通过力锤锤击试验,测量了有砟轨道结构在不同状态下的频响函数,识别其病害特征。有砟轨道模型如图 4-87 所示。

图 4-87　室内有砟轨道试验段

通过分析轨道结构正常状态和病害状态下的频响函数,定量分析轨道结构频响函数与轨道结构状态劣化之间的关系,探索借由频响函数和动刚度测试识别轨道结构伤损的方法。

1) 试验工况

为了得到轨道结构的频响函数,在轨枕跨中和扣件节点处钢轨、轨枕、枕肩分别布置一个加速度传感器,共 3 个加速度传感器。采用单输入、多输出的激励方法,激励点分别布置在轨枕上和钢轨上方,共 18 个激励点。激励点和传感器布置如图 4-88 所示。

图 4-88　模型激励点和测点布置

为分析轨道结构损伤对轨道结构动力特性的影响,设置 5 组工况,分别为轨道初始状态、一组扣件扭矩减小、一组扣件完全松动、三组扣件完全松动、道床松动等。

2) 试验有效性检验

相干函数是检验试验有效性的重要方法,它反映了两随机信号在频域内相关程度,输出和输入信号的因果关系。一般认为 $C_{xy}(k) \geqslant 0.8$ 时,频响函数的估计结果比较准确。相干函数计算公式如下:

$$C_{xy} = \frac{|S_{xy}(k)|^2}{S_{xx}(k)S_{yy}(k)} \tag{4-33}$$

式中　　C_{xy}——相干函数;
　　　　$S_{xy}(k)$——互功率谱密度函数;
　　$S_{xx}(k)$、$S_{yy}(k)$——自功率谱密度函数。

因此当力锤激励力信号与加速度传感器的加速度信号的相干函数的值大于 0.8 时,可认为加速度信号完全为力锤所激励出,数据有效、可信。钢轨初始状态下,扣件跨中处激励的力信号与扣件跨中处加速度传感器信号的相干函数如图 4-89 所示。

图 4-89 表明,测试数据在 0~1 500 Hz 均接近于 1,相关性非常好,测试方法有效,数据可用。

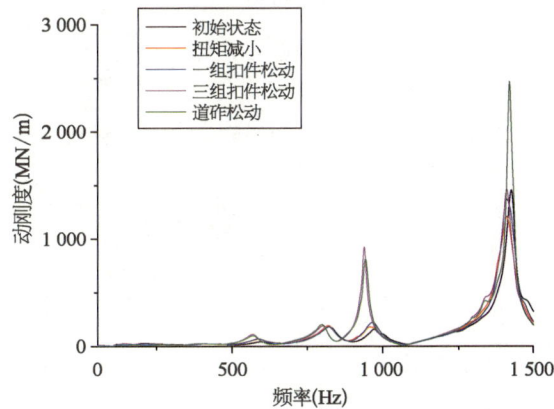

图 4-89　激励-输出相关函数

3) 枕跨中部频响规律

测试不同工况下枕跨跨中处频响函数如图 4-90 所示,其动刚度如图 4-91 所示。

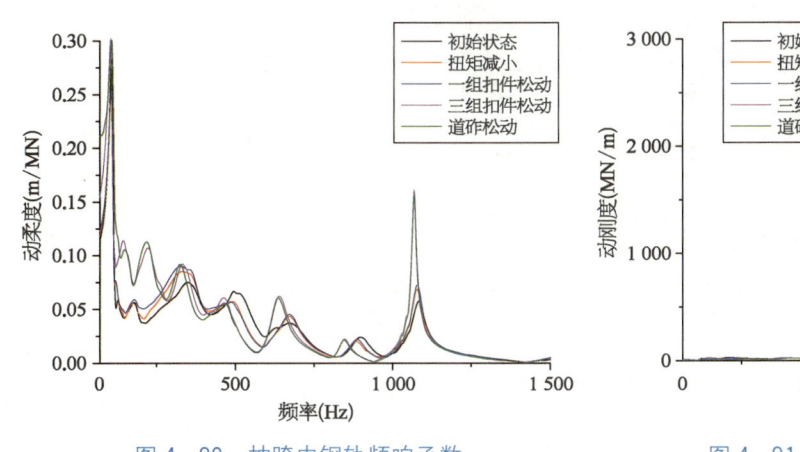

图 4-90　枕跨中钢轨频响函数　　　　图 4-91　枕跨中处系统动刚度

图 4-90 表明,当轨道结构状态改变时,枕跨中处频响函数在有效测试频段(0~1 500 Hz)范围内存在 8 个峰值,第一、八个共振峰峰值较大;且结构状态峰值位置及大小不同。当弹条扭矩减小和一组扣件出现松动时,对频响函数影响较小;当出现三组扣件松动和道砟松动时,对频响函数影响较大;且在第八个共峰处(1 087 Hz、"pin-pin"共振频率)变化明显处。

由图 4-91 可知，当轨道结构状态改变时，枕跨中处动刚度仅在某些频率处发生明显变化。其中，松动一组扣件和减小扭矩时，影响较小；而松动三组扣件时，在 938 Hz 处发生较大的变化；松动道砟时，则在 938 Hz 和 1 422 Hz 动刚度均出现较大增加。

4）扣件节点处频响规律

测试获得不同工况下扣件节点处钢轨频响函数如图 4-92 所示，动刚度如图 4-93 所示。

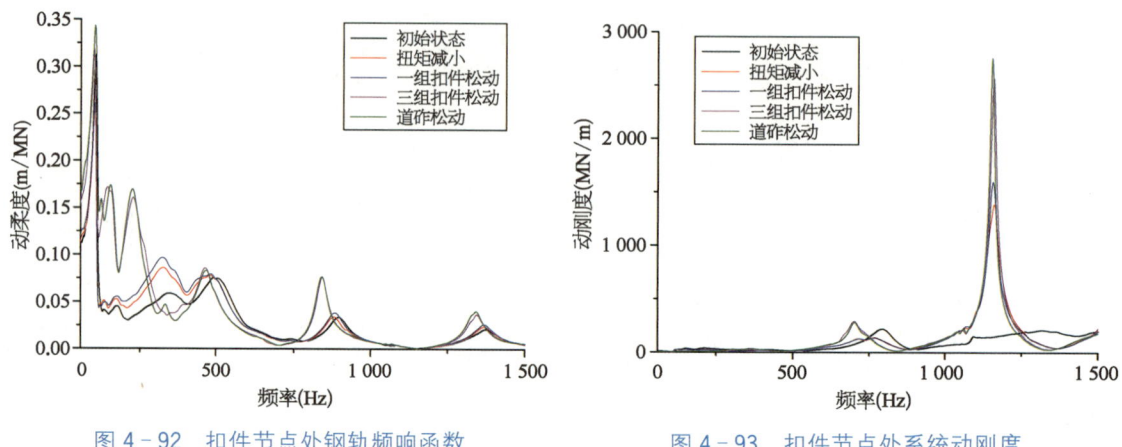

图 4-92　扣件节点处钢轨频响函数　　　　图 4-93　扣件节点处系统动刚度

图 4-92 表明，当轨道结构状态改变时，扣件节点处钢轨频响函数有效测试频段范围内（0～1 500 Hz）均存在 7～8 个峰值，且峰值大小及峰值频率随之改变。当扣件弹条扭矩减小和一组扣件松动时影响较小；三组扣件松动和道床松动时，影响较大；且在 140～280 Hz 的钢轨与轨枕反相共振频率处差异较大。

由图 4-93 可知，当轨道结构状态改变时，同样钢轨扣件上方处动刚度仅在 1 155 Hz 处发生明显增大。其中增幅随着减小扭矩、松动一组扣件、松动三组扣件和松动道砟逐次递增。

5）枕肩处频响规律

轨道结构不同状态下，测试获得枕肩处频响函数如图 4-94 所示，其动刚度如图 4-95 所示。

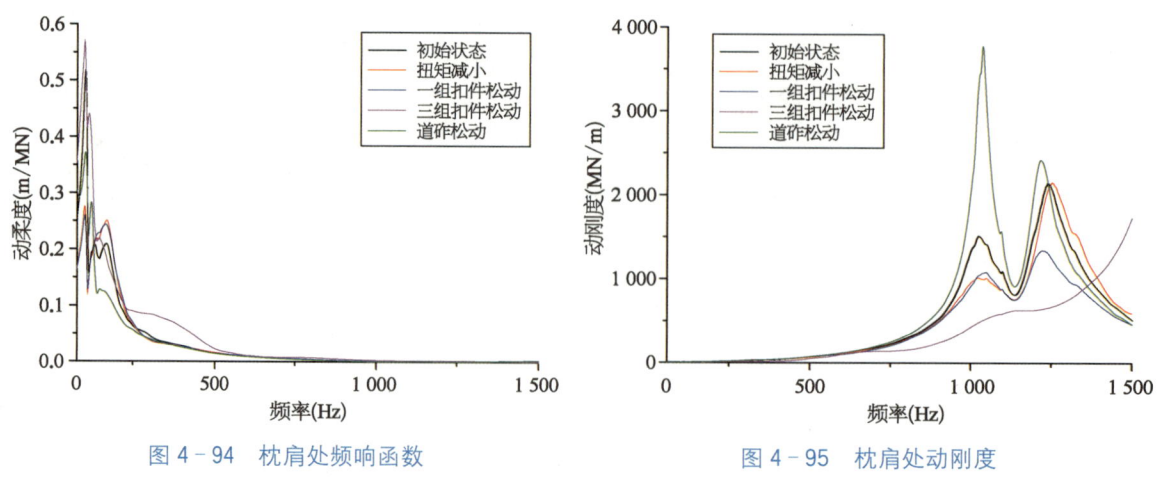

图 4-94　枕肩处频响函数　　　　图 4-95　枕肩处动刚度

图 4-94 表明,当轨道结构状态改变时,在 0~500 Hz 频段内枕肩处的频响函数曲线变化较大,特别是在钢轨与轨枕发生同相共振(约 104 Hz)频率附近。三组扣件松动和道砟松动时,对频响函数的影响较小;弹条扭矩减小和一组扣件松动时影响较大。

由图 4-95 可知,当轨道结构状态改变时,轨枕上方处动刚度仅在某些频段发生明显变化。其中松动一、三组扣件和减小扭矩时,900~1 500 Hz 频段内动刚度减小,而松动道砟时动刚度反而增加。

4.5.2 小车检测法

西南交通大学高速铁路线路工程教育部重点实验室研发了定点宽频动刚度检测小车。该小车可实现轨道刚度定频、扫频测量和钢轨第一阶"pin-pin"共振频率测量,主要由激振系统、电涡流位移传感器、数据采集控制系统、刚度在线分析软件、激振器固定装置、电源组成、移动小车组成,如图 4-96 所示。

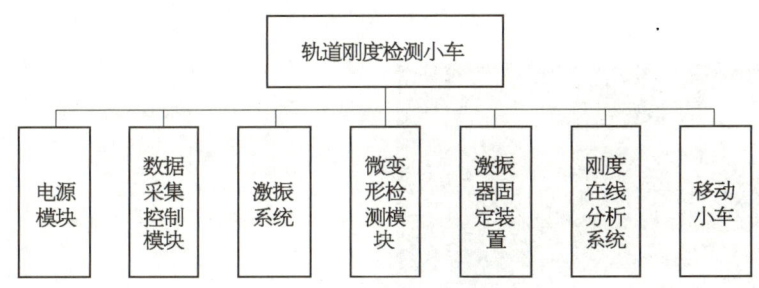

图 4-96　轨道刚度检测小车系统组成

激振系统由信号发生器、功率放大器、激振器、力传感器组成,激振系统、电涡流传感器、数据采集控制系统、刚度在线分析软件之间的测试流程如图 4-97 所示。

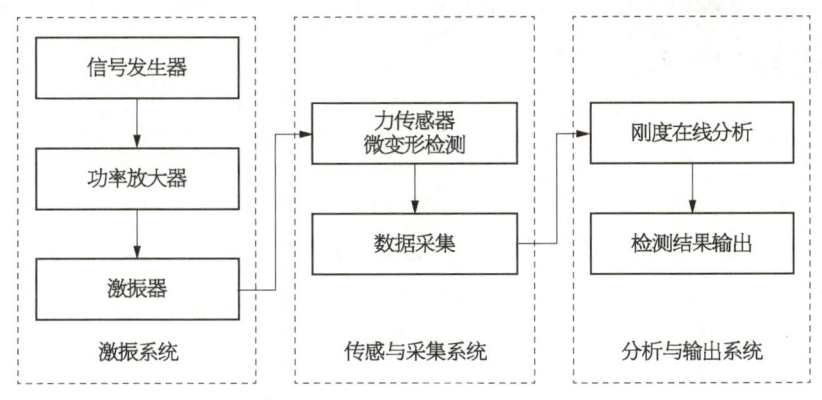

图 4-97　轨道刚度测试流程

下面分别介绍各个组成模块之间的功能及工作原理。

4.5.2.1 激振系统

激振系统包括激振器、信号发生器、功率放大器和力传感器等器件。

1) 激振器

激振器有电动式、电液式等,为满足高频激振需求,一般需要选取电动式激振器。设备选取

JZK-20强力电动式激振器,为试件提供激振力,配合YE587系列宽频带功率放大器等,可适用于桩基、桥梁、水坝等巨型结构的振动试验。

JZK-20强力电动式激振器的主要技术指标见表4-5。

表4-5 JZK-20强力电动式激振器技术指标

技术指标	最大激振力(峰值)(N)	最大行程(峰峰值)(mm)	加速度(空载峰值)(m/s²)	频率范围(Hz)	台面直径(mm)	动圈重量(g)	配置功放
量值	200	10	363	1~4 000	80	320	YE5872 YE5873

激振器采用三脚架悬挂于钢轨上方,与钢轨之间通过连接杆和电磁铁连接。

2)信号发生器和功率放大器

扫频信号发生器用以生成激振波型,设备选用了DG1022U双通道函数/任意波形发生器。该发生器使用直接数字合成(DDS)技术,可生成稳定、精确、纯净和低失真的正弦信号、方波、锯齿波、脉冲波、噪声波等,还可用户自定义波形;其广泛用于声学、振动等方面作为信号源,是开展各种声学试验、振动试验所必需的工具。

功率放大器用来推动激振器,作为振动试验和振动测量的大功率激振源。设备选用了YE5872A功率放大器。

3)力传感器

力传感器用来测量激振设备施加给轨道系统的力,与激振器直接连接,并通过顶杆、电磁铁与钢轨固定在一起,如图4-98所示。设备选用了CL-YD-303T压电式力传感器。

图4-98 激振器、力传感器连接

4.5.2.2 位移传感器

位移传感器用于采集测点的动态位移。设备选用了ZA-21系列电涡流位移传感器,通过测量轨面与探头的相对位置获得激振力作用下系统的动位移时程曲线。该型传感器可靠性好、灵敏度高、抗干扰能力强、响应速度快,可非接触测量,不受油水等介质影响。一套完整的传感器系统主要包括探头、延伸电缆(用户可以根据需要选择)、前置器和附件。

4.5.2.3 数据采集系统

数据采集系统选用INV3062T型24位云智慧采集系统,实现数据信号的采集和激振器信号的控制(图4-99)。

INV3062T适合分布式、多测点、远距离或无线传输的振动、噪声、冲击、应变、压力、电压等各种物理量信号采集,与DASP软件相连形成具有一百余项先进技术的高性能数据采集和信号处理系统。

图4-99 INV3062T型数据采集系统

4.5.2.4　机架、移动小车和电源

机架、移动小车和电源是测试小车的附属设备。

机架为激振器固定提供安装平台,通过调节螺杆的高度可使激振器适用于不同形式、不同高度的轨道结构。三脚架起到固定激振器和提供反力作用。

现场安装如图 4-100 所示。

图 4-100　激振器现场调试试验

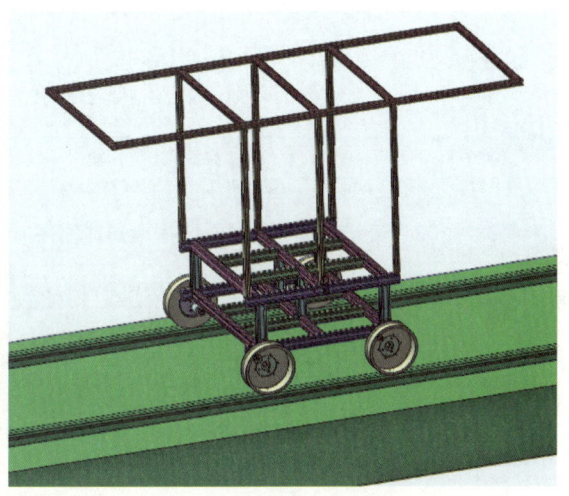

图 4-101　移动小车概念设计

为便于其他器件的放置与转移,设备还设计了移动小车,如图 4-101 所示。信号发生器、功率放大器、数据采集系统、电源均放置在小车上。测试完一个扣件之后,小车和三脚架可以快速移动到下一个扣件处进行测量。

电源模块包括蓄电池和电源变换电路,可对采集仪、激振器模块、电涡流传感器和工控电脑供电,需选择大容量的可充电、可拆卸电源模块,以保证设备的用电和更换需求。

4.5.2.5　小车主要功能

轨道刚度检测小车主要有两大功能:① 轨道刚度定频、扫频测量;② 钢轨第一阶"pin-pin"共振频率检测。

1) 轨道刚度定频、扫频测量

轨道刚度检测小车能实现 1 Hz、4 Hz、8 Hz 下轨道刚度测量及 1～200 Hz 下轨道刚度测量。

进行定频刚度测量时,先通过调节信号发生器使其输出一个定频的电压信号,信号发生器通过功率放大器放大电流、电压驱动激振器,激振器与力传感器相连。通过布置位移传感器,可以测得钢轨位移。通过刚度在线分析软件,即可分析定频激励下轨道的动刚度值。通过调节信号发生器发出的信号频率,即可测得不同频率下轨道的动刚度值。

进行扫频刚度测量时,调节信号发生器,使其发出相应频段下的扫频电压信号,如图 4-102 所示。

信号发生器通过功率放大器放大电流、电压驱动激振器,激振器与力传感器相连。通过布置位移传感器,可以测得钢轨位移。

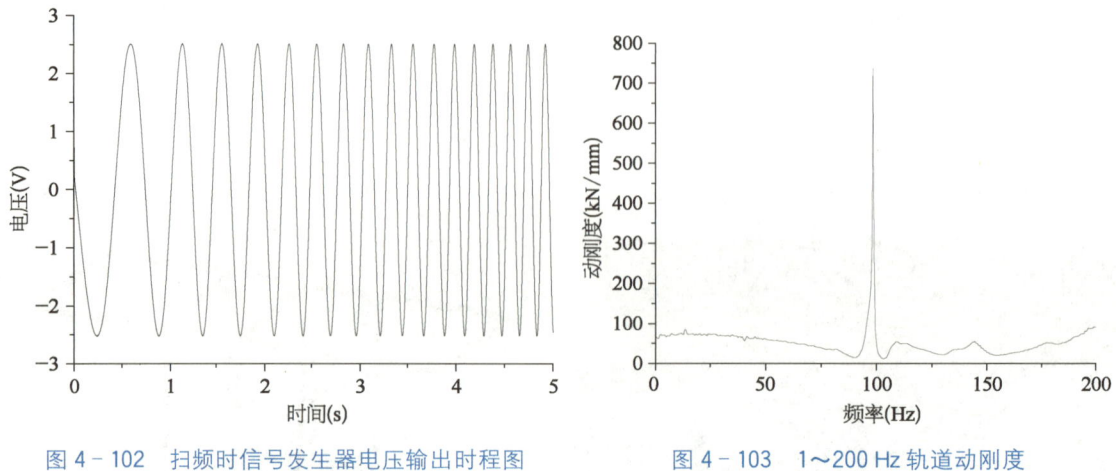

图 4-102 扫频时信号发生器电压输出时程图　　图 4-103 1～200 Hz 轨道动刚度

经刚度在线分析软件分析,即可得出扫频频段内轨道的动刚度值。图 4-103、图 4-104 为实测的 1～200 Hz 的轨道动刚度曲线。

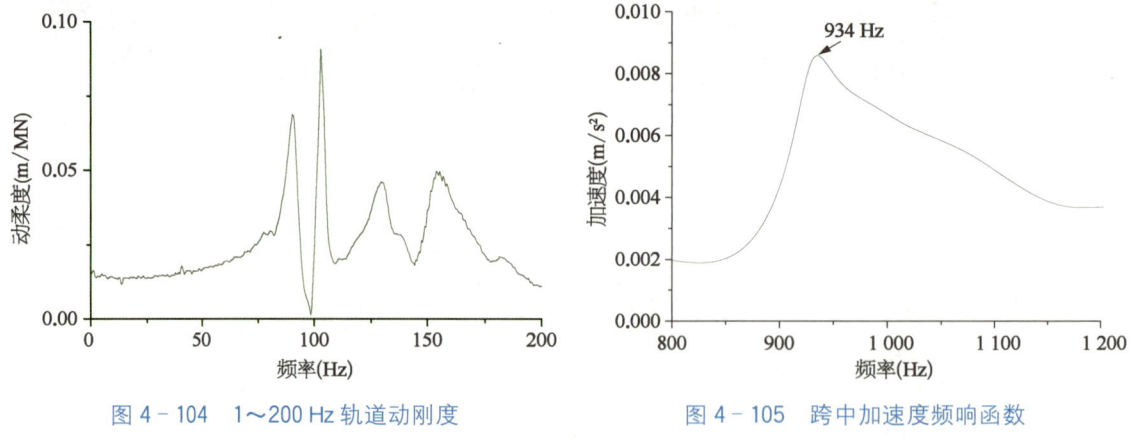

图 4-104 1～200 Hz 轨道动刚度　　图 4-105 跨中加速度频响函数

2) 钢轨第一阶"pin-pin"共振频率识别

应用轨道刚度检测小车测量"pin-pin"共振峰时,将激振器移至扣件跨中上方,在扣件跨中处布置 10g 加速度传感器。设置信号发生器在 800～1 200 Hz 范围内进行扫频,扫频结束后对力和加速度进行传递函数分析,加速度频响函数波峰处所对应的频率即为钢轨第一阶"pin-pin"共振频率。图 4-105 为实验室内测量得到的加速度频响函数曲线,可见在 934 Hz 处为波峰,应为钢轨第一阶"pin-pin"共振频率。

4.5.2.6　测量误差分析

在定点测量扣件动刚度时,激振器的安装位置有一定的随机性,位移传感器的安装也有一定的随机性。为了分析激振器及传感器安装的随机性对结果造成的影响,多次微调激振器和传感器在钢轨上方的位置,微调区域如图 4-106 所示。不同安装位置下的测试结果如图 4-107 所示。

第 4 章 轨道宽频动刚度检测

图 4-106 装置安装误差影响试验

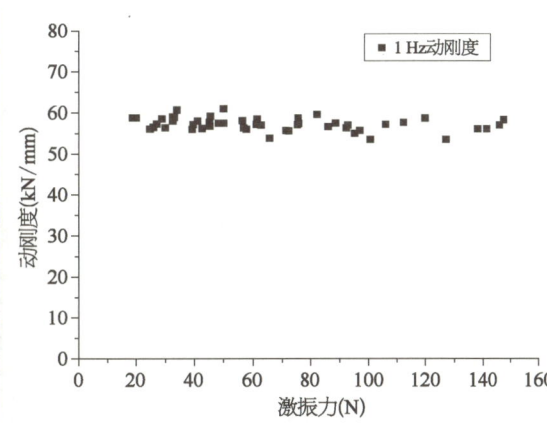

图 4-107 不同安装位置下不同激振力的测试结果

通过对数据统计分析,可知测量刚度值在 (58 ± 2) kN/mm 范围内波动,误差率约 $\pm3.5\%$,测试结果具有较高的可靠性,测试误差较小。

4.5.2.7 轨道动刚度现场试验

以某地铁无砟轨道线路为试验对象,采用刚度检测小车对轨道刚度进行测试。该次试验分别对 DTVI2 扣件系统及 GJ Ⅲ 型减振扣件系统进行轨道动刚度测试,以验证轨道动刚度检测设备的可行性及可靠性。试验内容主要包括扣件上方和跨中位置 1 Hz、4 Hz、8 Hz、20 Hz 频率下轨道动刚度以及 1~50 Hz 范围内轨道动刚度。现场测试如图 4-108 所示。

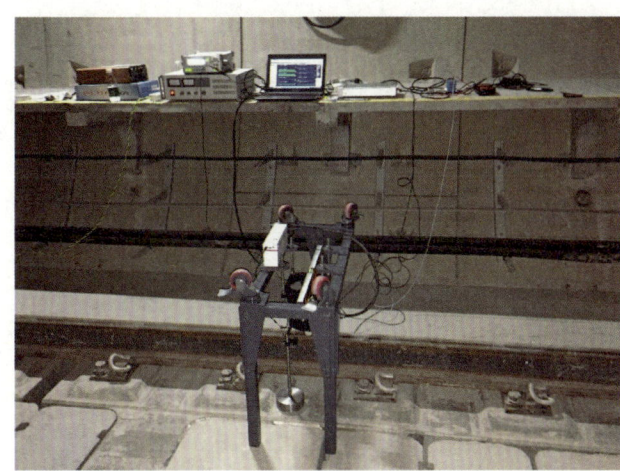

图 4-108 现场实测试验

图 4-109 GJ Ⅲ 型减振扣件系统测试(跨中激励)

1) 定频试验

首先测试 GJ Ⅲ 型减振扣件系统轨道刚度,分别在扣件上方和跨中位置进行激励,在激励点附近采集钢轨振动位移,如图 4-109 所示。激振频率分别为 1 Hz、4 Hz、8 Hz、20 Hz,以测量轨道结构在不同频率下的动刚度。

分别对输出力信号和采集到的钢轨位移信号进行频谱分析,如图4-110、图4-111所示。从图中可以看出,激振器输出力信号和钢轨位移信号均为1 Hz,且力和位移相干性接近1(图4-112),因此说明钢轨测量具有良好的可靠性。对于该轨道结构,在扣件上方激励时,1 Hz频率下轨道动刚度为46.7 kN/mm,如图4-113所示。

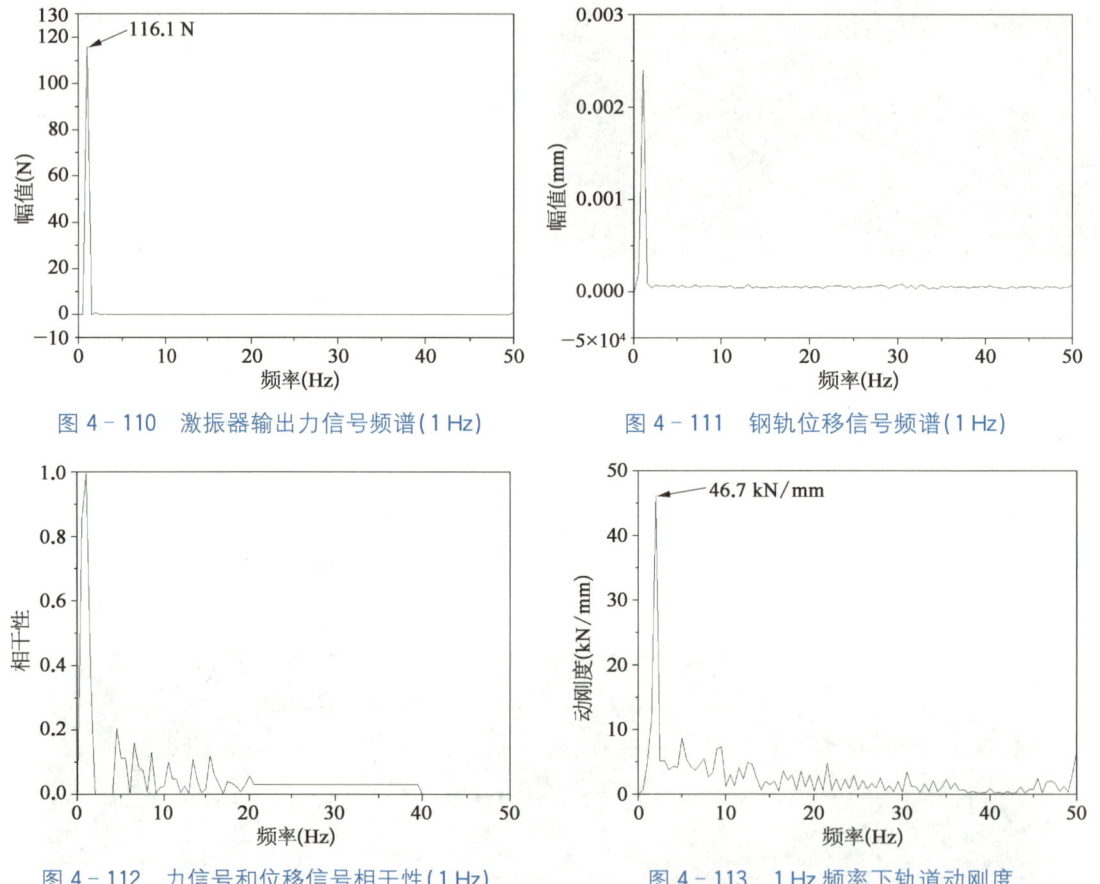

图4-110 激振器输出力信号频谱(1 Hz)　　图4-111 钢轨位移信号频谱(1 Hz)

图4-112 力信号和位移信号相干性(1 Hz)　　图4-113 1 Hz频率下轨道动刚度

同时对4 Hz、8 Hz、20 Hz轨道结构动轨道结构系统动力特性的参数刚度进行测试,并选择不同位置进行重复试验。经检测,在扣件节点处轨道结构在4 Hz激振时动刚度为47 kN/mm,8 Hz时为48 kN/mm,20 Hz时为50 kN/mm;且不同位置处轨道动刚度值基本一致,说明轨道刚度均匀性较好,测试结果稳定、可靠。

与GJ Ⅲ型减振地段相似,对DTVI2型扣件系统轨道结构进行动刚度测试。检测可知,在扣件节点处该型轨道结构在1 Hz激振时动刚度为92 kN/mm,4 Hz时为97 kN/mm,8 Hz时为99 kN/mm,20 Hz时为103 kN/mm。

2) 扫频试验

以GJ Ⅲ型减振轨道结构为测试对象,在0~50 Hz频率范围内进行简谐激励扫频试验,时间周期为50 s,测得轨道宽频动刚度如图4-114所示。从相干性分析得出在激励频率范围内输入输出相干性良好,如图4-115所示。

第 4 章 轨道宽频动刚度检测

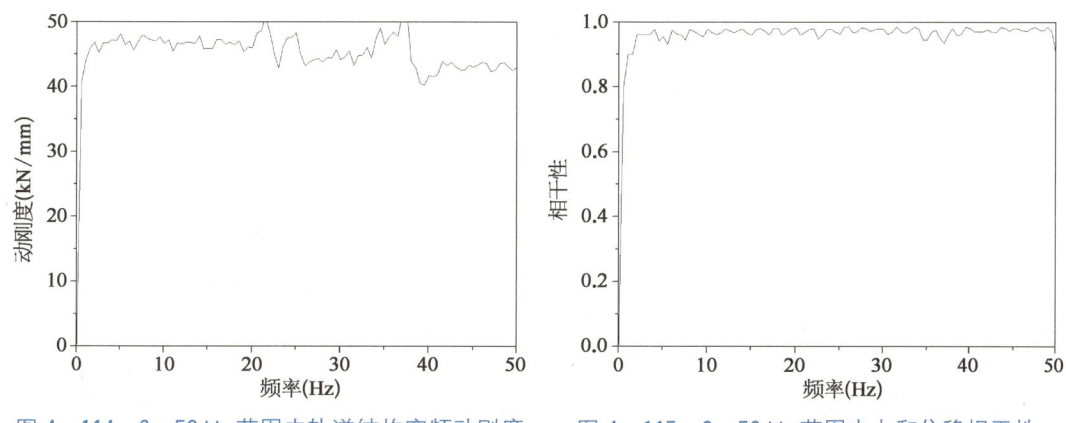

图 4-114　0～50 Hz 范围内轨道结构宽频动刚度　　图 4-115　0～50 Hz 范围内力和位移相干性

总之,以两种不同形式的地铁轨道结构为对象,使用研制的轨道刚度检测小车进行定频和扫频试验。通过多次重复试验和相干性分析验证了检测设备的稳定性、可靠性和可用性,为铁路轨道动刚度检测提供了强力的技术支撑。

参考文献

[1] 陈宪麦.轨道不平顺时频域分析及预测方法的研究[D].北京:铁道科学研究院,2006.
[2] 张德水.轨道不平顺的测量与数据处理[D].上海:上海交通大学,2012.
[3] 谭晓春.道岔轨下刚度平顺性与动态特性关系研究[D].上海:同济大学,2008.
[4] 刘富,练松良.轨道纵向刚度变化对快速列车轮轨受力的影响[J].同济大学学报(自然科学版),2001,29(11):1276-1281.
[5] 佐田登志夫,竹内芳美,大久保信行.机床结构的刚度分析系统——静刚度及动刚度[J].装备机械,1979(2):12-19.
[6] 罗雁云,唐吉意,林龙锋,等.不同减振扣件落锤激励下的减振性能对比研究[J].机械设计与制造工程,2017,46(6):16-20.
[7] 练松良.轨道结构刚度的理论计算[J].中国铁道科学,2004,25(1):67-71.
[8] 练松良.轨道工程:Railway track[M].北京:人民交通出版社,2009.
[9] 杨荣山.轨道工程[M].北京:人民交通出版社,2013.
[10] 翟婉明.铁道车辆在刚性及弹性轨道模型上的振动模拟分析[J].铁道车辆,1994(1):15-20.
[11] 徐志胜,翟婉明,王开云,等.车辆-轨道系统振动响应分析——Timoshenko 梁与 Euler 梁轨道模型的比较[J].地震工程与工程振动,2003,23(6):74-79.
[12] 翟婉明.车辆-轨道垂向系统的统一模型及其耦合动力学原理[J].铁道学报,1992(3):10-21.
[13] 王平,陈小平,赵卫华,等.高速铁路无砟道岔轨道动刚度特性及影响因素分析[C]//中国铁道学会,四川省铁道学会.高速铁路线路工程设计理论施工及养护技术国际学术会议论文集.成都:高速铁路线路工程设计理论施工及养护技术国际学术会议,2009.
[14] 张攀.高铁无砟轨道扣件系统弹性垫板温/频变动力特征及其影响研究[D].成都:西南交通大学,2016.
[15] 李莉,王书卫,吕英康,等.钢轨扣件减振橡胶动态刚度特性分析[J].同济大学学报(自然科学版),2013,41(2):208-212.
[16] 李子睿,许绍辉,方杭玮,等.老化作用对无砟轨道扣件橡胶垫板刚度影响的试验研究[J].铁道建筑,2013(6):142-143.
[17] 刘丽波,王午生,刘卫星.铁路碎石道床静刚度的试验研究[J].上海铁道大学学报,2000(4):1-6.

[18] 刘卫星,王午生.铁路碎石道床动刚度与阻尼的试验研究[J].铁道学报,2002(6):99-104.
[19] 马伟斌.既有线提速基床与道床相互影响的研究[D].北京:铁道科学研究院,2006.
[20] 刘晓阳,刘浩.道砟胶对加强道床刚度的作用[J].中国西部科技,2013,12(5):14-15,33.
[21] 刘宏友,曾京.轨道整体刚度和阻尼对车辆系统动力学性能的影响[J].铁道车辆,2004,42(4):1-4.
[22] 李永江,艾力,玉苏甫,等.天线轨道变形精密测量与指向偏差模型研究[J].武汉大学学报(信息科学版),2013,38(2):176-180.
[23] Meissonnier F. European research for an optimised ballasted track: final report[R]. 2000.
[24] 祝华,刘宏友.瑞士联邦铁路接收多功能检验车[J].国外铁道车辆,2006(1):46.
[25] 刘学毅.轨道刚度的影响分析及动力学优化[J].西南交通大学学报,2004(1):1-5.
[26] 雷晓燕.轨道过渡段刚度突变对轨道振动的影响[J].中国铁道科学,2006(5):42-45.
[27] 翟婉明,蔡成标,王其昌.高速铁路轨道刚度与胶垫应用[J].铁道机车车辆,1996(4):49-52,56.
[28] 伍曾,刘学毅.弹性长枕无砟轨道动刚度垂向耦合动力及能量分析[J].铁道学报,2012,34(2):80-85.
[29] 王进,冯文卿,侯海彪,等.铁道车辆用空气弹簧垂向静刚度试验方法的研究[C]//全国橡胶行业及相关行业技术与贸易交流会.2006.
[30] 王平,肖杰灵,赵才友,等.动刚度的测试方法及系统:CN, CN102980756A[P]. 2013.
[31] 盛曦,赵才友,王平,等.整体道床轨道扣件刚度对钢轨声功率特性的影响[J].西南交通大学学报,2018,53(5):928-936,1094.
[32] Carrascal I A , Casado J A , Polanco J A , et al. Dynamic behaviour of railway fastening setting pads[J]. Engineering Failure Analysis,2007,14(2):364-373.
[33] 李子睿,许绍辉,赵汝康,等.温度和加载频率对弹性垫层刚度影响的测试方法研究[J].铁道建筑,2011(12):106-108.
[34] 赵国堂.铁路轨道刚度的确定方法[J].中国铁道科学,2005(1):2-7.
[35] 亓伟,陈伯靖,段海滨,等.有砟轨道动刚度特性研究[J].铁道标准设计,2016,60(9):32-36.
[36] Thompson R, Li D. Automated vertical track strength testing using TTCI's track loading vehicle[J]. Technology Digest, 2002(2).
[37] Kalay S F, O'Donnell W P. Demonstration testing of the track loading vehicle[R]. Association of American Railroads Research Report, 1992.
[38] Thompson R. Track strength testing using TTCI's track loading vehicle[J]. Railway Track & Structures, 2001, 97(12):15-17.
[39] 暴学志,柴雪松,李家林,等.移动式线路动态加载试验车加载机构设计[J].铁道建筑,2011(12):113-115.
[40] Berggren E. Railway track stiffness: dynamic measurements and evaluation for efficient maintenance[D]. Stockholm, Sweden: Royal Institute of Technology, 2009.

第 5 章

高速铁路无砟轨道伤损检测

无砟轨道以其高平顺、高稳定和少维修的特点成为高速铁路上的主要轨道结构形式。随着我国高速铁路的大量兴建,无砟轨道得到了前所未有的快速发展与广泛应用,形成了世界上应用范围最广、适应环境最复杂、建造和运营要求最高的无砟轨道技术体系。目前我国主要应用有 CRTS Ⅰ、Ⅱ、Ⅲ型板式,CRTS Ⅰ、Ⅱ型双块式和岔区长枕埋入式、岔区板式等无砟轨道结构形式。由于无砟轨道是典型的长条形、带状、层状钢筋混凝土结构物,部件间存在传力、约束等不同的结构功能要求,长期暴露于复杂、多变的大气环境中,区域跨度大,建造于变化多样的地理、地质环境上,需适应多种轨下基础的变形需求,并承受着列车荷载的超高周、超高频率动力荷载作用,无砟轨道在高稳定性、可靠性、可用性、可维护性和安全性均面临着严酷的考验,威胁着高速铁路轨道高平顺性目标的实现。以钢筋混凝土为主材的无砟轨道主体结构承受着环境荷载(如水、温度荷载)、基础变形(如沉降)和列车荷载等长期考验,并不时存在施工质量、技术缺陷等质量问题,产生各种病害是难以避免的,为确保高速铁路的高平顺,研究无砟轨道伤损的有效检测手段成为当务之急。

5.1 无砟轨道伤损及检测技术概述

5.1.1 无砟轨道主要伤损类型

无砟轨道广泛存在着钢筋混凝土结构的各类常见病害,如温度裂缝、掉块、预应力体系失效、碱骨料反应、环境腐蚀等,也存在着一些特有的病害,如动力伤损、动力水损、多场耦合伤损等。下面列举几类典型的无砟轨道伤损。

5.1.1.1 CRTS Ⅰ型轨道板破损、板底开裂及 CA 砂浆损伤

CRTS Ⅰ型轨道板在生产、储运及安装中有部分出现板角或边缘掉块(图 5-1)、板底缘开裂(图 5-2)和 CA 砂浆损伤(图 5-3、图 5-4)等现象,引起道床刚度折减,影响动力平顺性。

5.1.1.2 CRTS Ⅱ型轨道板非预裂位置处开裂

CRTS Ⅱ型纵连板式无砟轨道在非预裂缝处出现裂纹,如承轨台贯通性开裂、灌浆孔周边开裂、

图5-1 轨道板破损

图5-2 框架板底裂纹

图5-3 砂浆掉块

图5-4 砂浆层与轨道板离缝

锚固销钉孔位周边开裂、板底开裂,如图5-5所示。严重的非预裂位置开裂将破坏轨道整体结构,改变其动力性能,引起动、静不平顺等问题。此类裂纹成因复杂,与制板工艺、材料、结构特性、动静力破坏等多因素相关。

图5-5 轨道板非预裂缝处裂缝

5.1.1.3 无砟轨道层间离缝

无砟轨道多为底座板、调整层、轨道板或道床板叠合而成的复合结构,因施工界面处理不当、拉毛不足和多场耦合荷载等共同影响,易导致层间黏结失效,形成离缝现象;当水侵入离缝后,还会出现层间冒浆、生物滋生等衍生病害,如图5-6所示。这些病害加快道床板和支承层的损坏,易形成板下虚空,影响行车品质。

图5-6 道床板与支承层间离缝、冒浆

图5-7 道床板上拱并与支承层间离缝

5.1.1.4 道床板上拱

CRTS Ⅱ型纵连板式结构在路桥、路隧等过渡段区段,由于下部基础易发生非均匀沉降变形、温度荷载引起伸缩等,导致结构开裂、道床板与支承层层间脱离,形成道床板上拱;在施工后浇带时,由于两侧道床板施工温度不一致,造成锁板温度不均匀,引起道床板内纵向位移,形成上拱、离缝,如图5-7所示。道床板的上拱会造成轨道高低不平顺,影响行车平稳性,限制列车速度。

5.1.1.5 底座板伤损

底座板开裂是无砟轨道常见病害之一,受混凝土收缩徐变、温度作用和下部基础变形等影响,形成通缝;在某些断面变化处等薄弱环节也会出现裂缝,如图5-8所示。较宽的裂缝会引起钢筋锈蚀,进而造成底座板断裂,影响轨道结构和桥梁的整体性和稳定性。

图5-8 底座板裂纹

图5-9 凸台树脂离缝

此外,无砟轨道的限位结构也时有破损、开裂,如 CRTS Ⅰ 型板的凸台开裂及树脂充填层离缝等(图5-9),影响着轨道结构的纵向稳定性,造成轨条内非均匀温度力聚积,部分路段可能出现碎弯等中短波不平顺问题,影响行车平稳和安全。

5.1.2 无砟轨道伤损检测现状

无砟轨道伤损检测分为整体诊断和局部检测。利用整体诊断方法可对无砟轨道伤损情况进行大致分析,初步确定伤损范围及程度,再利用局部伤损检测技术详细诊断伤损状态。

当无砟轨道结构中轨道板、道床板中存在损伤时,会引起结构的动力参数以及模态参数的改变,在物理状态空间中表现为刚度下降、柔度增大;在模态状态空间中表现为固有频率下降、阻尼比增大,振型发生变化。目前土木结构伤损测试中经常采用动力指纹分析法,该方法有基于频率变化的损伤识别方法、基于振型变化的结构损伤识别方法、基于曲率模态发生变化的结构损伤识别方法、基于柔度变化的结构损伤识别方法模态修正法等。基于频率变化的结构损伤识别方法主要通过损伤前后频率的变化来识别结构的损伤状况,其理论清晰、测试简单方便,但诸如频率变化对损伤精度要求不敏感、对较严重损伤不敏感等问题难以解决,且频率是结构的整体性能描述,很难用于具体位置损伤的识别。基于振型改变的损伤识别方法,通过分析损伤前后的振型变化情况来识别结构损伤状况。基于曲率模态变化识别结构损伤状况,曲率模态实质上是振型的二阶导数,比振型对损伤更敏感。

局部伤损检测方法较多,取样检测法涉及对结构物的采样,不适用于无砟轨道;回弹仪一般测试结构物表层强度,由于无砟轨道轨道板制作工艺严密,一般无须检测其强度;红外热成像和图像识别检测技术对于无砟轨道来说,检测条件不易实现,也不适用于无砟轨道伤损的检测,探地雷达由于受轨道板钢筋的影响,在无砟轨道检测中不采用该方法。

目前无损检测方法主要有冲击回波法、超声波、声波等。冲击回波法是用力锤或其他激振装置冲击测试对象产生一种弹性波,即可测得被测结构的厚度和内部缺陷等(如空洞、疏松、裂缝)。因为其具有激振能量大、操作简单、便于频谱分析等特点,是一种非常适合无损检测的方法。超声波的产生以钛酸钡、水晶、PZT 等压电材料为主。超声波一般频率高、波长短,能达数百千赫兹以上,通常以 P 波为主。

冲击回波法和超声波检测原理相近,均是在固体内部激发振动,只是超声波能量较弱、频率高。两者区别之处主要体现在以下几方面:

(1) 冲击回波法的能量远大于超声波。

(2) 两者波长、频率差别大。超声波波长短,一般是几厘米,而用锤击激振产生的冲击回波法波长几十厘米甚至更长。因此超声波的分辨率高,对细微的缺陷比较敏感,但衰减快,测试范围受到限制。

(3) 超声波的探头灵敏度高,但频响特性一般较差,对频率分析和振幅分析都比较困难。冲击回波法测试一般采用加速度传感器,传感器在各种固定方式下,其频响曲线都有较长的平坦部分,有利于频谱分析和能量分析。

(4) 冲击回波法使用比超声波更低频的声波(IE 频率范围通常在 2~20 kHz),这使得冲击回波法避免了超声波测试中遇到的高信号衰减(high signal attenuation)和过多杂波干扰问题。

(5) 冲击回波法不需耦合剂,可单手操作,标定后每个测点直接得出结构厚度或缺陷位置、深度信息。而超声波方法需耦合剂,两个探头加大了操作的难度。同时需大量数据对比才能确定缺陷的位置,但不能确定缺陷深度。

冲击回波法是国际上从 20 世纪 80 年代研究的一项新技术,该法是在结构表面施以微小冲击,产生应力波,当应力波在结构中传播遇到缺陷与底面时,将产生来回反射并引起结构表面微小的位移响应。接受这种响应并进行频谱分析可获得频谱图。频谱图上凸出的峰就是应力波在结构表面与底面及缺陷间来回反射形成的;根据其他频率峰可判断有无缺陷及其深度。这种测试方法系单面反射测试,测试方便、快速、直观,且测一点即可判断一点。这种测试方法适合无砟轨道伤损的定量定点检测。

5.2 模态法检测无砟轨道伤损

结构伤损识别一般可分为四个阶段:结构伤损存在性判断;结构伤损位置诊断;结构伤损程度评估。结构伤损定位的标识量应该具备以下基本条件:一是局域量,二是对结构局部伤损敏感,三是关于结构位置坐标的单调函数。

任何结构都可以看作是由刚度、质量、阻尼矩阵等结构参数组成的动力学系统,结构一旦出现伤损,其结构参数也将发生改变,从而导致系统的模态参数和频响函数的变化,因此动力特性参数(频率、振型和阻尼)的改变可视为结构伤损发生变化的标志量,通过动力反演诊断结构的伤损状态。

常用的动力指纹法识别用标识量有固定频率、位移/应变模态参数、刚度、应变能、柔度、模态曲率、时域响应等。伤损识别可分为基于模型(model-based)的参数识别和无模型(free-model)的系统识别两类。从逻辑上讲,要进行伤损识别和定位,首先需要解决的是伤损标识量的选择问题,即决定以哪些物理量为依据能够更好地识别和标定伤损的程度和位置。一般认为用于伤损识别的物理量可以是全局量(如结构的固有频率等),但用于伤损直接定位(不依赖于有限元计算模型)的物理量最好是局域量,且需满足四个基本条件:对局部伤损敏感;是位置坐标的单调函数;在伤损位置;伤损标识量应出现明显的峰值变化。

针对无砟轨道伤损检测,下面先以固有频率进行初步诊断,再基于曲率模态和高斯曲率的模态分析理论进行整体识别。由于无砟轨道中伤损类型较多,任何一种模态方法对伤损的识别均具有局限性,因此采用曲率模态和高斯曲率相结合识别不同类型伤损。首先分析基于固有频率和曲率模态对离缝、蜂窝伤损的识别,再利用高斯曲率方法对脱空、离缝伤损进行分析。

5.2.1 基于固有频率的结构伤损检测

该方法认为结构发生伤损时,仅导致刚度降低,忽略质量变化;发生破损后的任意二阶频率改变量之比仅是伤损位置的函数,而与伤损大小无关。

固有频率虽是模态参数中最易获得的参数,且识别精度较高,但它是全局量,因而对结构局部伤损并不敏感。结构伤损导致的固有频率变化较小,结构早期伤损甚至都不敏感;若发现伤损也无法准确定位。因为不同位置的伤损可引起相同的频率值变化。工程实践表明,当伤损位于结构的高应力区时该方法比较有效,而低应力区较难识别。

5.2.2 基于曲率模态的无砟轨道伤损检测

曲率模态是结构固有振型的曲率分布状态,也是结构固有特性的体现,这为结构伤损的曲率模态识别理论提供了依据。曲率模态一般适用于板、梁结构,与结构的弯曲刚度相关。当结构出现破损时,破损处的刚度降低,相应的位移模态曲率会增大,可利用这一变化来确定伤损状态。

5.2.2.1 无砟轨道的模态分析

1) 无砟轨道的振动方程

结构模态分析中,以物理坐标建立结构的多自由度振动方程,通过坐标变换解耦,可得到模态坐标方程,坐标系统的基向量即为系统的各阶模态振型,它们具有正交性。曲率模态可通过位移模态获得,因而也具有正交特性和叠加特性。无砟轨道根据其结构特点可简化成梁式结构或板式结构求解力学响应。

(1) 梁的振动微分方程。根据振动理论,梁的振动微分方程可写为

$$\frac{\partial^2}{\partial x^2}\left(EI(x)\left[\frac{\partial^2 u(x,t)}{\partial x^2}+\alpha\frac{\partial u^2(x,t)}{\partial x^2 \partial t}\right]\right)+m(x)\frac{\partial^2 u(x,t)}{\partial t^2}+c(x)\frac{\partial u(x,t)}{\partial t}=f(x,t) \tag{5-1}$$

式中 $u(x,t)$ ——垂向动位移;

α ——刚度比例系数,可由下式确定:

$$\sigma=E(\varepsilon+\alpha\dot{\varepsilon}) \tag{5-2}$$

若 $c(x)=a_0 m(x)$,$a_0 \neq 0$,表示该梁属于比例阻尼系统。

式(5-1)的解可表示为模态叠加的形式:

$$u(x,t)=\sum_{r=1}^{\infty}\Phi_r(x)q_r(t)=\sum_{r=1}^{\infty}\Phi_r(x)Q_r \mathrm{e}^{jwt} \tag{5-3}$$

式中 $\Phi_r(x)$、$q_r(t)$ ——位移模态振型和模态坐标。

(2) 板的振动微分方程。由于轨道板的厚度比其长度和宽度小很多,在垂向上可视为弹性薄板,其垂向无阻尼自由振动方程可写为

$$\frac{\partial^4 w_1(x,y,t)}{\partial x^4}+2\frac{\partial^4 w_1(x,y,t)}{\partial x^2 \partial y^2}+\frac{\partial^4 w_1(x,y,t)}{\partial y^4}+\frac{\rho_s h_s}{D_s}\frac{\partial^2 w_1(x,y,t)}{\partial t^2}$$

$$=\frac{1}{D_s}\left[\sum_{i=1}^{N_F}F_{sVi}(t)\delta(x-x_{Fi})\delta(y-y_{Fi})\right] \tag{5-4}$$

其中,$D_s=\dfrac{Eh_s^3}{12(1-\mu^2)}$。

式中 $w_1(x,y,t)$ ——轨道板垂向挠度;

h_s ——轨道板厚度;

x_{Fi}、y_{Fi} ——轨道板下第 i 个支撑点沿长度方向和宽度方向的坐标;

E ——轨道板弹性模量;

N_F——轨道板下离散支承点数；

F_{sVi}——轨道板下第 i 个支承点的垂向反力；

ρ_s——轨道板密度；

D_s——轨道板弯曲刚度。

2) 无砟轨道振动模态的有限元分析

有限元是微分思想在工程中的成功应用，可用于解各类复杂结构的偏微分方程问题。模态分析时可通过建模、加载及求解、扩展模态和检验结果实现复杂结构物的模态求解。有限元进行模态分析的方法较多，如 ANSYS 就提供了七种模态分析方法，包括子空间法、分块 Lanezos 方法、Power Dynamics 法、缩减法和 QR 阻尼法等。不同的分析方法适用于解决不同的工程问题，如子空间法适用于大型矩阵特征值问题的求解，Damped 法用于阻尼作用不可忽略问题的求解等。考虑到无砟轨道伤损的模态分析规模较大，采用子空间模态分析方法求解。

子空间迭代法的基本步骤如下：

(1) 由初始基矢量 X^k 通过逆迭代 $K\bar{X}^{k+1} = MX^k$，生成新的矢量基 $\bar{X}^{k+1}$，构成子空间 E_q^{k+1}。

(2) 将原问题化为子空间 E_q^{k+1} 上的特征值问题 $K^{k+1}\Phi = M^{k+1}\Phi\Lambda$。

其中，K^{k+1} 和 M^{k+1} 分别是 K、M 在子空间 E_q^{k+1} 上的投影。

(3) 解子空间 E_q^{k+1} 上的特征值问题，可得特征值 Λ^{k+1} 和特征矢量 Φ^{k+1}。

(4) 计算原问题的第 $k+1$ 次近似特征矢量 $X^{k+1} = \bar{X}^{k+1}\Phi^{k+1}$。

根据计算经验，当需要求取 p 个特征对时，取子空间的维数一般取为 $q = \min(2p, p+8)$。

5.2.2.2 板式无砟轨道轨道板曲率模态分析

由于轨道板的厚度相比于长度和宽度小很多，可视为弹性薄板，研究中只考虑轨道板的弯曲变形。其弯曲曲率 k 与弯矩 M 之间的关系为

$$k = \frac{1}{\rho(x)} = \frac{M(x)}{EI(x)} \tag{5-5}$$

式中 $M(x)$——截面 x 处的弯矩；

EI——截面抗弯刚度。

式(5-5)表明，曲率与刚度成反比，当结构刚度发生变化时会引起曲率的变化。如果轨道板局部出现裂缝或其他伤损，则会引起相应部位刚度的变化，使得该处的曲率模态也发生变化。为求解结构曲率模态，可通过有限元模型的振动模态分析，计算出等间距离散单元节点处的位移模态，再用中心差分方程求解：

$$\varphi''_{ij} = \frac{\varphi_{i,j+1} - 2\varphi_{i,j} + \varphi_{i,j-1}}{h^2} \tag{5-6}$$

式中 h——单元长度；

$\varphi_{i,j}$——第 i 阶模态在第 j 个节点处垂直方向的位移。

对于梁式结构，一般求取中性轴的曲率模态，而板式结构则需分别求解出 x、y 两个方向的曲率模态，并计算出曲率模态差，用这两个指标来判断是否伤损及伤损位置。

CRTS I 型板式无砟轨道是极具代表性的一种无砟轨道，下面以它为例，分析板式轨道的曲率

模态。考虑到主要研究轨道板的伤损,建模时建立轨道板-CA砂浆模型,轨道板采用板壳单元模拟,砂浆采用弹簧单元模拟,忽略底座板变形的影响,将弹簧底部进行全约束。轨道板主要参数:弹性模量 $E=3.65\times10^{10}$ Pa,密度为 $2\,500$ kg/m³,泊松比为 0.2;砂浆 $E=3\times10^{8}$ Pa;轨道板长度 4.8 m、宽 2.4 m,纵向划分为 48 个单元,横向划分为 24 个单元。

1) 轨道板板中单处伤损

正常状态下轨道板的一阶位移模态如图5-10所示。假定板中出现伤损,设伤损位于单元坐标 $x(24\sim26)$、$y(12\sim14)$ 处,此处刚度折损 20%,计算一阶位移模态如图5-11所示。

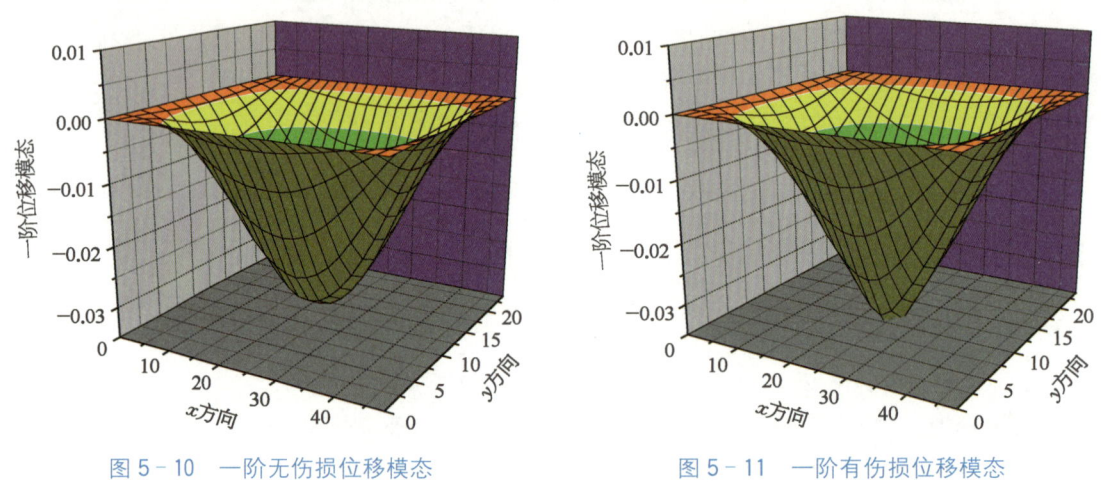

图5-10 一阶无伤损位移模态　　　　图5-11 一阶有伤损位移模态

比较可知,有伤损时位移模态在中间位置处会略有增大,表明中间部分有伤,但无法确定伤损位置。进一步分析轨道板 x 方向的一阶曲率模态如图5-12、图5-13所示(曲率模态即沿纵、横向方向的法曲率)。

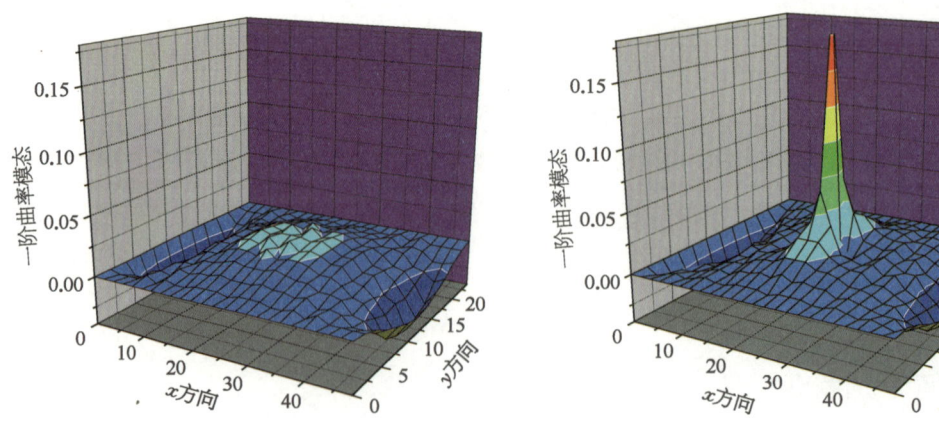

图5-12　x 方向一阶曲率模态(无伤损)　　　图5-13　x 方向一阶曲率模态(有伤损)

从图5-13、图5-14可知,有伤损时一阶曲率模态及模态差均出现了峰值,其位于单元坐标 $x(22\sim25)$、$y(11\sim13)$ 处,与无伤损时的计算结果对比明显(图5-11)。仿真表明:一阶曲率模态及模态差均可判别伤损位置。

计算 y 方向的一阶曲率模态及模态如图 5-15～图 5-17 所示,可得到与 x 方向相一致的结论。

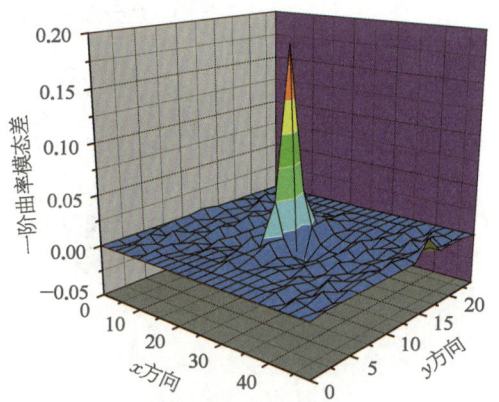

图 5-14　x 方向一阶曲率模态差(有伤损)

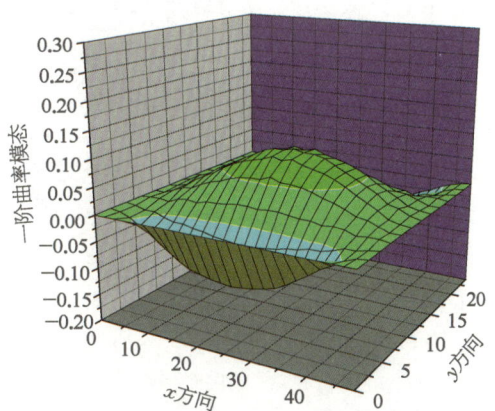

图 5-15　y 方向一阶曲率模态(无伤损)

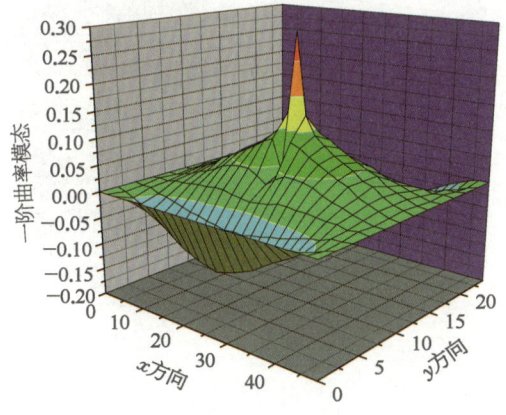

图 5-16　y 方向一阶曲率模态(有伤损)

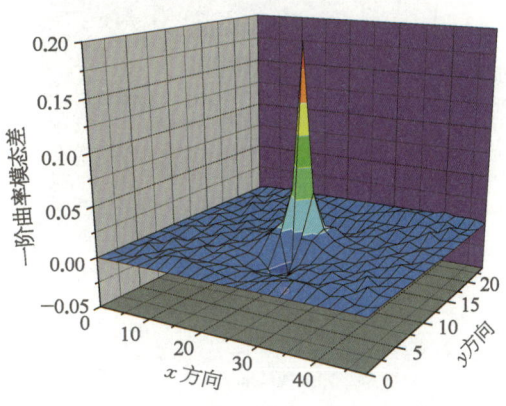

图 5-17　y 方向一阶曲率模态差(有伤损)

一阶曲率模态及模态差可以识别轨道板的伤损,高阶位移模态和曲率模态是否具有相似特性? 图 5-18、图 5-19 为三阶位移模态;图 5-20～图 5-22 为 x 方向的三阶曲率模态及模态差。

分析可知,无伤损时三阶位移模态及 x 方向三阶曲率模态曲面图光滑,能较好地体现轨道板的三阶振型及曲率模态,且无突变。图 5-20～图 5-22 均在曲面中间出现了一个明显的峰值,表明该区域存在伤损。

计算 y 方向的三阶曲率模态及模态差如图 5-23～图 5-25 所示,其对伤损的识别效果与 x 方向一致。

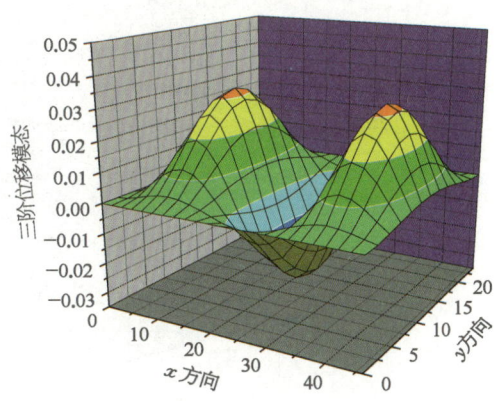

图 5-18　三阶位移模态(无伤损)

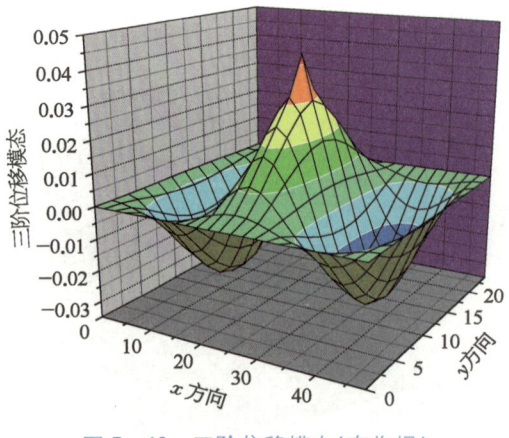

图 5-19　三阶位移模态(有伤损)

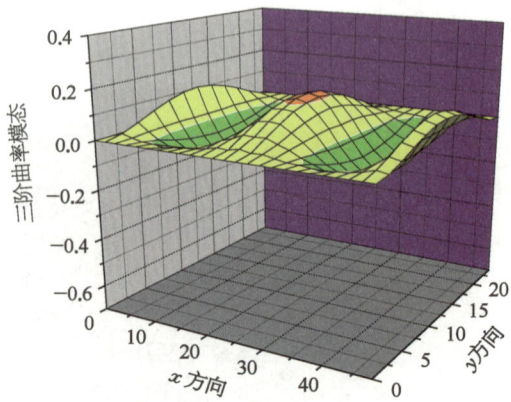

图 5-20　x 方向三阶曲率模态(无伤损)

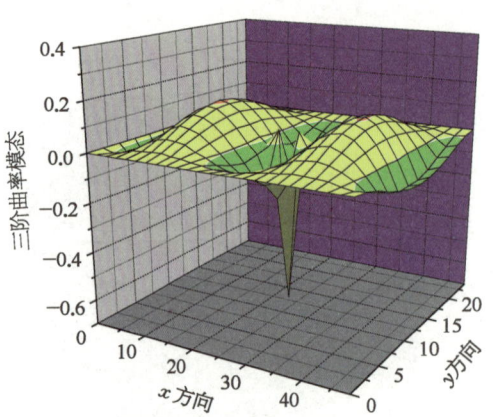

图 5-21　x 方向三阶曲率模态(有伤损)

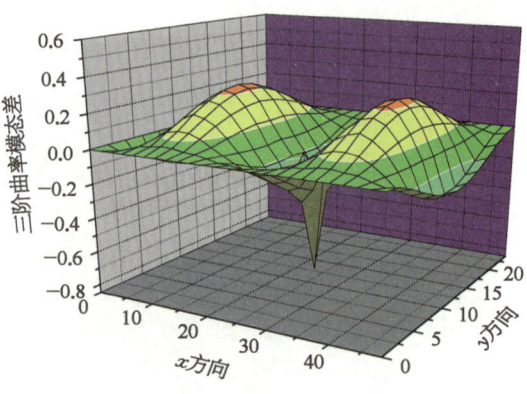

图 5-22　x 方向三阶曲率模态差(有伤损)

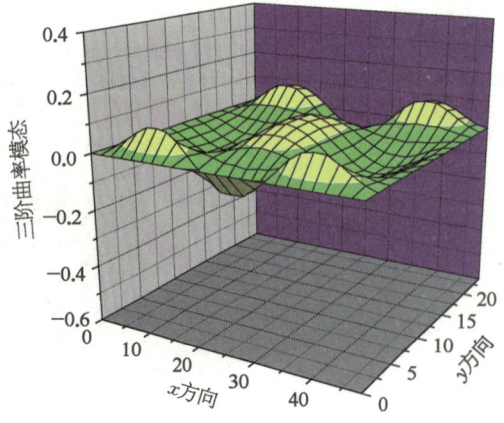

图 5-23　y 方向三阶曲率模态(无伤损)

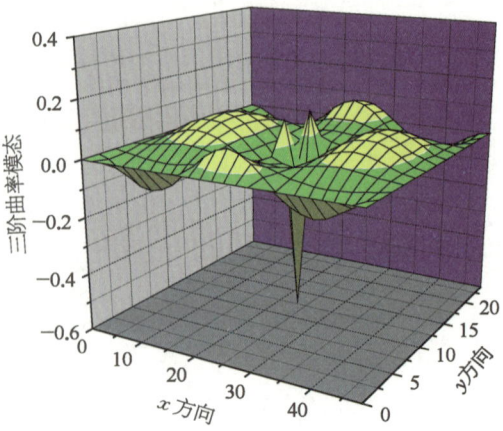

图 5-24　y 方向三阶曲率模态(有伤损)

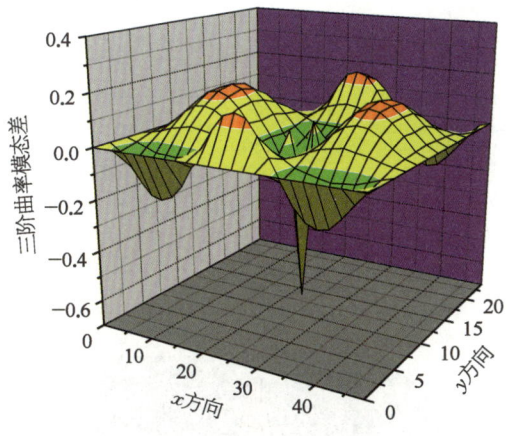

图 5-25　y 方向三阶曲率模态差(有伤损)

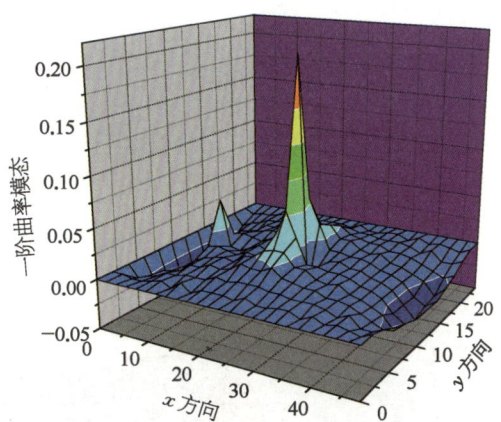

图 5-26　x 方向一阶曲率模态(有伤损)

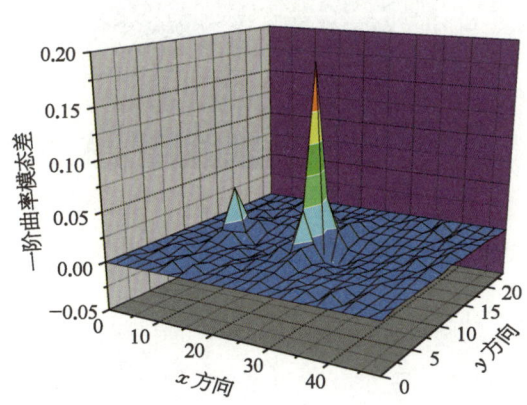

图 5-27　x 方向一阶曲率模态差(有伤损)

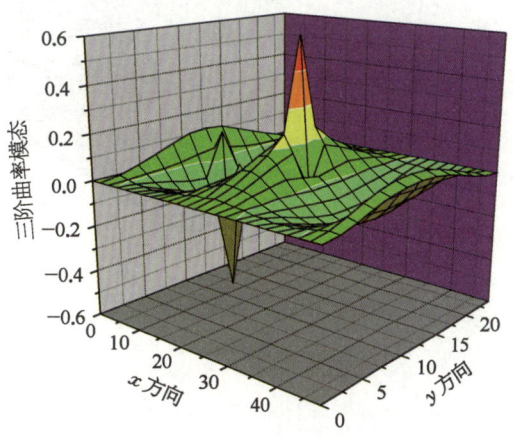

图 5-28　x 方向三阶曲率模态(有伤损)

综上所述,一阶、三阶横向和纵向曲率模态及模态差均能有效识别伤损;轨道板的伤损检测时只需计算低阶模态即可。

2) 轨道板多处伤损

基于上述方法,计算轨道板存在多处伤损时 x 方向的一阶曲率模态、模态差,及三阶曲率模态,其结果如图 5-26~图 5-28 所示。

计算表明,在 x 方向单元坐标 10、23 附近各出现一个峰值,说明该位置曲率、曲率差及三阶曲率发生突变,据此可判断出在轨道板上存在两处伤损,故曲率模态及曲率差均能有效检测轨道板多处伤损及伤损位置。

3) 脱空、离缝伤损识别

板下脱空、离缝是无砟轨道常见病害,且影响对轨道板的支承状态,改变其受力形式,威胁结构安全及使用寿命。通过改变板下支承弹簧分布或特性模拟脱空和离缝伤损,仿真模型如图 5-29 所示。

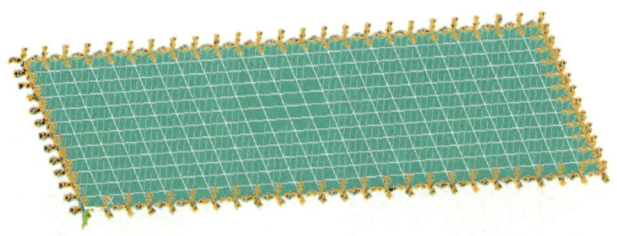

图 5-29 轨道板脱空伤损有限元模型

脱空、离缝条件下轨道板 x 方向一阶曲率模态如图 5-30 所示。

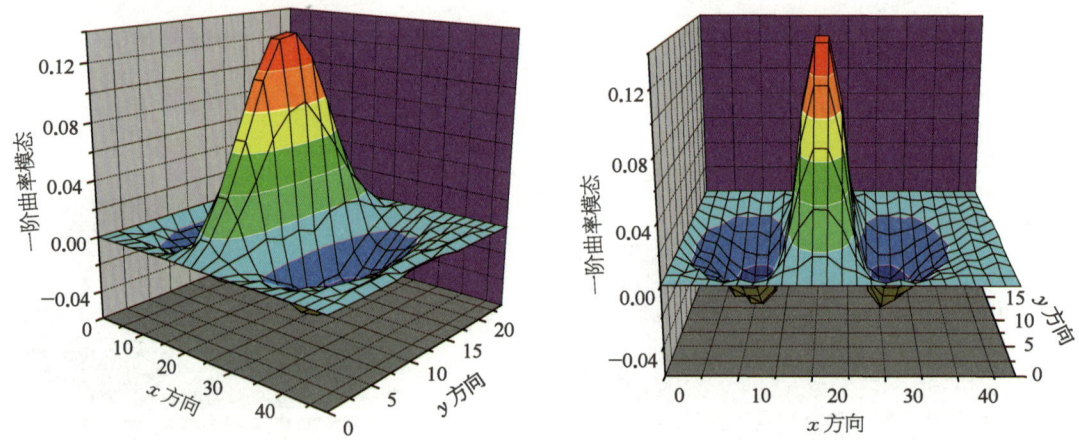

图 5-30 x 方向一阶有伤损(中间脱空)曲率模态

分析表明,有损伤时 x 方向一阶曲率模态在板中出现峰值,说明在该区域内存在伤损,但峰值影响范围较大,但无法精确定位,有待寻求更合适的方法。

5.2.2.3 双块式无砟轨道伤损曲率模态分析

双块式无砟轨道由钢轨、扣件、双块式轨枕、道床板和支撑层组成,该结构由于道床板纵向连续,不设伸缩缝,且其下部与支撑层黏结在一起,承受较大的约束力,受混凝土收缩徐变以及温度变化的影响,道床板纵向承受较大的拉力,一旦拉力大于混凝土承载能力,将必然产生裂缝伤损。

考虑到道床板和支承层之间黏结良好,采用双块式不分离叠合板模型,建立有限元仿真模型,如图 5-31 所示。

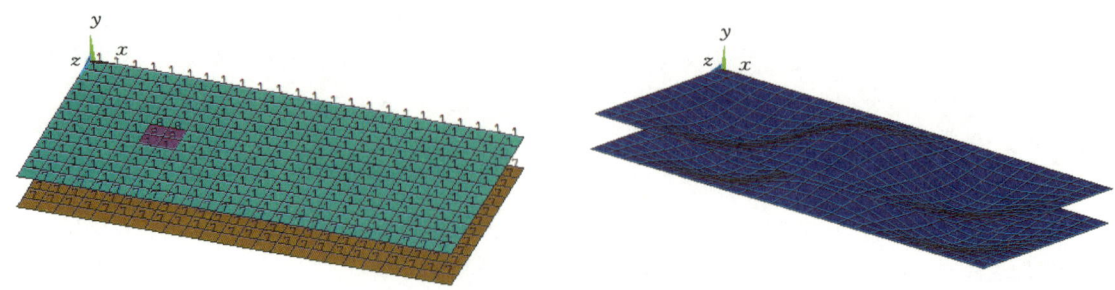

图 5-31 双块式不分离叠合板模型

1) 固有频率分析

设道床板中存在一处裂缝、蜂窝伤损时,计算双块式叠合板模型在有、无损伤条件下的前五阶固有频率,见表5-1。

表5-1 双块式无砟轨道前五阶固有频率

阶次	固有频率	无伤损固有频率	有伤损固有频率	相对变化率(%)
1		186.59	191.57	2.7
2		247.12	247.58	0.2
3		339.15	347.82	2.6
4		403.13	491.68	22.0
5		404.44	498.12	23.2

表5-1表明,有伤损时固有频率会随之增大,且高阶固有频率的增幅较大;但实践中高阶频率不易准确测量,难以应用。

2) 曲率模态分析

计算 x 方向的曲率模态如图5-32、图5-33所示。

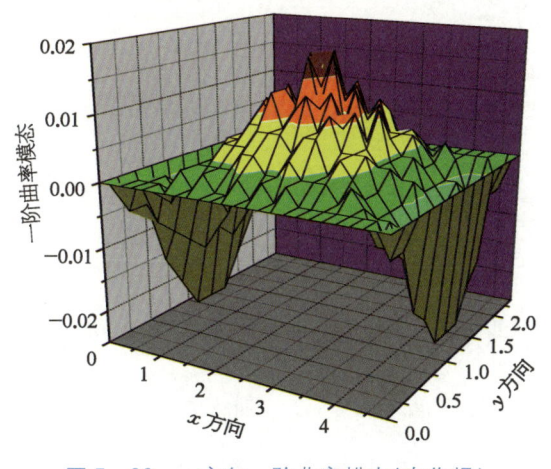 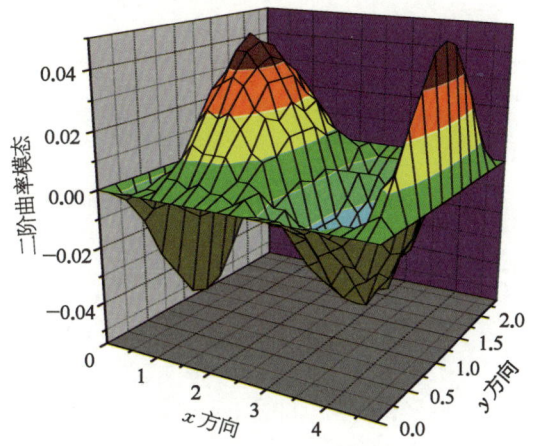

图5-32 x方向一阶曲率模态(有伤损)　　图5-33 x方向二阶曲率模态(有伤损)

分析可知,有损伤时道床板 x 方向一阶、二阶曲率模态均难发现明显的突变峰值,无法有效辨识伤损;利用曲率模态方法识别此类结构伤损存在局限性。

5.2.3 基于高斯曲率的无砟轨道伤损检测

板式轨道和双块式轨道的脱空、离缝检测时,曲率模态法并不理想。高斯曲率是曲面上两个主曲率的乘积,又称总曲率,能综合反映曲面上某点两个方向的曲率,体现了某点处曲面的总体弯曲程度。利用高斯曲率可分析内部曲面的质量和连接情况;当高斯曲率变化较大、较快时,意味着曲面的光滑程度越低;当物理上连续的曲面若高斯曲率发生突变,就可以理解为结构存在缺陷,刚度不连续。基于此,下面探讨针对上述伤损的高斯曲率检测法。

5.2.3.1 高斯曲率

设 k_1、k_2 为曲面上任一点的两个主曲率,则它们的乘积 k_1k_2 称为曲面上该点的高斯曲率,用 K 表示,即

$$K = k_1 k_2 = \frac{LN - M^2}{EG - F^2} \tag{5-7}$$

式中　E、F、G——曲面 S 的第一基本量;
　　　L、N、M——第二基本量。

第一基本量可由式(5-7)求得:

$$E = S_x S_x = 1 + p^2, \quad F = S_x S_y = pq, \quad G = S_y S_y = 1 + q^2 \tag{5-8}$$

其中,令 $S = \{x, y, z(x,y)\}$,则有:$S_x = \{1, 0, p\}$,$p = \dfrac{\partial z}{\partial x}$;$S_y = \{1, 0, q\}$,$q = \dfrac{\partial z}{\partial y}$。

第二基本量可由式(5-8)求得:

$$L = S_{xx} n, \quad M = S_{xy} n, \quad N = S_{yy} n \tag{5-9}$$

其中,

$$\left. \begin{aligned} L &= S_{xx} n = \frac{r}{\sqrt{1 + p^2 + q^2}} \\ M &= S_{xy} n = \frac{s}{\sqrt{1 + p^2 + q^2}} \\ N &= S_{yy} n = \frac{t}{\sqrt{1 + p^2 + q^2}} \end{aligned} \right\} \tag{5-10}$$

5.2.3.2 轨道板的高斯曲率

在计算轨道板曲率模态时,涉及 x、y 两个方向的曲率模态值;由微分几何知识可知,高斯曲率可以综合反映板状结构两个方向上的曲率。

设轨道板的振型曲面 $[x, y, z(x,y)]$ 上任一点的两个主曲率为 k_1、k_2,则高斯曲率由式(5-7)求得。当轨道板按等间距划分单元时,可利用差分法分别计算 p、q、u、s、t 的值:

$$p = \left(\frac{\partial z}{\partial x}\right)_{ij} = \frac{z_{i,j+1} - z_{i,j-1}}{2\Delta x}$$

$$q = \left(\frac{\partial z}{\partial y}\right)_{ij} = \frac{z_{i+1,j} - z_{i-1,j}}{2\Delta y}$$

$$u = \left(\frac{\partial^2 z}{\partial x^2}\right)_{ij} = \frac{z_{i,j+1} - 2z_{i,j} + z_{i,j-1}}{(\Delta x)^2}$$

$$s = \left(\frac{\partial^2 z}{\partial x \partial y}\right)_{ij} = \frac{z_{i+1,j+1} - z_{i+1,j-1} + z_{i-1,j-1} - z_{i-1,j+1}}{2\Delta x}$$

第5章 高速铁路无砟轨道伤损检测

$$t = \left(\frac{\partial^2 z}{\partial y^2}\right)_{ij} = \frac{z_{i,j+1} - 2z_{i,j} + z_{i-1,j}}{(\Delta y)^2}$$

5.2.3.3 板式轨道脱空伤损分析

以 CRTS Ⅰ 型板式轨道板下脱空为例,该型标准轨道板长 4.8 m、宽 2.4 m,采用壳单元模拟;板下 CA 砂浆层采用弹簧单元模拟,建立有限元模型。横向划分为 12 个单元,纵向划分为 24 个单元,CA 砂浆层的脱空伤损模拟为相应位置支承弹簧单元的缺失或退化。设板中坐标(1.0~1.4 m,1.0~1.4 m)处存在 0.4 m×0.4 m 的板下砂浆脱空。

计算结构的前十阶固有频率如图 5-34、图 5-35 所示。有伤损时第一阶固有频率变化幅度较大,其他阶变化较小;不易从固有频率的变化准确识别伤损状态,只可作为伤损初步判断的一种方法。

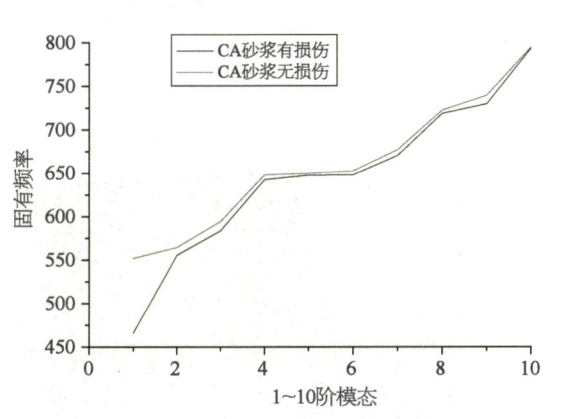

图 5-34 板下单处脱空前十阶固有频率

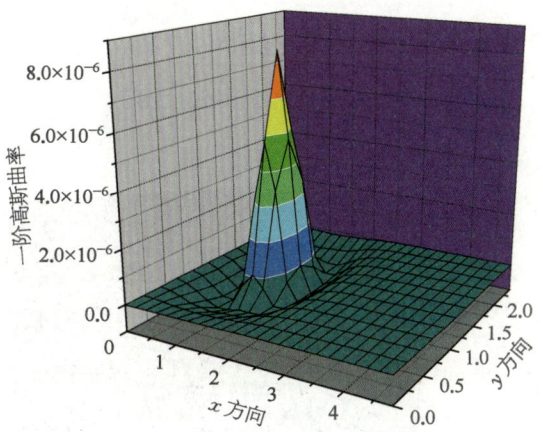

图 5-35 板下单处脱空一阶高斯曲率

计算轨道板各阶位移模态后,可进一步求取其高斯曲率。图 5-34、图 5-35 为一阶高斯曲率计算结果。

从图 5-34、图 5-35 的计算结果可知,板中存在明显的峰值,该峰值与 CA 砂浆脱空区域完全对应,说明利用高斯曲率可以准确地识别出 CA 砂浆的伤损。

5.2.3.4 双块式无砟轨道伤损分析

以 CTRS Ⅰ 型双块式轨道为例,考虑到该型轨道的道床板和支撑层黏结为一起,采用双块式不分离叠合板模型,建立道床板-支撑层有限元模型,道床板和支撑层采用壳单元模拟。道床板参数:弹性模量 $E = 3.25 \times 10^{10}$ Pa,密度为 2 500 kg/m³,泊松比为 0.2;支撑层 $E = 2.55 \times 10^{10}$ Pa;道床板长 4.8 m、宽 2.4 m。横向划分为 12 个单元,纵向划分为 24 个单元,如图 5-36 所示。

道床板在施工和运营过程中出现开裂、掉块、空洞是常见病害,下面以道床板板中存在单处伤损为例,分别计算其一、二、三阶高斯曲率,如图 5-37~图 5-39 所示。

计算结果表明,道床板一阶高斯曲率在左侧有一较小峰值,对伤损的识别不明显。道床板二阶、三阶高斯曲率在道床板左侧区域出现明显的尖峰值,说明在该区域模态值发生突变,进而可以判断出伤损的存在。这也表明当采用低阶高斯曲率不能有效识别伤损时,可以进一步观察高阶高斯曲率是否有畸变(伤损)。

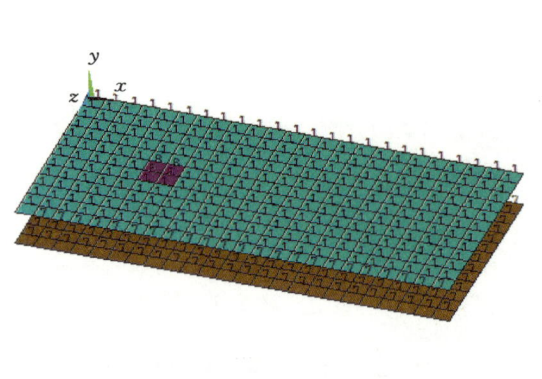

图 5-36 双块式不分离叠合板模型

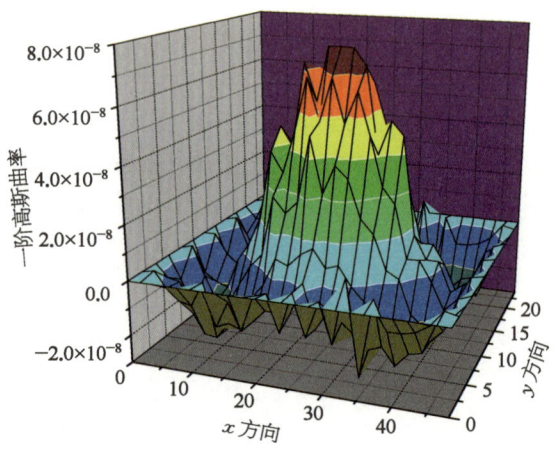

图 5-37 道床板单处伤损一阶高斯曲率

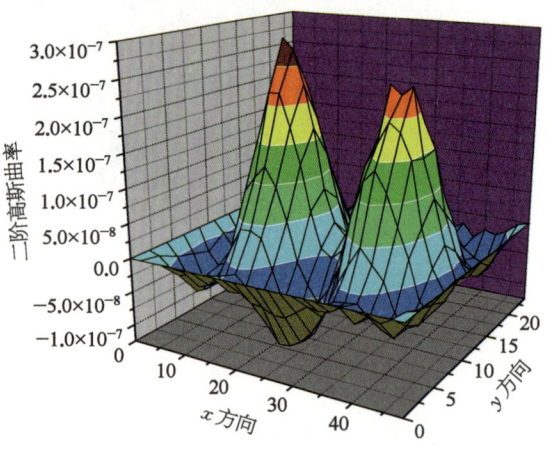

图 5-38 道床板单处伤损二阶高斯曲率

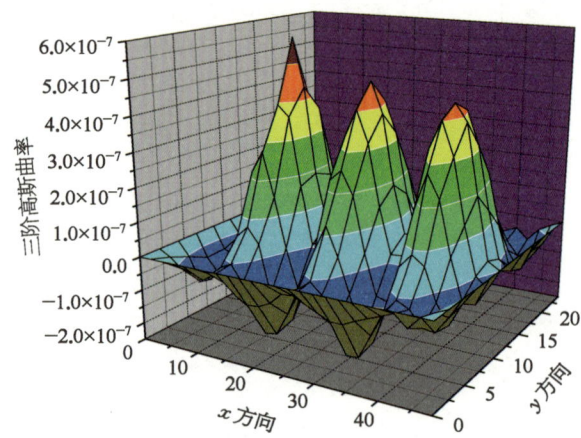

图 5-39 道床板单处伤损三阶高斯曲率

5.2.4 模态法检测伤损试验

为了验证模态法检测无砟轨道伤损的可用性和准确性,在室内制作板式无砟轨道模型,长宽分别为 1 m 和 0.8 m,如图 5-40 所示。在轨道板与支撑层之间设置有脱空、离缝伤损,伤损范围为 0.4 m×0.6 m。信号系统采用无砟轨道伤损检测识别系统采集,其由东华动态采集系统、加速度传感器、力锤和计算机等组成。试验开始前将轨道板支承于两根木条之上,实现自由支承,并在轨道板上布置 12 个加速度传感器,形成 12 个测点,测点纵向间距为 0.2 m,横向间距为 0.16 m。采用单点激励、多点拾振的方法对轨道板进行模态测试,测试系统的布置如图 5-41 所示。

测得轨道板加速度信号后,计算各测点的频响函数;以某测点为例,其频响函数曲线如图 5-42 所示。

第 5 章　高速铁路无砟轨道伤损检测

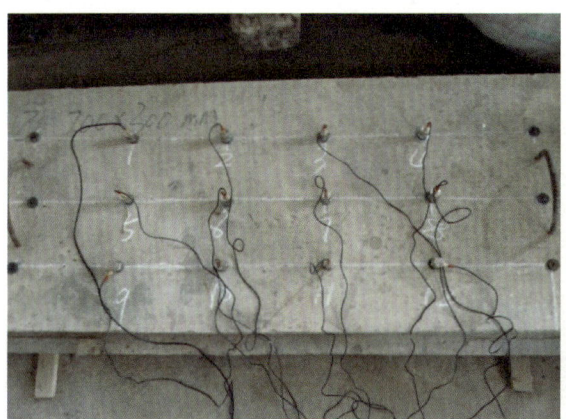 

图 5-40　无砟轨道室内模型及测点布置图

 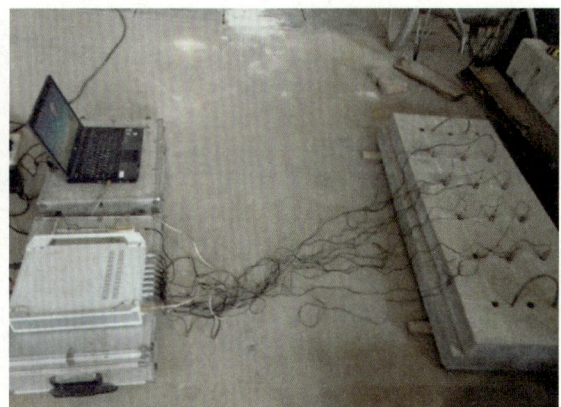

图 5-41　无砟轨道伤损模态测试系统

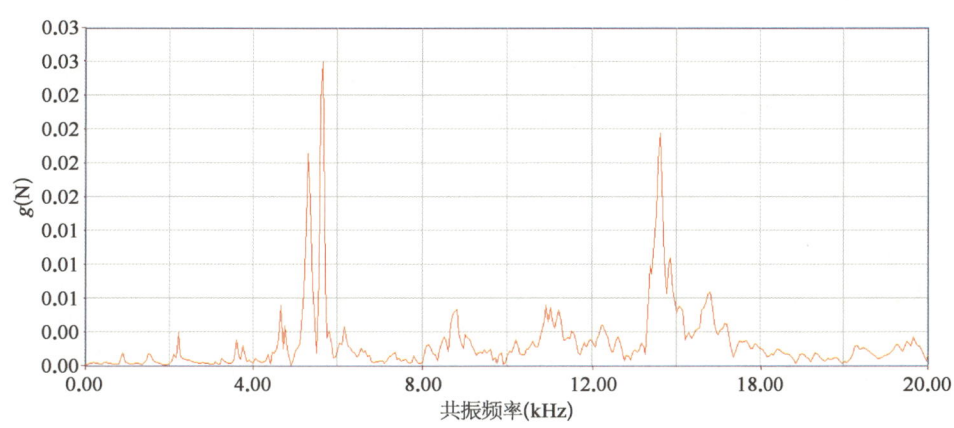

图 5-42　某一测点频响函数

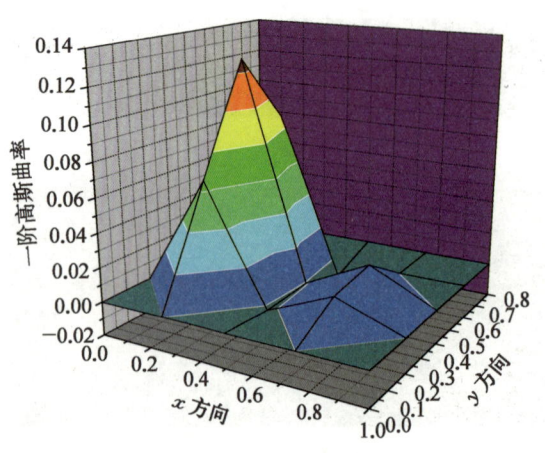

图 5-43 一阶高斯曲率试验结果

在频响曲线的峰值点处(即共振频率),对同一个频率,将所有测点的频响函数的峰值进行归一化,并计算出相位差,获得无砟轨道系统固有频率和振型。

通过模态分析之后,可以得到每个测点在某一阶模态下的振型位移;采用中心差分法可计算出轨道板的高斯曲率,从而实现无砟轨道的伤损辨识。模型的一阶高斯曲率如图 5-43 所示。

从图 5-43 可知,轨道板一阶高斯曲率中坐标(0~0.4 m,0.3~0.6 m)范围内出现峰值,可判断出在该区域内存在伤损;检测结果与试验设置的伤损结果基本吻合,说明检测方法可用。

5.3 基于冲击回波法识别无砟轨道伤损

模态法可以有效识别轨道板、道床板的开裂,板下支承不良等病害,但无法确定伤损的深度等信息。冲击回波法被认为是一种高效的伤损深度检测方法;其基于应力波反射原理,利用应力波在伤损界面的反射信号,通过时频转换获得伤损深度信息。

5.3.1 冲击回波法的检测原理

通过钢珠弹击(冲击)混凝土表面,会形成瞬时应力脉冲,该应力脉冲有压缩波(P 波)、剪切波(S 波)及瑞利波(R 波)。P 波和 S 波沿圆形波阵面传入试体,R 波沿表面传播。当 P 波、S 波在传播过程中遇到缺陷或边界(底面)时,由于两种介质的声阻抗率不同,应力波在这些界面处将发生反射,并在表面与界面(缺陷与边界)之间反复产生多重反射,形成瞬时的类谐振条件;当把一个传感器置于冲击点附近时,即可测得这种多重反射波引起的表面位移响应。

反射波测量中,主要关心 P 波,因为 P 波所引起的表面位移比 S 波大得多。在传感器所获得的时间-位移曲线上可看到 P 波多次反射引起的表面位移变化情况;将所得的冲击响应进行快速傅里叶变换(FFT),即可获得该冲击响应中各种频率成分的振幅分布图;数据处理后可辨识伤损是否存在及其离表面的深度。冲击回波法的原理如图 5-44 所示。

5.3.1.1 弹性波(P 波)波速的测定

1)直接测量波速

通过厚度已知的标准试件测定波速 V_p,有平测法和对测法之分,如图 5-45 所示。当混凝土结构只具有一个可测临空面时,可考虑平测法。设两加速度传感器之间的直线距离为 L,在两传感器连线延长线上使用激振锤敲击混凝土表面激发弹性波,通过测定两个传感器接收到的 P 波信号首波之间的时间差 Δt,根据公式(5-11)计算 V_p:

$$V_p = \frac{L}{\Delta t} \tag{5-11}$$

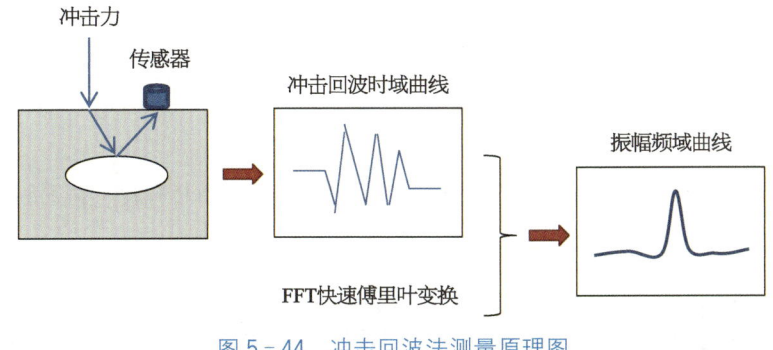

图 5-44 冲击回波法测量原理图

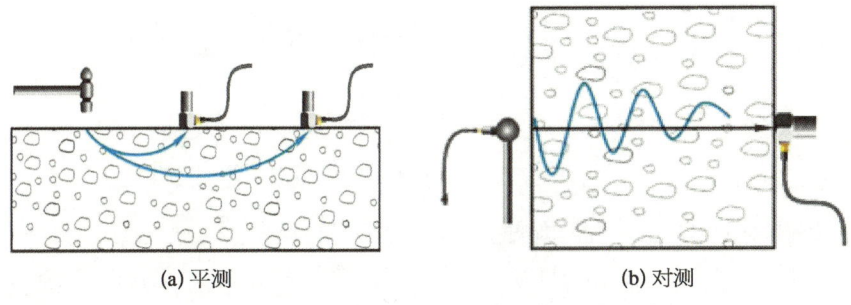

(a) 平测　　　　　　　　　　　(b) 对测

图 5-45 混凝土中 P 波传播速度 V_p 的测定

P 波的质点振动方向平行于波的传播方向,即与结构表面平行。然而由于泊松效应,在结构表面上及表层的位移会引起小的垂直于表面的位移,在冲击回波测试中,这些小的位移能被灵敏的位移传感器探测到。一般要求冲击点到最近的传感器之间的距离为 150 mm,确保其能将 P 波与 S 波、R 波分开。该方法的测量精度主要取决于采样间隔和传感器间距离 L。距离 L 越大,测量精度越高,但应保证 P 波到达第二个传感器时所引起的位移振幅信号容易被识别。试验表明混凝土材料的最佳测试距离 L 约为 300 mm,能满足测试的精确性和可靠性要求。

2) 间接测量波速

间接测量法是在已知厚度的实心板上做冲击回波测试,求取厚度频率 f_T 和 P 波速度,两者的换算采用式(5-12):

$$C_p = 2T f_T / 0.96 \tag{5-12}$$

式中　f_T——厚度频率;

　　　T——板厚;

　　　0.96——板的形状系数。

5.3.1.2　冲击回波的频域分析理论

冲击回波法最初研究采用时域法,通过记录冲击开始到 P 波到达的时间来进行时域分析。时域法效率低,技巧性要求高,测试质量不稳定。1986 年,Sansalone 和 Carino 采用频率分析代替时域分析识别波形信号,促进了冲击回波法的应用。

冲击产生的 P 波在测试面和反射面之间经历了多次反射,每次 P 波到达测试面,它都会产生一次相应的位移,从而形成一个周期性的模式。若冲击点与传感器较近,测试面与反射面之间的

距离为 T，则波来回传播的距离约为 $2T$，如图 5-46 所示。P 波连续多次反射的时程可由传播距离除以波速得到。P 波传播的频率 f 即为时程的倒数，表达式如下：

$$f = \frac{C_{pp}}{2T} \tag{5-13}$$

式中　C_{pp}——P 波通过板厚度方向的波速，受厚度模态影响，其约为 P 波波速的 96%，即 $C_{pp}=0.96C_p$。

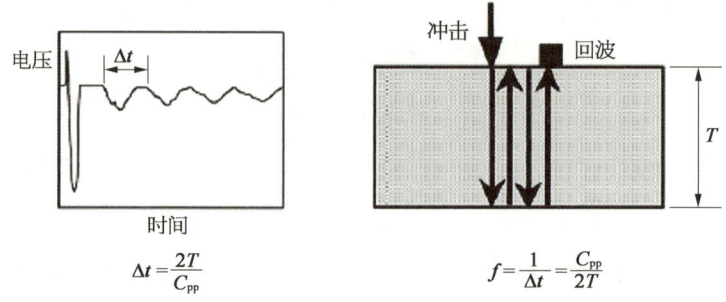

图 5-46　冲击回波频率分析的基本原则

5.3.1.3　基于冲击回波法的无砟轨道内部缺陷深度的检测技术

当无砟轨道结构内部缺陷如孔洞、蜂窝、分层或底部脱空等能形成反射面时，采用冲击回波法可得到不同频率的回波振荡信号，即可据此分析病害至测试表面的距离，其测试原理如图 5-47 所示。

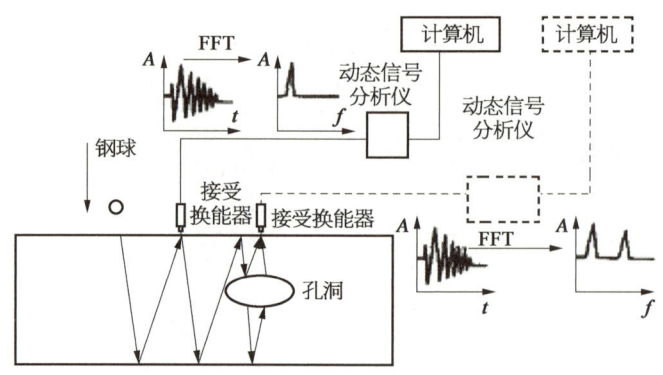

图 5-47　冲击回波检测技术路线

从图 5-47 可知，当无砟轨道中存在蜂窝或孔洞，应力波要绕过内部缺陷才能被底部边界面反射，而使传播路径增大，传播时间变长，相应的特征频率向低频部分漂移；同时由于纵波在缺陷表面的反射将在振幅谱的高频部分产生一个显著的振幅峰值或一系列显著的振幅峰值。内部缺陷内部蜂窝和孔洞深度 d 可由下式计算：

$$d(h) = 0.96C_p/2f = C_{pp}/2f \tag{5-14}$$

式中　$d(h)$——缺陷深度；

　　　C_p——试件中纵波的传播速度；

　　　f——振幅谱中与振幅峰值相对应的主频率；

　　　C_{pp}——介质表观(视)纵波速度，为无限介质中纵波速度的 96%（主要是考虑了结构构件形状尺寸对纵波传播速度的影响)。

5.3.2 冲击回波法的数值仿真

基于通用有限元软件显式积分器 LS-DYNA 可仿真分析应力波在无砟轨道中的传播。仿真中小球冲击轨道板时是一种脉冲力,采用半波正弦曲线模拟,持续作用 32 μs,在 16 μs 时荷载达到峰值。支撑层底部采用全约束,并考虑无波反射。根据确知的板厚进行数值参数试验,可获得混凝土板内应力波的传播波度约为 C_{pp} = 4 165 m/s。

5.3.2.1 板式无砟轨道伤损深度的确定

1) 板式轨道板中空洞伤损

设板式轨道板中存在有一空洞伤损,其距轨道板顶面 0.095 m。建立含伤损信息的轨道板-CA砂浆-支撑层仿真分析模型;轨道板尺寸取为 0.6 m×1.5 m×0.19 m,CA 砂浆层和支撑层长宽跟轨道板一致,CA 砂浆和支撑层厚度分别为 0.03 m、0.1 m;伤损尺寸为 0.2 m×0.1 m×0.03 m,其中心距板表面 0.095 m,如图 5-48 所示。

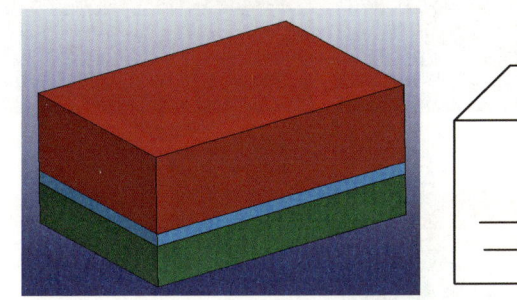
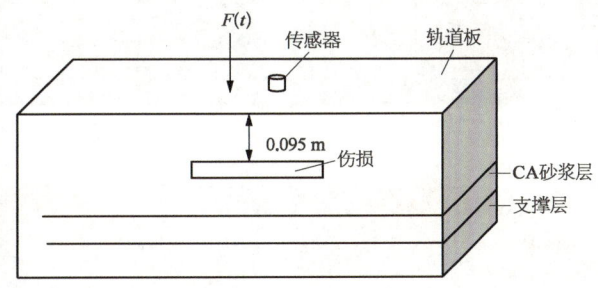

图 5-48 带伤损的板式无砟轨道模型

主要计算参数:弹性模量 E = 3.65×10^{10} Pa,密度为 2 500 kg/m^3,泊松比为 0.2;砂浆 E = 3×10^8 Pa,密度为 1 548 kg/m^3,泊松比为 0.2;支撑层弹性模量 E = 3.4×10^{10} Pa,密度为 2 500 kg/m^3,泊松比为 0.2。在轨道板上施加瞬时冲击荷载后,应力波在轨道板中的传播如图 5-49 所示。由图 5-49 可知,S 波在表面传播,垂直于粒子振动方向传播;P 波沿粒子振动方向传播。当 P 波遇到波阻抗发生变化的界面时会反射,当 P 波由波阻抗大的介质到波阻抗小的界面时,其压缩波会变成拉伸波;当由波阻抗小的介质遇到波阻抗大的界面时,其压缩波反射后还是压缩波。

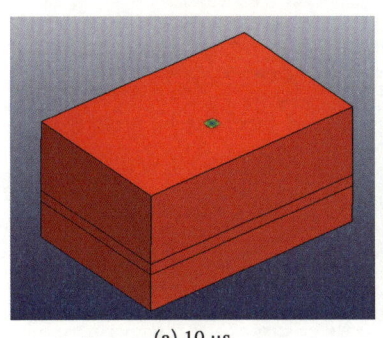
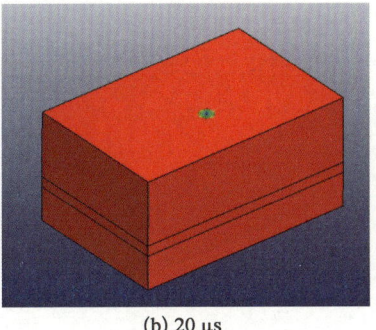
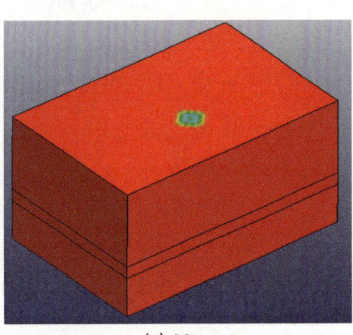

(a) 10 μs　　　　　(b) 20 μs　　　　　(c) 30 μs

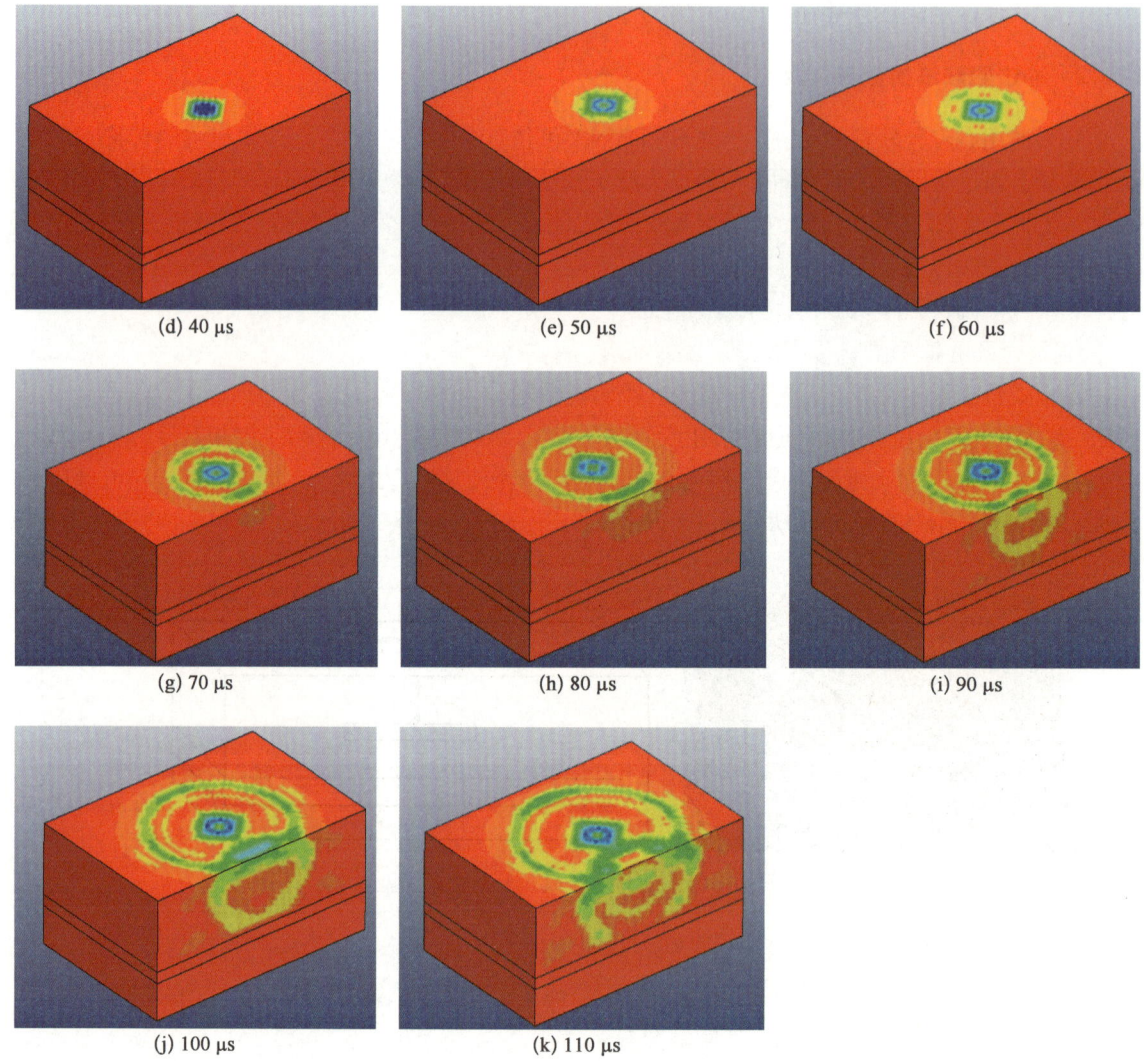

图 5-49 冲击力作用下应力波云图

在约 70 μs 时,应力波首先到达边界处,一部分发生反射外,另一部分应力波沿纵向传播。在约 100 μs 时,应力波到达砂浆层面并发生反射,这也证实了应力波在遇到不同波阻抗介质时会发生反射的论断。分别提取了距敲击点 0.02 m、0.04 m、0.06 m 处的加速度响应值,如图 5-50 所示。

频谱曲线表明,在 20 kHz 内,距敲击点 0.02 m 只有一个明显峰值,而 0.04 m 和 0.06 m 均有多个明显峰值。考虑波的衰减,选取响应点距加载点 0.04 m 作为响应分析对象,其加速度曲线如图 5-51 所示。

频谱曲线表明,在 20 kHz 内大致分成两级,出现四个峰值,分别为 18.6 kHz、13.7 kHz、7.45 kHz 和 9.94 kHz。因应力波要绕过轨道板内部缺陷才能被底部边界面反射,使得应力波传播路径增大,而纵波在空洞伤损处的反射路径较短。根据式(5-11)可以计算 18.6 kHz、13.7 kHz 两处峰值所对应的 D 值分别为 0.096 m、0.13 m,最大峰值 18.6 kHz 所对应的厚度为 0.096 m,即为伤损深度,与

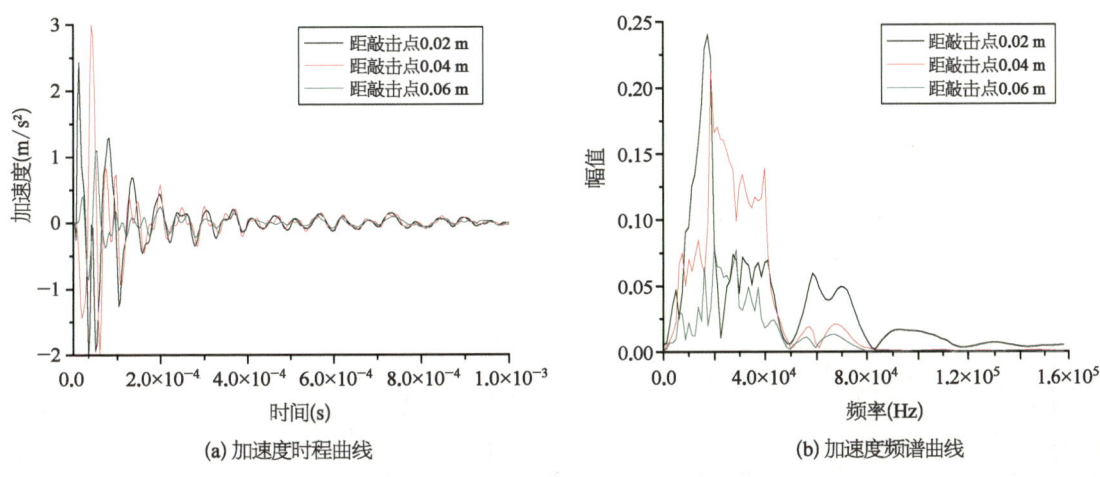

(a) 加速度时程曲线 (b) 加速度频谱曲线

图 5-50　距敲击点不同距离节点处的加速度响应

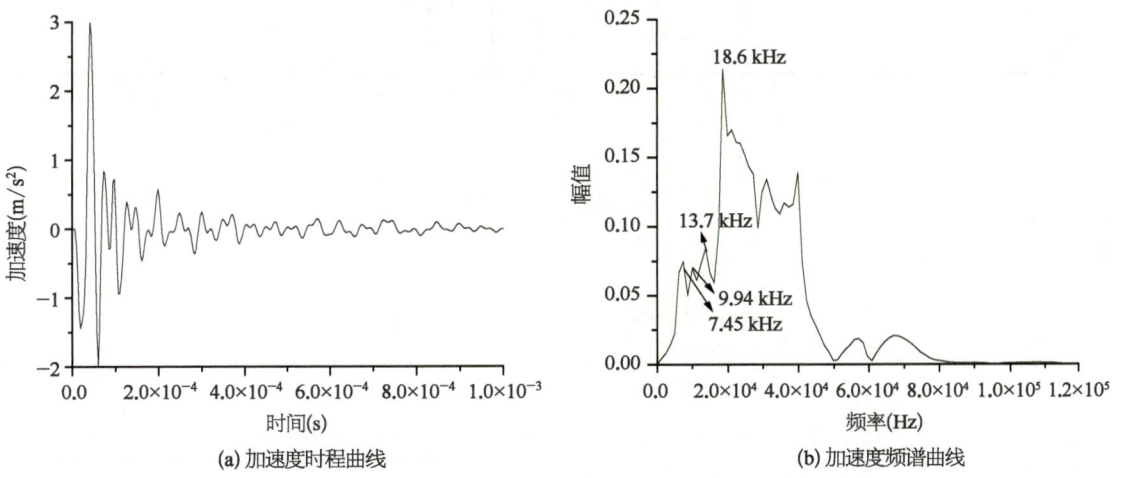

(a) 加速度时程曲线 (b) 加速度频谱曲线

图 5-51　板内空洞时距加载点 0.04 m 处的垂向加速度响应

预设伤损深度 0.095 m 一致。因为冲击波在轨道板中传递过程中最先遇到波阻抗发生变化的伤损界面,应力波(P 波)首先在混凝土/空气界面发生反射,使得敲击点附近最先发生共振,且共振频率最大。13.7 kHz 峰值处对应深度为 0.13 m,即伤损底面,应力波在空气/混凝土界面处发生反射。9.94 kHz 峰值经计算所对应深度为 0.192 m,该深度对应混凝土/砂浆界面,7.45 kHz 峰值对应深度为 0.249 m,与实际砂浆底面深度 0.23 m 略有差异。频域图中的四个峰值从大到小分别对应了模型中预设的四个界面:混凝土/空洞空气界面、空洞空气/混凝土界面、混凝土/砂浆界面、砂浆层底部界面。反映了应力波从上至下在不同波阻抗界面处发生的反射,通过最大频域峰值可以估算伤损的大致深度。

2) **板式轨道中离缝伤损**

离缝伤损在无砟轨道伤损中比较常见,由于温度的变化、列车振动和基础沉降等均有可能使得

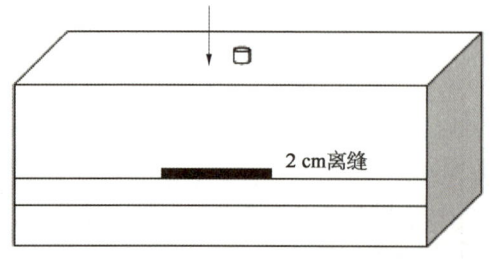

图 5-52 带砂浆离缝的轨道板冲击仿真模型

轨道板与下部基础发生离缝。通过 LS-DYNA 建立带离缝伤损的板式轨道有限元模型,进行数值仿真。设轨道板与 CA 砂浆之间存在 2 cm 离缝,模型如图 5-52 所示,计算结果如图 5-53 所示。

频谱曲线表明,在 20 kHz 内大致分成两级,出现三个峰值 19.8 kHz、13.9 kHz 和 5.94 kHz,分别对应着离缝上界面、下界面及砂浆层面。

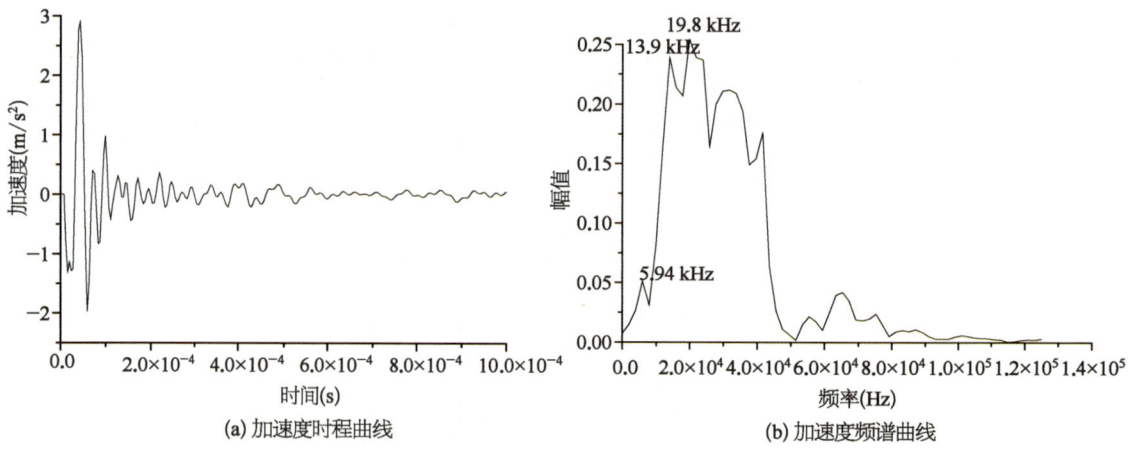

图 5-53 离缝时距加载点 0.04 m 处的垂向加速度响应

3) 板式轨道中裂缝伤损

利用冲击回波法检测轨道板裂缝深度主要有两种识别方法:相位反转法和传播时间差法。

为了验证该方法在无砟轨道裂缝检测中的可行性和准确性,建立轨道板-CA 砂浆-支撑层模型,在轨道板中设立深度为 0.1 m 的裂缝,如图 5-54 所示。一般冲击力加载点与传感器测试点对称分设于裂缝两边,离裂缝距离设为 L。当 L 为 0.08 m、0.09 m 和 0.12 m 时,垂向加速度时程曲线如图 5-55 所示。

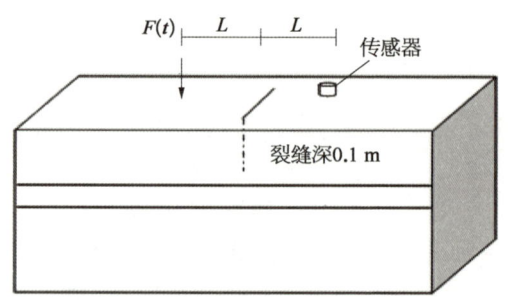

图 5-54 带裂缝的轨道板冲击模型

由图 5-55 可知,当传感器与裂缝之间间距 L 为 0.08 m 和 0.09 m 时,其加速度时域波形首波向下;当 L 为 0.12 m 时,首波波形向上,说明裂缝深度介于 0.09 m 和 0.12 m 之间,计算结果与实设基本一致。

5.3.2.2 双块式无砟轨道伤损深度的确定

1) 双块式轨道道床板中空洞伤损

双块式无砟轨道有Ⅰ型和Ⅱ型两种结构形式,这两种结构均由道床板和支撑层组成,均为混凝土结构,但施工工艺差距较大。在道床板中建立 0.2 m×0.2 m×0.03 m 的空洞伤损,如图 5-56 所示。道床板模型尺寸取为 0.6 m×0.6 m×0.19 m,支撑层尺寸取为 0.6 m×0.6 m×0.3 m。道床

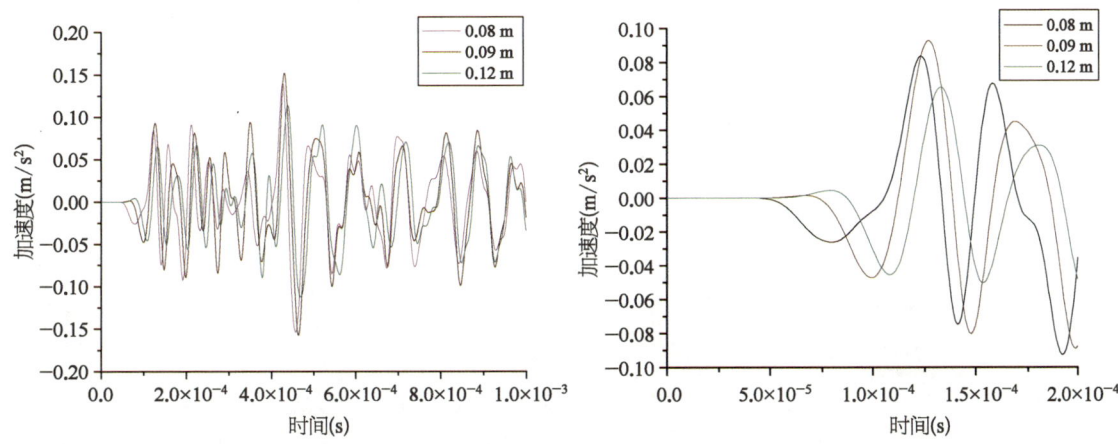

图 5-55 响应点加速度时程曲线

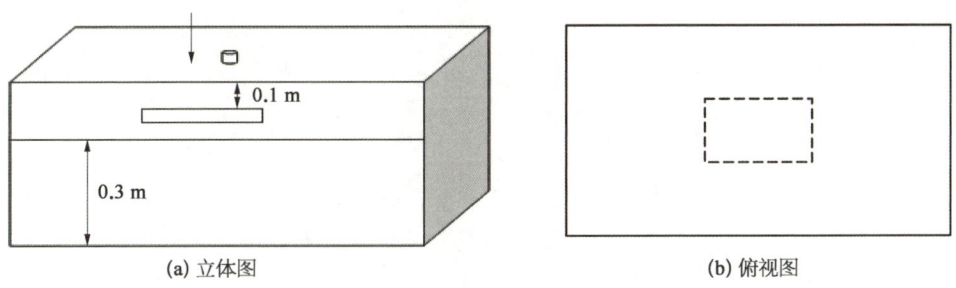

图 5-56 双块式无砟轨道轨道板中空洞伤损模型

板和支撑层的弹性模量分别为 3.65×10^4 MPa、3.45×10^4 MPa。荷载仍选用半正弦荷载模拟瞬时冲击力,仿真结果如图 5-57 所示。

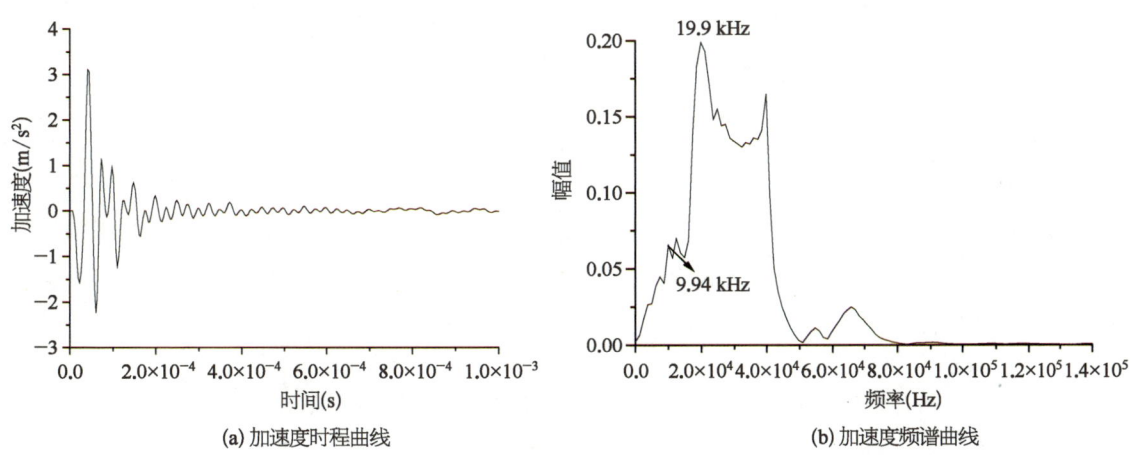

图 5-57 板中空洞时道床表面垂向加速度响应

由图 5-57 可知,频谱曲线在 20 kHz 内有两个主要峰值 19.9 kHz 和 9.94 kHz,分别对应着空洞伤损及道床板/支撑层界面的波反射。由于道床板和支撑层都是混凝土结构,两者弹性模量相差较小,因此波阻抗也相差不大,应力波在传播过程中在遇到伤损时一部分发生反射,另一部分发生透射。由式(5-11)算得对应深度为 0.097 m,与实设深度基本一致。峰值 9.94 kHz 不太明显是由于大部分应力波发生了透射,其对应厚度为 0.194 m,与道床板厚度一致。

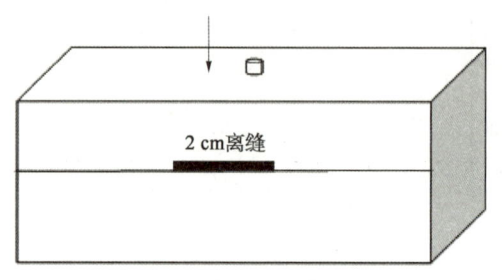

图 5-58 双块式无砟轨道离缝伤损

床利用冲击回波法能准确检测出双块式无砟轨道道床板中的空洞伤损深度,主要是因为道板和支撑层的材料一样,波阻抗相近,伤损处的应力波反射很明显,对应频谱图中将有一个明显的峰值,可准确定位伤损的深度。

2) 双块式轨道道床板中离缝伤损

在道床板和支撑层之间设置厚约 2 cm 的离缝,如图 5-58 所示。验证冲击回波法检测层间离缝伤损的可行性和准确性,计算结果如图 5-59 所示。

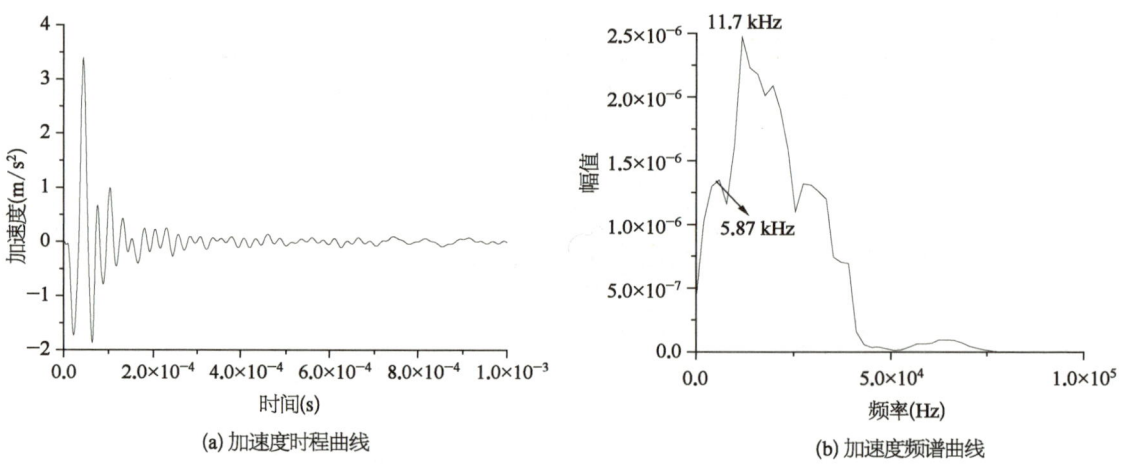

(a) 加速度时程曲线 (b) 加速度频谱曲线

图 5-59 板底离缝时板面垂向加速度响应

从图 5-59 可知,20 kHz 有两个峰值,分别为 5.87 kHz 和 11.7 kHz。由于道床板和支撑层均为混凝土结构,波阻抗相差不大,因此应力波除在离缝界面发生发射外,其他大部分应力波发生透射,在支撑层底面发生反射。由式(5-11)计算的最大频率峰值对应的伤损深度为 0.171 m,为离缝上表面距板面距离,这与实设情况基本相符,说明冲击回波法可以准确识别层间离缝伤损。

3) 双块式无砟轨道中裂缝伤损深度

双块式无砟轨道道床板在列车荷载和温度荷载作用下,容易产生裂缝。道床板中裂缝深度的确定与板式无砟轨道确定的原理、方法一样,故在此不再赘述。

5.3.3 冲击回波法检测伤损试验

5.3.3.1 检测项目及工作原理

1) 裂缝深度

混凝土表面裂缝深度的冲击回波检测主要有相位反转法和传播时间差法两种。相位反转法表征信号明确、测试要求低、易操作,是常用的检测方法。

当激振产生的低频弹性波在混凝土内传播,穿过裂缝的端点时,弹性波产生衍射,其衍射角与裂缝深度具有一定的几何关系。相位反转法正是根据衍射角与裂缝深度的几何关系来对裂缝深度进行快速测试的。相位反转法示意如图 5-60 所示。

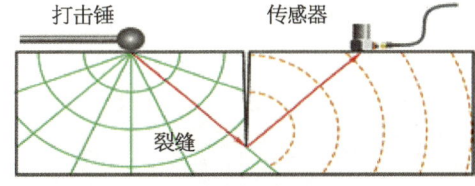

图 5-60 相位反转法的概念图

该方法是利用低频弹性波在混凝土中绕射的特性,只需相对于裂缝对称的移动力锤和传感器,判断首波相位反转临界点,就可确定混凝土的裂缝深度。

传感器与裂缝之间的距离(L)影响着测试波形。初始时刻当裂缝与传感器之间距离小于裂缝深度($L<H$)时,测试波形的首波向下;随着该距离的增大,当裂缝与传感器之间的距离大于裂缝深度($L>H$)时,测试波形的相位发生反转,测试波形的首波向上。原理示意图如图 5-61 所示。

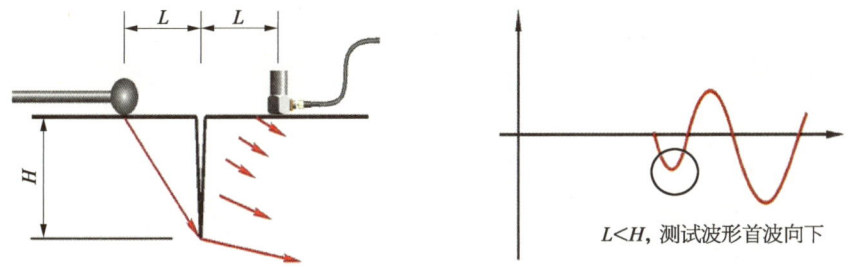

图 5-61 相位反转法测试原理

2) 内部空洞、脱空、离缝

通过冲击激励产生弹性应力波,应力波在遇到结构物的底部或缺陷时会发生反射,利用信号处理方法或频谱技术可抽取界面、底部或缺陷的反射信号,确定反射处的频率,测定结构物壁厚。试验测试原理是通过在结构物的表面用力锤激振,并通过传感器采集在分界面处或缺陷处的反射信号,结合健全部位的 P 波波速,反算出分界面到传感器固定面的厚度或缺陷的位置(图 5-62)。

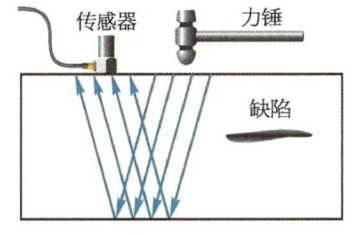 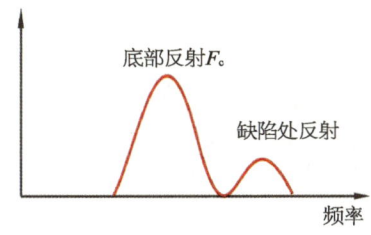

图 5-62 壁厚测试(回波重复反射法)

反应界面(板底或缺陷)离测试表面的距离 δ 可通过下式求得：

$$\delta = \frac{V_p}{2f_c} \tag{5-15}$$

式中　f_c——卓越频率(FFT 解析)；

　　　V_p——应力波在被测物体内的传播速度。

5.3.3.2　试验模型及试验结果

1) 试验模型

室内预制无砟轨道试样，内部设置不同尺寸的空洞、裂缝等伤损，作为试验对象。轨道板尺寸为 1 500 mm×600 mm×190 mm，板内和 CA 砂浆层分别设置多种缺陷，对不同位置、不同大小及不同深度的空洞及表面裂缝等缺陷进行检测分析。试件模型如图 5-63～图 5-66 所示。

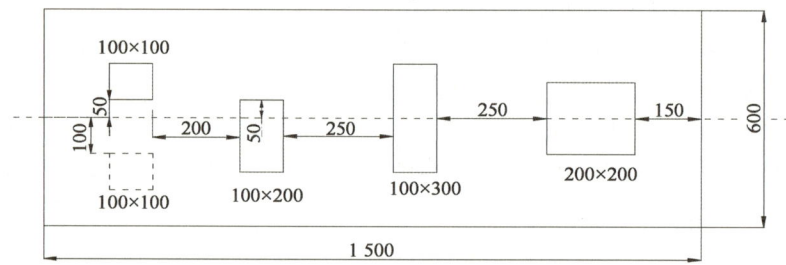

图 5-63　CA 砂浆层上不同尺寸的空洞缺陷(单位：mm)

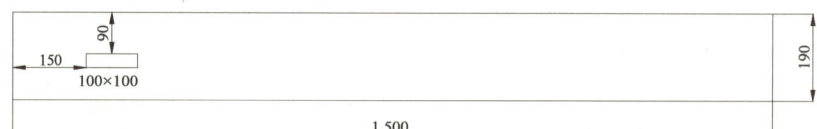

图 5-64　轨道板内的空洞缺陷(单位：mm)

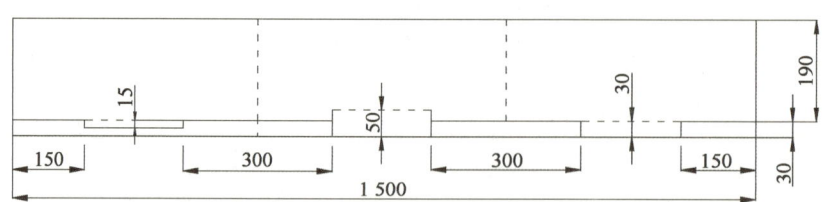

图 5-65　CA 砂浆和轨道板内不同深度的空洞缺陷(单位：mm)

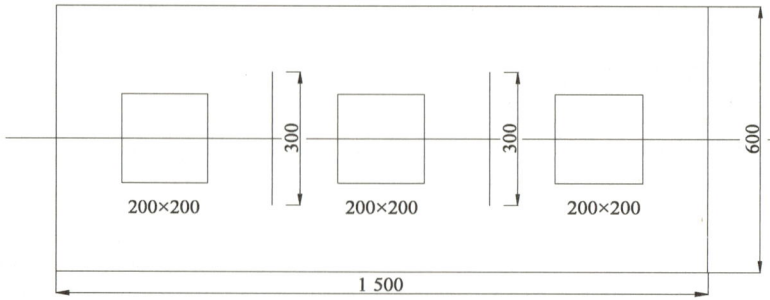

图 5-66　CA 砂浆和轨道板内不同深度空洞及板表裂缝缺陷(单位：mm)

2) 模型实景及现场测试

（1）轨道板现场模型。根据样件设计方案，制作了多块带伤损的无砟轨道模型，如图 5-67～图 5-69 所示。

图 5-67　含缺陷轨道板模型

图 5-68　缺陷局部

图 5-69　双块式无砟轨道模型

（2）现场测试。冲击回波测试时，先在轨道板上划分 50 mm×50 mm 的网格，再分别沿横、纵向进行测试，利用应力波反射原理，确定缺陷的具体位置，如图 5-70 所示。

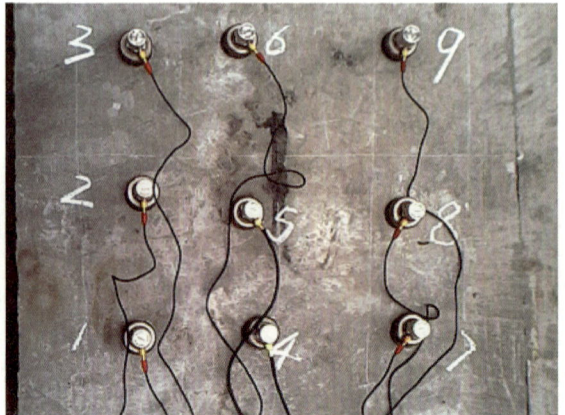

图 5-70　无砟道床模型的冲击回波试验

3）试验结果

经检测，典型的测试结果如图 5-71 所示。

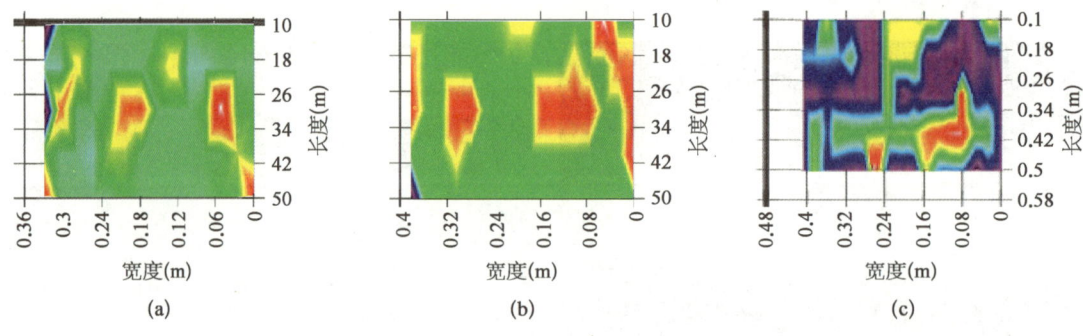

图 5-71　无砟轨道试件伤损测试云图

测试结果表明，图 5-71a 中在距板端 0.16 m、0.22 m、0.28 m、0.34 m 处分别出现深色区域，说明在这些区域存在应力波异常，存在板内伤损，试验结果与预设伤损基本一致。图 5-71b 中在距板端 0.18～0.26 m 处有集中的深色区域，表明该处存在伤损，检测结果与试验预设伤损基本一致；在距板端 0.36～0.42 m 处检测结果显示结构存在伤损，与试验预设伤损不符，随后的揭板试验表明存在施工引起的伤损，检测结果准确、可信。图 5-71c 中出现了多种深浅颜色，表明冲击波在边界及不同深度的伤损处均有反射，横向在 0.34～0.5 m 区域颜色较深，纵向在 0.08～0.16 m、0.16～0.24 m 两处区域颜色较深，不同深浅颜色区域表明不同深度的伤损。通过标准的标定方法确定颜色与反射面深度的关系即可实现伤损深度的探测。

5.4　无砟轨道伤损检测系统设计

无砟轨道伤损检测系统主要用于检测无砟轨道层间伤损（层间脱空、离缝）、轨道板内部伤损（空洞、裂缝）伤损。系统搭载模态测试模块和冲击回法测试模块，先通过采集曲率模态对无砟轨道伤损进行初步诊断，确定伤损的存在区域；再利用冲击回波法确定脱空、离缝、裂缝等伤损深度，达到准确检测的目的。系统设计思路如图5-72所示。

5.4.1 系统方案

5.4.1.1 无砟轨道模态试验模块

轨道板模态试验分析模块由激励设备和检测设备两部分组成,用力锤对轨道板试样施加瞬态力,用加速度传感器拾取振动信号,经放大器放大后送入信号采集系统。根据所测得轨道板上测点的加速度时域值,经过计算各测点的频响函数,提取各测点在低阶模态下的振型位移值,求解出轨道板的低阶曲率模态,并计算轨道板的一阶高斯曲率来识别轨道板的伤损区域,必要时参考高阶曲率模态提高识别精度(图5-73)。

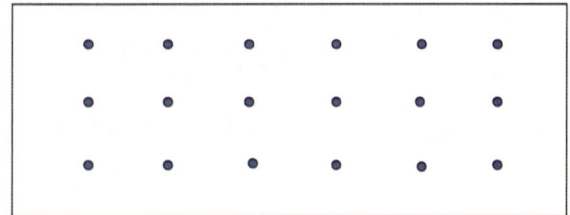

图5-72 无砟轨道伤损检测系统技术路线　　图5-73 模态试验测点布置图

5.4.1.2 无砟轨道冲击回波试验模块

如图5-74所示,冲击回波测试模块有加速度传感器、冲击锤、信号采集系统。冲击产生P波、S波,P波、S波在传播过程中遇到缺陷或边界(底面)时,由于两种介质的声阻抗率不同,应力波在这些界面处发生反射。于是在表面与界面(缺陷与边界)之间产生多重反射,结果形成瞬时的类谐振条件,当把一个传感器置于冲击点附近时,即可测出该处由于多次反射波引起的响应。将所得的冲击响应进行快速傅里叶变换(FFT),通过公式 $D=\dfrac{C_\mathrm{p}}{2f}$ 来计算伤损的深度。其中,D 为伤损深度,C_p 为波速,f 为频域幅值。其测试原理如图5-75所示。

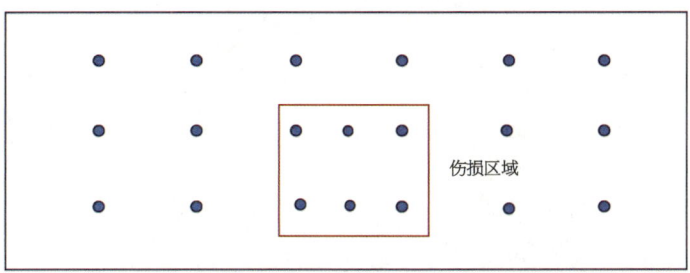

图5-74 冲击回波试验测点布置图

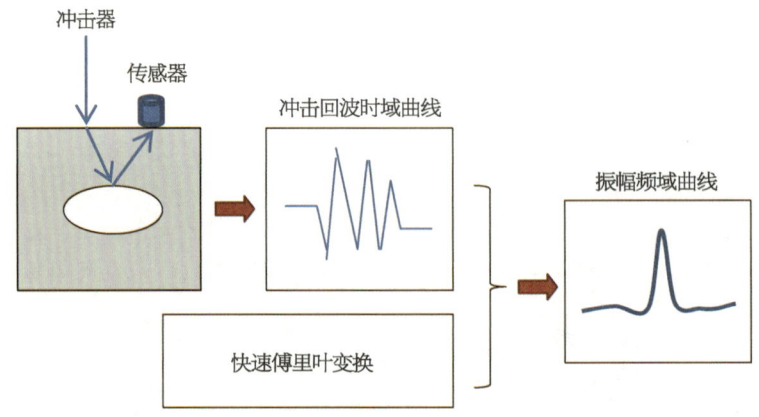

图 5-75 冲击回波试验测试原理示意图

5.4.2 检测系统硬件设备

无砟轨道检测系统集成了模态测试和冲击回波法两种试验手段所需硬件设备和数据处理程序,部分设备可共用,使检测系统得以简化。检测系统中涉及的激励设备有力锤、冲击锤,采集设备有加速度传感器、放大器等。采集系统采用东华动态采集仪。

5.4.2.1 加速度传感器

加速度传感器是检测系统的核心部件。根据测试原理分主要有压电式、压阻式、应变式、电容式、振梁式、磁电感应式、隧道电流式、热电式等类型;根据检测质量的支承方式分有悬臂梁式、摆式、折叠梁式、简支承梁式等。加速度传感器类型参数见表 5-2。

表 5-2 加速度传感器类型参数

类 型	测量范围	灵偏稳定性	分辨力	特 点
压电式	$(5\sim10^5)g$	$(10^{-4}\sim10^{-3})g$	$(10^{-2}\sim10^{-5})g$	固有频率较高,用于冲击及振动测量
应变式	$\pm(0.5\sim200)g$			低频响应较好、固有频率低,适用于低频振动测量
压阻式	$\pm(20\sim10^5)g$			灵敏度较高,便于集成化,耐冲击,易受温度影响
振梁式	$\pm(20\sim1\,200)g$	$(2.5\times10^{-4}\sim10^{-3})g$		体积小、重量轻、成本低、可靠性好,适用于战术导弹等制导
微机电式	$\pm(1\sim10^5)g$	$(10^{-6}\sim10)$	$(10^{-6}\sim10^{-3})$	尺寸小、重量轻、成本低,适用于汽车安全防护、战术武器制导和惯性导航

考虑到在无砟轨道上的适用性、可靠性和安装便捷性,选择压电式加速度传感器作为测试系统的主要传感元件。

压电式加速度传感器具有动态范围大、频率范围宽、坚固耐用、受外界干扰小以及压电材料受力自产生电荷信号不需要任何外界电源等特点,是被最为广泛使用的振动测量传感器。压电材料可分为压电晶体和压电陶瓷两大类,因压电陶瓷的压电系数比压电晶体的大,且采用压电陶瓷制作的压电式传感器的灵敏度较高,故压电元件多采用压电陶瓷。

常用的压电式加速度计的结构形式如图 5-76 所示。图 5-76a 是中央安装压缩型,压电元件-质量块-弹簧系统装在圆形中心支柱上,支柱与基座连接。这种结构有高的共振频率。然而基座 B 与测试对象连接时,如果基座 B 有变形则将直接影响拾振器输出。此外,测试对象和环境温度变化将影响压电元件,并使预紧力发生变化,易引起温度漂移。图 5-76c 为三角剪切形,压电元件由夹持环将其夹牢在三角形中心柱上。加速度计感受轴向振动时,压电元件承受切应力。这种结构对底座变形和温度变化有极好的隔离作用,有较高的共振频率和良好的线性。图 5-76b 为环形剪切型,结构简单,能做成极小型、高共振频率的加速度计,环形质量块粘到装在中心支柱上的环形压电元件上。由于黏结剂会随温度增高而变软,因此最高工作温度受到限制。

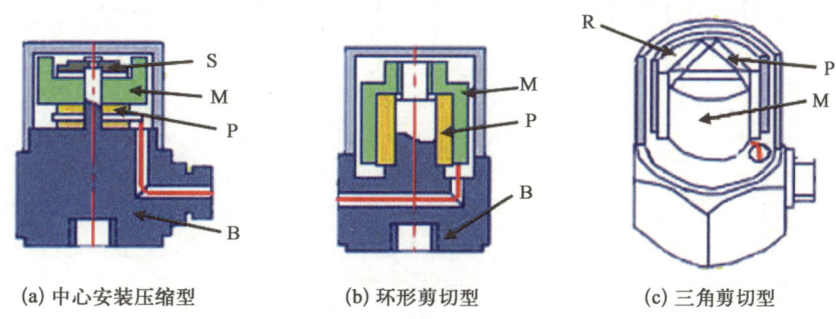

(a) 中心安装压缩型　　(b) 环形剪切型　　(c) 三角剪切型

图 5-76　加速度传感器结构示意图

S—弹簧;M—质块;B—基座;P—压电元件;R—夹持环

5.4.2.2　力锤、冲击锤

1) 力锤的基本结构

力锤是由锤柄中装有信号传输专用电缆的冲击锤、力传感器、冲击垫座及一组弹性冲击垫组成。弹性碰撞垫可保证试验中获得理想激励脉冲信号。理想信号的功率谱在结构动力试验所要求的范围内,应是平直的。按激励理论,输入的脉冲信号可以是任意的。但是任意形状的脉冲信号功率谱较乱,有些功率谱的分量为零,使得传递函数分母为零,因而其传递函数发生畸变。

典型的冲击锤由一刚性质量块以及紧固在质量块一端的力传感器和紧固在力传感器另一端的锤头组成,如图 5-77 所示。小质量的冲击锤常做成手锤形式并附有可更换的锤头和质量块。然而使用冲击锤获得的精度取决于操作者保持冲击正确位置和方向的技巧。

锤头的表面积应足以承受施加的最大冲击力,而又不使锤头和试验结构产生永久变形。另外,如果冲击位置要精确定位,则锤头的面积要小。冲击锤在冲击瞬间,速度矢量应该与力传感器的灵敏轴在同一条线上,并垂直于试验结构表面,其偏差应小于 10°,细长的冲击锤容易保持合适的冲击方位。

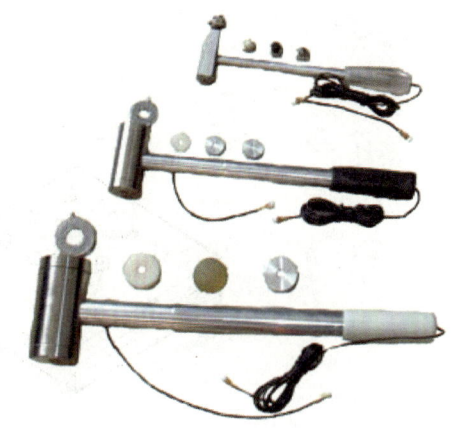

图 5-77　力锤示意图

2) 冲击锤

冲击锤作为激励设备,主要用于冲击回波试验,冲击锤在头部有一小球,利用小球对构件进行冲击产生低应力波,根据冲击回波原理进一步判断伤损的深度。

冲击锤跟力锤的区别在于力锤冲击力较冲击锤大,并且力锤可以测得冲击力的大小。

5.4.2.3 数据采集系统

动态信号测试仪数据采集系统组成示意如图5-78所示。

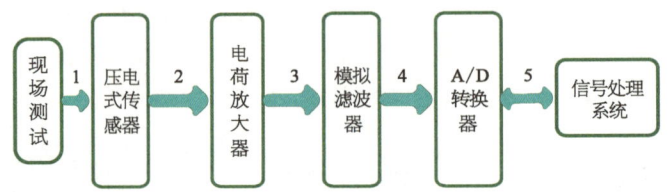

图5-78 东华动态信号采集系统组成示意图

1—工程振动现场时域信号;2—电荷信号;3—电压信号;4—滤波后以分析频率成分为主的信号;5—数字信号

在进行数据采样过程中,采集的一般为时域信号,而计算机是对数字信号处理的,故需要将信号经过各种信号调理和转换器来转变成数字信号。具体过程如下:测试时测试试件测得的时域信号经压电传感器后,转换成电荷信号,但是工程现场的信号非常小,需要经过电荷放大器放大后,转换成可以显示的电压信号,然后通过模拟滤波器,将噪声等一部分干扰信号滤波过滤,再经由A/D转换器,把模拟信号转换成计算机可处理的数字信号,最后通过数据处理软件对信号进行相关的信号分析和数据处理等。

5.4.3 检测系统装置

5.4.3.1 模态试验装置

1) 激振器和传感器

激振器采用力锤激振。检测传感器推荐采用压电式加速度传感器。

2) 采集系统

力锤和加速度传感器通过电缆连接到动态采集系统上,其系统检测示意如图5-79所示。

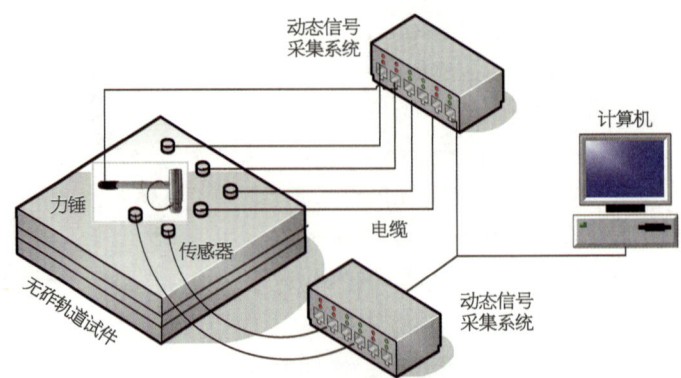

图5-79 模态测试检测系统

5.4.3.2 冲击回波试验装置

1) 激振器和传感器

激振器采用冲击锤。检测传感器推荐采用压电式加速度传感器。

2) 采集系统

力锤、放大器和加速度传感器通过电缆连接到动态采集系统上,其系统检测示意如图 5-80 所示。

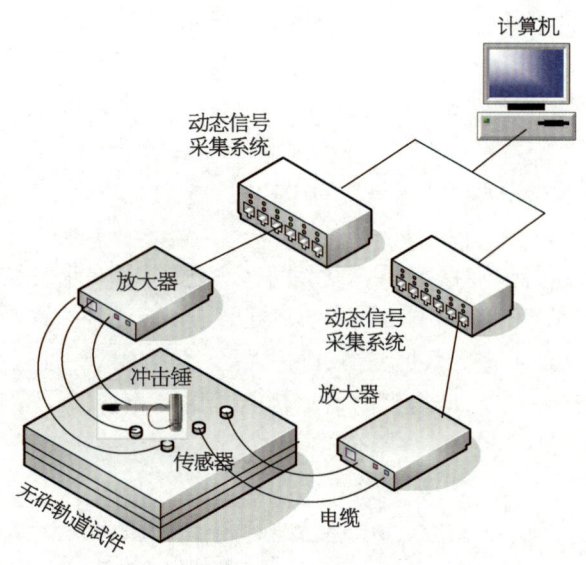

图 5-80 冲击回波检测系统

5.4.4 信号处理

传感器将振动物理量转变成电信号后,所输出的信号一般都很微弱,需经过放大后转变成具有一定高电平的电压信号,并需对信号进行归一、积分、滤波等信号变换,形成连续模拟量信号。为了便于处理和分析,还需对模拟量信号在时间域上进行离散化,信号进行采样,然后再将时间离散、幅值连续的信号转变为幅值域离散的数字信号,即进行量化。经过上述放大、采样、量化后的数字信号,方可用于谱分析和动力特性的提取。将振动信号采集进计算机中,通过数字滤波滤除信号中的噪声和不需要的频率成分,为了减少或抑制频率泄露,采用加窗处理。

5.4.4.1 信号采集原理及采样参数的选用

采样是将连续变化的信号转变为时间域离散的信号。采样的实施是通过连续信号每经过一个时间间隔 Δt 进行一次快速起闭,得到一组脉冲序列信号,单位时间内快速起闭的次数为

$$f_s = \frac{1}{\Delta t} \tag{5-16}$$

式中 f_s——采样频率。

根据采样定律,当采样频率 f_s 与原信号成分中的最大频率 f_m 满足如下条件时,才能保证原信号的频谱与采样信号的频谱完全一样,采样信号不失真:

$$f_s \geqslant 2f_m \tag{5-17}$$

否则会导致平移频谱与原信号频谱重叠,出现混频现象,不能复原信号。由于力锤的力信号时程曲线持续很短,必须采用较高的采样频率才能准确采集到力信号,而响应信号的最高频率成分较低,那么若采用同一采样频率必然会造成误差。而且轨道板的固有频率事先并不知道,无法直接确定采样频率,因而实际试验时按以下方法确定采样频率:选取多个采样频率、变时倍数,进行反复测试,观察其自谱曲线的特征。当自谱曲线的谱峰表现得比较明显、突出且毛刺较少时,相应的采样频率即为选定的采样频率。

5.4.4.2 激励和响应信号的处理

通常无论是激励信号还是响应信号,都会受到不同程度噪声的污染,对实际信号进行截断处理会带来截断误差,引起频率泄漏。因而还应对采样后的信号进一步进行技术处理。

1) 平均技术

在用力锤对轨道板进行激励时,每个测点激励 3 次,获得了 3 个时域样本,对这些样本进行 FFT 变换后,可得到相应的频域信号样本。那么就可以使用当前样本的后面部分数据及下一样本的前面部分数据作为新样本进行数据变换,重叠平均,信号中的一部分噪声在平均中就能被去掉。这种方法能够降低噪声偏差,使得到的谱拟合曲线更加光滑,但不能降低噪声的均值,不能提高信噪比。

2) 窗函数

对于有限长信号进行 FFT 分析时,由于连续噪声信号的截断而引起的泄漏将会使噪声谱遍及一个相当宽的频率范围。因此在不关注的一些离散频率点上产生的噪声在加窗处理后会污染相当一部分关注的频率范围。虽然使用一个在 1 和 0 之间平滑过滤的力窗可以将泄漏限制在一个比较窄的频带内,但最好的方法还是在加力窗之前从数据中消除所有的周期和直流噪声分量。从物理概念上讲,泄漏也可以看成是有限长信号样本在采样开始和末尾部分不连续而引起。泄漏会增加新的频率成分,并且使谱值大小发生变化。采用窗函数对信号进行处理可以拟制泄漏的发生。对于不同类型的信号应采用不同的窗函数。

力锤敲击所产生的力信号为一瞬态冲击信号,应采用截短的矩形窗进行处理,矩形窗定义如下:

$$w(t) = \begin{cases} 1, & 0 \leqslant t \leqslant T_1 \\ 0, & T_1 \leqslant t \leqslant T \end{cases} \tag{5-18}$$

矩形窗的宽度 T_1 为包含脉冲宽度 τ 的作用时间,如图 5-81 所示。

实际操作时,采样频率为 51.2 kHz,分析频率为 20 kHz,研究频率为 0~5 000 Hz,加速度信号和噪声信号通过电荷放大器、信号采集卡后进入电脑,平均方式为线性平均 3 次。分别采集激振力和钢轨的振动响应,并取 3 次试验的平均值进行频响函数分析。其中输入信号为脉冲激励信号,加力窗以去除脉冲力以外的噪声信号;输出信号为衰减振动信号,加指数窗使信号在结束时衰减到 0,以消除截断误差。

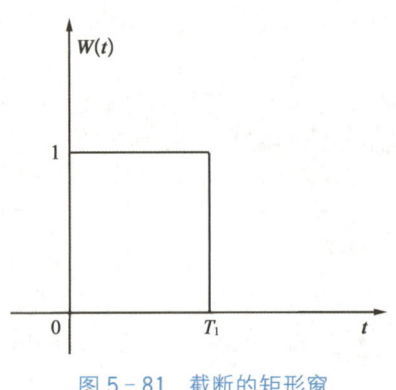

图 5-81 截断的矩形窗

3) 响应信号的加窗

为了防止截断误差,响应信号在数字记录的末端应衰减到其初始值 1% 左右。一种方便的检查方法是检验峰值响应信号在记录的中点处是不是最大响应的 10%。对小阻尼结构,它是不可能的(或不要求的)。这是由于它需要傅里叶分析仪有很大的数据块或一个很窄的细化带宽。假如这样细的分辨率不是应用所要求的,那么较好的方法是在傅里叶处理之前给响应时域数据加指数窗。

4) 傅里叶变换

冲击回波测试中,由于传感器得到的是时域曲线,要通过傅里叶变换转换为频域曲线。对于任意一个周期为 T 的信号 $x(t)$ 有

$$x(t)=x(t+T)=\cdots=x(t+nT), n=\pm 1,\pm 2,\cdots \quad (5-19)$$

傅里叶级数的复指数形式为

$$x(t)=\sum_{-\infty}^{\infty} c_n \mathrm{e}^{jnw_0 t}, n=0,\pm 1,\pm 2,\cdots \quad (5-20)$$

$$c_n=\frac{1}{2}(a_n-jb_n)=\frac{1}{T}\int_{-T/2}^{T/2} x(t)\mathrm{e}^{-jnw_0 t}\mathrm{d}t \quad (5-21)$$

$$X(jw)=\int_{-\infty}^{\infty} x(t)\mathrm{e}^{-jwt}\mathrm{d}t \quad (5-22)$$

$$x(t)=\frac{1}{2\pi}\int_{-\infty}^{\infty} X(jw)\mathrm{e}^{jwt}\mathrm{d}w \quad (5-23)$$

式(5-22)为傅里叶变换,式(5-23)为傅里叶逆变换。

5.4.5 检测系统识别伤损

采集到的时域信号经过滤波和加窗初步处理,转换到频域中进行频域分析。由于模态试验中采用单点敲击多点采集试验方法,因此采用测力法进行模态分析。首先计算出每个测点的频响函数,然后通过 DHMA 模态分析软件对整个构件进行模态分析,计算出测试构件的固有频率和相对应的振型,提取出构件测点在各阶模态下的振型幅值,利用编制的 Matlab 程序进行曲率模态和高斯曲率分析,通过分析结果识别伤损的位置(图 5-82)。

识别出伤损位置后采用冲击回波试验系统对局部伤损进一步检测,确定伤损的深度。采集信号经过 FFT 变换转换到频域中识别共振峰值,利用频域峰值反算伤损深度。

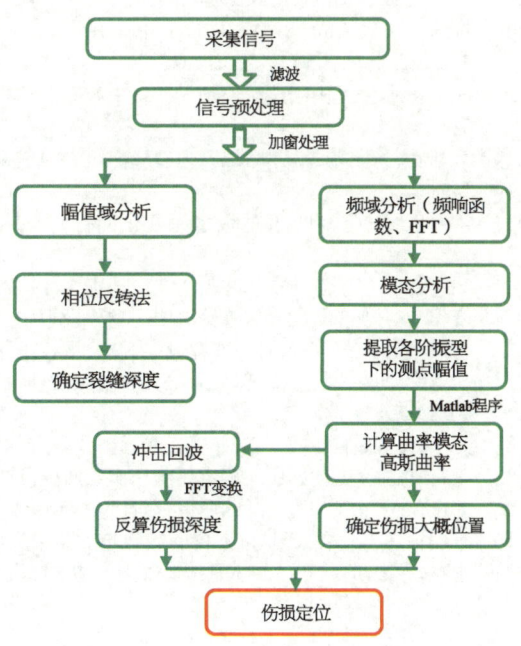

图 5-82 检测系统识别伤损流程图

参考文献

[1] 林红松.基于断裂和损伤力学的无砟轨道静动力特性研究[D].成都：西南交通大学,2009.
[2] 陈文荣.列车荷载作用下双块式无砟轨道力学性能理论与试验研究[D].长沙：中南大学,2014.
[3] 姜浩.双块式无砟轨道复合试件层间传力特性研究[D].成都：西南交通大学,2015.
[4] 石现锋.高速铁路无砟轨道结构的设计理论研究[D].北京：铁道科学研究院,2007.
[5] 粟淼.高速铁路桥上纵连板式无砟轨道层间界面工作性能初探[D].长沙：中南大学,2014.
[6] 陈虎,罗强,张良,等.高速铁路 CRTS Ⅱ型板式无砟轨道路桥过渡段振动特性测试分析[J].振动与冲击,2014,33(1)：81-88.
[7] 胡志鹏.基于模态曲率和冲击回波法识别无砟轨道混凝土结构内部伤损[D].成都：西南交通大学,2015.
[8] 魏连雨,张志明,王清洲,等.桥梁预应力孔道压浆密实度的无损检测方法[J].无损检测,2013,35(1)：27-30.
[9] 刘恩才.基于冲击回波无损检测技术的试验及工程应用研究[D].长沙：中南林业科技大学,2012.
[10] 彭泽民,王光复.利用状态空间法建立机床的动力学模型[J].天津大学学报,1982(2)：13-21.
[11] 何明煜.部分观测下基于模型或数据的结构非线性的识别方法[D].厦门：厦门大学,2014.
[12] 戚春香.钢筋混凝土简支梁桥附加荷载动态评价技术研究[D].天津：河北工业大学,2005.
[13] 王山山,任青文.基于曲率模态振型的刚架结构损伤检测[J].动力学与控制学报,2005(2)：83-88.
[14] 舒传林,谭逢友,刘成俊.基于子结构建模方法的虚拟式模态分析仪的实现[J].重庆科技学院学报(自然科学版),2012,12(3)：164-167.
[15] 武振锋,袁玄成,朱黎,等.基于高斯曲率的曲面质量评价方法研究[J].辽宁大学学报(自然科学版),2012,39(3)：273-276.
[16] 薛伟文.一个物理教学难点的突破——波传播方向与质点振动方向的判断[J].宁波大学学报(教育科学版),1999(4)：98-101.
[17] Eaton D W S,牛燕.自由表面效应：在 AVO 反演中的复杂因素[J].石油物探译丛,1991(5)：70-77.
[18] 王四巍.单轴和三轴应力下塑性混凝土性能研究[D].郑州：郑州大学,2010.
[19] Sansalone M, Carino N J. Impact-echo: a methods for flaw detection in concrete using transient stress waves[M]. US Department of Commerce, 1986.
[20] Horita A, Carino M A, Lai H. Pharmacology of thyrotropin-releasing hormone[J]. Annu Rev Pharmacol Toxicol, 1986, 26(1)：311-332.
[21] 胡志鹏.基于冲击回波法识别无砟轨道混凝土结构中的蜂窝伤损深度研究[J].铁道标准设计,2016,60(10)：22-26.
[22] 毛利胜,吴佳晔,黄伯太.混凝土裂缝面压力对其深度测试结果的影响研究[J].工业建筑,2013,43(6)：146-149.
[23] 凌俊东.浅析 CRTS Ⅱ型板水泥乳化沥青砂浆施工质量控制[J].中小企业管理与科技(上旬刊),2016(3)：118-121.
[24] 胡志鹏.基于模态曲率和冲击回波法识别无砟轨道混凝土结构内部伤损[D].成都：西南交通大学,2015.
[25] 李阳.超声波在混凝土裂缝检测中的物理模拟研究[D].成都：西南交通大学,2016.
[26] 郑艳.基于光纤光栅传感的薄板应力波检测技术[D].合肥：合肥工业大学,2016.
[27] 胡志鹏,王平,熊震威,等.基于高斯曲率识别板式无砟轨道中 CA 砂浆脱空伤损[J].铁道科学与工程学报,2014,11(3)：54-59.
[28] 王平,陈嵘,肖杰灵,等.无砟轨道伤损整体与局部相结合的识别方法：CN104034805 A[P].2014-09-10.
[29] 李宵宵.加速度传感器的标定系统与实验研究[D].北京：北京化工大学,2010.
[30] 郭振芹.压电式加速度计的质量评价[J].振动：测试与诊断,1982(1)：28-31.
[31] 张朋举.基于一维 PSD 位置传感器激光三角法测量振动[D].郑州：郑州大学,2017.
[32] 李眈,龙腾.定点 FFT 的有限字长效应分析[J].北京理工大学学报,1999,19(5)：617-621.

第 6 章

无缝线路温度力及断轨监测

高速铁路跨区间无缝线路技术是确保高平顺的关键技术之一,也是我国普速、重载铁路优先发展的轨道结构技术,但无缝线路的断轨、胀轨跑道等病害也随时威胁着线路的运营安全。大力发展无缝线路温度力及断轨实时监测技术是确保铁路线路安全运营、减少一线人员管控压力的重要手段。当遇到高温时,无缝线路长轨内温度压力积聚,轻则产生胀轨,影响线路的高平顺,重则发生跑道,导致轨道结构产生破坏性毁损,如图 6-1 所示。原始核伤及列车碾压、磨耗等均会使钢轨产生各种裂纹,在低温季节,无缝线路长轨内温度拉力积聚,会加速裂纹的发展,严重时导致发生断轨事故,如图 6-2 所示。这两类病害都具有一定的突发性和随机性,对行车安全极具威胁,是工务管理中必须加以严格管控的对象。

 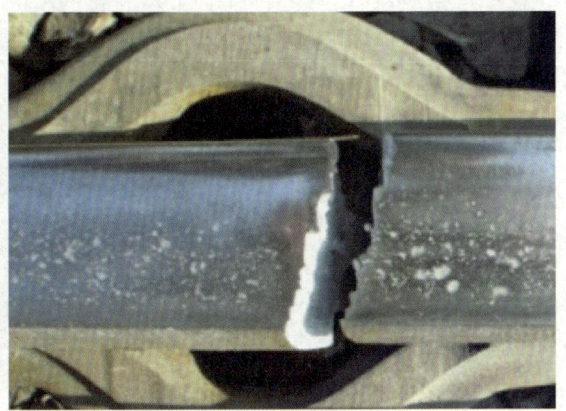

图 6-1 胀轨跑道　　　　　　　　　图 6-2 断轨

目前我国高速铁路的发展正处于运营经验积累初期,无缝线路的管理仍遵循人管为主,重点防控断轨和胀轨的原则。由于我国高速铁路工程建设规模大、速度快,早期的基础研究及试验研究均有不足,造成了设计、建设及养护维修标准研究的不足。现有的基础设施监测手段明显落后于运营实践要求,缺乏系统的安全信息管理及报警、预测、决策手段等。高速列车运营网络大、交路长、运行速度高,不可避免地存在着一定的安全隐患,诸如胀轨跑道、断轨等事故一旦出现,将造成重大的经济损失和人身安全灾难。研究无缝线路运营机制,发展监测测试方法和手段,可以有效掌握高速运营条件下结构的受力与变形状态、验证设计理论,为养护维修提供决策参考,也可部分解放生产力,为智慧高铁提供助力。

6.1 无缝线路监测及检测技术

无缝线路状态的监测与检测一般采用综合检测、评估的方法实现。传统的轨道状态监测方法包括静态检测和轨检车动态检测、电参数测试技术和远程视频监控,这些方法操作简单、技术成熟,但是不符合长期监测的需要。近年来,新型监测、检测方法不断发展,如光纤光栅技术、轨温自动测量系统、智能视频监控技术、导波法检测、超声 Lcr 波检测法等。其中,应变法、能量释放法和应力法是应用相对较多的专门针对无缝线路长钢轨温度力的检测、监测方法,不过无缝线路内温度力测量仍然是一个看似简单、实则难度很大的世界难题。

6.1.1 传统监测方法

日常工务维护中,常采用静态检测和动态检测相结合的方式评估轨道质量,包括无缝线路的状态。轨道的静态检测指在没有列车荷载作用下,利用道尺、弦线、轻型线路检查仪及爬行观测桩、轨温计等检测工具和设备对轨道状态及参数进行检查。道尺用来测量轨道的几何形位,包括轨距、水平和超高。弦线用于测量轨道的高低和方向。轨道检查仪是测量轨道静态几何状态的小型推车。位移观测桩是观测钢轨位移的常用方法。铁路轨温监测主要依靠人工在规定的时间和地点进行测量。对于轨道几何状态的动态检测,目前采用的设备主要是轨检车。轨检车可检测左右轨的前后高低,左右轨的轨向、水平、钢轨不平顺,车体振动加速度等。人工静态检测测试精度差,测试内容少,周期也较长。高速铁路高架站较多,无缝线路受力与无砟轨道、桥梁形式直接相关,仅针对钢轨件的监测已难以满足要求。此外,由于高速铁路行车速度高、密度大、天窗时间短,难以在温度最高的中午和温度最低的夜间进行及时测量,难以保证轨道状态的实时监测,轨检车虽然检测速度快、精度高,但间隔周期长,很难对轨道的不利状态进行实时检测。

在轨道结构测试技术方面,国内外轨道受力和变形的测试多基于电阻、电容、电感、压电及光电效应的电参数测试技术,例如电阻应变片、应变计、压力盒、加速度计等传统的传感器件,以电缆作为模拟信号传输载体,以静、动态应变仪为数据采集系统,以电子计算机为操作和存储装置,构成测试网络进行现场测试。这种测试方法在长期监测中,受到铁路现场的强电磁干扰、温湿度交替变化、侵蚀、老化、雨雪雾等因素的影响,难以实现长期、远距离、自动化的稳定监测。

在远程视频监控方面,从 20 世纪 90 年代末开始,视频监控系统逐渐在国内铁路范围内推广应用。远程视频监控系统通过网络将远方活动场景传送到观看者的电脑屏幕上,并实现视频图像的存储。这种监测方法主要依靠人工来查看图像。由于人的注意力会随着时间的延长而大幅度下降,靠人工监视无法长时间准确高效。同时摄像机每天所采集到的监控图像能达到几万甚至几十万张,这对系统实时管理和分析能力提出了很高的要求。但是当时大多数系统并不具备这种能力,导致其只能实现查询的功能,满足不了实时监测的需要。

表 6-1 列出了传统监测方法的优点及其不足。

表 6-1 传统监测方法的优缺点

传统监测方法	优 点	不 足
人工静态检测	原理简单,多为直接测量,操作方便	测试精度差、检测效率低、受作业天窗限制
轨检车动态检测	检测速度快、精度高、检测项目多、范围大	检测周期长、数据分析较难
电参数测试技术	技术成熟,安装操作方便,短期检测结果准确	防潮防湿能力、抗电磁干扰能力差,长期使用易发生零点漂移
远程视频监控	实现远程图像的实时录像、存储、备份和查询	主要依靠人工筛查,工作量大、准确性低、效率低

6.1.2 新型监测方法

6.1.2.1 光纤传感器监测

针对传统技术检测效率低、监测效果不理想、对电磁依赖性强等不足,近年来基于光纤传感的监测技术逐渐受到重视。光纤光栅传感器精度和敏感度高、重量轻、无源、抗电磁干扰、无零漂、防水防潮性能好,能实现多物理量的测量;且多个传感器可以同时串联于一根光纤上进行测量;还可埋入材料或结构中,对其内部应变进行实时监测。目前光纤传感技术已广泛应用于民用工程结构、航空航天、石油化工等领域。图 6-3 和图 6-4 分别为光纤光栅应力传感器、温度传感器。

图 6-3 光纤光栅应力传感器

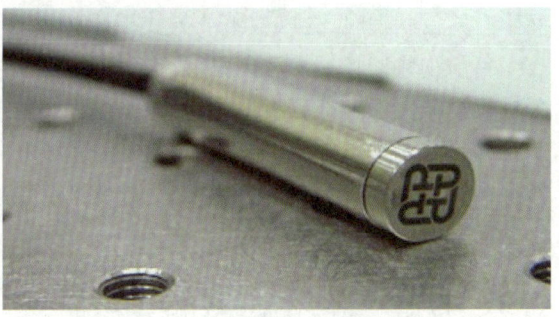

图 6-4 光纤光栅温度传感器

1992 年,Fuhr 和 Huston 等人在一座铁路桥上使用了光纤和光缆,监测列车经过时桥梁的振动情况。2004 年,韩国铁道研究院在高速铁路隧道健康监测中采用了结合压力计的光纤传感器,克服了传统传感器无法监测隧道边界条件的缺点。2007 年,为了监测轨道状态,保证车辆的安全,德国耶拿光学研究所(IPHT)与德国铁路部门合作,将光纤光栅应变传感器埋入混凝土轨道板中,监测无砟轨道状态。2007 年,香港理工大学的 H.Y.Tam 等人在香港地铁中使用了光纤光栅传感器,实现了对车速、轴重、钢轨加速度等的监测。T.H.T.Chan 等人在对香港青马大桥进行结构健康监测中使用了光纤光栅传感器,通过与传统的结构监测系统的结果比较,得出光纤光栅传感器完全适用于结构健康监测。2010年,西班牙的M.L.Filograno教授等人在马德里—巴塞罗那高速铁路线上进行了光纤传感器的试验,成功测试了列车的速度、加速度、动荷载和轨温等。

2005年,石家庄铁道大学的张文涛、孙宝臣等将光纤光栅温度传感器应用到了青藏高原冻土地温监测中,建立了冻土地温长期监测系统,为光纤光栅技术在地温监测中的应用奠定了基础。2007年,黄艳红等人通过研究发现光纤光栅测试技术能同时进行温度和应变的测试,可用于青藏铁路桥梁损伤检测。在芜湖长江大桥、苏通长江大桥、阳逻长江大桥等国内多座大型桥梁的健康监测中,采用了光纤应变传感器进行长期监测,效果良好。

6.1.2.2 轨温自动监测系统

英国开发了一种无线自动轨温监测系统(rail temperature monitor, RTM)。该系统在钢轨轨底安装轨温探测器,探测器通过无线方式将数据传送到轨道旁的数据采集器中,再通过网络传送到后端服务器和操作人员手中。RTM系统通过电池供电,可以自动进行轨温连续监测。

日本建立了一套轨温监测及报警系统。温度传感器采用白金测温元件,并与温度数显装置连接。温度传感器将模拟信号传输给记录仪和报警器,当达到设定的预警值时将以灯光和声响显示报警。自动记录仪会持续记录钢轨和大气温度,系统自带的电源可以保护系统的数据在断电4 h内不丢失。

我国也开发了一套无线轨温监测系统,通过远程控制轨温传感器,实现了轨温的自动测量、存储、处理和分析,该系统在大秦铁路等线路上得到了应用。

6.1.2.3 智能视频监控技术

智能视频监控技术源自计算机视觉技术,以数字化、网络化视频监控为基础,通过在物像间建立映射关系,使计算机能够解析视频画面中的信息,并过滤掉非关键的信息。当监控系统发现画面中有异常状况时,会以报警的方式提醒相关人员,并提供关键信息,实现实时监控。

目前视频监控技术和产品已广泛应用于高速铁路、地铁、城市道路等领域的监控中,诸如行为分析等视频图像智能分析技术也得到了推广和应用。近年来智能视频监控技术主要侧重于铁路车站和线路的重点部位(如公跨铁区段、信号电力机房、隧道洞口、大跨度桥梁、道岔咽喉等)的监控。2006年12月,青藏铁路格拉段的线路视频监控系统开始投入使用,该系统实现了视频内容分析、网络化视频等多项应用。

随着科技的不断进步,超声导波法、弹性波压电传感法、麦克豪森噪声法、电感法等新型监测方法已经应用到了铁路监测中,并发挥了积极的作用。但单一项目的监测无法满足无缝线路状态综合评估的需求,研究更具通用性的、综合性的、能在恶劣的振动环境和自然环境中长时工作的、多源数据融合的线路监测系统,成为高速铁路跨区间无缝线路监测技术发展的主要目标。

6.2 无缝线路中钢轨温度力测试

无缝线路中钢轨温度应力检测及监测是一项对行车安全极为重要、技术难度大的工作,已涌现出了数十种基于应变、应力及能量的检测方法。下面介绍几种具有创新性和代表性的测试方法。

6.2.1 双向应变法测试原理及组桥方案

理想的无缝线路固定区,钢轨纵向被完全约束,一般不会产生温度应变,但在竖向上钢轨可以自由伸缩,利用这两个方向上的应变差,研究人员设计了多种方案测试钢轨中的纵向温度应力。

6.2.1.1 组桥方案一

华东交通大学冯邵敏提出将钢轨纵向力及基本温度力分离开的测量方法,应变计布置如图 6-5、图 6-6 所示,其对应的桥路如图 6-7、图 6-8 所示。其中,应变计 R_1、R_2、R_{b1}、R_{b2} 竖向布置,应变计 R_3、R_4、R_{b3}、R_{b4} 沿线路纵向布置。

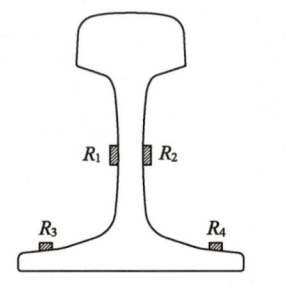

图 6-5 测试应变计粘贴位置(一)

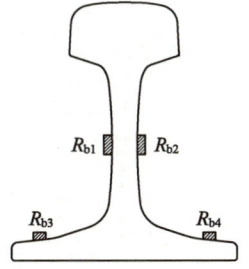

图 6-6 测试补偿应变计粘贴位置

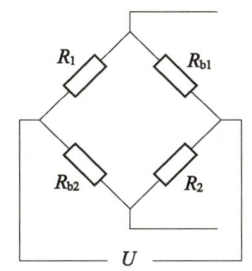

图 6-7 竖向应变测试桥路

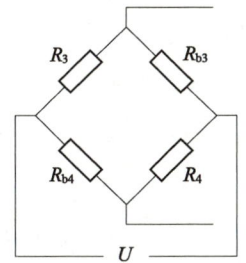

图 6-8 纵向应变测试桥路

假定钢轨处于锁定轨温(零应力轨温)时及时粘贴应变片。竖向方向的应变主要包括如下内容:在部分附加力作用下,钢轨在纵向、竖向分别产生附加应变;在部分附加力作用下,钢轨纵向附加应变被约束,仅在竖向产生附加应变;在温度变化荷载作用下,钢轨热胀冷缩引起的竖向应变;应变计的热输出。纵向方向的应变主要包括如下内容:在附加力作用下,钢轨纵向产生附加应变;补偿片位置处钢轨纵向热胀冷缩;应变计的热输出。

设 8 个应变计处的钢轨轨温相对锁定轨温的变化幅度均为 Δt,则各个应变计对应的测试应变如下:

$$\left.\begin{aligned}
\varepsilon_1 &= -\mu\varepsilon_f + \mu\beta_r\Delta t + \frac{\Delta t}{K}[\alpha_R + (\beta_r - \beta_R)K] \\
\varepsilon_2 &= -\mu\varepsilon_f + \mu\beta_r\Delta t + \frac{\Delta t}{K}[\alpha_R + (\beta_r - \beta_R)K] \\
\varepsilon_{b1} &= \frac{\Delta t}{K}[\alpha_R + (\beta_r - \beta_R)K] \\
\varepsilon_{b2} &= \frac{\Delta t}{K}[\alpha_R + (\beta_r - \beta_R)K] \\
\varepsilon_3 &= \varepsilon_f + \frac{\Delta t}{K}[\alpha_R + (0 - \beta_R)K] \\
\varepsilon_4 &= \varepsilon_f + \frac{\Delta t}{K}[\alpha_R + (0 - \beta_R)K] \\
\varepsilon_{b3} &= \frac{\Delta t}{K}[\alpha_R + (\beta_r - \beta_R)K] \\
\varepsilon_{b4} &= \frac{\Delta t}{K}[\alpha_R + (\beta_r - \beta_R)K]
\end{aligned}\right\} \quad (6-1)$$

式中 ε_i ——应变计 R_i 对应的应变值;

ε_{bi} ——补偿应变计 R_{bi} 对应的应变值;

μ ——钢轨的泊松比;

β_r ——钢轨的线膨胀系数;

β_R ——应变计敏感材料线膨胀系数;

α_R ——应变计敏感栅材料的电阻温度系数;

K ——应变计的灵敏系数。

根据电阻全桥测试原理,可以得到

$$\left.\begin{aligned}
\varepsilon_a &= \varepsilon_1 + \varepsilon_2 - \varepsilon_{b1} - \varepsilon_{b2} = -2\mu\varepsilon_f + 2\mu\beta_r\Delta t = -2\mu(\varepsilon_f - \beta_r\Delta t) \\
\varepsilon_b &= \varepsilon_3 + \varepsilon_4 - \varepsilon_{b3} - \varepsilon_{b4} = 2\varepsilon_f - 2\beta_r\Delta t = 2(\varepsilon_f - \beta_r\Delta t)
\end{aligned}\right\} \quad (6-2)$$

因此有

$$\varepsilon_a = -\mu\varepsilon_b \quad (6-3)$$

推导结果表明,图 6-5~图 6-8 给出的测试方式无法实现附加伸缩力与基本温度力的分别测试,只能实现钢轨的总纵向力变化幅度测试。纵向和竖向两种桥路的测量结果是一致的,从测试应变放大的角度看,仅采用纵向测试的桥路能够更大程度地放大应变从而减小测试误差。采用两桥路测试得到的钢轨纵向力为

$$F_z = EF\frac{\varepsilon_b - \dfrac{\varepsilon_a}{\mu}}{4} \quad (6-4)$$

6.2.1.2 组桥方案二

电子科技大学的丁杰雄采用了另外一种桥路布置测试方式,如图 6-9、图 6-10 所示。其中,应变计 R_1、R_4 沿竖向布置,R_2、R_3 沿线路纵向布置。

第 6 章 无缝线路温度力及断轨监测

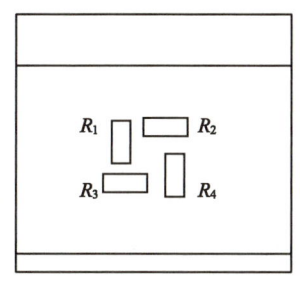

图 6-9 测试应变计粘贴位置(二)

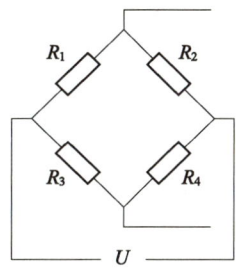

图 6-10 应变测试桥路(一)

假设钢轨整个断面的温度变化均为 Δt，同前面相同的原理可以得到各个应变计对应的应变：

$$\left.\begin{aligned}\varepsilon_1 &= -\mu\varepsilon_f + \mu\beta_r\Delta t + \frac{\Delta t}{K}[\alpha_R + (\beta_r - \beta_R)K] \\ \varepsilon_4 &= -\mu\varepsilon_f + \mu\beta_r\Delta t + \frac{\Delta t}{K}[\alpha_R + (\beta_r - \beta_R)K] \\ \varepsilon_2 &= \varepsilon_f + \frac{\Delta t}{K}[\alpha_R + (0 - \beta_R)K] \\ \varepsilon_3 &= \varepsilon_f + \frac{\Delta t}{K}[\alpha_R + (0 - \beta_R)K]\end{aligned}\right\} \quad (6-5)$$

则

$$\varepsilon = \varepsilon_1 + \varepsilon_4 - \varepsilon_2 - \varepsilon_3 = 2(\mu+1)(\beta_r\Delta t - \varepsilon_f) \quad (6-6)$$

因此钢轨中的纵向力为

$$F_z = EF\varepsilon_f - EF\beta_r\Delta t = -EF(\beta_r\Delta t - \varepsilon_f) = \frac{-EF\varepsilon}{2(\mu+1)} \quad (6-7)$$

若仅需测量钢轨中总的纵向力，则可根据该桥路直接测量，轨温变化只是一个过程参量，不需要实际测量；但若需要将钢轨基本温度力与附加纵向力区别开，则必须测量有效的轨温变化。

6.2.1.3 组桥方案三

美国 Salient 公司采用应变方法设计出钢轨热膨胀纵向力监测系统。该系统采用应变片进行测试钢轨的纵向应力，测试时在钢轨轨腰处纵向和垂向各贴一个应变片，纵向应变片用来测量钢轨的纵向应力，垂向应变片则作为温度补偿片来提高测试精度，纵向和垂向应变片组成惠斯通电桥。其对应的贴片方式及桥路如图 6-11、图 6-12 所示。其中，应变计 R_2 沿竖向布置，R_1 沿线路纵向布置。

假设钢轨整个断面的温度变化一致，均为 Δt，各应变计对应的测试应变如下：

$$\left.\begin{aligned}\varepsilon_1 &= \varepsilon_f + \frac{\Delta t}{K}[\alpha_R + (0 - \beta_R)K] \\ \varepsilon_2 &= -\mu\varepsilon_f + \mu\beta_r\Delta t + \frac{\Delta t}{K}[\alpha_R + (\beta_r - \beta_R)K]\end{aligned}\right\} \quad (6-8)$$

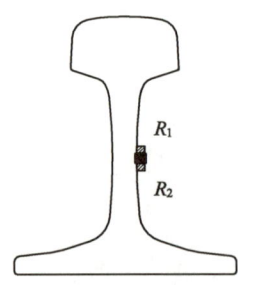 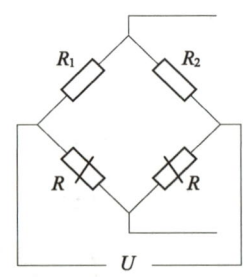

图 6-11 测试应变计粘贴位置(三)　　图 6-12 应变测试桥路(二)

从半桥测试原理可知

$$\varepsilon = \varepsilon_1 - \varepsilon_2 = (1+\mu)\varepsilon_f - \beta_r \Delta t(1+\mu) = (1+\mu)(\varepsilon_f - \beta_r \Delta t) \tag{6-9}$$

则钢轨内总的纵向力为

$$F_z = EF\frac{\varepsilon}{1+\mu} = EF\frac{\varepsilon_1 - \varepsilon_2}{1+\mu} \tag{6-10}$$

6.2.1.4　组桥方案四

为降低测量误差,可考虑钢轨内外侧同步测量,将组桥方案三改进为如图 6-13 所示的应变片粘贴方式,其测试桥路如图 6-14 所示。其中,应变计 R_1、R_2 沿竖向布置,R_3、R_4 沿线路纵向布置。

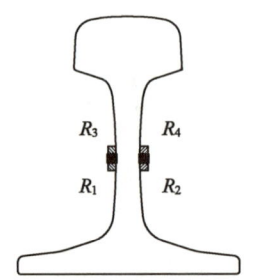 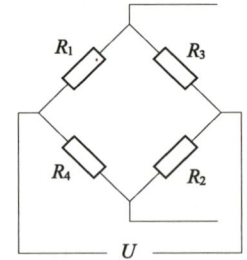

图 6-13 应变计粘贴位置(四)　　图 6-14 应变测试桥路(三)

不考虑内外两侧轨温差异,则各应变计测量应变为

$$\left.\begin{array}{l}\varepsilon_1 = -\mu\varepsilon_f + \mu\beta_r\Delta t + \dfrac{\Delta t}{K}[\alpha_R + (\beta_r - \beta_R)K] \\[6pt] \varepsilon_2 = -\mu\varepsilon_f + \mu\beta_r\Delta t + \dfrac{\Delta t}{K}[\alpha_R + (\beta_r - \beta_R)K] \\[6pt] \varepsilon_3 = \varepsilon_f + \dfrac{\Delta t}{K}[\alpha_R + (0 - \beta_R)K] \\[6pt] \varepsilon_4 = \varepsilon_f + \dfrac{\Delta t}{K}[\alpha_R + (0 - \beta_R)K]\end{array}\right\} \tag{6-11}$$

则

$$\varepsilon = \varepsilon_1 + \varepsilon_2 - \varepsilon_3 - \varepsilon_4 = 2(\mu+1)(\beta_r\Delta t - \varepsilon_f) \tag{6-12}$$

故钢轨内总的纵向力为

$$F_z = EF\varepsilon_f - EF\beta_r \Delta t = -EF(\beta_r \Delta t - \varepsilon_f) = \frac{-EF\varepsilon}{2(\mu+1)} \tag{6-13}$$

在不考虑同一钢轨断面上的温差时,该方案的测试结果也是纵向力的精确值。

6.2.1.5 组桥方案五

为降低测量误差,也可在组桥方案一、四的基础上对应变片测试桥路加以改进,省去温度补偿电路。其贴片示意如图6-15所示,组桥方式如图6-16所示。其中,应变计 R_1、R_2 沿竖向布置,R_3、R_4 沿线路纵向布置。

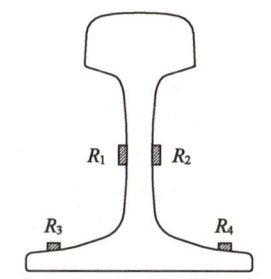

图6-15 应变计粘贴位置(五)

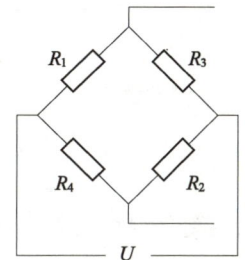

图6-16 应变测试桥路(四)

在不考虑同一钢轨断面不同位置的轨温差时,该测试方法的测试原理与组桥方案一是一致的。利用全桥电路的测量原理,可以得到钢轨内总的纵向力为

$$F_z = EF\varepsilon_f - EF\beta_r \Delta t = -EF(\beta_r \Delta t - \varepsilon_f) = \frac{-EF\varepsilon}{2(\mu+1)} \tag{6-14}$$

6.2.2 钢轨截面温度变化对测量误差的影响

6.2.2.1 钢轨的名义轨温

对于运营中的无缝线路,同一钢轨断面中不同位置处测定的钢轨温度是不同的,但是在研究无缝线路基本温度力中需要确定一个有效轨温,从而确定钢轨中的基本温度力。同时各种测试方法误差分析中也需要一个相对的基准基本温度力,因此首先确定钢轨断面的名义轨温(亦称有效轨温)。

组桥方案一所涉及的钢轨断面测点较多,以此为例分析。假定线路的锁定轨温为 T_s,贴片时钢轨断面温度均匀,且为锁定轨温;设应变计 R_1、R_2、R_3、R_4、R_{b1}、R_{b2}、R_{b3} 和 R_{b4} 八处所对应的轨温变化幅度分别为 Δt、$\Delta t + dt_2$、$\Delta t + dt_3$、$\Delta t + dt_4$、$\Delta t + dt_{b1}$、$\Delta t + dt_{b2}$、$\Delta t + dt_{b3}$ 和 $\Delta t + dt_{b4}$。

为了分析测量误差必须首先建立起基本温度力与测点钢轨温度变化的关系。高永军等提出了一种基于轨头、轨底、轨腰内外两侧温度确定钢轨名义轨温的计算方法,认为轨头与轨底的轨温呈线性相关,可用式(6-15)近似计算:

$$t_{轨头} = 0.6068 t_{轨底} + 17.86 \tag{6-15}$$

设轨底两个测点的均值等效为轨底的轨温,则轨头的轨温变化为

$$\Delta t_{\text{轨头}} = 0.606\,8\,\frac{2\Delta t + \mathrm{d}t_3 + \mathrm{d}t_4}{2} + 17.86 = a\,\frac{2\Delta t + \mathrm{d}t_3 + \mathrm{d}t_4}{2} + b \qquad (6-16)$$

下面提出一种计算名义轨温的方法：

（1）利用锁定轨温及温度变化幅度确定轨头、轨腰及轨底的轨温，即

$$\left.\begin{aligned} t_1 &= T_s + \Delta t_{\text{轨头}} = T_s + a\,\frac{2\Delta t + \mathrm{d}t_3 + \mathrm{d}t_4}{2} + b \\ t_2 &= T_s + \Delta t \\ t_3 &= T_s + \Delta t + \mathrm{d}t_2 \\ t_4 &= T_s + \frac{2\Delta t + \mathrm{d}t_3 + \mathrm{d}t_4}{2} \end{aligned}\right\} \qquad (6-17)$$

（2）确定轨温变化幅度，即

$$\Delta \bar{T} = \frac{1}{4}(\max t_i - \min t_i) \qquad (6-18)$$

（3）确定各位置处轨温相对于轨温变化幅度的偏差值，即

$$\delta_i = t_i - J,\ i = 1,\ 2,\ 3,\ 4 \qquad (6-19)$$

（4）求各个位置处的权系数，即

$$p_i = \frac{\delta_i}{\sum_{i=1}^{4}\delta_i},\ i = 1,\ 2,\ 3,\ 4 \qquad (6-20)$$

（5）求解名义轨温，即

$$T = \sum_{i=1}^{4} p_i t_i \qquad (6-21)$$

（6）确定名义轨温变化幅度，即

$$\Delta T = T - T_s \qquad (6-22)$$

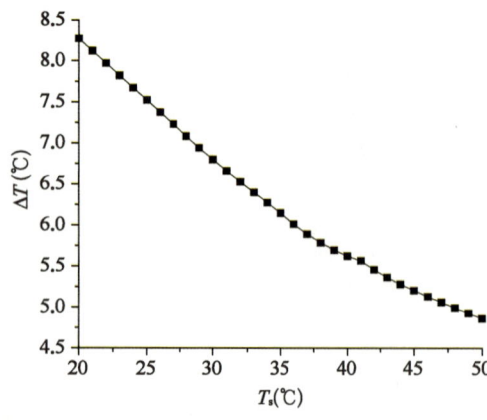

图 6-17 名义轨温变化幅度与锁定轨温的关系

钢轨名义温度相对锁定轨温的改变量 ΔT 与锁定轨温相关，以 $\mathrm{d}t_2 = 2℃$，$\mathrm{d}t_3 = -2℃$，$\mathrm{d}t_4 = 1℃$ 为例，计算得名义轨温、名义轨温变化幅度及锁定轨温之间的关系如图 6-17 所示。

由图 6-17 可知，随着锁定轨温的变化，名义轨温变化幅度也随之改变，这种确定名义轨温的方法对于测量误差的分析较为烦琐，且轨底与轨头的拟合公式也存在一定的局限性，主要表现在温度取值上，一般情况下有 $t_{\text{轨头}} > t_{\text{轨底}}$，利用拟合公式计算可以得到 $t_{\text{轨底}} < 45.4℃$。基于此，下面对名义轨温的取值直接采用四个应变片位置处

的轨温均值,即

$$\Delta T = \Delta t + \frac{dt_2 + dt_3 + dt_4}{4} \qquad (6-23)$$

故认为应变计测得的钢轨基本温度力均由 ΔT 引起,该部分值大小一致。

6.2.2.2　各种测量方案的误差分析

双向应变法测试钢轨纵向力假定各贴片处轨温变化一致。事实上,受线路走向、阳光照射角、线路环境等影响,受阳光直接照射的轨温相对较高,背阳侧的轨温相对较低,不同贴片处的钢轨温度自然不同。因此应变片的热输出不同,测量将存在一定误差。下面以组桥方案一为例,进行热输出误差分析。

将组桥方案一不同贴片处的轨温差考虑在内,重新推导电桥测量公式。因考虑 R_1 与 R_2、R_{b1} 与 R_{b2} 处存在轨温差,故钢轨存在弯曲应变,分别设为 ε_{wdt_2} 及 $\varepsilon_{wdt_{b2}-dt_{b1}}$(拉伸为正,压缩为负)。考虑这一误差因素后各应变计的测试应变为

$$\left.\begin{aligned}
\varepsilon_1 &= -\mu\varepsilon_f + \mu\beta_r \frac{\Delta t + \Delta t + dt_2}{2} + \frac{\Delta t}{K}[\alpha_R + (\beta_r - \beta_R)K] - \varepsilon_{wdt_2} \\
\varepsilon_2 &= -\mu\varepsilon_f + \mu\beta_r \frac{\Delta t + \Delta t + dt_2}{2} + \frac{\Delta t + dt_2}{K}[\alpha_R + (\beta_r - \beta_R)K] + \varepsilon_{wdt_2} \\
\varepsilon_{b1} &= \frac{\Delta t + dt_{b1}}{K}[\alpha_R + (\beta_r - \beta_R)K] - \varepsilon_{wdt_{b2}-dt_{b1}} \\
\varepsilon_{b2} &= \frac{\Delta t + dt_{b2}}{K}[\alpha_R + (\beta_r - \beta_R)K] + \varepsilon_{wdt_{b2}-dt_{b1}} \\
\varepsilon_3 &= \varepsilon_f + \frac{\Delta t + dt_3}{K}[\alpha_R + (0 - \beta_R)K] \\
\varepsilon_4 &= \varepsilon_f + \frac{\Delta t + dt_4}{K}[\alpha_R + (0 - \beta_R)K] \\
\varepsilon_{b3} &= \frac{\Delta t + dt_{b3}}{K}[\alpha_R + (\beta_r - \beta_R)K] \\
\varepsilon_{b4} &= \frac{\Delta t + dt_{b4}}{K}[\alpha_R + (\beta_r - \beta_R)K]
\end{aligned}\right\} \qquad (6-24)$$

则

$$\left.\begin{aligned}
\varepsilon_a &= \varepsilon_1 + \varepsilon_2 - \varepsilon_{b1} - \varepsilon_{b2} = -2\mu\varepsilon_f + \mu\beta_r(2\Delta t + dt_2) + \\
&\quad \frac{dt_2 - dt_{b1} - dt_{b2}}{K}[\alpha_R + (\beta_r - \beta_R)K] \\
\varepsilon_b &= \varepsilon_3 + \varepsilon_4 - \varepsilon_{b3} - \varepsilon_{b4} = 2\varepsilon_f + \alpha_R \frac{dt_3 + dt_4 - dt_{b3} - dt_{b4}}{K} - \\
&\quad \beta_r(2\Delta t + dt_{b3} + dt_{b4}) - \beta_R(dt_3 + dt_4 - dt_{b3} - dt_{b4})
\end{aligned}\right\} \qquad (6-25)$$

利用式(6-4)计算钢轨纵向力:

$$F_z = EF\left[\varepsilon_f - \beta_r\left(\Delta t + \frac{dt_2 + dt_3 + dt_4}{4}\right)\right] +$$

$$\frac{EF}{4}(dt_3 + dt_4 - dt_{b3} - dt_{b4})\left(\frac{\alpha_R}{K} - \beta_R + \beta_r\right) -$$

$$EF\frac{dt_2 - dt_{b1} - dt_{b2}}{4K\mu}[\alpha_R + (\beta_r - \beta_R)K]$$

$$= F_{zs} + F_{zw} \tag{6-26}$$

式中　F_{zs}——实测钢轨的相对纵向力；

　　　F_{zw}——测量误差。

当用于温度补偿的钢轨与被测线路平行放置，环境相似时，可近似认为各应变计处轨温差存在如下关系：

$$dt_{b1} = 0, \ dt_2 = dt_{b2}, \ dt_3 = dt_{b3}, \ dt_4 = dt_{b4} \tag{6-27}$$

将式(6-27)代入式(6-26)可知，通过温度补偿，各个应变计存在的轨温差异将不影响实际结果，这也充分说明了温度补偿的重要意义。

6.2.2.3 测量方案的比较

以轨温差 dt_2 为基准，分析各方案的测量误差，如图6-18所示。

从比较结果分析，在 $dt_2 < 0$ 时，组桥方案四、五相对于组桥方案二、三的误差略有增加，最大增加量仅为1.5 kN，相对于组桥方案一均能显著降低，最小降低量达到7.7 kN；当 $dt_2 > 0$ 时，组桥方案四、五的误差最小，组桥方案二、三随 dt_2 的增大线性增大，影响显著。总之，组桥方案四、五较优。表6-2为几种测试方案的主要特点比较。

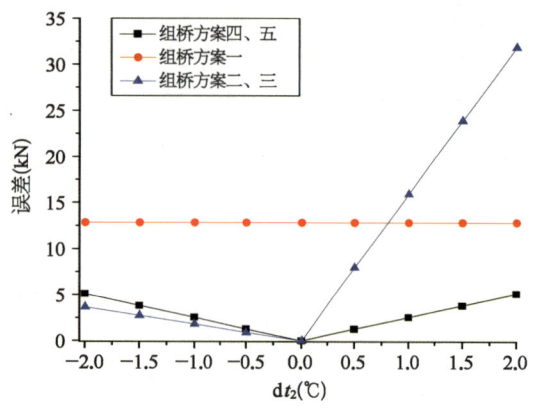

图6-18　测量误差与 dt_2 的关系

表6-2　各测试方案特点汇总

特　点	组桥方案一	组桥方案二	组桥方案三	组桥方案四、五
应变计个数(个)	8	4	2	4
额外补偿试件	有	无	无	无
受外界影响	大	小	小	小
应变计安装方式	对称	单边	单边	对称
弯曲应变能否平衡	能	否	否	能
测试精度	中	低	低	高

组桥方案四、五原理一致，仅贴片位置有所差异，从方便操作的角度来说，组桥方案五是较理想的测试方法。

6.2.3 基本温度力与附加纵向力的分离研究

无缝线路的爬行和温度力积聚直接影响线路运营安全,诸如温度力的非均匀分布、桥上无缝线路伸缩力、挠曲力等威胁最大。这种纵向力一般认为由基本温度力和附加力组成,附加力中桥上无缝线路的伸缩力是最具代表性的一种。评估桥上无缝线路状态是否安全,最关心的就是轨条内的附加纵向力值,特别是伸缩力的大小,这是业者极为关注的问题。

为从测量的纵向力中分离出附加力有多种方法。譬如测试桥台附近路基上的纵向力近似替代基本温度力,但该方法离桥台过远会与桥位处存在较大温度偏差,靠近桥台又会受梁轨相互作用影响,测量误差无法避免;也可直接测试钢轨的温度,换算获取基本温度力,但轨温的准确监测存在一定困难,且受轨条辗长等因素影响,实际锁定轨温会发生改变。直接测量钢轨的伸缩力是一种比较理想的方法。基于此,北京交通大学开发了 TS 系列的无缝线路测试仪,利用铟钢温度不敏感的特性,通过测量轨腰处预先安装的一对标定器的距离变化,求解伸缩力,但其精度受铟钢棒品质及安装标定器、测距误差等多因素影响。

6.2.3.1 基本温度力的测量

测量基本温度力的方法分为直接法与间接法。直接法采用前述各电桥方案在路基地段完成,要求在钢轨锁定轨温时贴片并开始测量,且钢轨实际锁定轨温未发生改变,此时测试的钢轨纵向力可认为即基本温度力。间接法为测试钢轨温度,计算钢轨中的基本温度力。

1) 直接法

路基上的测点布置于与桥位一致的温度环境中,且离桥台一定距离,尽量避免梁轨相互作用的影响。以组桥方案五为例,设路基测点处的钢轨上贴片处温度变化分别为 $\Delta t_{路基}$、$\Delta t_{路基} + dt_{2路基}$、$\Delta t_{路基} + dt_{3路基}$、$\Delta t_{路基} + dt_{4路基}$,且满足桥梁上钢轨的名义轨温与路基上钢轨的名义轨温相同,即满足

$$\Delta t + \frac{dt_2 + dt_3 + dt_4}{4} = \Delta t_{路基} + \frac{dt_{2路基} + dt_{3路基} + dt_{4路基}}{4} \qquad (6-28)$$

路基上钢轨的基本温度力为

$$P_t = F_{路基} = EF\left[-\beta_r\left(\Delta t_{路基} + \frac{dt_{2路基} + dt_{3路基} + dt_{4路基}}{4}\right)\right] -$$

$$\frac{EF\beta_r}{4}(dt_{2路基} - dt_{3路基} - dt_{4路基}) -$$

$$EF(\alpha_R - \beta_R K)\frac{dt_{2路基} - dt_{3路基} - dt_{4路基}}{2K(\mu+1)} \qquad (6-29)$$

则桥上测点的伸缩力为

$$P_f = F_z - P_t$$
$$= EF\varepsilon_f - EF\beta_r\left[\left(\Delta t + \frac{dt_2 + dt_3 + dt_4}{4}\right) - \left(\Delta t_{路基} + \frac{dt_{2路基} + dt_{3路基} + dt_{4路基}}{4}\right)\right] -$$

$$\frac{EF\beta_r}{4}[(\mathrm{d}t_2-\mathrm{d}t_3-\mathrm{d}t_4)-(\mathrm{d}t_{2路基}-\mathrm{d}t_{3路基}-\mathrm{d}t_{4路基})]-$$

$$\frac{EF(\alpha_R-\beta_R K)}{2K(\mu+1)}[(\mathrm{d}t_2-\mathrm{d}t_3-\mathrm{d}t_4)-(\mathrm{d}t_{2路基}-\mathrm{d}t_{3路基}-\mathrm{d}t_{4路基})] \tag{6-30}$$

当式(6-28)不能满足时,该方法测量的钢轨基本温度力(以桥上测点基本温度力为准)的误差为

$$P_{tw}=-\beta_r EF\left[\left(\Delta t_{路基}+\frac{\mathrm{d}t_{2路基}+\mathrm{d}t_{3路基}+\mathrm{d}t_{4路基}}{4}\right)-\left(\Delta t+\frac{\mathrm{d}t_2+\mathrm{d}t_3+\mathrm{d}t_4}{4}\right)\right]-$$

$$\frac{EF\beta_r}{4}(\mathrm{d}t_{2路基}-\mathrm{d}t_{3路基}-\mathrm{d}t_{4路基})-EF(\alpha_R-\beta_R K)\frac{\mathrm{d}t_{2路基}-\mathrm{d}t_{3路基}-\mathrm{d}t_{4路基}}{2K(\mu+1)} \tag{6-31}$$

受现场环境制约,实践中上述条件很难满足,故误差的存在难以避免。

2) 间接法

轨温测试最简单的方法是利用轨温表直接测试,但测点单一、方法粗糙;可用测轨仪器测量同一钢轨断面不同位置处的温度,可综合计算钢轨的基本温度力:

$$P_t=EF\left[-\beta_r\left(\Delta t+\frac{\mathrm{d}t_2+\mathrm{d}t_3+\mathrm{d}t_4}{4}\right)\right] \tag{6-32}$$

此时钢轨中的伸缩附加力为

$$P_f=EF\varepsilon_f-\frac{EF\beta_r}{4}(\mathrm{d}t_2-\mathrm{d}t_3-\mathrm{d}t_4) \tag{6-33}$$

6.2.3.2 伸缩力的测量

伸缩力的直接测量比较困难,下面介绍一种由西南交通大学高速铁路线路工程教育部重点实验室研究提出的测量方法,该方法基于异包层的光纤光栅传感器测试原理,可分离并直接测量钢轨的伸缩力。传感器如图 6-19 所示。

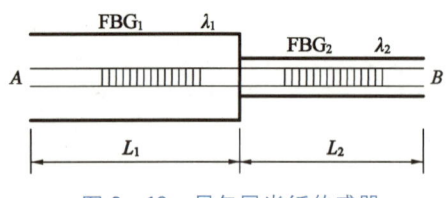

图 6-19 异包层光纤传感器

该传感器由两个光栅组成,但其外包层的截面面积不同,因此在 A、B 两点粘贴固定在钢轨上时,由于钢轨应变使传感器受到一定的力,从而使两个光栅分别产生应变,可测量出相应的中心波长相对漂移量。

设传感器同时受到温度和应变作用时,其中心波长相对漂移量为

$$\frac{\Delta\lambda}{\lambda}=K_\varepsilon\varepsilon+K_t\Delta t \tag{6-34}$$

式中 K_ε——应变灵敏度系数;

K_t——温度灵敏度系数。

这两个系数均与材料相关,设图 6-19 中的两对灵敏度系数分别为 $K_{\varepsilon 1}$、K_{t1} 及 $K_{\varepsilon 2}$、K_{t2}。因传感器两部分光栅均由同一根光纤刻制而成,故其温度灵敏度系数、弹性模量、线膨胀系数可认为

是相同的,分别设为 K_t、E 及 α。但两部分光栅的截面积不相等,当温度发生变化引起传感器受到纵向温度力作用时,温度力 F 可通过超静定结构求解。设传感器前后两个光栅所对应的长度及截面积分别为 L_1 与 L_2、A_1 与 A_2,温度变化量为 Δt,则有

$$\frac{FL_1}{EA_1} + \frac{FL_2}{EA_2} = \alpha \Delta t (L_1 + L_2) \tag{6-35}$$

可得

$$F = \frac{E\alpha \Delta t (L_1 + L_2) A_1 A_2}{A_2 L_1 + A_1 L_2} \tag{6-36}$$

设 $L_2 = k_l L_1$、$A_2 = k_a A_1$,则式(6-36)可以简化为

$$F = \frac{E\alpha \Delta t k_a A_1 (1 + k_l)}{k_a + k_l} \tag{6-37}$$

故两个光栅因温度变化而发生的应变分别为

$$\begin{aligned}\varepsilon_{1t} &= \frac{F}{EA_1} = \frac{\alpha \Delta t k_a (1 + k_l)}{k_a + k_l} \\ \varepsilon_{2t} &= \frac{F}{EA_2} = \frac{\alpha \Delta t (1 + k_l)}{k_a + k_l} \\ \varepsilon_{1t} &= k_a \varepsilon_{2t}\end{aligned} \tag{6-38}$$

设 $K_{\varepsilon 2} = k_\varepsilon K_{\varepsilon 1}$,则据式(6-34),两个光栅的相对波长改变量之差为

$$\frac{\Delta \lambda_{1t}}{\lambda_1} - \frac{\Delta \lambda_{2t}}{\lambda_2} = K_{\varepsilon 1} \varepsilon_{1t} - k_\varepsilon K_{\varepsilon 1} \varepsilon_{2t} = -K_{\varepsilon 1} \frac{(1 + k_l)(k_a - k_\varepsilon)}{k_a + k_l} \alpha \Delta t \tag{6-39}$$

当钢轨受到的附加纵向力作用时,设由伸缩力使钢轨产生的应变为 ε_f,由于一个传感器的两个光纤光栅的截面积不同,因此其相应的应变也是不同的。

整个传感器的平均应变为

$$\varepsilon_f = \frac{\Delta L_1 + \Delta L_2}{L_1 + L_2} \tag{6-40}$$

对单个光栅而言,其应变为

$$\varepsilon_{1f} = \frac{\Delta L_1}{L_1}, \quad \varepsilon_{2f} = \frac{\Delta L_2}{L_2} \tag{6-41}$$

因两个光栅被置于同一个传感器上,故有

$$EA_1 \varepsilon_{1f} = EA_2 \varepsilon_{2f} \tag{6-42}$$

不考虑材料的非均匀性,式(6-37)可以简化为

$$A_1 \varepsilon_{1f} = A_2 \varepsilon_{2f} \tag{6-43}$$

综上可得

$$\varepsilon_{1f} = \frac{L_1+L_2}{L_1\left(1+\dfrac{A_1L_2}{A_2L_1}\right)}\varepsilon_f = \frac{k_a(1+k_1)}{k_a+k_1}\varepsilon_f$$

$$\varepsilon_{2f} = \frac{L_1+L_2}{L_2\left(1+\dfrac{A_2L_1}{A_1L_2}\right)}\varepsilon_f = \frac{1+k_1}{k_a+k_1}\varepsilon_f$$

(6-44)

依据式(6-34),两个光栅的相对波长改变量之差为

$$\frac{\Delta\lambda_{1f}}{\lambda_1} - \frac{\Delta\lambda_{2f}}{\lambda_2} = K_{\varepsilon 1}\varepsilon_{1f} - k_\varepsilon K_{\varepsilon 1}\varepsilon_{2f} = K_{\varepsilon 1}\frac{(1+k_1)(k_a-k_\varepsilon)}{k_a+k_1}\varepsilon_f \tag{6-45}$$

考虑到传感器一般同时受到温度和伸缩力共同作用,将式(6-39)与式(6-45)合并:

$$\frac{\Delta\lambda_1}{\lambda_1} - \frac{\Delta\lambda_2}{\lambda_2} = K_{\varepsilon 1}\frac{(1+k_1)(k_a-k_\varepsilon)}{k_a+k_1}(\varepsilon_f - \alpha\Delta t) = K(\varepsilon_f - \alpha\Delta t) \tag{6-46}$$

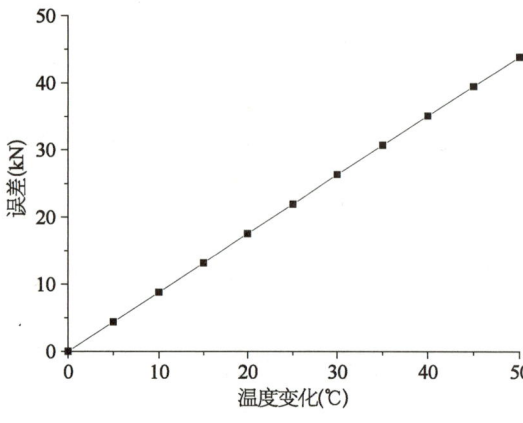

图 6-20 温度变化产生的测量误差

其中,$K = K_{\varepsilon 1}\dfrac{(1+k_1)(k_a-k_\varepsilon)}{k_a+k_1}$。

若忽略温度力时,采用式(6-46)测量伸缩力将引起误差。图 6-20 给出了测试误差与传感器内温度力变化之间的关系(以 60 钢轨为例,传感器线膨胀系数取为 $5.5\times10^{-7}\,℃^{-1}$)。

温度变化引起的误差与温变幅度呈线性关系。在温度变化 50℃时,由该方法引起的误差达 43.9 kN。

将式(6-39)代入式(6-34),并考虑由于两个光栅所在位置近,其温度变化相同,取为 ΔT,则得到

$$\left.\begin{aligned}\frac{\Delta\lambda_1}{\lambda_1} &= K_{\varepsilon 1}\frac{L_1+L_2}{L_1\left(1+\dfrac{A_1L_2}{A_2L_1}\right)}\varepsilon_f + K_{t1}\Delta T \\ \frac{\Delta\lambda_2}{\lambda_2} &= K_{\varepsilon 2}\frac{L_1+L_2}{L_2\left(1+\dfrac{A_2L_1}{A_1L_2}\right)}\varepsilon_f + K_{t2}\Delta T\end{aligned}\right\} \tag{6-47}$$

当两种光纤光栅材料一致时,其对应的温度灵敏度系数是相同的,但是由于外包层不同,其对应的应变灵敏度不同,式(6-47)中的两式相减可以直接将温度引起的影响消除:

$$\frac{\Delta\lambda_1}{\lambda_1} - \frac{\Delta\lambda_2}{\lambda_2} = K\varepsilon_f \tag{6-48}$$

其中，$K = K_{\varepsilon 1} \dfrac{L_1 + L_2}{L_1 \left(1 + \dfrac{A_1 L_2}{A_2 L_1}\right)} - K_{\varepsilon 2} \dfrac{L_1 + L_2}{L_2 \left(1 + \dfrac{A_2 L_1}{A_1 L_2}\right)}$。

利用此原理可以得到钢轨中伸缩附加力产生的应变 ε_f，则可得到钢轨伸缩附加力 P_f：

$$P_f = E_r A_r \varepsilon_f \tag{6-49}$$

式中　E_r、A_r——钢轨的弹性模量、断面面积。

再基于前述电桥模型测量得纵向力合力 F_z，可求得钢轨中的基本温度力 P_t：

$$P_t = F_z - P_f \tag{6-50}$$

6.2.4　异包层光纤光栅传感器的室内试验验证

6.2.4.1　试验简介

按图 6-21 刻录异包层传感器。经过刻录之后的传感器会经过腐蚀液将其中一个传感器（波长为 λ_2）的涂覆层进行一定程度的腐蚀，改变其截面面积，从而制作出能够满足试验要求的光纤光栅传感器。

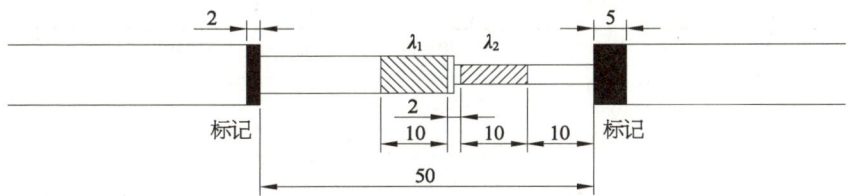

图 6-21　异包层传感器刻录方式（经过腐蚀后）

6.2.4.2　传感器的温度灵敏度系数测试

1) 腐蚀前传感器温度灵敏度系数

将未腐蚀的传感器自由放置于温控箱中，并通过更改温控箱的控制温度实现不同温度条件下两种光栅的波长测试。不同温度等级稳定后的传感器波长与温度之间的拟合曲线如图 6-22 所示。

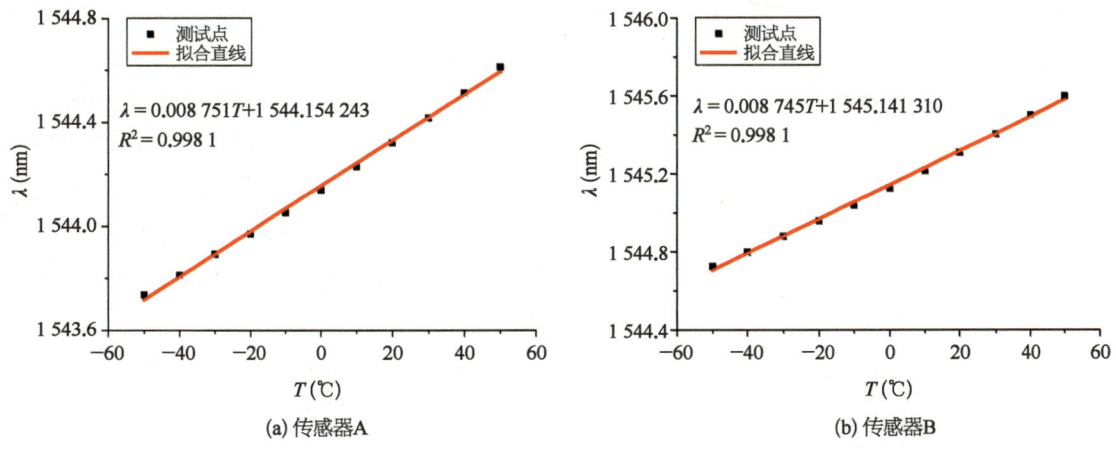

(a) 传感器A　　　(b) 传感器B

图 6-22　测试及拟合结果（一）

测试表明：两个光栅温敏测试曲线的拟合线性度较好，且以不同温度测试结果为基准点得到的温度灵敏度系数相差极小，且拟合优度均为 0.998 1，表现出很强的线性关系；两个光纤光栅在 30℃对应的波长测试截距均为 0，起点一致。

2）腐蚀后传感器温度灵敏度系数

将腐蚀后的传感器按上述试验方法重新测试。试验温度变化范围取为 -30～30℃，测试结果如图 6-23 所示。

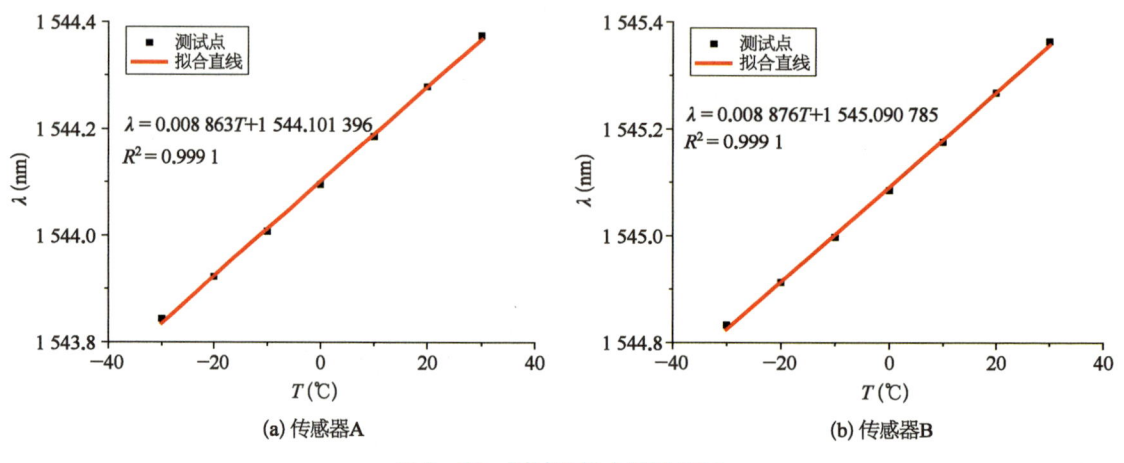

图 6-23　测试及拟合结果(二)

测试表明：该试验条件下的拟合优度相对未腐蚀条件下略有提高，约为 0.001；两者的拟合直线斜率差异较小，主要来自测试误差、光纤光栅的腐蚀等作用的影响。以不同温度测试结果为基准点得到的传感器的温度灵敏度系数相差较小，并且两个传感器的拟合优度均为 0.999 1，表现出很强的线性关系；两个传感器在 20℃对应的截距均为 0。

6.2.4.3　温度恒定条件下纵向力测试

将传感器沿钢轨中性轴按图 6-24 要求固定于轨腰，置于温控箱中保持 20℃的恒温，静置 24 h；并通过万能试验机给钢轨施加纵向力。得到光纤光栅传感器的波长变化如图 6-25、图 6-26 所示。

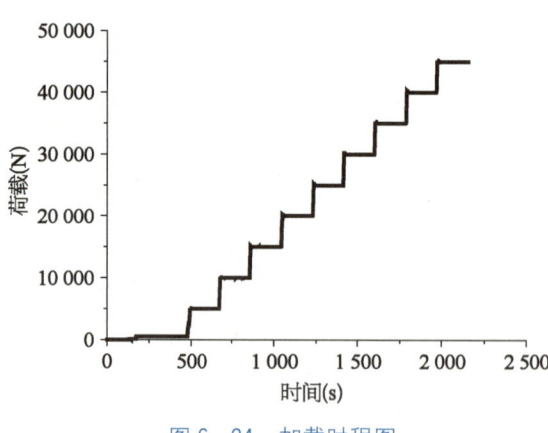

图 6-24　加载时程图

重复三次试验，以 500 N 对应的测点为基准点，依据其测试原理可以得到三次 $\dfrac{\Delta\lambda_1}{\lambda_1} - \dfrac{\Delta\lambda_2}{\lambda_2}$ 与压力变化之间的关系，见表 6-3。

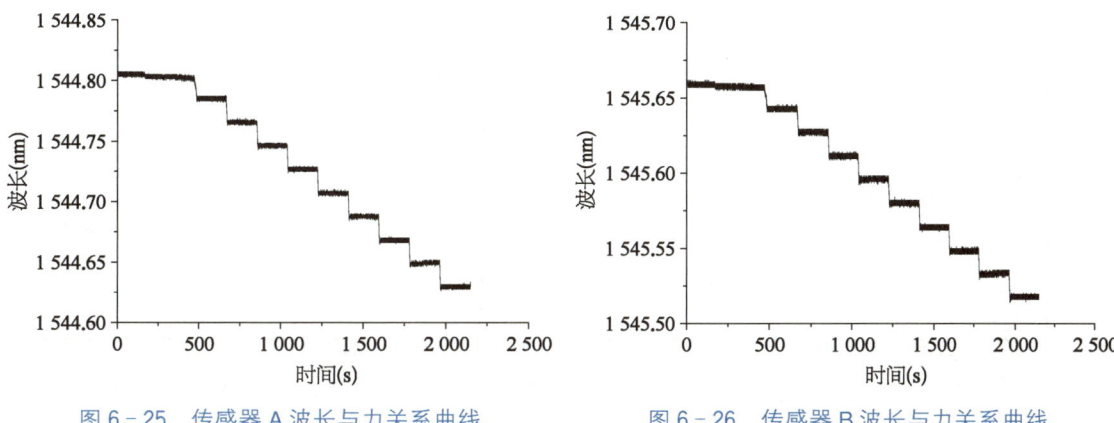

图 6-25 传感器 A 波长与力关系曲线   图 6-26 传感器 B 波长与力关系曲线

表 6-3 传感器相对波长与力之间的关系

次 数	系 数	R_2	综合系数	综合拟合 R_2
1	$-4.848\,607\times10^{-10}$	0.999 92	$-4.850\,286\times10^{-10}$	0.999 92
2	$-4.855\,079\times10^{-10}$	0.999 95		
3	$-4.847\,174\times10^{-10}$	0.999 95		

注:表中的综合系数不是采用三次结果的值平均,而是依据三次结果综合后获得。

因有

$$\frac{\Delta\lambda_1}{\lambda_1}-\frac{\Delta\lambda_2}{\lambda_2}=K\Delta\varepsilon_f=K\frac{\Delta F}{EA}=\frac{K}{EA}\Delta F$$

则 $K=-4.850\,286\times10^{-10}\times2.1\times10^{11}\times10.76\times10^{-4}=-0.109\,597$。该值即为该传感器在纵向力作用下的应变灵敏度系数。

6.2.5 现场试验验证

依托于成绵乐高铁青神车站出站方向一跨 32 m 简支梁及其相邻一定长度范围内的路基开展现场测试,通过在路基及桥梁上布置相应的测点进行无缝线路监测。测试点布设及测试结果如图 6-27~图 6-29 所示。

测试表明,测试结果与理论计算结果较为吻合,初步验证了测试方法可以测量路基上钢轨的纵向力及桥梁上钢轨附加伸缩力,也为桥上无缝线路的状态监测提供了理论基础。

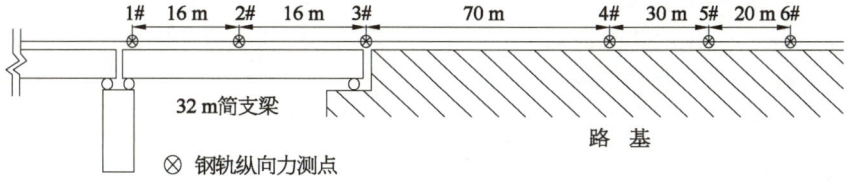

图 6-27 钢轨纵向力测点布置

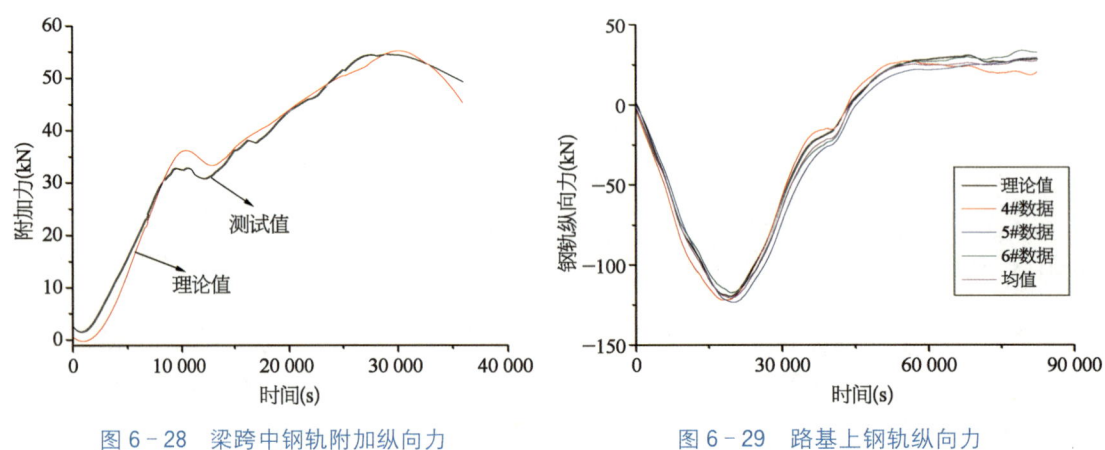

图 6-28 梁跨中钢轨附加纵向力　　图 6-29 路基上钢轨纵向力

6.3 高架站桥上无缝道岔监测系统

高架站轨道结构受多重荷载作用,结构间相互作用关系复杂,高平顺性管理难度大,是高速铁路轨道系统安全服役中最为典型的区域之一。针对高架站轨道系统建立综合监测平台,实时测试其安全服役行为,对潜在破坏进行预测预警,能有效提升我国高速铁路运营的安全性和稳定性,为我国高速铁路的建设和运营提供技术保障。

6.3.1 桥上无砟道岔的状态控制指标

6.3.1.1 钢轨强度和稳定性

桥上无砟道岔钢轨不仅要承受温度力的作用,而且由于道岔里轨伸缩以及桥梁伸缩、挠曲变形等的影响,还要承受较大的附加力作用。无缝线路轨道的稳定性应满足钢轨实际升温幅度 ΔT 小于或等于容许升温幅度 $[\Delta T_e]$ 的要求,无缝道岔、桥上无缝线路 $[\Delta T_e]$ 应计入纵向附加力的影响,即 $\Delta T \leqslant \Delta T_e$。针对无砟轨道稳定性的计算,国内研究人员提出采取控制长钢轨的压弯变形作为检算条件,无砟轨道允许温升采用"压弯变形计算公式"。

6.3.1.2 钢轨断缝检算

低温条件下钢轨可能发生折断,断缝过大会威胁高速列车行车安全。

6.3.1.3 钢轨伸缩位移

为避免转辙设备发生卡阻故障,影响道岔正常工作,尖轨及心轨位移不能超过电务转换系统的伸缩允许值。根据《高速铁路无缝线路养护维修办法》,对于客专系列和 CNTT 系列尖轨和心轨的限值分别为 ±40 mm 和 ±20 mm;对于 CZ 系列尖轨和心轨的限值分别为 ±45 mm 和 ±30 mm。

6.3.1.4 钢轨-轨道板相对位移

为避免桥梁变形对道岔的不利影响,保证道岔合理几何形位,需要对转辙器、辙叉部分道岔钢轨与桥面无砟轨道的相对位移进行控制。一般要求限值为 20.7 mm。辙叉部分 $R \geqslant 3\,000$ m 时,限值为 0.7 mm;$R = 1\,100$ m 时,限值为 3.7 mm。

6.3.1.5 无砟轨道

轨道板混凝土强度等级为 C50,底座板混凝土强度等级为 C40。根据我国《铁路桥涵混凝土结构设计规范》(TB 10092—2017),混凝土容许应力应满足表 6-4 的限值。

表 6-4 混凝土容许应力值

强度类型	符号	混凝土强度等级(MPa)				
		C40	C45	C50	C55	C60
中心受压	σ_c	10.8	12.0	13.4	14.8	16.0
弯曲受压	σ_b	13.5	15.0	16.8	18.5	20.0
拉应力	σ_t	2.43	2.61	2.79	2.97	3.15
剪应力	τ_c	1.35	1.45	1.55	1.65	1.75

6.3.2 桥上无砟道岔敏感区域

道岔区是一个长条形区域,特别是高速道岔长度较长,如应用最多的 18 号高速道岔,全长达 69 m 有余,最大的 62 号高速道岔全长超过 200 m。岔区内钢轨件、结构件和功能件交织,分层板状的岔下基础断面变化大,处于桥梁区段时还将受线桥相互作用影响。在这一关键区段有效开展状态实时监测,需要以点代面,重点区分敏感区域和项点,采取合理的监测策略。

6.3.2.1 温度荷载作用下的敏感项点及区域分析

温度荷载是运营中的高架站轨道系统承受的主要荷载之一,直接影响轨道结构的受力变形。为分析在温度荷载作用下桥上无砟道岔的敏感区段,以京沪高速铁路桥上 CRRTS Ⅱ 型板式无砟道岔为例,建立了典型桥上无缝道岔有限元模型,研究了不同温度工况下桥上板式无砟道岔的受力变形规律,确定温度荷载作用下的力学敏感区域和指标。表 6-5 列出了分析时所采用的三种主要工况。

表 6-5 温度荷载工况

工况	钢轨温度变化幅度(℃)	无砟轨道温度变化幅度(℃)	桥梁温度变化幅度(℃)
工况 1	30	30	20
工况 2	40	30	20
工况 3	50	30	20

1) 基本轨受力和变形规律分析

在不同工况的温度荷载作用下,基本轨纵向力如图 6-30 所示,工况 1、3 两种工况下钢轨-无砟轨道的相对位移如图 6-31 所示。图中坐标零点对应七跨连续梁的左侧梁端,坐标 224 m 处为七跨连续梁的右侧梁端,−96~0 m 为左侧的三跨简支梁,224~320 m 处为右侧的三跨连续梁。

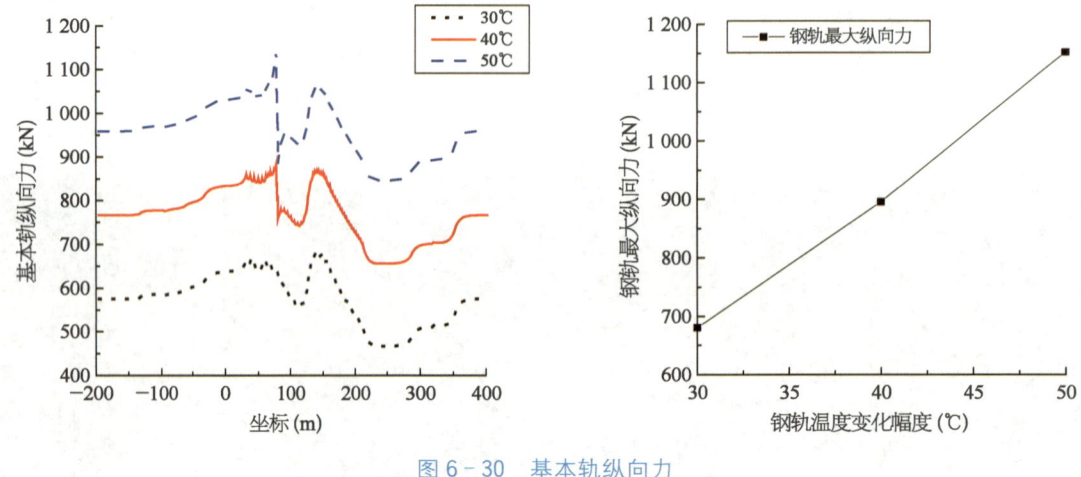

图 6-30　基本轨纵向力

由图 6-30 可知,当轨温变化幅度为 30℃、40℃ 和 50℃ 时,基本轨的最大纵向力分别为 680.26 kN、895.25 kN 和 1 151.66 kN,对应的伸缩附加力分别为 104.5 kN、127.57 kN 和 192.05 kN。基本轨的最大纵向力与轨温变化幅度的对应关系为 25.6 kN/℃,纵向力对轨温变化比较敏感。随着轨温幅度增加,限位器子母块逐渐接触,道岔基本轨在尖轨跟端逐渐出现纵向力峰值。除此之外,辙叉区尖轨前端也出现了较大的纵向力峰值。故道岔的尖轨跟端和辙叉区心轨前端为基本轨受力的敏感区域。

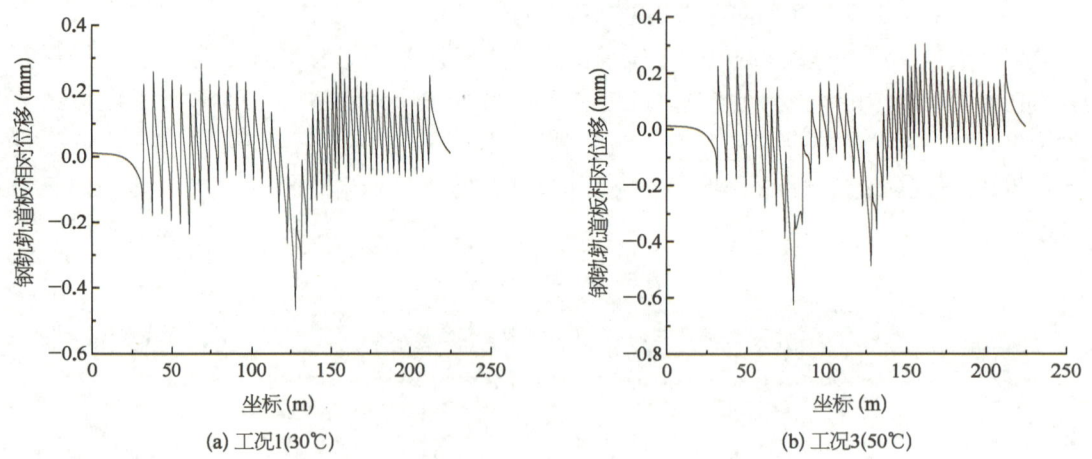

图 6-31　钢轨与轨道板的纵向相对位移

由图 6-31 可知,当轨温变化幅度为 30℃ 时,钢轨-无砟轨道板的最大相对位移为 0.47 mm,出现在连续梁固定支座附近;当轨温变化幅度为 50℃ 时,钢轨-无砟轨道板的最大相对位移为 0.63 mm,出现在道岔尖轨跟端,主要受限位器子母块接触影响。此外,尖轨前端和辙叉区也存在较大的相对位移。钢轨-无砟轨道板纵向相对位移过大会影响道岔几何行为的保持,需重点关注,故可确定道岔尖轨前端和跟端、连续梁固定支座附近及辙叉区为钢轨-无砟轨道板纵向相对位移关注的敏感区域。

2) 尖轨、导轨和心轨受力和变形规律分析

在不同工况温度荷载作用下,尖轨和导轨的纵向力和纵向位移如图6-32、图6-33所示。导轨前端为尖轨跟端,后端是翼轨跟端。

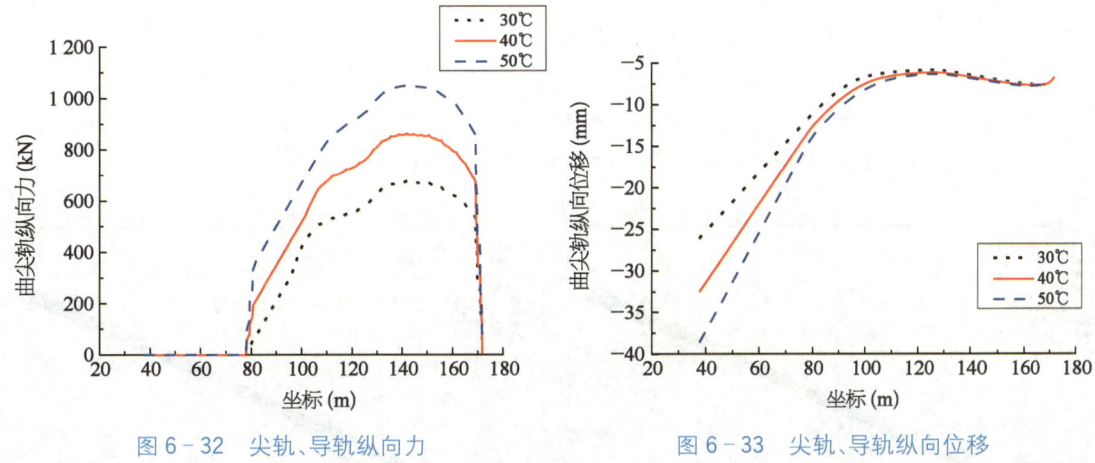

图6-32 尖轨、导轨纵向力　　　　　图6-33 尖轨、导轨纵向位移

分析表明,尖轨尖端由于可以自由伸缩,钢轨纵向力为0,但纵向位移较大。最大纵向力出现在导轨上,为辙叉区心轨前端,当轨温变化幅度为30℃、40℃和50℃时,导轨最大纵向力分别为674.66 kN、863.54 kN和1 047.4 kN,尖轨最大纵向位移为26.01 mm、32.35 mm和38.48 mm。因最大纵向力小于基本轨,故道岔纵向力监测可以以基本轨为主。尖轨的最大纵向位移与轨温变化幅度的对应关系为0.6 mm/℃,纵向位移对轨温的变化十分敏感。特别是当轨温变化为50℃时尖轨尖端的伸缩位移达到了38.48 mm,接近了道岔尖轨允许伸缩的最大位移40 mm,因此道岔尖轨尖端的纵向伸缩位移可确定为敏感项点。

在不同工况温度荷载作用下,心轨的纵向力和纵向位移如图6-34、图6-35所示。

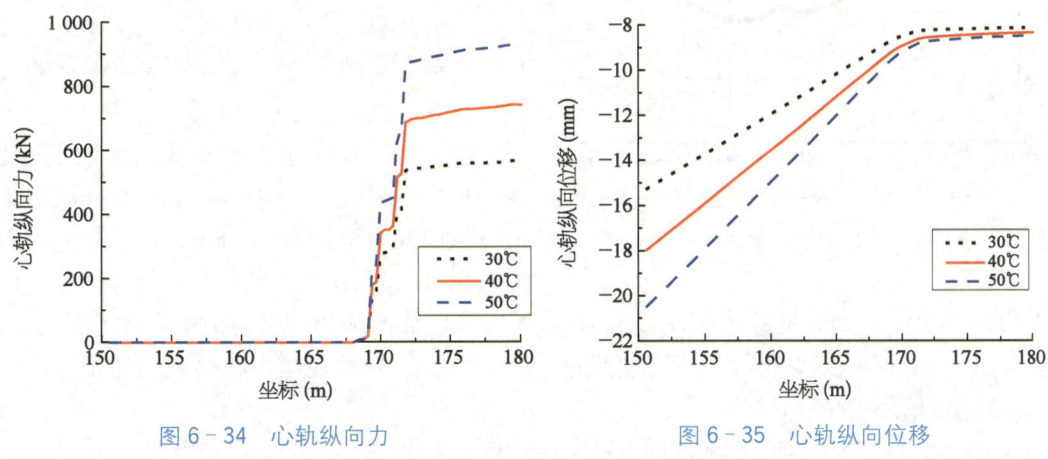

图6-34 心轨纵向力　　　　　图6-35 心轨纵向位移

由图6-34、图6-35可知,心轨尖端由于可以自由伸缩,钢轨纵向力为0,但纵向位移较大。心轨的最大纵向力出现在心轨的跟端。当轨温变化幅度为30℃、40℃和50℃时,尖轨的最大纵向

力分别为 565.84 kN、742.99 kN 和 930.35 kN,最大纵向位移为 15.26 mm、17.93 mm 和 20.47 mm。心轨的最大纵向力小于基本轨,故可不对心轨纵向力进行监测。心轨的最大纵向位移与轨温变化幅度的对应关系为 0.25 mm/℃,纵向位移对轨温的变化也比较敏感。特别是当轨温变化为 50℃ 时心轨尖端的伸缩位移达到了 20.47 mm,超过了道岔心轨允许伸缩的最大位移 20 mm,因此道岔心轨尖端的纵向伸缩位移需要密切关注。

3) 无砟轨道受力与变形规律分析

以轨温变化幅度为 50℃ 的工况为例进行分析,轨道板、底座板的温度均为 30℃。图 6-36 和图 6-37 为应用较多的板式无砟道岔的轨道板和底座板应力云图。

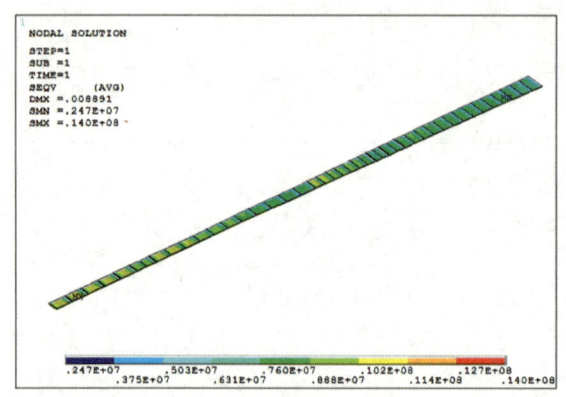

图 6-36 轨道板应力

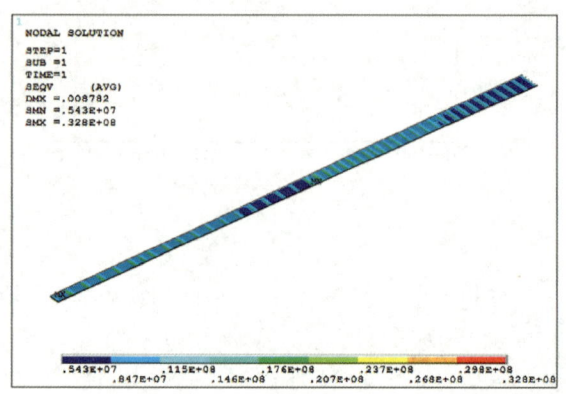

图 6-37 底座板应力

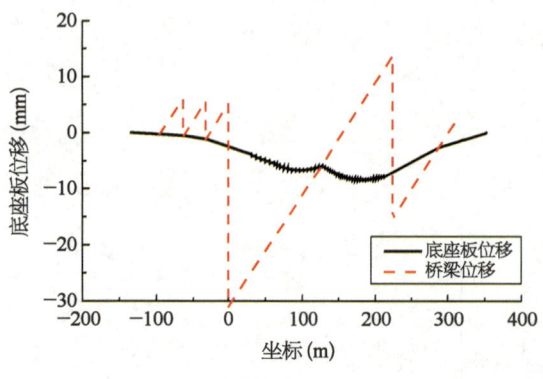

图 6-38 底座板和桥梁纵向位移

结果表明,轨道板的最大应力为 14 MPa,底座板的最大应力为 32.8 MPa,应力峰值区域主要集中在温度跨度较大一侧的连续梁梁端和连续梁固定支座附近。由于轨道板或底座板应力过大易造成开裂或压碎,因此需对温度跨度较大一侧的连续梁梁端和连续梁固定支座附近的轨道板和底座板应力进行密切关注。

图 6-38 为底座板和桥梁的纵向位移图。底座板的最大纵向伸缩位移为 8.53 mm,桥梁的最大纵向伸缩位移为 30.86 mm。由于剪力齿槽的作用,桥梁固定支座处的底座板和桥梁位移几乎相同,其他部位的相对位移则相差较大,连续梁梁端的底座板和桥梁的相对位移达到最大,为 28.36 mm。由于底座板和桥梁间铺设了"两布一膜"滑动层,导致底座板和桥梁间的相对位移较大,因此需要加以关注。

6.3.2.2 车辆荷载作用下的敏感项点及区域分析

车辆荷载是运营中高架车站轨道系统承受的主要活载,下面主要分析车辆的挠曲力和制动力对高架站轨道系统的影响。

1) 车辆挠曲荷载

根据《铁路无缝线路设计规范》(TB 10015—2012),桥上无缝线路挠曲力计算选择相应的桥梁设计标准活载,不考虑冲击系数的影响。三跨连续梁一般分别在固定支座一侧的一跨或两跨梁上布置荷载计算。因此本节在计算挠曲力对轨道结构的影响时,考虑三种工况:① 七跨连续梁全桥施加挠曲荷载;② 七跨连续梁固定支座左侧的四跨梁上施加挠曲荷载;③ 七跨连续梁固定支座右侧的三跨梁上施加挠曲荷载。图 6-39 为 ZK 标准活载图示。

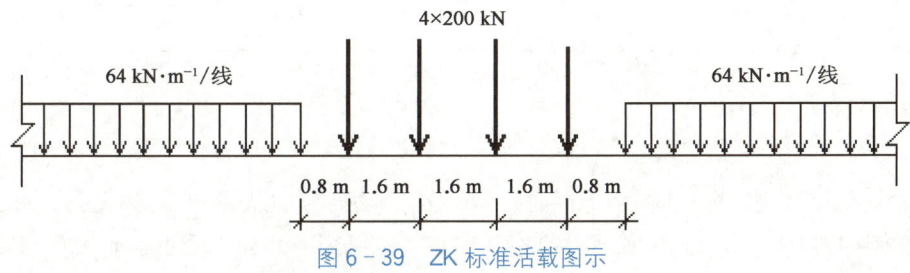

图 6-39 ZK 标准活载图示

图 6-40 为不同荷载工况作用下钢轨的挠曲力图。从图中可以看出,工况 1、2 和 3 的钢轨最大挠曲力分别为 5.46 kN、5.68 kN 和 6.7 kN。由于桥上板式无砟道岔底座板为纵连结构,提高了结构的整体性,因此与温度荷载相比,钢轨的挠曲力很小。通过对比三种工况不难发现,在固定支座两侧布置列车荷载比在全桥布置列车荷载产生的挠曲力大。

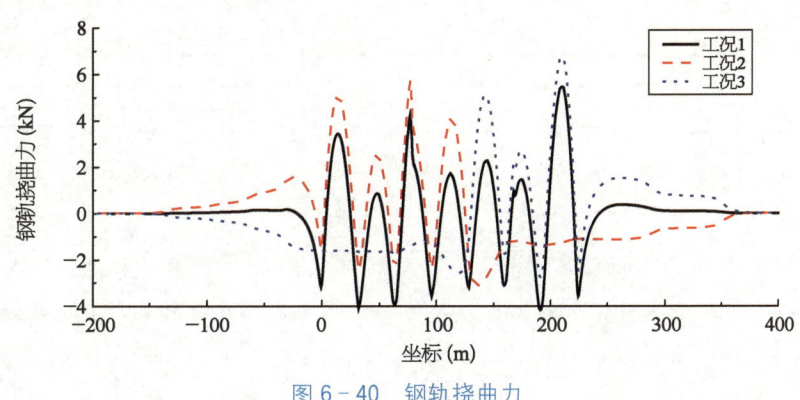

图 6-40 钢轨挠曲力

图 6-41 为不同荷载工况作用下钢轨的垂向挠曲位移。列车荷载主要使钢轨产生垂向变形,钢轨的纵向位移只有 0.05 mm。工况 1、2 和 3 的钢轨最大挠曲位移分别为 2.57 mm、2.08 mm 和 2.57 mm,桥梁的最大挠曲分别为 2.56 mm、2.22 mm 和 2.59 mm,变形均在安全允许范围之内。对比分析表明,三种工况作用下钢轨和桥梁的挠曲位移相差不大。

分析表明,与温度荷载相比,列车挠曲荷载产生的钢轨挠曲力和挠曲位移均较小,因此可忽略车辆挠曲荷载作用的影响。

2) 车辆制动荷载

制动力大小主要取决于列车荷载和制动力率。我国的列车荷载为 ZK 标准活载,制动力率为 0.25。因此轨面制动力为 16 kN/m。计算时按最不利加载长度考虑,加载长度取 300 m。本节在

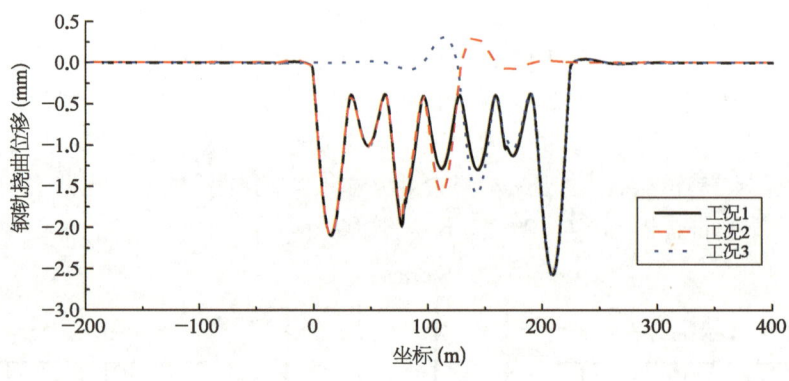

图 6-41 钢轨挠曲位移

计算制动力对轨道结构的影响时,考虑两种工况:① 制动力方向从右向左,到七跨连续梁左侧梁端结束;② 制动力方向从左往右,到七跨连续梁右侧梁端结束。具体加载示意如图 6-42 所示。

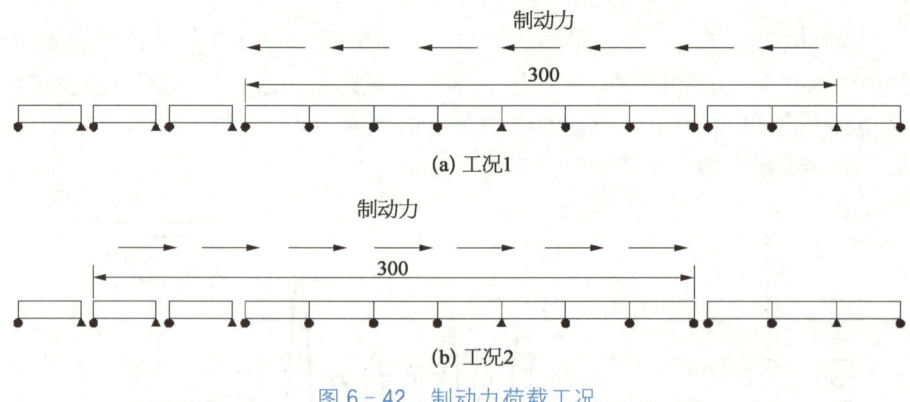

图 6-42 制动力荷载工况

图 6-43、图 6-44 分别为两种不同制动工况下钢轨的制动力图和位移图。工况 1 和工况 2 的钢轨最大制动力分别为 63 kN 和 46.7 kN,最大制动位移为 2.53 mm 和 2.70 mm。最大制动力出现

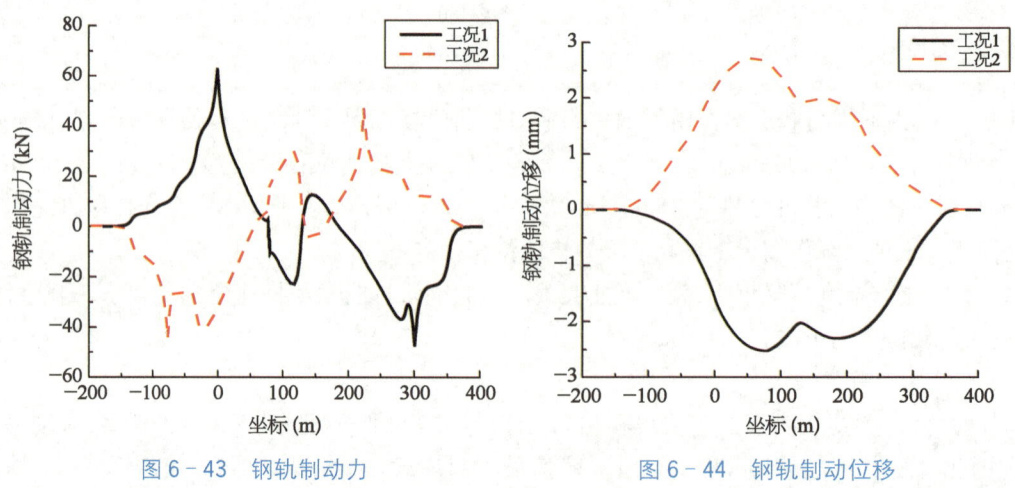

图 6-43 钢轨制动力　　　　　　　　图 6-44 钢轨制动位移

在列车的头部和尾部,最大制动位移出现在道岔尖轨跟端。与温度荷载相比,制动荷载产生的钢轨制动力和制动位移均较小,但影响效果比挠曲荷载明显,必要时需加以考虑。

图6-45为两种工况下钢轨-轨道板相对位移。图中曲线表明,两种工况下钢轨-轨道板最大相对位移均为0.27 mm,位于连续梁固定支座处。由于剪力齿槽的作用,轨道板在固定支座处的位移很小。列车制动荷载比温度荷载产生的钢轨-轨道板相对位移数值略小,应加以重视。钢轨-轨道板相对位移的敏感区域在尖轨跟端和连续梁固定支座处,与温度荷载的敏感区域相同。

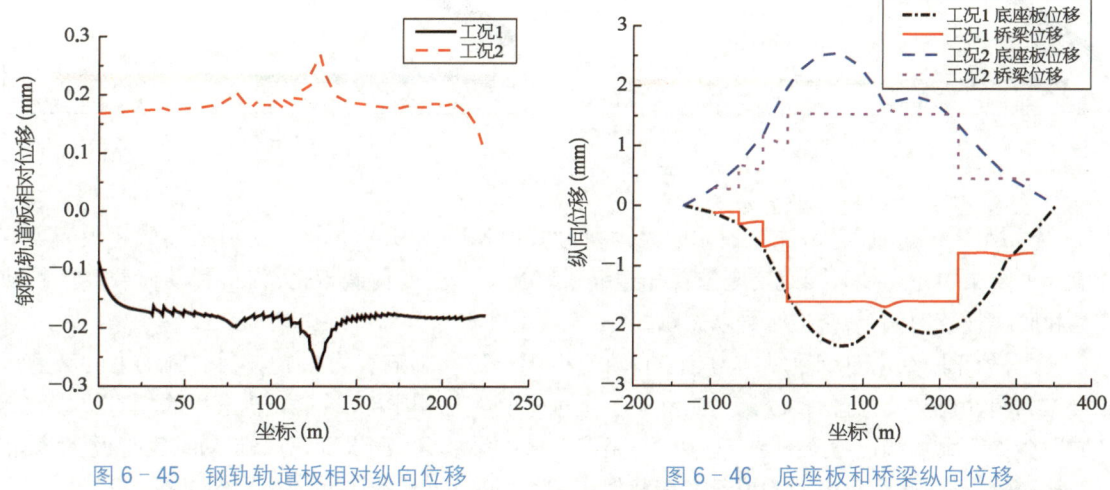

图6-45 钢轨轨道板相对纵向位移　　图6-46 底座板和桥梁纵向位移

图6-46为两种工况下底座板-桥梁纵向位移。两种工况下底座板的最大纵向位移分别为2.34 mm和2.52 mm,桥梁的最大纵向位移分别为1.69 mm和1.6 mm,底座板-桥梁最大相对位移为0.74 mm和1.0 mm,两种工况的结果相差不大。由于剪力齿槽的作用,在该位置底座板和桥梁的纵向位移相同。底座板-桥梁相对位移由于数值很小,因此可以忽略。

图6-47和图6-48为制动荷载下轨道板和底座板应力图。工况1和工况2的轨道板最大应

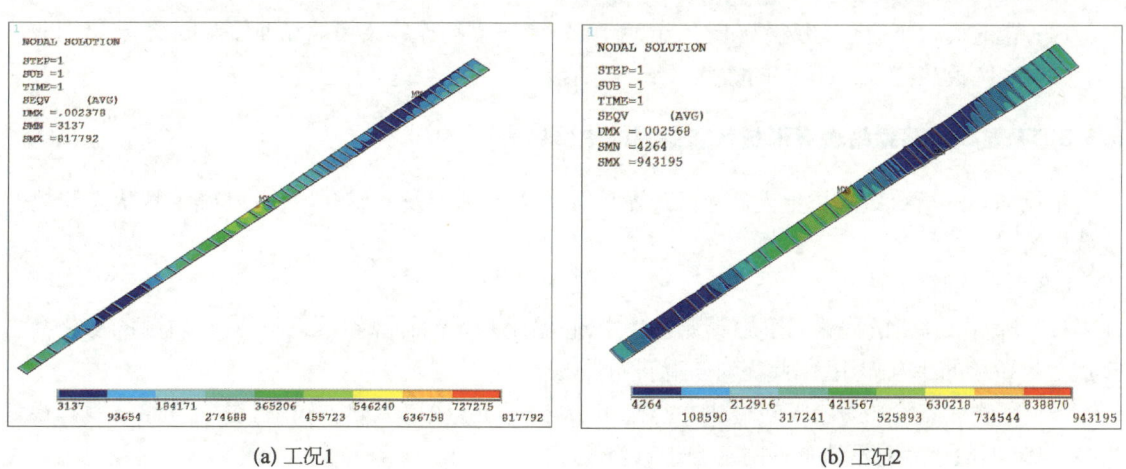

(a) 工况1　　(b) 工况2

图6-47 轨道板应力

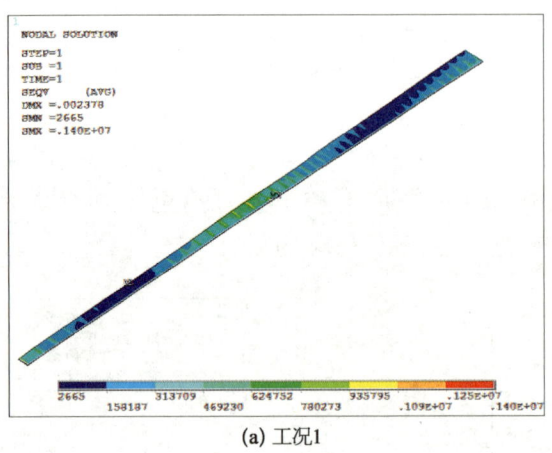 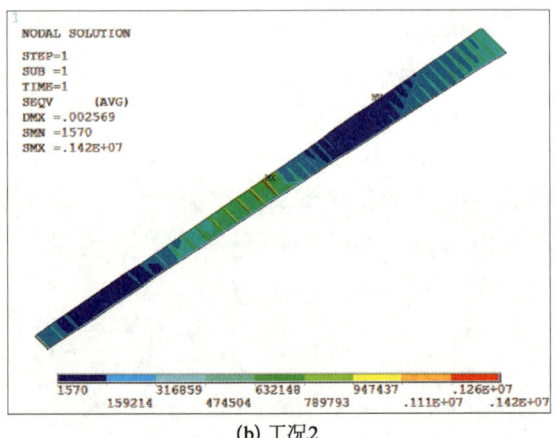

图 6-48 底座板应力

力为 0.82 MPa 和 0.94 MPa，底座板的最大应力为 1.40 MPa 和 1.42 MPa。轨道板和底座板应力的峰值点主要集中在连续梁固定支座位置和连续梁梁端。与温度荷载相比，列车制动荷载产生的轨道板和底座板应力偏小，监控时可以忽略。

总之，列车制动力对钢轨纵向力、钢轨-轨道板相对位移影响较为明显。钢轨制动力的敏感区域与施加制动荷载的位置有关，最大制动力位于列车的头部和尾部。钢轨-轨道板的相对位移敏感区域则在尖轨跟端和连续梁固定支座处，与温度荷载的敏感区域相同。列车制动时底座板-桥梁相对位移和轨道板、底座板应力均较温度荷载作用偏小，可以忽略不计。

6.3.2.3 桥上无缝道岔监测的主要项点及区域

通过温度荷载及车辆荷载作用进行桥上无砟道岔系统受力及变形分析，系统需重点监测的敏感项点及区域如下：

(1) 基本轨受力敏感区域：尖轨跟端、辙叉区心轨前端、桥梁梁端。
(2) 钢轨-轨道板相对位移敏感区域：尖轨前端和跟端、连续梁固定支座附近及辙叉区。
(3) 尖轨、心轨伸缩位移量。
(4) 轨道板底座板应力敏感区域：温度跨度较大一侧的连续梁梁端和连续梁固定支座附近。
(5) 底座板-桥梁相对位移的敏感区域：连续梁梁端。

6.3.3 高速铁路高架站轨道系统状态监测的主要内容

根据前述分析确定的桥上无砟无缝道岔监测的主要项点及敏感区域，可以确定其状态监测的主要内容。

6.3.3.1 钢轨部件

(1) 轨温。在无缝线路温度力计算过程中，轨温是基本的计算参数之一；同时轨温的变化会引起道岔与桥梁的相互作用，因此需对轨温进行监测。
(2) 钢轨伸缩附加力。纵向附加力的作用会导致无缝线路纵向力较大，对钢轨的强度和稳定性造成影响，故需要对钢轨伸缩附加力进行监测。
(3) 尖轨、心轨纵向位移。尖轨、心轨伸缩量过大，影响道岔几何形位保持及转辙机正常工作，进而影响列车运行的安全性及平稳性,因此需对桥上道岔尖轨、心轨的纵向位移进行监测。

(4) 道岔与无砟轨道间的相对位移。为保证道岔几何形位及良好的使用状态,满足转辙机性能要求,避免发生卡阻,道岔与无砟轨道间的相对位移必须满足限值要求,因此需对钢轨与无砟轨道的纵向相对位移进行监测。

(5) 轮轨垂向力和横向力。动力检算的重要指标,是计算脱轨系数、轮重减载率等评价行车安全性的关键参数。因此需对钢轨垂向力和横向力进行监测。

(6) 钢轨垂横向位移。列车动力荷载作用下轨道竖向位移过大是引起轨道垂向几何不平顺的主要原因,钢轨件的弹性横向位移过大会加剧车辆的振动,因此需要对钢轨垂横向位移进行监测。

(7) 尖轨、心轨开口量。衡量尖轨与基本轨、心轨与翼轨斥离状况的参数。尖轨、心轨开口量过大可能导致车轮冲击尖轨、心轨而脱轨掉道,应当对其进行监测。

6.3.3.2 无砟轨道

(1) 轨道板温度。温度的变化对无砟轨道的结构影响很大。当温度骤降时,轨道板内部会产生收缩应力使混凝土开裂;当温度升高时,混凝土板或是毗邻的结构受到高压力,会发生翘起等变形。因此需要对无砟轨道的温度进行监测。

(2) 轨道板和底座板应力。对轨道板和底座板应力的监测可以直接反映轨道板和底座板所处的状态,有助于判断轨道板和底座板的安全服役状态。

(3) 底座板与桥梁之间的纵向相对位移。CRTS Ⅱ型板式无砟轨道与梁面之间设置了"两布一膜"滑动层,导致无砟轨道与桥梁间的纵向相对位移较大,因此需对底座板与桥梁之间的纵向相对位移进行监测。

6.3.3.3 桥梁结构

温度变化时,桥梁与钢轨之间产生相对位移,因轨道阻力作用,梁轨相对位移受到约束,梁轨间产生大小相等、方向相反的纵向力,致使钢轨产生变形。桥梁伸缩变形直接影响桥上无缝道岔的设计使用。因此梁体温度、梁体相对纵向位移为桥上无缝线路的主要监测指标。

6.3.3.4 其他内容

当外界温度变化时,高架站轨道系统的温度也将发生变化,导致无缝钢轨、轨道板、梁体等基础设施发生热胀冷缩。因此监测环境气温可以掌握外部环境的温度变化,有利于深入揭示气温与轨温、板温和梁温之间的关系,为掌握温场变化及影响规律奠定基础。

由于高速铁路非天窗时间无法上道检查,为了实时掌握道岔状态,判断是否出现异物入侵、部件完整状态是否正常等,有时也需要对桥上无缝道岔的整体状态进行监测。

表 6-6 为高架站轨道系统状态监测的主要内容。

表 6-6 高架站轨道系统状态监测的主要内容

监测对象	监测内容
钢轨	温度,伸缩附加力,轮轨力,尖轨、心轨纵向位移,钢轨与轨道板纵向相对位移,钢轨垂、横向位移,尖轨、心轨开口量
无砟轨道	温度梯度,轨道板、底座板应力,底座板与桥梁相对纵向位移

(续表)

监测对象	监测内容
桥 梁	温度、桥梁梁端相对纵向位移
其 他	气温、道岔的整体状态

6.3.4 主要监测技术

根据高架站轨道系统的状态监测需求,下面提出相应的监测方法及传感器技术指标。

6.3.4.1 光纤光栅技术

轨道结构测试的传统方法主要用电参数测试技术。测试精度较高,技术成熟,但信号易受干扰,传感器易失效、稳定性差,难以实现长期、远距离、自动化的轨道监测。光纤光栅传感器是利用光纤中的光敏性制成的,通过在纤芯内形成一个窄带的(透射或反射)滤波器或反射镜实现物理量监测,具有不受电、磁等环境影响的突出优点。式(6-51)为光纤光栅的布拉格方程:

$$\lambda_B = 2n_{eff}\Lambda \tag{6-51}$$

光纤光栅的布拉格波长 λ_B 取决于光栅的周期 Λ 和反向耦合模的有效折射率 n_{eff}。当光纤光栅所处环境的温度、应变或其他物理量发生变化时,光栅的周期或纤芯折射率将发生变化,从而引起光纤布拉格波长的变化。通过对比变化前后波长的变化量,就可获得待测物理量的变化情况。图6-49为光纤光栅测试原理图。

高速铁路高架桥轨道对温度、应力和小位移监测均有需求,光纤光栅以其特有的稳定性、兼容性和无电磁环境影响等优势,非常适合于这一复杂系统的应用需求。

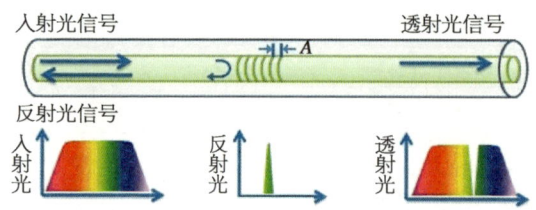

图6-49 光纤光栅传感器原理示意图

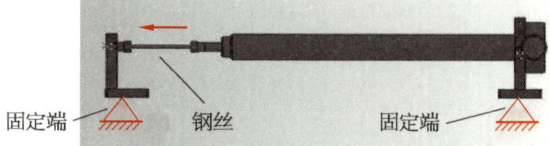

图6-50 光纤光栅位移传感器测试原理示意图

1) 应力测试

钢轨附加应力采用光纤光栅应力传感器测量时,传感器固定于钢轨轨腰表面的中性轴上;钢轨纵向附加应力测量范围一般要求±300 MPa,测量精度 1 $\mu\varepsilon$。

2) 位移测试

光纤光栅传感器由等刚度梁、光纤光栅传感器、拉线器等组成,其安装方式如图6-50所示。位移传感器的测量精度为0.1 mm,采样频率为1 Hz。

3) 温度测试

光纤光栅温度传感器通过测量温度变化产生的光栅热胀冷缩变形实现传感。轨温测量时传感器粘贴于钢轨轨腰位置;无砟轨道与桥梁梁体的温度传感器可埋设于混凝土中;环境温度测量时传感器暴露于空气中。温度测量范围-40~80℃,测量精度为0.1℃。

6.3.4.2 视频感知技术

光纤光栅传感技术虽具有多物理量感知能力,但均为接触式测量,不适用于道岔结构如尖轨、心轨等空间受限位置的监测要求。对于一定场域条件的异物入侵检测,也无法依靠单一传感方式实现有效监控。视频感知技术被认为是心轨、尖轨区状态监测的较理想方法,也是场域范围内异物入侵监测最直接的方法。相较于传统监测方法,视频感知技术具有以下优点:

(1) 技术安全,智能化程度和精度高。
(2) 实用性强,操作方便,适用于野外现场环境。
(3) 系统具有较强的兼容性和扩展性。

视频监测一般包括前端视频信息的采集及传输、中间的视频检测和后端的分析处理三个环节。通过视频采集摄像机的采集模块提供清晰稳定的视频信号;再通过滤波模块对视频数据进行滤波去噪;最后通过数据处理模块,对视频画面中的异常情况做目标和轨迹标记。通过对视频图像进行分析,排除监视现场中非人类的干扰因素,准确判断目标在视频图像中的活动情况。

尖轨伸缩位移测试可通过在尖轨旁的基本轨轨腰上粘贴标尺或标记,利用云台式摄像头从固定角度拍摄尖轨,得到带有尖轨和标尺的清晰稳定的视频信号;再通过滤波模块对视频数据进行滤波去噪;最后通过数据处理及分析模块,对视频画面进行识别、检测、分析,得到尖轨尖端对应位置的标尺刻度,从而可以准确判断出尖轨的伸缩变形。

6.3.4.3 修正应力-应变技术

光纤光栅技术主要针对的是低频数据的采集。对于列车荷载作用下轮轨力,钢轨垂横向动位移和尖轨、心轨开口量等高频数据的测量,目前还是以电类传感器测试技术为主。当然,光纤光栅技术同样能够实现对高频数据的采集,只是由于所需频率过高导致测试花费巨大。

修正应力-应变技术可对原有的应力-应变技术进行修正,通过布置合适的桥路、采用补偿片等方法,将温度力从测试结果中分离出来。

与传统的监测技术相比,修正应力-应变技术具有以下优点:

(1) 满足高频振动测试。
(2) 传感器体积小,动态响应快,测量精度高。
(3) 方法简单,实用性强,能实现自补偿、自修正。

由于修正应力-应变技术满足高频振动测试,并且技术成熟、方法简单、价格低廉,可采用修正应力-应变技术监测车荷载作用下的轮轨垂、横向力,钢轨垂横向位移和尖轨、心轨开口量等系统动态响应。应变片电阻为$(120.4\pm0.4)\Omega$,应变系数为$(2.08\pm1.0)\%$,温度系数为$0.015\%/℃$,应变片长度为5 mm,测试精度为1 $\mu\varepsilon$。

6.3.5 高架站无缝道岔监测系统的主要组成

高速铁路高架站无缝道岔状态监测系统由传感层、传输层、存储层、应用层及供电层等组成的多层体系,包含数据测量子系统、数据采集传输子系统及数据管理分析子系统。数据测量子系统测量轨道系统的应力、温度、位移等数据,利用数据采集传输子系统对监测数据进行采集、备份,并借助无线网络传输给数据管理分析子系统,最终完成数据的整理、存储、分析、查询和预测预警等功能。图6-51为监测系统组成的拓扑图。

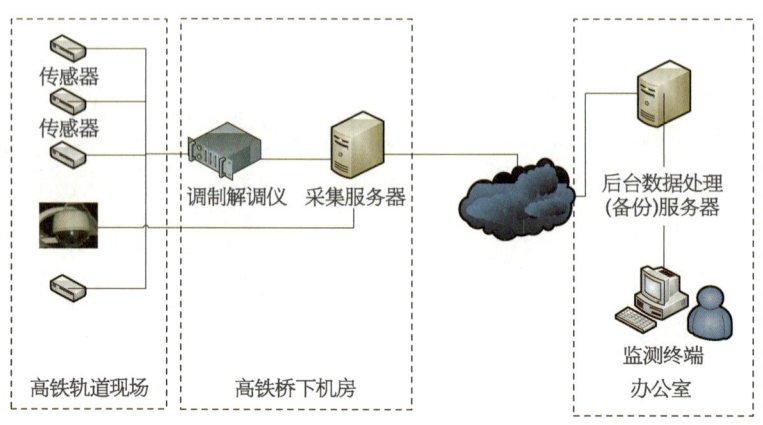

图6-51 长期监测系统拓扑图

数据测量子系统由分布在现场的光纤光栅传感器和视频监控摄像头组成,光纤光栅传感器主要包括应力传感器、温度传感器和位移传感器。

数据测量子系统通过对钢轨、轨道板、底座板和桥梁的温度、位移、应力等的实时测量,实现对高架站轨道系统的实时在线监测。京沪高速铁路天津南站桥上42号道岔现场测点布置如图6-52所示。

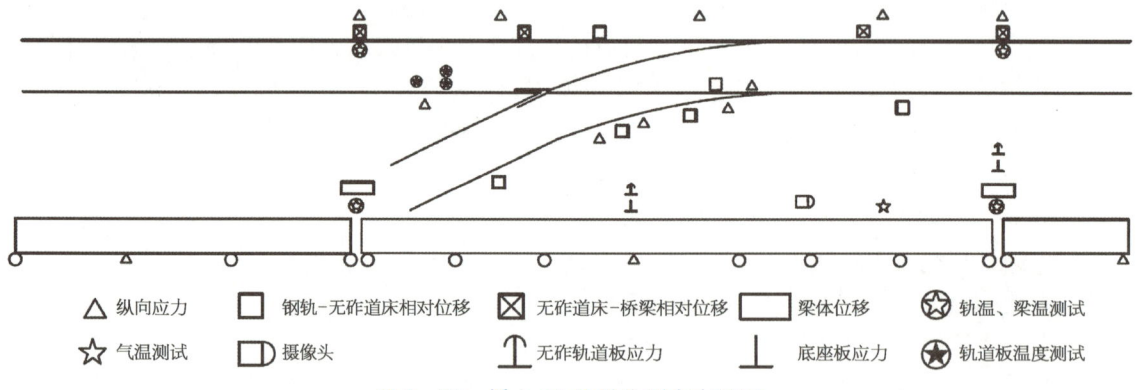

图6-52 桥上42号道岔测点布置图

数据采集传输子系统由光纤光栅解调仪、交换机、采集服务器和远程数据传输设备等组成。采集中心的宽带光源通过传输光缆传到各类传感器,入射光遇到传感器后发生反射,反射光再传回采集中心,经光纤光栅解调仪解调后连同摄像头图像信号被计算机采集,采集数据经过现场存储和初步处理后,由远程数据传输设备传输到后台处理服务器进行处理和分析。

数据管理分析子系统包括数据接收和控制命令发送模块、数据管理模块和数据分析模块。数据接收和控制命令发送模块接收现场采集服务器通过无线网络传输来的原始数据,数据管理模块将原始数据解析处理为温度、应变等数据并转化为统一格式存储于数据库内。数据分析模块对数据库内的监测数据进行分析处理,通过管理信息系统可以实现数据查询和输出、数据对比分析、预测预警等功能。通过发送摄像头控制命令,控制监测现场摄像头的移动旋转,实现对岔区整体状态的在线监控。

6.3.6 监测系统的状态预测、报警和预警

监测系统的状态预测、报警和预警能提前感知破坏并预防潜在的风险。高速铁路高架站轨道系统铺设大号码道岔,一旦发生破坏,后果不堪设想。有效的数据预测和破坏报警能消灭潜在的安全隐患,保证高速铁路高架站系统的正常工作状态,为工务部门节省大量人力物力。

6.3.6.1 数据预测

为了保证线路运行的安全,除了掌握轨道系统的力学特性外,还需要通过已有的数据对轨道系统的未来状态进行预测,对潜在风险进行预警。监测系统采用数据拟合的方法可预测潜在风险,原理示意如图 6-53 所示。

高速铁路高架站轨道系统具有多项敏感指标,包括钢轨温度、尖轨伸缩位移、轨道板温度、轨道板应力、底座板应力、桥梁温度、底座板-桥梁相对位移、钢轨伸缩附加力。通过数据拟合规律分析发现

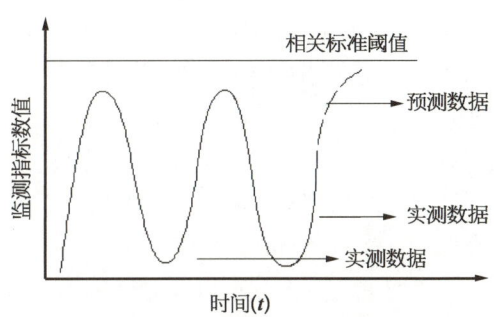

图 6-53 信息系统数据预测示意图

各个敏感指标和气温、轨温之间有强烈的相关性。所以首先需要对温度进行预测,然后再在温度预测数据的前提下对高架站轨道系统其余监测指标进行预测。通过既有数据拟合可以得到尖轨伸缩位移、轨道板温度、轨道板应力、底座板应力、桥梁温度、底座板-桥梁相对位移的预测公式。

根据预测方法的分析过程,系统将公式置入数据管理信息系统。通过预测的温度数据即可查询在未来时间段内高架站轨道系统各个敏感指标的预测数据。

6.3.6.2 超限报警

系统超限报警是以现场实测数据为基础,将其与数据阈值进行对比,若超限则自动触发报警,以声音或警铃的方式进行提示,还可以短信的形式通知相关负责人。图 6-54 即为信息管理系统的预警、报警流程。

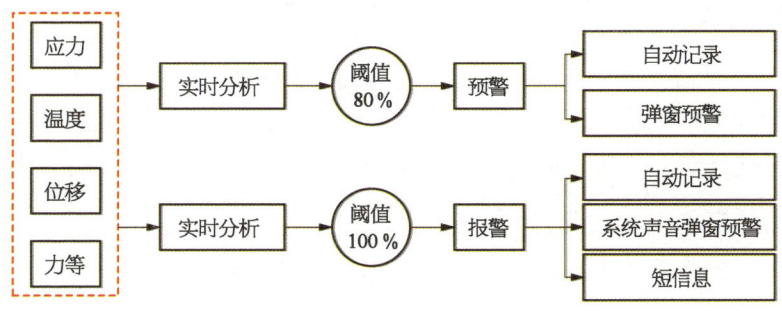

图 6-54 预警和报警流程

报警机制分两种,分别为黄色预警和红色超限报警。根据不同的监测指标确定超限报警阈值。确定超限指标为红色报警阈值,通过对气温数据进行正太分析以选择数据的 90% 为黄色预警值,各个监测指标项的数值确定原则如下:

(1) 大气温度监测。根据天津地区无缝线路锁定轨温结合气温监测数据进行确定,最后选择 −22.9℃ 和 45.5℃ 分别为气温监测的上下限值,预警限值为 −20.7℃ 和 41℃。

(2) 钢轨轨温。根据天津地区无缝线路锁定轨温结合钢轨轨温监测数据进行确定,最后选择 −22.9℃ 和 60.5℃ 分别为轨温监测的上下限值,预警值为 −20.7℃ 和 54.5℃。

(3) 钢轨-轨道板相对位移。根据道岔区保养质量评定标准选定钢轨-轨道板相对位移 10 mm 为报警限值,预警钢轨-轨道板相对位移为 9 mm。

(4) 梁体相对位移。根据设计规范和传感器量程,选定桥梁相对位移 ±50 mm 为报警限制,其预警值为 ±45 mm(梁体相对位移和桥梁形式相关)。

(5) 尖轨伸缩位移。根据《高速铁路无砟轨道线路维修规则(试行)》,42 号道岔尖轨相对于基本轨允许伸缩位移为 ±40 mm。因此红色报警值为 ±40 mm,预警值选取 ±36 mm。

(6) 钢轨纵向附加力。根据模型计算结果和监测数据分析结果选择 200 MPa 为报警限值,180 MPa 为预警限值。

信息系统根据数据拟合进行系统报警。当打开管理信息系统时会自动弹窗出现系统内的报警功能,并会以 3 min 一次的频率刷新弹窗报警信息,也就是说工务部门将信息系统打开就可以实时阅读超限信息,不需要再进行额外操作,具有高适应性和方便性。

针对高架站无砟道岔的附加力、结构间相对位移、结构温度分布等测试指标,均设置该测试指标的阈值,实现结构状态的实时预警和报警。预警和报警功能的实现即可实现对整个轨道系统长期的安全监测,对可能发生的破坏在一定程度上进行预测预警,为列车的安全平稳运行提供有利条件,为高速铁路轨道系统的安全服役和合理维护提供了有力的保障。

6.3.6.3 数据预警

数据预警是数据预测和超限报警的结合。在预测数据的基础上结合超限阈值数据,信息系统会进行逻辑运算实行自动对比。当预测数据超过阈值时信息系统会记录超限数据,并以弹窗的方式进行提醒。

数据预测能以未来 3 d 气温为基础,结合数据预测公式进行位移、温度、应力预测。根据预测方法的分析过程,系统将公式置入数据管理信息系统。系统将未来 3 d 最高气温自动代入公式计算得到数据后与阈值进行逻辑对比,超限即记录数据并弹窗报警。

参考文献

[1] 柴文博.高速铁路无缝道岔温度力及稳定性分析[D].兰州:兰州交通大学,2014.
[2] 杨娜.无缝道岔结构温度力与位移研究[D].兰州:兰州交通大学,2010.
[3] 何必胜.高速铁路列车开行方案与列车运行图协调优化理论与方法研究[D].北京:北京交通大学,2014.
[4] 刘见见.浅谈无缝线路实际锁定轨温的监测方法[J].上海铁道科技,2009(2):90−91.
[5] 李立军,仝研.静态检查和动态检测数据相结合应用指导高速线路维修工作[C]//中国铁道学会,世界轨道交通发展研究会.第十五届粤、京、港、沪铁道学会学术年会暨第八届世界轨道交通发展研究会年会论文集.北京:

第十五届粤、京、港、沪铁道学会学术年会暨第八届世界轨道交通发展研究会年会,2011.

[6] 刘学毅.铁路工务检测技术[M].北京:中国铁道出版社,2011.

[7] 任轶南.基于现代检测技术的高速铁路曲线状态评价与整正方法[D].成都:西南交通大学,2014.

[8] 郭树荣.GJY-Ⅱ型轨道动态检测仪获专利[J].铁道建筑,1990(9):20.

[9] 芮小平,刘仍奎,涂霞蔚,等.基于轨道检测数据的轨道状态评定方法研究[J].中国安全科学学报,2007,17(4):166.

[10] 刘喆,段武.关于铁路通信信号视频监控关键技术分析[J].工业,2016(5):224.

[11] 徐刚.基于光纤传感的机械设备动态监测关键技术研究与应用[D].武汉:武汉理工大学,2013.

[12] Fuhr P L, Huston D R, Kajenski P J, et al. Performance and health monitoring of the Stafford Medical Building using embedded sensors[J]. Smart Materials & Structures, 1992, 1(1):63.

[13] Lee J S, Choi I Y, Lee H U,等.隧道检测系统及其在韩国高速铁路隧道的应用[J].中国铁道科学,2004,25(3):21-26.

[14] 许立新,Wai P K A, Lui K F,等.多波长Raman光纤激光器[C]//中国光学学会.中国光学学会2006年学术大会论文摘要集.广州:中国光学学会2006年学术大会,2006.

[15] 吴佰建,李兆霞,王滢,等.桥梁结构动态应变监测信息的分离与提取[J].东南大学学报(自然科学版),2008,38(5):767-773.

[16] Filograno M L, Corredera P, Lerma L M, et al. Low-cost, self-referenced all-fibre polarimetric current sensor for the monitoring of current in the railway catenary[C]// Fourth European Workshop on Optical Fibre Sensors. Porto: International Society for Optics and Photonics, 2010.

[17] 张文涛,孙宝臣,杜彦良.基于光纤光栅的青藏铁路冻土路基地温监测试验研究[J].石家庄铁道大学学报(自然科学版),2005,18(4):49-51.

[18] 黄艳红,高晓蓉,杜路泉.光纤光栅传感器在桥梁缺陷检测和结构健康监测中的应用[J].铁道技术监督,2007,35(11):17-20.

[19] Guo Z, Liu K, Wang H B. Research of rail structure temperature monitor with optical fiber sensors[J]. Journal of Optoelectronics Laser, 2006(11).

[20] 曾刚,廖江,王立农.无线轨温监测系统:CN204506923U[P].2015-07-29.

[21] 冯绍敏.高速铁路长大桥梁无砟轨道无缝线路纵向力监测与分析[D].南昌:华东交通大学,2012.

[22] 张富生.应变-温度法监测钢轨无缝线路锁定轨温的误差分析及改进[D].大连:大连理工大学,2013.

[23] 丁杰雄,刘凡.LCR波切向应力检测系统的声时测量研究[J].电子科技大学学报,2008,37(1):141-144.

[24] 张泽珪,李仲才,高慧安.无缝线路胀轨跑道事故原因的研究——关于纵向温度力分布问题[J].铁道学报,1979(3):61-75.

[25] 安彦坤.桥梁沉降对岔区无砟轨道结构力学特性的影响研究[D].北京:北京交通大学,2012.

[26] 林超.京沪高速铁路高架站轨道系统力学特性的监测技术研究[D].北京:北京交通大学,2015.

[27] 王建平.光纤光栅传感器在土木工程结构健康监测中的应用[J].贵州工业大学学报(自然科学版),2004,33(1):77-80.

[28] 王丹生,朱宏平.光纤传感器在桥梁工程中的应用现状[J].世界桥梁,2002(3):49-51.

[29] Chung W, Kang D. Full-scale test of a concrete box girder using FBG sensing system[J]. Engineering Structures, 2007(5):1-10.

[30] Willsch R. Optical Fiber Sensor Systems based on Nanostructures and Examples of their Application[M]. Ottawa: OIDA Photonic Sensor Workshop, 2007.

[31] Tam H Y, Lee T, Ho S L, et al. Utilization of fiber optic bragg grating sensing systems for health monitoring in railway applica-tions[M]. Hong Kong: Photonics Research Centre, The Hong Kong Polytechnic University, 2007.

[32] Chan T H T, Yu L, Tam H Y, et al. Fiber bragg grating sensors for structural health monitoring of Tsing Ma bridge: background and experimental observation[J]. Engineering Structures, 2006(28):648-659.

[33] 张岩.高速铁路轮轨力地面连续监测系统研究[D].北京:中国铁道科学研究院,2009.

[34] 黄艳红,高晓蓉.青藏铁路桥梁损伤检测技术的探讨[J].新西部(下半月),2007(6):249,251.

[35] 饶莉,丁杰雄.一种检测钢轨温度应力的电容式传感器[J].传感器技术,2005(2):60-61,65.

[36] 高永军,葛少学,岳中涛,等.钢轨全断面有效温度的测量及数据分析[J].铁道工程学报,2002(2):11-15.

第 7 章

高速道岔钢轨裂纹监测

随着我国高速铁路的大量建成通车,安全运输与设备状态管理的矛盾日益突出。通过建立有效的监控体系,加强固定设备的长期监控成为确保高速铁路安全、可靠、高效运行的保障,特别是诸如道岔、重点桥梁、重点隧道、软弱路基地段等监控,是确保高速铁路高平顺性的有效措施。高速道岔是基础设施中影响行车安全的关键设施,要求具有高速度、高安全性、高平稳性、高可靠性,能长期保持良好的工作状态,能确保高速列车安全、平稳、不间断地运行。由于高速道岔是实现列车转辙的控制性设备,存在心轨、尖轨等细长、变截面的可动部件,车辆过轨状态复杂,轨条支承及约束条件复杂,岔区零配件多,多种不同类型、不同材质的部件组装,工电联动实现转辙等,使高速道岔成为高铁固定设备中极为薄弱的环节,一旦发生故障而不能及时排除,将引发灾难性的后果。但高速铁路一般采用封闭式运行和天窗修模式,现有管理、监控手段无法及时、全面地掌握高速道岔的运行状态,提高高速铁路运行安全。近年来,传感技术、通信技术及数据分析技术不断发展,客观上也为监控复杂工程对象提供了强有力的支持。

7.1 道岔钢轨伤损检测及监测技术

道岔作为线路设备的薄弱环节,在列车及温度荷载的作用下,状态、性能逐渐劣化,伤损逐步形成、发展,特别是尖轨、心轨等可动件的伤损监测成为线路维修中的重点、难点,需要投入大量的维修资源。国内外对高速道岔监测技术的研究均十分重视,但主要关注道岔状态监测,较少对直接决定行车安全的钢轨件进行监测。

7.1.1 钢轨伤损分类

钢轨伤损分为轻伤、重伤和折断三类。

7.1.1.1 钢轨轻伤

常见的钢轨轻伤类型有掉块、划伤、焊缝伤损、锈蚀、啃磨、多孔、擦伤、轨底角伤损及其他伤损。当以上伤损符合钢轨轻伤标准时即判为钢轨轻伤。

7.1.1.2 钢轨重伤

常见的钢轨重伤类型如下:
(1) 与焊接有关的重伤:焊缝裂纹、焊缝不良、开焊、通波、气焊刺孔等。
(2) 与螺孔有关的重伤:螺眼孔裂、扩孔等。
(3) 与钢轨母材有关的重伤:轨头表面金属碎裂或剥离、轨头横向裂纹、轨头纵向的水平裂纹和垂直裂纹、轨头压陷、轨腰伤损、轨底伤损、核伤等。

其他伤损:钢轨锈蚀、轨头磨耗等。

7.1.1.3 钢轨折断

钢轨折断主要指钢轨存在下列状态之一:钢轨全断面断成几个部分;裂纹贯通整个轨头截面;裂纹贯通整个轨底截面;钢轨顶面上有长度大于 50 mm、深度大于 10 mm 的掉块。

7.1.2 国内外道岔监测系统

7.1.2.1 德国、法国的高速道岔状态监测系统

通常道岔维修为故障后的维修,但高速铁路要求高安全性,道岔一旦出现故障将严重影响高速列车的运营安全,甚至引发灾难性的事故。显然故障修的方式不能适应高速道岔的养护、维修需求。随着铁路运营速度的不断提高,对高速道岔服役状态进行实时监测,特别是严重威胁行车安全的项点进行监测,成为保障道岔设备安全和实现状态修的关键手段,也是构建道岔 PHM 体系的关键支撑。

国外高速道岔状态的实时监测受到高度重视,多国研究开发了道岔安全监测系统,典型的系统构成如图 7-1 所示。道岔监测系统主要对道岔尖轨和心轨区转辙机转换阻力、扳动力,尖轨与基本轨密贴状态,轨温,尖轨尾部与基本轨轮缘槽宽度,护轨与轮缘接触状态,辙叉区轮轨关系等进行监测;还可根据现场需求,监测振动加速度、转换电流、转换电压、环境温度及道岔几何状态等,为现场用户维护管理提供道岔系统的实时信息,为实现状态修提供决策参考。

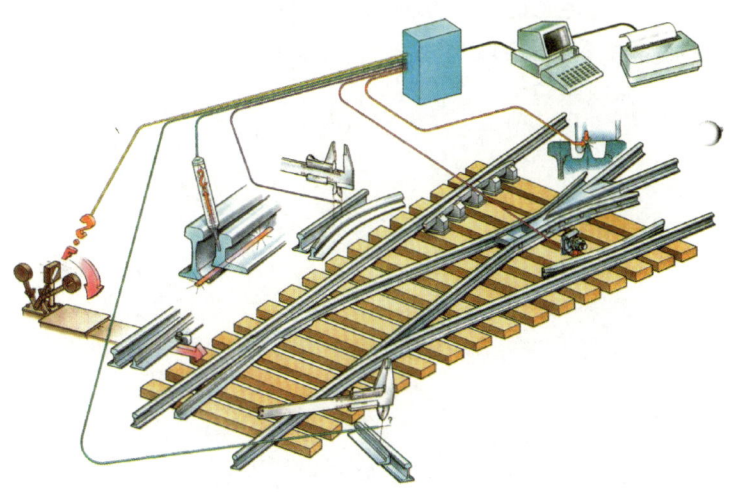

图 7-1 国外典型道岔状态监测系统的拓扑图

法国 SIEMA 公司开发了一套远程道岔监测系统，可对道岔状态及环境进行监测，有报警的警报功能，如图 7-2 所示。该系统由监控中心、服务器及现场采集设备等组成；主要监测电信号，包括电流、电压、通信设备、轨道电路状态、转辙机监控；其他工务设备及关键部件可在必要时增添专用传感器进行辅助监测。该系统已推广至新加坡地铁中使用。

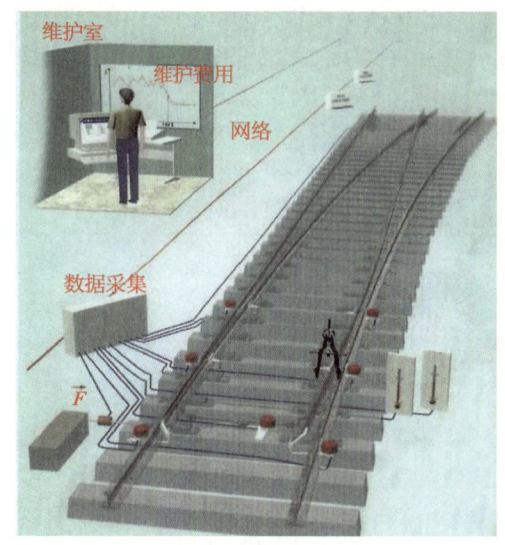 

图 7-2　法国道岔监测系统

德国铁路采用 Rodamaster2000 道岔监测系统，对道岔监控的数据有尖轨的位置，转辙机的电流、电压，各牵引点的转换力、转换时间、最小轮缘槽、钢轨纵向力、钢轨温度、加热装置，并对信号系统和轨道电路做同步监测。该系统安装与道岔没有机械连接装置，不会影响道岔正常使用，道岔的监测数据通过网络传送到维护中心。该系统已作为奥地利地铁的标准配置，在每组道岔中安装，且尖轨位置的检测已接入到联锁设备中参与运营。德国已在 64 组道岔中安装了该系统进行试验，维修工作量大大减少，可对道岔进行预防性维修。BWG 公司在给我国台湾地区高速铁路提供的道岔中，该系统作为标准配置，在总共 160 组道岔中安装了 120 组，共设 4 个维护中心。

国外高速铁路道岔的监测系统具有以下特点：

(1) 均为状态监测系统，以电务为主，工电兼顾，主要为实行道岔的状态修提供依据，缺少断轨安全监测项目。

(2) 德国 BWG 及奥钢联公司道岔监测系统性价比较差，若前述所有的项目均监测，其造价几乎达到了高速道岔的 1/3。

(3) 监测系统的检测信号主要采用有线传输至车站，再由车站通过无线传输至维修中心，电缆敷设成本较大，既有车站安装时存在小规模工程改造需求，对有砟轨道的养护维修作业也有一定的影响。

7.1.2.2　我国早期的道岔监测系统

在遂渝线无砟轨道试验段工程中试制并安装了道岔监测系统，对自主研发道岔进行了转换力、转辙机电流、电压、钢轨温度、振动加速度、尖轨尖端轨距等项点监测。该系统的监测项目与德法两国类似,主要为道岔状态修服务,采用有线传输,造价较高。

中国铁道科学研究院及北方交通大学在完成中国铁路总公司科技项目过程中,开发了桥上无缝道岔状态实时监测系统,监测项目有道岔及桥梁的伸缩位移、温度附加力等,采用无线传输,造价较高。

7.1.3 钢轨伤损检测及监测技术

7.1.3.1 常用检测方法

1) 传统超声波检测法

超声波检测是工业无损检测中应用最为广泛、研究最为活跃的方法之一,也是铁路机车车辆关键零部件质量检测和钢轨在线探伤的重要手段。超声波利用在介质中传播时声波的反射、衰减和散射等特性,对各种尺寸的金属和非金属材料和构件、电站设备、船体、锅炉、压力容器、机车车辆轮轴、轨道等进行检测。但传统的超声波检测方法是一种接触式的检测方法,在对轨道进行检测的过程中仍然受到诸多限制。接触条件受钢轨表面几何形状、粗糙度和清洁度等因素的影响大,如有表面污物、油脂或锈蚀时,超声信号会有不同程度的衰减,影响探测效果。此外,非标准断面钢轨内超声的传播受到干扰和限制,容易产生漏探、误探。在对铝热焊缝等粗大晶粒材料进行检测时,声波能量衰减严重,宜采用较低的频率,但频率降低,又会影响缺陷检测的分辨力。当检测速度较高时,小于4 mm的滚动接触疲劳(RCF)裂纹检测不出。因此为了提高对表面和近表面微小缺陷的检出率,常把超声波检测法与漏磁检测法(MFL)或涡流检测法(PEC)结合起来。

2) 激光超声法

激光超声技术(laser ultrasonic technique)是一门利用激光来激励产生和检测超声波的新兴检测技术,涉及光学、声学、热学、电学、材料学等多个学科。与传统的压电超声技术相比,激光超声技术具有非接触、宽带、激发源高保真及点源/点接收等优点,更适应于材料表征、缺陷检测、加工过程监测,及复杂形状的工件或高温高压、辐射等恶劣环境下设备的监测等。

3) 相控阵列超声法

相控阵列超声技术(phased array ultrasonic technology)源于相控阵雷达技术,其通过计算机控制对超声换能器晶片阵列(多个压电晶片按一定形状、尺寸排列)进行激励,分别控制每个阵元发射信号的波形、幅度和相位延迟量,使各阵元发射的超声子波束在空间叠加合成,从而形成发射聚焦和声束偏转等效果。相控阵换能器可方便地实现对不同方向、深度、大小和位置的裂纹进行检测,解决了单晶片超声换能器信号单一的问题。但该技术价格昂贵,较传统的超声检测设备贵10~20倍;对操作人员的技术要求较高;受数据处理能力限制,目前的最高检测速度仅为5~6 km/h。

4) 电磁超声法

电磁超声换能器(electromagnetic acoustic transducer)是一种在导体中激励和检测超声波的换能装置。非铁磁性导体中超声波的产生和接收基于洛伦兹力(Lorentz)原理;铁磁性导体基于洛伦兹力和磁致伸缩力原理。EMAT存在超声转换效率低、接收到超声波信号幅值小等弊端,常需使用40 dB左右前置放大器。采用永久磁铁的EMAT换能器在检测铁磁性材料的构件时,会引入巴克豪森噪声,使接收信号常被淹没在噪声中,故需采用先进的信号处理技术。此外,该方法还存在辐射模式较宽、能量不集中、灵敏度与试件间的距离有关等问题。

5）超声导波法

三维无限均匀固体中自由传播的波称为体波,纵波和横波属于体波。当固体参数固定时,它们均以各自的特定速度无耦合地传播。如果均匀固体有边界,例如上下表面为无限延伸的平面(交界面以外为真空或空气),则形成无限大板状波导。当体波在波导中传播时,在上下交界面处将发生反射,反射后体波的特性只取决于固体弹性参数而同波动本身的性质无关。当固体弹性特征没有变化时,体波将在上下边界内不断地反射,而沿着波导的方向传播,这就形成了超声导波(ultrasonic guided waves)。

Lamb 波是超声无损检测中最常见的一种导波形式,它是一种在厚度与激励声波波长为相同数量级的声波导(例如金属薄板)中由纵波和横波合成的一种应力波。由于 Lamb 波在激励、传播、接收以及信号处理方面的复杂性,大大限制了它在工业生产中的广泛应用,而这些所有特点都是由于 Lamb 波的多模式和频散特性所决定的。

6）涡电流法

涡流(eddy currents)检测是以电磁感应为基础的无损检测技术,其发展已经有近 200 年的历史。1831 年,法拉第发现了电磁感应现象,并在试验的基础上提出了电磁感应原理。1873 年,麦克斯韦建立了系统严密的电磁场理论,麦克斯韦方程组不仅是电磁现象的研究基础,也是涡流检测的理论基础。与其他无损检测方法相比,涡流检测缺点如下：涡流检测只限于对导电材料进行检测；涡流检测只限于对材料表面和近表面的检测；涡流检测干扰因素多,需特殊的信号处理；涡流检测对形状复杂的工件进行检测时效率很低。

7）漏磁检测法

漏磁检测(magnetic flux leakage)是一种以传感器测量漏磁场变化的检测方法。漏磁检测较磁粉检测更能探知缺陷的某些特征尺寸(深度、长度),且不受操作者技术水平和人员素质的影响,可大为减轻劳动强度和改善工作环境。

8）交流电场检测法

交流电场检测(alternating current field measurement,ACFM)是一种非接触式电磁检测方法,被广泛认为是一种可以取代磁粉检测的无损检测方法。该方法主要利用趋肤效应,对金属材料表面、近表面缺陷进行检测。对近表面缺陷的检测,完全取决于被测件的电磁特性。对于碳钢,ACFM 法能检测的深度约为 0.1 mm；对于不锈钢可达 6 mm。把均匀分布的交流电流导引入被检测区域,如果没有缺陷,电流分布将不会受到影响；当材料表面存在裂纹时,电流分布会绕过裂纹的两端。ACFM 探伤技术不太适合于较短截面或较小尺寸物体的检测,有时会产生伪信号,当存在多个缺陷时,对缺陷深度的检测能力会降低。

9）光学图像检测法

数码摄像动态位移监测系统利用 LabView 和 NI Vision 作为系统的开发平台,利用新型的模板匹配算法,结合高采样率工业数码相机及高倍变焦工业镜头,可以在远距离、非接触的条件下,监测大型结构动态位移及变位。

10）射线检测法

射线(radiography)检测是利用 X 射线、γ 射线和中子射线易于穿透物质,在穿透物质的过程中受到吸收和散射而衰减的性质,在感光材料上获得与材料内部结构和缺陷相对应的黑度不同的图像,从而检测出物体内部缺陷的种类、大小、分布状况并做出评价。

11) 光纤光栅检测法

光纤光栅检测法测试被测体在荷载作用下的应变变化,辨识伤损的存在及性质。该方法不依赖电测、磁测,抗电磁能力强,环境适应性和长期工作条件下稳定性较好,但需要合理布置光纤光栅传感器,并建立被测对象伤损前后动静力响应变化与光栅波长变化之间的对应关系,是一种接触式监测方法,易受现场使用环境和安装方式等制约,一般实验室验证效果不错而现场应用并不容易。

12) 铁路轨道残余应力测量法

残余应力(residual stresses)是指钢轨未受外力作用时自身存在的应力。一般新钢轨的残余应力与生产过程中的轧制、轨头热处理、矫直过程有关。轧态钢轨轨头和轨底中部沿纵向是拉应力,轨腰及轨底两端沿纵向为压应力。不论是钢轨表面或内部,残余拉、压应力基本平衡。钢轨使用后,在列车动载的不断作用下,残余应力会得到释放,逐渐减小。当钢轨表面或内部残余应力与动弯拉应力叠加后,会在最大应力处产生裂纹并扩展。通过对残余应力场变化情况的监测,实现钢轨伤损的检测与监测。

13) 轮轨相互作用监测法

轮轨相互作用监测法基于车辆与轨道动力学相互作用基本原理,监测钢轨的振动、作用力或动位移等,识别诸如车轮失圆、轨道部件伤损等病害。通过对轮轨相互作用响应信号的监测实现车轮擦伤、轨道不平顺状态和各种部件伤损的在线检测一直是铁路研究的热点。轮轨相互作用监测主要有振动加速度法和冲击荷载法。振动加速度法将加速度传感器安装在轨腰或轨底座上进行测量。冲击荷载法大多采用将应变片粘贴在钢轨或车轮辐板上,通过电桥等拾取轮轨作用力的动力响应曲线,借由一定的数学物理方程辨识结构病害的性质。

该方法是利用轮轨相互作用对列车运行平稳性和安全性的一种综合性能检测,需严格的理论分析和大量的试验研究,否则很难判断缺陷来源及特征。目前更多的应用集中于车轮踏面擦伤、剥离、磨损和不圆度等方面的检测,对轨道伤损的检测还鲜有研究。

14) 轨道电路牵引回流断轨检测法

轨道电路是铁路信号系统中的一种基础性技术,具有列车占用检测、向列车传送控制信息及断轨检测等功能。目前,在我国广泛使用的轨道电路类型有相敏轨道电路、ZPW-2000A无绝缘轨道电路等。轨道电路一般包括主轨道电路和无绝缘轨道电路调谐区。基于电路逻辑,轨道电路能实现电路闭环区段钢轨断轨的快速监测。当检测区段内无列车通过且钢轨完整时,由两根钢轨和轨道继电器构成电流回路,使轨道电路继电器衔铁吸起,前接点闭合,信号开放。而当轨道电路区段内有钢轨断轨时,接收器处的轨道继电器由于信号电流消失而释放,区间轨道电路显示红光带,发出列车停止信号,提示断轨。

15) 声发射压电能量法监测技术

随着现代信号处理技术的进步和传感器技术的成熟,基于声发射技术的无损检测技术受到了越发广泛的重视和研究。声发射现象是材料变形或者断裂过程中,随着能量释放伴生的一种弹性波现象。压电能量法是利用定制的传感器采集道岔钢轨损伤伴生的声发射信号,由断裂力学可知,伴生声发射信号的四个影响因子分别为材料、材料结构、荷载、裂纹形态,对于制定的监测对象,前三个影响因素都是固定不变的,如此建立了裂纹形态和声发射信号的一一映射,即可以通过监测声发射信号实现裂纹损伤检测。

材料中局域源快速释放能量产生瞬态弹性波的现象称为声发射(acoustic emission, AE),有时也称为应力波发射。材料在应力作用下的变形与裂纹扩展,是结构失效的重要机制。这种直接与变形和断裂机制有关的源,被称为声发射源。近年来,流体泄漏、摩擦、撞击、燃烧等与变形和断裂机制无直接关系的另一类弹性波源,被称为其他或二次声发射源。

声发射是一种常见的物理现象,各种材料声发射信号频率范围很宽,从几赫兹的次声频、20 Hz~20 kHz 的声频到数兆赫兹的超声频;声发射信号幅度的变化范围也很大,从 10~13 m 的微观位错运动到 1 m 量级的地震波。如果声发射释放的应变能足够大,就可产生人耳听得见的声音。大多数材料变形和断裂时有声发射发生,但许多材料的声发射信号强度很弱,人耳不能直接听见,需要借助灵敏的电子仪器才能检测出来。用仪器探测、记录、分析声发射信号和利用声发射信号推断声发射源的技术称为声发射技术,人们将声发射仪器形象地称为材料的听诊器(图 7 - 3)。

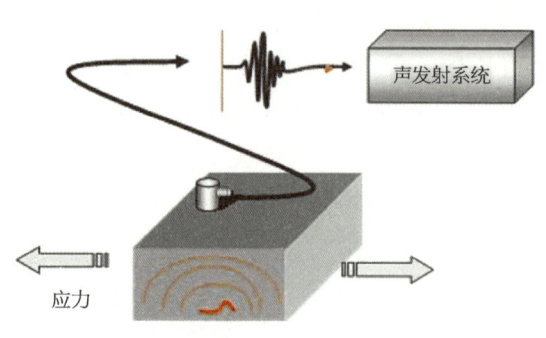

图 7 - 3　材料损伤伴生声发射信号

声发射源发出的弹性波,经介质传播到达被检体表面,引起表面的机械振动。声发射传感器将表面的瞬态位移转换成电信号。声发射信号经放大、处理后,其波形或特性参数被记录与显示。经数据的分析与模式识别,可以评定声发射源的特性。

在外力作用下,压电材料表面将会产生极化电荷,电荷量与压力成比例,这一现象被称为压电效应;在外电场作用下压电体会产生机械形变,这一现象被称为逆压电效应。压电效应的机理是:具有压电性的晶体对称性较低,当受到外力作用发生形变时,晶胞中正负离子的相对位移使正负电荷中心不再重合,导致晶体发生宏观极化,而晶体表面电荷面密度等于极化强度在表面法向上的投影,所以压电材料受压力作用形变时两端面会出现异号电荷。反之,压电材料在电场中发生极化时,会因电荷中心的位移导致材料变形(图 7 - 4)。

PZT 压电传感器具有优良的力电耦合性能,可实现力学信号与电学信号的相互转换。利用 PZT 压电传感器检测的电压信号可以反映出机械结构的健康状况。其本构关系方程如式(7 - 1)、式(7 - 2)所示。

$$\begin{bmatrix} s_1 \\ s_2 \\ s_3 \\ s_4 \\ s_5 \\ s_6 \end{bmatrix} = \begin{bmatrix} S_{11}^E & S_{12}^E & S_{13}^E & 0 & 0 & 0 \\ S_{12}^E & S_{22}^E & S_{23}^E & 0 & 0 & 0 \\ S_{13}^E & S_{23}^E & S_{33}^E & 0 & 0 & 0 \\ 0 & 0 & 0 & S_{44}^E & 0 & 0 \\ 0 & 0 & 0 & 0 & S_{55}^E & 0 \\ 0 & 0 & 0 & 0 & 0 & S_{66}^E \end{bmatrix} \begin{bmatrix} \sigma_1 \\ \sigma_2 \\ \sigma_3 \\ \tau_{23} \\ \tau_{31} \\ \tau_{12} \end{bmatrix} + \begin{bmatrix} 0 & 0 & d_{31} \\ 0 & 0 & d_{32} \\ 0 & 0 & d_{33} \\ 0 & d_{24} & 0 \\ d_{15} & 0 & 0 \\ 0 & 0 & 0 \end{bmatrix} \begin{bmatrix} E_1 \\ E_2 \\ E_3 \end{bmatrix} \quad (7-1)$$

第 7 章　高速道岔钢轨裂纹监测

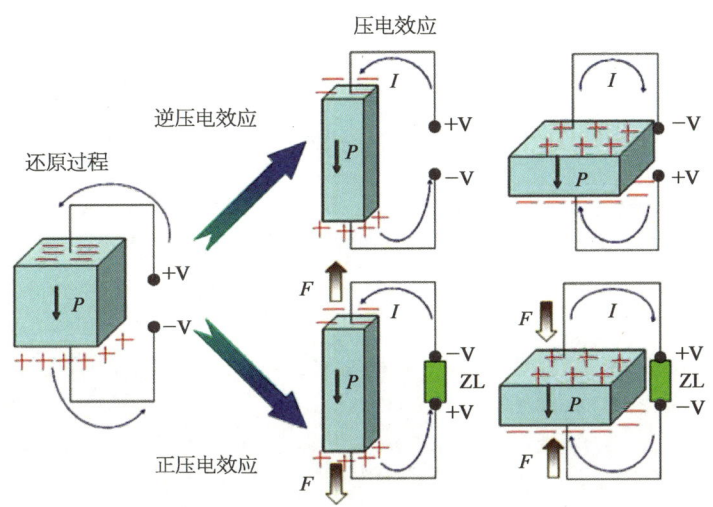

图 7-4　压电检测技术原理图

$$\begin{bmatrix} D_1 \\ D_2 \\ D_3 \end{bmatrix} = \begin{bmatrix} 0 & 0 & 0 & 0 & d_{15} & 0 \\ 0 & 0 & 0 & d_{24} & 0 & 0 \\ d_{31} & d_{32} & d_{33} & 0 & 0 & 0 \end{bmatrix} \begin{bmatrix} \sigma_1 \\ \sigma_2 \\ \sigma_3 \\ \tau_{23} \\ \tau_{31} \\ \tau_{12} \end{bmatrix} + \begin{bmatrix} \varepsilon_{11}^{\sigma} & 0 & 0 \\ 0 & \varepsilon_{22}^{\sigma} & 0 \\ 0 & 0 & \varepsilon_{33}^{\sigma} \end{bmatrix} \begin{bmatrix} E_1 \\ E_2 \\ E_3 \end{bmatrix} \qquad (7-2)$$

压电传感器是由压电材料制作,用途广泛,与其他传感器相比,其主要优点为:工作频率范围广,可以从几十赫兹到几百赫兹;动态范围大、频率响应快、灵敏度高、温度稳定性好(−20～150℃)、质量轻、结构简单,既可以粘贴在结构表面还可以通过一定的工艺措施耦合到结构之中。

7.1.3.2　常用方法比选

各类无损检测技术原理及在钢轨伤损检测中的应用特点比较见表 7-1。

表 7-1　铁路轨道无损检测方法比较

检测技术	检测设备	检测项目	特　性
超声波法	手工检测、小推车、高速轨检车(70 km/h)	表面缺陷、轨头内部缺陷、轨腰和轨底缺陷	手工检测可靠性高但易漏检轨底缺陷;高速检测时可能漏检表面小于 4 mm 的缺陷以及内部缺陷,特别是位于轨底的缺陷
漏磁检测法	高速检测系统(35 km/h)	轨头表面和近表面缺陷	检测表面和浅表面缺陷的可靠性高;不能检测小于 4 mm 的缺陷;在高速时,检测性能变化
涡电流检测法	手工检测、小推车、高速轨检车(70 km/h)	表面和近表面缺陷	检测表面和近表面裂纹的可靠性高;受轨面打磨痕迹和提离效应的影响大
视频和光电图像检测法	手工检测、高速轨检车(320 km/h)	表面破损、轨头轮廓、波纹度、零部件遗失、路基损坏等	在高速下检测轨头轮廓、波纹度、零部件遗失、路基损坏的可靠性高;当检测速度大于 4 km/h 时,不能可靠地检测表面破损;不能检测评估内部缺陷

(续表)

检测技术	检测设备	检测项目	特　性
射线检测法	静态测试、手工检测	焊缝和已知的缺陷	检测其他方法难以检测的焊缝的可靠性高；可能漏检某些横向缺陷
电磁超声换能器	低速轨道检测车（<10 km/h）	表面缺陷，轨头、轨腰和轨底的内部缺陷	对表面和内部缺陷的检测可靠性高；可能漏检位于轨底的缺陷；受提离效应影响严重
超声导波法	手工检测、低速轨道检测车（<10 km/h）	表面缺陷，轨头、轨腰和轨底的内部缺陷	检测较大的横向缺陷的可靠性高（大于整个轨道截面面积的 5%）
激光超声	手工检测、低速轨道检测车（<15 km/h）	轨头、轨腰和轨底缺陷	检测内部缺陷的可靠性高；会受到传感器提离效应的影响；难以在高速下应用
声发射技术	手工检测、高速检测	轨道断裂、轮伤、轨道轮廓磨损、压溃等	由于对构件的几何形状不敏感；可以实现无盲区监测；声发射检验能够整体探测和评价整个结构中缺陷的状态；声发射是一种动态检验方法；声发射检验方法可以缩短检验的停产时间或者不需要停产

7.1.3.3　压电能量法的主要优势与困难

压电能量相较于其他传统的监测及检测技术，具有如下突出的优势：

(1) 可以实现对构件无盲区监测。由于压电能量法对构件的几何形状不敏感，而适于监测的其他方法多受到构件复杂外形的限制，且易产生盲区。根据断裂力学基本原理，被监测构件如是整体(例如道岔钢轨即为整体)，其任何一个局部发生损伤(轨顶掉块、轨底掉块等)，则必定在晶格断裂的同时伴随着能量释放和声发射信号，为辨识钢轨裂纹伤损提供了特征信息。

(2) 压电能量法是一种动态监测方法。该方法可以在不损伤构件的条件下在线监测缺陷的生长、发展过程，及时预报构件的疲劳与破坏。在一次声发射事件过程中，压电能量法能够整体探测和评价整个结构中活性缺陷的状态，可提供活性缺陷随荷载、时间、温度等外变量而变化的实时或连续信息，比较适合用于道岔钢轨状态在线监控及早期或临近破坏预报。

(3) 压电能量法是一种被动式侦测手段，本身无电磁依赖。该方法探测到的能量来自被测试物体(道岔钢轨)自身的应力、应变能。道岔监测系统探测的能量来源于裂纹断裂、轨顶掉块、轨底掉块、轮缘摩擦、轮轨撞击、气动道岔扳动等，不像超声、射线探伤方法等方法靠外部提供能量。

压电能量法理论上监测无盲区、无漏报且为无损监测，但道岔工作环境复杂，声发射信号背景噪声来源较多且繁杂多变，传感器需接触式耦合安装。这些问题给现场应用带来了诸多困难：

(1) 道岔工作环境复杂性决定了采集的信号有多种来源的干扰噪声，为采集数据的特征提取和正确解读提出了更高的要求。常用的信号去噪技术不太适用于高速铁路道岔钢轨损伤监测系统采集的声发射信号辨识。

(2) 钢轨损伤伴生声发射信号的不可逆性决定了声发射信号不可能通过多次加载重复获得，且频率甚高、数据量大，因此每次监测过程的信号获取将极为宝贵，信号的采集、预处理和传输质量将直接影响监测效果。

(3) 声发射信号在材料中传输的衰减性和频散效应(色散效应)增加了采集信号的特征提取、聚类、映射等难度。

7.2 基于声发射技术的道岔钢轨裂纹伤损识别算法

7.2.1 经典声发射信号处理算法

振铃法是声发射信号处理的经典方法,被广泛应用于声发射信号处理中,其他辅助信号处理手段(滤波去噪、中心化、白化等)往往都是信号的预处理,本质目的就是实现信噪比的改善。

简化波形特征参数分析方法是自20世纪50年代以来广泛使用的经典的声发射信号分析方法,目前在声发射检测中仍得到广泛应用,且几乎所有声发射检测标准对声发射源的判据均采用简化波形特征参数。

图7-5为突发型标准声发射信号简化波形参数的定义。由这一模型可以得到如下参数:

(1) 撞击和撞击计数。超过门槛并使某一通道获取数据的任何信号称之为一个撞击(可理解为过门槛的上升沿)。所测得的撞击个数可分为总计数、计数率。

(2) 事件计数。产生声发射的一次材料局部变化称之为一个声发射事件,可分为总计数、计数率。一个或几个撞击对应一个事件。

(3) 峰值。其为信号波形的最大振幅值。

(4) 能量。其为信号检波包络线下的面积 ($E = \int_{t_1}^{t_2} V(t)^2 \mathrm{d}t$)。

(5) 持续时间。其为信号第一次越过门槛至最终降至门槛所经历的时间间隔,以点数表示。

(6) 上升时间。其为信号第一次越过门槛至最大振幅所经历的时间间隔,以点数表示。

(7) 开始时间。其为一个声发射波到达传感器的时间。

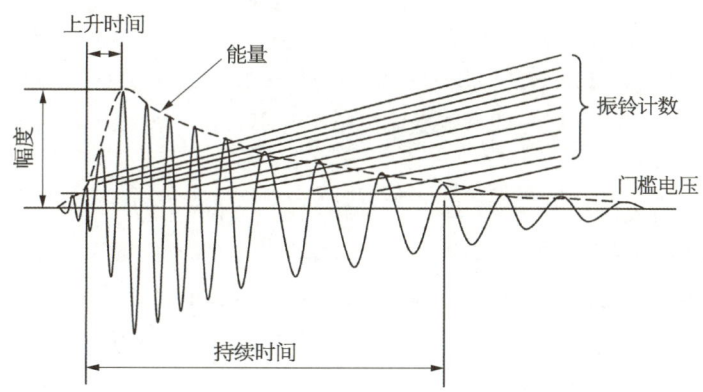

图7-5 声发射信号简化波形参数的定义

振铃法是一种声发射信号的时域处理方法,继承了时域信号处理的所有优缺点。时域处理方法一般计算效率高、计算量较少、占用内存等计算资源少,相较于各种变换域方法、时频分析方法、现代信号处理方法等尤其如此,比较容易实现实时响应。

在理想情况下,其能实现既定的功能,但是当采集的声发射信号的信噪比较低时,其性能迅速恶化。在这种情况下,必定要首先对采集的声发射信号进行滤波去噪声等预处理,具体的去噪方法很多,但是当信噪比持续恶化时,振铃法方法失效。所以基于这种方法的声发射信号处理技术的性能严重依赖采集系统及信号采集环境。图 7-6 是一个当信噪比恶化时振铃法失效的示意图。

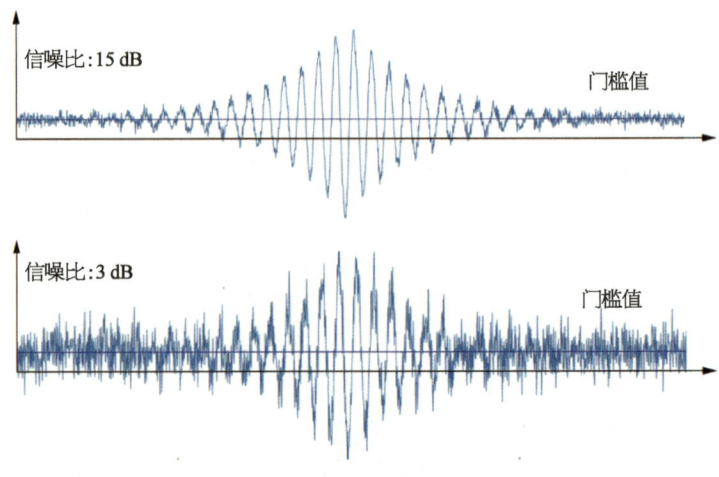

图 7-6 声发射信号处理的振铃方法

此外,当信噪比恶化时,时域表征往往会丢失很多信息,而某些变换域表征不会丢失信息,例如 Wigner-Ville 高阶谱,其就有很强的抑制噪声的能力,同时其变时域分辨率为时频二维分辨率,可在抑制噪声的同时尽量保留声发射信号的特征,甚至放大信号的某些细微特征。

7.2.2 能量谱比值法

能量谱比值法基于时频信号的能量谱,进行高、低位能量密度进行比较,从能量谱集中度辨识伤损信号,该方法与瞬态信号检测 Power-Law 方法相似。Power-Law 方法是一种信号复杂度检测、熵检测或可预测性检测,Power-Law 方法更多的是一种信息论学科上熵的度量,而"能量谱比值法"借鉴并简化了这种方法,更多地从能量的频域分布特性的角度分析信号的特征。

7.2.2.1 比值法原理

能量谱比值法是瞬态信号 Power-Law 方法检测的一种简化方法。Nuttal 在 1994 年美国海军水下战中心(NUWC)的技术报告中首次提出 Power-Law 瞬态信号检测器。Nuttal 认为高斯背景下瞬态信号的检测问题可认为是在 N 点 DFT 数据中任意 M 点信号的检测问题。这里 M 指瞬态信号所占谱成分,而瞬态信号的位置、结构和强度等均未知。在无信号时假设为 H_0,噪声的离散傅里叶变换幅度平方服从独立同分布的指数分布,有信号时假设为 H_1,此时得到的数据不再是同分布的指数分布。

Power-Law 瞬态信号检测器的基本假设如下:

$$\left.\begin{aligned} H_0 &: f(X) = \prod_{k=0}^{n-1} \frac{1}{\mu_0} e^{-X_k/\mu_0} \mu(X_k) \\ H_1 &: f(X) = \prod_{k \notin S} \frac{1}{\mu_0} e^{-X_k/\mu_0} \mu(X_k) \cdot \prod_{k \in S} \frac{1}{\mu_1} e^{-X_k/\mu_1} \mu(X_k) \end{aligned}\right\} \quad (7-3)$$

式中　μ——阶跃函数；
　　　n——FFT 点数；
　　　X——FFT 幅度平方；
　　　S——瞬态信号存在的子集。

假设 M 个有信号的数据点均匀分布在 N 个 FFT 数据中，当然在 H_1 假设下的瞬态信号准确的概率分布函数取决于信号本身，H_1 假设下的概率分布不一定成立。但上式具有很大的灵活性，具有普遍意义，从中推出的统计检测量在瞬态信号检测中是非常有效的。

非参量 Power-Law 检测器的统计量为

$$T_n = \sum_{k=0}^{n-1} X_n^p(k) \tag{7-4}$$

p 是一个非负实数。经过试验，Nuttal 发现有用的 p 值常常出现的范围是 $1.5 < p < 3$，常常取 2.5。由于上式中检验统计量 T_n 不需要任何关于信号的先验知识，因此对信号及噪声的先验知识要求很少，在工程上易于实现，并且检测性能较好。

由于上述的 Power-Law 检测器需要对数据进行预白化处理，即需要以 μ_0 为已知条件，这点很难满足，Nuttal 还提出了不需要预白化的恒虚警检测表达式：

$$T_{cpl}(X) = \frac{\sum_{k=1}^{n} X_n^p(k)}{\left(\sum_{k=1}^{n} X_n(k)\right)^p} \tag{7-5}$$

从瞬态信号的 Power-Law 方法可知，其利用了瞬态信号功率谱和白噪声能量谱存在显著不同这一特点，道岔钢轨伤损的声发射信号也是一种非平稳的、确知的信号，其功率谱不同于白噪声的功率谱。基于这一认知就可以给出一种基于能量比值方法的道岔钢轨伤损声发射信号监测技术。

能量谱比值法是 Power-Law 方法的改进，将两个子带信号的能量比值用多个子带信号的能量比率分布代替。其具体步骤如下：

(1) 数据预处理。将数据信号白化和中心化（归一化），去趋势项。

(2) 采用 Mallet 算法进行信号分带。执行 Mallet 算法的核心目的是为了得到多个子带信号，具体的分带带宽及分带方案由实验室内钢轨伤损信号的特性分析确定。

(3) 求解各个子带信号的功率谱和能量值。利用积分方法，获得每个子带的功率谱能量值。

(4) 求解各个子带信号能量的比率关系。

(5) 根据能量谱中子带的比值关系确定声发射信号的存在与否，从而实现钢轨裂纹伤损检测诊断。

7.2.2.2　基于能量谱比值法的典型信号分析

1) 钢轨脆断信号

钢轨断轨常见于钢轨脆性断裂，参见我国铁道行业标准《钢轨伤损分类》(TB/T 1778—2010)，分类编号 1080。在实验室条件下，进行钢轨简支后的单点受压试验，模拟钢轨脆断。典型的钢轨脆断声发射信号如图 7-7 所示，图 7-7b 为四个不同子带的信号波形。

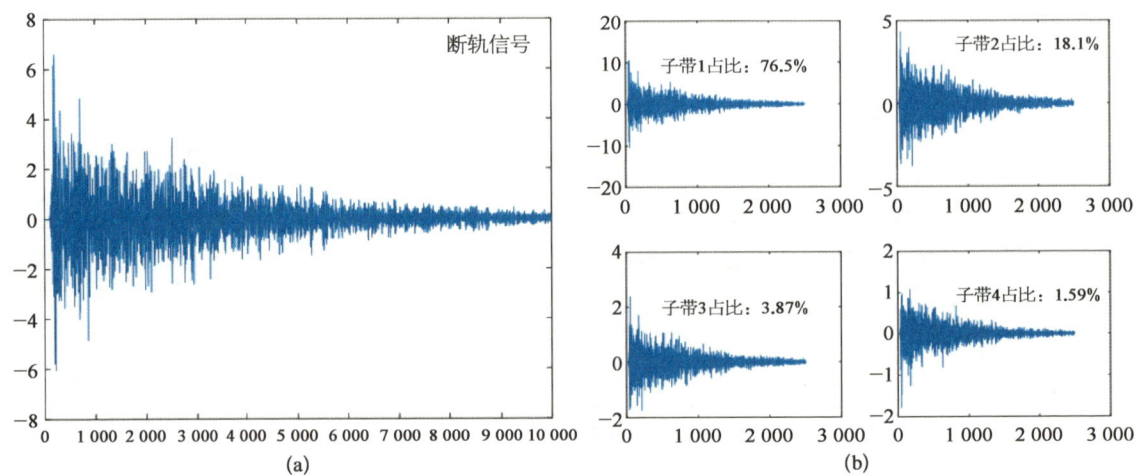

图 7-7 钢轨脆断信号的能量谱比率分析

经计算,四个子带信号的能量谱比值为 76.5%、18.1%、3.87%、1.59%。研究发现,即使把伴生声发射信号分解为更多的子带信号,其能量分布基本仍符合该规律。能量谱比值法可以准确实现此类信号的辨识,但难以对信号进行特征提取及分类。

2) 轨底掉块信号

轨底掉块比较常见的有轨底表面缺陷和轨底外伤,参见我国铁道行业标准《钢轨伤损分类》,分类编号 1650 和 1660。在实验室内对道岔钢轨的轨底进行掰断试验,模拟轨底掉块。图 7-8 为典型的钢轨轨底掰断伴生声发射信号的时域波形图,图 7-8b 为四个不同子带的信号波形。

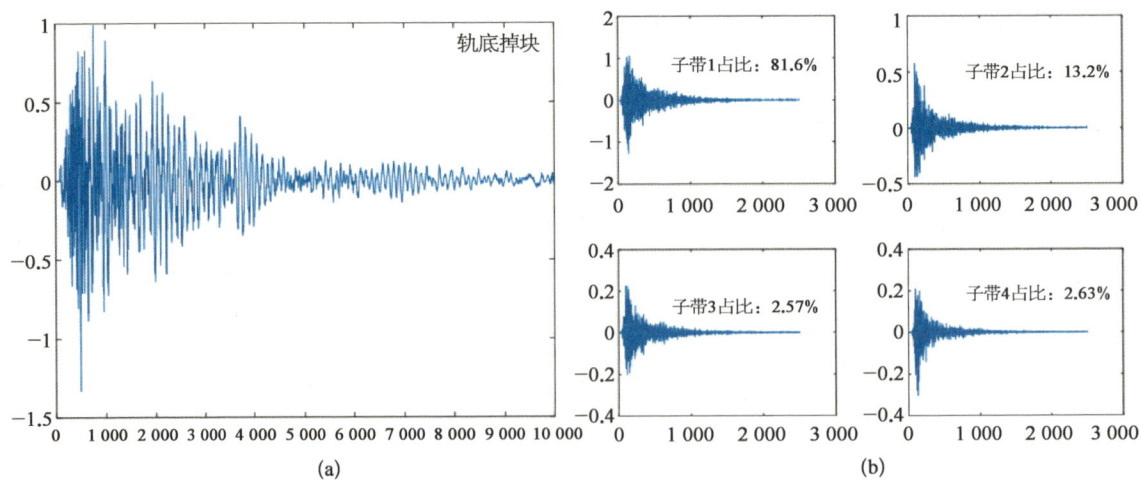

图 7-8 钢轨轨底掉块信号的能量谱比率分析

经计算,四个子带信号的能量谱比值分别为 81.6%、13.2%、2.57%、2.63%。研究表明,钢轨轨底掰断伴生信号的能量谱比值及各个子带的能量分布基本符合这个比率。能量谱比值法可以比较准确地实现此类信号的辨识,但难以对信号进行特征提取及分类。

3) 轨顶掉块信号

轨顶掉块常见于轨头踏面处斜线状裂纹、局部凹陷和疲劳断裂、轨头外伤、轨端轨头纵向水平裂纹、破裂掉块或揭盖、轨端踏面裂纹和破裂掉块,参见我国铁道行业标准《钢轨伤损分类》,分类编号 0135、1160、2240 和 2150。在实验室内将道岔钢轨轨顶掰断,模拟轨顶掉块。试验获得的典型钢轨轨顶掰断伴生声发射信号时域波形如图 7-9 所示,图 7-9b 为四个不同子带的信号波形。

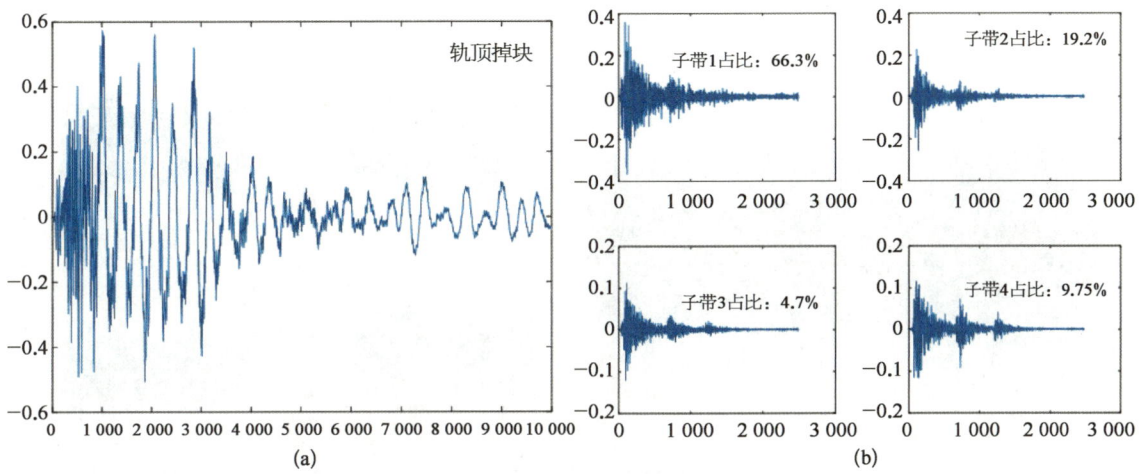

图 7-9 钢轨轨顶掉块信号的能量谱比率分析

经计算,四个子带信号的能量谱比值为 66.3%、19.2%、4.7%、9.75%。能量谱比值法可以比较准确地实现此类信号的辨识,但难以对信号进行特征提取及分类。

4) 轮轨撞击信号

轮轨撞击是道岔正常服役时的客观现象,普遍且大量地存在于日常运输过程中。依托中国铁路总公司科研计划项目,对大秦铁路和成都北编组站的道岔进行了现场数据采集。通过对海量数据的时频变换和聚类分析发现,此类信号较多,其典型的声发射信号时域曲线如图 7-10 所示。

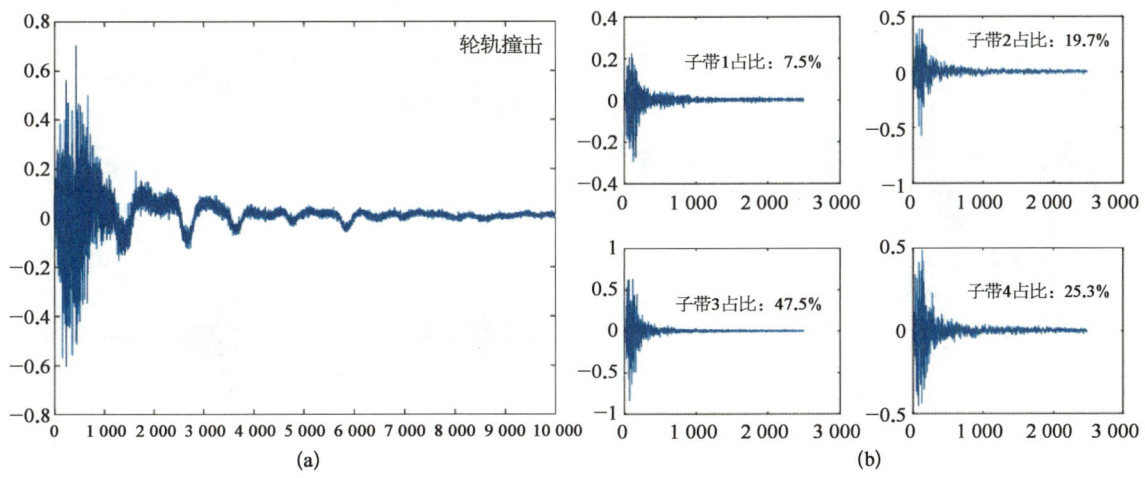

图 7-10 轮轨撞击信号的能量谱比率分析

此类信号通过能量谱比值法计算,其四个子带的比率约为 7.5%、19.7%、47.5%、25.3%,存在某些子带能量集中现象,但经现场核查确定非伤损伴生的声发射信号,存在系统误识别的风险。

5) 轮缘摩擦信号

轮缘摩擦信号主要为车轮通过导曲线时,轮缘与钢轨内侧发生摩擦时产生的声发射信号。从高速铁路道岔监测现场获取的典型轮缘摩擦伴生声发射信号如图 7-11 所示,图 7-11b 为四个子带信号的时域波形图。

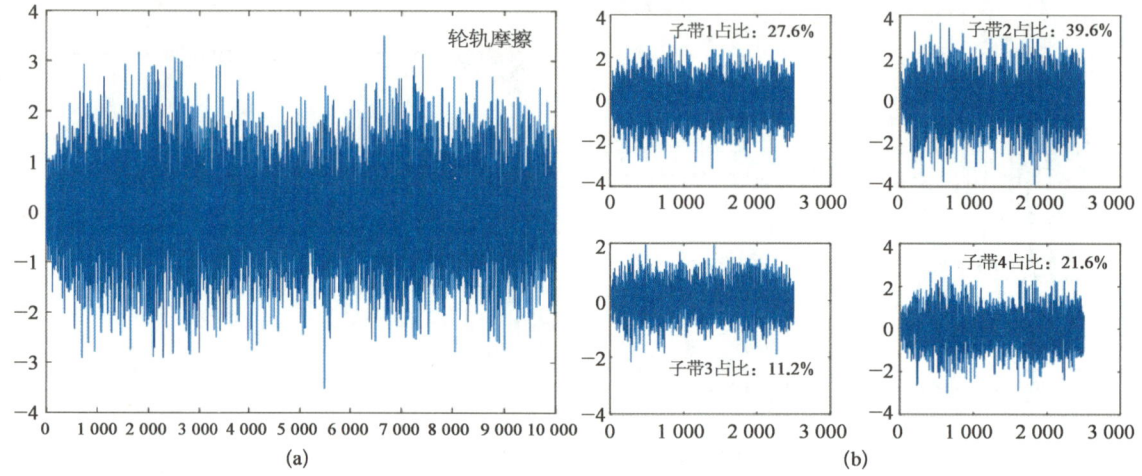

图 7-11 轮缘摩擦信号的能量谱比率分析

经计算,四个子带的能量谱比值分布为 27.6%、39.6%、11.2%、21.6%,存在能量分布的不均匀现象,按能量谱比值法可能误判为伤损信号。

6) 气动道岔扳动信号

某些道岔的转辙机械采用气动扳动,会产生较大的动力冲击,并伴声发射信号。图 7-12 为在成都北编组场采集到的气动道岔扳动时典型的声发射信号时程曲线,图 7-12b 为四个子带的时域波形。

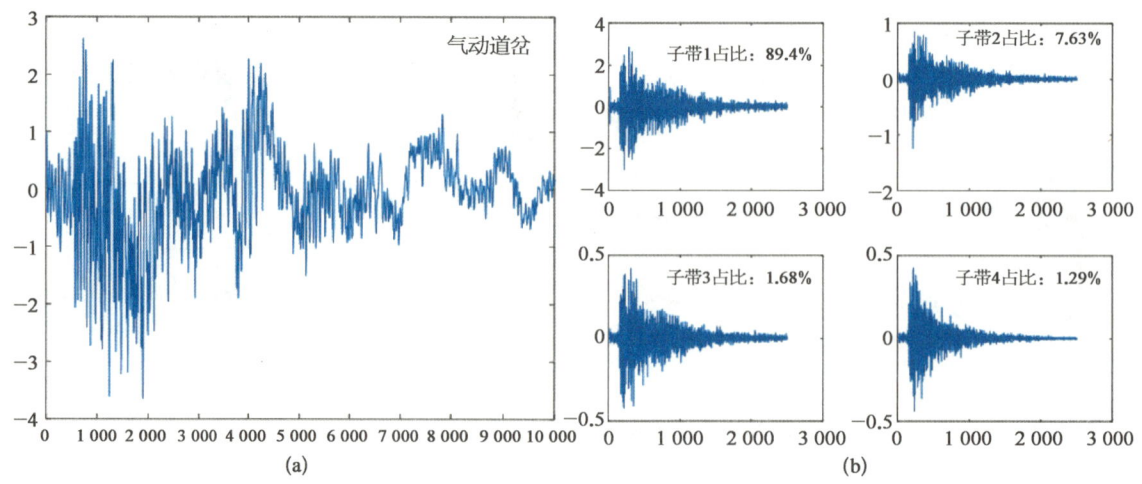

图 7-12 气动道岔扳动信号的能量谱比率分析

经计算,四个子带的能量谱比值分布为 89.4%、7.63%、1.68%、1.29%,存在能量分布的不均匀现象,按能量谱比值法可能误判为伤损信号。

7) 正常过车信号

列车通过道岔时,轮轨相互作用剧烈,同样会伴生声发射信号。图 7-13 为现场采集到的典型正常过车时伴生声发射信号,图 7-13b 为分解后的四个子带信号的时域波形。

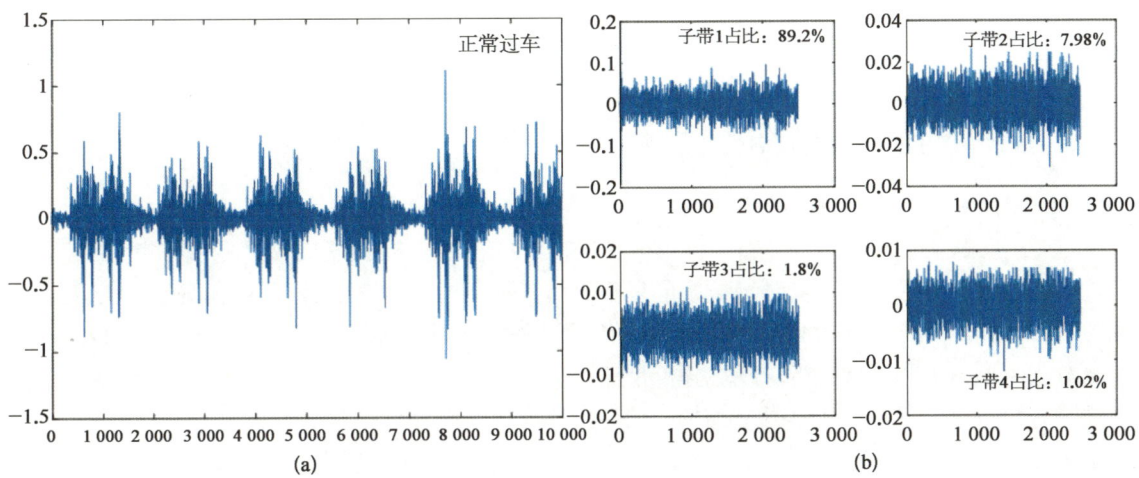

图 7-13 正常过车信号的能量谱比率分析

经计算,各子带信号的功率谱能量比值分布为 89.2%、7.98%、1.8%、1.02%,同样存在能量分布的不均匀现象,按能量谱比值法可能误判为伤损信号。

8) 其他疑似信号

指数增长型信号是现场监测时采集到的一类确知信号。图 7-14 为某高铁道岔测得的典型指数增长型信号。此类信号表现为在出现的时间窗口内,有一系列的突发型声发射信号连续产生,且

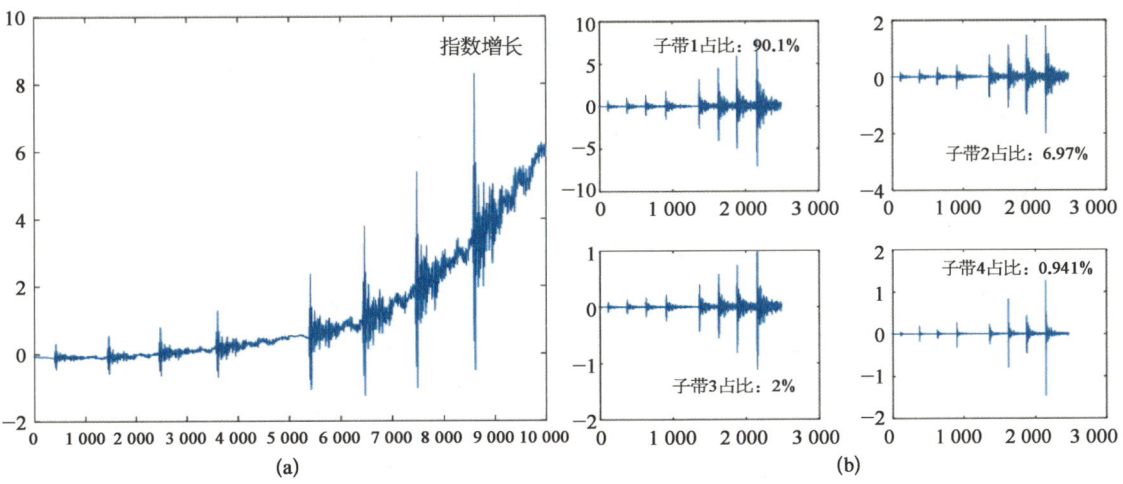

图 7-14 指数增长信号的能量谱比率分析

信号幅值呈近似线性增加,但此类单独声发射信号较钢轨损伤伴生声发射信号持续时间要明显短。能量谱比值法能准确地把这类信号认定为非损伤信号,但不能对这类信号进行特征提取及分类。

7.2.2.3 能量谱比值法优缺点分析

能量谱比值法是一种声发射信号的频域处理方法,其继承了信号频域处理的所有优点和缺点,如较振铃法有更强的抗噪声能力。此外,该方法的计算量和内存需求不大,相较于振铃法没有数量级的增加。能量谱比值法作为一种全局性的频域处理方法,牺牲了信号的时域分辨率,对信号的特征描述能力很弱。不同类型但很"相似"的声发射信号在频域内几乎一致,无法在此基础上实现异常信号的聚类和分类,达不到道岔监测的目的。

7.2.3 基于小波包分析的声发射信号处理

7.2.3.1 基于小波包分析的方法

近 20 年来,人们开发了许多基于波形分析的声发射信号高级处理技术,深入分析声发射源的特性。波形分析是通过分析信号时域波形来获取信号特征的一种方法,建立声发射波形与声源之间的联系,主要包括声发射的源机制、声波的传播过程和传播介质的响应等。信号的波形分析方法可分为时域分析和频域分析。时域分析是描述信号在时间域的完全信息,常用的统计特征参数有波形时域特征描述参数,比如最大幅值、相关函数等。频域分析是建立在傅里叶变换基础上,通过数学变换描述信号在频域上特征的方法。频域分析又分为基于 FFT 的频谱分析和谱估计。

高铁钢轨裂纹的声发射信号类似于一个瞬态的冲击信号,其概率密度函数具有时变特性,是非平稳随机信号。传统的傅里叶变换一般只适用于处理平稳信号,对非平稳信号缺少局部分析功能。小波变换具有良好的时-频局部分析性能,是用于处理声发射信号的有效工具。与时域分析和频域分析不同的是,小波变换具有同时在时域和频域上表征信号局部特征的能力。其既能刻画某个局部时间段信号的频谱信息,又可以描述某一频谱信息对应的时域信息。

1) 小波分析的数学原理

给定一个基本函数 $\psi(t)$,令

$$\psi_{a,b}(t) = \frac{1}{\sqrt{a}}\psi\left(\frac{t-b}{a}\right) \tag{7-6}$$

式中　a、b——常数,且 $a > 0$。

显然,$\psi_{a,b}(t)$ 是基本函数 $\psi(t)$ 先做移位,再做伸缩后得到的。若 a、b 不断变化,可得到一族函数 $\psi_{a,b}(t)$。给定平方可积的信号 $x(t)$,即 $x(t) \in L^2(R)$,则 $x(t)$ 的小波变换(wavelet transform, WT)定义为

$$WT_x(a,b) = \frac{1}{\sqrt{a}}\int x(t)\psi^*\left(\frac{t-b}{a}\right)dt = \int x(t)\psi^*_{a,b}(t)dt = \langle x(t), \psi_{a,b}(t)\rangle \tag{7-7}$$

式中　a——尺度因子;
　　　b——时移因子。

令小波基函数 $\psi(t)$ 的频谱函数为 $\psi(w)$,根据傅里叶变换的性质,小波序列 $\psi_{a,b}(t)$ 的频谱函数为 $\sqrt{a}\psi(aw)e^{-jwb}$。可见,时移因子 b 只是改变信号在频域的相位,而尺度因子 a 则对信号起着

限频作用。信号被分成不同的频带成分,尺度因子越大,频率越小,频带越窄。假定用采样率 $2f_s$ 对信号 $f(t)$ 进行 j 尺度小波分析,则

$$f(t) = \sum_{i=1}^{j} D_i + A_j \tag{7-8}$$

其中,A_j 的频带范围是 $\left[0, \dfrac{f_s}{a^j}\right]$,$D_i$ 的频带范围是 $\left[\dfrac{f_s}{a^i}, \dfrac{f_s}{a^{i-1}}\right]$,$1 < i < j$。

式(7-7)表明小波序列函数可看作一系列窗函数,在 b 时间点对 $f(t)$ 进行局部分析。

令小波基的频谱函数 $\psi(w)$ 的中心频率为 w^*,频带宽为 $2\Delta w$,则根据傅里叶变换的性质,与时间窗对应的频窗为

$$\left[\dfrac{w^*}{a} - \dfrac{\Delta w}{a},\ \dfrac{w^*}{a} + \dfrac{\Delta w}{a}\right] \tag{7-9}$$

对于较小的尺度 a,对应于高频信号,根据式(7-8)和式(7-9)可知,小波变换对函数 $f(t)$ 的局部分析在时域上采用较小的时窗,两者频域采用较大的频窗;反之亦然。由于小波函数具有可变的时窗和频窗,使得小波变换在时域和频域同时具有良好的局部化特性,对于瞬态变换的信号具有较好的分析能力。

2) 小波包分析的数学原理

由于小波变换只对信号的低频部分做进一步分解,而对高频部分即信号的细节部分不再继续分解,所以小波变换能够很好地表征一大类以低频信息为主要成分的信号,但它不能很好地分解和表示包含大量细节信息(细小边缘或纹理)的信号。

与之不同的是,小波包变换可以对高频部分提供更精细的分解,而且这种分解既无冗余也无疏漏,所以对包含大量中、高频信息的信号能够进行更好的时频局部化分析。在小波包分解中,每一个细节系数向量也使用近似系数向量分解同样的分法分为两部分,如图 7-15 所示。因此它提供了更丰富的分析方法:在一维情况下,它产生一个完整的二叉树;在二维情况下,它产生一个完整的四叉树。

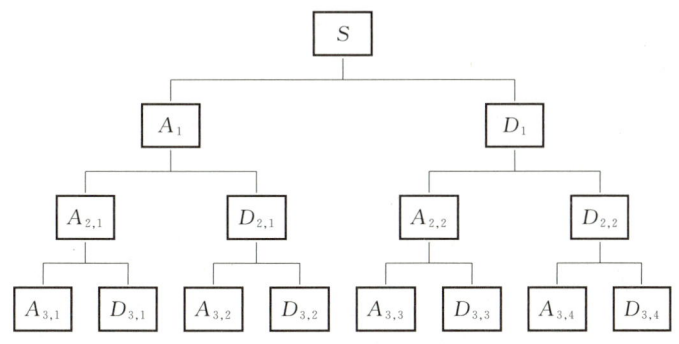

图 7-15 小波包分解示意图

3) 道岔裂纹声发射信号的小波包分析框架

道岔裂纹伴生声发射信号的高级小波包信号处理主要采用以下过程:先将声信号进行事件提取,得到撞击计数、开始时间、上升时间、幅度及能量等参数,再根据试验断轨信号与现场数据统计特

性,对其进行初步筛选,将筛选出来的事件进行小波包能量谱分析,判断是否伤损。该套算法主要由四个模块组成,如图 7-16 所示。

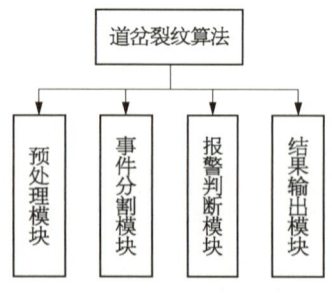

图 7-16 道岔裂纹算法结构

4) 预处理模块

预处理模块判断声信号的有效性,滤除过车低频振动信号及电磁干扰引起的毛刺信号等,其流程如图 7-17 所示。

5) 事件分割模块

该模块是将滤波后的数据按照定义的声发射参数进行提取,得出每一次声发射事件并记录其参数,如图 7-18 所示。

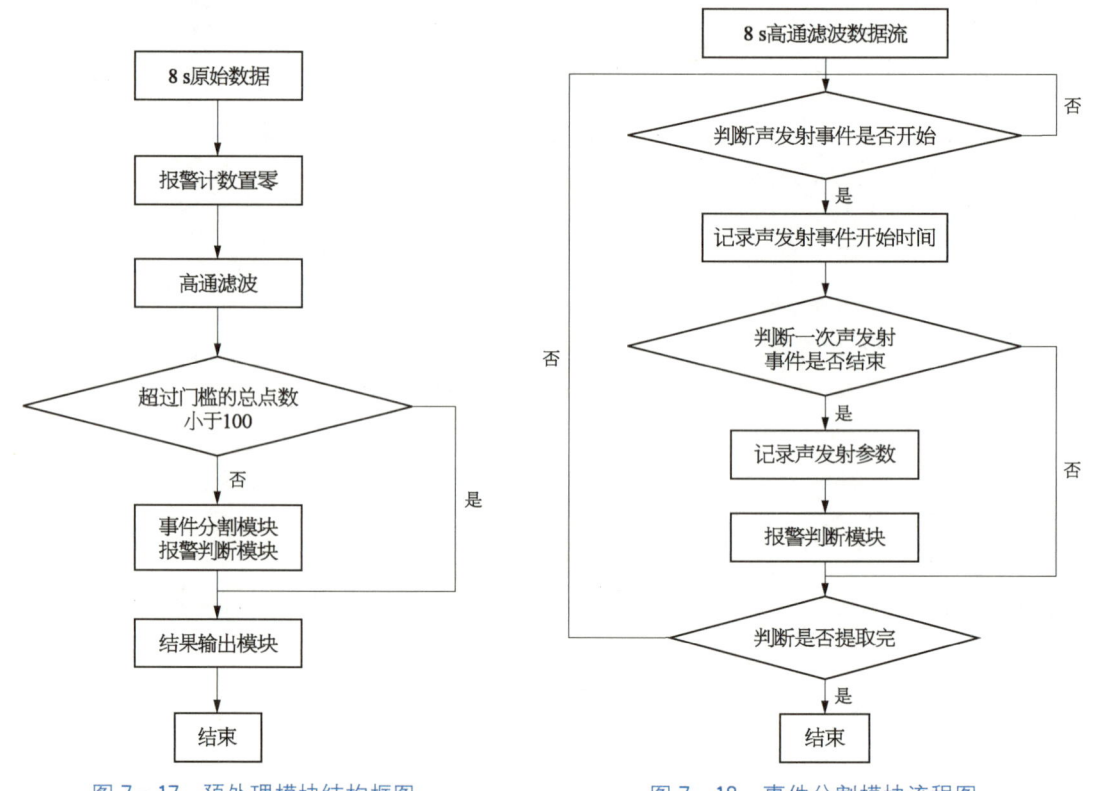

图 7-17 预处理模块结构框图　　图 7-18 事件分割模块流程图

6) 伤损判断模块

伤损判断模块将提取的每一次声发射事件通过持续时间、峰值、能量分布及等效带宽进行伤损识别判断,如图 7-19 所示。

等效带宽的求法如下:

对给定的信号 $x(t)$,假定它是能量信号,其能量为

$$E = \|X(t)\|^2 = \int |X(t)|^2 dt = \frac{1}{2\pi} \int |X(j\Omega)|^2 d\Omega < \infty \quad (7-10)$$

式中　　$\|\cdot\|$ ——范数;

第 7 章　高速道岔钢轨裂纹监测

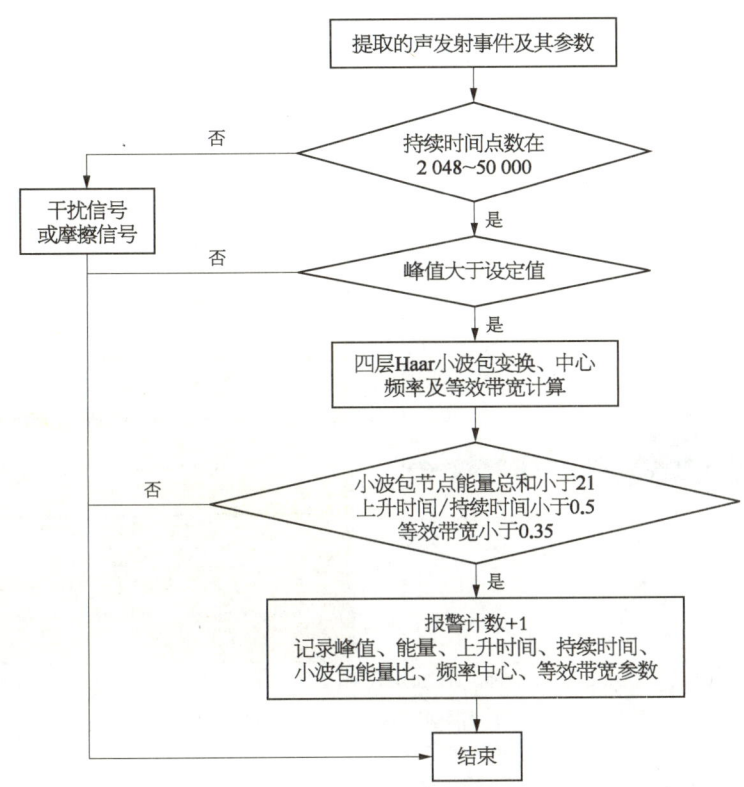

图 7-19　伤损判断模块流程图

$X(j\Omega)$——$X(t)$ 的傅里叶变换；

$|X(j\Omega)|^2/E$——信号 $X(t)$ 在频域的密度函数。

$$\mu(\Omega)=\frac{1}{2\pi E}\int \Omega\,|X(\Omega)|^2\,\mathrm{d}\Omega=\Omega_0 \tag{7-11}$$

式中　Ω_0——$X(t)$ 的频率中心。

信号的频率带宽反映的是 $X(j\Omega)$ 围绕 Ω_0 的扩展程度，被定义为密度函数的二阶中心矩，即

$$\Delta_\Omega^2=\frac{1}{2\pi E}\int_{-\infty}^{\infty}(\Omega-\Omega_0)^2\,|X(\Omega)|^2\,\mathrm{d}\Omega=\frac{1}{2\pi E}\int_{-\infty}^{\infty}\Omega^2\,|X(\Omega)|^2\,\mathrm{d}\Omega-\Omega_0^2 \tag{7-12}$$

一般定义 $2\Delta_\Omega$ 为信号的带宽，即 $B=2\Delta_\Omega$。

7) 结果输出模块

结果输出模块是就伤损事件进行确认并遵循管理逻辑，向关联人发送报警信息。为防止漏报事件，在所有的识别环节，只要有识别为伤损信号时就对整个数据做报警判断(图 7-20)。

7.2.3.2　典型信号分析

下面给出高速铁路道岔常见的八类信号的小波包

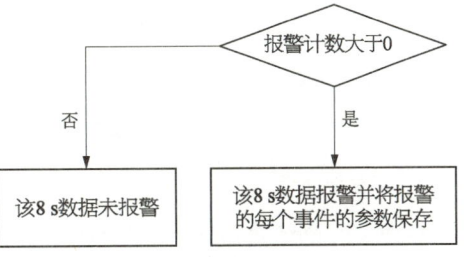

图 7-20　结果输出模块流程图

分析结果,并与能量谱比值法进行比较。

1) 钢轨脆断信号

典型的钢轨脆断伴生声发射信号的时域波形图及八个子带的能量分布如图7-21所示。子带信号的能量分布基于Haar小波的三级分解后得到。小波包分析方法可以准确实现这类信号的识别,但不能对信号特征进行提取及分类。

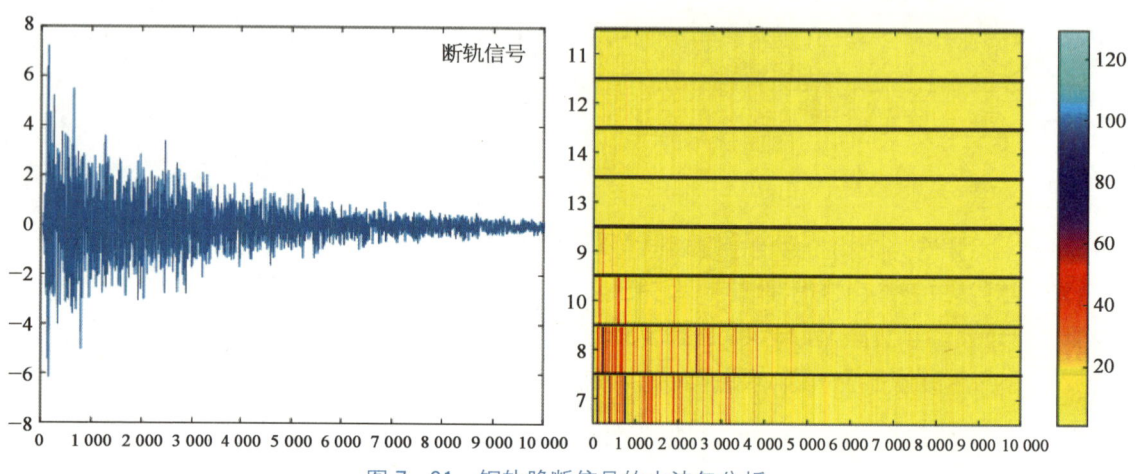

图7-21 钢轨脆断信号的小波包分析

2) 轨底掉块信号

典型的钢轨轨底掰断伴生声发射信号的时域波形及基于Haar小波三级分解后获得的八个子带信号能量分布如图7-22所示。小波包分析方法同样可以准确实现此类信号的识别,但不能对信号特征进行提取及分类。

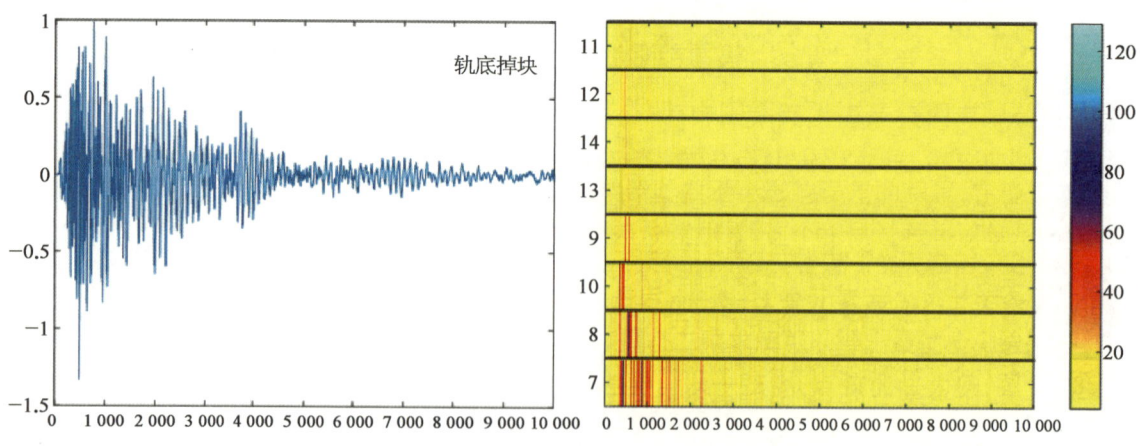

图7-22 钢轨轨底掉块信号的小波包分析

3) 轨顶掉块信号

典型的钢轨轨顶掰断伴生声发射信号的时域波形图及基于Haar小波三级小波分解后的八个子带信号的能量分布如图7-23所示。小波包分析方法也可以准确实现此类信号的识别,但不能

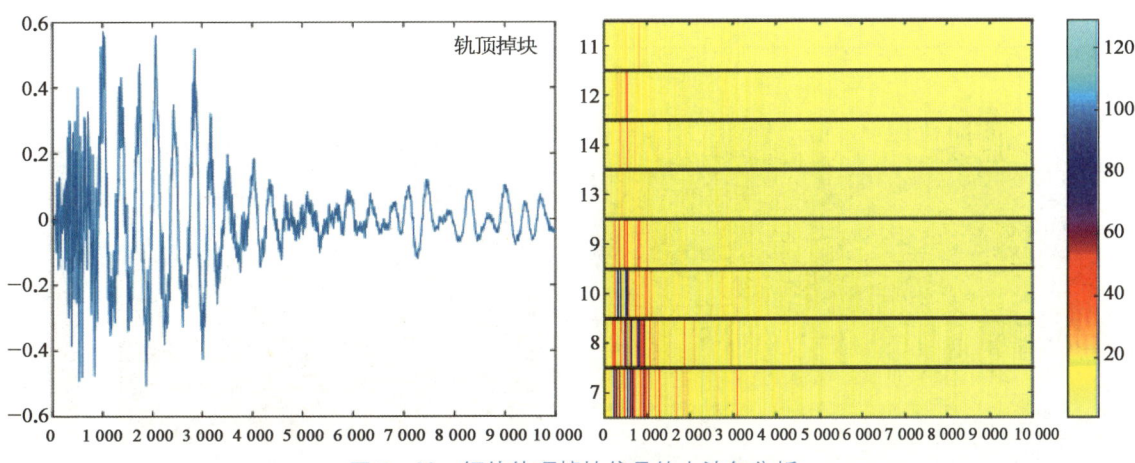

图7-23 钢轨轨顶掉块信号的小波包分析

对信号特征进行提取及分类。

4）轮轨撞击信号

轮轨撞击伴生声发射信号的时域波形图及基于Haar小波三级小波分解后的八个子带信号的能量分布如图7-24所示。小波包分析方法也可以准确认定此类信号为非损伤信号，但不能对信号特征进行提取及分类。

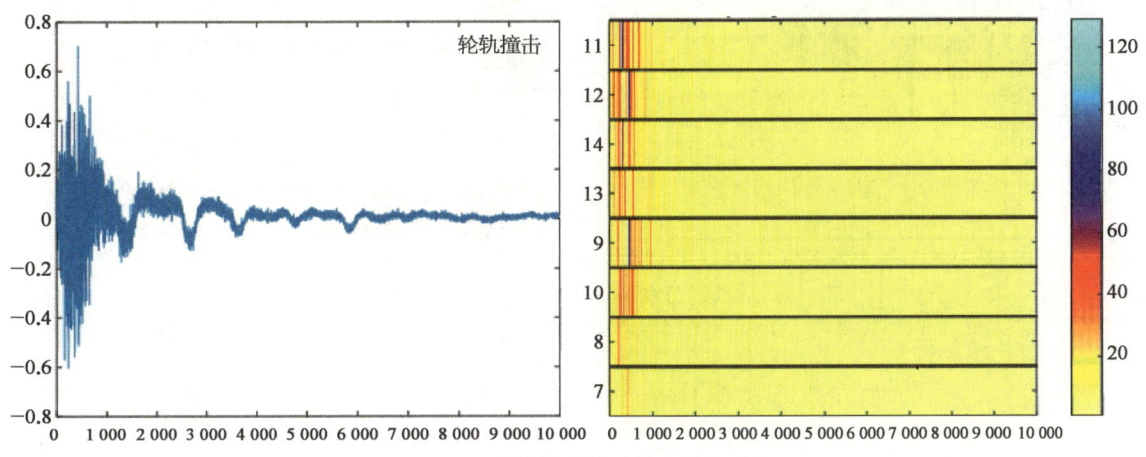

图7-24 轮轨撞击信号的小波包分析

5）轮缘摩擦信号

轮缘摩擦信号的时域波形图和基于Haar小波的三级小波分解后的八个子带信号的能量分布如图7-25所示。小波包分析方法可以准确认定这类信号为非损伤信号，但不能对信号特征进行提取及分类。

6）气动道岔扳动信号

气动道岔扳动信号时域波形及基于Haar小波三级小波分解后的八个子带信号的能量分布如图7-26所示。小波包分析方法可以准确认定这类信号为非损伤信号，但不能对信号特征进行提取及分类。

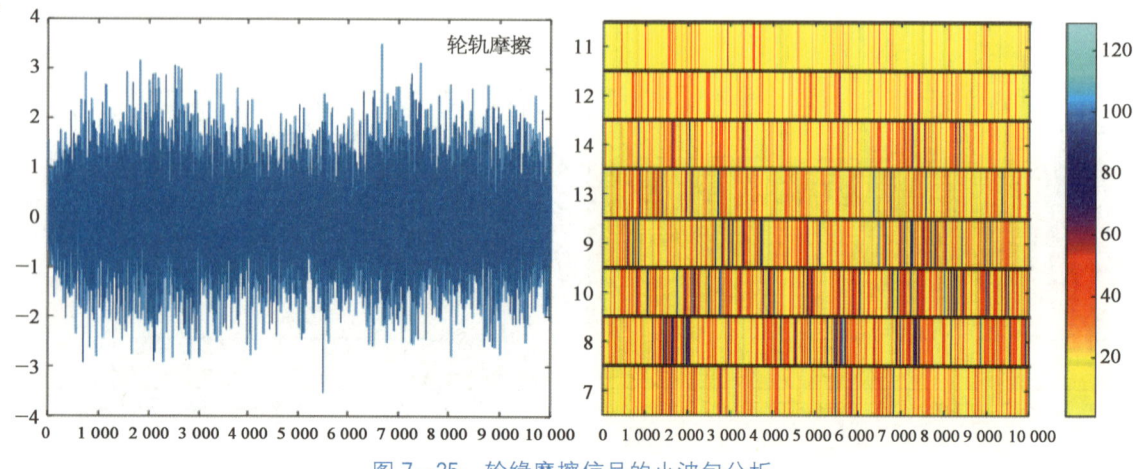

图 7-25 轮缘摩擦信号的小波包分析

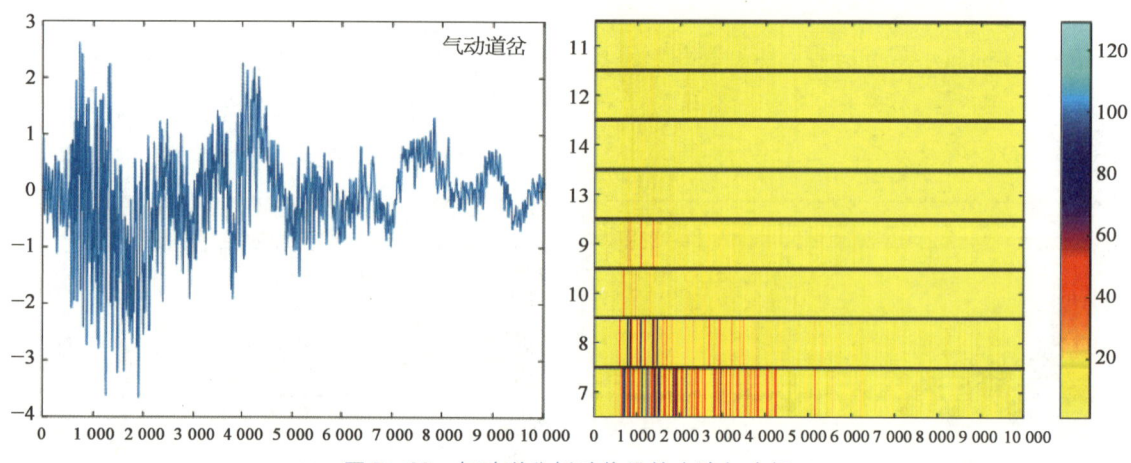

图 7-26 气动道岔扳动信号的小波包分析

7) 正常过车信号

正常过车信号的时域波形及基于 Haar 小波三级小波分解后的子信号能量分布如图 7-27 所示。小波包分析方法可以准确认定这类信号为非损伤信号,但不能对信号特征进行提取及分类。

8) 其他疑似信号

指数增长信号是一种疑似异常信息,该信号的时域波形及基于 Haar 小波三级小波分解后子信号能量分布如图 7-28 所示。小波包分析方法可以准确认定这类信号为非损伤信号,但不能对信号特征进行提取及分类。

7.2.3.3 小波包分析方法优缺点分析

基于小波包的声发射信号处理方法是一种信号时频处理方法,其继承了时频分析方法的优点和缺点。不管是从滤波器组的角度,还是从函数空间分解的角度看,小波包分析都有最优小波基的选择问题。针对具体应用环境,很难通过理论推导获得最优小波基,而需依赖于工程师的经验。这是小波包分析的最大缺点。

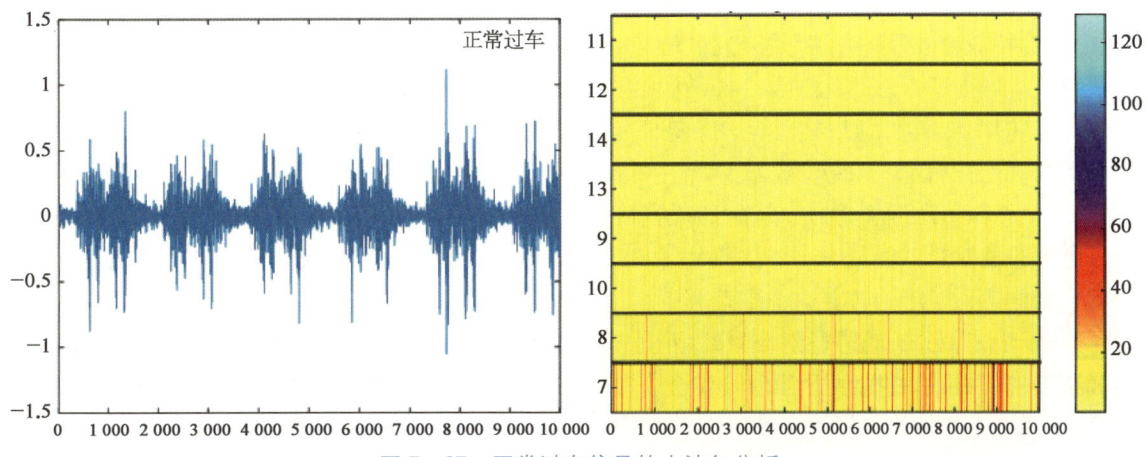

图 7-27 正常过车信号的小波包分析

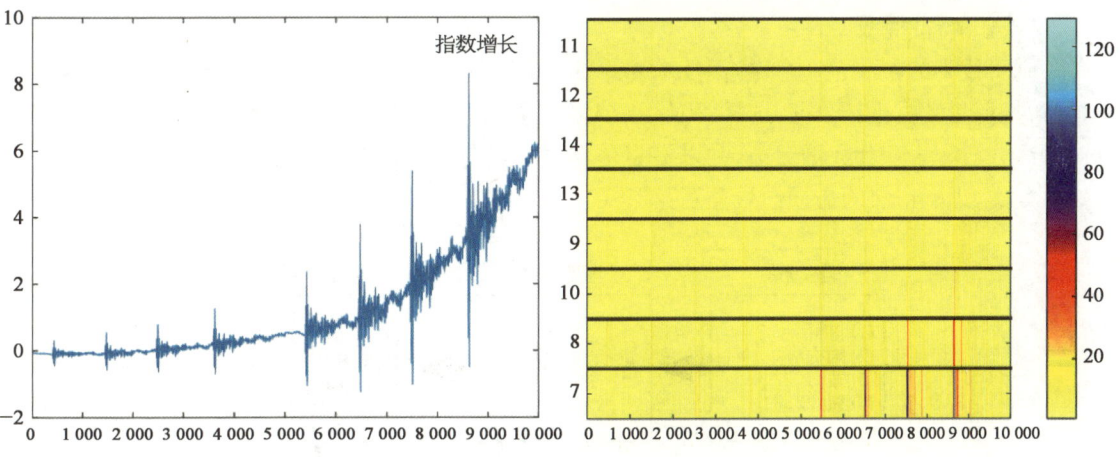

图 7-28 指数增长信号的小波包分析

小波包分析本质上就是不同分辨率下的滑动离散傅里叶变换(SDFT),其具有 SDFT 的缺点,是一种局部范围(窗内)的全局分析。小波包分析的抑噪能力来自滤波器组,其通过信号分解,抛弃其中的某些子带子信号,再执行信号的合成(综合)来实现噪声的去除。这种方法只能过滤指定频率子带的信号,当有用信号和噪声信号在相同或相近频带时,小波包分析的去噪效果并不显著。

总之,小波包分析相较于振铃法、能量比值法有明显的改变,具体表现在其有更强的抑噪能力和时频分辨率,但小波包分析存在时频分辨率的局部全局性及抑噪的固有缺陷,需要持续研究。

7.2.4 基于大数据的声发射信号处理

大数据技术(挖掘)是信号处理和信息提取技术的融合,信号处理是手段,信息提取(挖掘)是目的。大数据挖掘没有统一的方法论,但特征提取、分类、聚类是大数据技术的重要内容。为了实现对海量的、非同构的数据进行分类和聚类,特征提取是必然手段,其更多的是一种信号处理技术。

基于大数据技术的声发射信号处理不同于传统的"波形特征参数分析方法""能量谱比值法"

"基于小波包分析的声发射信号处理"等方法,其更充分地利用了数据本身的自驱动能力。

"波形特征参数分析方法"是声发射信号的时域处理方法,在理想情况下,其性能表现良好,恰如所有时域处理方法的优缺点一样,这种方法的缺点主要表现在两个方面:其抑制噪声的能力非常弱,当信噪比非常高时,其性能表现良好,当信噪比下降时,其性能迅速恶化;其对信号的"形状"刻画较弱,特别较小波分析、频域、高阶域、Wigner‐Ville、倒谱、倒高阶谱等明显要弱,没有抑噪能力。

"能量谱比值法"是一种频域分析方法,恰如频域方法往往优于时域分析的先验认知,在信噪比不够理想的时候,"能量谱比值法"明显较"波形特征参数分析方法"要优秀,但其并没有解决对声发射信号的"形状"刻画较弱这个固有缺点。

"基于小波包分析的声发射信号处理"是一种时频分析技术,其通过对声发射信号进行小波分析和小波包分析,通过抛弃适当的子带信号可以实现声发射信号的噪声的滤除,通过比较分析和研究,选择恰当子带信号作为声发射信号(或者子信号的能量分布)的特征表征。实现声发射信号的识别和监测。但是"基于小波包分析的声发射信号处理"并没有很好地实现抑制噪声的同时并能给出声发射信号的高分辨率的"刻画"。

7.2.4.1 特征提取

不同于枚举的方法,基于大数据技术的声发射信号处理是基于现代信号处理技术和大数据挖掘技术,把海量数据重新表征,选择 Wigner‐Ville 四阶谱作为数据处理工具,在信号抑噪的同时实现时频高分辨率表征和数据聚类,并以海量监测数据的聚类结果作为先验,对新采集的声发射信号进行分类,识别钢轨的伤损信号类别及形式。其处理流程如图 7‐29 所示。

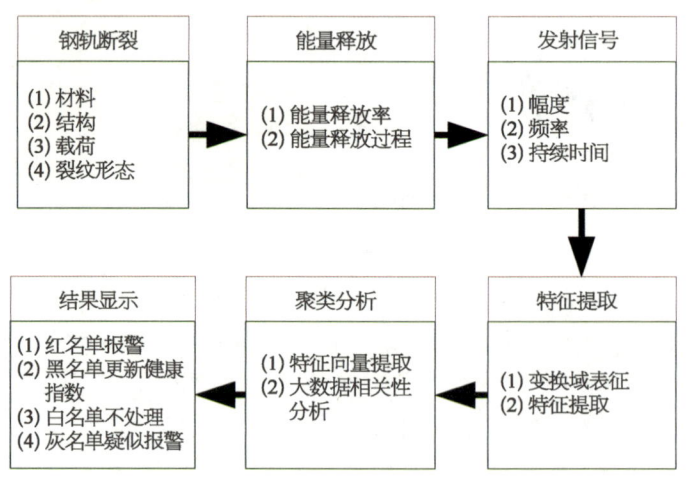

图 7‐29 基于大数据及 Wigner‐Ville 高阶谱的声发射信号处理流程

由断裂力学可知,不同来源的声发射信号,一定会在时域或某个变换域表现出"差异",特征提取是在有强背景噪声的前提下,甄别出"差异"的存在并准确提取出来。显然,恰当地选择数学工具是实现特征提取的关键。

1) 数学工具的选取原则

考虑到道岔钢轨声发射信号采集过程中有强高斯背景噪声,各种来源的优势信号之间的差别非常"细微",为此要求数学工具遵循以下原则:选取的数学工具应有较强的抑噪能力;能够对不同类型声发射信号的"细微区别"进行有效放大,而不能把这些"细微区别"弱化或模糊化了。

2) 数学工具的选取依据

声发射源机制的多样性、声波传播途径的复杂性、声发射信号本身的突发性和不确定性,以及干扰噪声的多源性等因素,使声发射信号的处理和分析面临极其严重的挑战。针对声发射信号处理的问题,可选择的数学工具有相关分析、谱分析(FFT分析、SFFT分析)、小波包分析、高阶谱、倒谱、倒高阶谱、Wigner-Ville分析、Wigner-Ville双谱、Wigner-Ville三谱、Wigner-Ville四谱、S变换、希尔伯特-黄变换(HHT)、主成分分析(PCA)、次成分分析(MCA)、独立成分分析(ICA)、盲源分离(BSS)、压缩感知(CS)等(表7-2)。

表7-2 各种信号处理方法的对比

名 称	时域分辨率	频域分辨率	时频分辨率	高斯噪声抑制
幅值域分析法/相关分析	√			
谱分析		√		
短时傅里叶变换(STFT)	√	√	√	
小波包分析	√	√	√	
高阶谱		√		√
Wigner-Ville分布(WVD)	√	√	√	
Wigner-Ville高阶谱	√	√	√	√

理想情况下,相关分析、谱分析、短时傅里叶变换、小波包分析、高阶谱分析、Wigner-Ville分布、Wigner-Ville高阶谱分析等都可以准确实现钢轨声发射信号的特征提取。经大量数据试验研究,当压电传感器采集到的有用信号被严重的背景噪声污染时,上面枚举的方法中除了Wigner-Ville高阶谱外,其他方法均会存在失效或辨识度差的现象。

信号分解的其他方法还有主成分分析、次成分分析、独立成分分析、盲源分离等,关于它们在声发射信号方面的应用也有很多文献报道。但受制于以下因素,在道岔钢轨伤损的辨识方面均不理想:

(1) 道岔钢轨声发射信号的采集是在复杂的高斯背景噪声干扰下完成的,所以如何抑制高斯背景噪声是获取高质量有效数据的关键。

(2) 独立成分分析把信号分解为多个相互独立的子信号;主成分分析和次成分分析是把信号分解为多个不相关的优势信号;盲源分离是一种宽泛的说法,其和ICA、PCA、MCA没有严格的界限;这些信号处理工具的数学模型都是多传感器多信号的数学模型,和道岔监测系统的数学模型不同。

(3) 希尔伯特-黄变换是一种指定模式的信号分解技术,其在某些特殊应用上被验证有效,但在数学上并没有被充分解释;仿真信号及实验室钢轨压断声发射信号数据分析试验表明其不适合道岔钢轨声发射信号的特征提取。

压缩感知是信息处理和信号处理的一种相互融合的信号处理新方法,其突破了信号处理中的Nquist抽样定理,本质上是一种信息抽样技术。通过对信号以不符合Nquist抽样定理的频率采样,然后利用采样点拟合逼近源信号。道岔钢轨声发射信号的数据处理应具有一定的潜力,持续研究中值得考虑。几种变换的本质内容见表 7-3。

表 7-3 几种变换的本质内容

名　称	本　质　内　容
希尔伯特-黄变换	信号指定方式分解
主成分分析	分解后的子信号不相关
独立成分分析	分解后的子信号相互独立
压缩感知	突破采样定理采用信号而不丢失信号
盲源分离	信号分离

3) Wigner-Ville 四阶谱

Wigner 高阶谱是 Wigner-Ville 分布的扩展,其保留了 Wigner-Ville 分布的数学特性,并继承了高阶谱分析的优点,是在时频平面上反映信号的高阶谱特性,即信号高阶域能量在时频平面的分布情况。

Wigner-Ville 高阶谱继承了高阶谱的抑噪能力,并保持了信号变换域表征的高分辨率,且实现了信号时频二维同步高分辨率表征。

Wigner-Ville 分布的数学定义如下:

$$\text{WVD}(t, w) = \int_{-\infty}^{-\infty} x\left(t + \frac{\tau}{2}\right) x^*\left(t - \frac{\tau}{2}\right) e^{-iw\tau} d\tau \tag{7-13}$$

Wigner-Ville 高阶谱定义如下:

$$\text{WVD}_{\text{Order}}(t, w_1, \cdots, w_k) = \int_{\tau_1} \cdots \int_{\tau_k} x^*\left(t - \frac{1}{k+1} \sum_{m=1}^{k} \tau_m\right) \prod_{i=1}^{k} x\left(t + \frac{1}{k+1}\tau_i - \frac{1}{k+1} \sum_{m=1}^{k} \tau_m\right) e^{-iw_i \tau_i} d\tau_i \tag{7-14}$$

当 $k=4$ 时,即为 Wigner-Ville 四阶谱。

经数据试验,为取得较好的抑噪和辨识能力,选用 Wigner-Ville 四阶谱作为提取道岔钢轨声发射信号的特征和聚类依据。采用 Wigner-Ville 四阶谱处理钢轨声发射信号,不同类型的声发射信号的"细微区别"没有"被忽略",也没有"被模糊",而时域的"细微区别"被放到时频域重新铺排。从而使 Wigner-Ville 四阶谱实现了不同类型声发射信号在"细微区别"上的有效放大,为聚类分析打下坚实基础。

7.2.4.2 聚类分析

用统一标准把集合分解为几个子集称之为"聚类分析"。每个子集称之为"类","物以类聚,人以群分"是聚类分析的一种典型应用。聚类分析以特征提取为基础,聚类的统一标准来源于特征的某种变换。聚类的方法有很多,有系统聚类法、序样品聚类法、动态聚类法、模糊聚类法、图论聚类法、聚类预报法等。从数学角度来看,所有的聚类都要求聚类后子集内个体间的某种度量距离很近,而各子集间的距离很远。

道岔监测系统采用动态聚类法,将声发射信号分为八个子类,具体如下:
(1) 钢轨断轨伴生声发射信号:损伤信号,报警。
(2) 轨底掉块伴生声发射信号:损伤信号,报警。
(3) 轨顶掉块伴生声发射信号:损伤信号,报警。
(4) 轮轨撞击伴生声发射信号:正常信号,更新健康指数,不报警。
(5) 轮缘摩擦伴生声发射信号:正常信号,更新健康指数,不报警。
(6) 气动道岔扳动伴生声发射信号:正常信号,不报警。
(7) 指数增长型信号:正常信号,不报警。
(8) 正常过车信号:正常信号,不报警。

7.2.4.3 道岔钢轨裂纹伤损声发射信号的完备库

1) 定义

完备库是一个道岔钢轨声发射信号所有类型的集合,理想情况下,其包含了道岔钢轨声发射信号所有可能的类型。"完备"在这即包含"所有可能"的意思。完备库是道岔监测系统的"锚",当一个确知信号或者一个声发射信号到来后,系统该如何响应,完全依赖于该完备库。

系统接收到一个确知信号后,将做如下动作:
(1) 声发射信号的确认。通过超高频分量辨识声发射信号;如果是,转下一步;如果不是,等待下一条数据。
(2) 对声发射信号进行 Wigner - Ville 四阶谱分析,并提取其特征向量。
(3) 求解特征和完备库中的每一个子类的"距离"。并依此判决该如何响应。

显然,"完备库"如果足够完备,则系统一定是智能的、零漏报的、低误报甚至零误报的。但道岔系统是一个复杂大系统,不可能对所有钢轨伤损的伴生声发射信号在实验室通过完备性枚举伤损试验得到,也不可能通过理论推导得到。

2) 概念化的完备库

概念化的完备库也即理想中的完备库,其枚举《钢轨伤损分类》上定义的所有类型伤损伴生的声发射信号,这是道岔监测系统的理想目标。在通向理想目标的过程中,西南交通大学铁路发展股份有限公司分阶段地给出了"基于先验知识的完备库"和"基于大数据学习的完备库"。

下面从概率论上集合的角度,对概念化的完备库进行说明:

假定声发射信号的所有类型记为U_{AE},不同类型的子集记为C_1,C_2,C_3,$\cdots$,C_k,根据已有知识,k为一个未知的整数。则概念化的完备库满足$C_i \cap C_j = \varnothing$,且$C_1 \cup C_2 \cup C_3 \cup \cdots \cup C_k = U_{AE}$。

3) 基于先验知识的完备库

道岔钢轨最危险的几类伤损监测是现场最为关心的问题。对于这几类重点伤损,可以通过室内伤损试验采集伴生声发射信号建立知识库,实现《钢轨伤损分类》上定义的指定类型的伤损与相应的声发射信号一一映射,如钢轨断轨、轨底掉块、轨顶掉块等。

从概率论的集合上,假定钢轨伤损的声发射信号的所有类型记U_{AE},不同类型的子集记为C_1,C_2,C_3,$\cdots$,C_k,k为一个未知的整数。基于先验知识的完备库应在概念性的完备库基础上,做如下补充:C_1确定为一类钢轨断裂伴生声发射信号,C_2确定为一类钢轨轨顶掉块伴生声发射信号,C_3确定为一类钢轨轨底掉块伴生声发射信号,C_4,C_5,C_6,$\cdots$,C_k为其他未知的道岔钢轨伤损等声发射信号。

4) 基于大数据挖掘的完备库

大数据是一种新型信息处理技术,具有数据自驱动能力,通过数据挖掘往往能发现常规信号处理或信息处理不能发现的关联或模型(类)。聚类是大数据学习的核心内容,某种意义上说,也是大数据学习的目的。

西南交通大学及西南交通大学铁路发展股份有限公司现有来自五个不同铁路道岔现场的数百万条数据,且以每天上万条的速度不断增加。这些声发射信号数据包括了丰富的轮轨撞击信号、轮缘摩擦信号、气动道岔扳动信号、正常过车信号及其他未知信号等,但并不能把个体信号和上述枚举类型完全一一对应。

针对上述聚类方法,对完备库做概率论集合上的进一步补充:C_4 确定为一类轮轨撞击伴生声发射信号,C_5 确定为一类轮缘摩擦伴生声发射信号,C_6 确定为一类正常过车伴生声发射信号,C_7 确定为一类气动道岔扳动伴生声发射信号,C_8 确定为一类指数型增长信号,C_9,…,C_k 确定为一类其他未知声发射信号。

为从海量的声发射信号进行聚类分析,分离出轮轨撞击、轮缘摩擦、气动道岔扳动、正常过车及其他信号四个子集。通过特征向量的提取和相关性分析,发现四个子集中的个体特征向量高度相关(相关系数大于 0.85),而不同子集中的个体信号特征向量相关性很弱(相关系数小于 0.45)。

5) 基于完备库的响应

道岔监测系统对不同声发射信号准确分类(聚类)的基础上,根据声发射信号的来源是否是道岔钢轨损伤,为了便于使用者理解和方便,进行了如下分类:

(1) 红名单。主要包含钢轨断轨伴生声发射信号、轨底掉块伴生声发射信号、轨顶掉块伴生声发射信号。当名单内的任一类型信号发生时,系统发出最高级别的报警。

(2) 黑名单。主要包含轮轨撞击伴生声发射信号、轮缘摩擦伴生声发射信号。这类声发射信号即使道岔正常服役过程中均可能发生,但当道岔系统频繁出现此类信号时,表明道岔系统健康状况在恶化。针对这类声发射信号,系统不报警,但是系统更新健康指数。

(3) 绿名单。包含气动道岔扳动伴生声发射信号、正常过程信号、指数增长型声发射信号等。这几类信号都是道岔在正常服役过程中都会产生的声发射信号,且此类声发射信号对系统没有伤害。当有此类声发射信号发生时,系统不报警,也不更新健康指数。

(4) 灰名单。由于完备库没有做到真正完备,虽然实验室的试验和大数据学习的成果不断丰富完备库,但并不能从数学上证明"完备库"已处于完备状态。为了处理疑似信号,需要建立一份"灰名单"。当有一类声发射信号出现,且未有任何先验知识可以识别这一信号时,则将此类信号加入灰名单。系统对灰名单中的声发射信号的响应为预报警,并更新健康指数。此时应通过人工现场勘察、设备探伤,进一步确认信号来源的性质,并根据分析结果形成先验知识更新完备库。

7.2.4.4 "红名单"的主要信号及特征

目前红名单下共有三类伴生声发射信号:钢轨断裂信号、轨底掉块信号和轨顶掉块信号。这三类伤损均属于钢轨重伤,根据线路维修规则要求,均应立即更换。

1) 钢轨断轨

图 7-30 为钢轨断轨伴生声发射信号的时域波形图和 Wigner-Ville 四阶谱的时频图切片。

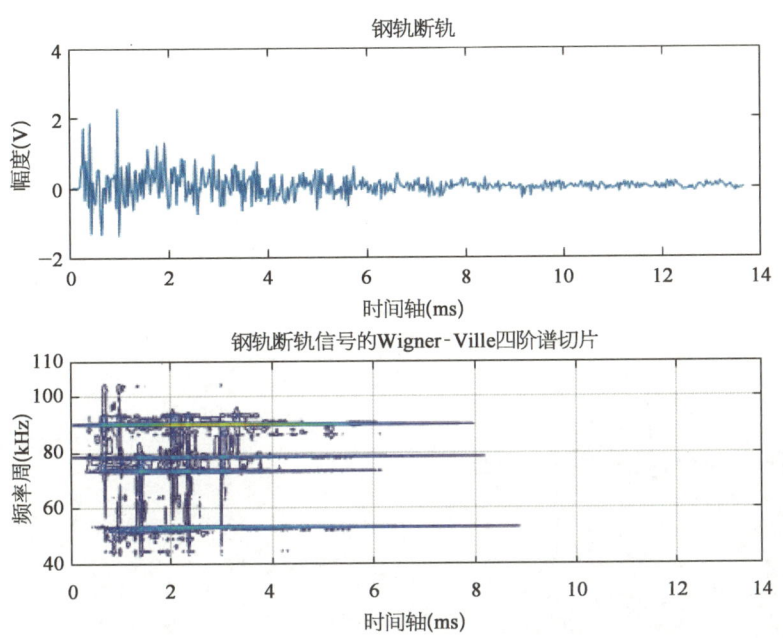

图 7-30 钢轨断轨声发射信号及 Wigner-Ville 四阶谱切片

大数据方法可准确实现这类信号的识别,并能进行特征提取和分类。

大数据方法识别依据信号的时频空间结构,形象地说,不同类型的信号对应一座座不同的"小山",不同"小山"的位置即时频位置不一样。例如,钢轨断裂的时频信号位置主要集中于 90 kHz 附近,且 52 kHz、75 kHz 和 79 kHz 等频率段附近也有少许分布。

现场出现的道岔钢轨断裂如图 7-31 所示。

2) 轨底掉块

图 7-32 为轨底掉块伴生声发射信号的时域波形图和 Wigner-Ville 四阶谱的时频图切片。大数据方法可准确实现这类信号的报警,且能进行特征提取并分类。

图 7-31 现场道岔钢轨断裂(2014 年 11 月,成都北编组场)

轨底掉块信号的时频位置主要集中在 78 kHz 附近。

3) 轨顶掉块

轨顶掉块伴生声发射信号的时域波形图和 Wigner-Ville 四阶谱的时频图切片如图 7-33 所示。大数据方法可准确实现这类信号的报警,且能进行特征提取并分类。

轨顶掉块信号的时频位置主要集中于 90 kHz 附近,且 80 kHz 等频率段附近也有少许分布,但区别于断轨对应的 Wigner-Ville 高阶谱。

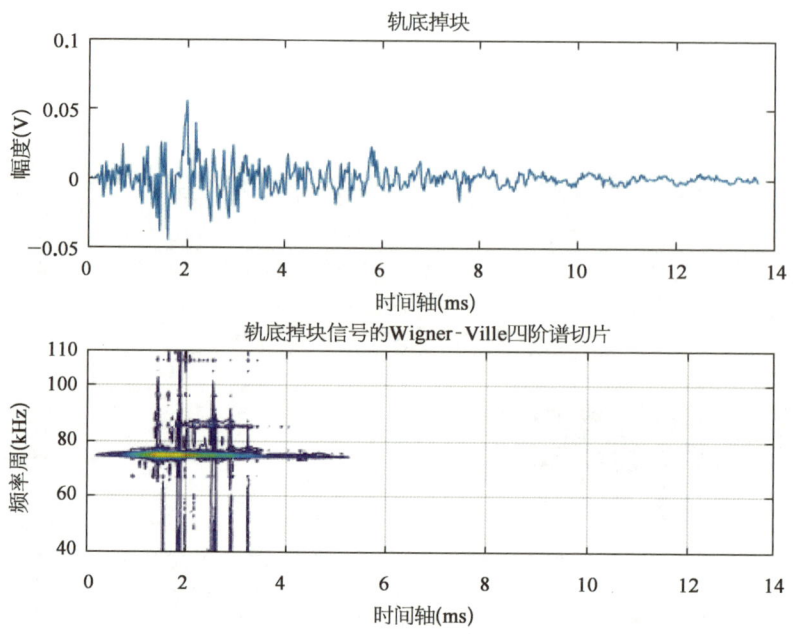

图 7-32 轨底掉块声发射信号及 Wigner-Ville 四阶谱切片

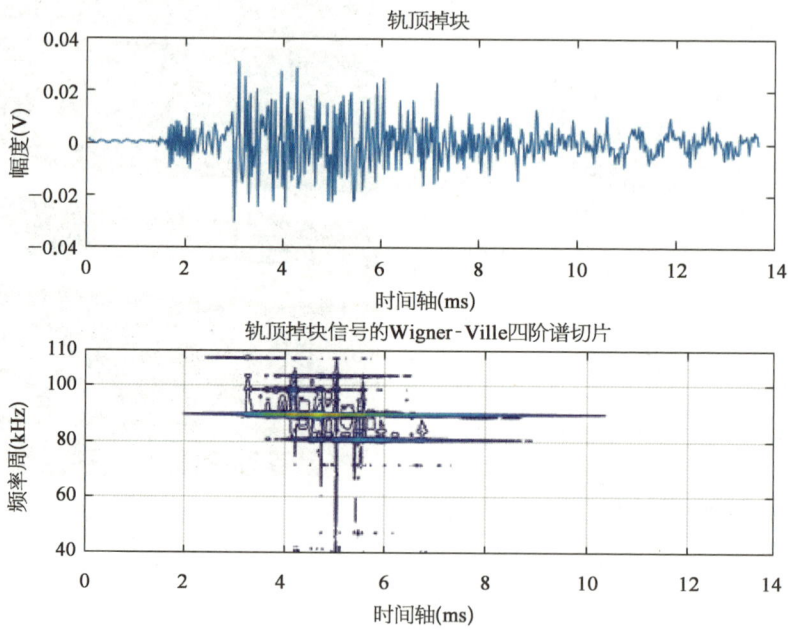

图 7-33 轨顶掉块声发射信号及 Wigner-Ville 四阶谱切片

7.2.4.5 "黑名单"的主要信号及特征

黑名单下共有两类伴生声发射信号：轮轨撞击伴生声发射信号和轮缘摩擦伴生声发射信号。当有黑名单中枚举类型的声发射信号发生时，系统并不报警，只是更新健康指数。健康指数是系统健康状况的量化描述。

1) 轮轨撞击

轮轨撞击属于道岔正常运行的常见现象,在成都北编组站、大秦重载线路的道岔应用现场均有采集到。图 7 - 34 为轮轨撞击伴生声发射信号的时域波形图和 Wigner - Ville 四阶谱的时频图切片。大数据方法可以准确认定这类信号为非伤损信号,并能进行信号特征提取及分类。

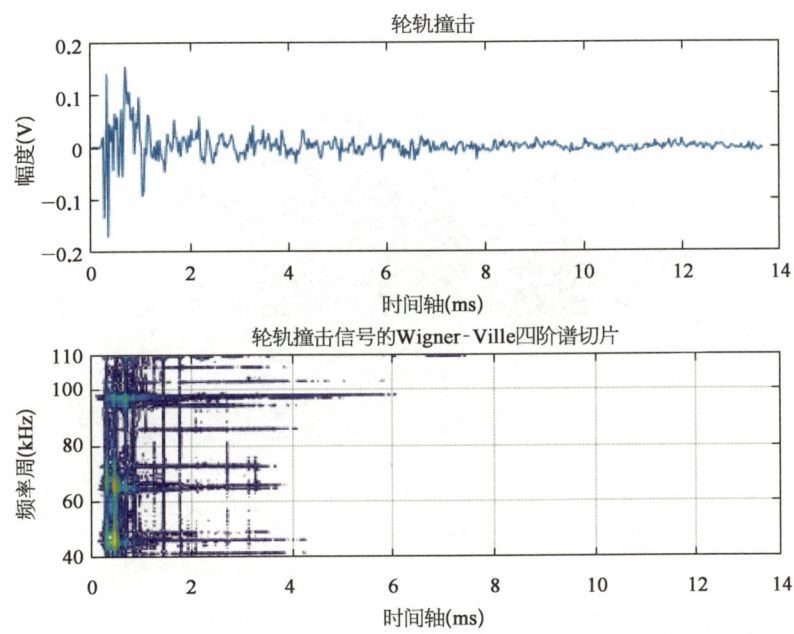

图 7 - 34　轮轨撞击声发射信号及 Wigner - Ville 四阶谱切片

轮轨撞击信号的时频位置在 40~100 kHz 都有分布,且分布较散。

2) 轮缘摩擦

轮缘摩擦采集自成都北编组站和大秦重载铁路道岔现场。图 7 - 35 是轮缘摩擦伴生声发射信号的时域波形图和 Wigner - Ville 四阶谱的时频图切片。大数据方法可准确认定这类信号为非伤损信号,并能进行信号特征提取及分类。

轮缘摩擦信号的时频位置主要在 80 kHz 附近,且在 40~60 kHz 等频率段附近也有分布,但分布图形明显区别于断轨、轨底掉块信号。

7.2.4.6　"绿名单"的主要信号及特征

目前绿名单内共有三类信号:正常过车信号、气动道岔扳动伴生声发射信号和指数增长类信号(疑似温度力释放伴生声发射信号)。当有绿名单中枚举类型的信号发生时,道岔检查系统既不报警也不更新健康指数。

1) 正常过车

图 7 - 36 为正常过车信号的时域波形图和 Wigner - Ville 四阶谱的时频图切片。大数据方法可准确认定这类信号为非伤损信号,并能进行信号特征提取及分类。

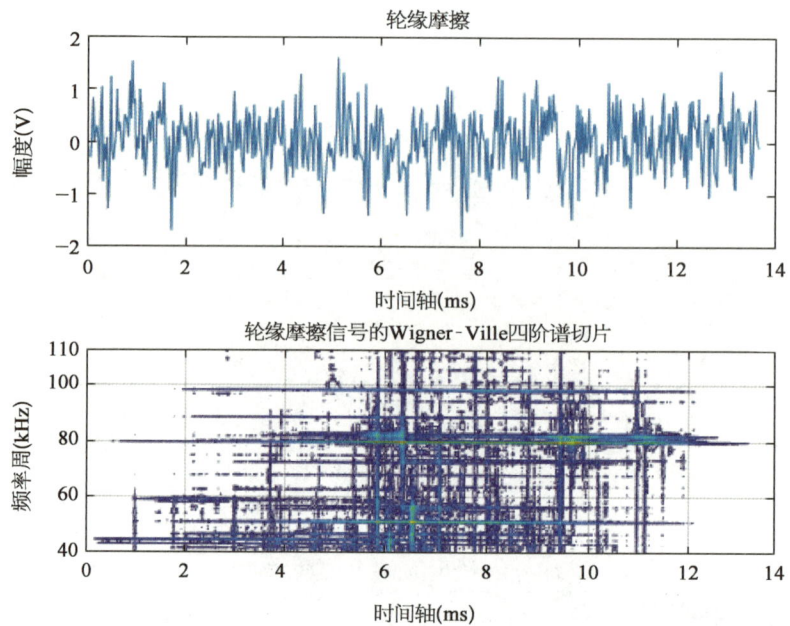

图7‑35 轮缘摩擦声发射信号及 Wigner‑Ville 四阶谱切片

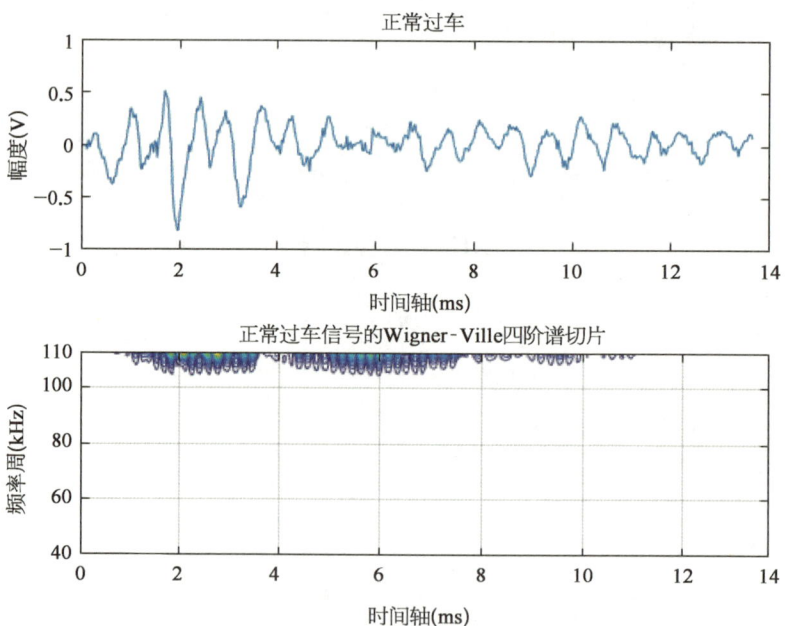

图7‑36 正常过车声发射信号及 Wigner‑Ville 四阶谱切片

正常过车信号的时频位置主要集中于 100 kHz 以上。

2）气动道岔扳动

图7‑37 是气动道岔扳动伴生声发射信号的时域波形图和 Wigner‑Ville 四阶谱的时频图切

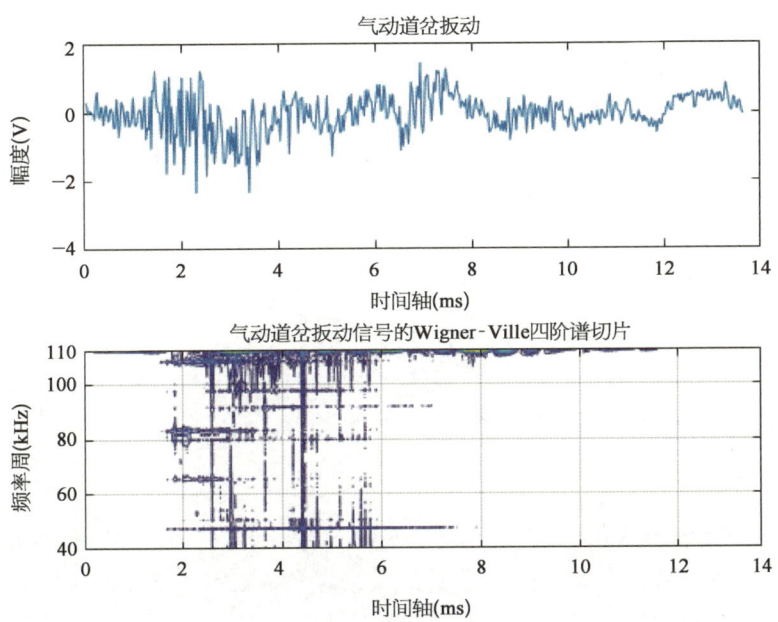

图 7‑37 气动道岔扳动声发射信号及 Wigner‑Ville 四阶谱切片

片。大数据方法可准确认定这类信号为非伤损信号,并能进行信号特征提取及分类。

气动道岔扳动信号的时频位置在 45～110 kHz 都有分布,且主要集中于 100 kHz 以上。

3) 指数增长型

指数增长型信号来自大西高铁、沪宁高铁试验现场,此类信号和钢轨损伤没有任何关系。图 7‑38

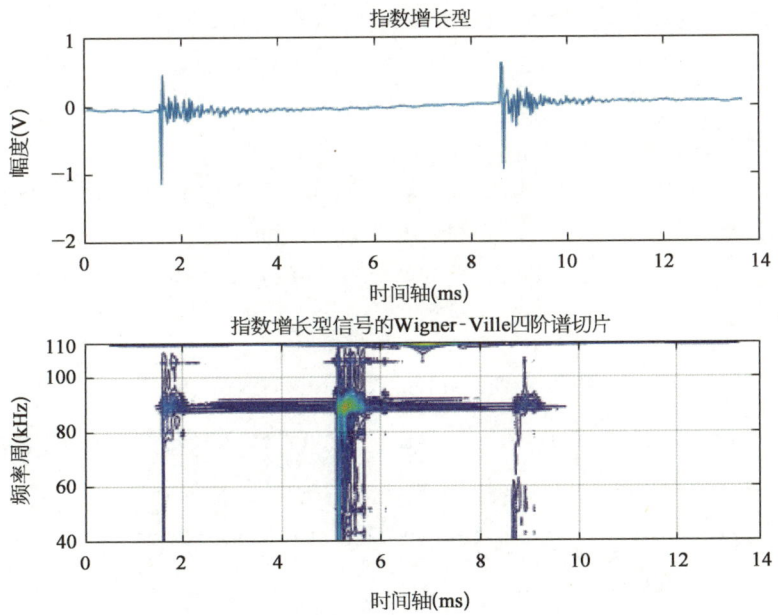

图 7‑38 指数增长型声发射信号及 Wigner‑Ville 四阶谱切片

是指数增长型信号的时域波形图和 Wigner-Ville 四阶谱的时频图切片。大数据方法可准确认定这类信号为非伤损信号,并能进行信号特征提取及分类。

此类信号的时频位置集中于 90 kHz,且在时间轴上呈周期分布。特别地,该类信号在信号预处理阶段就可根据其周期性特性直接排除,这里给出其 Wigner-Ville 四阶谱切片仅供对比分析。

7.2.4.7 "灰名单"的主要信号及特征

根据灰名单的定义,其上的任何一类声发射信号,在获得确认后均会移入其他名单中,只会在灰名单上短暂停留。当系统长时间保持灰名单上无声发射信号类型的时候,则说明系统的完备性得到显著加强。目前西南交通大学研发的道岔监测系统在灰名单上暂无任何类型的声发射信号。

7.2.5 海量数据测试及结果

7.2.5.1 数据组成

为了测试"基于 Wigner-Ville 四阶谱的道岔钢轨声发射信号的特征提取和聚类"的有效性,对来自成都北编组场、沪宁高铁、大西高铁、大秦重载铁路等多条线路道岔监测现场的海量数据进行算法测试。

7.2.5.2 测试结果

定义系统误报率 x:$x=$ 误报总数$/$(事件总次数$+$误报总次数)$\times 100\%$。

定义漏报率 y:$y=$ 漏报次数$/$事件总次数$\times 100\%$。

将现场采集的所有无故障、无报警、无疑似报警的历史数据以项目为单位,分成 5 个样本,并将实验室试验得到的断轨数据筛选出 50 组具有典型断轨特征的信号,分别与上述样本混合,组成 5 组最终的测试样本,利用大数据算法进行测试。

测试结果表明:漏报率为 0,即表示只要是断轨信号,在该算法支持下,系统均能发出报警。平均误报率不大于 20%,处于一个较低的水平。随着系统运行时间的增长,系统越趋于稳定,误报率将逐渐降低。

7.2.5.3 相关性分析

对铁路道岔检测系统中目前规定的八类信号(即八个子集)进行特征相关性分析,见表 7-4。表中对角线上的数据为子集中不同个体间的平均相似程度,而非对角线上的数据则是对应的两个子集平均相似程度。从数据可知,子集内的声发射信号非常相似(相关系数大于 0.85),不同子集内的声发射信号则差别较大(相关系数小于 0.45)。

表 7-4 各类信号特征的相关性分析

	钢轨断轨	轨底掉块	轨顶掉块	轮轨撞击	轮缘摩擦	气动道岔扳动	指数增长型	正常过车
钢轨断轨	0.984 1	0.420 4	0.348 1	0.378 3	0.388 2	0.416 2	0.375 4	0.352 4
轨底掉块	0.420 4	0.865 4	0.380 7	0.408 6	0.359 6	0.390 6	0.296 5	0.409 8
轨顶掉块	0.348 1	0.380 7	0.912 5	0.375 2	0.412 1	0.330 2	0.403 2	0.379 2
轮轨撞击	0.378 3	0.408 6	0.375 2	0.935 1	0.289 2	0.408 3	0.396 2	0.241 3

(续表)

	钢轨断轨	轨底掉块	轨顶掉块	轮轨撞击	轮缘摩擦	气动道岔扳动	指数增长型	正常过车
轮缘摩擦	0.388 2	0.359 6	0.412 1	0.289 2	0.892 1	0.295 2	0.365 1	0.397 5
气动道岔扳动	0.416 2	0.390 6	0.330 2	0.408 3	0.295 2	0.879 3	0.294 5	0.400 4
指数增长型	0.375 4	0.296 5	0.403 2	0.396 2	0.365 1	0.294 5	0.865 2	0.392 5
正常过车	0.352 4	0.409 8	0.379 2	0.241 3	0.397 5	0.400 4	0.392 5	0.921 4

7.2.5.4 大数据方法优缺点分析

高速铁路道岔钢轨伤损的实时监测有其特殊性，传统的振铃法难以见效，必须寻找一种声发射信号处理方法，使其能在强背景噪声下工作。考虑到道岔钢轨伤损类型繁多，该方法对声发射信号被强噪声干扰后仍能进行某种变换域表征。

基于大数据和 Wigner - Ville 四阶谱的声发射信号处理方法很好地解决了上述两个问题。主要表现两方面：① 基于分类的方法使其具有很强的背景噪声抑制能力；② 基于聚类的方法使其有很强的声发射信号时频域表征。通过求解声发射信号的 Wigner - Ville 四阶谱切片，把声发射信号时域表征改变为时频域表征，并在变换的同时过滤掉了高斯类背景噪声。

由于 Wigner - Ville 四阶谱的时频域表征能力，确保了大数据方法具有能量谱比值法和小波包分析方法所没有的伤损信号识别能力。

三种不同方法的优缺点比较见表 7 - 5。

表 7 - 5 三种不同方法的优缺点比较

方　法	时域分辨率	频域分辨率	时频分辨率	抑制噪声能力	信号分类能力
振铃法	√				
能量谱比值法		√			
基于小波包分析的方法	√	√	√		
基于大数据和 Wigner - Ville 四阶谱的方法	√	√	√	√	√

7.3　高速道岔钢轨裂纹监测系统

目前我国的道岔维修都为故障后的维修。为保证列车和线路的运营效率，高速铁路要求对道岔的维护和维修次数越少越好、时间越短越好。由于我国铁路目前尚无对道岔实施行之有效的自动监测手段，道岔的日常维护和故障道岔的维修仍采用传统模式，占用了较多的运营时间。高速铁路的建设形势要求亟待改进目前道岔的维护和维修方式，以适应铁路的跨越式发展。道岔监测系统监测轨道交通线路上关键道岔及其转换设备、道岔轨道电路等的性能，为其维护、保养和维修提供技术支持。随着铁路运营速度的提高，结合我国铁路发展现状和国外铁路的经验，对铁路道岔转换设备状态的实时监测已是保障道岔设备安全和实现状态修的关键手段。

7.3.1 道岔监测系统的主要设计原则

我国高速道岔监测系统的研制应根据我国国情及路情,遵循以下原则:

(1) 以安全性监测为主,以状态监测为辅。与国外高速道岔监测系统的功能不同,我国高速道岔应重点监测断轨等安全性项目,而辅以转换力等状态监测。

(2) 价格合理,满足全路已上道的 7 000 多组高速道岔的同步安装要求。

(3) 所采集的信号从采集点、道岔直到车站为无线传输,避免信号数据线对维修作业及行车安全的影响,而车站至工务段、高速公司、铁路局、铁路总公司采用原铁路专网或互联网传输,不用新增传输网络。

(4) 搭建起高速道岔系统、全面的监测系统技术框架,预留后期其他监测项目的融合,能适应我国、德国、法国技术的道岔结构。

(5) 传感器元件的安装应牢固可靠,不得在钢轨上打孔安装,不得在列车振动下脱落,其使用寿命应尽可能与道岔主要部件相同,不得影响道岔检查与维修作业。

(6) 道岔监测系统应具有显示、储存、预警、分析、决策的功能,且界面友好、简单,适合现场技术人员掌握。

(7) 监测系统的准确性高(漏报、误报率低于 0.1%)。

7.3.2 道岔监测系统的设计理念

7.3.2.1 用户平台层级化

目前铁路部门采用的"部、局、站段"的三级管理模式,针对不同的管理层级,需要了解的道岔状态信息有所差别。在平台设计上需要就不同的管理层级和信息需求,制定不同的用户权限,以保证有用数据和信息的通畅,避免管理上的紊乱和信息拥堵。最终形成的高速道岔监测系统网络可以覆盖全路,实现铁路总公司、路局、站段、维修工班的完整监控链,既可以对每组道岔进行实时监控,又可以记录和下达状态调整与维修指令,反馈突发状况。

7.3.2.2 岔群监测管理站段化、主机化

道岔设备具有沿线分布、位置相对集中的特点,建立完整的高速道岔监测系统需要考虑到它是一个典型的"点、线、面"工程。为实现数据相对集中的收集与处理,减少大量数据远距离传输带来的系列问题,优化资源配置、降低建设成本,宜采用岔群监测管理站段化,将最基层的应用平台放于车站,由车站主机实现对其管理范围内所有道岔的监测系统配置、数据统计与初步分析,收集保存最原始的有用信息。

7.3.2.3 单组道岔监测单元化

道岔监测的项目多,随着用户的不同需求,其可能的功能扩充还会增加;为达到理想的监测效果,需要多种监测技术并存;同一种监测技术也可能存在着多个测点。若采用车站主机直接监测,虽然可能可以减少某些硬件投入,但当进行岔群监测时,这些不同监测方式的多源信息及同一监测方式的多元信息将集中于主机,给信息处理和系统管理带来极大的难度;不利于系统的扩充;信息的远距离传输也将产生衰减、拥堵等不利现象,影响系统的稳定性和可靠性。通过单组道岔设立监测分机,由分机来完成一组道岔的所有监测功能,并将采集的数据进行预处理。使整个系统

以单组道岔为单位,实现道岔监测单元化。这样有利于增减道岔监测组数;有利于减少采集数据传输距离,提高信号强度;有利于明晰网络管理及各子系统的管理;有利于排解故障;有利于应用平台的数据。

7.3.2.4　各项监测项目模块化

高速道岔监测项目很多,需要通过系统的建立和健全不断发展完善。不同的监测项目采用的方式方法均会有所差别,如何将不同传感源和不同监测点的监测控制有机地整合起来,形成一个相对集中的、具有一定开放性的系统,是确保系统可靠性及可扩充性的关键。采用模块化的方式将不同的监测项做成不同的模块,按统一的制式做成电路板,安装于单组道岔的监测分机中,可以有效处理多源、多点信号的集中采集与处理问题。模块板的方式还有利于将来的功能扩充应用、单个测试项的调试及单项测试技术的升级改造,有利于形成一种相对统一的标准。

7.3.2.5　数据处理前端化

由于道岔监测项目、监测手段多,监测时间及有效数据需要保存时间长,加之多为岔群监测,存在大量的信息需要传递和处理,若所有信息都集中到后台(即监控主机)来处理,其对传输网络及主机性能的要求非常高;随着传输距离的增加,采集信息的衰减也会加大,信息的可靠性大为降低。通过监测分机完成前端数据的采集、实时预处理,尽可能完成单组道岔的监测分机功能,减少数据的转储和传输环节,处理之后只保存有用的信息,最终供平台主机应用,可以有效避免远距离采集和传输带来的各种弊端。

7.3.2.6　软件硬件化、软硬件一体化

一个系统如果过多依赖软件,则需要提高硬件性能,且存在着病毒或黑客入侵的风险,其运算速度和可靠性不如单片机形式的纯硬件。道岔监测系统是一个具有高可靠性要求的系统,通过对前端采集系统的硬件化处理,以单片机的方式对每一个不同监测项和不同的监测方式提供采集指令支持,将大幅提高处理的效率和系统的可靠性。类似做法的良好效果已为众多监测系统所证实。

7.3.3　系统架构

高速道岔监测系统是由现场传感器集成模块、现场道岔监测分机、车站道岔监测主机、道岔监测中心、四类用户终端、传输通道等组成。各级监测平台还预留有与其他系统的接口,可与其他管理系统实现互联。

各种现场传感器实时监测道岔状态数据,通过有线方式传至监测分机,由监测分机转发至监测主机,由监测主机中的相应的处理模块对各种监测数据进行处理,将处理后的结果及相关信息发送至监测平台并保存至数据库。系统结构如图 7-39 所示。

7.3.4　系统组成

7.3.4.1　系统的组织结构

系统用户分为铁路局、工务段及电务段、车站三个层次,车站监测主机将采集的数据通过铁路专网或互联网传送至工务段及电务段,可以将管辖区内的所有高速道岔的状态进行监控,可提供安全评估与维修决策建议;工务段与电务段辖区内的所有高速道岔的监测信息可自动传送至铁路局,铁路局可掌握全局范围内所有高速道岔的实时状态,可监控工务段及电务段对高速道岔故障

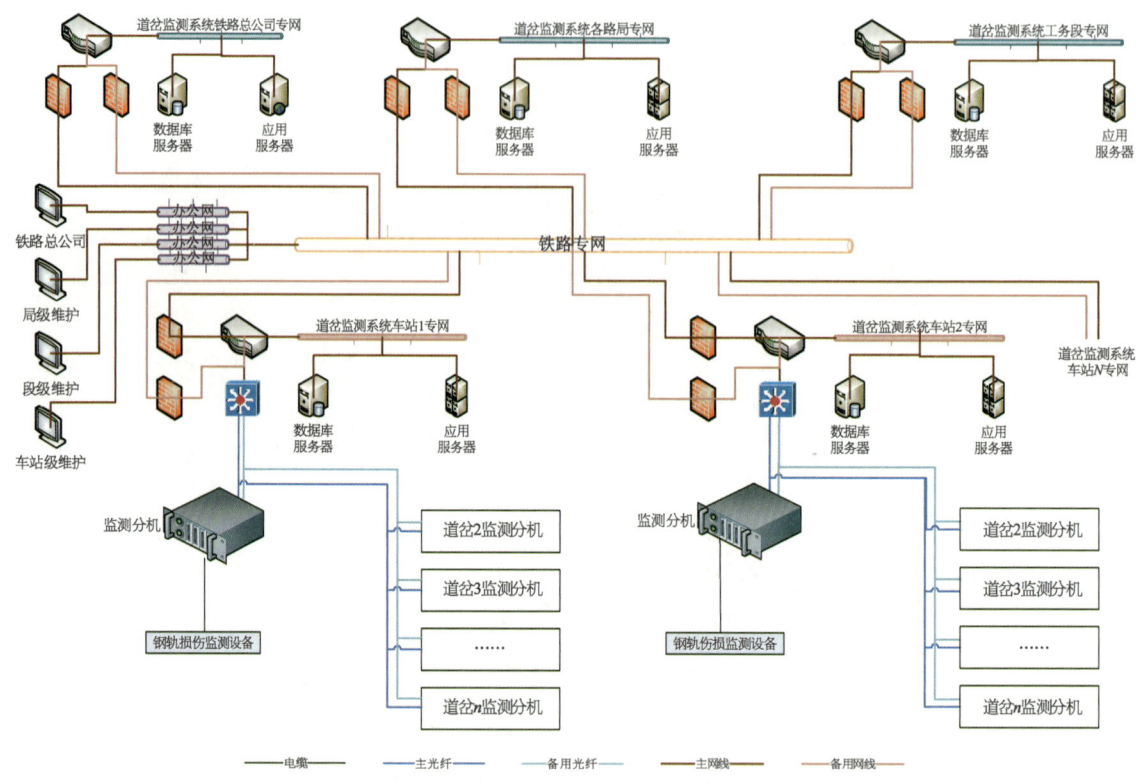

图 7-39 高速道岔监测系统结构图

的处理情况;铁路局将路局范围内的所有高速道岔的监测信息自动传输至铁路总公司运输局部,铁路总公司可掌握全路范围内的所有高速道岔的实时状态,可监控各路局对高速道岔的维修管理情况。同时各级用户的监测系统平台软件还预留有与道岔管理信息系统、工务设备管理信息系统的接口,可与其他管理系统对接(图 7-40)。

该系统是物联网、传感网技术在数字化高速道岔中的应用,由无线传感、无线传输、数据处理的物联网感知系统和在线监测、安全评测、安全决策、维修决策的应用平台系统所组成,具有感知、决策、交互、实时监控等功能,能确保:高速道岔"看得见"——实时掌握每组高速道岔的工作状态;"管得住"——能实时掌握高速道岔的运行安全,给出决策措施;"修得好"——及时掌握每组高速道岔的服役性能、检修信息,给出维修决策。

其核心的技术支撑研究由以下几方面组成:

(1) 监测对象。研究分析选择影响高速道岔安全性与可靠性的监测项目,如钢轨损伤、转换阻力等。

(2) 感知层。包括感知对象分类与感知策略决定、感知数据和高速道岔运行状态映射的研究等。

(3) 优化层。包括分布式检测敏感点的确定及优化技术、极端环境下误差补偿技术的研究等。

(4) 检测层。包括复杂电磁环境下抗干扰技术,高精度、高速度采样技术,低功耗低能量收集技术的研究等。

(5) 融合层。包括复合传感技术、动静态数据匹配关联与预处理技术的研究。

第 7 章 高速道岔钢轨裂纹监测

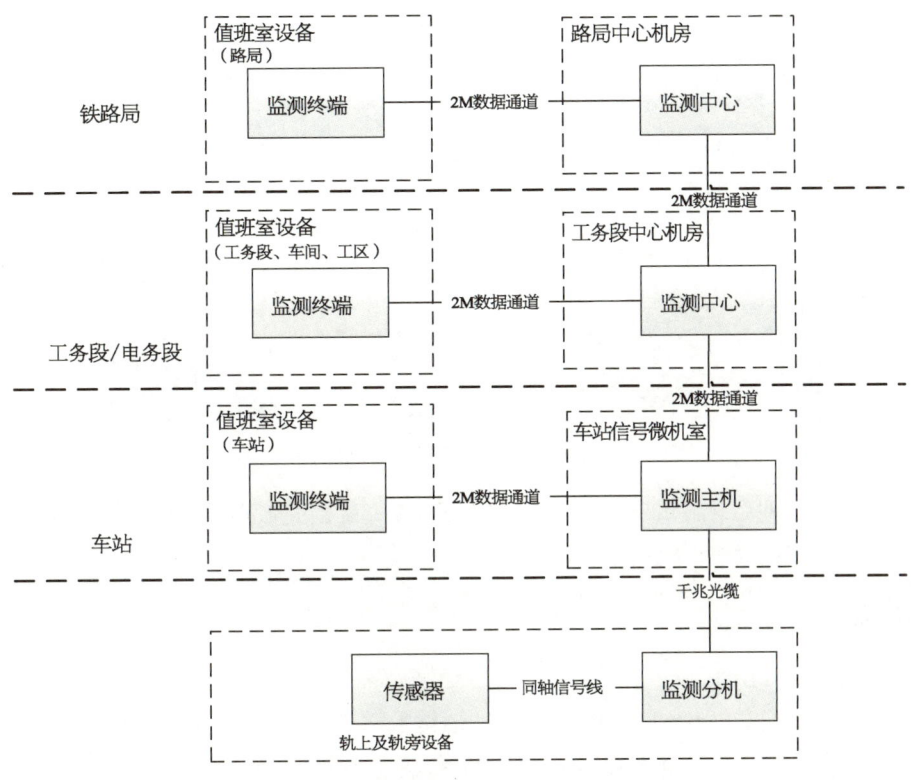

图 7-40 高速道岔监测系统结构图

(6) 数据层。包括安全监控数据处理、记录数据处理、海量数据传输与存储等技术研究,以及数据处理与交互平台的研制。

(7) 决策层。包括评估诊断模型研究,以及智能评判与决策平台、应用管理平台、系统维护平台的研制。

其技术的难点在于物联网、传感网技术在高速道岔中的应用研究、海量数据高效处理及系统安全性与可靠性研究、应用于高速道岔系统的建模技术研究、专家系统构建研究等。

7.3.4.2 系统的软硬件构成

根据高速道岔的特点和需要监测的项目,整个监测系统采用主从结构,每组或邻近的数组道岔设置一台室外分机,即监测分机,放于道岔现场做参数监测,完成所需项目的实时监测,并将监测采集所得数据做数字滤波、计算分析处理后送车站监测主机,并预留今后可能增设的监测项目接口(图 7-41)。

在车站室内设置一监测主机,完成从监测分机数据的接收、计算处理工作,并以图形、报表等形式将数据显示出来,以便人工直观地查询道岔工作参数,方便检测与维护。系统还可以提供故障报警、伤损报警等功能。监测主机和监测分机之间采用无线连接,使得监测分机与监测主机之间连接简单、通信效率高、误码率低、通信可靠。

从下至上层次分布为现场采集设备、监测分机、监测主机以及系统监测中心。

其中,最下面一层为数据采集,各子项监测设备将采集到的原始数据发送到监测分机,监测分

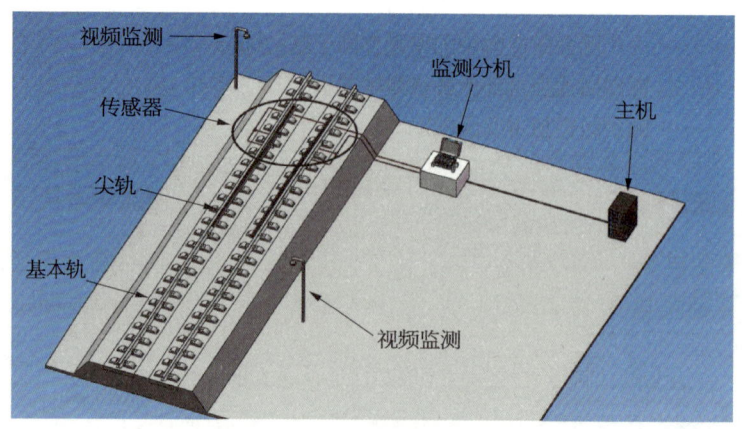

图 7-41 系统结构示意图

机将原始数据进行处理后转发到该车站的监测主机,然后将相关数据通过规范的通信协议和接口发送到监测中心,为各个终端提供数据支持。

7.3.5 功能设计

7.3.5.1 监测分机功能

监测分机采用模块化结构,同一监测分机具备接入多个不同种类现场采集设备的功能,且易于扩展。监测分机收集现场采集设备的监测数据,并进行缓存、计算分析,并将分析结果传送至监测主机。具备自检和对现场监测设备工作状态的检测功能(含电源状态检测),实现故障诊断、定位及报警,故障诊断定位至可单独更换的模块;同时能够将故障信息上传至监测主机,并接受监测主机的集中检测管理。监测分机具有状态指示灯及状态显示功能。

7.3.5.2 监测主机功能

接收管辖范围内的各监测分机上传的钢轨损伤、设备状态等监测数据;按设定的报警门限值和信息处理规程,对监测信息进行综合分析统计处理,生成各类报警、状态信息,并传送至监测中心;对各类监测信息进行存储,确保在高速道岔寿命周期内数据永久存储和调用;具备对各类信息的分析处理及统计功能,为维护管理人员提供监测报警及设备故障等信息的查询显示和报表输出功能;提供监测信息维护、系统运行参数配置、访问日志等系统管理功能;具有自检和对现场监测设备、监测分机的故障监测功能,具有将故障、报警信息显示、传送至监测中心的功能;根据上级用户的指令自动发送相关数据(包括基本信息、数据文件、特征数据);道岔部件维修更换后接收上级用户的修改信息;预留对同一监测项目同时接入两种监测方法,并进行相互校验的功能;预留与其他工务、电务管理信息系统的接口;预留报警信息发送至微机联锁系统,确认报警并请求处理;预留数据过滤处理功能;存储监测设备的参数配置信息。

考虑在车站一级增加监控终端,完成以下功能:对监测设备进行配置,管理监测设备的参数配置信息;对监测设备的工作状态进行管理;完成该车站的告警功能。

7.3.5.3 监测中心功能

监测中心设备实时接收管辖范围内各车站主机传送来各种监测信息,并对监测信息进行存储、分析处理、显示等;具备报警功能;根据上级用户的指令自动发送上级用户所需的道岔监测相关信息,向下级用户发送指令,并接收下级用户的上传信息;具备全路范围内道岔监测数据的统计与报表功能;具备系统日志功能;预留与其他工务、电务管理信息系统的接口;能接收外部系统时钟,能对其他监测设备授时。

7.3.5.4 车站终端

车站监控终端实时显示所辖范围内各道岔的监测信息,显示预警及报警信息,具备各类信息的查询及报表输出功能。具体功能如下:实时显示所辖范围内各道岔的监测信息;显示报警信息;查询报警历史信息,并具有导出及报表输出功能;查看系统日志,并具有导出及报表输出功能;能录入、显示、更改道岔的基本信息;能录入对报警的处理信息,及查询此类信息;能统计管辖范围内的监测设备安装情况;能统计管辖范围内道岔故障情况;具有人工故障上报功能;登录用户能修改个人信息;有权限的用户能设置系统运行参数;能接收系统的统一授时。

7.3.5.5 站段终端

站段监控终端能够实时显示所辖范围内各道岔的监测信息,能够以图形显示所管辖的每组道岔、每个监测项点的数据变化趋势,能够显示预警及报警信息,能自动显示、更新车站道岔的信息,具备各类信息的查询及报表输出功能。具体功能如下:实时显示所辖范围内各道岔的监测信息;显示报警信息;查询报警历史信息,并具有导出及报表输出功能;查看系统日志,并具有导出及报表输出功能;能查看道岔的基本信息;能够查询对报警、故障的处理信息;能统计管辖范围内的监测设备安装情况;能统计管辖范围内道岔故障情况;具有人工故障上报功能;登录用户能修改个人信息;有权限的用户能设置系统运行参数;能接收系统的统一授时。

7.3.5.6 铁路局终端

铁路局终端能够显示所辖范围内各道岔的监测信息,自动添加、更新全局范围内道岔的基本监测信息,并在全局路网图上显示所管辖的每组道岔、每个监测项点的数据变化趋势,具备全局范围内道岔监测数据的统计与报表功能。具体功能如下:实时显示所辖范围内各道岔的监测信息;显示报警信息;查询报警历史信息,并具有导出及报表输出功能;查询对报警、预警的处理信息;查看系统日志,并具有导出及报表输出功能;统计管辖范围内的监测设备安装情况;统计管辖范围内道岔故障情况;显示所管辖的每组道岔、每个监测项点的数据变化趋势;登录用户能修改个人信息;接收系统的统一授时。

7.3.5.7 铁路总公司终端

以浏览器的方式显示所辖范围内各道岔的监测信息,自动添加、更新全路范围内道岔的基本监测信息,并在全路路网图上显示:可显示每组道岔、每个监测项点的数据变化趋势;根据得到的信息自动判别监测数据的趋势变化,并根据专家库信息提供维修决策建议,具备全路范围内道岔监测数据的统计与报表功能。具体功能如下:实时显示所辖范围内各道岔的监测信息;显示报警信息;查询报警历史信息,并具有导出及报表输出功能;能够查询对报警、预警的处理信息;查看系统日志,并具有导出及报表输出功能;统计管辖范围内的监测设备安装情况;统计管辖范围内道岔故障情况;显示所管辖的每组道岔、每个监测项点的数据变化趋势;登录用户能修改个人信息;能接收系统的统一授时;预留根据专家库信息提供维修决策建议功能。

7.3.6 室内试验验证

采集钢轨在疲劳状态下断裂的波形,测试系统是否能在钢轨断裂过程中报警。采用疲劳加载试验方法。试验传感器布置如图 7-42 所示。试验为弯曲疲劳试验,支撑方式为简支,支点间距为

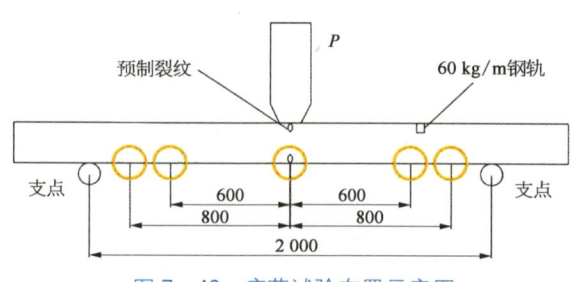

图 7-42 疲劳试验布置示意图

2 000 mm。所用试样为 60 kg/m 高铁钢轨,长 2.5 m,材料为 U71MnG。有试样三根,其中两根分别在顶部和底部有预制贯穿裂纹,裂纹贯穿深度为轨顶 10 mm、轨底 10 mm;第三根为完好无损钢轨。荷载试验过程中确定,荷载循环为 4 Hz。在钢轨和支撑之间、钢轨和加载头之间垫橡胶垫或其他软质材料,以减小发生摩擦声发射的可能。

安装声发射传感器 5 个,预定位置如图 7-42 中黄色圆圈所示,具体位置需要现场调整,采集频率 1 MHz。试验过程如下:安装无损 2.5 m 长、60 kg/m 钢轨一根,按图 7-42 装上声发射传感器,在轨顶、轨底各装两片应变片,然后分别施加 8 t、14 t、20 t 荷载,每个荷载施加三次,每次做 40 个循环,采集声发射信号;安装轨顶有预制裂纹钢轨一根,贴上应变片,装上声发射信号传感器,从 5 t 荷载逐渐增加到 15 t,每步增加 2 t,做 20 个循环,看第一片应变片的应力变化。如应变片显示应力突然低于线性预测值,则记下此时荷载为 P,然后以 $0 \sim 0.6P$ 的荷载做疲劳试验;若应变片显示应力一直随荷载线性增加,则以 $0 \sim 14$ t 荷载做疲劳试验。轨顶裂纹的钢轨在 14 t 荷载第 12 min 时突然断裂,断裂瞬间道岔监测系统成功采集到断轨信号,并且发出了报警。断裂瞬间采集到的波形、滤波后波形及功率谱如图 7-43 所示。

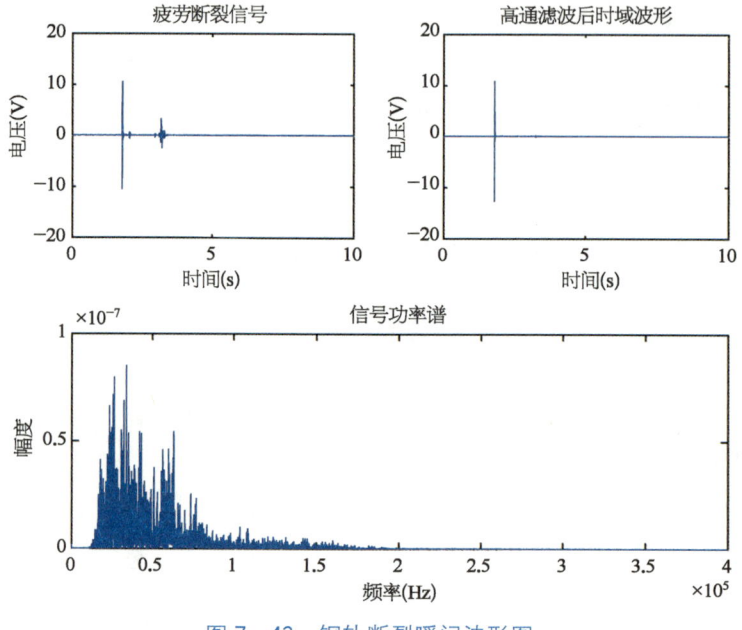

图 7-43 钢轨断裂瞬间波形图

第 7 章 高速道岔钢轨裂纹监测

试验结论：高速铁路道岔监测系统在钢轨疲劳断裂过程中成功报警，验证了系统对钢轨疲劳断裂监测的有效性。

7.3.7 信号在钢轨中衰减试验

伤损钢轨在一定外力作用下会发生裂纹扩展，在此过程中必然产生钢轨开裂信号，道岔监测系统传感器正是采集该类信号作为钢轨伤损判断的依据。众所周知，信号在钢轨中传播必然会存在衰减，所以传感器也会存在信号采集距离上的限制。在这个极限范围内，传感器能有效采集到该类信号；一旦超出此极限范围，由于信号衰减严重，传感器采集到的信号受到严重干扰，不能准确进行伤损判断。为此设计了裂纹信号在钢轨中的衰减试验，以测试和计算传感器的有效采集距离，从而为现场传感器的布点提供依据。

在钢轨上布置多个传感器，并且在一端制造伤损信号，通过比较这些传感器接收到的信号来研究伤损信号在钢轨中的衰减特性。传感器布置如图 7-44 所示。

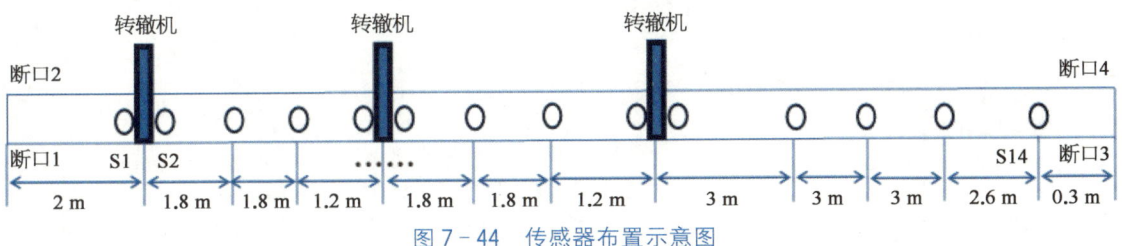

图 7-44 传感器布置示意图

在该钢轨的两端分别用切割机制造裂口，用液压设备使伤口缓缓开裂。传感器采集裂口开裂过程中的信号，其部分信号图如图 7-45 所示。

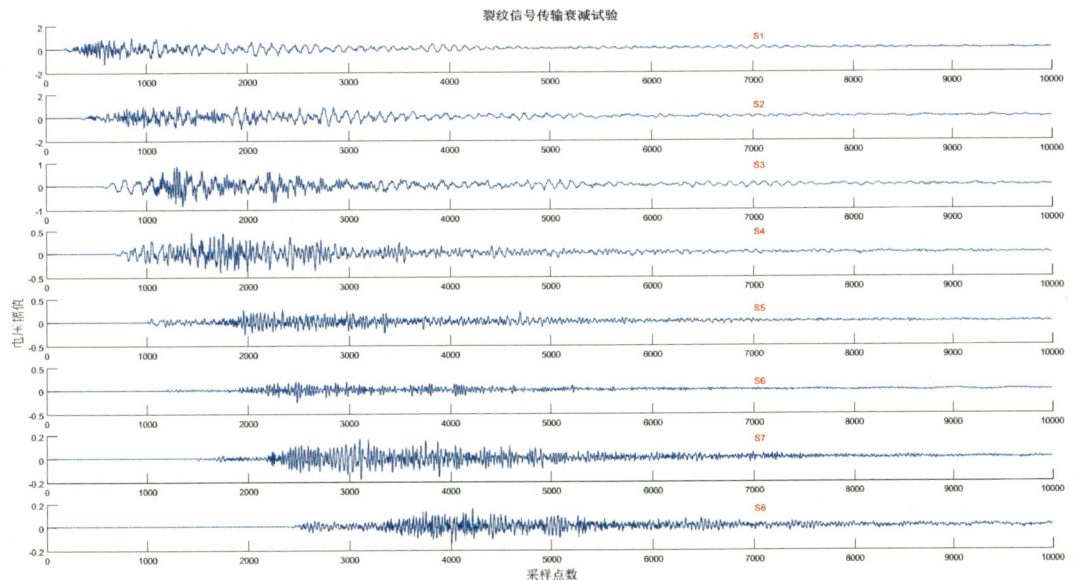

图 7-45 信号波形图(S1～S8)

试验结论：在钢轨一端产生的信号在 S1～S8 传感器上采集到的信号逐渐衰减,但其信号仍有较好的信噪比,S9 以后的传感器信号幅值衰减到了较小的数值,可见从裂纹信号衰减的角度,现有传感器有效监测范围可达 10 m 以上。从重复性试验中也得出了类似的结论。

参考文献

[1] 杨卫平.法国高速铁路道岔技术特性[J].中国铁路,2006(8)：40-41.
[2] 李文超.超声波检测钢轨伤损及定位研究[D].太原：中北大学,2013.
[3] 刘正航.ZPW-2000A 无绝缘轨道电路技术应用研究[D].济南：山东大学,2006.
[4] 耿荣生,沈功田,刘时风.基于波形分析的声发射信号处理技术[J].无损检测,2002,24(6)：257-261.
[5] 胡剑虹,唐志峰,蒋金洲,等.道岔钢轨轨底缺陷的导波检测技术研究[J].中国铁道科学,2014,35(3)：34-40.
[6] 章欣,冯乃章,王艳,等.钢轨裂纹伤损声发射源的建模仿真与特征分析[J].声学学报,2015,40(4)：537-545.
[7] 盛英.基于小波变换的语音信号降噪研究[D].哈尔滨：哈尔滨工程大学,2007.
[8] 王步宇.基于小波分析的结构损伤检测[J].噪声与振动控制,2006,26(6)：43-45.
[9] 李欣昊.智能交通系统中车辆检测关键技术研究[D].长春：吉林大学,2011.
[10] 张闯,刘素贞,杨庆新,等.基于 FFT 和小波包变换的电磁声发射信号处理[J].电工技术学报,2010,25(4)：24-28.
[11] 王彬.基于声发射技术的预应力混凝土损伤检测理论及应用[D].镇江：江苏大学,2006.
[12] 李舜酩,郭海东,李殿荣.振动信号处理方法综述[J].仪器仪表学报,2013,34(8)：1907-1915.
[13] 张世强.关于数理统计中系统聚类法的讨论[J].中国卫生统计,2005,22(5)：286-289.
[14] 王金虎.基于双谱的重载铁路道岔钢轨折断及伤损监测系统[J].铁道建筑,2017(6)：130-134.
[15] 胡家杰,王文健,钟雯,等.弯矩作用下钢轨疲劳裂纹扩展行为研究[J].铁道工程学报,2008,25(9)：26-29.
[16] 李海晴.基于振动信号的高铁铁轨无损监测方法研究[D].南京：南京航空航天大学,2013.
[17] 曹均平.高速铁路道岔监测系统现场监测单元的设计与实现[D].成都：西南交通大学,2007.
[18] 吕俊军,吴国清,杜波.非高斯水声瞬态信号 Power-Law 检测[J].声学学报,2004(4)：359-362.